XIANGXITUJIA&MIAOAUTONOMOUS PREFECTURE YEARBOOK 2020

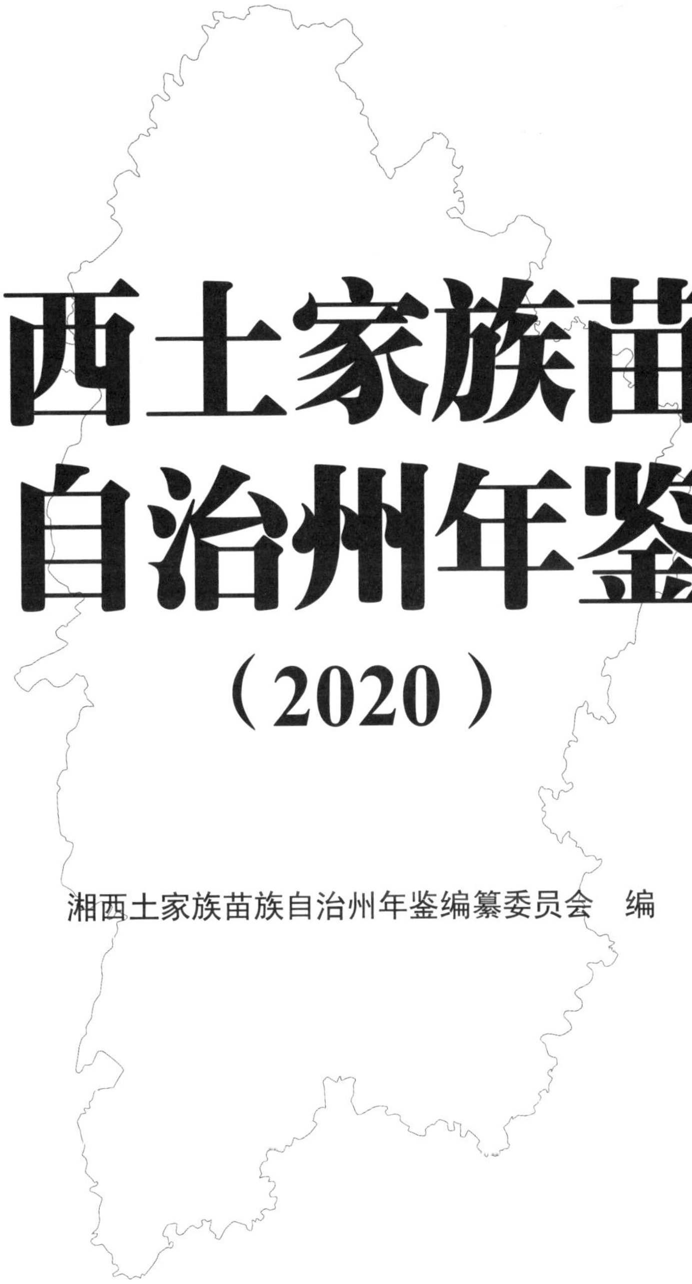

湘西土家族苗族自治州年鉴

（2020）

湘西土家族苗族自治州年鉴编纂委员会　编

方志出版社
Publishing House of Local Records

图书在版编目（CIP）数据

湘西土家族苗族自治州年鉴．2020 / 湘西土家族苗族自治州年鉴编纂委员会编．-- 北京：方志出版社，2020.12

ISBN 978-7-5144-4698-2

Ⅰ．①湘⋯ Ⅱ．①湘⋯ Ⅲ．①湘西土家族苗族自治州—2020—年鉴 Ⅳ．① Z5246.42

中国版本图书馆 CIP 数据核字（2021）第 128585 号

湘西土家族苗族自治州年鉴（2020）

编　　者：湘西土家族苗族自治州年鉴编纂委员会
责任编辑：李　静

出 版 者：方志出版社
地址　北京市朝阳区潘家园东里 9 号（国家方志馆 4 层）
邮编　100021
网址　http://www.zgfzcb.cn
发　　行：方志出版社图书经销中心
电话　（010）67110500
经　　销：各地新华书店
排　　版：北京纺印图文设计制作有限公司
印　　刷：北京中科印刷有限公司

开　　本：889 × 1194　　1/16
印　　张：27.75
字　　数：864 千字
版　　次：2020 年 12 月第 1 版　　2020 年 12 月第 1 次印刷

ISBN 978-7-5144-4698-2　　**定价**：288.00 元

序

贫困问题一直是困扰人类社会发展的重大问题。中国作为世界上最大的发展中国家，为解决贫困问题进行了长期不懈的努力。改革开放以来，特别是党的十八大以来，以习近平同志为核心的党中央把脱贫攻坚作为全面建成小康社会的底线任务和标志性指标，纳入“五位一体”总体布局和“四个全面”战略布局，以前所未有的力度推进精准扶贫、精准脱贫，扶贫开发成就举世瞩目，显著改善了贫困地区和贫困群众生产生活条件，具有重大的现实意义和深远的历史意义。身处中华民族几千年发展历史上将首次整体消除绝对贫困现象的伟大时代，如何更好地发挥地方志的存史、育人、资政的作用，是新时代全国地方志系统必须深入研究和着力解决的重大课题。

党的十八大以来，在党中央国务院的正确领导下，全国地方志系统深入学习贯彻习近平新时代中国特色社会主义思想，紧紧围绕党和国家事业发展需要，深入推进地方志改革创新发展，凝心聚力，稳扎稳打，勇于担当，主动作为，全国地方志形势和地方志工作者的精神面貌发生了深刻变化，取得了优异成绩。其中，为贯彻落实《全国地方志事业发展规划纲要（2015—2020年）》，经中国地方志指导小组领导批准，中国地方志指导小组办公室于2015年、2017年先后启动民族地区与贫困地区志书、年鉴出版资助工程（以下简称“志鉴出版资助工程”），对国家级贫困县（区、旗、县级市），中西部地区、少数民族边疆地区面临出版经费困难的志书和综合年鉴给予出版资助。实施志鉴出版资助工程是紧扣时代脉搏、坚持创新发展、传承弘扬中华优秀传统文化的一项创举，不仅有力推动了“两全目标”的实现，而且数十部资助出版的志书、年鉴及时记述了民族地区与贫困地区在全面建成小康社会伟大征程中取得的新成绩和新经验、出现的新情况和新问题、涌现的优秀人物和典型事迹，留住地方文化的“根”和“魂”，为这些地区的经济社会发展、地域文化传播、爱国主义教育、精神文明建设等提供了历史借鉴和智力支持，对全面提升民族地区与贫困地区文化建设水平、确保民族地区与贫困地区和全国其他地区同步全面建成小康社会具有重要意义。

尤为可喜的是，志鉴出版资助工程促成了一批扶贫志书的编纂出版，在文化脱贫攻坚中发挥了独特的作用。例如，《贵州省减贫志》全面系统客观记述了从1978

年至2015年贵州省扶贫、减贫工作的历程及取得的经验，为贵州省实施大扶贫战略提供了有力的资政辅治参考，集中体现了地方志工作因时而动、顺势而为的新作为。前不久，由福建省地方志编委会和人民网共同编纂的《闽宁扶贫协作图志》，是全国首部扶贫协作图志，图文并茂、直观立体、全方位地展现闽宁扶贫协作波澜壮阔的历程，弘扬“闽宁一家亲”“携手奔小康”的深厚情谊和滴水穿石、久久为功的精神，是贯彻落实习近平总书记扶贫工作重要论述精神，服务国家精准扶贫、精准脱贫战略的有力举措。希望各地以此为鉴，编纂出版更多、更好的扶贫志书、年鉴，助力国家精准扶贫、精准脱贫战略的实施，充分展现地方志的独特价值和作用。

当前，我国脱贫攻坚已进入全面决战决胜的关键时期，尚未脱贫的贫困地区集中分布在中西部深山区、极端干旱山区、高寒阴湿地区等，文化建设还比较薄弱，文化产品还不够丰富，文化精品更是少之甚少。同时，这些地区往往是民族文化、历史文化、红色文化、生态文化富集区，具有发展文化旅游、推进文化扶贫的巨大潜在优势，也是繁荣发展地方志事业的巨大文化宝库。要发挥好文化扶贫凝聚人心的优势，善于利用方志文化优势为贫困地区“赋能”，在脱贫攻坚中做出方志人应有的贡献。要发挥好中国名镇志文化工程、中国名村志文化工程的引领作用，大力加强乡镇村志编纂，让百姓记得起乡情、记得住乡愁，凝聚贫困乡镇村庄的强大民心，补齐贫困乡镇村庄的文化短板，以“扶智”的方式“扶志”，践行习近平总书记强调的“扶贫先扶志，扶贫必扶智”的重要理念。

求木之长者，必固其根本；欲流之远者，必浚其泉源。扶贫扶起的是志气骨气，传承的是家国情怀，守护的是绿水青山。扶贫既要富口袋，也要富脑袋。必须坚持文化脱贫和物质脱贫两手抓，筑牢贫困地区文化之基，补足信仰精神之钙，引领脱贫发展之舵。全国地方志系统要围绕中心、服务大局，坚决投入脱贫攻坚这场必须打赢的硬仗，积极参与脱贫攻坚战，发挥优势和特长，深入挖掘文化资源，着力补齐文化短板，努力帮助民族地区与贫困地区的文化建设实现较大的发展提升，在全面建成小康社会、实现中华民族伟大复兴中国梦的征程中贡献方志人的力量。

是为序。

中国社会科学院院长
中国地方志指导小组组长　谢伏瞻

民族地区与贫困地区年鉴出版资助工程领导小组

组　　长：高　翔

常务副组长：冀祥德

副 组 长：高京斋　邱新立

民族地区与贫困地区年鉴出版资助工程领导小组办公室

主　　任：冀祥德

副 主 任：邱新立

成　　员：于伟平　刘永强　冷晓玲　李　静

湘西土家族苗族自治州年鉴编纂委员会

《湘西土家族苗族自治州年鉴（2020）》编辑部

编 辑 说 明

一、《湘西土家族苗族自治州年鉴（2020）》坚持以马克思列宁主义、毛泽东思想、邓小平理论、"三个代表"重要思想、科学发展观、习近平新时代中国特色社会主义思想为指导，坚持辩证唯物主义和历史唯物主义的立场、观点和方法。围绕中共湘西州委、州人民政府的决策部署，力争全面、客观、系统地记载湘西州域自然、政治、经济、文化、社会和生态建设等方面的概貌和发展情况。记述时限为2019年1月1日至12月31日。文中州、湘西州均指湘西土家族苗族自治州。

二、《湘西土家族苗族自治州年鉴》系州委党史研究室（州地方志编纂室）组织编纂的年度资料性文献。《湘西土家族苗族自治州年鉴》2000年第一次出版，是国内外人士了解湘西州的资料性工具书。

三、《湘西土家族苗族自治州年鉴（2020）》采用分类编辑法，设类目、分目、条目三个层次。个别分目下设子目，条目为记述基本层次。

四、《湘西土家族苗族自治州年鉴（2020）》对框架结构进行适当调整：将反映年度扶贫攻坚工作的列为专文；将州委、州人大、州政府、州政协、州纪委调整为5个类目，民主党派、人民团体单设类目；将年度经济社会发展统计公报、重要文献、组织机构负责人名录等列为附录。

五、《湘西土家族苗族自治州年鉴（2020）》所载资料均由全州各部门专人撰写、领导审核，年鉴编辑部编辑整理修改后再反馈原单位核对，最后由编委会定稿。统计资料由州统计局提供，文稿中有些地区性、部门性数据，由于统计口径不同等原因与统计局公布的可能不完全一致，请读者在查阅和引用时以统计公报为准。

六、《湘西土家族苗族自治州年鉴（2020）》收录州直单位和各县市区负责人名录均以2019年内12月31日在职为准，任免变动不予收录，避免州内领导变动单位收录重复，名单最后由州委组织部审定。涉密内容均由州保密部门审定。

湘西土家族苗族自治州政区图

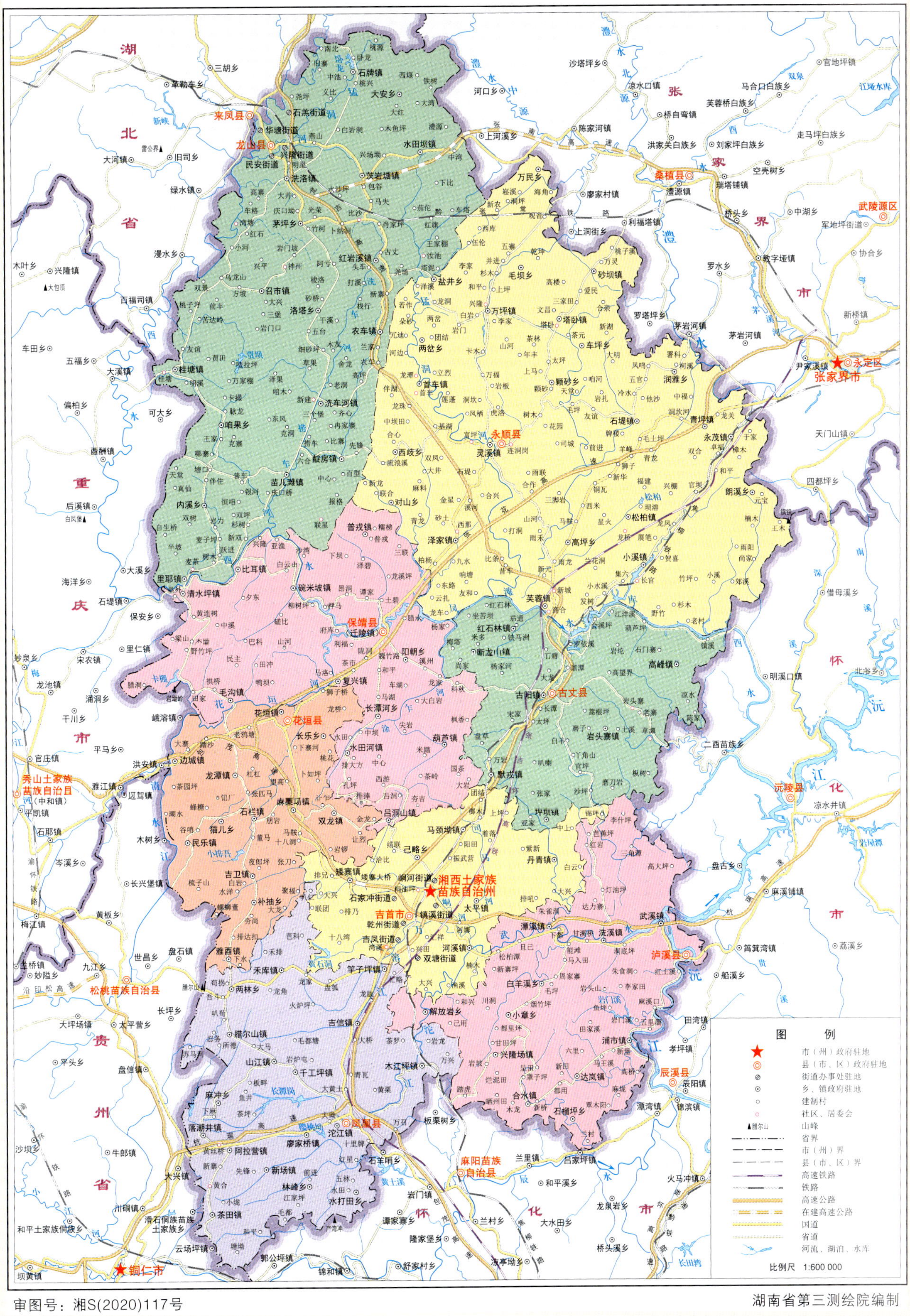

审图号：湘S(2020)117号

湖南省第三测绘院编制

2019 数字湘西

州域面积 15500 平方公里
年末常住人口 263.83 万人
城镇人口 125.98 万人
乡镇、街道 115 个
村、社区 1815 个

生产总值 705.71 亿元
第一产业增加值 94.86 亿元
第二产业增加值 198.26 亿元
第三产业增加值 412.59 亿元

一般公共预算收入 126.81 亿元
地方财政收入 64.13 亿元
财政总支出 351.67 亿元

农林牧渔业增加值 96.2 亿元
农业增加值 68.3 亿元
林业增加值 4.3 亿元
牧业增加值 20.59 亿元
渔业增加值 1.7 亿元
粮食作物播种面积 165.78 千公顷
粮食总产量 87.53 万吨

自然保护区 33 个
自然保护区面积 355.5 万亩
森林覆盖率 70.24%
城市人均公园绿地面积 11.91 平方米

社会消费品零售总额 337.5 亿元
进出口总额 16537 万美元

运输换算周转总量 59.9 亿吨公里
旅客运输量 4188 万人
通车里程 13295.5 公里
高速公路通车里程 482 公里
互联网宽带用户 69.8 万户

接待国内游客 5723.3 万人次
国内旅游收入 526 亿元
接待境外游客 23.63 万人次
旅游创汇收入 5860.2 万美元

普通高校 3 所
在校学生：57778 人
中等职业学校 28 所
在校学生：28113 人
普通中学 182 所
在校学生：151671 人
普通小学 212 所
在校学生：231399 人
幼儿园 655 所
在园幼儿：100135 人
特殊学校 4 所
在校学生：469 人

公共图书馆 10 个
档案馆 9 个
博物馆、纪念馆 10 个
艺术表演团体 11 个
群众艺术馆、文化馆 10 个
国家级非物质文化遗产保护名录 26 个

卫生机构 3288 个
卫生技术人员 17841 人
体育馆 6 座
运动场 271 个
全民健身项目 100 项次

居民人均可支配收入 16934 元
城镇居民人均可支配收入 26756 元
城镇居民人均生活消费支出 17936 元
农村居民人均可支配收入 10046 元
农村居民人均生活消费支出 10667 元
城镇居民人均住房面积 49.2 平方米
农村居民人均住房面积 44.9 平方米

参加城乡基本医疗保险人数 251.81 万人
新型农村养老保险登记参保人数 140.75 万人

建档立卡贫困户 16.5 万户
减少贫困人口 8.95 万人
投入扶贫资金 57.66 亿元
贫困发生率 0.65%

2019 年 10 月 25 日，国务院扶贫办社会扶贫司司长曲天军（右二）在湘西州调研东西部扶贫协作

2019 年 7 月，州长龙晓华（右四）调研保靖黄金茶产业

吉首市石家冲街道坪朗村安置点

保靖县碗米坡镇拔茅安置点

吉首市丹青镇大坪安置点

吉首市经开区安置点

凤凰县安置区建筑风貌融合当地民族元素，区内道路均用苗族文化符号命名

保清县城安置点扶贫车间——万吨柑橘加工厂（韵莱农业）

2019 年 3 月，东西部协作项目，保靖黄金茶在济南展销

古丈县精准扶贫户赴济南高新区务工

易地搬迁户在吉首经开区园区工厂工作

吉首经开区安置点群众文艺队欢度春节演出

2018 年 6 月 1 日，凤凰县异地搬迁户吴梅青在老家寨景区为游客讲解

保靖县易地扶贫搬迁户入住

花垣县边城镇火焰土安置点

泸溪县武溪镇上堡村安置区

古丈县县城集中安置点

花垣县民乐镇安置区

建在脐橙基地中的龙山县里耶镇大板社区易地扶贫搬迁集中安置区

凤凰县腊尔山镇夯卡村安置点

保靖黄金茶园

永顺县毛坝乡村民在莓茶基地采摘莓茶

永顺县毛坝乡河坝溪莓茶种植专业合作社员工正在晒莓茶

正在采摘春茶的苗族大姐

牛角山茶园

优质稻丰收

泸溪县浦市镇高山坪村高档优质稻示范片

龙山县大安乡翻身村的 300 亩土地整理项目

吉首市丹青镇白云村梯田

永顺县芙蓉镇科皮村猕猴桃示范园

龙山县茅坪乡水沙坪村规格化起垄盖膜

龙山县洗洛镇千亩百合示范园

龙山县召市镇青坪村规格化移栽

古丈县玉米示范片

永顺县松柏镇千名农技干部联村帮扶全覆盖

龙山县桂塘镇老兴社区建档立卡贫困户向群军 2019 年租种荒地 50 多亩栽种烤烟大丰收

农户采摘油茶果

吉首市矮寨镇坪朗村

龙山县苗儿滩镇星火村

吉首市矮寨镇排兄村“最美农家”

永顺县灵溪镇洞坎村

龙山县红岩溪镇头车村

龙山县茅坪乡长兴村

龙山县苗儿滩镇捞车村

永顺县灵溪镇司城村

泸溪县浦市镇都歧村

吉首市矮寨镇家庭村

吉首市矮寨镇家庭村

古丈县默戎镇牛角山村

吉首市马颈坳镇隘门村

龙山县苗儿滩镇捞车村

凤凰县新场镇大坡村

花垣县双龙镇十八洞村

吉首市矮寨镇坪朗村

保靖县迁陵镇陇木洞村

龙山县桂塘镇双景村

花垣县麻栗场镇沙科村

古丈县古阳镇栖凤湖村

目　录

中国共产党湘西土家族苗族自治州纪律检查委员会

纪检监察工作

为民服务

民主党派

中国民主同盟湘西州委员会

群众团体

湘西州总工会

共青团湘西州委员会

湘西州妇女联合会

检　察

法　院

司法行政

监狱管理

隔离戒毒

军　事

吉首军分区

武警湘西支队

人民防空

经济管理

宏观经济管理

自然资源和规划

市场监督管理

审 计

统 计

海 关

公共资源交易

财政 税务

财 政

文化　旅游

文化管理和设施

团结报社

广播电视

档案管理

党史和地方志工作

社科联

普通中小学教育

职业与成人教育

特殊教育

民办教育

教育考试院

州民族教育科学研究院

湘西民族职业技术学院

吉首大学师范学院

湘西州民族广播电视大学

湘西州民族中学

卫　生

卫生计生监督执法

人民医院

民族中医院

妇幼保健院

精神病医院

肿瘤医院

社会生活

民 政

凤凰县

古丈县

花垣县

附 录

特 载

坚定不移贯彻新发展理念　全力以赴推进新湘西建设 奋力夺取全面建成小康社会的伟大胜利

——在州委经济工作会议上的讲话

（2019 年 12 月 19 日）

叶红专

一、不折不扣贯彻落实中央决策部署、省委工作要求，全州经济社会发展取得新的重大进展

2019 年，全州上下认真学习贯彻习近平新时代中国特色社会主义思想，按照中央决策部署和省委工作要求，着力稳增长、促改革、调结构、惠民生、防风险，新湘西建设各项工作稳步推进，预计全年 GDP 增长 7%，财政总收入增长 6%，规模工业增加值增长 7%，城乡居民收入增长 8.5%、10%，金融机构存贷款余额增长 5%、17%。主要有五个方面的成效：

一是三大攻坚战成效显著。脱贫攻坚进一步压实责任、整合资源、创新方法、转变作风，通过落实帮扶“三个一”制度、推进问题“三大清零”行动、开展结对帮扶“六看六查”、抓实东西部扶贫协作、防范“五个风险”，精准扶贫脱贫“十项工程”全面落实，新减贫 8.9 万人，预计可完成所有贫困村退出、所有贫困县摘帽任务，贫困发生率降至 0.65%，千百年来绝对贫困问题总体上一去不复返，我州脱贫攻坚工作多次受到习总书记关注和肯定，“五个始终”脱贫做法、“党建引领、互助五兴”脱贫治理、腊尔山片区脱贫解困模式、菖蒲塘乡村振兴创新得到中央、省肯定，湘西州脱贫攻坚工作在各大主流媒体广泛宣传推介，精准扶贫首倡地的使命担当全面彰显，我州作为全国精准扶贫聚焦点的典型示范效应不断放大。污染防治坚持目标导向、问题导向、效果导向相统一，大力推进城镇黑臭水体、农村污水、工业园区污染和露天采石场、建筑工地扬尘治理，狠抓以花垣为重点的矿业整治整合和转型升级，矿区环境明显改善，河道治理取得好成效，生态修复保护持续加力，城乡环境基础设施建设加快推进，群众反映强烈的环保问题得到有效解决，环境质量持续向好。防范化解金融风险着力规范政府举债程序和资金用途，加快融资平台整合转型，政府债务率、金融机构不良贷款率实现“双降”、整体可控，加强“套路贷”“校园贷”和非法高利放贷专项整治，金融环境良好，社会大局和谐稳定。

二是产业结构加快优化。抢抓湘西承接产业转移示范区建设机遇，以“产业四区”为平台加

快产业项目建设，北京快手科技、深圳爱特嘉、华美兴泰、三益科技等一批好企业、好项目落户我州，科技型中小企业增长96.2%，高新技术企业增长47.6%，新兴产业比重提升到50%以上，“一矿独大”的产业发展格局得到根本改变，经济高质量发展基础不断夯实、动能不断增强。特别是工业园区完成投资104.6亿元，新建标准厂房90多万平方米，五年累计建成标准厂房450万平方米，园区入驻企业1397户，其中规上企业208户，全州矿业经济实现恢复性增长，白酒业回归良性快速发展轨道，新材料、电子信息等新兴产业发展势头强劲，智能制造水平大幅提高，规上工业企业主营业务收入和利润总额增长7.4%、60%。四大核心景区、乡村游、三个千公里等项目加快建设，生态文化旅游业持续“井喷”发展，接待游客、实现旅游收入增长13.3%、19.3%，旅游及相关产业增加值占GDP比重提高至17%以上，全域旅游引领高质量发展态势明显。新建成一批农业特色产业万亩精品园和一大批千亩标准园、百亩示范园，“两茶两果一药一烟”等八大特色产业规模不断扩大、效益显著提升，“湘西香伴”公用品牌推动我州农产品销售市场不断拓展。商贸综合体、城市商圈、城乡市场流通体系加快建设，居然之家、红星美凯龙、武陵山星兴冷链物流中心等项目建成运营，传统服务业稳步增长，现代服务业蓬勃发展，电子商务交易大幅增长，全州商贸流通繁荣稳定。

三是创新开放活力持续增强。深化“放管服”改革，州县乡村四级政务外网实现全覆盖，企业办理工商登记时间压缩至1.5个工作日以内，营商环境得到优化，市场主体增长20%。着力破解中小企业融资难融资贵问题，通过建立应急资金平台、设立中小企业发展专项资金、减税降费、优化金融服务等举措，打好政策“组合拳”，落实各类支持资金突破12亿元，为企业贷款439亿元，对54家高载能、高新技术企业实行“一口价”，优惠电价1.2亿元，有效为企业减压解困。大力推进开放平台建设，湘西海关开关运行，保税物流中心加快建设，湘西经开区、泸溪高新区、吉首经开区打捆申报国家级高新区取得新进展。加强科技创新能力建设，国家级众创空间、工程技术研究中心、高新技术产业基地建设实现零的突破，研发投入增长125%。

四是城乡一体化稳步推进。对接重点经济区建设加快推进城乡基础设施互联互通，干线公路网络进一步完善，黔张常铁路即将建成运营，张吉怀高铁、湘西机场、天然气长输管网、城乡电网改造等项目加快建设。坚持“三特融合”，大力推进以州府新城、产业新区为重点的州府城市建设和县城扩容提质，高铁新城和配套建设有新进展，一批城市综合体项目建成运营，创新创业活力加速释放，新增城镇就业2.6万人，城镇经济更加繁荣，产城融合进一步深化，城镇化率提高到48%。以实施乡村振兴战略为契机，加快推进美丽湘西建设，生态文明建设、城乡同建同治、网格服务管理“三大工程”富有成效，城乡公共服务体系不断完善，城区入口环境美化全面完成，城镇垃圾收运处理设施、重点集镇污水处理设施建设稳步推进，“厕所革命”卓有成效，重点区域“脏乱差”现象明显好转，创建了一批示范村、最美村和精品村。

五是民生福祉不断改善。坚持教育优先发展，全州义务教育城乡学校标准化建设稳步实施，农村公办幼儿园覆盖面进一步扩大，新增城镇学位1.18万个，大班额全面消除，职业教育服务脱贫发展有力有效，泸溪教育改革成效得到中央有关部委和省委的高度肯定。深入实施“健康湘西行动”，全州实现二甲医院县市全覆盖、全科或助理全科医生乡镇全覆盖，三明药品联合限价采购成效进一步显现，公立医院医疗总费用增幅得到有效控制。加强平安湘西建设，加快实施“一村一辅警”“城市快警”“雪亮工程”建设，深入开展扫黑除恶专项斗争，打掉了一批涉黑涉恶团伙，严查了一批“保护伞”。注重从“小切口”入手解决民生大问题，深入推进农村贫困残疾人保障、城镇特困群众帮扶、中小企业解困、农村人居环境改善、城镇文明创建、基层治理创新等工作，群众看到了变化、得到了实惠，吉首“五进小区”和永顺矛盾纠纷化解“321 工作法”、安全饮水经营管护成效明显。

成绩来之不易，我们积极应对经济下行压力，付出了艰辛，更得到了收获，尤其在实践中深化了对做好新形势下经济工作的规律性认识，主要有四个方面：一是必须保持政治定力，研判形势、谋划发展、推动工作始终保持政治方向不偏离，特别是坚定不移贯彻新发展理念，注重从系统论出发转变发展方式、优化经济结构、转化增长动力，在创新、协调、绿色、开放、共享多重目标中寻求动态平衡，决不以粗放发展模式、以破坏环境为代价追求 GDP、财政收入增长，以实际工作成效彰显“四个意识”“四个自信”“两个维护”。二是必须坚持科学思维，注重运用战略思维、创新思维、辩证思维、法治思维、底线思维观察事物、分析问题、解决问题，特别是从长期大势中谋划发展重点，在把握有利政策中抢抓机遇，正确处理好“稳”与“进”的关系，坚持当前与长远相衔接、局部与全局相协调、具体与总体相匹配，注重在做实“加法”中做好“减法”，确保在高质量发展路上行稳致远。三是必须突出实干担当，对符合中央精神、湘西实际的部署以“功成不必在我，建功必定有我”的胸襟和担当，一届接着一届干，积极稳妥处理复杂矛盾问题，坚持一张蓝图干到底，努力做出经得起检验的实绩；对打基础、利长远、促发展、惠民生的工作科学评估、敢担风险、稳扎稳打；对破解发展难题注重把准本质和规律，科学分析应对，及时纠正偏差，尤其用改革创新的办法变中寻机、化危为机，推动优势优化、优势优先。四是必须凝聚各方力量，发挥党委在经济工作中把方向、管大局、保落实的作用，把坚持民主集中制作为汇聚众智、科学决策的有力保证，把争取上级关心和社会各界支持作为脱贫发展的有效动力，把激励干部担当、激发基层活力作为实践创造的活水源头，注重在团结协作中谋求战斗力、生产力，在坚持原则中协调各方关系、弥合分歧意见，确保步调一致、形成合力。

在肯定成绩的同时，我们也清醒看到当前经济社会发展面临一些困难问题。一是项目推进有所松劲，项目储备不足，国有投资减少，社会投资特别是企业投资意愿不强，加之多数重大在建项目接近完工，新开工重大项目短缺，尤其缺少带动区域经济持续增长的大项目、好项目，固定资产投资下降 7%。二是结构性矛盾依然突出，产业结构需进一步调整优化，产品质量亟待提升，人才、技术、知识、信息等高级要素投入比重偏低，实体经济发展水平有待提高，应对环境约束、市场需求倒逼推进高质量发展面临较大压力。三是协调发展任重道远，城乡之间基础设施通达水平、基本公共服务均等化水平、群众生活水平等存在差距，县市区规划缺乏有效衔接，经济发展相互支撑不足，三个重点经济区统筹发展不够、中心城镇辐射带动作用有待增强，农业、工业、服务业发展及城镇建设与生态文化旅游业“井喷”态势不匹配，全域旅游发展与全州资源禀赋开发不对称，迎接高铁、航空时代到来各项准备还需进一步加力，“放管服”改革还需强化系统性、协调性。四是担当作为仍需加强，有的同志学用新思想存在片面性，政治站位不高，理论研究与实践操作存在脱节现象，谋划推进工作找不准关键，推动项目策划、要素协调、风险管控等方面能力有待提高，破解难题找“不能为”的借口多、谋“干成事”的办法少，仍然存在不注重解决实际问题、不按规矩办事现象。这些困难问题，有的是历史条件形成的，有的是客观因素造成的，有的是体制性、周期性的，有的是工作作风和能力上的，都是我们新长征路上的“娄山关”“腊子口”，必须高度重视，下更大力气、想更多办法予以解决。

总的来说，2019年我们克服了多重困难，战胜了很多挑战，大家走得很坚定、过得很充实，忠诚守初心、奋斗担使命成为这一年的主旋律。特别是脱贫攻坚、项目建设、产业发展、综治维稳、执纪执法等一线的同志们工作很投入、很给力，大家干出的大小业绩拼聚成新湘西各项事业蒸蒸日上的动人图景。这些拼搏赢得的成绩、蓄积的势能、增添的信心，让湘西州充满着蓬勃的力量，孕育着无尽的希望，激励着我们来年继续撸起袖子加油干，一步一个脚印把美好蓝图变为现实，在把湘西州打造成国内外知名生态文化公园和旅游目的地中再添光彩、再立新功。

二、围绕实现第一个百年奋斗目标加力冲刺，开创高质量发展、高质量脱贫、高效能治理的新境界

到2020年全面建成小康社会，实现第一个百年奋斗目标，是我们党向人民、向历史作出的庄严承诺。全州各级各部门要坚持在党言党、在党为党，增强责任感使命感紧迫感，全面贯彻落实中央决策部署、省委工作安排，抓重点、补短板、强弱项，确保同步全面建成小康社会。

中央经济工作会议对当前经济形势作出了稳中向好、长期向好基本趋势没有改变的科学判断，总结了抓好经济工作“四个必须”的重要认识，提出了坚持稳中求进工作总基调的工作要求，明确了坚定不移贯彻新发展理念、坚决打好三大攻坚战、确保民生特别是困难群众基本生活得到有效保障和改善、继续实施积极的财政政策和稳健的货币政策、着力推动高质量发展、深化经济体制改革等六项重点任务。我们要认真学习领会中央经济工作会议精神，自觉向党的基本理论、基本路线、基本方略对标看齐，把思想和行动统一到中央决策部署特别是习近平新时代中国特色社会主义经济思想上来，把坚持贯彻新发展理念作为检验增强“四个意识”、坚定“四个自信”、做到“两个维护”的重要标尺，全面把握中央关于明年经济工作的总体要求、政策取向和目标任务，认真梳理、抓紧衔接中央释放的一系列利好政策，坚持稳字当头、积极进取，确保经济实现量的合理增长和质的稳步提升。

当前和今后一个时期，我州处于高质量发展的爬坡过坎期、高质量脱贫的巩固提升期、高效能治理的提升攻坚期。全面把握这一时期的阶段性特征、阶段性任务、阶段性难题，对于我们更好贯彻中央经济工作会议、决胜全面小康十分重要。把握高质量发展爬坡过坎期，关键是坚定不移推进供给侧结构性改革，把注意力集中到解决各种不平衡不充分的问题上，以创新驱动和改革开放为两个轮子，依托我州政策、资源等优势激活发展潜能，爬过培育经济持续健康发展新增长点这个坡，迈过培育经济发展新动能这道坎，全面提高经济整体竞争力。把握高质量脱贫巩固提升期，关键是把握绝对贫困即将消除、相对贫困依然存在的州情实际，继续围绕“两不愁三保障”目标落实扶贫政策、责任、工作，通过推进剩余贫困人口如期脱贫、防止已脱贫人口返贫做好巩固工作，通过建立解决相对贫困的长效机制提升脱贫成效，不断朝着共同富裕迈进。把握高效能治理提升攻坚期，关键是守正创新加强制度建设，推进治理体系和治理能力现代化，通过及时总结推广实践中的好经验好做法提升各领域治理成效，通过继续深化各领域各方面体制机制改革推动治理攻坚，把制度优势更好转化为治理效能。成功跨越这“三期”和做好明年经济工作，我们有过来形成的良好发展基础、有益工作经验，也有国家政策的全面引导、有力支持，面临着四个大的发展机遇。一是宏观政策机遇。中央推行“积极的财政政策大力提质增效、稳健的货币政策灵活适度”“资金投向供需共同受益、具有乘数效应的先进制造、民生建设、基础设施短板等领域”的政策，国家“十四五”时期将围绕推动经济发展、增进人民福祉研究推出一批重大政策，围绕增强发展内生动力、激发市场活力研究推出一批重大改革开放举措，围绕补短板、促升级、增后劲、惠民生推出一批重大工程和项目，有助于我州依托政策优势，积极争取更多大项目好项目进入国家笼子。二是开放合作机遇。国家实施东西部扶贫协作、支持湘西承接产业转移示范区建设，湖南省加大对口帮扶我州力度，配套出台了支持政策措施，有助于我们借智借力推进区域协同联动、新旧动能加快转换、改革开放持续深化，促进新技术、新产品、新产业、新业态蓬勃发展，改变传统产业多新兴产业少、低端产业多高端产业少、资源型产业多高附加值产业少、劳动密集型产业多资本科技密集型产业少的状况，加快提升我州经济发展质量和效益。三是区位改善机遇。随着黔张常快速铁路、张吉怀高速铁路、湘西机场的开通运营，制约我州发展的交通瓶颈将彻底破解，人流、物流、资金流、信息流更加快捷聚集、相互作用，“产业四区”“四宜城镇”“三个重点经济区”和美丽湘西建设迎来新的契机，全州发展格局将进一步放大，有利于我们更好把资源优势、政策优势转化为发展优势，更好把发展理念、发展势能转化为发展成效，特别是将有助于全州生态文化旅游业的加快发展，实现更高水平的“一业兴”带动“百业旺”。四是优势提升机遇。顺应时代趋势，把握发展来势，依托资源优势，开发旅游业中高端产品，加快农业与二、三产业融合，推进工业产业链发展，提高商贸物流业集约化、专业化水平，提供更多绿色生态产品，做大做强文化产业，运用大数据、云计算、区块链加快产业结构调整和优化升级，协同推进“三个重点经济区”建设，从更大范围互补优势，加快打造新的经济增长极，大有文章可做。综合分析来看，今年是我州经济运行极为艰难的一年，也是主要经济指标探底的一年，在经历矿业去产能阵痛、投资结构动荡调整后，明年新的经济增长点和积极因素增多，经济预期好于今年。我们要增强发展信心，抢抓发展机遇，充分研判宏观政策、开放合作、区位改善对我州经济结构、经济布局和市场需求带来的新变化，对政务服务、市场环境、干部素质提出的新要求，在聚集要素、抢占先机、优势优化方面积极作为，牢牢把握发展主动权，持续推动发展向更高层级迈进。

做好明年经济工作，要坚持以习近平新时代中国特色社会主义思想为指导，全面贯彻党的十九大和十九届二中、三中、四中全会精神，坚持稳中求进工作总基调，坚持新发展理念，坚持以供给侧结构性改革为主线，以改革开放为动力，坚决打赢三大攻坚战，全面做好“六稳”工作，大力实施创新引领开放崛起战略，坚守“542”发展思路，开展脱贫攻坚巩固、产业项目推进、基层治理提升“三年活动”，抓实“四项重要工作”，统筹“三个重点经济区”建设，推动高质量发展，确保全面建成小康社会和“十三五”规划圆满收官，加快建设美丽开放幸福新湘西，为打造国内外知名生态文化公园和旅游目的地打下良好基础。主要预期目标是：GDP增长7.5%左右，地方财政收入增长6%以上，规模工业增加值增长8.5%左右，固定资产投资增长9.5%左右，城乡居民人均可支配收入分别增长9.5%和10.5%左右。

实现明年目标任务，关键是要抓住发展的主要矛盾，在重点工作中精准发力、创新突破。为进一步凸显主题，提高发展成效，州委决定集中力量开展脱贫攻坚巩固、产业项目推进、基层治理提升“三年活动”。开展脱贫攻坚巩固年活动，就是扎实推进精准扶贫脱贫“十项工程”，认真落实“四个不摘”要求，及时做好返贫人口和新发生贫困人口的监测和帮扶，进一步优化收入结构、稳定收入来源、提高收入水平，加快推动基本公共服务由基本均衡向优质均衡转变，全面提高群众的获得感和满意度，为决胜全面建成小康社会打好决定性基础。开展产业项目推进年活动，就是坚持以产业比实力、以项目论英雄，以加快建设湘西承接产业转移示范区为契机，优化营商环境，加大招商引资力度，推动优势产业、优质资源、优惠政策向“产业四区”聚集，加快实施“1112”产业发展三年行动计划、创新创业“135”升级工程，有针对性地建链、延链、补链、强链，不断完善产业体系，培育壮大实体经济。开展基层治理提升年活动，就是以贯彻落实党的十九届四中全会精神为新起点，结合实际研究探索适应治理体系和治理能力现代化需要的制度和措施，加强社会治理、美丽湘西建设、发展要素保障、“放管服”改革等方面的工作创新，在农村大力推行“党建引领、互助五兴”基层治理模式，在城镇大力推行“五进小区”治理模式，进一步激发社会创新创造活力。脱贫攻坚是全面小康社会的底线任务，产业项目是全面小康社会的重要支撑，基层治理是全面小康社会的基本保障，三者相辅相成、互为促进。全州上下要以深入开展“三年活动”为抓手，加大工作统筹和推进力度，带动全局工作上水平，不断开创各项事业新局面。

三、突出发展重点精准发力、持续用功，确保全面建成小康社会和“十三五”规划圆满收官

紧扣全面建成小康社会目标任务真抓实干，为“十四五”发展和实现第二个百年奋斗目标打好基础，重点要抓好六个方面的工作：

（一）持续巩固脱贫成果。做深做细促增收、兜底线工作，不断增强贫困群众获得感，巩固脱贫成果，探索乡村振兴与巩固脱贫攻坚有机衔接体制机制，着力防范扶贫领域“五个风险”，确保全面建成小康社会路上一个都不掉队。要进一步推进稳定增收，下更大气力兴产业、稳就业、置家业，重点通过提高当家产业产品质量、完善利益联结机制、创新销售方式，通过加强劳务输出、建设扶贫车间、开发公益性岗位，通过发展小养殖、小庭院、小作坊、小买卖“四小经济”，让贫困群众增收更稳定、生活更殷实。要进一步强化基本公共服务，完善医疗、教育、住房、特困群众兜底“四个保障”机制，完善水、电、路等基础设施和文化、卫生等公共服务设施，特别是以旱厕改造为重点，深化农村人居环境治理，加快改善提升村容村貌，不断提高群众满意度。要进一步激发内生动力，做深做实扶贫与扶志、扶智相结合工作，加强思想引导、技能辅导，以开展文明创建为抓手，树立文明新风，积极倡导自力更生，防止政策养懒汉，同时通过组织专业培训、选派技术员指导和能人大户带动等方式，提高贫困群众生产技能、营销本领。要进一步加强扶贫作风建设，落实“四防两严”要求，深化扶贫领域腐败问题专项治理，确保脱贫攻坚工作务实、过程扎实、结果真实。

（二）加快壮大实体经济。以建设湘西承接产业转移示范区为契机，以“产业四区”为平台，以实施“1112”产业发展三年行动计划为抓手，用好用活支持政策，引进和培育一批大企业、好企业，推动产业转型升级、提质增效。要围绕做强特色产业壮大实体经济，重点做活旅游“三大经济”，抓好茶叶、烟叶、油茶产业发展和生猪恢复性生产，加快推进城乡商贸流通体系、冷链物流设施建设和电子商务发展，特别是对接创新创业“135”工程升级版，加快标准厂房建设，跟踪做好国家级高新区创建工作，抓好白酒、智能小家电、锂电池、铝基复合材料、锰锌矿产品五条新兴优势产业链建设，打造特色食品、电子信息两个国家级产业集群和新能源、新材料、矿业循环经济三个省级产业集群。要创新推进招商引资，用好用活国家支持政策，重点依托现有企业、在外成功人士、重点地区商会，通过以商招商、点对点招商、产业链招商等形式，促成一批500强企业和成长型、科技型企业来州投资兴业。要用心用情为企业特别是中小企业办实事、解难题，同等对待新引进企业和现有企业，加快培育更多创新能力强、品牌价值高、市场前景好的“四上”企业。

（三）做大做强旅游产业。坚持把旅游业作为最大门路，策应高铁、航空时代到来，集中力量把生态文化旅游产业打造成高质量发展的强大引擎。要立足全域生态、全域文化、全域康健、全域旅游的发展定位，以凤凰为龙头、吉首为集散中心，建好凤凰古城、芙蓉镇、里耶古镇、矮寨大桥四大核心景区，保护开发300个左右特色村寨，打造“土家探源”“神秘苗乡”两条生态文化村镇游精品线，建设三个千公里快旅慢行体系，构建全州一小时生态文化旅游经济圈。要瞄准2020年“五一”“十一”“春节”和2021年“五一”“十一”五个旅游黄金周时间节点，实施旅游景区大提质、产业大融合、市场大开拓、品牌大提升、环境大优化“五大行动”，在高等级景区创建、市场拓展、乡村旅游、红色旅游等方面取得重大突破。要突出抓好景区景点项目建设，加快开发高品质的观赏、休闲、体验等消费产品，完善高档酒店、民宿、游客接待中心、标识标牌等服务配套，发展智慧旅游，提质一批演艺项目，创作一批影视作品，举办一批节庆活动，创优一批会展品牌，进一步整治旅游秩序，提升“神秘湘西”美誉度。要积极做好“旅游+”大文章，推进旅游与文化、特色产业、夜间经济、乡村振兴、城镇化相融合，推动旅游产品供给迈向中高端，带动经济发展迈上新台阶。要吸纳社会资本投资旅游新业态、新产品，特别要舍得把最好的资源配置给品牌响、实力强的战略投资者，策划实施一批国内外游客向往的大项目、好项目，带动大众创业、万众创新。要积极拓展旅游市场，掀起旅游大宣传、大造势、大营销的热潮，推动我州全域旅游全面“火”起来。

（四）着力统筹城乡发展。围绕高速、高铁、航空立体化大交通格局，做好区域经济社会发展规划布局和重点经济区、产业功能区组团衔接，推进新型城镇化建设与乡村振兴战略实施有机衔接、互促共进。要统筹实施州域南部核心经济区、中部重点经济区、北部重点经济区“三个重点经济区”建设，协同推进基础设施相联相通、产业发展互补互促、资源要素对接对流、公共服务共建共享、生态环境联防联控，实现州域经济重点突破、县域经济加快搞活。要积极对接高铁新城建设，对接工业园、物流园、商贸商住综合体大力发展城镇经济，推进产城融合发展。要做好城镇老旧小区改造，加大“城市病”治理力度，完善公共服务设施，大力推进棚户区改造，发展租赁住房，加快市政管网、城市停车场建设，加强城市管理数字化平台建设和功能整合，大力发展智慧民生，方便群众生产生活。要加快修复城镇的山体、水体和废弃地，实施城镇“透绿工程”，推动工业入园、经营进店、住宅和休闲上山，打造“城在山中、山在城中，城在绿中、绿在城中，城在景中、景在城中”的生态城镇。要加强城镇风貌整治修护，留住城市特有的地域环境、文化特色、建筑风格等“基因”，守住城镇文脉，让城镇更有吸引力。要继续实施乡村振兴“十二项工程”，逐步实现“五个振兴”，重点加强普惠性、基础性、兜底性民生建设，推动城乡安全饮水、基层公共服务、社会保障、农村危房改造、通村通组道路、义务教育全覆盖，推广泸溪教育改革经验，抓好重点群体就业工作，加强乡村医疗卫生设施和人才队伍建设，完善养老服务体系，解决好“一老一小”问题，让发展成果更多惠及各族群众。

（五）稳步扩大有效投资。牢牢牵住项目建设这个经济发展的“牛鼻子”，以大项目好项目支撑经济高质量较快发展。要密切关注国家投资方向和支持重点，积极对接国家、省“十四五”规划编制，加大项目前期工作谋划和汇报衔接，力争更多好项目进入上级笼子。要着力提高投资效益，包装策划项目、申报实施项目注重与做好“六稳”工作、供给侧结构性改革结合起来，特别是PPP项目建设，要注重防范化解风险，既保证推进发展、改善民生所需资金，又确保不发生金融风险。要着力优化投资结构，坚持把产业项目摆在突出位置来抓，推动要素链、创新链、供应链、产业链多链融合，同时统筹推进基础设施、生态环境、民生事业、城镇发展等项目建设，突出“房子是用来住的，不是用来炒的”定位稳妥发展房地产项目，既抑制泡沫又防止大起大落。要着力优化投资环境，深化“放管服”改革，形成市场有效、政府有为、企业有利、群众受益的体制机制新优势，以“制度红利”激发市场活力和社会创造力，促进投资便利化，降低制度性交易成本和生产经营成本。要加强要素保障，土地供应方面多在盘活存量、加大流量、优用增量方面下功夫，用好用活扶贫专项用地指标，做活土地“五个增值”文章；资金保障方面注重发挥财政资金撬动社会资本、金融资本的作用，搞好政银企合作，全力保障项目建设。

（六）深入实施基层治理。坚持把重心放在基层，把功夫下到基础，以基层基础的活力激发高质量发展的动能。要健全党组织领导的自治、法治、德治相结合的城乡基层治理体系，持续开展软弱涣散组织整治，不断提高基层党组织的引领力、凝聚力和战斗力。要以文明创建为抓手，大力弘扬社会主义核心价值观、优秀传统文化、新乡贤文化，着力培育文明乡风、良好家风、淳朴民风，努力打造充满活力、和谐有序的善治乡村。要抓好美丽湘西建设，持续推进生态文明建设、城乡同建同治、网格服务管理，加快实施“绿色湘西工程”，加强矿区复垦复绿、城区进出口环境协调整治、垃圾污水治理、农业废弃物资源化利用、农村旱厕改造、城市公共健康厕所建设等工作，推动信访、司法行政、消防管理、社区矫正、安全生产等民生事务进网格，扎实开展十个美丽城镇、百个最美乡村、千里最美生态公路、万户最美农家“四大创建”。要深入开展扫黑除恶专项斗争，完善社会治安防控体系，强化应急能力建设，落实矛盾纠纷化解、重点稳控、依法处置、责任追究“四个机制”，抓好信访工作，确保群众安居乐业、社会安定有序。

四、强化党委总揽全局、协调各方的领导作用，切实把党领导经济工作的制度优势转化为治理效能

明年经济工作我们面临的机遇更大、挑战更多、任务更重，各级各部门特别是领导干部要坚持把新发展理念和高质量发展要求体现到工作谋划部署、推动落实之中，进一步改进领导经济工作的方式方法，创新解决发展问题的思路举措，确保各项决策部署落到实处、见到实效。

一要加强统筹谋划。抓好经济工作，需要处理好顶层设计和分层对接的关系，搞好方方面面的衔接，确保各项事业整体联动。要在提高政治站位上保持清醒头脑，研究谋划经济工作必须以新发展理念为标尺，以中央决策部署为依据，以满足广大群众需求为目标，把习总书记对湖南的重要指示、对湘西州的殷切嘱托贯彻到高质量脱贫发展全过程，经常查找落实中的“温差”“落差”“偏差”问题，确保各项工作始终朝着正确方向推进。要在坚持一张蓝图干到底上多求实效，按照新湘西建设特别是全面建成小康社会的目标任务，以“三年活动”为抓手，着力承接产业转移，加快“产业四区”建设，统筹推进“四宜城镇”“三个重点经济区”和美丽湘西建设等工作，确保各项部署相互衔接、相互促进、相得益彰。要强化党委决策议事协调机构职能作用，搞好重大决策的优化设计、重大工作的总体布局、重大事项的统筹协调、重大部署的整体推进，克服部门决策的分散主义、本位主义，避免议而不决、决而不行，确保令行禁止。

二要注重难题破解。工作任务越繁重、困难问题越复杂，越需要各级党委特别是领导干部查明情况、找准症结、定实对策。当前，要重点围绕建立解决相对贫困的长效机制，研究探索脱贫攻坚与乡村振兴相互衔接的有效做法；围绕打好绿水青山保卫战，研究探索“绿水青山”向“金山银山”转化的更多途径；围绕防范化解地方政府债务风险，研究探索用发展的办法来解决、用扩大有效投资来支撑的具体措施；围绕产业转型升级、提质增效，研究探索承接产业转移特别是推动旅游“四个提升”、完善工业产业链、加快农业“园社企水路”综合配套的创新举措；围绕加强要素保障，研究探索招商引资、争资上项、金融信贷、提高用地效率、柔性引才试点的新思路。各级领导干部要带头示范，加强经济形势分析、具体政策研究，对职责范围内的工作及时研究解决，该拍板时科学拍板；对一时拿捏不准的难题、意见分歧大的方案，要注重通过规范的议事规则和党内政治生活，把分散意见中的真知灼见提炼概括出来，把符合事物发展规律、广大群众根本利益的正确意见集中起来，确保问题得到有效解决。

三要积极担当作为。敢担当善作为是新时代好干部必须具备的基本素质。要增强思想自觉，深刻领会新形势新要求，增强新斗志，以守土有责、守土负责、守土尽责的责任担当，在其位、谋其政、干其事、求其效。要练就过硬本领，加强思想淬炼、政治历练、实践锻炼、专业训练，不断弥补知识弱项、能力短板、经验盲区，做到干一行爱一行、钻一行精一行、管一行像一行。要突出工作成效，深入分析研判影响经济下行的不利因素，抢抓风险挑战中蕴藏的有利机遇，在化解经济下行风险挑战中出实招；深入基层调查研究，及时关切群众诉求，在主动解决群众的操心事烦心事上下实功；深入规划提升、项目推进、要素保障、环境优化的工作一线，抓好“最多跑一次改革”，从严打击围标串标、强买强卖、参工参运、阻工闹事等违法犯罪行为，在疏通改革发展堵点难点中见实效。要营造良好氛围，树立重实干重实绩的用人导向，把能力突出、业绩突出的优秀干部及时用起来，尤其把坚持贯彻新发展理念作为检验各级领导干部的一个重要尺度，注重为敢于担当的干部撑腰鼓劲，坚决整治不担当不作为、庸政懒政怠政等行为。

四要不断改进作风。坚持把加强和改进作风贯穿经济社会发展全过程，以作风建设的成果推动工作目标的落实，以各项工作的成效检验作风建设的成果。要把不忘初心、牢记使命作为加强党的建设的永恒课题和全体党员、干部的终身课题，坚持不懈锤炼政治品格，推动广大党员干部把心思用到落实高质量发展要求上来，把精力集中到推进难题破解上来，把才干展示到创先争优上来。要以强烈的斗争精神坚决纠治形式主义、官僚主义，持续为基层松绑、为干部减负，把有限资源真正用到发展经济和改善民生上来，让干部把更多的时间用在抓工作落实上来。要始终保持清正廉洁的政治本色，推进纪律监督、监察监督、派驻监督、巡视监督统筹衔接，坚决查处政治问题和经济问题交织的腐败案件，坚决斩断“围猎”和甘于被“围猎”的利益链，坚决破除权钱交易的关系网，加强对重点领域、关键岗位、敏感部位的监督执纪，压缩权力行使的任性空间，营造清清爽爽的同志关系、规规矩矩的上下级关系、干干净净的政商关系。

明年要突出抓好以下10个方面具体工作的落实：1.脱贫攻坚方面，做好脱贫巩固提升工作，进一步提升群众满意度，向上争取扶贫专项资金15亿元。2.招商引资和企业培育方面，力争新增“三类500强”企业4家以上，引进省外境内资金增长30%左右，培育年产值20亿元企业1家、10亿元5家、1亿元60家、规上300家。3.产业发展方面，新建标准厂房100万平方米，茶叶面积达到60万亩、油茶面积达到100万亩、烟叶生产规模达到50万担以上、生猪生产达到100万头，加快推进矮寨奇观、凤凰古城、老司城创建国家AAAAA级旅游景区，建设150个左右乡村旅游示范村，接待游客和旅游收入增长15%、18%以上。4.项目建设方面，科学编制好“十四五”规划，重点抓好酒鬼酒文化产业园、吉盛智能家电、500千伏和220千伏输变电工程、张吉怀和黔张常铁路、湘西机场、大兴寨水库等重大项目建设，张花高速三条连接线建成通车，抓好凤凰至铜仁高铁、秀吉益铁路、龙桑高速等项目前期工作。5.污染防治方面，打好蓝天、碧水、净土保卫战，继续开展污染防治攻坚战，持续推进农业农村污染治理、矿山及尾矿库安全生产和污染防治、柴油货车污染治理等工作。6.乡村振兴方面，持续推进乡村振兴“十二项工程”，突出抓好全州23个乡村振兴与巩固脱贫攻坚有机衔接体制机制改革试点，创建省州级卫生乡镇40个、卫生村100个以上，打造垃圾分类处理示范点100个以上，实现重点镇生活污水处理设施全覆盖。7.社会事业方面，启动义务教育优质均衡县创建试点，确保公办幼儿园在园幼儿比例达50%，完成农村改厕15万户左右，抓好县、乡、村三级医疗卫生机构标准化建设，做好社会保障提标工作。8.财政金融方面，力争明年存贷款分别突破1300亿元、1000亿元，新增工业贷款余额增长10%以上，转贷平台提供过桥贷款5亿元以上，抓好债务增量控制和存量债务化解，做好各类债券的申报使用，争取省安排我州地方政府债券增速高于前三年平均水平，分类推进平台公司市场化实质转型，政府化债率按计划落实到位。9.土地利用方面，完成储备土地1万亩，实现土地出让收益30亿元，完成增减挂钩跨省流转指标4700亩，有序推进闲置土地处置、土地矿产卫片执法、违建别墅问题清理整治、“两违”整治等专项工作。10.民生改善方面，积极筹措资金，全面完成省定、州定民生实事项目任务，让群众得到更多实惠。

这里，就岁末年初的工作作个强调：一要做好脱贫迎检，对照国检、省检要求，进一步搞好工作“回头看”，抓紧查漏补缺，重在做深做细群众工作，力戒形式主义，决不允许弄虚作假，决不允许干扰检查。二要搞好年终交账，抓紧各项工作扫尾，统筹做好政府债务偿还、违建别墅整改拆除后复土复绿和环境突出问题清零工作，加强向上汇报衔接，积极创先争优，尤其是深入了解上级工作新部署、新要求，积极争取政策倾斜、项目资金支持，为明年工作开好局、起好步争取主动。三要抓好农村“三冬”生产，特别是及早谋划明年茶叶、油茶、烟叶扩面工作，处理好与其他产业的用地关系，科学布局生产区域、种植规模，做好扩规发动工作。四要抓好安全生产和社会治安工作，认真落实安全生产责任制，加强食品药品监管，抓好疾病防控，开展走访慰问“送温暖”活动，严厉打击恶意欠薪行为，落实信访工作“四个机制”，切实解决群众诉求，维护社会和谐稳定。五要抓好廉洁过节，落实廉洁从政各项规定，坚决杜绝违规收送红包礼金等行为，严禁借节日之机违反规定乱发津补贴、奖金、实物，坚持戒奢以俭，纪委监委要严格执纪执法、精准有力问责。

政府工作报告

——在湘西土家族苗族自治州第十四届人民代表大会第5次会议上

（2020年5月15日）

州人民政府州长　龙晓华

一、2019年政府工作回顾

2019年是新中国成立70周年，也是决战决胜脱贫攻坚、全面建成小康社会的关键之年。一年来，我们坚持以习近平新时代中国特色社会主义思想为指导，坚决落实党中央国务院、省委省政府决策部署，在州委的坚强领导下，在州人大、州政协的监督支持下，认真落实州委“542”发展思路，以脱贫攻坚统揽经济社会发展全局，统筹推进稳增长、促改革、调结构、惠民生、防风险、保稳定各项工作，较好地完成了经济社会发展主要目标任务，为全面建成小康社会收官打下了决定性基础。

——经济保持平稳较快发展。实现生产总值705.7亿元，增长7.2%；规模工业增加值79.9亿元，增长7%；社会消费品零售总额337.5亿元，增长9.7%；完成财政总收入126.81亿元，增长5.61%；金融机构贷款余额868.4亿元，增长18.7%；城镇、农村居民人均可支配收入达到26756元、10046元，分别增长8.2%、9.4%。固定资产投资保持稳定，民间投资增长14.5%。地方财政收入、金融机构贷款、农村居民可支配收入等指标增速位居全省前列，多项指标增速高于全国及周边地区。

——基本消除千年绝对贫困。全州剩下的7个深度贫困县全部脱贫摘帽，236个贫困村出列，8.95万贫困人口脱贫，贫困发生率降至0.65%，脱贫攻坚取得前所未有的历史性成就，困扰我州千百年来的绝对贫困问题基本消除。

——承接产业转移走在前列。以产业“四区”为载体，精准对接粤港澳大湾区、长三角、京津冀等发达地区，全年落地招商项目142个，引进外资增长129.7%，到位省外境内资金增长27.8%，增速均位居全省第一，充分发挥了承接产业转移“领头雁”作用。

——绿色湘西名片更加响亮。全州31个地表水控制断面达标率100%，空气质量指数位居全省第一。我州被国家林草局誉为“南湘西、北延安”两个绿色发展典范城市，武陵山区（湘西）土家族苗族文化生态保护区是全省唯一的国家级文化生态保护区。

——民生福祉显著改善。省定12件和州定20件民生实事全部办成。泸溪教育改革经验在全国全省推介。机关企事业单位退休人员和城乡居民基础养老金、乡村教师、退役军人和困难弱势群体待遇普遍提高，人民群众获得感、幸福感、安全感不断提升。

过去一年，我们重点做了七个方面工作。

（一）凝心聚力攻坚克难，攻克最后贫困堡垒。始终把脱贫攻坚作为首要政治任务，以精准脱贫“十项工程”为抓手，深入推进“脱贫攻坚决胜年”活动，向深度贫困堡垒发起决战。“两不愁、三保障”总体实现。开展脱贫攻坚问题“三大清零”行动，进一步推动政策落实、责任落实、工作落实。“十三五”易地扶贫搬迁任务全面完成，8.16万人喜迁新居，“四类重点对象”危房改造全部完成，保障了贫困群众住有所居；资助家庭困难学生近18万人，不让一名学生因贫失学辍学；全州贫困人口基本医疗保险和大病保险参保率达到100%，“四类人群”住院医疗费用报销比例提高到87.4%；新建成农村供水工程508处，巩固提升42.78万人安全饮水；对4.8万户12.2万人兜底保障对象做到了应兜尽兜、应保尽保。脱贫质量稳定提升。巩固提升产业扶贫成果，大力发展农业产业，全州农村人均产业面积达到1.5亩，每个贫困村组建了1个以上专业合作社，贫困村集体经济收入全部达到5万元以上。巩固提升就业扶贫质量，全州转移贫困劳动力就业稳定在23万人以上；新建成扶贫车间119家，总量达到221家，带动贫困群众就近就业。出台易地扶贫搬迁后续帮扶、补齐非贫困村和非贫困户短板弱项政策，探索建立了稳定脱贫的长效机制。积极开展扶贫协作和对口扶贫，济南市和省辖6市援助力度加大，89个协作项目全部建成，有力助推了我州脱贫攻坚。基层治理全面加强。全面推广“互助五兴”基层治理模式，基层班子和骨干队伍建设全面加强。深入开展扶贫领域“五个一”专项治理，用好“湘西为民”村级微信群，线上线下广泛接受群众监督，有效解决扶贫领域突出问题。首倡之地向党中央和全州人民交出了脱贫攻坚的优异答卷，我州脱贫攻坚工作被列为全省优秀行列。

（二）抓住机遇发展产业，实体经济不断壮大。深入开展“产业项目建设年”活动，扎实推进承接产业示范区建设，有力促进了产业提质升级。传统产业转型发展。统筹推进“135”工程升级版，工业园区完成投资104.6亿元，新建标准厂房93.1万平方米，产业园区基础设施和服务设施配套不断完善。矿业经济通过整治整合，实现恢复性增长，占规模工业增加值比重提高6.4个百分点；以酒鬼酒公司为龙头的白酒业重新走上发展振兴轨道，占规模工业增加值比重达到16.4%。新兴产业加快发展。科技型中小企业增长96.2%，高新技术企业增长47.6%，新兴产业占规模工业增加值的比重提升至50%以上。全社会研发投入增长222%，国家级众创空间、工程技术研究中心、高新技术产业基地建设实现零突破，湘西创新创业孵化基地率先在武陵山片区获评国家级基地。申报国家级高新区已进入科技部排队名单。文化旅游业快速发展。全年接待国内外游客5720万人次，实现旅游总收入526亿元，分别增长13.3%、19.3%，以文旅、信息服务、金融服务为主的营利性服务业对经济增长贡献率提高至28.2%，申报世界地质公园获联合国教科文组织亚太理事会表决通过。特色农业提质发展。永顺国家现代农业产业园、龙山省级农业科技园成功获批。新增州级以上农产品加工企业8家、家庭农场200个、农民合作社509家。新增“三品一标”52个，“湘西香伴”农产品公共品牌影响力不断扩大，大宗农产品实现产销两旺。要素保障更加有力。全面落实国家减税降费政策，减税降费11亿元。新增开发性金融贷款13亿元，为企业提供“无还本续贷”25亿元，首次以承贷主体争取到亚行拟贷资金2亿美元。设立企业应急转贷资金，组织开展“百名行长联千企”行动，为企业解决实际困难。实体经济正在逐步成长壮大，成为我州高质量发展的有力支撑。

（三）扩大投资促进消费，内需潜力充分释放。充分发挥投资的关键作用和消费的基础作用，促进经济平稳健康发展。有效投资稳步扩大。统筹推进重大项目及其配套工程建设，黔张常铁路建成通车，结束了我州没有快速铁路的历史；张吉怀高铁（州内段）完成投资54亿元，湘西机场和机场道路完成投资7.8亿元。11个省重点项目完成投资31.2亿元，5个纳入省“五个100”重大产业项目完成投资21.2亿元，228个州重点项目完成投资455.8亿元，151个州重点产业项目完成投资262.6亿元。积极对接国省政策，全年争取转移支付242.26亿元，新增地方政府债券、置换债券和再融资债券112.75亿元，土地出让及增减挂钩收入64亿元。消费持续提挡升级。顺应消费需求的新变化，多渠道增加优质产品和服务供给，旅游、文体、教育、娱乐、健康、网络等新兴消费快速增长。消费网络体系不断健全，线上线下消费融合发展，电子商务交易额达到66.6亿元，增长37.5%，邮电业务总量增长77.2%。农村消费提质提速，占社会消费品零售总额比重提高到26.2%。

（四）统筹城乡融合发展，城乡面貌焕然一新。加快推进新型城乡建设，全州城镇化率达到47.8%。着力提升城镇品质。启动州域国土空间规划编制，基本完成第三次国土资源调查，完成环境资源承载能力、国土开发适宜性两项评价和空间规划实施评估。吉首、凤凰、古丈、永顺、龙山高铁新城加快建设，拓展了城市发展空间。8个县市、湘西经开区城镇基础设施及配套设施进一步完善，城市品质不断提升。着力打造特色产业小镇，凤凰国际文化艺术旅游小镇、永顺松柏猕猴桃小镇、龙山洗洛百合小镇等纳入全省特色产业小镇名单。持续开展美丽湘西建设，加大“两违”建筑、违建别墅、户外广告标语标牌整治力度，擦亮了美丽湘西新形象。大兴寨大型水库前期工作取得重大突破，今年将开工建设，有望彻底解决州府吉首防洪安全和城市供水问题。积极推进乡村振兴试点。完成乡村振兴规划编制，坚持示范带动，涌现出花垣十八洞、凤凰菖蒲塘、古丈龙鼻嘴、保靖陇木峒等一批乡村振兴典型。加强古城古镇古村保护与利用，建立历史文化保护利用长效机制。生态环境持续向好。全力推进中央、省生态环保督察及其“回头看”交办、反馈问题和污染防治攻坚战、“夏季攻势”任务整改，加强涉矿污染、露天矿山、河道垃圾、城镇黑臭水体、园区污水处理、农村人居环境、养殖污染、扬尘污染整治，污染防治攻坚战和“夏季攻势”年终考核名列全省第二。统筹推进生态保护和修复，完成人工造林15.6万亩，绿色生态已经成为湘西最亮丽的名片。

（五）深化改革优化环境，发展活力日益增强。聚焦重点难点痛点问题，重要领域和关键环节改革取得新进展。“放管服”改革成效明显。在全省率先出台全州统一的四级政务服务导则，州、县、乡、村四级政务实体大厅基本实现全覆盖。“互联网＋政务服务”和“智慧湘西”建设应用处在全省前列，搭建了全州统一的数据共享服务平台，“云聚武陵”大数据中心实现与国家19个部委41个信息系统的数据资源共享。在州县政务服务中心设立优惠政策和人才服务专门窗口，有效打通服务企业和群众“最后一公里”。重点改革有序推进。政府机构改革全面完成。合理划分州、县（市）财政事权和支出责任，强化预算绩效管理，财政资源配置效率进一步提高。持续深化医疗卫生体制改革，巩固三明药品耗材采购联盟，药品价格平均下降33.8%，“三医”联动改革和分级诊疗持续推进，医共体建设取得新进展。商事制度、国资国企、供销合作社、社会信用体系、金融、社会治理、投融资、生态文明等基础性关键领域改革有序推进。营商环境不断优化。在全省率先开展营商环境现场评议和第三方评估。全面清理规范各类涉企收费，取消72项行政许可事项。企业和群众办事提供材料精简一半。企业开办时间缩短至3个工作日以内，企业办理工商登记时间压缩在1.5天内，市场主体登记全程电子化数量位列全省第三。工程建设项目审批时间减至100个工作日以内，不动产一般登记压缩至5个工作日以内。湘西海关开关运行。州公共资源交易中心荣获全国标准化平台服务示范单位。

（六）尽心尽力改善民生，民生保障显著提升。聚焦群众所需所急所盼，大力兴办民生实事，着力补齐民生短板，全州民生支出达226亿元，占财政总支出的64.3%，人民群众的获得感持续增强。社会保障不断加强。实施就业优先政策，注重做好贫困户、高校毕业生、退役军人等重点群体就业工作，全州转移就业86万人，新增城镇就业2.6万人，城镇登记失业率3.6%。完成养老保险省级统筹工作。城乡居民基本医疗保险财政补助、优抚、低保等标准持续提高。全面实施农村适龄妇女“两癌”免费检查、孕前优生健康免费检查、孕产妇产前免费筛查、新生儿疾病筛查。率先在全省开展困境儿童和事实无人抚养儿童救助工作，残疾人“两项补贴”惠及所有符合条件人员。及时启动社会救助和保障标准与物价上涨挂钩联动机制，困难群众基本生活得到保障。教育卫健事业持续提升。出台实施教育优先发展的政策意见，统筹推进城乡义务教育一体化发展，新增学位近1.2万个，消除56人以上大班额1278个，29所农村学校推行课间营养餐试点。古丈、永顺、龙山芙蓉学校投入使用，34所农村公办幼儿园开工建设，基本实现幼有所托。体育事业蓬勃发展，在全国民运会上夺得7个一等奖（金牌）、7个二等奖和9个三等奖，金牌数占省代表团的70%，创历史最好成绩。卫生健康服务保障能力不断增强，全州县市二甲医院、建制乡镇卫生院全科医生、行政村卫生室实现“全覆盖”，所有乡镇街道均有1所以上公办卫生院，配备了1名以上全科或助理全科医生。民族医药事业加快发展。各项事业全面进步。文化事业加快发展，公共文化服务体系建设得到加强。精神文明建设不断深入，公民思想道德水平全面提升。民族团结进步事业取得新进展。民族、宗教、统计、机关事务、粮食和物资储备、供销、烟草、农机、移民、保险、住房公积金、气象、水文、档案、修志、红十字会、工会、共青团、妇联、外事、侨联、文联、残联、科协、老科协、老龄、关工委等各项工作取得新成绩。国防动员、国防教育、国防后备力量、双拥优抚安置工作持续加强，州、县、乡、村四级退役军人服务保障体系基本建成。驻州部队、武警官兵和广大民兵预备役人员为全州改革发展稳定作出了积极贡献。

（七）着力加强自身建设，治理能力不断提升。深入开展“不忘初心、牢记使命”主题教育，把“守初心、担使命、找差距、抓落实”的总要求贯穿于政府工作的各方面，有力推动了脱贫攻坚和区域发展。认真贯彻全面从严治党要求，政府系统党风廉政建设进一步加强。自觉遵守宪法和法律法规，严格按照法定权限和程序行使权力。自觉接受人大及其常委会的法律监督、工作监督和政协的民主监督，定期向人大报告工作，向政协通报情况，办理人大代表建议164件、政协委员提案200件。依法出台加强政府管理的34个规范性文件，实施效能评估，强化审计监督，政府治理法治化、民主化、规范化水平不断提升。牢固树立行政机关带头过“紧日子”思想，全州财政一般性支出压减10%以上，政府债务率、金融不良贷款率实现双下降，融资平台整合转型为16家，政府债务风险总体可控。大力整治形式主义、官僚主义，深入开展“四不两直”调查研究，推动工作在一线落实，问题在一线解决。落实安全生产责任，健全应急管理体系，加强消防能力建设，全州未发生较大生产经营性安全事故和食品安全事故，无自然灾害引起人员死亡。深入开展扫黑除恶专项斗争，全面加强信访工作和司法调解工作，平安湘西建设取得新进展。全面加强重点项目、重要工作、重大政策落实，全州真抓实干成效明显，12个方面工作受到省政府激励表彰。

各位代表，这些成绩的取得，是习近平新时代中国特色社会主义思想科学指引的结果，是省委、省政府和州委坚强领导的结果，是各级人大、政协和社会各界鼎力支持的结果，是全州各族人民顽强拼搏、努力奋斗的结果。在此，我代表州人民政府，向全体人大代表、政协委员，向辛勤工作在各行各业的同志们，向所有关心支持我州建设发展的各级领导、离退休老同志和社会各界人士，表示诚挚的感谢！

今年以来极不寻常，突如其来的新冠肺炎疫情对人民群众的生命安全带来严重威胁，我们始终把人民群众生命安全和身体健康放在首位，全面贯彻落实习近平总书记重要讲话精神和党中央国务院决策部署，在省委省政府和州委的坚强领导下，竭尽全力打好打赢疫情防控人民战争、总体战、阻击战。经过全州人民的艰苦努力，疫情防控取得了阶段性胜利。全州新冠肺炎确诊人数全省第2少、清零全省第2快、治愈率100%，6个县市无确诊病例，吉首市是省内和四省市边区唯一无确诊病例的市州府所在地。我们选派了58名医护人员驰援湖北，他们是最美的逆行者，在“湖北保卫战”中展现出大爱情怀，贡献了“湘西力量”。

我们根据疫情形势的积极变化，及时调整防控策略，统筹推进疫情防控与经济社会发展，做到了两手抓、两不误。及时出台支持实体经济发展的43条政策，全面梳理国省帮助企业纾难解困政策，成立推进政策落实的工作专班，为企业减免税费和兑现政策资金3.88亿元，帮助企业渡过难关。选派了517名干部任驻企防疫联络员，对1376家企业开展“蹲点”服务。开展百名行长联千企行动，361名银行领导联系1805家企业，上门提供一对一金融服务。加强重点项目推进，174个在建州级项目全部复工。两次集中开工了27个项目，总投资达到188.2亿元。利用疫情造成的旅游“空档期”，加强旅游基础设施和服务设施建设，完成旅游投资6亿多元。组织开展“湘西人游湘西”活动，促进我州旅游市场逐渐回暖。广泛发动群众开展春播春种，发展农业特色产业，全州农村经济形势好于往年。在全省率先开通“返岗直通专列”和“返岗直通班车”，47.6万名春节务工回乡人员全部实现转移就业。在做好疫情防控的前提下，推动学校有序开学复课。谋划上报新增中央预算内投资项目301个，199个项目入围省报国家项目“笼子”。上报专项债券项目188个，省已下达债券额度36.7亿元，位居全省第八位。争取易地卷烟税扶贫政策支持，从5月开始全面落实到位，起到了雪中送炭的作用。通过综合施策，精准服务，把疫情对经济社会发展的影响降到了最低程度。

当前，我州生产生活秩序逐步回归正常，经济社会发展呈现加快恢复态势。虽然我州一季度主要经济指标出现较大幅度下滑，但多数指标增速高于全国及周边地区。在此，我代表州人民政府，向奋战在疫情防控一线的广大医务工作者和干部群众，向积极配合参与疫情防控的全州人民，向关心支持我州疫情防控和经济社会发展的朋友们，表示衷心的感谢并致以崇高的敬意！

思危方能居安。当前我州正处于高质量发展爬坡过坎期、高质量脱贫巩固提升期、高效能治理提升攻坚期，特别是这次新冠疫情给我州经济社会发展带来了新的困难和挑战。一是稳增长压力空前加大。在新冠疫情冲击下，国际国内产业链和实体经济遭遇严重困难，对我州经济产生较大影响。我州产业结构、投资结构和消费结构调整优化需要一个过程，我们必须做好较长时间应对复杂严峻环境的准备。二是高质量发展任务艰巨。我州产业园区和实体经济仍然比较弱小，基础设施尚未完善，加快发展的任务十分繁重。三是各领域风险因素增多。新冠疫情可能引发的次生风险不容忽视。与此同时，受自然条件和历史影响，我州防灾减灾救灾基础仍然薄弱，在安全生产、生态保护、自然灾害防治等方面仍然存在不少短板。四是治理能力仍有待提升。“放管服”改革优化营商环境仍然处在攻坚克难的关键时期，治理能力和行政效能有待进一步提升。我们一定直面问题和挑战，竭尽全力做好工作，决不辜负全州人民的期望！

二、2020年主要目标任务

今年是全面建成小康社会决胜之年，也是“十三五”规划收官之年，做好今年的政府工作，意义重大。

今年政府工作的总体要求是：以习近平新时

代中国特色社会主义思想为指导，全面贯彻党的十九大精神和十九届二中、三中、四中全会精神，认真贯彻党中央国务院统筹疫情防控和经济社会发展的决策部署，坚持稳中求进工作总基调，坚持新发展理念，坚持“542”发展思路，大力开展脱贫攻坚巩固、产业项目推进、基层治理提升“三年活动”，坚定信心，保持定力，担当作为，扎实做好“六稳”工作，全面落实“六保”任务，坚定不移打好三大攻坚战，奋力夺取疫情防控和经济社会发展双胜利，确保全面建成小康社会和“十三五”规划圆满收官，为加快建设美丽开放幸福新湘西，打造国内外知名生态文化公园打下坚实基础。

今年主要预期目标是：GDP增长5%左右；地方财政收入增长6%以上；规模工业增加值增长6%左右；固定资产投资增长5%左右；社会消费品零售总额增长7%左右；城乡居民人均可支配收入分别增长7%和8%左右；城镇调查失业率控制在5.5%左右；居民消费价格涨幅3.5%左右；完成省下达节能减排任务。

今年经济社会发展任务重，挑战多，要求高。我们要坚定信心，克难攻坚，积极作为，全面完成目标任务。重点做好七个方面工作。

（一）全力以赴推进疫情防控和经济社会发展，把握全面建成小康社会的主动权。抓紧抓实抓细常态化疫情防控，准确识变、科学应变、主动求变，把握全面建成小康社会的主动权。

一是慎终如始抓好疫情防控。时刻绷紧疫情防控这根弦，严格落实常态化疫情防控举措，因时因势完善外防输入、内防反弹各项措施，加强对来自疫情严重国家和地区人员信息登记、健康监测、生活服务、应急处置，全力切断疫情传染源。加强学校、景区、商场、养老院、福利院、监狱等重点场所的疫情防控，做好防控应急预案，切实消除聚集性疫情风险。提倡文明健康、绿色环保的生活方式，创新开展爱国卫生运动，强化群众风险防控意识，引导群众做好必要的个人防护，让健康生活习惯常态化。

二是抢抓机遇化危为机。抢抓国家发行抗疫特别国债、大幅增加地方政府专项债券、新增中央预算内投资、大幅增加再贷款再贴现额度等重大政策机遇，争取获得更多的资金、政策和项目支持。抢抓国家加快推进长江经济带、中部崛起、粤港澳大湾区建设等重大战略机遇，加快推动我州承接产业转移示范区建设。抢抓国家加快实施土地、劳动力、资本、技术、数据等重大改革机遇，用改革的办法解决发展中的困难和问题。抢抓国省加大基础设施补短板的机遇，大力推进以5G、大数据、物联网、工业互联网、以智能交通基础设施、技术开发等为代表的信息基础设施、融合基础设施、创新基础设施建设。抢抓国省支持实体经济发展的机遇，坚决兑现落实各项优惠政策，持续帮助企业纾难解困，推动更多企业从“复工复产”到“达产超产”，稳住经济发展的基本盘。抢抓国省规划编制机遇，科学编制好“十四五”规划、国土空间规划及各项专项规划，做好各项规划有效衔接，争取一批重大项目、重大政策进入上级规划“笼子”，为“十四五”发展和实现第二个百年奋斗目标打好基础。

三是多措并举补齐短板。围绕这次新冠疫情暴露出来的问题，补短板、堵漏洞、强弱项。加强公共卫生服务体系建设，健全重大疫情应急响应机制，巩固联防联控机制，扎实做好重大疾病防控和公共卫生工作。加强传染病、地方病、慢性病和职业病防治，坚持预防为主、关口前移、常备不懈，织密织牢第一道防线。加快推进州级公共卫生救治中心、紧密型县域医共体和州县两级妇幼保健机构能力建设，抓好县、乡、村三级医疗卫生机构标准化建设，积极推动“互联网+医疗健康”，健全医疗服务体系，提升医疗卫生服务能力。加强基本医疗卫生服务保障，完善应急物资保障体系。积极参与三明联盟城市非一致性评价药品带量采购，实时跟进三明医用耗材联合限价结果，大力推进分级诊疗，规范医疗服务行为。制定民族医药发展规划，加快民族医药基地、品牌建设，积极争创国家级、省级区域中医民族医医疗中心。加强市场监管，依法取缔和严厉打击非法野生动物市场和贸易，从源头上控制重大公共卫生风险。

（二）全力以赴打赢三大攻坚战，兜牢全面建成小康社会关键底线。坚持目标导向、问题导向和结果导向，精准施策，全力攻坚，高质量打赢三大攻坚战。

一是全面完成脱贫攻坚任务。深入开展“脱贫攻坚巩固年”活动，紧扣“两不愁三保障”，按照“四个不摘”要求，全面落实教育、医疗、住房保障、特困群众兜底等政策，严格实行挂牌督战，切实推进脱贫质量“回头看”和脱贫攻坚普查工作，确保剩余贫困人口如期脱贫，全面提高脱贫质量和群众满意度，坚决夺取脱贫攻坚战全面胜利。深化产业扶贫，完善利益联结机制，巩固提升农村产业扶贫质量；继续抓好就业扶贫，确保贫困劳动力转移就业稳定在23万人以上，新建20个“扶贫车间”，吸纳不能外出的贫困群众就近就业；落实好易地扶贫搬迁后续帮扶政策，确保“稳得住、能致富”。继续深入开展结对帮扶“六看六查”，加强动态监测，对返贫人口和新发生贫困人口及时纳入帮扶。统筹推进非贫困村和非贫困户发展，持续推进农村“五通五有”微建设，全面改善农村生产生活条件。继续做好东西部扶贫协作和对口帮扶，加强行业扶贫、专项扶贫、社会扶贫联动，形成脱贫攻坚的强大合力。深入推进“互助五兴”基层治理模式，继续深化扶贫领域腐败和作风问题专项治理，确保脱贫攻坚成果经得起历史检验。加强脱贫攻坚宣传，浓墨重彩传播好新时代精准扶贫首倡地脱贫攻坚的壮阔实践和摆脱贫困的历史成就。

二是纵深推进污染防治。坚决打好污染防治攻坚战，如期完成中央、省生态环保督察及其“回头看”交办、反馈问题整改和省定考核任务。巩固扩大蓝天保卫战成果，重点抓好扬尘污染、燃煤锅炉、餐饮油烟、柴油货车等污染治理，全州城区建筑工地扬尘治理全部达到“六个100%”，城区全面取缔规模以下燃煤锅炉，重污染企业基本完成搬迁改造、城市主干道柴油货车限行，确保环境空气质量综合指数全省领先。巩固扩大碧水、净土保卫战成果，重点抓好砂石土矿整治、尾矿库污染防治、饮用水水源地环境整治、“三磷”专项排查整治、生活污水处理、工业园区污水治理和水产养殖污染治理等工作，国家和省地表水考核断面水质优良比例达到100%，完成受污染耕地和污染地块安全利用任务。严格落实河长制，深入开展河库“清四乱”专项整治、河道采砂管理、河道管理范围划定、河库水环境水生态治理修复等重点工作，全面消除城市黑臭水体，全面完成农村小水电清理整治。加强生态系统保护修复，重点推进长江防护林、生态廊道、石漠化治理、水土流失治理、有害生物防控体系、地质遗迹保护利用等项目建设，加大生物多样性保护力度，开展桤木林改造试点，完成重点工程营造林11万亩，建成珍贵乡土树种育苗基地2个、造林5000亩。严格落实国家生态补偿政策，不断巩固创森成果，提升森林生态系统质量，把绿色生态优势转化为发展优势、竞争优势。

三是切实防范重大风险。严格执行政府债务限额和预算管理，积极化解存量，严控隐性债务增量，深入推进融资平台公司市场化转型，确保政府债务风险可控。加强对非法集资、互联网金融、网络借贷、违法违规经营、不良贷款等重点领域金融风险防范，坚决守住不发生区域性金融风险底线。建立完善应急管理体制，州县两级分别组建200人以上、100人以上应急抢险队伍，全面提高防灾减灾救灾能力。严格落实安全生产责任制，深入开展安全生产隐患排查治理和专项整治，推动安全生产事故总量持续下降，坚决防范和遏制较大事故、杜绝重大安全事故。开展食品安全专项整治，确保不发生源发性、系统性、区域性的安全事故。开展规范信访秩序专项行动，健全社会矛盾纠纷多元预防调处化解综合机制，有效防范可能发生的信访风险。开展交通问题顽瘴痼疾和马路市场集中整治行动，推进扫黑除恶专项斗争取得决定性胜利。加快推进州域社会治理创新，落实好民族宗教专项工作。不断提升防范化解政治安全风险、社会稳定风险、公共安全风险的能力和水平。

（三）全力以赴推进承接产业转移示范区建设，厚植全面建成小康社会发展优势。以示范区建设为载体，以十大产业建链、强链、延链、补链为重点，精准开展招商引资，引进省外境内资金增长12%。

一是完善承接平台。加快工业园区基础设施和服务设施配套建设，统筹推进国家高新区创建、湘西（长沙）“科创飞地”与“135”工程升级版、投融资平台、信息平台、科技创新平台建设，新建标准厂房100万平方米，完成投资80亿元以上，不断提升园区承接能力。根据功能布局和产业发展需要，抓好工业园区调区扩区。落实产业园区高质量发展考核办法，用好考核评估指挥棒，推动产业园区内涵式发展。加快推进农业园区建设，重点抓好湘西国家农业科技园、永顺国家现代农业产业园、龙山农业科技园等园区建设，新增3个省级特色产业园、1个省级优质农产品供应基地。加快商贸物流园区建设，重点抓好吉首现代商贸物流园、7个县和湘西经开区仓储物流分拣中心等项目建设，构建较为完善的州县乡村四级物流配送体系。加快旅游景区建设，开发高品质的观赏、休闲、体验等消费产品，完善高等级酒店、民宿、游客接待中心、停车场、A级旅游厕所、标识标牌等服务配套，发展智慧旅游，力争矮寨奇观景区成功创建国家AAAAA级景区，凤凰古城、老司城AAAAA景区创建取得重大进展。抓好龙山乌龙山大峡谷、凤凰老家寨——苗人谷等AAAA级景区创建，建设150个乡村旅游示范村，湘西世界地质公园实现开园。

二是精准招商引资。精准对接重点区域，加强与粤港澳大湾区、长三角、京津冀、长株潭、济南、威海等发达地区的园区、商会、企业对接合作。精准对接重点产业，以富集的文旅资源为载体，引进实力雄厚的旅游集团、旅行社参与文旅产业深度开发；以独特的自然禀赋和丰富的中药材资源为载体，引进生物科技、大型医药、康养企业参与中医药产业和健康养生产业开发；以绿色富硒有机农业特色资源为载体，引进全国知名农产品深加工企业投资；以锰、锌、钒等矿产资源为载体，引进大型矿业集团参与投资绿色矿业；以电子商务、物流仓储为载体，引进大型物流企业参与投资商贸物流业；以碳化硅、铝粉球、锂电池等产品为载体，引进行业优势企业参与投资电子信息、智能家电及新材料产业。精准对接重点企业，建立招商引资项目库、企业库，瞄准“三类500强”、上市公司、行业龙头企业和战略投资者，开发包装重点产业项目100个以上，招引更多大企业、大项目落地，新增“三类500强”企业投资项目4个以上。精心组织重大招商活动，大力推介湘西优势资源、优质项目和优惠政策，确保集中签约落地一批招商项目。充分发挥各地商会协会、驻外办事机构以及社会专业机构作用，招引更多企业在我州投资兴业，共享发展。

三是持续扩大开放。加快推进开放型经济发展，依托湘西海关、公路口岸、保税仓等平台功能，用好国家鼓励出口、承接产业转移等优惠政策，大力实施引进来、走出去，加快引进外贸出口型企业，引导鼓励州外代理出口业务回流，进出口总额保持上年同等水平。深挖进出口市场潜力，积极拓展对外贸易，严格落实“三单融资”等优惠政策，搭建外贸综合服务平台，鼓励支持企业参加境内外专业展会，培育跨境电商等新业态，巩固提升矿产品、电子产品、民族文创产品、白酒、柑橘、绿茶等商品出口规模，扩大紧缺资源性产品、先进技术和设备进口。全面落实外商投资“负面清单”制度，继续保持外资稳定增长势头。

（四）全力以赴壮大实体经济，夯实全面建成小康社会物质基础。大力开展“产业项目推进年”活动，推动工业、农业和服务业高质量发展，力争规模工业企业总量突破300家，“四上”企业总量突破1000家。

一是加快工业转型发展。突出抓好制造业发展，大力发展新材料、生物科技等比较优势产业，运用互联网、大数据、人工智能等新技术改造传统产业，促进新旧动能接续转换，推动矿产品精深加工、食品加工等产业转型提质发展。深度融入全省20个工业新兴产业链，实行产业发展链长制，实施白酒、铝基复合材料、锰锌矿产品、智能小家电、锂电池、生物科技6条新兴优势产业链行动计划，着力打造特色食品国家级产业集群和新能源、新材料、矿业循环经济、生物医药、电子信息5个省级产业集群。严格落实省里批复方案，稳妥有序推进花垣矿业综合整治，推动矿业绿色发展。抢抓白酒产业政策调整机遇，加快建设酒鬼酒文化产业园，做大做强做优白酒产业，力争全州白酒行业实现主营业务收入30亿元，远期发展成为百亿元产业。支持引导企业技术改造和设备更新，扶持智能产业、壮大智能企业、研发智能产品、扩大智能应用，创建一批绿色工厂和智能制造示范项目、示范车间，拓展新动能成长空间。积极引导和支持企业在“主板”“新三板”和湖南省股权交易所上市或挂牌，鼓励支持外来企业迁至我州上市。加大企业培育帮扶，精准制定和落实优惠政策，及时解决企业运行中的困难，做大做强一批重点企业，培育一批“小巨人”“单项冠军”企业。加快推进质量强州行动，加强质量品牌建设，积极争取、参与国、省标准制定，完成3项湖南省地方标准制定，提升标准化领域话语权。

二是加快农业集约发展。全面落实粮食安全责任，抓好粮食生产、收储，全年确保完成粮食种植面积257万亩，产量90万吨以上。加快酉水、武水灌区续建配套节水改造与现代化建设，建设高标准农田21.2万亩以上。深入实施农业特色产业提质增效“845”计划，力争全州烟叶种植面积20万亩、收购50万担以上，鼓励支持茶叶、油茶、迷迭香、五倍子等产业发展，全州农林特色产业面积保持在380万亩以上。严格落实“菜篮子”州长负责制，做好非洲猪瘟等疫病防控，稳定生猪等畜禽生产，存栏生猪85万头，出栏生猪100万头以上。大力发展农产品加工业，加强农产品冷链物流体系建设，培育一批农业产业化龙头企业。积极培育家庭农场、农民合作社等新型经营主体，加大新农机、新技术推广应用，新增家庭农场200家、规范建设专业合作社200个，让农民分享更多产业发展收益。加强农产品地理标志、农产品区域公用品牌和特色农产品品牌建设，完善特色农产品质量标准体系，打造一批特色产品品牌，进一步彰显“湘西香伴”品牌影响力。巩固完善线上线下销售网络体系，成立农产品产销联盟，在生产、流通、消费各环节打通制约消费扶贫的痛点、难点和堵点。强化农产品质量安全监管，健全监管体系、监测体系、追溯体系，确保人民群众舌尖上的安全。

三是加快服务业提质发展。抢抓高铁、航空时代即将全面到来的新机遇，推动生产性服务业向专业化和价值链高端延伸，生活性服务业向多样化和高品质升级。加快文化旅游产业融合发展，重点实施旅游景区大提质、产业大融合、市场大开拓、品牌大提升、环境大优化“五大行动”，进一步整治旅游秩序，不断创新业态和消费模式，丰富文化和旅游产品及服务供给，推动旅游业高质量发展，全年旅游接待人次和收入增速高于全国、全省平均水平。加快推进教育、康养、家政、医疗等服务业发展，推进凤凰文化旅游省级服务示范集聚区建设。充分发挥消费的基础作用，落实加快发展流通促进商业消费、启动农村市场等政策，畅通城乡双向联动销售渠道，有效激发消费活力；有序发展夜间经济，完善夜间交通、安全、环境等配套措施，提高夜间消费便利度和活跃度。支持新业态新模式发展，坚持包容审慎监管，促进平台经济、共享经济、创意经济、体验经济健康有序成长。

（五）全力以赴推进城乡融合发展，提升全面建成小康社会成色。坚持走以人为核心的城乡融合发展之路，着力促进基本公共服务均等化，建设宜居、宜业、宜游、宜养人民满意城镇，确保城镇化率达到50%。

一是加快推进新型城镇化。精准划定城镇开发边界线，合理规划确定城市功能布局。加快推进州府建设，突出抓好吉首高铁新城规划建设和产业布局，积极推进吉凤新区建设，不断提升州府首位度和辐射带动能力。加快城市一体化建设，统筹推进基础设施相联相通、产业发展互补互促、资源要素对接对流、公共服务共建共享、生态环境联防联控，推动7个县城特色发展。持续提升城市品质，加快推动棚户区、老旧小区改造，完善水、电、路、气、电梯、停车场、消防等配套设施建设，支持无障碍环境建设；加快推进地下综合管廊、城镇污水处理、城市排水防涝设施和吉首、永顺垃圾焚烧发电设施建设，提升城市承载能力；加快推进城市新区建设，拓展城市发展空间；加快推进“智慧湘西”应用平台建设，积极打造智慧城市；加快推进城市绿化、美化、亮化工程，擦亮城市名片。突出文化旅游和特色产业功能，精心打造一批特色产业小镇。加快推进国家级文化生态保护示范区建设，加强古城、古镇、古村落、古民居保护利用，加强非物质文化遗产传承，留住历史文脉，彰显湘西特色。进一步加强房地产市场管理，重点从商品房预（销）售、资金监管等方面加以规范，促进房地产业持续健康有序发展。加强物业管理和城市社区治理，出台物业管理办法，推行城市“五进小区”基层治理模式，提高城市治理水平。

二是有序推动乡村振兴。加快实施乡村振兴规划，统筹抓好产业发展、居民点布局、人居环境整治、生态保护和历史文化传承，大力改善农村生产生活条件。积极探索脱贫攻坚与乡村振兴有效衔接路径，抓好一批重点村的创新探索。加快农村基础设施建设，重点抓好农田水利设施、乡村物流、道路安防及停车场、宽带网络、消防等基础设施建设，逐步建立全域覆盖、普惠共享、城乡一体的基础设施服务网络。积极顺应人民群众对美好生活的向往，深入推进美丽湘西建设，因地制宜开展农村人居环境整治，加强农业生态环境保护和农村污染防治，有序推进农村“厕所革命”、垃圾处理、污水治理、农业面源污染治理等，扎实开展十个美丽城镇、百个最美乡村、千里最美生态公路、万户最美农家“四大创建”，实现农村人居环境明显改善，努力走出一条具有湘西特色的乡村振兴之路。

三是统筹推进基础设施建设。加快补齐基础设施短板，确保完成投资150亿元以上。大力推进综合立体交通网建设，重点抓好张吉怀高铁、湘西机场和旅游干线公路、农村公路等项目建设，新建、续建旅游干线公路349公里，自然村通水泥（沥青）路和公路提质改造225公里，打通“断头路”和边界路100公里，机场大道、张花高速三条连接线建成投用，力争龙桑高速、凤凰至铜仁高铁开工建设，争取渝湘粤（秀山至吉首）高铁、秀吉益铁路纳入国家“十四五”规划。大力推进水利网建设，着力完善集城乡防洪网、供水网、灌溉网为一体的现代化水利体系，抓好花垣五龙冲、凤凰乌巢河、龙山龙潭河水库等项目建设，吉首大兴寨大型水库开工建设，泸溪辛女溪、保靖三岔河水库建成投用。大力推进能源网建设，重点抓好220千伏、35—110千伏输变电工程、10千伏城农配网工程、小水电扶贫等项目建设，开工建设500千伏输变电工程，天然气长输管网建成使用。大力推进信息网建设，重点抓好智慧湘西、全州数字化信息工程等项目建设，建设5G基站1026个、4G基站855个，城镇光纤基本实现全覆盖，县市城区实现5G商用，自然村光纤通达率达到60%。新一代多普勒天气雷达建成使用。

（六）全力以赴推进改革创新，激发全面建成小康社会动力活力。深入实施创新引领开放崛起战略，不断深化各领域各方面体制机制改革，打造武陵山区政策洼地、投资宝地和服务高地。

一是深化重点领域改革。聚焦群众和企业最烦、最痛、最盼事项，持续深化“放管服”改革，所有审批事项进一步下放到位，所有审批流程进一步精简到位，所有中介服务事项进一步规范到位，所有行政审批服务做到“三进”中心，所有证明事项、收费事项全面向社会公开。组织实施州县乡村四级政务服务导则，推动乡镇103件、村（社区）48件事项实现统一办理。大力推进“一件事一次办”，对两批200件“事”全面推行跨县办理、跨层办理、全州通办。加快推进28项智慧湘西应用系统建设工程，力争年底州县网上可办率达到80%。加快打通企业开办经营和投资建设两大重点领域堵点，开好网上中介服务超市，将工业生产许可证再压减一半以上，工程、能源、交通和水利等建设项目审批时间压缩到50—100个工作日。全面推进园区工程建设项目区域评估，免费提供给入园项目共享使用。深化商事制度改革，着力推进照后减证和简化审批，激发市场活力，市场主体增长20%。深化财税体制改革，实施“提升税收占比三年行动计划”，推动预算绩效管理落地见效，提高财政资源配置效率。做好地区生产总值统一核算改革，确保上下数据基本衔接。稳步实施农村集体产权制度改革，深化农村基础设施管护体制改革，编制管护清单，明确管护对象、主体和标准，提升管护水平。全面完成供销综合改革，确保通过省验收。统筹推进劳动力和人才社会性流动、国资国企、医疗卫生、教育、社会管理、公共资源交易、价格、生态文明等方面改革，全面释放改革红利。

二是持续推动创新发展。大力推进以科技创新为核心的全面创新，加大科技创新投入，确保全社会研发经费支出占地区生产总值的比重达到1.2%，发明专利年申请量及增长率达到同类地区平均值。加快创新平台建设，统筹推进高新区、国家农业科技园、重点实验室、工程技术研究中心、科技孵化器及众创空间等科创平台建设，力争新增5家省级平台，将湘西高新区建成国家和省创新体系的重要组成部分，武陵山创新创业中心投入使用。加快推进高新技术产业发展，培育和引进一批国省高新技术企业，高新技术企业总量突破100家。强化企业技术创新主体地位，重点支持一批拥有核心技术和自主知识产权的科技型企业做大做强，鼓励支持企业创建国省级研发平台，参与国省重大科技项目，全面落实企业研发费用税前加计扣除优惠政策，调动企业创新的积极性。进一步优化创新创业环境，严格落实各项创业扶持政策，全面加强知识产权保护，健全公共服务体系，推动形成全社会支持创新创业，积极投身创新创业的生动局面。

三是着力优化营商环境。对标国内营商环境先进水平，力争各类要素成本显著降低，营商环境法治化、便利化程度明显提升，全州营商环境综合水平进入全省“第一梯队”。巩固和拓展减税降费成果，加大涉企税费清理整治，发挥政策兑现专门窗口作用，坚决兑现支持实体经济发展各项政策，让企业切实享受政策红利。坚持“两个毫不动摇”，构建重商、亲商、安商的工作机制和亲清新型政商关系，鼓励、支持、引导非公有制经济发展壮大，营造公平竞争的市场环境。严格规范公正文明执法，全面落实“双随机、一公开”监管，严肃整治执法不规范、不作为、乱作为等行为。切实加强资金、土地、电力、人才等要素保障。在资金保障上，鼓励引导金融机构优化信贷结构，确保金融机构非住户贷款占比50%以上，存贷比稳定在65%以上，贷款余额突破1000亿元，力争新增开发性金融贷款30亿元。加快担保公司运营，提高应急转贷资金效率，用好“无还本续贷”政策，引导和支持企业上市，帮助企业利用资本市场做强做优。在用地保障上，科学编制国土空间规划，做好自然保护地整合优化和生态保护红线评估调整工作，着力在盘活存量、提高土地利用效率上下功夫。在电力保障上，严格落实上级关于降低工商用电价格的优惠政策，加大电力“放管服”改革力度，切实降低企业和群众用电成本。在人才保障上，加大人力资源产业园建设，大力引进急需人才，促进富余劳动力就近就业，尽最大努力帮助州内企业解决用工难题。

（七）全力以赴保障和改善民生，凸显全面建成小康社会的民生温度。经济形势困难的时候，最容易受到冲击的就是困难群体，不管财力多么吃紧，我们都将保障好他们的基本生活，精准精细做好普惠性、基础性、兜底性民生建设，让发展成果更多惠及人民群众。

一是切实加强民生保障。坚持就业优先战略，扎实做好建档立卡户、易地搬迁户、高校毕业生、退役军人等重点群体就业工作，做好已转移就业返乡人员的监测，及时解决好困难，帮助实现就业，通过转移就业、就近就业和创业带动就业，确保零就业家庭动态清零，全年新增城镇就业2.3万人。全面落实基本医疗保险和生育保险州级统筹，统筹抓好大病保险、基本养老保险、城乡低保、社会救助、社会福利、慈善事业和抚恤优待等社会保障，进一步完善城乡居民基本医疗保险和门诊医疗保障政策，将高血压、糖尿病等门诊用药纳入基本医疗报销。做好机关事业单位养老保险工作，稳步提高保障水平。加强弱势群体关爱，完善农村留守儿童和妇女、老年人服务体系，加大特困人员、残疾人、困境儿童等救助力度，坚决兜牢基本民生底线。加强社保资金、医保资金、公积金监管，严厉打击违法犯罪行为，切实保障基金安全。

二是大力兴办民生实事。在全面办好省定民生实事的同时，重点围绕乡村公路安防工程、落实电价优惠政策、完善城乡通信网络、新建城乡停车场（坪）、推进城乡义务教育均衡发展、加大困境儿童救助、推行殡葬改革、加强住房保障、推行基层便民服务、饮水安全等涉及群众切身利益的事项和领域，集中力量办好群众看得见、摸得着、享受得到的20件民生实事。

三是加快社会事业发展。坚持教育优先发展，推动教育事业高质量发展，让人民满意，让家长放心。积极支持优质普惠学前教育资源扩容建设，完成1500户以上城镇小区配套幼儿园治理，公办幼儿园在园幼儿比例达50%，学前三年毛入园率达85%；积极推进义务教育由基本均衡向优质均衡发展，大力推广泸溪教育改革经验，统筹抓好义务教育资源均衡配置、教师队伍建设和办学条件改善，加快民族优秀传统文化校园传承教育，巩固消除大班额成果，新增学位1万个，义务教育巩固率达97%；加快高中教育、职业教育、高等教育发展，高中阶段毛入学率达到90%，“2+3”中高职衔接办学招生比例达到35%以上、保生率达到90%以上，争取成功创建全国示范性职教集团；全面落实义务教育教师工资待遇保障。深入开展全民健身运动，做好第七次全国人口普查工作。全面贯彻党的民族政策，巩固提升民族团结进步示范州创建成果。大力支持和充分发挥民族、宗教、统计、机关事务、退役军人事务、农机、移民、住房公积金、粮食和物资储备、供销、外事、侨务、气象、水文、人防、档案、修志、对台、工会、共青团、妇联、文联、残联、红十字会、老龄、关工委、计生协、科协、老科协等部门及群团组织作用，促进我州各项事业全面进步。

三、努力建设人民满意的服务型政府

我们把人民满不满意作为衡量政府工作的根本标准，以时不待我、只争朝夕的责任感和使命感，进一步增强政府公信力和执行力，努力建设人民满意的服务型政府。

（一）全面加强政治建设。坚持用习近平新时代中国特色社会主义思想武装头脑、指导实践、推动工作，坚持党对一切工作的领导，树牢“四个意识”，坚定“四个自信”，做到“两个维护”。把“不忘初心、牢记使命”作为加强政府系统党的建设的永恒课题和全体党员干部的终身课题，引导激励广大党员干部不断砥砺初心，担当使命。全面加强党的领导，不折不扣贯彻落实党中央国务院、省委省政府和州委的决策部署，确保令行禁止、政令畅通。加强政府系统党的建设，把党的建设贯彻到政府工作的全过程、各领域，确保政府工作始终沿着正确的方向前进。

（二）全面加强法治建设。严格遵守宪法和法律，带头尊崇制度、执行制度、维护制度，自觉运用法治思维和法治方式深化改革、推动发展、化解矛盾、维护稳定、应对风险。落实州县乡三级法律顾问、公职律师制度。自觉接受人大法律监督、政协民主监督、监委监督和审计监督，坚决执行人大及其常委会各项决议决定，坚持重大事项向人大报告、向政协通报。进一步提高人大代表建议和政协委员提案办理质量。进一步健全重大行政决策程序、公平性合法性审查、社会稳定风险评估和终身责任追究制度，认真听取民主党派、工商联、无党派人士和各人民团体意见，及时回应社会关切，使各项政策更加符合实际，更加体现民意。全面推进政务公开，加大行政审批、行政执法、工程建设、公共资源交易、公共财政支出等重点领域监管力度，强化对权力运行的监督，使权力在阳光下运行，确保党和人民赋予的权力始终为人民谋幸福。

（三）全面加强作风建设。坚决落实中央“八项规定”及实施细则、省委“九条规定”和州委“七条规定”，持之以恒纠治“四风”。严格落实党风廉政建设主体责任和“一岗双责”，持续开展重点领域、关键环节及群众身边腐败和作风问题专项整治，坚决纠正各种不正之风。切实抓好各项巡视、巡察、审计、督查交办、反馈问题整改，坚决整治形式主义、官僚主义。进一步整合精简会议，压减文件，规范督查考核，让基层腾出更多的时间和精力解决问题，推动发展。严格落实关于进一步激励广大干部新时代新担当新作为的有关文件精神，为勇于干事创业、争资上项、改革创新、优化营商环境等干事者撑腰，为担当者担当。坚持一线工作方法，深入开展调查研究，推动问题在一线解决，工作在一线落实，努力用干部的“辛苦指数”换取人民群众的“幸福指数”。

（四）全面加强效能建设。坚持人民至上，时刻把人民的冷暖放在心上，办好民生实事，落实好惠民利民政策，坚决不搞劳民伤财的“形象工程”和“政绩工程”。严格执行国省财政管理规定，坚持带头过“紧日子”，非重点非刚性项目支出和“三公”经费支出均压减20%以上，优先保工资、保基层运转、保基本民生。加强政府层级管理，优化政府目标管理，不断完善一级抓一级、层层抓落实的工作机制。加强对重要指标、重点工作、重大项目的协调调度，及时解决困难问题。加强干部队伍建设，不断提高适应新时代、实现新目标、落实新部署的能力，努力打造忠诚、干净、担当的高素质专业化公务员队伍。

专 记

精准脱贫综述

——脱贫攻坚工作纪实

2019年，全州上下始终牢记习近平总书记嘱托，严格按照党中央、国务院和省委、省政府关于脱贫攻坚系列决策部署，以必胜的信心和勇气，向决战决胜脱贫攻坚发起了总攻。特别是年初春节期间，习近平总书记、汪洋主席、胡春华副总理等中央领导就《湖南湘西州牢记习近平总书记殷切嘱托，以十八洞村为样板走出一条可复制可推广的精准扶贫好路子》信息专报相继作出重要批示指示后，全州广大干部群众进一步迸发出攻坚克难、自主脱贫的强大动力，继续坚持以脱贫攻坚统揽经济社会发展，开展脱贫攻坚工作以户清零、以村清零、以事清零“三大清零”行动，狠抓责任落实、政策落实和工作落实，精准落实落细脱贫攻坚各项工作，全力打好深度贫困地区精准脱贫攻坚战，圆满完成了年度任务。

聚焦责任落实，确保脱贫攻坚更扎实。在责任传导上抓的更牢。大力推行“州级领导联县包乡、县级领导联乡包村”制度，全面落实“州县市直单位包村、党员干部包户”制度，严格执行干部驻村、结对帮扶干部走访贫困户制度，做到贫困村驻村帮扶、贫困户结对帮扶全覆盖，进一步形成了领导带头干、干部埋头干、群众主动干的脱贫攻坚浓厚氛围。在基础工作上抓的更细。州委出台并推行帮扶一月一走访、问题一月一清零、情况一月一上报的“三个一”工作制度，督促扶贫工作队坚持按月“全覆盖”入户走访贫困户，全面掌握贫困户家庭人口信息变化、“两不愁、三保障”是否达标、应享受政策是否落实以及困难诉求等情况，做到底数清、情况明。同时，要求乡镇、村和扶贫工作队每月召开例会，分类研究解决重点难点问题，及时调处化解矛盾，切实帮助贫困群众解决生产生活、就医就学等困难，确保当月问题当月清零。在督查指导上抓的更实。坚持最严最实最不讲情面的调度督导机制，采用“四不两直”方式对8县市115个乡镇（街道）1740个村（社区）进行全覆盖调度督导，并按照州委常委会议定事项，建立脱贫攻坚工作“全员责任制、全员绩效制”考核机制。

聚焦政策落实，确保脱贫成效更显著。贫困村年度退出计划完成情况。全州实现7个深度贫困县全部脱贫摘帽，236个贫困村出列，89532名贫困人口脱贫，贫困发生率降至0.65%，即将摆脱困扰湘西州千百年来的绝对贫困问题。农村居民人均可支配收入增速情况。全州2019年度农村居民人均可支配收入10046元，同比增长9.4%，全年增幅高于全省平均水平。群众扶贫工作满意度情况。全州通过大力推进精准脱贫“十项工程”，确保精准帮扶政策到村到户到人；抓好驻村扶贫和结对帮扶，经常进村入户讲政策、访民情、解民困，进一步拉近了党群关系和干群关系；不断加大扶贫政策宣传力度，支持引导产业发展和劳务就业，完善公共设施建设，提升公共服务水平，让驻村扶贫成果惠及广大群众，群众对扶贫工作的满意度和认可度不断提升。驻村帮扶和结对帮扶工作情况。驻村帮扶实现全覆盖，全州共选派1740支驻村工作队、5694名驻村工作队员实现对1110个贫困村和630个有贫困人口的非贫困村驻村工作队全覆盖；结对帮扶实现全覆盖，全州共有各级党员干部5.86万人结对16.5万户贫困户，实现精准帮扶全覆盖。产业扶贫实施情况。在产业扶贫投入上，全州共收到中央、省财政扶贫资金17.99亿元（指定用途的除外），产业扶贫投入13.18亿元，投入占比73.24%，全面完成目标任务。在扶贫产业组织化程度上，全州共新培育或引进规模以上乡村产业企业19家，各县市均在2家以上，全州1110个贫困村全部成立了合作社。在产业扶贫覆盖面暨利益联结上，全州共有11.8万户有产业发展能力及意愿的贫困户，通过资金资源入股、委托帮扶、产前产中产后服务、聘用务工等方式，均同龙头企业或合作社建立了利益联结机制。全州有723个贫困村实现龙头企业带动，占贫困村总数65.51%，全面完成年度任务。就业扶贫目标任务完成情况。截至11月底，全州新增贫困劳动力转移就业7358人，完成全年任务的105.11%。全州未脱贫贫困劳动力通过有组织劳务输出、扶贫车间吸纳、公益性岗位安置、返乡创业带动“四个渠道”实现就业52631人，完成全年任务的190.14%。全州办理各类就业扶贫政策补贴12.85万人次，补贴总额7875.06万元。全面完成省贫困劳动力劳务协作市场对接任务。全州贫困家庭“两后生”技能培训人数为1388人，完成全年任务的107%。贫困户易地扶贫搬迁年度计划完成情况。在全面完成“十三五”时期8.1万人易地搬迁任务的基础上，将工作重心转移到后续扶持发展上，通过大力实施产业强基、就业固本、素质提升、管理提质、暖心服务、权益保障“六大行动”，着力强化党政领导、政策指导、模板向导、培训引导、结对辅导、考核督导“六导”工作模式，在推进易地扶贫搬迁后续帮扶“后半篇”文章上，形成了湘西经验，10月29—30日，湖南省易地扶贫搬迁后续工作现场会在湘西州凤凰县顺利召开。农村危房改造年度计划完成情况。全州核实调整上报4类重点对象危房存量2256户、已脱贫住危房928户。截至11月底，3184户年度农村危房改造任务全面竣工，并完成工验收及资金拨付。教育扶贫完成情况。全州有义务教育阶段学生332548名，无一名建档立卡等贫困家庭学生因贫困而失学辍学；全州共发放学生资助全覆盖资金4.6亿元，惠及学生165489人。截至11月底，全面完成当年全州春季雨露计划职业教育17054人的补助资金发放。共培育贫困村创业致富带头人1812人，完成率107%，实际报账1812人，报账率100%。健康扶贫情况。全州农村贫困人口城乡居民医保参保率100%，州内所有定点医疗机构“先诊疗后付费”和“一站式”结算工作全面开展，严格落实“三个一批”及健康扶贫系列优惠政策和便民惠民措施，各县市建档立卡贫困人口县域内住院报销比例均在85%以上，特困患者实现了全额报销，有效防止因病致贫和因病返贫。兜底保障情况。全州8县市均出台了提高农村低保保障标准的文件，超过了3700元/年的指标要求。农村低保救助水平达到省定考核要求。有效衔接农村低保制度与扶贫开发政策，截至11月底，全州共有农村低保对象154296人，占全州农业户籍人口6.6%；纳入社会保障兜底对象120651人，占全州农村低保人数76.7%。供养特困人员12605人，其中分散供养9220人，通过摸排，分散特困人员“三保障”全部落实。贫困人口安全饮水巩固提升目标任务完成情况。继续实施农村饮水安全巩固提升工程，年度计划工程全面竣工。全州7县共投入资金2.9746亿元，兴建并竣工507处工程，巩固提升42.78万农村居民（其中贫困居民8.704万人）饮水安全。完善农村公路基础设施情况。截至11月底，全州通客车线路上窄路加宽累计完成181.4公里，完成率100%；安保工程累计完成2316.363公里，完成率100%；通自然村水泥（沥青）路完成847公里，完成率121%。生态补偿情况。各县市按要求在未脱贫特困户自筹生态护林员中选聘转化为新增中央财政转移支付生态护林员1003名，使全州中央财政生态护林员总数达到4221名，按照每人每年1万元的标准落实转岗生态护林员补贴，依规及时、足额发放到位。扶贫资金管理情况。全年全州整合财政涉农资金32.07亿元，截至11月22日已全面整合到位拨付，有效保障了脱贫攻坚有序推进、取得实效。脱贫攻坚工作责任落实情况。州政府与省扶贫开发领导小组，县市与州扶贫开发领导小组，乡镇（街道）与县市，村（社区）与乡镇（街道）层层签订责任状。实现“三走访三签字”全覆盖。开展“一块地、一棵树、一张卡、一封信、一枚章”专项治理，持续整治扶贫领域腐败和作风问题。脱贫攻坚日常工作落实情况。进一步加强动态管理，对湖南省精准扶贫基础数据平台下发疑似问题全面核实。省基础数据平台比对出四大类问题共98041条，8县市第一时间按照要求对问题进行逐一核实、及时整改到位。加强小额信贷风险防范工作，截至11月19日，全州各县市已新放扶贫小额信贷22199.99万元，完成省定全年任务146.53%。加强项目库建设。各县市在8月上旬完成了项目库清查清理和整改工作。全州共动态调整项目个数3293个，涉及资金26.04亿元，项目库项目调整比例23.63%，资金调整比例30.43%。全年全州项目库调整后项目总个数13933个，资金85.56亿元。全州实施的项目与项目库的契合度达100%。

聚焦工作落实，确保脱贫路径更明晰。一是始终突出政治站位这个首要前提。全州上下始终把脱贫攻坚作为重大政治任务、首要民生工程和头等大事来抓，尤其是深学笃行习近平总书记关于精准扶贫的重要论述，分三批次对1200多名州县乡三级领导干部集中轮训，组织800多名领导干部到十八洞村重走总书记精准扶贫路，重温总书记殷切嘱托，对6万多名党员干部进行闭卷测试，对提高政治站位、掌握科学方法起到了有益作用，有效保证了政治忠诚度、工作执行力。二是始终坚持精准精细这个科学方法。发扬“工匠精神”、下足“绣花功夫”，比如：在精准帮扶上，强化贫困村“第一书记”和驻村工作队的精准选派和管理；在易地扶贫搬迁上，明确住房面积、住房质量、自筹资金、不负新债“四条底线”，强化后续帮扶，既做到应搬尽搬，又确保搬迁贫困户搬得出、稳得住、能脱贫；在提高群众满意度上，加强与群众情感交流，与贫困群众算好政策帮扶账，与非贫困群众算好基础设施、公共服务改善惠民账，让他们感受到变化、体会到实惠。三是始终把好脱贫质量这个根本要求。把提高脱贫质量放在首位，坚持以“两不愁三保障”“两个确保”标准为度量衡，实事求是把握脱贫节奏，既不降低标准、影响质量，也不放慢进度、影响脱贫。四是始终抓好改革创新这个关键举措。着力在工作方法、脱贫路径等方面积极探索，如完善帮扶模式推进资源变资产、资金变股金、农民变股东，探索推进“扶贫车间”建设引导民营企业将适合分散加工的产品放到村里生产，开辟“互联网+社会扶贫”“互联网+扶贫监督”新路径。五是始终注重激发人民群众的内生动力。加强扶贫同扶志、扶智相结合，全面建立村规民约，引导树立文明新风，通过组织专业培训、选派技术员指导和能人大户带动等方式，提高贫困群众生产技能、营销本领。全面推广花垣十八洞村开展“五兴互助”基层治理经验，有力激发了内生动力。

（李作旺）

大事记

1月

2日　中国科技部2018年12月24日公布第三批国家级“星创天地”名单，湘西州花垣县“花垣农业科技园区星创天地”榜上有名。至此，湘西州有国家级“星创天地”4家，省级“星创天地”9家。

2日　湘西州委经济工作会议在吉首召开。会议主要任务是贯彻中央、省委经济工作会议精神，总结2019年工作，分析当前形势，安排部署下步经济社会发展工作。州委书记叶红专在会上作题为《把握战略机遇承接产业转移决胜脱贫攻坚全力以赴推进湘西州高质量发展》的讲话。

4日　州十四届人大常委会第29次主任会议在吉首召开。会议听取《湘西土家族苗族自治州人民代表大会关于坚持生态立州推进绿色发展的决定（草案）》起草工作情况汇报。

7日　中国国际经济技术合作促进会理事长杨春光率领考察团到湘西州开展精准扶贫调研工作，在古丈县默戎镇翁草村考察“白叶一号”茶园基地建设工作。

同日　湘西北旅游集散地·芙蓉镇AAAAA级游客服务中心开工奠基仪式举行。

17日　省委宣传部副巡视员刘学、省文明办未成年人思想道德工作处处长史峰一行专程到湘西，代表省委宣传部、省文明办为州全国道德模范提名奖获得者鲁德权和湖南省道德模范提名奖获得者田金珍送上节前祝福和慰问金。

20日　州公安机关开展扫黑除恶“雷霆行动”第一次集中统一行动。

23日　由湘西州文广新局联合湖南省摄影家协会、湖南省艺术摄影协会主办的“走进新时代——美丽开放幸福新湘西”摄影展在州博物馆开展。

2月

19日　湘西州机构改革17家涉改单位挂牌成立。

20—21日　国家发改委副主任胡祖才带领相关司局负责人到湘西州调研精准扶贫工作。

22日　2019年黔张常铁路（湘西段）建设工作会议在吉首召开。

25日　中国人民政治协商会议湘西土家族苗族自治州第十二届委员会第三次会议开幕。

27日　湘西州与苏宁易购集团对接座谈会在吉首召开，双方达成电商扶贫战略合作。

3月

11日　十三届全国人大二次会议大会休息期间，全国人大代表、湘西州委副书记、州长龙晓华带队到国家信息中心汇报衔接工作并签署战略合作框架协议。

13日　中国地质科学院岩溶地质研究所副所长蒋忠诚、副总工程师陈伟海一行4人到湘西州，现场指导世界地质公园申报工作。

21日　2019年全国举重U17锦标赛暨二青会举重15—17岁组预赛在湘西州举行。

29日　中国测绘科学研究院·湘西自治州政务时空大数据工程技术研究中心揭牌仪式在湘西州举行。

4月

9—11日　中国林业与环境促进会常务副秘书长、森产委秘书长闻的多带领北京偶得文化产业机构负责人和专家团队到湘西州考察。

11日　由州人社部门与湘西经济开发区共建的武陵山片区湘西创新创业孵化基地，被国家人社部评定为第四批全国创业孵化示范基地，成为武陵山片区唯一一家国家级创业孵化基地。

同日　州委书记叶红专在吉首市会见唐人神集团董事长陶一山一行，双方就加快生猪产业链项目建设、深化交流合作进行了座谈。

17日　“对接粤港澳大湾区承接产业大转移”2019年湘西州（深圳）文化旅游项目专场招商推介会暨项目签约仪式在深圳市举行。

15—18日　全国人大常委会委员、全国人大民族委员会副主任委员、天津市人大常委会原主任肖怀远到湘西州调研深度贫困地区脱贫攻坚和民族文化传承保护工作。

22—24日　山东省商业集团有限公司党委书记、董事长高洪雷，山东省文旅集团党委委员、董事，鲁商乡村发展集团董事长赵衍峰到湘西州考察调研。

5月

15—16日　国务院发展研究中心副主任王安顺（正部长级）到湘西州凤凰县、花垣县、吉首市调研脱贫攻坚和乡村振兴工作。

20日　省教育厅向全省教育部门发出通知，要求学习推广泸溪教育改革经验。

30日　司法部副部长刘志强、司法部戒毒管理局副局长李一黎一行到凤凰县和湘西州强制隔离戒毒所，调研戒毒、基层矛盾调处等工作。

31日　全州文化和自然遗产日主题活动暨非物质文化遗产进校园成果展在湘西经济开发区举行。

6月

10日　湘西州委纪念中国共产党成立98周年，开展庆“七一”迎国庆系列活动。

20日　省人大常委会副主任、州委书记叶红专在吉首会见到湘西州出席吉首鼓文化节的中国国民党前副主席、台湾时雨文教基金会首席顾问陈镇湘一行。

29—30日　中国民族医药学会土家医药分会换届会议在湘西州举行。

7月

4—5日　州委书记叶红专，副州长何益群、李平，州政协副主席、保靖县委书记卢向荣和相关州直部门负责人到龙山县、保靖县，调研传统民族文化保护传承、世界地质公园申报创建、文化旅游产业发展等工作。

5日　“爱我家乡·支持申世”暨2019年湖南省青少年儿童体操项目巡回赛（永顺站）开幕。

18日　湘西州“千企联村”精准脱贫行动表彰大会召开。

19日　永顺县和花垣县边城镇入选中国文化

百强县镇。

同日 中国文联主席、中国作家协会主席铁凝，中国作家协会书记处书记邱华栋，中国作家协会创联部主任彭学明，中国作家协会办公厅副主任王军一行到湘西州调研文艺工作。

25日 庆祝新中国成立70周年“我和我的祖国”湖南百万职工同声唱歌咏大赛湘西赛区优秀节目展演暨颁奖晚会在吉首举行。

28日 十八洞村入选首批全国乡村旅游重点村。

8月

6日 申报湘西世界地质公园现场评估汇报会在吉首召开。联合国教科文组织世界地质公园评估专家渡边真人、雅各布·沃夫·汉森对申报湘西世界地质公园开始评估验收。

7日 湘西地质公园与龙岩地质公园缔结为姊妹公园。

9月

6日 湘西土家族苗族自治州特色农产品扶贫专场推介暨农业招商引资活动——湘西州客商恳谈会暨产销对接农业招商引资签约仪式在湘西经开区举行。

8日 “农联谷韵吉首、政企同话扶贫”——智慧生活项目武陵山区农特产品招商订货会在湘西州举办。

9日 湘西州举行庆祝第35个教师节暨“四有好老师”颁奖活动。

17日 湘西州2019年网络安全宣传周——网络安全校园日活动在吉大师院附小湘西经开区校区举行。

22日 永顺县芙蓉镇、龙山县里耶镇入选湖南首批十大特色文旅小镇。

25日 以“牢记嘱托感恩奋进凝心聚力建设美丽开放幸福新湘西”为主题的湖南省庆祝新中国成立70周年系列新闻发布会湘西州专场在长沙举行。

26日 在中国绿色食品发展中心组织召开的2019年第二次农产品地理标志登记专家评审会上，“永顺莓茶”农产品通过国家地理标志登记。

29日 中共湘西自治州委政协工作会议暨庆祝人民政协成立70周年大会在吉首召开。

10月

10日 “任弼时与中国共产党人的初心和使命”学术研讨会暨任弼时研究中心2019年年会在龙山县召开。

11日 湘西州盛堂百货公司、国网湘西供电分公司、酒鬼酒股份公司、湖南雷鸣西部民爆公司4家企业获评“湖南省模范劳动关系和谐企业”。

16日 2019湘西州（北京）招商引资推介会暨项目签约仪式在北京举行。

16—17日 “时代新人说——我和祖国共成长”脱贫攻坚全国演讲大赛在武陵山大剧院举行。

16—17日 省委常委、省委宣传部部长张宏森到湘西州花垣县、吉首市、凤凰县调研宣传思想文化工作。

16日 国务院发布《关于核定并公布第八批全国重点文物保护单位的通知》，泸溪县浦市镇古建筑群确定为全国文物保护单位。

18日 湘西海关正式开关运行。

同日 第十二届中国村镇银行发展论坛在吉首召开。

21—22日 省委副书记乌兰到湘西州调研脱贫攻坚和教育工作情况。

24日 省委作出决定，追授保靖县龙俊“湖南省优秀共产党员”称号。

25日　湖南省第八届网络文化节“神秘湘西　网联世界”湘西首届网络文化节在吉首市开幕。

26日　2019年全国政务大数据公共服务研讨交流会在湘西州召开。

11月

19日　黔张常铁路正式进入运行试验阶段。

19—20日　省委副书记乌兰、副省长隋忠诚率湖南党政代表团到山东省考察对接东西部扶贫协作工作。

29日　《精准扶贫》纪念邮票首发仪式在“精准扶贫”首倡地花垣县双龙镇十八洞村举行。

12月

10日　首列动车开进湘西州。

同日　第四届全国名镇论坛在湘西州举办。

19日　湘西州委经济工作会议在吉首召开。

州情概览

地　理

【区域位置】 湘西土家族苗族自治州位于湖南省西北部，地处北纬 27° 43'23" ~ 29° 38'12"、东经 109° 10' 55" ~ 110° 28'10"。武陵山脉自西南向东北蜿蜒境内，系云贵高原东缘武陵山脉东北部，西倚云贵高原，北靠鄂西山地，东南以雪峰山为屏。东部、东北部与怀化市沅陵县、张家界市永定区、桑植县接壤；南部、西南部与怀化市辰溪县、麻阳苗族自治县及贵州省铜仁市、松桃苗族自治县毗邻；西部与重庆市秀山、酉阳土家族苗族自治县相连；西北部与湖北省恩施土家族苗族自治州来凤县、宣恩县连接，系湘鄂渝黔四省市交界之地。州域东西横跨 120 公里，南北纵距 212 公里，总面积 1.55 万平方公里，占湖南省面积的 7.3%，其中山地 1.26 万平方公里，占 81.59%；丘陵 0.16 万平方公里，占 10.3%；岗地 0.04 万平方公里，占 2.45%；平原 0.06 万平方公里，占 4.06%；水面 0.02 万平方公里，占 1.6%。

【地形地貌】 湘西州地层横跨场子、华南两大一级地层区，含中元古界至第四系 58 个地层单元，除缺石炭系、侏罗系、第三系外，大部分地层层序完整，分层标志明显，沉积类型复杂，横向变化明显。古生物化石丰富，种类繁多。各系地层分布范围比较集中，区分明显，出露面积约占州境总面积 98.5%。州境有花垣县排碧阶和古丈县古丈阶“金钉子”剖面。境内处于云贵高原东北边缘，燕山运动后期长期剥蚀夷平成云贵高原组成部分，地势西北高，东南低，高差较大，垂直差明显。第三纪后期，鄂西和云贵高原经喜马拉雅山运动和新构造运动，大面积间歇性掀斜上升，地势呈西北向东南倾斜。全州 1000 米以上山峰 200 余座，境域西部八面山耸于湘、渝、黔三省市边境，呈剥夷面以梯级式向东南倾斜，最高峰为龙山县万宝山海拔 1737 米，最低点为泸溪县武溪镇龙溪出口河床海拔 97.1 米，高低差 1639.9 米，光、热、水及土壤、植被有明显垂直差异。州境大地构造属湘西洼地，地质构造以褶皱断裂为主，其主体由武陵山次级隆起带构成。地貌类型以山地、山原为主，具有成层地域规律，深受地质构造控制和流水侵蚀溶蚀影响，山体破碎，山、岗、丘、平交错分布。地表石灰岩分布面积占全州总面积 60.9%，长期侵蚀和溶蚀形成众多平原和洼地为农业提供一定生产条件，25° 以上陡坡占全州总面积 60%，开发难度大，同时岩溶地区发育石芽、石林、溶斗、溶沟、峰丛及落水洞、地下河、溶洞等形成千姿百态地貌景观，不易建造山塘、水库工程，但河流侵蚀形成深切曲流，呈现多级裂点跌水，成为梯级开发水利和水能资源良好地貌条件。

【河流水系】 湘西州境内河流属长江流域洞庭湖

水系的沅水和澧水。南有沅水干流过境，酉水干流、武水干流横穿西东。酉水和武水都属沅水一级支流。北有澧水。州内澧水主要一级支流有杉木河和贺虎溪。

湘西州境内河流分级一览表

表 1　　单位：条

干流名称	干流条数	各级支流条数（流程≥ 5 公里）					合计
		1	2	3	4	5	
沅水	1	8	73	164	79	22	347
澧水	1	5	11	3	1	0	21
小计	2	13	84	167	80	22	368

沅水及其主要支流特征情况表

表 2

河流名称		发源地点	河口地点	河长（公里）	流域面积（平方公里）	平均比降（‰）
沅水		贵州省都匀县云雾山	常德鼎城区德山	1033	89163	0.594
左岸支流	舞水	贵州省福泉县罗柳塘	黔阳县黔城	444	10334	0.996
	辰水	贵州省铜仁县漾头	辰溪县小路口	145	7536	0.555
	武水	花垣县老人山	泸溪县武溪	145	3574	2.14
	酉水	湖北省宣恩县酉源山	沅陵县张飞庙	477	18530	1.05
	深溪	张家界永定区梳坪垭	沅陵县深溪口	84	398	3.57
	珠红溪	沅陵县堡子界	沅陵县珠溪口	77	625	2.54
右岸支流	渠水	贵州省黎平县地转坡	黔阳县托口镇	285	6772	0.919
	巫水	广西省北石坳	黔阳县洪江镇	244	4205	1.81
	公溪	绥宁县张家冲	会同县塘冲	64	488	7.35
	溆水	溆浦县架枕田	溆浦县大江口	143	3290	0.191
	兰溪	沅陵县羊皮帽	沅陵县兰溪口	68	596	3.58

武水及其主要一级支流特征情况表

表 3

河流名称	流域面积（平方公里）	河流长度（公里）	河流坡降（‰）	河源	河口
武水	3574	145	2.14	花垣县老人山	泸溪县武溪镇
小龙洞河	121	14	25.3	花垣县夯儿	花垣县高岩寨
新寨河	51.2	13.0	51.9	吉首市大塘寨	吉首市矮寨
洽比河	86.2	33.0	9.50	保靖县吕洞山	吉首市马坳
文溪河	124	21.0	13.0	吉首市夯石市	吉首市文溪坪
万溶江	488	59.0	4.61	凤凰县古长坪	吉首市张排寨
司马河	264	55.0	3.00	保靖县仁猪佑	吉首市老寨
沱江	988	131	2.78	凤凰县中都	河溪小河坝
两岔溪	85.4	23	9.90	吉首市三角坪	泸溪县潭溪
丹青河	369	74.0	2.96	古丈县四方坡	泸溪县潭溪张家湾
能溪	273	56.0	3.95	泸溪县马家冲	泸溪县能滩

酉水湘西州境内主要一级支流特征情况表

表 4

河流名称	流域面积（平方公里）	河流长度（公里）	河流坡降（‰）	河源	河口
酉水	18530	477	1.05	湖北省宣恩县酉源山	沅陵县张飞庙
果利河	363	49	15.7	龙山县红溪界	龙山县水再坪
皮渡河	366	54	7.08	龙山县梅子坳	来凤县梅子坳
桂塘溪	99.8	16	7.61	龙山县上毛坡	四川酉阳张家
人落河	175	21	13.1	保靖县摸鹰咀	秀山张家堡
长潭河	194	31	6.12	龙山八面山西麓	龙山县里耶
洗车河	1276	86	2.68	龙山县二台坪	龙山县隆头镇
马圹河	76.0	24	11.0	保靖县棋盘岩	保靖县大喇寺
巴科河	77.8	20	23.0	保靖县白云山	保靖县拔茅寨
花垣河	2797	187	1.84	秀山县椅子山	保靖县江口
造库河	123	23	15.4	保靖县世万山	保靖县倒骑龙
泗溪河	392	42	4.84	永顺县大人澳	保靖泗溪口
阳朝溪	84.2	12	7.96	保靖县桃树股	保靖县龙车洞
涂乍河（白溪）	515	59	6.09	花垣县排腊	保靖县白溪口
猛洞河	2275	158	2.25	龙山县水田	永顺县龙头
观堂河	90.3	24	9.27	古丈县芭蕉湾	古丈县河西
王村河	191	22	31.1	永顺灯盏乙土	永顺县王村
古阳河	266	47	6.12	古丈县唐尔度	古丈县罗依溪
施溶溪	301	44	7.93	永顺县樟木垭	永顺县施溶溪
鱼泉溪	102	22	319	永顺县东姑佬	永顺县枫香岗
明　溪	250	43	7.72	永顺县土地垭	沅陵明溪口
酉溪河	887	84	2.10	古丈县老寨	沅陵县乌宿

澧水州境内主要一级支流特征情况表

表 5

河流名称	流域面积（平方公里）	河流长度（公里）	河流坡降（‰）	河源	河口
南源	1070.7	59	4.74	永顺县龙家寨	桑植县两河口
贺虎溪	176	28	11.6	永顺县照角坪	永顺县润雅五码头
后坪河	142	27	9.13	永顺县魏家台	张家界大庸所

（顾　雪　冯盼盼）

【区位交通】 湘西州公路里程距长沙约440公里，境内焦柳铁路自张家界市后坪与永顺交界之永茂入州境，经永顺县、古丈县、吉首市、泸溪县至凤凰县燕子岩隧道出境进入怀化市。国道319自沅陵县与泸溪县交界的六村坳入州境，经泸溪县、吉首市至花垣县边城镇，与重庆市洪安镇交界的洪安桥出境入渝。国道209自鄂、湘交界之地龙山县官渡口入州境，经龙山县、永顺县、保靖县、花垣县、吉首市至凤凰县石羊哨出州境，进入怀化市麻阳县。国道242在州境为原国道209和国道319的一段，自龙山县团结桥入州境，经龙山县至花垣县边城镇，与重庆市洪安镇交界的洪安桥出境入渝。国道352自与张家界市交界的永顺县巴巴铺入州境，经永顺县、古丈县、吉首市至凤凰县高果村入黔。国道353自龙山县分水岭入州境，经龙山县团结二桥出境。国道354在州境为原国道209的一段，自凤凰县石羊哨入州境，经凤凰县牛堰桥头出境。境内通往境外水路主要有沅、澧两大河流及沅水支流酉水。沅水流经泸溪县境，沿河逆水向上达怀化市辰溪县，顺水向东至怀化市沅陵县。澧水南源于永顺县万坪镇流入张家界市桑植县。酉水源于鄂渝黔3省（市），由西入州境向东横穿龙山、保靖、永顺、古丈4县，流入怀化市沅陵县注入沅江。

气候　水文

【气候特征】 2019年湘西自治州年平均气温偏高，降水正常，日照偏少。其中影响较为严重的气候灾害事件主要有以下6件：一是年初雨雪冰冻频繁（2018年12月27日至2019年1月1日、1月16日、2月9—11日、2月16—18日），对交通出行造成较大影响；二是冬季至春初持续连绵阴雨，全州平均累计日照时数仅53.4小时，较常年同期偏少近7成，连续阴雨寡照对农业生产、交通运输和日常生活造成了较大影响；三是5月出现重度“五月低温”，对农业生产造成一定灾害；四是5—7月上半月暴雨频发，重叠度高；五是7—8月持续高温热浪，8月高温热害达到重度；六是7—10月发生严重夏秋连旱，农作物受灾严重，人畜饮水困难。

【水文概况】 湘西州位于湖南省西北部，属中亚热带季风湿润区，湿润多雨，水系发达，降水是湘西州水资源的主要来源，大部分河川径流经沅江汇入洞庭湖。2019年，全州有水文（位）站23个，基本水文站7个，其中大河控制站2个（浦市、石堤），区域代表站5个（吉首、河溪、凤凰、永顺、红岩溪）；洪水易发区水位站1个（龙山）；中小河流水位站6个（矮寨坡、芙蓉镇、吉信、木江坪、泗溪、狮子桥），水文站9个（清明、乾州、宝灵、吊井、合水、石榴坪、白羊溪、水田河、招头寨）。全州有雨量站110个，其中基本雨量站34个、洪水易发区雨量站45个、中小河流雨量站31个。全州有泥沙站2个，地下水站2个，墒情站8个，地表水水质监测站25个。全州水利部门委托水文部门维护的雨量点（山洪部分）178个，其中泸溪县46个、吉首市14个、凤凰县31个、花垣县13个、保靖县9个、永顺县40个、龙山县25个。年末，水文部门管理各类水文站点346个。

2019年，全州天然年径流为115.17亿立方米，比正常年份偏少7.9%。年径流深为744.89毫米，年径流系数为0.58。其中，汇入沅江年总径流为106.81亿立方米，汇入澧水年总径流为8.36亿立方米。入境的客水河流，主要为沅江干流，其次为酉水。沅江入境水量491.0亿立方米，酉水入境水量55.13亿立方米。州境碳酸岩裸露面积约占全州35%左右。由于水资源具有地表水与地下水相互转化的特点，岩溶地下水资源丰富，水质良好。州境内现有187条较大暗河和900多个大溶洞，多数溶洞出露于地表或悬挂在陡壁，少数埋藏在地下80—120米的深层。雨季降水后，丰富的地表径流通过喀斯特地形很快转入地下，以近源排泄的方式汇入河谷，转化为地表径流。是年，全州境内地下水资源总量为21.54亿立方米，占年径流18.7%，年地下径流模数为13.9万立方米/平方公里。

【降　水】 2019年，全州平均年降水量1284.5毫米，比多年平均值偏少9.5%，其中汛期平均降雨量884.1毫米，比历年同期均值偏少13.3%，比2018年同期偏少8.7%。从时程分配看，5—6月月降雨量较历年同期偏多（其中最大5月偏多1成多）；4月、7—9月各月降雨量较历年同期均偏少（其中最小9月偏少6成多）。从空间分布看，湘西州中部吉首市境内汛期降雨较多，降雨量在1000毫米以上，其他县境内降雨相对较少，降雨量在1000毫米以下，汛期累计最大点雨量为吉首林木山站1444.9毫米。从行政区降雨看，汛期降雨量最多的为吉首市1096毫米，比历年同期偏多7.9%，最少的为保靖县778.3毫米，比历年同期偏少25.8%。汛期湘西州单站最大24小时雨量为泸溪芭蕉坪站188毫米（6月28日17：00至29日17：00）。2019年汛期降雨总的特点是：降雨总量偏少，时空分布很不均匀，局部性暴雨频次多，小范围暴雨强度较大。

【水　情】 受降雨及水利工程影响，2019年汛期各水文站均发生不同程度的洪水过程，其中州境南部武水支流峒河吉首水文站发生1次仅低于警戒水位0.05米的洪水过程，其他各水文站发生低于警戒水位1.23～3.62米的洪水。汛期洪水主要特点：时间较集中、洪峰水位不高、洪峰流量及洪量不大。

【旱　情】 2019年7月下旬末至9月下旬，湘西州进入晴热高温少雨天气，降雨量较历年同期偏少，蒸发量偏多，出现旱情，且旱情基本呈逐渐加重的趋势。

7月下旬至8月中旬，湘西州区域土壤含水量由77—110毫米发展到64—119毫米，由基本无旱情发展成除保靖县基本无旱情外，龙山、花垣、泸溪县行政区局部出现中度干旱，其他县（市）大部分地区出现轻度干旱。

8月中旬至8月23日，湘西州区域土壤含水量由60—100毫米发展到52—82毫米，行政区中南部大部分地区发展为中度干旱，其中南部泸溪、吉首局部开始进入重旱；北部龙山、永顺为轻到中度干旱。8月26—29日期间受连续降雨影响，行政区内大部分地区土壤含水量持续回升，其中永顺东北部以及古丈、吉首、凤凰等县（市）部分地区土壤含水量接近饱和，部分地区旱情暂时解除，但由于此次降雨时空分布不均，泸溪、吉首等县（市）局部地区降雨偏少，旱情只得到稍微缓解，仍处于中度干旱状态。

9月，受晴热高温少雨影响，湘西州大部分地区处于轻度至中度干旱状态，局部地区处于严重干旱状态，且旱情基本呈缓慢加重趋势。上旬各县（市）土壤含水量48—113毫米，约一半地区为轻度至中度干旱状态，其中泸溪局部发展为严重干旱；中旬各县（市）土壤含水量41—107毫米，大部分地区仍维持在轻度至中度干旱状态，其中泸溪、凤凰局部处于严重干旱状态。9月底，各县（市）土壤含水量35—83毫米，大部分地区已处于中度干旱状态，中南部部分地区处于严重干旱状态。

（李　毅）

资　源

【动植物资源】 全州有脊椎动物28目64科201种以上，其中兽类8目20科48种，鸟类9目22科72种，爬行类2目5科18种，两栖类2目5科18种，鱼类7目12科42种。森林昆虫21目131科640种，其中鳞翅目31科141种，膜翅目15科35种，鞘翅目31科180种，同翅目6科14种，直翅目4科37种，脉翅目2科2种，广翅目2科3种，革翅目1科1种，毛翅目2科3种，寄翅目4科4种，螳螂目1科5种，蜻蜓目2科6种，缨毛目1科1种，竹节虫目1科1种，蜚蠊目1科2种，蜉游目1科2种，蜘蛛目14科25种，蟒螨目1科1种，寄螨目1科1种。森林昆虫天敌资源2纲14目70科159种。属国家和湖南省规定的保护动物有68种，其中一类保护动物有云豹、金钱豹、金雕和白颈长尾雉4种；二类保护的有猕猴、水獭、大灵猫、小灵猫、林麝、苏门羚、毛冠鹿、黑熊、豺、果子狸、金鸡、白冠长尾雉、红腹角雉、勺鸡、鸳鸯、斑头鸺留鸟、岩鹰、鹰（2种）、凤头鹃隼、穿山甲、大鲵共26种；三类保护的有华南虎、豪猪、豹猫、狐、黄鼬、青鼬、鼬獾、刺猬、银星竹鼠、蛇（11种）、蟾、蛙（9种）、白鹭、豆雁、竹鸡、鹌鹑、山斑鸠、珠颈斑鸠、环颈雉（野鸡）、红嘴相思鸟共38种。有国家保护的一、二、三类名贵药用动物11种。

现已查明的野生植物有维管束植物209科、897属、2206种。其中种子植物174科、820属、1980种，蕨类植物35科、77属、206种。木本植物以松、杉、柏、茶、大戟、壳斗、樟、蔷薇等科为主；草本植物以禾本、荨麻、菊、莎草等科的种类为多。有国家和湖南省公布保护植物34种，包括一类保护植物珙桐、光叶珙桐、银杏、南方红豆杉、伯乐、香果、水杉7种；二类保护植物篦子三尖杉、黄杉、红豆杉、金钱松、长苞铁杉、滇楸、杜仲、花榈木、鹅掌楸、榉木、伞花木、厚朴、白章树、楠木等16种；三类保护植物沉水樟、青檀、华榛、八角莲、任木、野大豆、独花兰、银鹊树、黄连、天麻、凹叶厚朴等11种，是国家保护植物高密度分布区。境内药用植物985种，其中杜仲、银杏、厚朴、黄柏、黄连、吴茱萸、五味子、连翘、樟脑、核桃、黄精、天麻、紫草、石斛、龙毛里求斯、天门冬、桂眸、薯芋、紫黄姜19种属国家保护的名贵药用植物。有种子含油量大于10%的油脂类植物256种，纤维植物179种，鞣料植物100余种，淀粉和糖类植物230余种，观赏性植物91科216属383种，维生素植物60多种，色素植物12种。

【矿产资源】 已发现矿产45种（亚种63种），其中工作程度较高的有37种，探明储量并列入《湖南省矿产资源储量表》的有18种，矿产类型主要包括能源、黑色金属、有色金属、贵金属、稀有元素矿产及非金属矿产和水汽矿产等7类，总潜在价值210.94亿元。发现的能源矿产包括煤、石煤、铀矿和地热等四种，煤保有资源储量为2343.4万吨，总潜在价值11.95亿元；铀矿分布于古丈坪坝、泸溪浦市和吉首已略一带，资源储量122吨；地热资源较丰富，主要分布在永顺、龙山等县，已发现热水产地7处，其中永顺不二门温泉水温达41.5℃，流量20—22升/秒，水质达矿泉水标准。

黑色金属矿产。铁矿主要分布在永顺县，现已发现矿产地9处，其中探明资源储量的1处。锰矿共发现矿床（点）15处。钒矿已发现矿床（点）13处，其中2处探明资源储量。

有色金属矿产。已发现并探有储量的有色金属矿产包括铜、铝、铅、锌、镁和汞6种。贵金属矿产已发现主要有金、银、铂族金属等。已发现稀有元素矿产（镉矿），探明镉矿床2处。

【旅游资源】

2019年末湘西自治州A级旅游景区一览表

表6

序号	景区名称	所在县市	等级	评定时间	最近复核时间	是否已有标牌	是否已有证书
1	凤凰古城	凤凰县	AAAA	2003.12.16	2019年	是	是
2	奇梁洞	凤凰县	AAAA	2003.12.16	2019年	是	是
3	南华山	凤凰县	AAAA	2011.10.22	2019年	是	是
4	乾州古城	吉首市	AAAA	2011.12.16	2019年	是	是
5	矮寨奇观	吉首市	AAAA	2013.11.21	2019年	是	是
6	芙蓉镇	永顺县	AAAA	2012.12.12	2019年	是	是
7	猛洞河漂流	永顺县	AAAA	2012.11.22	2019年	是	是
8	老司城	永顺县	AAAA	2016.12.30	2019年	是	是
9	红石林	古丈县	AAAA	2013.9.13	2019年	是	是
10	浦市古镇	泸溪县	AAAA	2016.5.3	2019年	是	是
11	里耶古城	龙山县	AAAA	2019.1.3	2019年	是	是
12	湘西民族文化园	吉首市	AAAA	2019.12.31	2019年	是	是
13	南方长城	凤凰县	AAA	2003.12.16	2019年	是	是
14	凤凰之窗	凤凰县	AAA	2016.9.8	2019年	是	是

续表 6

序号	景区名称	所在县市	等级	评定时间	最近复核时间	是否已有标牌	是否已有证书
15	老家寨—苗人谷	凤凰县	AAA	2016.12.1	2019 年	是	是
16	老洞	凤凰县	AAA	2017.12.28	2019 年	是	是
17	飞水谷	凤凰县	AAA	2018.12.31	2019 年	是	是
18	边城茶峒	花垣县	AAA	2007.10.4	2019 年	是	是
19	十八洞	花垣县	AAA	2017.12.28	2019 年	是	是
20	吕洞山	保靖县	AAA	2013.11.20	2019 年	是	是
21	陇木峒	保靖县	AAA	2019.12.31	2019 年	是	是
22	白沙	泸溪县	AAA	2014.12.23	2019 年	是	是
23	天桥山	泸溪县	AAA	2016.12.28	2019 年	是	是
24	马王溪	泸溪县	AAA	2017.12.28	2019 年	是	是
25	岩门古堡寨	泸溪县	AAA	2018.12.31	2019 年	是	是
26	新寨坪	泸溪县	AAA	2019.12.31	2019 年	是	是
27	坐龙峡	古丈县	AAA	2016.10.17	2019 年	是	是
28	墨戎	古丈县	AAA	2017.12.28	2019 年	是	是
29	惹巴拉	龙山县	AAA	2016.11.25	2019 年	是	是
30	乌龙山大峡谷	龙山县	AAA	2016.11.25	2019 年	是	是
31	茨岩塘	龙山县	AAA	2019.12.31	2019 年	是	是
32	太平山	龙山县	AAA	2019.12.31	2019 年	是	是
33	小溪	永顺县	AAA	2017.12.28	2019 年	是	是
34	不二门	永顺县	AAA	2018.12.31	2019 年	是	是
35	塔卧	永顺县	AAA	2019.12.31	2019 年	是	是

环境质量

【空气环境】 全州县市空气质量平均优良天数比例为 94.5%，较上年提升 0.1 个百分点，$PM_{2.5}$ 平均浓度为 30 微克 / 立方米，PM_{10} 平均浓度为 49 微克 / 立方米。

【水环境】 全州城市污水处理率 95.05%，比上年提高 1.01 个百分点。生活垃圾无害化处理率 99.03%，提高 0.18 个百分点。全州考核断面的水质优良率 100%。

【生态环境】 全州有各级各类自然保护区 33 个，其中国家级 3 个，省级 5 个，自然保护区面积 355.5 万亩。全州有林面积 1629 万亩，森林覆盖率 70.24%。全州活立木蓄积量 4829.3 万立方米。全年完成人工造林面积 15.05 万亩。年末实有新封山育林面积 12.1 万亩。

【主要江河水资源质量】 2019 年，湖南省水环境监测中心湘西分中心对州内沅江、酉水、猛洞河、花垣河、兄弟河、古阳河、武水（峒河）、万溶江、沱江等河流 25 个水质监测断面进行同步取样监测，依据《地表水环境质量标准》（GB 3838–2002）对各河流水质进行评价，监测评价结果如下：

沅江：干流监测断面设在浦市水文站、红土溪、七里湾、大龙溪，各断面全年水质综合类别均为Ⅱ类。

酉水：干流监测断面分别设在龙山县华塘、秀山县石堤水文站、保靖县江口及溪口，其中石堤是省界河流水质监测断面，各断面全年水质综合类别均为Ⅱ类。

猛洞河：监测断面设在永顺水文站，全年水质综合类别为Ⅱ类。

花垣河：监测断面设在花垣县茶洞、岩板滩，其中茶洞断面是省界河流监测断面，各断面全年水质综合类别均为Ⅲ类。

兄弟河：监测断面设在花垣县朝料，全年水

质综合类别为Ⅱ类。

古阳河：监测断面设在古丈县白蜡池，全年水质综合类别为Ⅱ类。

武水（峒河）：监测断面设在吉首市大兴寨、寨阳、狮子庵、吉首水文站、河溪水文站。各断面全年水质综合类别均为Ⅱ类。

万溶江：监测断面设在凤凰县吉信及吉首市木林坪、钟家寨、乾州。其中吉信断面水质综合类别为Ⅰ类，乾州断面水质综合类别为Ⅲ类，其余断面全年水质综合类别均为Ⅱ类。

沱江：监测断面设在凤凰县长潭岗水库，全年水质综合类别为Ⅲ类。

（李　毅）

建置区划

【建置沿革】 湘西土家族苗族自治州境域，战国时属楚黔中郡。西汉属武陵郡。三国时初属蜀，后属吴。西晋、东晋属荆州武陵郡。隋唐五代时期属黔中道。宋为荆湖北路的辰州、澧州。元为湖广行省恩州宣慰司、辰州路、澧州路和四川行省永顺宣慰司，以及新添葛蛮安抚司地。明置永顺宣慰司、保靖州宣慰司，其余为岳、辰两州地。清置永顺府和凤凰、乾州、永绥直隶厅，东北部为澧州地。

中华人民共和国成立之初，凤凰、乾城、永绥、泸溪等县和永顺、龙山、保靖、古丈等县分属沅陵专区和永顺专区。

1952年8月1日，湘西苗族自治区成立，辖吉首、古丈、泸溪、凤凰、花垣、保靖6县，代管永顺、龙山、桑植、大庸4县。年底，4县亦属直接管辖。1955年4月28日，湘西苗族自治区更名为湘西苗族自治州。

1957年9月20日，湘西土家族苗族自治州成立，州府设吉首，辖原管10县。

1982年8月3日，国务院批准撤销吉首县，设立县级吉首市。

1985年5月24日，国务院批准（国函〔1985〕77号）撤销大庸县，设立大庸市（县级），以原大庸县的行政区域为大庸市的行政区域。

1988年5月18日，国务院批准将大庸市升为地级，设立永定区、武陵源区，将常德市的慈利县和湘西土家族苗族自治州的桑植县划归大庸市。湘西土家族苗族自治州由原管辖8县2市减为7县1市，即：泸溪、凤凰、古丈、花垣、保靖、永顺、龙山7县和吉首1市。全州共有156个乡、61个镇、4个街道办事处、1个场，2643个村民委员会、168个居民委员会，15548个村（居）民小组。

1999年末，全州仍辖1个市7个县，共56个镇、162个乡。总人口为259.30万人，其中土家族94.59万人，占总人口的36.5%；苗族82.41万人，占总人口的31.8%。

2000年，据第五次全国人口普查数据，湘西土家族苗族自治州总人口24636171人。其中，吉首市294297人、泸溪县256869人、凤凰县343878人、花垣县253750人、保靖县260034人、古丈县119202人、永顺县445224人、龙山县490363人（按当年行政区划）。

2001年6月27日，民政部批准（民发〔2001〕165号）将泸溪县人民政府驻地由武溪镇迁至白沙镇。

2005年，全州撤销14个乡、1个镇，将52个乡、30个镇合并设立7个乡、30个镇，设立1个乡、3个街道办事处，调整8个乡、12个镇、3个街道办事处的部分行政区域，1个镇更名，共减少58个乡、1个镇，增加3个街道办事处。4—10月，乡镇区划调整，由原来的217个合并成158个，减少59个。经过调整，撤并的乡镇个数分别为：吉首市2个、凤凰县7个、泸溪县4个、保靖县9个、古丈县3个、花垣县3个、永顺县15个、龙山县16个。2015—2016年，根据省委、省政府的要求，开展乡镇区划调整改革。湘西州8县（市）原辖165个乡镇、街道（其中158个乡镇、7个街道），2148个村、社区（其中1961个村、187个社区）。乡镇区划调整后，全州有乡镇、街道115个（其中75个镇、30个乡、10个街道），村、社区1817个（其中250个社区、1567个村）。街道增设3个，乡镇数减少53个，社区增设63个，建制村减少394个。

（陈　鲲）

【行政区划】 2019年底，全州共有乡镇、街道115个（其中镇75个、乡30个、街道10个），村、社区1815个（其中社区248个、村1567个）。2019年，经保靖县人民政府批准，设立迁陵镇扁槽社区居民委员会和碗米坡镇白云山社区居民委员会。

（黄文枫）

人口　民族

【人　口】 2019年末，全州常住人口263.83万人。其中城镇人口125.98万人，农村人口137.85万人，城镇化率47.75%，较去年提高1.21个百分点。全年出生3.04万人，出生率9.93‰；死亡人口1.35万人，死亡率5.53‰，全年人口自然增长率4.4‰。

【民　族】 2019年末，全州总人口294.76万人（含流动人口），其中汉族57.46万人，少数民族237.3万人。在少数民族中，土家族130.02万人，苗族105.17万人，回族0.96万人，瑶族0.26万人，其他少数民族0.89万人。湘西各民族长期以来处于大杂居、小聚居的状态。土家族，自称“毕兹卡”，主要分布在永顺、龙山、保靖、吉首、古丈等县市。苗族，自称“果雄”，主要分布在花垣、凤凰、吉首、泸溪、古丈、保靖等县市。

【宗　教】 湘西州宗教有佛教、道教、伊斯兰教、天主教、基督教。有全州性宗教团体5个，分别是州佛教协会、州基督教三自爱国运动委员会、州佛教慈爱功德会、州宗教文化研究中心、州道教协会；县（市）宗教团体6个。信教群众约35万人，登记开放的合法宗教活动场所262处，其中佛教场所235处，道教场所11处，基督教活动场所16处，纳入管理的民间信仰活动场所57处。认定备案的宗教教职人员564人，其中佛教79人，道教445人，基督教40人。

经济社会发展

【概　况】 2019年全州实现生产总值705.71亿元，增长7.2%。其中，第一产业增加值94.86亿元，增长3.4%；第二产业增加值198.26亿元，增长5.9%；第三产业增加值412.59亿元，增长8.7%。第一产业、第二产业、第三产业增加值占生产总值的比重分别为13.4%、28.1%、58.5%，其中工业增加值占生产总值比重为22.4%。第一、二、三产业对经济增长贡献率分别为6%、24.1%、69.9%；工业对经济增长贡献率为22.8%。按常住人口计算，全州人均生产总值26691元，增长7.2%。非公有制经济增加值474.57亿元，增长7.5%，占生产总值的比重为67.2%。实现高新技术产业增加值38.41亿元，增长1.1%。

【农　业】 2019年，全州实现农林牧渔业增加值96.2亿元，增长3.5%。其中农业增加值68.3亿元，增长4.4%；林业增加值4.3亿元，增长4.7%；牧业增加值20.59亿元，下降0.9%；渔业增加值1.7亿元，增长2.3%；农林牧渔专业及辅助性活动增加值1.31亿元，增长8.9%。

全年粮食作物播种面积165.78千公顷，增长0.8%。其中稻谷播种面积95.75千公顷，下降1.7%；玉米播种面积33.03千公顷，增长4.9%；豆类播种面积10.65千公顷，增长5.7%；薯类播种面积25.75千公顷，增长3.4%。油料播种面积51.38千公顷，增长0.1%。蔬菜种植面积55.87

千公顷，增长4.2%。茶叶种植面积26.06千公顷，增长21.6%。烟叶种植面积10.52千公顷，下降21.6%。猕猴桃果园面积7.8千公顷，增长10.5%，柑橘果园面积50.33千公顷，下降5.4%。

全州粮食总产量87.53万吨，增长2.8%。其中稻谷产量59.42万吨，增长0.9%；玉米产量14.89万吨，增长10.1%；豆类产量1.57万吨，增长5.2%；薯类产量11.48万吨，增长4.2%。油料产量7.9万吨，下降0.5%。蔬菜产量73.31万吨，增长3.6%。茶叶产量9517吨，增长61.7%。烟叶产量1.85万吨，下降24.6%。猕猴桃产量8.73万吨，增长13.8%；柑橘类水果产量66.24万吨，下降1.9%。中草药材产量10.96万吨，增长5.9%。

全州肉类总产量9.49万吨，下降11.2%。其中猪肉产量7.07万吨，下降15.9%；牛肉产量0.7万吨，增长1.6%；禽肉产量0.81万吨，增长10.4%。禽蛋产量10365吨，增长8.9%。全年出栏猪104.95万头，下降15.1%；牛出栏6.32万头，下降0.7%。年末生猪存栏38.89万头，下降54%；牛存栏21.4万头，增长0.1%；山羊存栏39.71万只，下降1%；活家禽存笼495.77万羽，增长6.5%。

全州水产品总产量2.58万吨，增长4.5%。其中淡水养殖鱼类2.42万吨，增长4%。

全年共有农民专业合作社5761个，农产品加工企业938家，家庭农场2490户。全州共建成万亩特色产业标准园区24个，建成高标准基本农田20.3万亩。实施椪柑产业品改1.28万亩。全年农业机械总动力186.4万千瓦，化肥施用量（折纯）6.53万吨，实现农村土地流转75.06万亩。

全年改善农田有效灌溉面积799公顷，新增节水灌溉面积280公顷。开工各类水利工程539处，投入资金5.4亿元，完成水利工程土石方357.3万立方米，完成病险水库、水闸除险加固18座，治理水土流失面积15.8平方公里，治理坡耕地540公顷，综合治理河道4.05公里。

2019年湘西州主要农产品产量及增长速度一览表

表7

主要农产品	计量单位	产量	比上年增减（%）
粮食	万吨	87.53	2.8
油料	万吨	7.9	-0.5
蔬菜	万吨	73.31	3.6
烟叶	万吨	1.85	-24.6
中草药材	万吨	10.96	5.9
茶叶	吨	9517	61.7
猕猴桃	万吨	8.73	13.8
柑橘类	万吨	66.24	-1.9
肉类总产量	万吨	9.49	-11.2
生猪存栏数	万头	38.89	-54
生猪出栏数	万头	104.95	-15.1

【工业和建筑业】 全州工业增加值158.26亿元，增长7%。规模以上工业增加值增长7%，其中国有及控股企业增加值增长22.8%，大中型工业企业增加值增长17.1%。规模工业主要行业增加值中，制造业增长9.8%，其中黑色金属冶炼和压延加工业、有色金属冶炼和压延加工业分别增长13.6%、57.6%，食品制造业增长8.2%，酒、饮料和精制茶制造业增长15.6%，医药制造业下降32.1%。电力热力燃气及水生产和供应业增长8.7%。园区规模以上工业增加值增长8%，占全州规模工业增加值比重为52.1%。战略性新兴产业增加值增长2.8%。

2019 年湘西州规模以上工业主要产品产量及增长速度一览表

表 8

主要工业产品	单位	产量	比上年增减（%）
发电量	亿千瓦时	14.01	–14.8
锰矿石成品矿	万吨	56	114.2
电解锰	万吨	15.9	4.4
锌	万吨	25.1	100.4
白酒	千升	8403.6	16.2
精制茶	吨	6796.9	–38.5
中成药	吨	5245.9	–15.3
硫酸	万吨	25	310.5
水泥	万吨	305	0
锂离子电池	万只	4156	—
光电子器件	万片	566.8	–67.3

全州规模以上工业企业 248 家，其中亏损企业 67 家，亏损企业亏损总额 4.5 亿元，下降 15%。规模以上工业企业实现主营业务收入 201.2 亿元，增长 11.6%；企业利润总额 6.2 亿元，增长 2%。其中大中型企业实现利润总额 3.7 亿元，增长 73.7%。全州规模工业企业资产负债率 58%，企业产品销售率 97.4%。

全州建筑业增加值 40.52 亿元，增长 1.6%。具有建筑业资质等级的总承包和专业承包建筑业企业总产值 55.69 亿元，增长 6.4%。全州房屋建筑施工面积 415.68 万平方米，增长 0.3%。其中新开工面积 120.4 万平方米，下降 36.9%；房屋建筑竣工面积 103.41 万平方米，下降 7.9%。

【旅游业和对外经济】 全州共有旅游等级景区（点）35 个，其中国家 AAAA 级以上旅游景区（点）12 个。全年共接待国内游客 5723.3 万人次，实现国内旅游收入 526 亿元，分别增长 11.9% 和 20.3%。接待入境游客 23.63 万人次，旅游创汇收入 5860.2 万美元，分别增长 8.1%、7.8%。全州进出口总额 16537 万美元，下降 32.4%。其中出口额 15198 万美元，下降 26.8%；进口额 1339 万美元，下降 63.6%。全年实际引进境内州外资金 104.24 亿元，增长 27.8%；实际利用外资 949 万美元，增长 130.3%。新引进项目 30 个，其中投资过亿项目 20 个，新引进外资企业 3 家。

【脱贫攻坚】 年末全州实有建档立卡贫困户 16.5 万户，投入各类扶贫资金 57.66 亿元，7 个深度贫困县全部脱贫摘帽，236 个贫困村出列，89532 名贫困人口人脱贫，贫困发生率降至 0.65%，比上年降低 3.74 个百分点。

【固定资产投资】 全州固定资产投资下降 4.9%。按经济类型分，国有投资下降 24.7%，非国有投资增长 19.2%，民间投资增长 14.5%。按投资方向分，工业投资下降 8.1%，其中工业技改投资增长 11.5%；民生投资增长 0.01%；生态投资下降 10.9%；基础设施投资下降 26.9%；高新技术产业投资下降 15%。按产业分，第一产业投资增长 128.1%，第二产业投资下降 14.1%，其中制造业投资下降 9.5%，第三产业投资下降 5.9%。

全州施工项目个数比上年增长 24.2%。其中本年新开工 5000 万元以上项目（含房地产）个数较上年增长 21.7%。本年投产项目个数较上年增长 97.1%。实施亿元及以上投资项目个数较上年增长 21.2%；亿元以上项目投资量下降 10.6%。

全年房地产开发投资 114.85 亿元，增长 17.7%。房地产开发施工面积 1247.6 万平方米，增长 31%；其中本年新开工 447.2 万平方米，增长 30.4%。房地产销售面积 227.1 万平方米，增长 7.2%；其中期房、现房销售面积分别为 210.7 万平方米、16.4 万平方米，分别增长 5.5%、33.6%。

房地产待售面积17.9万平方米，下降30.9%；商品房销售额103.17亿元，增长14%；其中期房、现房销售额分别为97.2亿元、6亿元，分别增长13.9%、15.4%。

【交通、邮电】 全州客货运输换算周转总量59.9亿吨公里，增长7.2%。其中旅客运输量4188万人，下降13.4%；旅客周转量26.8亿人公里，下降13.3%；货物运输量2573万吨，下降3.3%；货运周转量57.2亿吨公里，增长8.4%。

全州年末通车里程13295.5公里。其中铁路里程192公里，公路通车里程12571.5公里，高速公路通车里程482公里（不含连接线）。全年完成农村公路硬化952公里。全州拥有客船177艘、货船54艘、载货汽车2342辆、载客汽车3263辆。年末全州民用汽车保有量19.05万辆，增长13%。其中私人汽车保有量17.5万辆，增长14%；私人轿车保有量7.3万辆，增长15.3%。

全年完成邮电业务总量190.79亿元，增长77.2%。其中邮政业务总量3.19亿元，增长16.2%，电信业务总量187.6亿元，增长78.8%。邮政营业网点181处，邮路总长度7074公里，快递业务量415.07万件，快递业务收入2931.44万元。年末固定电话用户8.14万户，移动电话用户259.9万户，互联网宽带用户69.8万户。

2019年湘西州各种运输方式完成客货运输量及增长速度一览表

表9

指标	计量单位	绝对数	比上年增长（%）
货运量	万吨	2573	–3.3
其中：公路	万吨	2519	–3.7
水路	万吨	54	18.7
客运量	万人	4188	–13.4
其中：公路	万人	4061	–13.8
水路	万人	127.6	–0.1

【教育、科技、文化】 全州有各级各类学校1927所，其中大学3所，中等职业学校28所，普通中学182所，普通小学212所，特殊学校4所，幼儿园655所。各级各类学校教职工51123人，其中大学2562人，中等职业学校1444人，普通中学12447人，普通小学13668人，特殊学校129人，幼儿园8814人。各级各类学校在校生569565人，其中大学57778人，中等职业学校28113人，普通中学151671人，普通小学231399人，特殊学校469人，幼儿园100135人。小学适龄儿童入学率99.9%，小学升学率102.2%，小学年巩固率100.3%；初中升学率85.7%，初中年巩固率99.2%。全州各类民办学校579所，民办学校在校生91583人。全年发放普通高中国家助学金4613.6万元，发放高校国家奖学金、助学金1170.1万元。发放中职国家助学金4078.5万元，资助中职学生4.48万人次，落实中职免学费资金5501万元。

2019年湘西州在校学生、招生、毕业生一览表

表10

	大学	中等职业学校	普通中学			小学
				普通高中	初中	
学校数（所）	3	28	182	28	154	212
招生数（人）	23269	10218	52788	17528	35260	39580
在校学生（人）	57778	28113	151671	50556	101115	231399
毕业生（人）	17349	8858	48556	16164	32392	34483

全州共有省级工程技术研究中心10家，高新技术创业服务中心1家，科技孵化器及众创空间2个。全年实施科学研究项目182个，科技经费支出总额6.27亿元，比上年增长76.6%。其中财政科技支出2.23亿元，企业研发支出4.04亿元。全年签订技术合同78份。全州发明专利申报量175件，发明专利授权量50件，有效发明专利量381件。万人发明专利拥有量1.44件。

全州有产品检测实验室13个。法定计量检定机构8个，特种设备检验机构2个，重点工业产品质量监督抽查372批次。组织制定地方标准6项。商标申请量3673件，商标注册量2847件，有效商标9888件。

【人民生活与社会保障】 全州居民人均可支配收入16934元，增长9.7%。其中城镇居民人均可支配收入26756元，增长8.2%；农村居民人均可支配收入10046元，增长9.4%。全州居民人均生活消费支出13663元，增长6.3%。其中城镇居民人均生活消费支出17936元，增长5.6%；农村居民人均生活消费支出10667元，增长6.1%。全州居民食品消费支出占消费总支出的比重（恩格尔系数）为28.2%。全州城镇居民人均住房面积49.2平方米，农村居民人均住房面积44.9平方米。

全州新增城镇就业人员2.7万人。年末城镇登记失业率2.95%，失业人员再就业人数1.16万人。参加城乡基本医疗保险人数251.81万人，参保率97.54%。城镇职工基本医疗保险参保人数18.27万人，其中在职职工参保13.43万人，退休人员参保4.84万人。城镇基本养老保险职工参保人数17万人，其中在岗职工参保9万人，离退休人员8万人。全州参加工伤保险职工人数23.75万人，参加生育保险职工人数13.23万人，参加失业保险职工人数16.52万人。全州新型农村养老保险登记参保人数140.75万人，增长1.8%。

全年共发放城镇居民最低生活保障3.6万人，发放资金总额1.69亿元。发放农村居民最低生活保障15.65万人，发放资金总额4.09亿元。年末各类收养性社会福利单位床位10152张，各类收养性社会福利单位收养人员6079人。新改建公办养老机构5所，公办养老机构新增床位255张。拥有综合性社区服务中心211个。新建城乡养老服务示范点15所，养老服务示范点新增床位80张。全年销售社会福利彩票4.77亿元，筹集福彩公益金1.26亿元；直接接收社会捐赠2099万元。

中国共产党湘西土家族苗族自治州委员会

州委工作

【概　况】 2019年，中共湘西州委团结带领全州各级党组织和广大干部群众，以习近平新时代中国特色社会主义思想为指导，深入贯彻党的十九大和十九届二中、三中、四中全会精神，坚持新发展理念和稳中求进工作总基调，统筹推进“五位一体”总体布局和协调推进“四个全面”战略布局，全面贯彻落实习近平总书记对湖南工作和湘西州脱贫攻坚的重要指示批示精神，深入实施省委创新引领开放崛起战略，坚守“542”发展思路，聚焦三大攻坚战、高质量发展、巡视整改、扫黑除恶专项斗争、“不忘初心、牢记使命”主题教育等重点工作，全力以赴补短板、强弱项、抓落实，加快建设美丽开放幸福新湘西，形成了经济稳健发展、民族团结进步、社会和谐稳定、政治生态良好的工作局面。

深学笃行习近平新时代中国特色社会主义思想，推动湘西州各项事业沿着正确方向前进。始终把习近平新时代中国特色社会主义思想作为政治必修课，持续加强政治理论学习，举行10次中心组学习，39次州委常委会会议中有60多个议题安排学习习近平总书记重要讲话和指示批示精神以及中央、省委有关会议文件精神，及时传达学习习近平总书记等中央领导同志关于湘西州及十八洞村精准扶贫工作的重要批示精神。结合开展“不忘初心、牢记使命”主题教育，举办为期一周的集中读书班，认真读原著、学原文、悟原理，进一步树牢“四个意识”、坚定“四个自信”、做到“两个维护”。举行庆祝新中国成立70周年宣讲报告会，在长沙举办湘西州专场新闻发布会，面向基层群众开展大量富有民族特色和地域特征的新思想宣传活动，举行党的十九届四中全会精神宣讲会，州委领导带头到凤凰县菖蒲塘村等基层单位进行宣讲，让党的创新理论、党的正确主张“飞入寻常百姓家”。

【党的建设】 坚持党要管党、全面从严治党，着力提高党的建设质量，确保各级党组织始终成为事业发展的坚强领导核心。突出抓好党的政治建设。出台《关于加强党的政治建设的意见》，对州直正处级部门和事业单位以及县市全覆盖开展政治建设考察，对政治上不合格的实行“一票否决”，7名处级干部被组织调整；认真抓好省委巡视反馈问题整改，59个具体问题基本完成整改。狠抓基层组织建设。深入推进党支部“五化”建设，85%的党支部达到“五化”标准，整顿转化软弱涣散村（社区）党组织127个，村党组织书记年均报酬3万元，从基层一线比选83人进入乡镇领导班子，基层党组织政治功能和组织力明显提升。驰而不息纠“四风”。认真落实中央“基层减负年”要求，着力整治形式主义、官僚主义，全年州委下发的党内规范性文件同比精简62%，开到县市的会议同比下降35%，组织开展督查检查考核同比下降66%。全州查处违反中央八项规定精神问题124人，立案涉及扶贫领域案件687件，查处涉黑涉恶腐败、充当“保护伞”和推动专项工作不力问题230起。激励干部担当作为。坚持担当、务实、廉洁、实效的用人导向，加强干部绩效考核管理，提拔重用在三大攻坚战中敢于担当、实绩突出的干部241人，为15名干部澄清正名，重新启用问责后表现优秀的干部10人。

2019年6月6日，州委书记叶红专（右二）到泸溪县武溪镇黑塘村、浦市镇麻溪口村、洗溪镇宋家寨村、潭溪镇调研脱贫攻坚工作　彭　伟　摄

坚持立行立改，扎实做好政治建设考察“后半篇文章”。对省委政治建设考察反馈问题做到即知即改、全面整改。注重把理论学习成果转化为谋划发展的新思路、解决问题的新举措，致力在应对经济下行压力中推动高质量发展，抢抓承接产业转移示范区建设机遇，以产业“四区”为平台，加强产业项目建设，培育壮大实体经济，推动实现地区生产总值、财政收入、城乡居民人均可支配收入、规模工业增加值、社会消费品零售总额等主要经济指标稳定增长，全州经济运行总体呈现回升向好态势。认真贯彻民主集中制，严格执行州委常委会议事规则，坚持“三重一大”集体决策。严肃和规范党内政治生活，高质量开好2018年度民主生活会、巡视整改专题民主生活会、主题教育专题民主生活会。州委常委会成员带头力戒形式主义官僚主义，带头开展“四不两直”调研，认真履行“一岗双责”，管好亲属和身边工作人员。加大对不担当不作为的整治力度，93人因不担当不作为受到问责处理、函询诫勉，22人因不适岗、不在状态被免职或调整。

【三大攻坚战】 加快补齐全面建成小康社会的短板弱项。始终把打好三大攻坚战作为州委各项工作的重中之重，持续发力久久为功，确保每战都能取得良好成果。坚决打好脱贫攻坚战。深入贯彻习近平总书记在重庆主持召开的解决“两不愁三保障”突出问题座谈会精神，认真落实习近平总书记对湘西州脱贫攻坚的重要指示批示精神，扎实开展“脱贫攻坚决胜年”活动，先后召开8次专题会议研究部署和调度推进脱贫攻坚工作，严格执行州县乡村四级书记抓扶贫、州县市领导干部联县包乡和脱贫帮扶“三个一”制度，大力推进脱贫攻坚问题“三大清零”行动，做细做实结对帮扶“六看六查”工作，严防扶贫领域“五个风险”，脱贫攻坚已成决胜之势，全州7个深度贫困县摘帽、236个贫困村出列、8.95万人脱贫，贫困发生率降至0.65%。坚决打好污染防治攻坚战。深入贯彻习近平生态文明思想，加强大气、水、土壤污染综合防治，突出抓好以花垣为重点的矿业整治整合和转型升级，中央环保督察交办的51件信访件全部办结，中央督察“回头看”交办的39件信访件办结36件；省环保督察交办的227个问题办结221个，反馈的33个问题完成整改25个。坚决打好防范化解重大风险攻坚战。统

州委书记叶红专（右三）一行走访看望国网湘西供电公司干部职工　彭　伟　摄

筹抓好金融领域、政府债务、安全生产、突发事件、防灾救灾等风险防范化解。重点加强政府债务风险预警防控，做好债务增量控制和存量债务化解，全年新增地方政府债券34.7亿元，偿还政府债务本息56.2亿元，全州总体债务风险预警等级处在风险提示区，风险总体可控。

【经济建设】 全州GDP增长7.2%，财政总收入增长5.6%，规模工业增加值增长7%，城乡居民收入分别增长8.2%、9.4%，金融机构存贷款余额分别增长3.8%、18.7%。重点项目建设推进有力。深入开展"产业项目建设年"活动，大力实施"1112"产业发展三年行动计划，纳入省"五个100"的重大产业建设完成投资20亿元，11个省重点项目完成投资28.76亿元，228个州重点项目完成投资383.7亿元。承接产业转移取得新突破。出台《关于推进湘西承接产业转移示范区建设的意见》，制定30条含金量高、操作性强的优惠政策，主动对接粤港澳大湾区、长三角、京津冀、长株潭、济南等重点地区开展招商引资，全年引进省外境内资金94.2亿元，增长28.4%。产业转型升级成效明显。矿业经济呈现恢复性增长态势，白酒业回归良性快速发展轨道，新材料、电子信息等新兴产业发展势头强劲，高新技术企业增长47.6%；生态文化旅游业持续较快增长，接待游客、实现旅游收入分别增长13.3%、19.3%，旅游及相关产业增加值占GDP比重提高至17%以上；以"两茶两果"为重点的特色农业加快提质发展，部、省级农产品质量合格率99.6%，居全省第一。城乡发展面貌不断改善。城市基础及配套设施日趋完善，污水集中处理率96%，生活垃圾无害化处理率93%，全州城镇化率在48%左右。张吉怀高铁、湘西机场、天然气长输管网等重大项目加快建设，黔张常铁路建成运营。深入开展"美丽湘西提升年"活动，完成最美生态公路创建近500公里，最美乡村创建10个、精品村93个，农村居民生活品质大幅提升。

2018年9月24日，州委书记叶红专（中）进园采摘猕猴桃，和村民一起体验丰收的喜悦

彭 伟 摄

【深化改革扩大开放】 加强对全面深化改革的统筹规划，召开3次州委深改委会议，研究审议重大改革事项，34项重点改革任务全面完成。大力推进基层治理创新和城乡教育改革，花垣"党建引领、互助五兴"农村基层治理模式、泸溪教育综合改革经验得到省委书记杜家毫等省领导肯定和中央、省有关部门推介。在23个村高标准开展乡村振兴与巩固脱贫攻坚有机衔接体制机制改革试点工作，为实施乡村振兴战略探索积累了经验。基本完成州、县市、乡镇（街道）机构改革、事业单位改革和群团改革。持续推进"一件事一次办"等便民服务改革，深化"多证合一"等商事制度改革，行政服务效能不断提高。大力推进开放平台建设，湘西海关开关运行。加强与周边地区的产业合作、经贸往来和企业对接，全年新签约项目142个，对外开放水平进一步提升。

【宣传工作】 将意识形态工作责任制纳入州委议事日程、执纪监督、政治巡察和五个文明建设绩效考核管理内容，召开意识形态工作联席会议和专题会议，开展各级党组织书记谈意识形态工作。加强意识形态阵地建设，支持凤凰县国家新时代文明实践中心建设，县市融媒体中心挂牌全部完成，十大阵地管理的长效机制基本形成。深入开展脱贫攻坚、扫黑除恶、巡视整改等重大主题宣传，中央、省级主流媒体高频率聚焦湘西，刊发稿件1300多篇（条）。围绕庆祝新中国成立70周年，举办中华优秀传统（民族）文化“六进工程”暨2019年“湘西大舞台”等民族文化活动，大型红色舞剧《马桑树下》赴北京、深圳、济南巡演，歌曲《神秘湘西》、图书《血刃》等3件作品入选省“五个一工程”奖，《边城》《苗寨故事》等一批文化演艺节目反响良好，湘西文化影响力大幅提升。

【社会发展】 深入践行以人民为中心的发展思想，用心用力办好民生实事。全年民生支出占财政一般公共预算支出的65%，省定12件和州定20件民生实事全面完成。着力办好人民满意教育，城镇大班额问题得到有效解决，全年发放学生资助全覆盖资金4.6亿元，惠及困难家庭学生17.85万人。加快提升医疗服务水平，全州贫困人口患者县域内住院医疗费用实际报销比例在85%以上，二甲医院实现县市全覆盖。用心解决群众就业难题，全州新增农村劳动力转移就业2.5万人，新增城镇就业2.6万人，城镇登记失业率稳定在3.6%以内。不断提高城乡低保、城乡特困供养人员基本生活费和残疾人“两项补贴”标准，全州农村低保标准均在每人每年3800元以上。深入开展扫黑除恶专项斗争，打掉涉黑涉恶团伙63个，查处涉黑涉恶腐败和“保护伞”问题线索716起，中央督导组交办线索办结全省率先。大力开展“百案百天”重点问题化解攻坚行动，中央交办的42件信访件办结率100%，省委巡视组交办的443件信访件息访率62%。深入开展安全生产隐患大排查、大整治、大管控，各类生产安全事故发生数同比下降4%，全州安全生产形势稳定。

2018年8月29日，省委书记杜家毫（右前一）详细询问十八洞村民生产生活情况　　彭伟 摄

【民主政治建设】 积极支持人大、政府、政协和法院、检察院依法履行职能，召开州委人大工作调研座谈会、纪念地方人大设立常委会40周年暨州委人大工作会议、州委政协工作会议暨庆祝人民政协成立70周年大会。加强党对统战工作的领导，支持民主党派、无党派人士围绕州委、州政府中心工作献智献力，引导1200余家非公企业参与精准扶贫“千企联村”行动。积极推进民族团结进步创建扩面提质，依法管理宗教事务，巩固全国民族团结进步示范州创建成果。统筹做好外事、港澳、侨务、对台等方面工作，加强党对工会、共青团、妇联等群团组织和其他组织的领导，各项工作取得新成效。认真履行党管武装职责，积极推进军民共建，驻州部队、武警官兵和民兵预备役人员在抗洪抢险、社会维稳等急难险重任务中发挥重要作用。

【“不忘初心、牢记使命”主题教育】 州委班子成员到永顺塔卧、龙山茨岩塘接受革命传统教育，淬炼思想政治。认真开展集中学习、分组研讨等活动，全州各级党组织共举办读书班509期，开展“四项教育”2712场次，对1800多名村（社区）党支部书记进行轮训。深入开展调查研究。州委常委会成员示范带动各级领导干部落实“三联”制度，深入农村、社区、企业等基层单位和行业领域调查研究，全州1165名副处级以上党员领导干部人人撰写调研报告，加深对相关领域工作规律性认识。认真检视存在问题。召开专题座谈会广泛听取意见建议，找准找实存在问题，先后查摆常委班子问题28个、个人问题121个，全州4410条专项整治重点问题整改完成率97.76%。强力推进整改落实。注重从“小切口”入手解决民生大问题，明确了农村贫困残疾人保障、城镇特困群众帮扶、中小企业解困、以“旱厕清零”为重点的农村人居环境改善、以“五进”小区为抓手的城镇文明创建、以“党建引领、互助五兴”为着力点的六项重点任务，州委常委班子成员牵头的28个“小切口”整治项目均已基本整改完成，先后为农村困难残疾人发放“两项补贴”7300多万元，为城镇低保对象发放低保金1.65亿元，帮助企业贷款439亿元，完成农户改厕4万余座，组织119家州市直单位与35个城市社区结对共建全覆盖，组建3.6万个互助小组、17万户群众参与互助，基层党组织焕发出强大组织力，让群众看到了变化、得到了实惠。

（刘绿林）

【重要会议】 2月11日，州委召开领导干部大会，传达贯彻习近平总书记关于湘西州精准扶贫工作的重要指示精神。

3月1日，省委第五巡视组向中共湘西州委反馈巡视情况。

4月7日，中央扫黑除恶第16督导组下沉督导湘西州工作汇报会召开。

5月5日，在中央第四生态环境保护督察组对湖南省开展“回头看”情况反馈视频会议后，州委接着召开专题会议，部署推进全州生态环境突出问题整改落实工作。

12月15日，州委十一届九次全体会议召开。州委书记叶红专代表州委常委会作工作报告。州委副书记廖良辉就《决议（讨论稿）》起草情况向全会作说明。

中共湘西自治州委办公室

【概　况】 2019年，州委办公室在州委的坚强领导下，深入学习贯彻落实党的十九大、十九届二中、三中全会精神，高举习近平新时代中国特色社会主义思想伟大旗帜，始终坚守“五个坚持”，紧紧围绕州委“542”发展思路，牢牢把握“四最一中枢”职能定位，围绕决策前的参谋服务、决策后的督查落实、全方位的统筹协调、全过程的运转保障“四个环节”，深入推进政治先进、学习书香、务实高效、廉洁清风、文明和谐“五型机关建设”，“三服务”工作水平全面提升，完成各项工作任务。

【“三服务”工作】 文稿服务高水准。起草领导讲话、工作汇报、调研报告等各类文稿282篇、120余万字，在国家级、省级以上刊物发表《担当起首倡地政治责任　高质量打赢脱贫攻坚战》等署名文章6篇，编发《州委通报》28期、《工作情况交流》12期。信息报送高质量。全年报送《湘西信息》513期，编发《湘西要情》141期，呈送《原件呈阅》141件，州委领导批示16件，连续10年被评为全省党委信息工作先进单位。《湘西州牢记习近平总书记殷切嘱托　以十八洞村为样板　探索走出一条可复制可推广的精准扶贫好路子》的信息得到习近平总书记等中央领导和省委、省政府主要领导的批示，有力地宣传推介了湘西州脱贫攻坚工作。公文办理高标准。严把政治关、政策关、法规关和文字关、格式关、程序关，全年制发文件191个，向省委办公厅报备党内规范性文件15个，审查县市、州直部门党内规范性报备文件68个，纠正并退回不合规文件8份。围绕贯彻落实党的十九届四中全会精神、主题教育专项整治以及中央环保督察与“回头看”反馈意见、中央扫黑除恶督导反馈意见整改落实等重点工作，开展决策督查11次，同比减少62%，办结领导批示件56件，编发《湘西督查专报》23期、《湘西督查报告》33期、《湘西督查通报》8期，确保了党委政令畅通、决策落地生根。围绕脱贫攻坚工作开展全覆盖督导10次，牵头开展易地扶贫搬迁、年度拟脱贫对象实地抽样核查、后盾单位“六看六查”工作等专项督导，以“最严最实最不讲情面”的专项调度机制倒逼脱贫攻坚责任落实、政策落实、工作落实，确保全州现行标准下剩余的10.6万人（省定88776人）农村贫困人口稳定脱贫、236个贫困村全部出列、7个深度贫困县全部摘帽。围绕美丽湘西建设工作开展现场督导11次，下发问题整改通知88份，督促整改问题46个，创建最美村10个、精品村100个、起步村1000个、最美农家10000户。全年完成“2019台商”湖南行考察活动、台湾云林农田水利考察团到州参访等专项任务10余次，增强台胞对国家、民族和文化的认同；出台《州委外事工作委员会工作规则》《州委外事工作委员会办公室工作细则》等文件，完成党中央和省委交办的各项对外工作任务，做好全州因公出国出境审批报批工作，完成审核报批因公出国、赴港澳17批42人次，出访考察报告上交率100%，推动交往合作，提高湘西州对外开放水平。坚守严防重大失泄密事件发生底线，完成保密监测平台建设，开展保密宣传教育，做好保密执法检查，加强保密体系能力建设和业务指导，保密工作水平提升。出台《湘西自治州机要密码工作管理暂行办法》，完成全州密码通信主渠道网络升级改造工程、安可替代工程和省扶工作，完成全州1092家党政机关电子公文系统安可试点工作，在全省率先实现州、县、乡三级“区域全部署、网络全连通、终端全覆盖、应用全真试”，被评为全国党政系统机要密码工作先进集体。推进党政专用通信二级网建设和乡镇党委高清视频会议标准化建设，完成各类会议技术保障服务400余次。完善档案行政权力办事指南和州本级目录清单“一件事一次办”具体操作方案，档案业务规范化指导面100%，全年无档案违法案件举报，群众满意率100%。全年协调组织资金3000余万元，保障日常运转、工程建设和福利待遇，资金使用效益提高，“三公”经费大幅下降。

【“五型机关”建设】 履行党建工作责任制，州委秘书长会会议多次研究机关党建工作，制定出台党建工作要点、党建工作责任分工，明确责任。规范组织设置，召开州委办系统机关党委成立大会，选举产生第一届系统机关党委委员；结合机构改革，调整设置支部，配齐配强各支部班子，支部书记全部由班子成员担任。严肃组织生活，执行“三会一课”、组织生活会、主题党日等制度，州委书记叶红专、州委副书记廖良辉分别以双重身份参加所在支部专题组织生活会。抓实意识形态工作，调整意识形态工作领导小组，把意识形态工作纳入党建、纪检监督、绩效考核、文明创建之中。做好思想疏导，化解了“李田田”事件。开展机关党委携手共建扶贫村基层党建“1+1”促脱贫攻坚工作，指导夯卡村和流滚村开展好“党建引领、互助五兴”工作。强化理论武装，开展11次理论学习中心组集体学习，统筹抓好周五集中学习，学习强国、干部网络在线学习、网上普法学习和考试，提升干部理论素养。加强业务培训，举办全州党办秘书、办文、信息、法规、机要保密等综合素质提升培训班，提高工作人员业务水平。坚持以理论指导实践，组织开展“走湘西大地、看城乡巨变”社情民意调研，善学善思、调研实践成为党员干部的自觉行动。开展“书香科室”“学习型党支部”创建活动，评选出“书香科室”3个，“学习型党支部”2个。树立正确用人导向，坚持高进严管优出原则，严把选人用人政治关、廉洁关、形象关，全年提拔处级干部和科级干部各5名。健全完善州委副秘书长联系服务州委重大工作制度，全年调度州委各部门及“三大攻坚战”“四区建设”等州委重大工作50余次。抓实州级领导联系重点工作、重点项目、重点企业“三联”工作制度落实，实行一季度一调度，一年一汇总，适时呈报州委主要领导。完善四大家秘书长联席会议制度，形成工作合力，促进党委、人大、政府、政协四套班子高效有序运转。对标对表，抓好省、州、县三级党办统筹联动工作，营造出争先进、创一流的工作氛围。在省委办公厅统筹联动绩效评估中，湘西州位列全省第三名。继续实行全员全过程绩效考核，发挥“指挥棒”作用，激发干事创业积极性和责任感。系统学习习近平总书记关于反腐败斗争的重要论述，重点学习新修订的《中国共产党纪律处分条例》，传达中纪委和省、州纪委全会精神，落实民主集中制、“三重一大”、廉政谈话等制度，州委秘书长会会议研究党风廉政建设工作5次以上。落实党风廉政建设监督责任。出台《州委办公室党员干部正风肃纪“十不准”条例》，班子成员为办公室青年干部上廉政党课，开展驻村扶贫、结对帮扶、公务接待、公车使用、办公用品采购和机关工程建设维护、干部作风纪律专项监督检查，持续纠治“四风”，对发现的问题及时整改到位，建章立制。全年无违纪违规现象，树立了风清气正的党办“门风”。培育和践行社会主义核心价值观，开展社会公德、职业道德、家庭美德、个人品德教育。开展文明创建工作，举办“关爱自然、美化家园”等系列道德讲堂4次，开展“关爱‘慈爱班’学生”等志愿服务6次。组织开展“不忘初心　放歌祖国”文艺汇演、“学先辈、学先进、学榜样”主题演讲和“喜庆丰收节、脱贫奔小康”等系列活动，丰富干部职工精神文化生活，评选文明职工9个、文明家庭17个。开展民族文化进机关活动，评选民族团结进步科室3个，在庆祝新中国成立70周年唱红歌暨民族文化进机关土家摆手舞比赛中荣获二等奖。推进平安单位创建，实现全年无重大火灾事故、无重大安全事故、无重大治安和刑事案件发生的“三无”目标，被评为全州综治“平安单位”。推进文明和谐美丽幸福机关建设，带头推行生活垃圾分类，保持了“省级文明卫生单位”和“省级园林式单位”称号。

【主题教育】 按照“守初心、担使命，找差距、抓落实”的总要求，将学习教育、调查研究、检视问题和整改落实贯穿始终，推进主题教育各项工作，达到理论学习有收获、思想政治受洗礼、干事创业敢担当、为民服务解难题、清正廉洁作表率的预期目标。采取举办读书班、开展专题研讨、进行知识测试等形式，运用学习强国等平台，原原本本学习主题教育开列的书目，带头学习宣传党的十九届四中全会精神；参观湘鄂川黔革命根据地，举办形势政策报告会，观看党性教育片、先进典型宣教片、警示教育片。秘书长带头上党课，其他班子成员均到所在支部上专题党课，推动学习习近平新时代中国特色社会主义思想往深里走、往心里走、往实里走。聚焦重大决策、重要部署、重点工作，结合工作职能职责确定调研课题，采取“四不两直”方式，深入县市党委办公室、贫困村、社区、企业开展调研，撰写一批高质量调研报告。开展为民服务办实事解难题活动，在驻村扶贫“六看六查”、人居环境整治“旱厕清零”、共建共治“五进社区”等方面，取得实实在在的成效。发放征求意见表159份，征求到各类意见建议51条。州委秘书长会成员和各支部每名党员都从“四个对照”“四个找一找”方面检视自己存在的问题。其中，州委办领导班子检视问题23个，各支部检视问题60个，从思想根源上进行剖析，一一列出问题清单，明确整改措施、整改时限。四是专项整治成效好。年末，专项整治七大类22个问题全面启动整改，其中整改完成3个，完成阶段性整改19个。牵头抓好全州面上两项专项整治工作，在整治落实党中央决策部署阳奉阴违突出问题方面，全州各教育单位查摆突出问题870个，整改完成526个，整改完成率60.46%；在整治形式主义官僚主义突出问题方面，全州各教育单位查摆出突出问题778个，整改完成501个，整改完成率64.4%。

（彭南署）

巡察监督

【概　况】2019 年，州委巡察机构认真贯彻落实中央、省委、州委巡视巡察工作要求，坚持“高标准、高质量、高要求、高水平”发展思路，主动对标对表、履职尽责、担当作为，坚持持续深化政治巡察、高质量推进巡察全覆盖，取得明显成效，彰显“利剑”作用，有力促进全州全面从严治党向纵深发展、向基层延伸。全年州委巡察机构走访核查 8 个县市 115 个乡镇街道 360 个村（社区）8000 余户群众，开展个别谈话 2400 余人次，核查州、县市直单位 160 个，调阅文件、记录、台账等资料 8.2 万余份（册），比对数据 15 万余组，发现问题 2750 个，移交问题线索 83 件（其中涉及处级干部 6 件）。完成州委第三轮巡察后续有关工作，对州公安局、州交通运输局等 22 个州直单位党组织进行反馈并督促整改，反馈问题 125 个，移交纪委监委问题线索 29 件。组织开展“一栋房、一条路、一口井”巡察“回头看”，3—4 月，对全州 8 县市扶贫领域开展“回头看”专项巡察，对 151 个易地扶贫搬迁集中安置项目实现巡察全覆盖，发现整改不到位问题 955 个，新发现问题 110 个，交办立行立改问题 1065 个，向纪委监委移交问题线索 11 件。组织开展第四轮常规巡察及扶贫领域“一块地、一棵树、一张卡”交叉巡察，6—8 月，对州直工委、州委党校等 24 个州直单位开展常规巡察，发现问题 264 个，交办立行立改问题 51 条，向纪委监委移交问题线索 8 件；对全州县市扶贫领域开展交叉巡察，发现问题 356 个，交办立行立改问题 151 个，反馈给县市整改 141 个，向州纪委专项整治办移送问题线索 64 件。组织开展第五轮巡察，11 月下旬，对 18 个单位的常规巡察，对 10 个单位的巡察“回头看”，启动全州范围内开展项目“落地难”机动式巡察。

【政治巡察】州委认真履行巡察工作主体责任，州委书记叶红专带头履行第一责任人职责，把巡察当成分内之事、应尽之责，认真审定每轮巡察的总体方案、巡察组长授权人选等事项，5 月 23 日州委常委会议召开，听取巡察工作汇报，研究巡察工作。州委常委、州纪委书记、州监委主任、州委巡察工作领导小组组长施健鑫，州委常委、州委组织部长、州委巡察工作领导小组副组长龚明汉多次召开领导小组会议听取巡察工作情况汇报，部署巡察工作，狠抓工作落实。县市党委对标对表州委要求，主动履责，多次专题研究巡察工作，在人员配备、工作经费等方面，对巡察工作给予大力支持。龙山县、永顺县、古丈县等县新成立巡察下属二级事业机构，为巡察工作高效开展提供人力保障。

巡察机构始终把脱贫攻坚巡察监督当成最大的政治任务，紧紧围绕习近平总书记关于脱贫攻坚的重要指示，州、县市两级聚焦脱贫攻坚领域开展监督，充分运用常规巡察、专项巡察、提级巡察、交叉巡察等多种方式，打出一套“组合拳”，着力发现危房改造、易地搬迁、农村饮水安全等方面存在的突出问题，充分发挥利剑护航作用，大力促进脱贫攻坚政策部署落实落地，省委巡视办领导对此给予了充分肯定。全年全州（含县市）巡察发现扶贫领域问题 3513 个，移送问题线索 157 件。

【巡察全覆盖】坚持巡前调研，每轮巡察前安排专题调研，使巡察靶向更精准。第五轮巡察启动前，针对拟巡察对象，开展对国有企业、项目单位专题调研并形成调研报告。结合调研情况、群众反映及职能部门提供的情况确定巡察对象和内容，针对机构改实际情况，对行政审批服务局、自然资源局等州直单位开展巡察；针对群众反响强烈的扶贫领域问题开展“一块地、一棵树、一张卡”专项巡察，解决了“巡什么”的问题。在巡察人员安排上，抽调相关领域专业人员，在扶贫领域巡察中，抽调农业、林业、审计等部门人员及乡镇纪委书记充实到巡察组，解决了“谁来巡”的问题。在巡察方式上，根据实际需求采取不同方式，在“一块地、一棵树、一张卡”巡察中，以“县市交叉”“专项整治与专项巡察同步”等方式推开；在项目“落地难”巡察中，采取“机动式”巡察方式，解决了“怎么巡”的问题。

横向协作，推动巡察监督、执纪监督“联合巡察”。在“一块地、一棵树、一张卡”交叉巡察中，州纪委监委专项整治与州委巡察监督同时同步发力，破解“熟人社会监督难”问题，实现了监督力量、效果叠加，发现问题数量明显增加、质量明显提高。纵向到底，开展“提级巡察”。在扶贫领域巡察回头看中，州委巡察组直接到重点乡镇、村（居）开展专项巡察，“一竿子插到底”，让基层问题无处遁形。以上带下，开展州县市“同步巡察”。州委巡察组在开展“一栋房、一条路、一口井”巡察回头看时，保靖县也对相应县直单位开展专项巡察，实现同频共振。精准打击，开展“点穴式”专项巡察。根据群众反映，深入乡镇、村寨巡察组户道路、饮水安全问题等，深入项目单位巡察项目“落地难”问题，直击热点问题，回应群众关切。借力发力，开展“X+巡察”。保靖县、古丈县开展“村微信群+巡察”，保靖县实行“大数据+巡察”“审计+巡察”，对基层巡察方式方法作出有益探索，取得工作成效。

发现问题是生命线，推动解决问题是落脚点。通过边巡边改、情况反馈、线索交办、督察督办、巡察“回头看”等方式，强化巡察整改及成果运用。全年向县市委提交专题报告30份，向被巡察党组织提出整改意见760条；对被巡察党组织反馈问题932条，完成整改852条；对县市党委提出意见建议228条，完成整改191条；巡察期间提出立行立改问题980条，完成整改941条。通过巡察整改，一边推动解决问题、一边传导责任压力，力促各级党组织对各项工作再发力。吉首市巡察发现资产管理方面问题，巡察机构向市政府报告后，市政府即启动固定资产全面清理工作。强化巡察震慑效果，在发现问题、整改问题过程中，通过正面宣传、警示教育、典型曝光等方式，放大巡察震慑效果，涉嫌违纪违法的湖南小溪自然保护区原工委书记张某某（副处级）、原州交警支队长田某某等被立案查处。

【上下联动】 在巡察工作指导督导上，坚持做到科学规范，促使高效运行。研究制定巡察工作年度计划，精心制定每轮巡察方案，详细规划任务书和路线图。加强对县市巡察工作指导，在工作思路和运行机制上强化统筹，促进形成“全州一盘棋”的工作格局。全年州委巡察办对县市巡察工作开展4次调研和指导，召开“县市委巡察办主任座谈会议”2次，指导督导了基层巡察高效开展。在州委巡察机构的督促指导下，8县市巡察机构对475个单位（含对村居延伸）开展了常规或专项巡察，立案查处乡科级以上党员干部51人。泸溪、凤凰、花垣等县以“巡乡带村”“巡县直部门带联系村”等方式，推进巡察向村居延伸。

加强对省委巡视办的汇报沟通，坚决及时贯彻落实省委巡视办有关精神、指示和要求。认真做好省委巡视办关于巡视巡察内部网络系统、发现问题管理系统、数据管理系统等建设管理，确保运行通畅、高效。州委巡察工作领导小组组长参加“全省市县巡察工作推进会”，作《做深做实扶贫领域专项巡察》典型发言，州委巡察办主任参加全省“市州委巡察办主任座谈会”，作关于市县巡察工作的发言。推进州县市巡察一体化建设，在8个县市扶贫领域专项巡察中，采取州委统筹、县市交叉的方式开展，有效破解了人情干扰难题。通过几轮巡察，州、县市巡察初步探索构建了“力量互相补充、内容互相吻合、要素互相衔接、步骤互相协同，多种巡察方式组合运用”的工作格局。

在巡察信息报送上，坚持做到高效精准，确保零延迟、零误差。累计向省委巡视办报送工作报表5套、州委书记听取巡察汇报情况报备资料1套，调研文章、工作信息等6篇。6月，在省委巡视办推荐下，省内主流媒体专程到湘西州采访宣传扶贫领域巡察监督工作。累计收到县市委报送各类工作资料40余（套）份，巡察情况收集、信息研判得到进一步强化。

【巡察队伍管理】 把巡察机构当政治机构建设，把政治性当成第一属性，把临时党支部建到每轮每个巡察组上，要求巡察干部做践行“两个维护”“四个意识”的先锋和模范。狠抓内务管理，树立“政治过硬、管理规范、运行高效、业务精湛、作风优良”目标，对工作流程、内务管理、作风纪律、干部考勤等进行严格规范。完善巡察工作规则，建立调研指导、信息报送等制度。探索建立“一一二三”联络员工作法，紧紧抓住联络员这个运行中枢关键点，明确联络员职责、细化巡察流程、突出关键环节，既面面俱到、又重点突出，强化了工作指导性、操作性、实用性。每轮巡察前，专门召开联络员培训会进行专题辅导，提高了联络员巡察综合素质，树立了“巡察报告”全局意识，找到了提升巡察水平的切入点。优化完善表册模板，针对巡察全流程，重新梳理设计巡察报告、问题底稿等文稿及表册模板20多套，促进巡察工作更加规范。

加强“巡察工作人才库”建设，注重从全州上下各专业领域选拔优秀人员，全州人才库有870人（其中州本级248人）。加强实践练兵，全年“以干代训”230多名巡察干部，提升实战水平，发挥熔炉作用。加强业务培训，集中培训巡察人员300人次，提升业务能力。选送10多名巡察干部直接参与省委巡视组的工作，在提升能力的同时，学习省委巡视机构的好方法、好作风。

制定《州委巡察期间“十个不允许”》，要求巡察干部严格落实到位；严格执行请示报告制度，要求巡察组对重大问题、敏感问题必须及时请示报告；严格压实组长负责制，要求组长对组员的管理和监督负全责；制定《州委巡察期间保密工作有关规定》，与巡察人员签订《保密承诺书》。

（柏　兰）

美丽湘西建设

【概　况】 2019年，湘西州美丽湘西建设办围绕“三四五”建设湘西工作构架，开展“美丽湘西提升年”活动，“三大工程”巩固提升，“四大创建”成效明显，“五个清零”稳步推进，实现“五大提升”，全州美丽湘西建设提质升级。

【农村人居环境质量提升】 以治垃圾、治污水、治厕所、治违建为重点，实施“五个清零”行动。全年完成农村户厕所改建40639座，完成省定任务164%，实现旱厕清零88个村。推行“三掉三化”垃圾无害化处理模式，原有非正规垃圾堆放点47处清零，全面取消151个村公共区域垃圾围、垃圾桶。治理生活污水，畜禽粪污综合利用率、规模养殖场粪污处理设施配套率达到省定标准；排查整治农村黑臭水体24处，完成改造农村集中式污水处理设施40套、联户式295套、单户型16304套。完成农村危房改造2256户，四类重点对象危房实现清零。集体经济“空壳村”全面清零，其中133个村集体经济收入达到10万元以上。

【城镇文明卫生形象提升】 以城乡同建同治为抓手，推进百个卫生城镇（村）创建，开展专项整治行动。完成八县市、湘西经开区城区入口亮化工程，完善城镇垃圾收运处理设施和重点集镇污水处理设施，新建城镇公厕100座、旅游厕所60座、交通厕所40座、学校厕所148座、企业厕所173座、机关单位厕所441座。吉首市河溪镇等14个乡镇分别获评省、州级卫生乡镇，古丈县坐龙峡村等 95 个村分别获评省、州级卫生村。全年在《人民日报》、《新华每日电讯》、中央电视台、《湖南日报》、湖南电视台等媒体推出建设美丽湘西专题报道 11 条，涉及美丽湘西建设综合报道 130 余条。

【美丽乡村品质提升】 以示范创建“六大行动”为抓手，整合投入资金 19 亿元，开展美丽乡村创建，出现 10 个最美村、93 个精品村，成为湘西美丽乡村建设新标杆。投入资金 4.638 亿元，创建 10 条 485.9 公里“最美生态公路”，公路沿线整体形象全面提质。全年申报创建庭院美、厨厕美、室内美、身心美“最美农家”1 万余户，验收达标 8745 户。

【群众文明素养提升】 开展“一县一品”传统民族节庆文化活动，举办龙山县舍巴节、泸溪县浦市镇非遗旅游节等节庆活动。各县市开展大评小奖、落实红黑榜制度，利用“村村响”广播、宣传栏等形式宣传美丽湘西建设工作，引导城乡居民主动参与美丽湘西建设。举办第二届“美丽乡村大擂台”暨“最美乡村、最美农家、最美美丽人”颁奖晚会。

【基本公共服务水平提升】 全州村级综合性文化服务中心实现全覆盖，完成农村公办幼儿园建设年度任务，古丈、永顺、龙山芙蓉学校建成投入使用。增强培养乡村全科医生力度，提升乡村医疗服务水平。全州残疾人两项补贴标准、农村低保标准、城乡特困供养人员基本生活费标准、集中和分散供养标准均实现年度预期目标。发挥网格连心作用，网格化平台办理各类事项 12.1 万余件。

（谭少平）

组织工作

【概　况】 2019 年，湘西州组织部门坚持以习近平新时代中国特色社会主义思想和党的十九届三中、四中全会精神为指引，贯彻落实全国、全省组织工作会议精神，坚持稳中求进，主动服务中心大局，强化担当作为，全州组织工作实现高质量发展，为打赢脱贫攻坚战、建设美丽开放幸福新湘西提供了坚强组织保证。

【“不忘初心、牢记使命”主题教育】 打造永顺、龙山高质量党性教育基地，筹备 8 个微党课；编印湘西州党史简明读本《红色经典》和《农村党员学习新思想简明读本》等学习资料，深入开展“四项教育”2712 场次，举办为期 7 天的读书班。16 个州委指导组进行常态化指导，开展 3 次集中督查，对 55 名县处级干部集中补学，100 名处级干部补红色传统教育课，1597 名“四类”重点人群“回炉补课”，对组织不力的 4 人进行问责。全州 1165 名县处级以上干部认真开展调研，评选优秀调研成果 50 篇。查摆常委班子问题 28 个、个人问题 121 个。州委常委班子两次召开征求意见座谈会，公开承诺的 28 个整治问题全部建立台账，示范带动专项整治工作。全州查摆专项整治重点问题 4410 条，整改完成 4311 条，州级层面出台制度 14 项，州直行业系统修订制度 268 项，县市修订制度 252 项。全州各级党委（党组）领导班子全部召开专题民主生活会，5938 个党支部、13.1 万余名党员分别召开专题组织生活会，开展民主评议党员。主题教育工作得到中央第一巡回督导组和省委书记杜家毫等领导肯定，多次被《人民日报》、新华社、湖南卫视专题报道。

【领导班子和干部队伍建设】 出台《州管领导班子和领导干部政治建设考察办法》，对 62 家单位开展政治考察巡察，7 名处级干部被组织调整。出台《州委管理干部选拔任用工作流程》《州委管理干部个别提拔任职考察工作实施细则》等 10 余项制度。完成州本级选人用人巡视反馈问题整改，追责 26 人，巡视整改工作得到省委组织部肯定。完成 55 家涉改单位人员转隶工作，交流任职 50 余名干部。调整配备处级干部 9 批次 422 人，严格落实“凡提四必”“廉政双签字”等制度，5

名干部被取消提拔重用资格或暂缓任用程序。制定优秀年轻干部培养选拔工作规划，公开招录选调生47名、公务员311名。落实湘西州《关于鼓励干部干事创业建立容错纠错机制的实施意见（试行）》《关于对“为官不为”“不在状态”行为实施问责的暂行办法》，提拔重用实绩突出的处级干部58人，13名担当作为干部被省委组织部通报表彰。晋升一级调研员45名、二级巡视员6名，职级套转晋升工作经验获省委组织部肯定。发挥绩效考核“总指挥棒”作用，绩效考核工作在全省继续保持“良好”等次。

【基层党组织建设】 87.4%的基层党支部达到“五化”标准，排查违纪违法、涉黑涉恶村（社区）“两委”成员141人，组织处理86人，整顿软弱涣散村（社区）党组织127个，整顿工作得到中组部肯定。实行村党组织书记县级组织部门备案管理制度，落实村党组织书记年均报酬2.4万元，一肩挑的5万元，对3063名村主干部进行养老保险补贴；从“三类人员”和选调生中公开比选83人进入乡镇领导班子。培训561名贫困村党组织书记和2220名党员致富带头人，累计培养3112名农民大学生。完善“湘西e路通”等便民服务平台。组建互助小组3.6万个，17万户群众参与互助，得到省委书记杜家毫肯定，被央视《新闻联播》《中国组织人事报》《新湘评论》等专题推介，省委组织部、省主题教育办以文件形式要求在全省推行。建立政审联审、党员干部直系亲属和近亲属入党专项审查等制度，全年发展党员3400名。抢抓中央、省重点扶持第一批77个村级集体经济契机，新增农业产业开发集体经济300余个。在1110个贫困村和630个有贫困人口的非贫困村“一村一队”驻村扶贫全覆盖基础上，选派5731名干部开展驻村扶贫。习近平总书记等中央领导对湘西州脱贫攻坚工作作出重要批示。驻村工作在全省作典型发言。推动“五进小区”，州市36名党政领导分别联点指导一个社区，119家州市直单位与35个社区党组织结成对子，城市社区共建水平不断提升。2019年基层党建工作获得全省“好”的等次。

【人才队伍建设】 出台《“名师工作室”支持办法》等人才政策19项。争取州本级人才发展专项资金1000万元，实施“湘西工匠”“乡土人才”等重点人才项目10个；投入资金400余万元，评选名医工作室5个、名师工作室9个、青年创新创业人才10名、乡土人才200名，认定非遗传承人带徒26名。引进急需紧缺人才76名。定向培养基层实用人才800多名，农技特岗生培养模式在全省推广。科技特派员工作在全国科技特派员制度推行20周年总结会议上获表彰。柔性引进博士服务团、科技扶贫专家团、特聘专家、外国专家等高层次人才500多名。选派科技特派员855名。创办莓茶工程技术研究中心等柔性引才载体5个。引进博士服务团成员2名，帮助州内争取25亿元水利项目支持。引进的外国专家霍树海获国家外专引智重点项目支持，创新创业团队负责人刘春轩入选“湖湘青年英才”；吉首大学引进的博士丁冰晓入选湖湘高层次人才聚集工程。组织42名州级领导干部对98名骨干专家进行春节慰问。举办全州高层次人才、优秀专家人才专题培训班。

【自身建设】 坚持理论“读书班”集中学习制度，把学习新思想作为部务会“第一议题”，组织开展集中学习34次。全员下基层抓调研，部机关干部确立重点课题48个。州县所有组工干部联系115个乡镇（街道）、166个“两新”组织、373个州县直单位，常态督促指导各层级、各领域党建工作。包装53个组织工作重点项目，“湘西e路通”“青年人才党支部”等一批特色亮点工作得到中央、省有关部门认可。公开遴选5名优秀年轻干部，11名“80后”走上科室长岗位，35岁以下年轻干部占48.94%。全面建立党员干部廉政档案，出台集中整治形式主义、官僚主义具体措施15条，推动基层工作大提质、作风形象大提升。

【全州人才工作座谈会召开】 1月21日，座谈会上，专家们结合各自岗位，围绕湘西州脱贫发展改革，围绕使用、引进、培养高层次人才，发展壮大战略性新兴产业和实体经济，推动科研成果转化等问题，讲工作、谈感受、提建议。

1月21日，全州人才工作座谈会召开

州委组织部　供图

【州委城市基层党建工作会议】 5月30日，州委城市基层党建暨州市共建“五进小区”工作会议召开。会议旨在以城市基层党建为引领，大力推行以“州市联动、组织联建、场所联享、服务联办、治理联抓，微改造进小区、网格化管理进小区、物业管理进小区、党建进小区、文明创建进小区”为主要内容的“五联五进”城市社区共建共治模式，推进吉首城市社区建设工作，示范带动全州城市社区建设质量水平整体提升。会议指出，要提高政治站位，深刻领会开展州市共建推动吉首城市社区建设是贯彻落实习近平新时代中国特色社会主义思想的必然要求，是补齐城市基层治理短板弱项的现实需要，是服务改革发展中心大局的生动实践。要加强上下联动，构建“四级联动”，统揽统筹城市社区建设；立足“党建引领”，筑实筑牢基层基础；依托“服务阵地”，强化优化功能作用；抓好“三大载体”，提高提升服务效能；扎实推进州市结对共建重点任务落实落细。

【全州组织工作业务培训班】 8月22日，州委组织部举办全州组织工作业务培训班，就学习新修订的《党政领导干部选拔任用工作条例》《干部选拔任用工作监督检查和责任追究办法》以及领导干部个人有关事项报告政策法规、基层党建重点任务等方面内容开展专题培训。

【州委“不忘初心、牢记使命”主题教育工作会议】 9月11日，州委召开“不忘初心、牢记使命”主题教育工作会议，深入学习贯彻中央和省委“不忘初心、牢记使命”主题教育工作会议精神，部署推进全州相关工作。

9月11日，湘西州“不忘初心、牢记使命”主题教育工作会议召开　　州委组织部　供图

【“党建引领、互助五兴”基层治理工作座谈会】 10月29日，湘西州“党建引领、互助五兴”基层治理工作座谈会召开。会议总结提炼推广“党建引领、互助五兴”基层治理经验做法，激发基层治理活力，推动基层治理体系和治理能力现代化。

（陈清峻　刘岩富　许　泉）

宣传工作

【概　况】 2019年，全州宣传思想文化战线把学习宣传贯彻习近平新时代中国特色社会主义思想作为首要政治任务，围绕庆祝新中国成立70周年这条主线，贯彻落实《中国共产党宣传工作条例》，着力举旗帜、聚民心、育新人、兴文化、展形象，推动全州宣传思想战线展现新气象新作为，召开万人视频会议宣传十九届四中全会精神，将落实意识形态工作责任制纳入州委议事日程，全年发稿至省级以上媒体报道湘西州新闻稿件1300多篇（条），承办全国“脱贫攻坚”主题演讲比赛，全州注册志愿服务队1023支13万余人，为全州打好打赢脱贫攻坚战和加快建设美丽开放幸福新湘西，提供了有力的思想保证、舆论支持和精神动力。

【学习宣传贯彻新思想】 抓好“关键少数”，州委和全州县处级以上党委（党组）理论学习中心组严格按照“六个环节”，完成3—12月习近平新时代中国特色社会主义思想每月一主题的学习，以及党的十九届四中全会精神、《中国共产党宣传工作条例》、习近平总书记关于宗教工作的重要论述、习近平生态文明思想、防范化解风险和扫黑除恶、全面依法治国等文件学习。抓实绝大多数，在党员干部和基层群众中，大力推动习近平新时代中国特色社会主义思想“七进”主题教育活动、周五学习、湘西学习大讲堂、启迪民智——让党的创新理论“飞入寻常百姓家”等活动。将“学习强国”平台推广使用工作纳入绩效考核，参与度、每日人均积分和供稿工作居于全省前列。国庆期间，州委、县市委和湘西经济开发区党工委相继举行庆祝新中国成立70周年主题宣讲报告会，组织宣讲小分队，开展面向城乡基层的百姓微宣讲，推动习近平新时代中国特色社会主义思想“天天见、天天新、天天深”活动常态化。州委宣传部被评为全省基层理论宣讲先进集体。紧扣州委建设“美丽开放幸福新湘西”理念发展目标，开展一般性课题研究，立项31项。鼓励青年马克思主义学者进行马克思主义应用理论研究，立项下达州级青年社科自助课题20项。开展“省社科专家服务团泸溪行”咨询活动，承办“湖南省第十届社会科学界学术年会湘西专场暨首届湘西学术年会”。做好湘西自治州第八届哲学社会科学优秀成果评奖申报工作，评选出《精准扶贫在湘西》《乡村旅游丛书》等10份优秀成果。

【意识形态工作】 将落实意识形态工作责任制纳入2019年州委议事日程、全州党建工作要点、执纪监督和政治巡察范围、五个文明建设绩效考核管理内容，州委常委会全年5次研究意识形态和宣传思想工作。编印发放《习近平总书记关于意识形态工作的重要论述摘编》2000册，开展各级党组织书记谈意识形态工作。对照省委第五巡视组反馈的问题，主动梳理细化47项具体整改任务、141条整改措施，明确23个整改牵头单位、40余名主要责任人、相关责任单位和完成时限。年末30项具体任务全面整改到位，17项具体任务需要长期坚持和持续强化。建立意识形态工作联席会议制度、意识形态工作述职评议制度和州委领导联系高校制度。出台《全州关于加强社科理论类活动阵地管理的实施意见》，规范社科理论活动审批程序。印发《2019年度意识形态工作绩效考核评估办法》，促进年度考核规范化。将履行意识形态工作责任制写进《州委管理干部个别提拔任职考察工作实施细则》，作为干部提拔任用和考察的重要内容。完成州、县市意识形态主要部门机构改革，明确意识形态工作内设机构。细化州民族宗教工作领导小组成员单位职责，形成齐抓共管格局。先后召开意识形态工作专题会议、分析研判会、调度会、座谈会，用好督查通报、提示交办等举措，研究推进和落实意识形态领域各项工作。举办全州意识形态和网络安全专题培训班，州直、县市和乡镇（街道）有关负责人250余人参加培训。州委督查室和州委宣传部联合组成10个督查组，在全州范围内开展学习贯彻习近平新时代中国特色社会主义思想暨2019年度意识形态工作责任制贯彻落实情况督查。在州委第四轮和第五轮巡察中，组建12个检查小组对被巡察的42个单位党组织落实意识形态工作责任制情况进行专项监督检查。

【新闻宣传工作】 全年省级以上媒体报道湘西州

新闻稿件1300多篇（条），其中央媒报道湘西稿件380篇（条）。《人民日报》（网）70篇（条），其中头版7条（其中头版头条1条、报眼1条）；新华社（网）138篇（条），其中头版3条、头版头条1条；《光明日报》6条，其中2个头版；《经济日报》10条，其中1个头版；中央人民广播电台5条；中央电视台26条，其中《新闻联播》3条；《中国日报》16条。《湖南新闻联播》全年刊播湘西题材稿件432条，在2月密集播发30多篇脱贫攻坚重头稿件，其中《湘西自治州探索走出精准扶贫好路子》等5篇稿件被《湖南新闻联播》作为头条播出。聚焦新中国成立70周年，《团结报》、湘西电视台推出“壮丽七十年·奋斗新时代”“湘西巨变——纪念建国70周年特别报道”等主题宣传，展示新中国成立70年来湘西州各个方面取得的丰硕成果。聚焦精准扶贫，组织各级媒体开展“牢记殷切嘱托决胜脱贫攻坚”专题报道，全面反映精准扶贫举措和成效。统筹抓好三大攻坚战、扫黑除恶专项斗争、全域旅游、乡村振兴、美丽湘西建设等重点宣传，内容接地气、报道有深度、群众反响好。召开全州融媒体中心建设现场推进会，八县市县级融媒体中心全部挂牌成立。“湘西兄弟连团队”上半年连续夺得全省月度发稿2个第一名、1个第三名。湘西广播电视台在湖南卫视通联会表彰会上获2个一等奖，荣获通联工作突出贡献奖。依托中央主流媒体讲好湘西精准扶贫故事，《人民日报海外版》头版头条及整版推出《十八洞村彻底变了！（中国脱贫传奇①）》，人民网海外传播部《看见中国·湖南：十八洞村苗族村民石美梅学习苗绣脱贫致富的故事》在人民视频播出，《精准扶贫结硕果湘西苗寨奔小康——十八洞村：如今的好日子都是托总书记的福》在人民网国际频道播出。完成湖南省庆祝中华人民共和国成立70周年湘西州专场新闻发布会，举办湘西自治州（北京）招商引资推介会暨重大项目签约仪式媒体见面会，组织苗族银饰企业参加外交部湖南全球推介展示活动，协调组织2019年全州前三季度经济形势通报会。联系中央电视台纪录片频道《地理·中国》、农业农村频道《我的美丽乡村》栏目组到州分别摄制专题片《湘西奇楼》《走进古丈》，邀请湖南卫视《向往的生活》《乡村合伙人》等栏目组到州取景制作。成立湘西州新媒体协会，加强行业自律。团结报社、济南报业联合推出东西部协作关于十八洞村的大型全媒体联合直播《泉润湘西》。湘西网派出2名记者长驻十八洞村，利用融媒直播“今日十八洞”363期。湘西网获得省网信办颁发的“互联网新闻信息服务许可证”，成为全州唯一获得互联网新闻资质的网站，成功迈进国家一级网站方阵。

【践行社会主义核心价值观】 全力做好凤凰县新时代文明实践中心试点工作，组建志愿服务队300余支，登记注册志愿者3.2万人，创建“鲜红的旗帜”“她说新时代”“父母成长加油站”“圆梦微心愿”“金剪刀嫁接”等55个精品项目。凤凰县试点工作12次获中国文明网首页头条大图推荐，学雷锋文明实践工作被中央电视台新闻频道报道，试点经验在全省建设新时代文明实践中心试点工作推进会和《湖南宣传》内刊推介。开展州级新时代文明实践中心试点工作，全州确定23个村及其所在乡镇为试点单位，召开新时代文明实践中心试点工作现场推进会。全州各级各单位制作下发30余万份“户帮户亲帮亲互助脱贫奔小康”活动倡议书，采集并实现微心愿71297个，价值2406.98万元。承办全国“脱贫攻坚”主题演讲比赛，推荐选手龙秀林代表湖南省参赛赢得总分第一、获金奖。组织开展湖南省优秀共产党员龙俊同志先进事迹宣讲活动，指导全州各级各部门举办道德讲堂400余场次。吉首火车站退休干部王源孝获评“湖南省道德模范提名奖”并入选全省“艰苦奋斗”先进典型集中宣传对象，周祖辉等16人获评“湖南好人”，熊仕宇等4人获评湖南省“新时代好少年”。加强未成年人思想道德建设，申报建设11所乡村学校少年宫，继续在州民族中学办好“宏志班”。全州志愿者注册数量达131927人，志愿服务队增加到1023支，开展“爱心送考”“世界环境日，志愿者在行动”等20余场次大型志愿服务活动。推荐24个单位申报全省2019年文明社区（小区）、文明窗口单位、文明风景旅游区、文明集市、文明餐饮示范店。联合相关部门开展爱我国防“十佳关心国防好领导、十佳拥军模范单位、十佳现役军人、十佳复退军人、十佳青年民兵、十佳爱国拥军家庭”评选活动，从159个推荐人选中评选出6个“十佳”。组织开展文化科技卫生“三下乡”活动，完成湘鄂川黔革命根据地旧址数字化管理平台（试点）建设工作。组织各级各类文明单位开展结对帮扶贫困村创建文明村工作，年末完成1110个贫困村创建县级及以上文明村。签订“文明节俭操办婚丧喜庆事宜承诺书”14万余份，党员和群众知晓率达99%以上。全州所有村（社区）全面完成村规民约和居民公约修订，成立道德评议会、红白理事会、村民议事会、禁毒禁赌会、社会风气监督队。

【文化惠民】 围绕庆祝新中国成立70周年，激发文化创新创造活力，为广大人民群众不断提供高质量文化服务和产品。组织开展庆祝新中国成立70周年“欢乐潇湘·幸福湘西”全民广场舞大赛、“我和我的祖国”湘西20万职工同声唱歌咏活动、庆祝中华人民共和国成立70周年优秀电影展映“六进活动”。扶持歌曲《十八洞的阳光》等24项文艺精品创作。组织红色舞剧《马桑树下》赴北京、济南、深圳三地巡演活动，与图书《血刃——红二、六军团湘鄂川黔纪实》等入选湖南省第十四届精神文明建设“五个一工程”奖。《喜盈门》《春茶鼓》分获“欢乐潇湘”全省群众文艺汇演特等奖、一等奖。《牵着春风进山村》《古丈茶歌》获评“唱响70年·我喜爱的湖南金曲”。举办中华优秀传统（民族）文化“六进工程”暨2019年“湘西大舞台”演出活动103场次，文化惠民送戏下乡演出193场次。开展湘西州文化和自然遗产日主题活动暨非物质文化遗产进校园成果展，开设“大师工作室”非遗活态性展示窗口。举办吉首鼓文化节、浦市非遗节、第四届湘西农耕民俗文化节、“六月六”苗歌节、湘西苗族赶秋节、2019古丈跳马节等系列民族节会活动。第一批673个村综合文化服务中心建设任务基本完成，配套310个建制村体育器材。开展凤凰县菖蒲塘影院、花垣县十八洞村思源影院、龙山县里耶古城影院3处全省乡镇电影院建设试点，全州农村公益电影放映2.6万场，完成省定任务110.62%。全州16家城市影院观影94万人次，完成票房收入3141.64万元，湘西边城影院、吉首市悦和影城、凤凰县芒果国际影城被省电影局评为“2018年票房突出贡献影院”。建成全州文化产业信息管理平台，注册企业84家。土家织锦《盘盘八勾》荣获第54届全国工艺品博览会金奖，土家织锦《椅子花》在第15届中国（深圳）国际文化产业博览交易会上荣获“中国工艺美术文化创意奖”银奖。举办永顺“三月三”土家女儿节、吉首苗族“四月八”、花垣中国边城龙舟赛、凤凰民俗摄影双年展暨第七届苗族银饰服饰文化节、2019土家族舍巴节、中国古丈两山100国际越野赛等文化旅游节庆活动。永顺县芙蓉镇、龙山县里耶镇被评为湖南十大特色

7月25日，庆祝新中国成立70周年“我和我的祖国”湖南百万职工同声唱歌咏大赛湘西赛区优秀节目展演暨颁奖晚会举行　　州委宣传部　供图

文旅小镇。倡议成立大湘西地区文旅产业协同宣传推广联盟，促进湘西州、怀化市、常德市、张家界市、邵阳市和永州市全域旅游协同发展。

【自身建设】 全面把握党的政治建设总体要求，加强宣传思想文化战线党的建设和队伍建设。举办州委“不忘初心、牢记使命”庆祝新中国成立70周年宣讲会。加强制度建设，州委宣传部制定《部务会会议工作规则》，印发《部务会理论学习中心组学习制度》《周五学习制度》，落实重大事项请示报告制度，全年向州委和省委宣传部报告重大事项24项。开展“四力”教育，州委宣传部部务会成员带头开展调研，副处级以上干部撰写调研报告8篇；组织全州新闻战线持续开展“走基层、转作风、改文风”活动，锤炼新闻队伍；组织全州文艺战线开展“深入基层、扎根人民”主题实践活动，服务基层群众；在全州宣传文化系统征集宣传思想文化工作创新案例28篇，促进工作交流。全州宣传系统党政机关改革基本完成，成立州文旅广电局，县市成立相应机构。做好州直宣传文化系统事业单位改革前期调研，启动全州公共文化机构法人治理结构改革和州属经营性国有文化资产集中统一监管工作。举办州直宣传系统党支部书记培训班、第二届湘西州新闻工作者清华大学培训班，举行“好记者讲好故事”演讲比赛、第20个记者节暨湘西新闻奖颁奖活动。团结报社举办全州骨干通讯员培训班和2018年度“十佳”“优秀”通讯员评选活动，湘西电视台组织新闻中心骨干记者分三批到湖南卫视新闻中心学习轮训。

【蔡振红调研凤凰县新时代文明实践工作】 4月16日，省委常委、省委宣传部部长蔡振红到凤凰县新时代文明实践中心、凤凰县千工坪镇建塘村和胜花村，实地调研农村公共文化设施建设、群众文化活动、文化扶贫等工作，了解新时代文明实践中心建设及活动开展情况，听取湘西州宣传思想和文化旅游工作有关情况汇报。

【红色舞剧《马桑树下》巡演】 5月7日，湘西州大型红色民族舞剧《马桑树下》在北京民族剧院上演。5月中旬，《马桑树下》赴济南、深圳等地进行巡演，深受好评。

【庆祝新中国成立70周年湘西州新闻发布会】 9月25日，以“牢记嘱托感恩奋进凝心聚力建设美丽开放幸福新湘西”为主题的湖南省庆祝新中国成立70周年湘西州专场新闻发布会在长沙举行。《人民日报》、新华社、中央广播电视总台、湖南日报社、湖南卫视、湖南红网、团结报社、湘西电视台等30多家媒体的记者参会。

【张宏森到湘西州调研宣传思想工作】 10月16—17日，省委常委、省委宣传部部长张宏森到州调研宣传思想工作，先后到花垣县双龙镇十八洞村、吉首市乾州古城、凤凰县千工坪镇建塘村和麻冲乡竹山村，详细了解脱贫攻坚宣传、新时代文明实践中心建设、文旅融合发展等情况，分别召开脱贫攻坚经验总结推广工作座谈会和湘西州宣传思想工作座谈会。

10月17日，省委常委、省委宣传部部长张宏森（右二）考察凤凰县千工坪镇建塘村新时代文明实践站
州委宣传部　供图

【脱贫攻坚全国演讲大赛在湘西州举行】 10月16—17日，“时代新人说——我和祖国共成长”全国演讲大赛“脱贫攻坚”主题赛事在湖南省湘西州举行。经过激烈角逐，湖南省龙秀林等3名选手获得金奖，河北省孙国亮等4名选手获得银奖，吉林省曾丽媛等5名选手获得铜奖。

【州委举行党的十九届四中全会精神宣讲报告会】 11月26日，州委举行党的十九届四中全会精神宣讲报告会。省委宣讲团成员、省人大常委会副主任、州委书记叶红专围绕坚持和完善中国特色社会主义制度、推进国家治理体系和治理能力现代化，以"发挥制度优势，提高治理效能，不断满足人民群众对美好生活的新期待"为主题，对党的十九届四中全会精神进行了系统阐述和解读。

（彭　磊）

统战工作

【概　况】 2019年，全州统一战线深入学习贯彻习近平新时代中国特色社会主义思想，认真贯彻落实中央、省委、州委关于统一战线一系列重大决策部署，扎实开展"不忘初心、牢记使命"主题教育，全力推进"五联共创""四年活动"，切实围绕中心、服务大局，全州统战事业取得重大进展。

【民族团结进步创建】 举办"深化民族团结进步教育筑牢中华民族共同体意识"专题培训班，巩固提升全国民族团结进步示范州创建成果，全州4家单位获评"全国民族团结进步模范集体"，6人获评"全国民族团结进步模范个人"。全年争取少数民族发展资金1.09亿元，落实"两民"企业贷款贴息资金1600万元，建设少数民族特色村镇9个。参加全国少数民族运动会，斩获7金6银6铜，奖牌数、总分均居全省第一。将习近平总书记关于宗教工作的重要论述和重要批示纳入各级中心组学习内容，贯彻新修订的《宗教工作条例》，压实宗教工作三级网络两级责任制，支持全州宗教界加强自身建设，推进"一单四制"和"五进五好"建设，开展宗教自查整改和督查整改"回头看"专项行动，宗教领域持续保持和谐稳定。

【港澳台及海外统战事业】 打造"'三缘'暖侨心'三情'助发展"湘西侨务工作品牌，发展壮大海外爱国友好力量，120余名海外华裔青少年通过"寻根之旅"夏令营走进湘西。美国北加州湖南同乡会会长谭吴保仁捐资260万元修建的谭德森纪念图书馆落成。香港湘西联谊会连续三年向湘西州贫困智障儿童康复训练中心共捐赠90万元。华侨回国定居行政许可项目纳入互联网行政审批平台，全州老年归侨生活补贴发放实现全覆盖。香港湘西联谊会积极参加"湖湘文化嘉年华活动"，湘西农副产品直销港澳。

【党外代表队伍建设】 贯彻落实中央、省委关于统一战线重大决策部署，落实中央《统一战线工作条例》及省委《实施意见》关于党外干部配备安排政策规定，开展党外干部配备使用政策落实专项督查，全州提拔6名党外正处级、6名党外副处级干部。州、县市两级政府组成部门2名党外正职以及实职党外干部在人大、政协和法院、检察院配备，全部实现政策配备达标，实现湘西州党外干部配备使用前所未有重大突破。推行党外干部调研常态化机制，4月5日，组织开展全州党外干部专题调研。

【党外知识分子工作】 县市级统战工作格局基本形成，8县市委统战部与统战系统单位基本落实统一归属管理、统一合署办公、统一人财物管理、统一部署重要工作和重大活动。州委统战部新设立无党派人士和党外知识分子工作科、新的社会阶层人士统战工作科，推进党外知识分子和新的社会阶层人士统战工作，开展"做大'朋友圈'，画美'同心圆'""活力新阶层，湘西新力量"等活动，把无党派人士、党外知识分子和新的社会阶层人士紧密团结在党的周围。龙山、永顺、花垣、凤凰、泸溪等县市相应设立党外知识分子工作机构。州县工商联增配党外副主席职数1个，花垣、凤凰县工商联获评全国"五好"工商联。

【主题宣讲】 开展"我和我的祖国"主题宣讲，讲好中国故事，讲好中国共产党故事，讲好多党合作故事，讲好新时代中国特色社会主义故事，用书画舞蹈、文艺作品、实践体验、学习考察等方式丰富主题宣讲形式，激发统一战线爱国之情，强化统一战线报国之志。强化政治引领。举办全州统一战线学习贯彻习近平新时代中国特色社会主义思想专题研讨班，州委书记叶红专作专题辅导报告。组织开展习近平总书记在民营企业座谈会上的重要讲话精神专题学习宣讲，全州1000余名非公经济人士参加活动。在复旦大学举办全州民营企业家“拥抱新时代践行新思想”主题教育暨创新发展培训班。全州统一战线成员增强了“四个意识”，坚定了“四个自信”，做到了“两个维护”，巩固了共同的思想政治基础。指导党派主题教育。指导民盟州委开展“不忘合作初心，继续携手前进”主题教育，推进民主党派持续深化思想认识、巩固政治共识、强化责任担当、推进自身建设、积极发挥作用，推动“感党恩、跟党走”入脑入心，民盟州委获评民盟中央“政治思想建设和宣传工作先进集体”，一批盟员干部得到提拔重用。工作经验多次得到州委书记叶红专批示。深度推进多党合作。制定实施中共湘西州委与民主党派和无党派人士协商计划，推进议政建言，全州统一战线向省、州两会提交议案、建议和提案128件，参与各项重大专项调研20余次，《推动湘西承接产业转移示范区建设的几点思考》《湘西州基础教育发展面临的问题思考及对策建议》等一批调研成果得到州委州政府采纳。加强党外代表人士队伍建设，组织开展党外干部大调研，贯彻党外干部配备政策规定，州直部门党外正职配备12名，8个县市均配备2名以上政府部门党外正职，实现了党外干部配备的历史性突破。深化“活力新阶层湘西新力量”“知识力量行”等品牌活动，王国宁、罗康隆获得国务院特殊津贴，彭际森、谭晓文分别获得湖南省“最美科技工作者”“优秀院长”荣誉称号。主动开展民主监督。主动联系民盟中央、省委围绕精准脱贫开展脱贫攻坚民主监督工作，承办民盟中央脱贫攻坚民主监督座谈会，为湘西州夺取脱贫攻坚全面胜利提供了舆论宣传、理论指导和智力支持。

【主体责任】 州委高度重视统战工作，切实履行党管统战主体责任，州委常委会议5次研究统战工作，为统一战线解决一批重大问题和突出矛盾。州委统一战线工作领导小组两次召开专题会议，完善工作规则，制定工作规划，协调重大事项。统一战线领导小组各成员单位立足工作大局、发挥职能优势，帮助统一战线解决一批问题。州委书记叶红专参加统一战线重要活动，多次帮助统一战线解决突出问题。“不忘初心、牢记使命”主题教育取得预期成果。围绕深入学习贯彻习近平新时代中国特色社会主义思想这根主线，聚焦“不忘初心、牢记使命”这一主题，注重学修研深度融合，查改做一体推进，达到了预期目的。全州统战干部干事创业、担当作为的精气神明显提升，各项工作奋勇争先，湘西州多项工作经验在全省统一战线推介，“同心美丽乡村”建设获得省委常委、省委统战部部长黄兰香批示。《凝心聚力互助五兴创新构建基层统战助力脱贫攻坚新格局》的典型经验在全省统战部长会上交流。

【“同心美丽乡村”创建】 推行“四寨合一促提质，联动共建创品牌”同心美丽乡村创建工程，打造“互助五兴”基层治理模式统战版，推进省、州、县市103个“同心美丽乡村”提质创建，累计完成投资4.7亿元，完成省级乡村振兴战略实绩考核工作目标，创建工作走在全省前列。发挥新的社会阶层代表人士作用，组建“同心美丽乡村乡贤会”16个。

【“千企联村”助脱贫】 实施“千企联村”精准扶贫行动，引导2000余家企业结对帮扶908个贫困村，实施帮扶项目2050个，投入资金7.56亿元，帮扶贫困人口11.95万人。举办“户帮户亲帮亲互助脱贫奔小康”省工商联所属商协会湘西行活动，成效显著，得到州委书记叶红专专题批示。推进东西部扶贫协作，引进13家济南企业在湘西州注册落户，助推德象电器等一批重点项目落地实施。全州统战系统实施驻村扶贫项目1280个，投入资金2.3亿元，扶贫成效十分明显。

【“民营企业服务年”活动】 创新开展“百名行长联千企”活动，组织全州银行业金融机构215名行长联系民营、小微企业1075家，为278家民营小微企业发放贷款51.66亿元，助推全州民营经济高质量发展。全州13家企业获得“万企帮万村”精准扶贫奖补资金315万元，实现全省奖补项目和奖补资金双领先。

【“统战工作品牌提升年”活动】 坚持统战工作项目化管理模式，创新实施全州统战干部“五联共创”，推动全州统战工作思路创新、方法创新、举措创新、成果创新、品牌创新，《用百名行长联千企破解民营和小微企业融资难融资贵问题》等3个项目荣获全省统战工作实践创新成果奖，获奖数量全省领先。

（郭　嘉）

政策研究

【概　况】 2019年，州委政策研究室围绕州委中心工作和全州发展大局，充分发挥核心智库和决策推手作用，着力抓好文稿服务、课题调研、全面深化改革、全面小康建设、内外宣传、财经等各项工作，做到了参谋有道、统筹有方、督促有力、运转有序，取得明显成效。

【文稿服务】 围绕脱贫攻坚、全面小康建设等中心任务和时代课题，高质量起草州委领导讲话、州委汇报、州委重要文件等120余篇80多万字，《与祖国同奋进与时代同发展》等10篇州委领导署名文章在省级以上党报党刊发表，《武陵山连片特困地区精准扶贫面临的挑战》等4篇文章在中国经济时报、学习强国上推介，围绕湘西州70年发展成就，在中国经济周刊、学习强国等媒体平台发表宣传文稿8篇。

【课题调研】 开展全州“抓重点、补短板、强弱项”调研活动，形成系列破解难题、推动工作的调研成果，协调完成19个州委常委会重大调研课题，牵头完成完善利益联结机制、红色资源深度开发、金融实证分析等专题调研，精准扶贫、网格化社会服务管理、基层农技人才培养、生态文化旅游发展、“互助五兴”基层治理创新等10篇调研报告在国务院发展研究中心《调查研究报告》《中国经济时报》发表，课题研究工作受到国务院发展研究中心通报表彰，被评为全省调研工作先进单位。

【全面深化改革】 全面完成34大项103小项改革任务（省定29项、州自主改革5项），有效激发全社会发展活力和创新活力。中央、省委对湘西州农村基层治理模式、精准扶贫、乡村振兴试点、教育综合体制等改革中涌现的好经验、好做法给予充分肯定。其中花垣县“党建引领互助五兴”农村基层治理改革被中央电视台新闻联播报道；泸溪县教育改革获中央政策研究室《学习与研究》推介，得到中央和省委领导的高度肯定与批示。州委改革办获评全省改革试点优秀单位。

【全面小康建设督查调度】 发挥牵头抓总、参谋服务、统筹协调职能作用，抓好全面小康工作日常调度推进。瞄准省州考核指标体系要求，实行一月一调度、一季一督查、半年一通报，动态监测小康指标完成进度，全年上门指导县市小康工作5次，对州定6项重点指标和部分短板指标进行专题调度推进。深入推进小康示范创建，着力打造小康样板，全州4批次33个示范乡镇（街道）、250个示范村（社区）通过示范创建验收。泸溪县、保靖县、永顺县小康提升幅度在全省47个三类县中分别列第一、第四、第五名，州小康工作连续5年得到省委省政府通报表彰。

湘西州 2019 年第一期“政研讲坛”
州委政研室　供图

【内外宣传】 办好州委州政府主办党刊《湘西工作》，在全国城市党刊研究会第 27 届年会中，《湘西工作》被评为“全国城市十佳党刊”，州委政研室当选全国城市党刊研究会常务理事单位。组织举办两期高规格的“政研讲坛”，牵头摄制乡村旅游、东西部扶贫协作、美丽湘西、脱贫攻坚和“湘西为村”等反映全州发展特色点亮的专题片，配合《人民日报》《光明日报》等媒体，围绕精准脱贫、全域旅游等重点工作进行系列宣传，着力彰显湘西智慧，展现湘西风貌，擦亮湘西名片。编印直达州委常委阅示的《政务内参》4 期，其中 2 期州委主要领导作了批示，推动有关问题及时有效解决。

【财经工作制度】 研究制定《州委财经委员会工作规则》《州委财经委员会办公室工作细则》《州委财经委员会会议制度》《州委常委会经济形势分析会议制度》，创新推行全州主要经济指标定期监测和主要经济工作部门日常联络机制，在发改委、财政、税务等州直部门和县市区建立全州经济信息联络员队伍，构建较为完善的州委财经工作领导和工作运行体系，联络工作机制在全省推介。起草《关于进一步做好减税降费工作的意见》《关于推进湘西承接产业转移示范区建设的意见》等州委重要文件，为全州脱贫发展提供了有力的智力支持和政策支撑。

（王　璋）

网信工作

【概　况】 2019 年，湘西州网络信息化工作部门全面贯彻落实全国全省网络安全和信息化工作会议精神，紧紧围绕州委“542”发展思路和中心工作，进一步强化“一张网”“一盘棋”意识，着力夯实网络阵地，完善网信机制。

【网络宣传】 州委网信办开办“新时代新作为新篇章——湘西州学习贯彻习近平新时代中国特色社会主义思想”专栏和“新时代新湘西——湘西州学习贯彻党的十九大精神”专栏，组织湘西网、新湖南湘西频道、红网湘西站等推出“习近平新时代中国特色社会主义思想在湘西”“学习十九大报告有感”“十九大精神进基层”“习近平新时代特色社会主义思想三十讲”“学习进行时”等网络宣传报道。全州各类新媒体平台开设宣传专栏 20 个，发稿 1000 余篇，总阅读量超 2000 万次。保持重大网络主题宣传不断。开展“湘西州首届网络文化节”“精准扶贫 IP 金字塔”主题宣传，宣传湘西州精准扶贫的举措、经验和成效。开设“央媒聚焦湘西精准扶贫经验”专栏，推出新华社《武陵深处展新颜——湘西州贯彻精准扶贫理念的生动实践》、央视新闻联播《湖南湘西：聚焦精准决战湘西经验》、《人民日报》、《扶贫走新路春雨润湘西》等推文。运用新媒体开展叠加宣传，以“网信湘西”公众号为龙头，引领“两微一端”进行二次转发点击。其中推文《“精准扶贫”吹绿湘西十万大山》等经“网信湘西”刊发后，引发微信公众号湘西头条、你好大湘西、智慧湘西 APP 等各新媒体平台二次转载，点击量 50 余万次。网络直播节目《今日十八洞》直播 363 期。整合州内微博、公众号、抖音、快手等网络大 V 和网红推送“湘西精准扶贫”推文及视频。网红彭莉琴抖音账号推送的《家乡的椪柑》、苗家翠翠抖音账号推送的《十八洞村的山泉水》，获赞10万余次，浏览量突破100万次。开展“壮丽70年奋斗新时代——新中国成立70周年”网上主题宣传活动。推出《燃爆！州民中3000师生升国旗唱国歌！》《爱国是首奋斗的歌》《快闪！快看！湘西苗语版“我和我的祖国！”》《中国发展，有你有我》等网络推文，其中《燃爆！州民中3000师生升国旗唱国歌！》阅读量10万余次，转载4000余次。围绕“不忘初心、牢记使命”主题教育活动开展网上宣传。在各县市新闻网站开设主题教育专栏10个，推送信息89条次。

举办“湘西飞出幸福歌精准扶贫湘西行”主题网络宣传活动　　州委网信办　供图

【网络执法】 网信办下发《关于开展微信公众号内容专项治理行动的通知》，制定《湘西州网络文明专项行动工作方案》，对自媒体平台进行非法采编活动的现象坚决予以打击。组织召开网络直播视听服务企业负责人专题会议，约谈3家网站，关停2家网站和4家微信公众号，依法打击网络谣言。开展政务类网络平台清理整改。制定《湘西州政务类网络平台清理工作方案》，下发《关于加强全州政务类网络平台内容管理的通知》，对政务网络平台实行长效管理机制，开展不定期督查，按照网络意识形态责任制进行考核，落实主体责任制，确保政务类网络平台运营安全、有序、有效。调查摸清全州政务类网站、微信、微博平台基本情况和运营情况，对网站存在信息更新不及时、信息内容错误等现象的单位进行约谈，下达整改通知。

【网络安全】 湘西州将网络安全纳入安全生产考核内容，网信办下发《关于开展2019年湘西州网络安全专项执法检查的通知》，组织全州行政企事业单位开展网络安全自查，查实网络安全高危漏洞20个，办理网络安全行政案件20起，行政警告网站单位7家，行政拘留12人，罚款2人。推进网络信息化建设。建立湘西州大数据中心，第一期云平台等基础设施建成投入使用。州直各单位和8个县市梳理出1832个系统、8815个信息资源、132491个信息项，全部录入大数据中心数据资源管理系统。电子政务形成“1+9+75”的湘西州政府网站集群，接入各级单位1100多个，支撑国、省、州各类电子政务应用43个。全州有关键信息基础设施97个，全部进行等级保护登记，涵盖电子政务、公安、国土、交通、财政、银行、通讯、税务、社保、医疗、教育、供水供电等行业。开展网络安全知识宣传。网信办下发《关于开展2019年国家网络安全宣传周活动的通知》。9月17日，网信办在吉首大学师范学院附属小学湘西经开区校区举行网络宣传周活动。州委网信办联合州教体局、州通管办、州公安局、团州委、州妇联等单位结合校园日、电信日、法制日、金融日、青少年日、个人信息保护日等主题日活动，开展网络安全知识进社区、进农村、进企业、进机关、进学校、进家庭活动，以人民群众通俗易懂、喜闻乐见的形式宣传网络安全知识和防护技能。

【湘西州新媒体协会成立】 12月12日，湘西州新媒体协会成立大会举行。会议表决通过《湘西州新媒体协会章程》《湘西州新媒体行业自律公约》《湘西州新媒体协会组织机构人员名单》，选举州委网信办舆情信息中心负责人向阳为协会会长。

湘西州新媒体协会成立，会长向阳接牌

州委网信办　供图

（田若然）

机构编制

【概　况】 2019年，州委编办认真学习贯彻《中国共产党机构编制工作条例》，按照“两接、三服务”机构编制工作思路，推进新一轮党政机构改革和重点领域体制机制改革，持续加强和创新机构编制管理，优化编制资源配置，强化部门自身建设，圆满完成全年各项工作任务。

【机构编制管理】 开展控编减编工作，持续抓好“三超两乱”专项整治，禁止违规超编进人。严把人员异动入口，严格执行公务员遴选、科级以下人员异动和事业单位招聘管理方面的文件，坚持在核定的编制限额内招录（聘）、调任、选拔、选调、安置各类人员，机关工勤人员只出不进，原核定的工勤编制实行“退一消一”。全年办理州直124个机关事业单位496人次的人员异动核编手续，规范率100%。发挥实名制数据库作用，适时监督全州机构编制总体情况、编制使用情况、机构编制数据增减变化情况，把“死数据”变成“活资料”。建立问题整改台账和控编减编月报台账，为机构编制的规范化、精细化管理提供科学参考依据。机构改革期间，严格执行湘办发〔2018〕44号文件，对涉改单位机构编制和人员入编事项原则上实行冻结，确保公平公正和改革顺利进行。严格执行减编控编工作纪律，未发生擅自设立机构、擅自增加编制等违规问题。按机构编制审批程序和权限，全年审批州直和县市行政事业机构编制事项160项，规范率100%。全州行政编制未突破省里下达的限额，事业编制未突破2012年底总量。继续落实编制计划管理、动态管理、周转管理等制度，加大编制资源统筹，围绕改革发展稳定大局，采取总量内整合、调剂、划转等办法，重点保障党的建设、意识形态、经济建设、扶贫攻坚、民生保障、教育卫生、网络信息安全和国家级高新区申报等机构编制需求。落实中央、省委巡视整改任务工作指示，对巡视指出需要加强力量的部门，增核领导职数和人员编制，充实工作力量。落实中央、省委纪检派驻机构全覆盖规定要求，对州纪委监委派驻机构进行调整。加强高层次紧缺人才引进支持力度，在总量内调剂50名全额拨款事业编制设立高层次紧缺人才专户，保障人才引进编制刚需。做好公办中小学和公办幼儿园教职工编制调整和统筹分配工作，合理优化配置全州公办中小学教职工编制资源。

【事业单位登记管理】 简化事业单位登记管理工作流程，提升服务水平，完成事业单位日常登记、年度报告公示、法人公示信息抽查、党政群机关统一社会信用代码赋码颁证和网上名称管理工作。为全州759个党政群机关进行统一社会信用代码赋码颁证；办理事业单位设立登记17项（州直2项），变更登记308项（州直27项），注销登记203项（州直6项），补领登记28项；同步完成以上事项网上登记，网上登记管理率100%。接收事业单位年度报告2542份（州直213份），对需公示的单位，同步在各级编办网站或政府门户网站进行公示。是年，全州域名注册总量4514个（州直455个），新增注册55个，续费1322个（州直203个），自建网站加挂网站标识456个（州直95个），各项指标任务全面完成。对州农业农村局下属的州畜牧水产事务中心、州农业机械事务中心、州粮油作物技术服务站、州外资外援项目办公室、州农业综合执法局等单位法人公示信息情况进行全面核查，未发现违规问题。

【党政群机构改革】 州本级设置党政机构47个，其中州委机构13个（纪检监察机关1个，工作机关12个），州政府工作部门34个。按照“突出主业、有保有压、从严控制、精简设置”的原则，做好州直部门内设机构“控、减、并”。明确与省对口部门不搞一一对应，实行“一对多”设置，要求每一个内设机构的人员编制原则上不少于3名，最大限度地减少“一人科室”现象。改革后，部门内设机构总数由685个精简为535个，精简比例21.9%，科级领导职数由改革前的790名精减为640名，精减比例18.9%。人大、政协机关改革与党政机构改革同步部署、同步实施。截至4月26日，州、县市党政工作部门“三定”规定文件和机构编制调整文件全部制发到位。将完全、主要和部分承担行政职能的事业单位按要求纳入改革实施范围。在全面清理行政职能的基础上，加强调查研究和对接工作，按照能转职能的不转机构、确需转机构的实行综合设置的原则，区分情况推进改革。州本级涉改事业单位和群团组织的“三定”规定于12月30日前全部印发完成。在市场监管、生态环境保护、文化市场、交通运输、农业等五个领域相关单位进行全面梳理、规范和精简行政处罚、行政强制等事项，实行清单化管理。按照一个领域最多一支执法队伍的原则，统筹配置行政执法职能和执法资源，减少执法队伍种类和层级，锁定执法人员编制底数，探索建立体现综合行政执法特点的编制及人员管理办法。州本级新组建了副处级的生态环境保护、文化市场、交通运输、农业、市场监管综合执法局，一个领域一支执法队伍的综合执法格局初步建立。对县市生态环境管理体制进行调整，将县市生态环境部门职能职责、机构编制上收，由州本级统一管理，增强生态环境工作的统一性和权威性。

（田鸿鹄）

党校工作

【概　况】 2019年，州委党校（州行政学院、州社会主义学院）在州委、州政府的领导下、在省委党校（省行政学院、省社会主义学院）的指导下，以习近平新时代中国特色社会主义思想为指导，围绕州委、州政府重大决策部署，坚持“质量立校、创新强校、开放活校、从严治校”办学理念，凝心聚力、开拓进取，圆满完成干部教育培训工作和上级交办的各项任务，各项事业取得长足发展，校（院）被评为全州基层理论宣讲先进集体，以排名第二的优良成绩被评为全省党校行政学院系统科研工作先进单位、州级文明标兵单位、综合治理合格单位、民族团结进步创建工作先进单位。

【课堂教学】 全年按调训计划开办培训班29期，培训学员2348人。对外培训班次39期，培训学员5326人。经测评，学员对教学内容设置、教学组织安排、教学质量和效果、教学形式与方法的满意度均在98%以上，对教学工作总体满意度达99.35%。

【专题设置】 根据新时代的新形势、新任务、新要求，紧紧围绕习近平新时代中国特色社会主义思想和党的十九大、十九届四中全会精神与“不忘初心、牢记使命”主题教育，精心设置教学专题100个，其中新专题41个，专题更新率41%；理论教育和党性教育教学专题70个，占70%。

【教学活动】 全年举办州级领导讲坛4期次、部门领导讲坛70期次、专家讲坛4期次、先模讲坛3期次、道德讲堂4期，学员讲坛30班次。在抓好课堂教学的同时，组织学员到塔卧、茨岩塘、十八洞村等20余个州内现场教学点开展现场教学40余班次；组织学员赴红旗渠和革命圣地延安开展党性教育异地教学 2 次；组织农村体验式教学 1 次。

【教研活动】 组织教研人员进行教学专题招标 1 次，教学试讲、集体备课和集体听课评课 6 次。选派专兼职教师和管理人员到中央、省级培训机构学习培训 31 人次。举办全州党校行政学院社会主义学院系统第十五次教学比赛暨精品课评选，二位老师代表湘西州党校行政学院系统参加全省党校行政学院系统第十三次教学比赛暨精品课评选，分别获得二等奖和三等奖。4 位教师被评为全州基层理论宣讲先进个人，3 位教师的宣讲报告被评为全州优秀理论宣讲报告，张永亮的宣讲报告《深入学习领会习近平关于脱贫攻坚的重要论述》被评为全省优秀理论宣讲报告，受到省委宣传部的通报表彰。

【学员管理】 制定出台《关于进一步严格学员管理，切实提高学员出勤率就餐率住宿率的规定》，主体班都集中开展入学教育，教务处每周巡查班级 3 次以上，校（院）学风督查组不定期抽查，学员出勤和遵守纪律情况每周通报一次。对学员上课、就餐、住宿实行"一卡通"管理，学员到课率、就餐率和在校住宿率明显提高，一个月以上主体班学员平均到课率 98.51%、平均就餐率 97.92%、平均住宿率 97.59%。遵规守纪形成自觉，没有发现明显违纪违规现象。

【科研工作】 校领导牵头组织全体专兼职教师分成 7 个课题调研组，在"不忘初心、牢记使命"主题教育活动中，副处级以上干部结合工作实际开展调研，形成 16 篇调研报告并汇编成册。由常务副校长李全主编的著作——《精准扶贫在湘西》荣获第八届湘西州优秀社科成果一等奖，有两位教师的社科成果分别获二等奖、三等奖。课题项目，获州本级以上立项课题 19 项，结题 15 项。其中，获得全省党校行政学院系统社科课题立项 8 项，获州社科规划课题 8 项（其中 4 项为重点课题）。论文和著作，全年公开发表论文 88 篇，其中省级以上公开刊物 87 篇。参与出版著作 3 部，其中 2 部为全国百佳出版社出版物。参加各级各类理研会 45 篇次，获三等奖以上 42 篇次。吴永良的调研课题《湘西州干部推动高质量发展能力建设研究》被州委常委重大调研课题征集活动选中，年末调研成果结题。谭和平的《推进乡村振兴战略，培养农村实用人才是关键》于 6 月被州委办专门给中办省办报送情况的内刊《湘西信息》刊登。

【精准扶贫】 校（院）委领导多次下到扶贫村古丈县栖凤湖村和亚家村调研。11 月 20 日，校委在栖凤湖村召开第 12 次校委会，安排调度扶贫攻坚省检、国考等工作。帮扶干部平均完成走访次数 6 次以上，驻村干部每月宿村满 10 天，住村超 20 天。栖凤湖村对 1.5 公里的产业路进行了拓宽加固。新开一条覆盖 4 个村民小组长 3.5 公里的产业路。建成 150 亩产业园。亚家村修建停车场 2 个，新寨至对门寨通车桥前期工程基本完成，2019 年种植油茶 600 余亩、茶叶 180 余亩，实现产业和利益链接机制全覆盖，增加农民收入，为长期稳定脱贫提供了保障。

【意识形态】 成立意识形态工作领导小组，对标对表按时间要求把意识形态工作目标管理细则落实到位，全年研究意识形态工作 3 次。10 月 25 日，副校长陈文姝在第八次中心组学习上领学《关于做好当前意识形态工作和中心组学习的几点提示》《中国共产党宣传工作条例》，机关党委领学《中央宣传部负责人就〈中国共产党宣传工作条例〉答记者问》和黄坤明在 2019 年第 17 期《求是》杂志上发表的《以党内法规建设新成效推动宣传思想工作开创新局面》。11 月 8 日，校（院）委召开全州党校系统学习贯彻《中国共产党党校（行政学院）工作条例》座谈会，统一思想，深化对党校行政学院工作的认识。

【党建学习】 校委全年研究部署党建工作 12 次，组织理论中心组学习 10 次，周五学习 24 次。严格落实“三会一课”制度，一把手上党课3次，分管领导上党课2次，其他班子成员和党支部书记按要求上党课。抓好“不忘初心、牢记使命”主题教育。举办处级干部集中学习研讨交流3次，分别围绕“明初心、守初心，坚定理想信念”“担使命、履职责，矢志为民服务”“改作风、勇担当，带头真抓实干”三个主题开展学习研讨。专题学习十九届四中全会精神2次（专题读书班、中心组学习各1次）。组织党员赴茨岩塘、塔卧和湘南革命老区开展革命传统教育2次。跟进学习《中国共产党党校（行政学院）工作条例》。主体班开设《开辟“中国之治”新境界——学习宣传贯彻党的十九届四中全会精神》课程，11月22日举办读书班，组织党员集中自学十九届四中全会精神。12月16日，举行州委党校理论学习中心组第10次集体学习，再次深入学习十九届四中全会精神。全年开展廉政学习5次，开展警示教育2次。

（张唐诗）

对台工作

【概　况】 2019年机构改革中，全州台湾工作办公室系统并入党委办，由党委直接领导和管理对台工作。全州各级台办牢牢把握两岸关系新形势，认真贯彻落实中央、省、州对台工作重大部署，紧紧围绕州委、州政府中心工作，扎实做好各项对台工作，在深化湘西州与台湾两地交流交往、开展对台宣传、对台联络工作等方面均取得新成绩，为两岸和平发展和湘西州社会经济建设做出了新贡献。

【对台交流、接待】 全州台办系统并入党委办后，接待服务台胞、台商的综合能力得到提升，各级党委积极应对对台工作的新情况、新挑战，在交流交往及接待服务上，紧跟形势，稳步推进。高质量做好接待服务工作。湘西州本着“热情接待、周到服务、提供方便、保证安全”的原则，做好台胞到州观光旅游、返乡探亲、经贸洽谈等接待工作。全年接待“2019台商湖南行”“台湾云林农田水利考察团”“2019两岸新媒体全域旅游看湖南”“台东县少数民族参访团”等台湾参访团组100余人次。协助吉首市完成2019年“鼓文化节”活动，接待返乡探亲和祭祖的台胞10余人。9月4—10日，“台湾云林农田水利考察团”一行32人到湘西州，考察参访吉首、凤凰、古丈、永顺、花垣五市县，走进寻常百姓家，与基层群众及工作人员座谈，了解当地农田水利建设、乡村发展情况，进行互动交流。10月17—19日，央视网、中国台湾网、芒果TV、新湖南、红网、东森新闻云等8家媒体及自媒体网红19人，到湘西州参访，考察酒鬼酒厂、凤凰苗人谷、乾州古城、矮寨大桥，聚焦采访报道湘西州全域旅游，感受美丽湘西的魅力，制作影视片10余个，运用新媒体传播，把湘西州淳朴民风、秀丽风光、丰富资源、厚重文化、发展前景推向台湾、推向世界。

【对台联络】 全年全州各级台办召开台胞台属座谈会10余次，开展形式多样的对台联络活动，加强与台胞台属台企联络，密切感情，凝聚人心。利用春节、清明传统佳节之际，走访慰问台胞台属10余次，送慰问金5万余元。2019年春节期间，到8个县市67户困难台属家中，送慰问金及节日问候，把温暖和欢乐送到台属心中。各级台办采取写书信、寄贺卡、打电话、走访慰问等方式，与台胞台属台商特别是旅台亲友保持经常性联系，全年州内台属写家书10余封，向岛内台胞寄送节日贺卡100余份，通过QQ、微信等网络新媒体发送祝福信息，与台胞加强联络，交流感情，增进共识。坚持强化国家安全防范意识，学习宣传国家安全知识，注重文件、材料的集中存放，做到专人专管，统一存放。领导带头遵守《台办涉密人员保密管理规定》和《台办保密工作十三条纪律》，划拨专项经费采购、置换保密设备，确保无失（泄、窃）密案（事）件发生。

【对台宣传】 由于机构改革，对台宣传素材和人数有所减少，湘西州克服各种困难，涉台宣传注重提质，加强新闻稿件的审核，把严质量关。利用各种新闻媒体开展宣传，全年在中国台湾网、华夏经纬网、湖南省委台办官方网站和《团结报》等媒体发稿 12 篇。推进涉台教育。州、县市采取台联理事座谈会、办宣传栏等形式，开展台海形势教育活动，学习宣传中央对台工作新精神、新政策。全州举办台海形势座谈会 3 次、赴台行前培训 2 次，传达党和国家对台方针政策及最新台海形势。

【对台经贸】 湘西州台商较少。结合工作实际，做好现有台商服务工作，为其排忧解难，强化服务意识，为投资者提供优良服务，争取州委、州政府支持，密切联系相关部门，维护台商台资合法权益，营造良好的经营氛围。成功推进台企湖南顺登模具科技有限公司与湘西经济开发区一起多年已购土地遗留问题的解决。

（龙彦整）

机关党建

【概　况】 2019 年，州直工委在州委领导下，坚持以习近平新时代中国特色社会主义思想为指导，组织州直各级党组织以党的政治建设为统领，围绕中心、建设队伍、服务群众，持续正风肃纪，争当“三表率一模范”，全面完成机关党建各项工作任务。

【州委对机关党建工作的领导】 2019 年，州委高度重视，坚持把机关党建纳入全州党的建设总体布局，纳入州五个文明绩效考核重要内容。3 月 20 日，第 9 次州委常委会会议召开，专题听取和研究机关党建工作。11 月 12 日，州委召开州直机关党的建设工作会议，专题部署州直机关党的建设工作。州委把学习贯彻习近平总书记关于机关党建重要论述作为重要政治任务，6 月 19 日，召开州委理论学习中心组第 4 次集体学习会议，认真贯彻落实习近平总书记关于党建工作的重要论述和《中共中央关于加强和改进中央和国家机关党的建设的意见》。9 月 23 日，召开第 27 次州委常委会会议，传达学习习近平总书记在中央和国家机关党的建设工作会议上的重要讲话精神，并在“不忘初心、牢记使命”主题教育一并部署落实。7 月 1 日，叶红专带领州委组织部、州直工委等相关单位负责人到凤凰县调研指导基层党建工作，就推进“互助五兴”和机关党建“1+1”促脱贫攻坚工作进行现场指导。龚明汉统筹机关党建工作，作安排、督导、点评，推动机关党建各项工作落地见效。

【模范机关建设】 州直工委组织州直机关基层党组织深入贯彻落实习近平总书记关于推进机关党的政治建设重要指示精神，开展“三表率一模范”机关建设创先争优活动，评选出“学习党的创新理论”先进典型 20 个、“马上就办、真抓实干”党员示范岗 10 个、机关党建“1+1”促“互助五兴”示范点 15 个、“让党徽在岗位上闪光”爱岗敬业先进典型 10 个、机关党支部工作最佳案例 10 个，引导州直机关党员干部把树牢“四个意识”、坚定“四个自信”、做到“两个维护”落实到具体行动之中，坚决同以习近平同志为核心的党中央保持高度一致。坚持把意识形态工作纳入机关党建总体安排，狠抓州直单位意识形态工作责任制落实，推动各单位把意识形态工作与业务工作同部署、同落实。按照州委要求，对州直 20 个单位落实省委第五巡视组关于意识形态工作责任制巡视反馈问题整改情况进行专项检查，参加十一届州委第四轮意识形态工作专项监督检查，增强机关党员干部政治思想意识，维护意识形态安全。

【政治理论学习】 州直工委按照州委统一部署，

把深入学习贯彻习近平新时代中国特色社会主义思想贯穿主题教育全过程。举办州直学习贯彻习近平总书记在中央和国家机关党的建设工作会议上重要讲话暨党支部书记集中学习研讨班、州直单位“不忘初心、牢记使命”主题教育基层支部书记示范培训，308人参训学习。订购发放《习近平关于“不忘初心、牢记使命”论述选编》《习近平关于“不忘初心、牢记使命”论述摘编》《习近平新时代中国特色社会主义思想学习纲要》《党的十九届四中全会〈决定〉学习辅导百问》《优秀共产党员先进事迹选编》《党章电视辅导教材》等读本2.8万册，为州直机关党员干部学习提供保障。抽调工委机关5人到州委主题教育指导组、专项整治组工作，协助做好州委主题教育面上指导服务。坚持把学习贯彻习近平新时代中国特色社会主义思想作为首要政治任务，开展“学习型机关、学习型党支部、学习型党员”创建，加强学习型党组织建设。指导州直单位党组（党委）理论学习中心组专题学习、周五学习、读书班，各单位中心组学习在10次以上，周五学习平均每月2次以上，读书班每月1次。加强“学习强国”学习平台运用，州直7300多名党员干部参学。州委组织部、州直工委、州工信局、州团结报社在《团结报》开设“学党章学条例”宣传专栏40期，举办线上答题活动，州直3500余人次参加。各单位采取专题学习、以考促学、巡回宣讲、形势报告、辅导讲座等方式，增强学习吸引力和感染力，营造浓厚的机关政治学习氛围。

【基层党组织建设】 州委常委和其他州级领导以身作则、带头示范，以普通党员身份参加所在支部组织生活。州委书记叶红专参加州委办机关第一支部组织生活，为党员上党课，开展谈心谈话。州直工委加强对组织生活全过程指导、管理和服务，规范州直64个党委、15个党总支、516个党支部“三会一课”、组织生活会、谈心谈话、民主评议党员等制度落实，严肃党内组织生活。围绕州委脱贫攻坚决胜、产业项目建设、美丽湘西提升“三年活动”，以“学用新思想、奋斗新时代”为主题，组织州直“学党章学条例”专题宣传，机关党建“1+1”促“互助五兴”现场交流，“学党史讲党史、走好新时代的长征路”主题宣讲，“重温红色经典、不忘初心使命”主题党日，“寻根问本”革命传统教育，守初心担使命“三表率一模范”创先争优评选等庆“七一”迎国庆“六大活动”，州直近1万名党员干部参加。各单位党组织开展重温入党誓词、过“政治生日”、技能比武、劳动竞赛、岗位练兵等主题党日，3万人次参加，机关党员干部立足本职岗位创先争优的氛围日趋浓厚。认真贯彻落实《中国共产党支部工作条例（试行）》，落实机关党支部“五化”建设标准，到州直130个单位现场指导推进机关党支部设置标准化、组织生活正常化、管理服务精细化、工作制度体系化、阵地建设规范化建设，推进州直各行业各领域党支部“五化”建设整体达标率90%以上。做好党员教育、党员管理、党员发展、党费收缴、党员组织关系转接、党员档案管理、党员信息采集维护、党员公开承诺、《红星云》运用、党内激励关怀帮扶和党内统计等工作。全年，州直预审新发展党员134名，预备党员转正90名，党员组织关系

7月4日，州委组织部、州直工委等联合在吉首武陵山大剧院举办州直机关“学党史讲党史，走好新时代长征路”主题宣讲会　　州直工委　供图

转接850人；规范党费收缴管理、通报党费收支情况；加大党内激励关怀帮扶，上报省、州级党内帮扶对象33人；春节走访慰问生活困难党员和老党员304人，"七一"走访慰问困难党员和老党员100人；补助流动人才党支部1个、离退休干部职工党支部93个。

【党风廉政建设】 州直工委坚持把党风廉政建设纳入机关党建工作总体安排，制定《2019年州直机关纪检工作要点》，推动州直各单位认真落实党风廉政建设主体责任和监督责任、第一责任和"一岗双责"。加强廉政条规教育、岗位廉政教育和典型案件警示教育，州直各单位党组（党委）书记上廉政党课1次以上。举办2019年度州直单位新任科级干部廉政教育培训班，在吉首监狱集中开展警示教育，268名科级干部参训，增强机关党员干部廉政意识和防范风险能力。认真落实《关于加强州直单位机关基层纪检组织建设的意见》，结合机构改革要求，召开州直机关基层纪检组织建设推进会，督促指导州直30个系统机关纪委建设，机关基层纪检组织体系完善。坚持把纪律和规矩挺在前面，严格贯彻落实中央八项规定及其实施细则精神和省委、州委有关规定，配合开展端午、国庆等重要假日节点的专项监督检查，强化作风监督。参与做好州委"不忘初心、牢记使命"主题教育8个方面专项整治工作，加强重点领域、重要节点、关键岗位监管，强化机关作风建设。履行审理职能，审理州直违纪案件30件，给予党政纪处分30人，推动机关作风持续好转。

【机关精神文明建设】 州直工委围绕州委"美丽湘西提升年"活动，组织州直单位开展文明行业、文明单位、文明科室、文明家庭创建，"文明和谐社区、文明和谐村寨"共建等群众性精神文明创建活动。加强文明创建指导和动态管理，规范州级文明（标兵）单位申报范围、条件、程序及创建要求，指导58个州直单位申报创建州级文明（标兵）单位，形成文明和谐、积极向上的机关新风貌。以深入学习践行社会主义核心价值观、"道德讲堂"、身边的人说身边的事等形式，加强机关文化建设。组织开展州直机关"感党恩、享成果、增信心"参观"走进新时代——美丽开放幸福新湘西"摄影展活动，州直122个单位近4000人参加活动。做好州直2020年度党报党刊征订，加强党报党刊学用工作。州直各单位广泛开展"民族文化进机关""我们的节日"等活动，通过学唱民族歌舞、趣味运动会、书画摄影作品展览等方式，营造机关浓厚的文化氛围。加强党团员志愿服务队伍建设，州直党员、入党积极分子和团员青年注册志愿者近1万人，围绕"学雷锋""五下乡""三关爱"等主题，引导党团员志愿者深入基层、深入群众，经常性开展志愿服务活动。组织州直"希望工程一元捐""手拉手"等助学捐款5万余元，开展"爱心小鸟"助学活动，帮助40名贫困学生解决就学和生活困难。

【服务中心大局】 州直工委按照"脱贫攻坚决胜年"要求，推进"互助五兴"党建引领基层治理新模式，做实机关党组织携手共建扶贫村基层党建"1+1"促脱贫攻坚。召开州直机关党建"1+1"促"互助五兴"农村基层治理模式现场交流推进会议，支持州直15个扶贫联系村创建机关党建"1+1"促"互助五兴"示范点，做好结对帮扶，推进州委脱贫攻坚"十项工程"等各项脱贫政策落实落地。落实州市结对共建推进吉首城市社区建设工作要求，开展"五联""五进"社区共建工作，39个州直单位结对吉首市13个社区开展"五进"共建。组织州直1万余名党员到社区报到，认领岗位2万余个，开展法治宣传、文明劝导、治安巡逻等服务活动600多场次，为所在社区、困难群众、困难党员解难事、办实事、做好事。

（黄　曦）

老干部工作

【概　况】2019年，湘西州有离退休干部38962人，其中离休干部212人，退休干部38750人；有离退休干部党支部392个，离退休干部党员19920人，其中离休干部党员160人，退休干部党员19760人。全州老干部工作围绕目标任务，加强组织领导，落实工作责任，强化推进措施，工作取得一定成效。

【思想和党组织建设】全州老干部工作部门坚持把政治建设摆在首位，推动离退休干部党组织和党员牢固树立“四个意识”，坚决维护习近平总书记在党中央的核心、全党的核心地位，坚决维护以习近平总书记为核心的党中央权威和集中统一领导，自觉在政治立场、政治方向、政治原则、政治道路上同以习近平总书记为核心的党中央保持高度一致。全州离退休干部自觉履行在全面从严治党中的政治责任，继续做全面从严治党的坚定支持者和模范践行者。5月10日，在州委党校举办全州离退休干部扫黑除恶形势报告会，邀请州扫黑办副主任徐健主讲，150余名离退休老干部和老干部工作者参会。州、市（县）两级老干部工作部门充分利用老干部党校、老年大学、老干部活动中心等阵地和老干部工作网站等平台，采取举办报告会、辅导班、座谈会和邀请专家解读等灵活多样的方式广泛深入宣传习近平新时代中国特色社会主义思想和党的十九大精神。全年共举办学习座谈和专题讨论620场次，收到离退休干部心得体会征文220篇，离退休干部上网发文跟帖6800条次。州、市（县）两级离退休干部工委继续将离退休干部党建工作纳入党建工作总体布局，纳入各级党组织书记年度党建述职内容。离退休党组织书记培训纳入年度干教计划进行轮训。5月6—9日，在州委党校举办2019年全州离退休干部党组织书记培训班，近100名离退休党组织书记和县市党工委专职副书记参加培训，到花垣县十八洞村开展党性教育和现场教学。开展“五化”（支部设置标准化、组织生活正常化、服务管理精细化、工作制度体系化、阵地建设规范化）建设，同步启动基层党支部新一轮示范创建活动，年初对2018年度16个创建达标支部予以通报授牌。截至10月底，全州“五好”离退休干部党支部数达到35个，其中，省级“示范”离退休干部党支部6个。组织开展“不忘初心、牢记使命”主题教育，全州392个离退休党支部2万名离退休干部党员与所在单位党组织同步开展“不忘初心、牢记使命”主题教育。

【发挥老干部作用】全州各级老干部工作部门根据自觉自愿、量力而行、因地制宜原则，依托关工委、老科协、老年书画协会、老年保健协会等涉老团体，组织引导全州老干部围绕增添正能量系列活动主题，在经济社会发展的各个领域发挥积极作用。同时，按要求规范老科协、老年保健协会、老年书画协会等涉老社会组织负责人任职条件，及时按章程换届选举，引导其发挥积极作用。组织参加全省离退休干部太极拳比赛，全州8个县市及州老年大学共9支代表队参赛，州老年大学代表队荣获二等奖，州老干局荣获优秀组织奖，吉首市、凤凰县、龙山县代表队获优胜奖。6月24—27日，在永顺县举办全州第23届老干部“长寿杯”门球赛，丰富老干部精神文化生活。组织开展“我看新中国成立70周年新成就”专题调研，引导老干部讴歌国家巨变、社会进步。全州开展参观考察、座谈访谈、调研研讨活动共820场次，发放专题调研问卷1.2万份，收集专题征文230篇，为党和政府建言献策900条。组织开展州直离退休干部庆祝新中国成立70周年暨老年节活动，9月28日，全州300名老干部举行红歌快闪活动，现场演唱并拍摄《今天是你的生日，我的中国》MV；29日，700名老干部以文艺会演方式庆祝老年节，近21万网民观看网络直播。组织开展寻找“最美老干部”活动，评选全州“最美老干部”70人，其中推荐参评全省“最美老干部”4人、全国“最美老干部”1人。组织开展退休干部“双先”推荐活动，共推荐全国离退休干部先进个人1人，推荐全省离退休干部先进集体2个、先进个人2人。通过典型引领作用带动，开展老干部志愿服务活动，全州登记参加志愿服务活动的老干部达1.3万人。

【服务管理精准精细】 继续坚持行之有效的各项制度，充分保证离退休干部按规定阅读文件、参加重要会议和重大活动、就地就近参观考察。1月22日和3月14日，州委州政府主要领导全程带领40余名州级离退休老干部到花垣、永顺、凤凰和湘西经开区开展迎春和春季参观考察，实地感受全州经济社会发展新变化。继续巩固离休干部“三个机制”（离休费保障机制、医疗费保障机制、财政支持保障机制）成果，确保离休费、医疗费和各项政策性补贴落实到位。2019年春节前夕，全州共走访慰问离休干部及遗孀670人次，送慰问金70万元。其中上门走访慰问州直离休干部及遗孀258人，征求意见和建议300条，发放慰问金34.1万元。6月起，州老干局分5组分别到北京、云南、山西、南京、广州等地走访易地安置离休干部8人，送慰问金1.6万元。国庆前夕，为全州195名离休干部发放庆祝新中国成立70周年纪念章。10月，先后组织老干部集中观看国庆70周年庆祝大会现场直播、参加州委举办的庆祝新中国成立70周年宣讲报告会。全年为州直离休干部和副处级以上退休干部订阅2019年《老年人》杂志1998份，为每个离退休支部订阅1份《离退休干部党支部工作》杂志。为55名特困离退休干部发放帮扶资金7.3万元，完成15名生活长期完全不能自理离休干部的护理费审批工作。按照省局要求，完成全州离退休干部信息采集工作，共采集24310名离退休干部信息，为建立离退休干部信息库打下基础。探索创新离休干部服务管理模式，印发《湘西州离休干部“一人一策”精准服务手册》，对全州212名离休干部实行“一人一策”精准服务。继续全面推行“老教共管”模式，着力办好老年大学，积极推动县市老年大学争创全国、全省示范性老年大学。5月，凤凰县老干部活动中心新大楼正式启用，总投资1000万元，建筑面积6000平方米。6月，先后组织州、县市老年大学校长及部分管理人员共18人赴山东省济南市等4所老年大学学习考察，州老年大学30人赴贵州省遵义市开展红色教育，开拓提升老年教育工作视野和格局。10月，州老年大学开展庆祝新中国成立70周年暨州老年大学成立30周年成果展示活动，扩大州老年大学社会影响力。11月，在古丈县召开2019年全州老年大学工作年会，观看古丈县老年大学文艺晚会，听取国学公开课。

（刘　彦）

应急管理

综　述

【概　况】 2019年，全州应急管理部门深入贯彻落实习近平总书记关于安全生产、应急管理、防灾减灾救灾重要论述精神，以防范和遏制重大安全风险为重点，一手抓机构改革、一手抓安全发展，确保全州安全生产形势持续稳定。全年全州发生生产经营性安全事故31起，死亡32人，受伤3人，经济损失1585.4万元，同比事故起数上升24%，死亡人数持平，受伤人数下降70%，直接经济损失上升8%，未发生较大生产经营性安全事故，是全省6个未发生较大生产经营性安全事故的市州之一，全州安全生产形势总体稳定可控，永顺县、龙山县被省委省政府评为“全省安全生产优秀单位”。

【应急管理体系】 2018年3月应急管理部正式成立，10月湖南省应急管理厅挂牌，2019年2月19日湘西州应急管理局组建完成并正式挂牌，3

月底八县市应急管理局先后挂牌成立，全州应急管理机构组建完成。在改革磨合进程中，各部门职责边界更加清晰，全州应急管理部门“综合防、牵头救、统筹助”的主要职责进一步明确，“统一指挥、专常兼备、反应灵敏、上下联动、平战结合”的应急管理体制逐步形成。

【安全监管执法】 开展“大排查大整治大管控”三大行动、“强执法防事故”和“落实企业安全生产主体责任年”活动。4月17日、8月20日、10月23日，分别召开全州安全生产行政执法会议和推进会，各县市区进行行政执法质量互评。应急、交通、消防、市场监管、交警、水利、自然资源等部门严格按照“五个一批”要求，严厉打击、查处非法违法行为，倒逼企业落实安全生产责任。共检查生产经营单位75978家，立案调查736家，责令停产停业196家，暂扣或吊销许可证266件，取缔关闭67家，行政拘留158人，抓捕涉嫌犯罪人员83人，曝光典型安全隐患413个，挂牌督办重大风险隐患178个，查处违法违规企业612家，公布联合惩戒“黑名单”6人，通报执法宽松软部门43个。对38座重点监管尾矿库企业明确防汛度汛责任人和县市政府联系领导，对37处重大安全隐患实行州政府挂牌督办，在《团结报》进行公示，促进尾矿库安全监管责任落实和重大安全隐患整改到位。

【安全专项整治】 开展重点时段、重点行业领域和重点地区执法检查。道路交通，排查“两客一危”车辆、船舶16367辆（艘），治理隐患72处，查处酒后驾驶机动车93人，摸排道路交通隐患103处，吊销驾驶证77个，行政拘留233人。非煤矿山，地下矿山立案调查16家、停产停业整顿5家；露天矿山立案调查32家，关闭退出30家，取缔无证非法采矿点109处、停工停产2处。花垣县35个铅锌矿采区拟关闭15个，其余20个整合为6个矿权，锰矿山保留4个矿权；98座尾矿库计划保留10座；163家浮选企业关停162家。消防，督促整改火灾隐患及违法行为12114处，下发责令改正通知书7375份，临时查封60家，责令“三停”46家，立案重大火灾隐患单位18家，召开重大火灾隐患单位集中约谈会16次，约谈单位负责人64人次，组织媒体集中曝光18家，拘留1人。危险化学品，排查治理安全隐患308处，下达责令限期整改通知书149份，立案处罚企业64家。烟花爆竹，排查治理安全隐患1371处，下达限期整改指令书703份，立案处罚企业23家，处罚18万元。工贸行业，排查治理安全隐患960处，下达执法文书510份，下达限期整改指令书270份，立案85家，责令停产停业15家，处罚63万元。建筑施工，检查在建项目460家，责令停工整改93起，认定个人不良行为8起。

【安全督查督导】 1月15—25日，州长、副州长分别带领8个督查组到各县市（区）和乡镇（街道）、企业，对各自分管行业领域安全生产工作进行督导检查。3月11—15日、4月9—12日、6月17—21日、6月24—28日、9月16—20日、11月11—14日，州委办、州政府办、州安委办、州防办分别对各县市区安全生产、防汛抗旱、森林防火、消防救援等工作进行专项督查，有效促进各项工作落实，确保全州安全生产大局稳定。

【自然灾害防范】 建立以各级行政首长负责制为核心的防汛抗旱责任体系，出台防汛抗旱指挥部及其办公室《工作规则》和《工作规程》，明确防指成员单位及其工作人员职责。780处地质灾害隐患点明确了群测群防员及州、县、乡、村四级责任人。组建各类防汛抢险队伍108支7400人，储备编织袋40.82万条，纺织布14.43万平方米，砂石料5.845万立方米，块石7.743万立方米，开展防汛演练256场次。举办全州防汛抗旱知识视频培训会议，州、县市防指成员单位分管负责人，乡镇分管防汛抗旱工作负责人、水利站长、安监站长600人参加会议。坚持24小时值班值守制度，气象部门发送预警信息34.8万条，水文部门发布水文分析与预测10期、水情预警2次，各级防办发布预警短信13.23万条、启动山洪预警广播1.1万站次，电话通知2000人次。自然资源部门发布地质灾害气象风险预警12期12687条。全州迎战15轮强降雨、2轮持续干旱等极端天气灾害，出动抢险1774人次、运输设备337班次、机械设备333班次，消耗编织袋1.267万条、编织布4950平方米、砂石料1310立方米、木材21立方米、救生衣490件、抗灾用油8.293吨、抗灾用电4.33万千瓦时；拨付自然灾害生活补助资金822万元，发放衣被12568床（件），搭建救灾帐篷54顶，其他生活类物资折款198.7万元，确保无自然灾害引起人员死亡。落实领导干部到岗带班、值班人员24小时值班制度和突发事件信息报送制度，提升应急平台信息化水平，整合水利系统“防汛抗旱云平台”和“山洪灾害预警系统”，确保及时有效处置应对险情。

2019年6月10日，湘西州安委会主办安全生产咨询日活动　　田世桐　摄

【应急救援队伍建设】 全州组建各类应急救援队伍32支，州政府拨付专项资金1500万元支持应急救援队伍装备建设，为州消防救援队、民间应急救援队添置应急装备，为全州172个传统村落配发手抬式消防机动泵、消防战斗服、消防水带、水枪、手提式干粉灭火器等消防器材，给部分重点古镇、古城配备消防车，为乡镇林业站配置油锯、割灌机、灭火机、灭火水枪、发电机等器材，极大地提升各类救援队伍装备水平和实战能力。

【应急演练】 全州各级各部门开展各类应急救援演练217场次。6月14日在花垣县举办的防汛演练，7月17日、9月8日在永顺县举办的山岳水域暨芙蓉镇古镇建筑火灾应急救援联合演练和城市综合体火灾事故应急救援演练。

【应急宣传】 州政府先后投入资金20万元，印发《公众应急手册》《山洪地质灾害常识及脱险办法》等资料10万余份；投入资金35万元，印制《防火安全知识宣传挂图》30万份，要求县市区发放张贴到全州所有乡镇、村组农户，做到全覆盖、不漏一户。始终坚持党校、学校、企业“安全生产第一课”制度，州安委办主任、州应急局主要负责人连续8年到州委党校为中青班、科干班、县干班学员和县市委理论学习中心组上安全生产辅导课。开展安全知识“七进”“防事故保安全”集中宣传活动，播放安全警示片1025场次，受教育群众26万余人次。6月10日，举办全州2019年“安全生产月”暨危险化学品企业“安全生产公众开放日”启动仪式，活动现场进行防火灭火、狭窄空间救援演练和医疗自救互救演示，展出安全知识宣传展板312块，发放宣传资料38种1.7万余份，现场接受群众咨询2000人次，发放安全知识宣传工艺品1500余份；组织部分企业负责人、群众参观雪花啤酒生产车间、中石化加油站安全防范工作。11月7日，在吉首市德夯风景区举办纪念习近平总书记为国家综合性消防救援队伍授旗训词一周年暨119消防宣传月活动启动仪式，全州消防指战员面向中国消防救援队队旗重温训词，开展以“防范火灾风险、建设美好家园”为主题的消防宣传活动，开展灭火自救逃生及紧急救护等消防体验活动，营造“关注消防、参与消防”的浓厚氛围。

（杨麦林）

消防救援

【概　况】2019年，湘西州消防救援支队被省消防救援总队表彰为“安全工作先进支队”，吉首市雅溪消防救援站被国家应急管理部消防救援局表彰为“执勤训练工作先进单位”，龙山县消防救援大队被省消防救援总队表彰为“先进基层单位”，保靖县消防救援大队被省消防救援总队表彰为“安全工作先进大队”，保靖县迁陵北路消防救援站、花垣县消防救援大队分别被团省委和团州委评为“五四红旗团支部”。

2019年4月3日，湖南消防总队总队长高宁宇（左）在吉首商业区调研指导防火工作　　州消防支队　供图

【消防救援受重视】湘西州政府出台《关于进一步提升全州消防能力建设的实施意见》《湘西州基层消防责任制实施细则》《湘西州消防基础建设三年规划（2019—2021年）》《湘西州消防救援队伍职业保障机制若干意见》等系列管长远、促发展的纲领性文件，为湘西消防救援事业发展指明方向，提供遵循，增强后劲。全州各级政府高标准、高规格召开年度消防工作会议，明确消防工作目标责任，并将消防工作纳入综治、绩效和美丽湘西考核重要内容，全面落实消防安全责任制。湖南省消防总队长高宁宇、政治委员李浩等总队领导多次深入湘西支队调研指导工作，为支队发展把脉问诊，领航定向，对支队指战员艰苦奋斗的创业精神和昂扬向上的精神面貌给予高度评价。

【社会火灾防控】狠抓重大风险防范，突出重大火灾隐患整治，2019年全州新立案重大火灾隐患22家，整改销案14家，约谈重大火灾隐患单位负责人64人次，组织媒体集中曝光18家。制定《凤凰历史文化名城消防安全保障方案》，实行挂图作战，推进凤凰古城区域性火灾隐患整改。多措并举，精准实施安全取暖工程，铁腕整治冬季“小火亡人”顽症，有关经验被省总队刊发推广。推进消防安全重点单位、火灾高危单位消防安全标准化管理，开展“三自主两公开一承诺”和“六个一”活动，自觉开展消防安全自查自纠。全州248个社区753家消防安全重点单位全部建立微型消防站，新增控制室持证人员300余人，构建公共消防安全共建共治共享新格局。

2019年11月7日，州政府举办的“学习贯彻习近平总书记授旗训词精神一周年暨‘防范火灾风险建设美好家园’119消防宣传月活动启动仪式”在吉首市德夯苗寨风景区举行　　州消防支队　供图

【灭火及综合应急救援】坚持战斗力标准，组织开展冬春、夏季练兵比武竞赛活动，举办山岳救援和水域灭火救援实战演练，8名消防员被省总队选拔备战全国“火焰蓝”比武集训，其中古丈大队凌之扬、永顺大队吴光宥成绩优异，荣立二等功。全州组建高层建筑、山岳（天坑）、水域救援州级专业队3支，建成乡镇专职消防队37个，村级志愿消防队1605个，完善“城市消防站＋乡镇专职消防站＋村级志愿消防站”三级力量体系。贯彻以人民为中心的发展思想，在

各类灾害事故中，全州消防救援队发挥主力军和国家队作用，忠诚守护平安，彰显为民价值，成功处置“1·9”吉首冷冻仓库火灾、“3·13”永顺天坑救援、“10·5”保靖葫芦镇团寨火灾、“11·24”包茂高速危化品槽车侧翻泄漏事故等急难险重任务，圆满完成新中国成立70周年等重大消防安保任务，以实际行动扛起了综合应急救援新职责，赢得党和人民的赞誉，吉首消防大队被市政府记集体三等功。

（左志雄）

湘西土家族苗族自治州人民代表大会

人大工作

【概　况】 2019年，湘西州人大常委会坚持以习近平新时代中国特色社会主义思想为指导，深入学习贯彻党的十九大和十九届二中、三中、四中全会精神，坚持党的领导、人民当家做主、依法治国有机统一，紧紧围绕全州工作大局，认真履职，务实进取，全年召开8次常委会会议、15次主任会议，听取和审议28项专项工作报告，作出6项决议决定，对5部法律法规进行执法检查，圆满完成了州十四届人大三次会议确定的各项目标任务。

【立法工作】 2019年，州人大常委会完成气象灾害防御条例、传统村落保护条例的制定工作，修改高望界国家级自然保护区条例、凤凰历史文化名城保护条例，启动芙蓉镇历史文化名镇保护条例、地质公园保护条例、生物多样性保护条例等3件条例制定工作，完成民族民间文化遗产保护条例等15件条例清理工作。全州立法工作呈现数量多、节奏快、效果好的特点，湖南卫视、《湖南日报》等省级媒体多次宣传报道，州人大常委会在全国人大民族委员会组织召开的民族地区人大负责人座谈会上介绍了经验。

【依法履职】 听取和审议州人民政府关于国民经济和社会发展计划执行情况的年度报告，支持政府及时调整全州国民生产总值、固定资产投资、财政总收入、规模工业增加值等4项增长指标，统筹推进三大攻坚战，全力保障和改善民生。督办关于破解湘西州人才落地难题的议案，推动“武陵人才五年行动计划”等17项人才政策出台，全州人才工作拓展到31个领域。跟踪监督科技进步“一法一条例”实施情况，支持政府实施创新驱动发展战略，推动提高研发经费投入强度，增加财政专项支出，国家级众创空间、工程技术研究中心、高新技术产业基地实现零的突破。组织开展承接产业转移壮大实体经济推进高质量发展调研活动，助推承接产业转移示范区建设。

【依法监督】 听取和审议环境状况和环境保护目标完成情况的年度报告，督促落实环保督察问题整改，补齐环保基础设施短板，提升环境监管执法水平，促进全州生态环境不断改善。开展水污染防治“一法一条例”执法检查，组织人大代表专项视察，督促加强饮用水水源地保护、工业园区和城镇污水处理、黑臭水体整治、酉水河流域污染治理，推动水环境质量持续向优，全州31个国省控考核断面水质优良率达100%。首次听取和审议国有资产管理情况综合报告和行政事业性国有资产管理情况专项报告，为管好用好国有资产加上了一道“安全门”。听取和审议州本级财政决算、预算调整方案、新增债券分配方案年度报告，推进人大预算审查监督重点向支出预算和政策拓展。构建人大预算联网监督平台，对17个州直部门专项资金使用情况进行绩效评估并向社会公开，提高财政资金的使用效益。开展地方政府债券使用情况专项调研，支持政府切实防控债务风险。听取和审议年度审计工作报告和审计查出问题整改情况的报告，督促审计查出的8个方面49个问题整改到位。

【执法检查】 2019年，州人大常委会对动物防疫“一法一办法”、残疾人保障法等5部法律法规进行执法检查，针对检查中发现的问题提出意见和建议，形成审议意见交州人民政府及有关部门办理。对2018年度开展的消防法、科技进步法、湖南省科技进步条例等法律法规执法检查报告审议意见办理落实情况进行跟踪督办，推动和促进一些问题的解决。对报备的29件规范性文件及时审查并提出意见，切实维护国家法制统一。

【司法监督】 深入推进“司法公正湘西行”活动，强化对州本级刑事案件、民事案件和民事执行全过程实时监督，努力让人民群众在每一个司法案件中感受到公平正义。跟踪监督全州法院行政审判工作报告审议意见的办理，组织人大代表视察法院执行工作，切实推进“基本解决执行难”。听取和审议全州检察机关公益诉讼工作情况的报告，专项视察检察机关公益诉讼工作，作出关于加强检察公益诉讼工作的决定，推动形成全州检察公益诉讼工作强大合力。听取和审议州人民检察院员额检察官履职监督的调查报告，对州中级人民法院5名员额法官履职情况实施跟踪监督，促进法官检察官依法履职、公正司法。办理群众来信来访，全年接待群众来信来访236件次，切实维护人民群众合法利益。

【人事任免】 2019年，州人大常委会共依法任免国家机关工作人员86人次，为全州经济社会发展提供组织保证。

【代表工作】 加强代表履职培训，组织全国、省、州三级人大代表赴全国人大北戴河培训基地、长沙等地开展专题培训，组织州人大代表开展集中履职培训，实现全国、省、州三级人大代表履职培训全覆盖。深化常委会组成人员联系代表、代表联系群众的“双联”制度，推进代表联系群众平台向村（社区）延伸，推动代表“全员进站”。全年代表联系群众31520人次，提出建议1168条，有效推动解决了一批群众反映强烈的问题，有力激活了人民当家做主的制度效应。为保障代表履职，适当提高了工作经费和无固定收入代表误工补贴。以纪念地方人大设立常委会40周年活动为契机，宣传代表履职先进事迹，集中表彰38名优秀州人大代表，有效激发代表履职热情。围绕全州困境儿童保障、脱贫攻坚、乡村振兴、现代农业产业园建设、泸溪县新型工业化和农业农村等工作，组织全国、省、州三级人大代表开展调研、视察活动，督促“一府一委两院”依法行政、公正司法。全年组织人大代表开展各类履职活动32次，邀请47名人大代表列席常委会会议，推荐118名代表旁听法院庭审、参加行风评议，代表小组活动创下了历年来次数之最，代表为民履职活力不断彰显，社会影响力进一步扩大。提高代表建议办理质量。筛选发展红色旅游产业、增加州府吉首市公交线路等20件代表反映集中、社会普遍关切的建议作为重点督办件，由主任会议成员领衔督办，发挥办理示范效应，解决一批事关经济社会发展和人民群众切身利益问题。开展代表建议办理工作评议，对州文化旅游广电局等6个政府工作部门办理工作进行满意度测评，评议结果向社会公告，接受社会监督。年末，州十四届人大三次会议代表提出的171件建议全部办理完毕。

【常委会自身建设】 围绕建设政治机关、权力机关、代表机关、工作机关，持续加强常委会及机关自身建设，不断提升依法履职能力和水平。加强理论学习，推进学习制度化、常态化。加强制度建设，建立和完善常委会及机关工作制度。抓好人大机构改革，完成内务司法委员会等更名和设立社会建设委员会相关工作。加强作风建设，开展形式主义、官僚主义等专项整治行动，持之以恒正风肃纪。加强机关老干工作，老干支部被评为“全省示范离退休干部党支部”，支部书记彭司礼被授予“全国离退休干部先进个人”。加强新闻舆论工作，策划组织了纪念地方人大设立常委会40周年系列庆祝活动，《湖南日报》连续6期推介湘西州人大工作成就，州人大常委会连续4年获得“湖南人大新闻奖一等奖”，获得“中国人大新闻三等奖”，全省人大新闻舆论工作会议推介了湘西经验。加强人大理论研究，8篇理论研讨文章入选湖南省县级以上人大设立常委会40周年实践探索课题优秀成果，其中2篇获得一等奖。加强机关文明创建，继续保持“省级文明标兵单位”称号。加强对县市人大工作的监督指导，增强全州人大工作合力，提升人大工作整体水平。11月，州人大常委会在省委召开的纪念地方人大设立常委会40周年座谈会上作典型发言。

【州十四届人民代表大会第三次会议】 于2019年2月26—28日在吉首举行。会议听取和审议州长龙晓华所作的《政府工作报告》、州十四届人大常委会主任彭武长所作的《州人大常委员会工作报告》、州中级人民法院院长彭卫兵所作的《州中级人民法院工作报告》和州人民检察院副检察长谈固所作的《州人民检察院工作报告》；书面听取和审查《关于湘西州2018年国民经济和社会发展计划执行情况与2019年计划草案的报告》《关于湘西州2018年预算执行情况和2019年预算草案的报告》；会议批准这6个报告。会议审议和通过了关于《湘西土家族苗族自治州传统村落保护条例（草案）》的决定、关于修改《湘西土家族苗族自治州凤凰历史文化名城保护条例》的决定、关于修改《湘西土家族苗族自治州高望界国家级自然保护区条例》的决定、关于《坚持生态优先推进绿色发展的决定（草案）》的议案。选举产生了州人民检察院检察长，通过了州十四届人大社会建设委员会主任委员、副主任委员、委员名单。

【州十四届人民代表大会第四次会议】 于2019年11月30日至12月1日举行。会议选举产生一名州十四届人大常委会副主任和州监察委员会主任。会议强调，人民代表大会制度是坚持党的领导、人民当家做主、依法治国有机统一的根本制度安排，是支撑中国国家治理体系和治理能力的根本政治制度。各级人大及其常委会和各级人大代表要深入学习贯彻党的十九届四中全会精神，进一步学懂弄通做实习近平新时代中国特色社会主义思想特别是习近平总书记关于坚持和完善人民代表大会制度的重要思想，增强“四个意识”，坚定“四个自信”，做到“两个维护”。要充分认识党的领导制度体系的重要地位，坚持党的领导，通过人民代表大会制度保证党的路线方针政策和决策部署在实践工作中全面贯彻落实。要坚持以人民为中心，密切联系群众，倾听群众意见建议，维护广大群众根本利益，为群众履职尽责。要履行好人大在全面依法治州中的职责，自觉维护宪法权威，保证宪法法律全面实施，担负起宪法法律赋予的各项职责。要充分发挥人大代表的主体作用，抓好学习培训，创建活动载体，搭建履职平台，不断提高代表依法履职能力和工作水平。

2019年11月30日至12月1日，湘西土家族苗族自治州十四届人民代表大会第四次会议召开
州人大常委会办公室　供图

人大常委会会议

【人大常委会第十四次会议】 于1月10日召开。会议审议通过了关于《湘西土家族苗族自治州人民代表大会常务委员会讨论决定重大事项的规定（修订）》。

【人大常委会第十五次会议】 于2月20—21日召开。会议审议了州人民政府关于提请审议《湘西土家族苗族自治州凤凰历史文化名城保护条例修正案（草案）》的议案、《湘西土家族苗族自治州高望界国家级自然保护区条例修正案（草案）》的议案；审议《湘西土家族苗族自治州传统村落保护条例（草案）》（二审）；审议通过关于提请审议《湘西土家族苗族自治州凤凰历史文化名城保护条例修正案（草案）》《湘西土家族苗族自治州高望界国家级自然保护区条例修正案（草案）》《湘西土家族苗族自治州传统村落保护条例（草案）》的议案；审议通过关于提请审议《坚持生态优先推进绿色发展的决定（草案）》的议案、湘西州2018年国民经济和社会发展计划执行情况与2019年计划（草案）的报告、州十四届人大有关专门委员会的更名和设立的决定（草案）、州十四届人大三次会议日程（草案）、关于水法执法检查报告审议意见办理落实情况的报告、关于湘西州国民经济和社会发展第十三个五年规划纲要实施情况中期评估报告、州人大常委会工作报告（草案）、州十四届人大三次会议至四次会议期间常委会工作要点；听取关于补选州十四届人大代表的情况报告；审议通过州十四届人大三次会议有关名单（草案）。

会议决定任命：李春风为州人民政府副州长；高湘文为州科学技术局局长；向宏国为州工业和信息化局局长；李志平为州民族宗教事务局局长；高文化为州自然资源和规划局局长；石泽龙为州生态环境局局长；祝期祥为州人民防空办公室主任；龙生贵为州交通运输局局长；田科虎为州农业农村局局长；时荣芬为州文化旅游广电局局长；彭军为州卫生健康委员会主任；李云信为州退役军人事务局局长；刘孟龙为州应急管理局局长；周斌为州市场监督管理局局长；谢绍猛为州机关事务管理局局长；向廷云为州信访局局长；李卫国为州扶贫开发办公室主任；向忠为州医疗保障局局长；吴朝化为州行政审批服务局局长；胡章华为州人民政府金融工作办公室主任；鲁雪松为州粮食和物资储备局局长。

任命：何湘永为州监察委员会副主任。

决定免去：张定安、余保东、徐虹的州人民政府副州长职务；吴奕华的州交通运输局局长职务；宋宗江的州人民防空办公室主任职务。

【人大常委会第十六次会议】 于4月26日在吉首召开。会议审议通过关于州本级2019年第一批地方政府新增债券分配方案的报告、关于《中华人民共和国消防法》执法检查报告审议意见办理落实情况的报告、湘西州人大常委会相关工作制度（修正草案）、关于提升全州基础教育教学质量报告的审议意见办理落实情况的报告。

决定任命：骆邦建为州人民政府研究室主任。

决定免去：梁厚能的州人大常委会副秘书长、办公室副主任职务。

任命：石清香为州人大民族华侨外事委员会委员；张永胜、贺建军为州人大监察和司法委员会委员；何川为州人大法制委员会委员；张李娟为州人大农业与农村委员会委员；向兴刚、聂春辉为湘西自治州监察委员会委员。

免去：陈千豪的州人大教育科学文化卫生委员会副主任委员职务；陈光亮的州人大监察和司法委员会副主任委员职务；张薇的州人大民族华侨外事委员会委员职务；吴铁川、彭顺孝的州人大监察和司法委员会委员职务；罗序英的州人大农业与农村委员会委员职务。

【人大常委会第十七次会议】 于6月25日召开。会议审议通过关于全州法院行政审判工作情况报告审议意见办理落实情况的报告；通过关于《州人大常委会关于对州中级人民法院员额法官陈学军等五名同志履职情况调查报告的审议意见》落实情况的报告；审议通过关于全州深化医药卫生体制改革情况报告的审议意见办理落实情况的报告；通过关于州十四届人大代表辞补情况的报告。

任命：唐青峰为州人大监察和司法委员会副主任委员；戴文为州人大教育科学文化卫生委员会副主任委员；龙昌舜为州人大农业与农村委员会副主任委员。

【人大常委会第十八次会议】 于8月29—30日召开。会议审议通过关于2019年1—6月全州国民经济和社会发展计划执行情况的报告、关于2018年预算执行情况及其他财政收支的审计工作报告、关于2018年全州、州本级及湘西经济开发区财政决算与2019年1—6月预算执行情况的报告、关于2019年全州地方政府债券资金安排和州级预算调整方案（草案）的报告；听取关于州十四届人大代表辞补情况的报告；审议通过关于全州检察机关公益诉讼工作情况的报告；审议关于对州人民检察院员额检察官履职监督的调查报告；审议通过州人大常委会关于加强检察机关公益诉讼工作的决定、关于检查《中华人民共和国科学技术进步法》和《湖南省科学技术进步条例》贯彻实施情况报告的审议意见办理落实情况报告、关于承接产业转移壮大实体经济推进高质量发展的调研报告。

决定任命：吴凌频为州人民政府副州长；鲁建为州人大常委会预算工作委员会副主任委员；向英为州人大财政经济委员会副主任委员。

决定免去：时荣芬的州文化旅游广电局局长职务。

【人大常委会第十九次会议】 于10月28—29日召开。会议审议通过关于2019年州本级及湘西经开区财政预算调整方案（草案）的报告，批准关于2019年州本级及湘西经开区财政预算调整方案的决定（草案）；审议通过关于进一步优化建设环境加快推进湘西电网协调发展助力我州脱贫攻坚乡村振兴的议案办理情况的报告、关于破解我州人才落地难题的议案办理情况的报告；审议关于检查《中华人民共和国动物防疫法》《湖南省实施〈中华人民共和国动物防疫法〉办法》《中华人民共和国残疾人保障法》贯彻实施情况的报告；审议通过关于全州学前教育事业改革和发展情况的报告、全州传染病防治工作情况的报告、州人大常委会关于提请审议《湘西土家族苗族自治州人民代表大会及其常务委员会地方性法规立法程序条例（草案）》的议案；审议州人民政府关于提请审议《湘西土家族苗族自治州生物多样性保护条例》的议案。

任命：施健鑫为州监察委员会副主任。

决定任命：刘世树为州文化旅游广电局局长。

批准：聂春辉辞去龙山县人民检察院检察长职务；蒋巍辞去古丈县人民检察院检察长职务。

【人大常委会第二十次会议】 于11月25日召开。会议听取关于代表资格终止、补选情况的备案报告；审议通过关于召开州十四届人大四次会议的决定、关于州十四届人大四次会议日程、州十四届人大四次会议有关名单。

决定任命：戴文为州人大常委会研究室副主任；姚胜玉为州人大教育科学文化卫生委员会副主任委员。

决定免去：彭礼的州人大常委会研究室副主任职务；戴文的州人大教育科学文化卫生委员会副主任委员职务。

免去：申晓剑的州中级人民法院审判员职务；杨滨的州中级人民法院立案信访局立案二庭庭长、审判员职务；石明辉的州中级人民法院民事审判第二庭副庭长职务；彭志友的州中级人民法院民事审判第一庭副庭长、审判员职务；龙海的州中级人民法院刑事审判第一庭副庭长、审判员职务。

【人大常委会第二十一次会议】 于12月23日召开。会议审议通过关于2018年度行政事业性国有资产管理情况的专项报告、关于2018年度国有资产管理情况的综合报告（书面）、关于2018年度州本级财政预算执行情况及其他财政收支审计查出问题整改情况的报告；审议通过关于2019年全州环境状况和环境保护目标完成情况的报告；审议关于州十四届人大三次会议代表建议批评意见办理情况的报告，并对州文化旅游广电局、州工信局、州商务局、州自然资源和规划局、州扶贫办、州水利局6个单位的代表建议办理工作进行评议；审议通过关于备案审查工作情况的报告、关于召开州十四届人大五次会议的决定。

决定免去：彭军的州卫生健康委员会主任职务；罗亚阳的州林业局局长职务。

免去：马林海的州人民检察院副检察长、检察委员会委员、检察员职务；张清明、李卫国、彭方平的州人民检察院检察委员会委员、检察员职务；熊晓明、刘志军、隆涛、陈治丹、谢苏一、张欣、龙清海、吴忠孝、吴成晨、田李明、周承业、谢永恒、黄纯丽、刘洋、杨萍、尹秀珍、周琳的州人民检察院检察员职务。

（陈　文）

湘西土家族苗族自治州人民政府

人民政府工作

【概　述】2019年，州人民政府坚持以习近平新时代中国特色社会主义思想为指导，全面贯彻党的十九大和十九届二中、三中、四中全会精神，扎实开展“不忘初心、牢记使命”主题教育，在省委、省政府和州委的坚强领导下，在州人大、州政协的监督支持下，落实州委“542”发展思路，以脱贫攻坚统揽经济社会发展全局，统筹推进稳增长、促改革、调结构、惠民生、防风险、保稳定各项工作，较好地完成了全年经济社会发展主要目标任务。

【经济运行】全州实现生产总值690亿元，增长7%；规模工业增加值75亿元，增长5.6%；社会消费品零售总额340亿元，增长9.5%；完成财政总收入126.8亿元，增长5.6%，地方财政收入64.1亿元，增长7.4%（剔除减税降费因素，增长18.3%）；金融机构贷款余额868.4亿元，增长18.7%。固定资产投资总量与2018年持平。地方财政收入、金融机构贷款、农村居民可支配收入等指标增速全省靠前。

【三大攻坚战】全州7个深度贫困县全部实现脱贫摘帽、236个贫困村出列、8.9万贫困人口脱贫，贫困发生率降至0.65%，即将摆脱千百年来绝对贫困问题。全州31个地表水控制断面达标率100%，环境空气质量优良天数比例95.6%，空气质量综合指数稳居全省第一。政府债务率、金融不良贷款率实现双下降，融资平台整合转型16家，政府债务风险总体可控。

【重点基础设施建设】黔张常铁路建成通车，结束湘西州没有快速铁路的历史。大兴寨大型水库建设项目前期工作取得重大突破，计划2020年开工建设。农村基础设施建设全面加强，实现村村通自来水、组组通公路。

【改革开放】政府机构改革全面完成，职能进一步理顺。在全省率先开展营商环境现场评议和第三方评估，率先出台全州统一的政务服务导则。湘西创新创业孵化基地成为武陵山片区唯一国家级创新创业孵化基地。公共资源交易中心荣获全国标准化平台服务示范单位。“互联网＋政务服务”与“智慧湘西”建设应用处在全省前列。申创世界地质公园亚太理事会已经表决通过。获批武陵山区（湘西）土家族苗族文化生态保护区。首次以承贷主体争取到亚行拟贷资金2亿美元。光大银行在湘西州设立分行。湘西海关开关运行。引进外资增长129.7%，是全省唯一实现倍增的市州。

【民生水平】城镇、农村居民人均可支配收入达到26800元、10100元，分别增长8.5%、10%。率先在全省开展困境儿童和事实无人抚养儿童救助工作，残疾人“两项补贴”惠及所有符合条件人员。全州县市二甲医院、建制乡镇卫生院全科医生、行政村卫生室实现“全覆盖”。省定12件和州定20件民生实事全面完成。

【脱贫攻坚】 始终把脱贫攻坚作为首要政治任务，以精准脱贫“十项工程”为抓手，深入推进“脱贫攻坚决胜年”，向最后的贫困堡垒发起决战。“两不愁三保障”总体实现。开展脱贫攻坚问题“三大清零”行动，进一步推动政策落实、责任落实、工作落实。“十三五”期间易地扶贫搬迁任务全面完成，8.16万人搬迁入住，“四类”重点对象危房改造全部完成，保障贫困群众住有所居；资助家庭困难学生近18万人，不让一名贫困家庭学生因贫失学辍学；全州贫困人口基本医疗保险和大病保险参保率100%，“四类人群”住院医疗费用报销比例提高到87.4%；新建成农村供水工程508处，巩固提升42.78万人饮水问题；完成贫困人口转岗生态护林员7352人；兜底保障对象4.8万户、12.2万人，做到了应兜尽兜、应保尽保；农村“五通五有”微建设加快推进，新建改建农村公路1105公里，群众生产生活条件得到历史性改善。脱贫质量稳定提升。巩固提升产业扶贫成果，农村人均特色产业面积达到1.5亩，每个贫困村组建有1个以上专业合作社，贫困村集体经济收入全部达到5万元以上。巩固提升就业扶贫质量，全州转移贫困劳动力就业稳定达到23.4万人；发展文创产业带动贫困群众就近就业，新建成扶贫车间119家、总量达到168家。出台易地扶贫搬迁后续帮扶、补齐非贫困村和非贫困户弱项短板政策，探索建立了稳定脱贫长效机制。积极开展扶贫协作和对口扶贫，济南市和省辖6市援助湘西州资金5.98亿元，89个协作项目全部建成，有力助推湘西州精准脱贫。基层治理全面加强。全面推广“互助五兴”基层治理模式，基层班子和骨干队伍建设得到加强。深入开展扶贫领域“五个一”专项治理，用好“湘西为民”村级微信群，线上线下广泛接受群众监督，有效解决扶贫领域突出问题。

【经济发展】 深入开展“产业项目建设年”活动，扎实推进承接产业示范区建设，有力地促进了产业转型升级。示范区建设成效明显。出台《关于推进湘西承接产业转移示范区建设的意见》、支持承接产业转移示范区建设30条优惠政策，精准对接粤港澳大湾区、长三角、京津冀、长株潭、济南等重点地区，举办系列招商活动，落地招商项目142个，新引进“三类500强”企业1家、投资项目5个，到位省外境内资金98.2亿元，增长27.8%，实施项目、到位资金增幅均排名全省第一，发挥了承接产业转移领头雁作用。新旧动能加快转换。传统产业加快转型升级，矿业经济通过整治整合，实现恢复性增长，占规模工业增加值比重提高9个百分点；以酒鬼酒公司为龙头的白酒业重新走向良性发展轨道，占规模工业增加值比重达到16.4%；新兴产业加快发展，科技型中小企业增长96.2%，高新技术企业增长47.6%，新兴产业占规模工业增加值的比重提升至50%以上。文化旅游业保持快速发展，全年接待国内外游客5720万人次，实现旅游总收入526亿元，分别增长13.3%、19.3%，矮寨奇观等国家AAAAA级旅游景区创建有序推进，以文旅、信息服务、金融服务为主的营利性服务业对GDP增长贡献率提高至67.7%。特色农业提质发展，龙山农业科技园获批省级农业科技园，新增州级以上农产品加工企业8家、家庭农场200个、农民合作社509家、“三品一标”52个、地理标志证明商标8件、马德里国际商标33件。“湘西香伴”农产品公共品牌影响力不断扩大，大宗农产品实现产销两旺。要素保障更加有力。统筹推进“135”工程升级版，工业园区完成投资104.6亿元，新建标准厂房93.1万平方米，园区基础设施和服务设施配套不断完善。国家级高新区申报已进入科技部排队名单。国家级众创空间、工程技术研究中心、高新技术产业基地建设实现零的突破，全社会研发投入增长125%。

全面落实国家减税降费政策，减税降费 11 亿元。新增开发性金融扶贫贷款 9 亿元，“无还本续贷”为企业提供续贷 25 亿元。设立湘西州企业转贷应急资金，为企业解决应急资金困难。组织开展“百名行长联千企”，打通金融服务民营企业和小微企业“最后一公里”。

【项目投资】 充分发挥投资的关键作用和消费的基础作用，为经济平稳健康运行提供有力支撑。有效投资稳步扩大。统筹推进重大项目及其配套工程建设，张吉怀高铁（州内段）完成投资 54 亿元，湘西机场和机场道路完成投资 7.8 亿元。11 个省重点项目完成投资 30 亿元，5 个纳入省“五个 100”的重大产业项目完成投资 21.2 亿元，228 个州重点项目完成投资 455.8 亿元，151 个州重点产业项目完成投资 262.1 亿元。积极对接国省政策，筛选了 110 个基础设施领域补短板项目，谋划录入全州地方政府专项债券项目 409 个。全年争取转移支付 216.6 亿元，新增地方政府债券 34 亿元，置换债券 29.4 亿元，再融资债券 49.3 亿元，土地出让及增减挂钩 57.7 亿元。消费持续提挡升级。顺应消费需求的新变化，多渠道增加优质产品和服务供给，旅游、文体、教育、娱乐、健康、网络等新兴消费快速增长。消费网络体系不断健全，线上线下消费融合发展，邮电业务总量增长 81%，电子商务交易额达到 66.6 亿元，增长 37.5%。农村消费提质提速，占社会消费品零售总额的比重由 2018 年 25.8%提高至 28%。

【城乡建设】 统筹推进城乡融合发展，全州城镇化率达到 48%。着力提升城镇品质。开展州域国土空间规划编制，基本完成第三次国土资源调查，完成环境资源承载能力、国土开发适宜性两项评价和空间规划实施评估。吉首、凤凰、古丈、永顺、龙山高铁新城加快建设，拓展城市发展空间。8 个县市、湘西经开区城镇基础设施及配套设施进一步完善，内部空间结构进一步优化，城市品质不断提升。着力打造特色产业小镇，凤凰国际文化艺术旅游小镇、永顺松柏猕猴桃小镇、龙山洗洛百合小镇等纳入全省特色产业小镇。深入开展美丽湘西建设和“两违”建筑、户外广告标语标牌整治行动，擦亮美丽湘西新形象。积极探索乡村振兴试点。完成乡村振兴规划编制，注重脱贫攻坚与乡村振兴有效衔接，坚持示范带动，探索打造了花垣十八洞、凤凰菖蒲塘、古丈龙鼻嘴等乡村振兴样板。加强古城、古镇、古村落、古民居历史文化和特色风貌保护，出台《关于加强古城古镇古村保护与利用工作的实施意见》和《湘西州历史文化保护利用五年行动计划（2020—2024）》，建立历史文化保护利用的长效机制。生态环境持续向好。全力推进中央、省环保督察交办、反馈问题和污染防治攻坚战、“夏季攻势”任务整改，着力整治涉矿污染、露天矿山、网箱养鱼、河道垃圾、城镇黑臭水体、园区污水处理、农村人居环境、养殖污染、城市扬尘治理等方面问题，解决一批群众反映强烈的突出环境问题。深入实施“绿色湘西”工程，统筹推进生态保护和修复，完成重点工程营造林 14 万亩。巩固创森成果，湘西州被国家林草局誉为“南湘西、北延安”两个绿色发展典范城市。

【政务改革】 聚焦重点难点痛点问题，重要领域和关键环节改革取得新进展。放管服改革成效明显。州、县、乡、村四级政务实体大厅基本实现全覆盖，制定全州统一的州县乡村四级政务服务导则，规范政务服务平台建设和事项办理。搭建全州统一的数据共享服务平台，智慧湘西建设扎实推进，“云聚武陵”大数据中心投入使用，实现与国家 19 个部委 41 个信息系统的数据资源共享。初步完成“互联网 + 政务服务”一体化平台接入工作，在州县政务服务中心设立优惠政策和人才服务专门窗口，着力打通服务企业和群众的“最后一公里”。重点改革有序推进。强化财政资金绩效管理，合理划分州、县市区财政事权和支出责任，财政资源配置效率进一步提高。持续深化医疗卫生体制改革，巩固三明药品耗材采购联盟，药品价格平均下降33.8%，“三医”联动改革和分级诊疗制度建设持续推进，医共体建设取得新进展，有效控制医疗费用不合理增长。“多证合一”“两随机、一公开”商事制度改革、国资国企、社会信用体系、金融、社会管理、投融资、生态文明等基础性关键领域改革有序推进。营商环境不断优化。清理规范各类涉企收费，取消72项行政许可事项。推动实现企业和群众办事提供材料精简一半，企业开办时间缩短至3个工作日以内，企业办理工商登记时间压缩在1.5天内，市场主体登记全程电子化数量位列全省第三，全州新增各类市场主体2.1万户，注册商标总量达到9173件，分别增长20.2%、39.2%。工程建设项目审批时间减至100个工作日以内，不动产一般登记压缩至5个工作日以内。

【民生事业】 聚焦群众所需所急所盼，着力补齐民生突出短板，全州民生支出226亿元，占财政总支出的64.3%，人民群众获得感持续增强。社会保障不断加强。实施就业优先政策，注重做好贫困户、高校毕业生、退役军人等重点群体就业工作，全州转移就业85万人，新增城镇就业2.6万人，城镇登记失业率3.6%，湘西创新创业基地被评为国家级孵化基地。完成养老保险省级统筹工作。城乡居民基本医疗保险财政补助、优抚、低保等标准持续提高，城乡低保保障标准分别达到6072元/年、3927元/年；城乡特困供养人员补助标准分别达到7200元/年、4800元/年；集中供养和散居孤儿基本生活费标准分别达到1350元/月、950元/月；困难残疾人生活补助由60元/人·月提高到100元/人·月，比省定标准提高66.7%。全面实施农村适龄妇女“两癌”免费检查、孕前优生健康免费检查、孕产妇产前免费筛查、新生儿疾病筛查。及时启动社会救助和保障标准与物价上涨挂钩联动机制，困难群众基本生活得到保障。教育卫健事业持续提升。出台《关于实施教育优先发展战略推动新时代民族教育振兴的若干意见》，统筹推进县域城乡义务教育一体化改革发展，泸溪县教育改革经验在全国全省推介。3所芙蓉学校投入使用，新增学位1.18万个，消除56人以上大班额1278个，29所农村学校试点推行课间营养餐；开工建设农村公办幼儿园34所。体育事业蓬勃发展，全国民运会上夺得7金6银6铜，创历史最好成绩。卫生健康服务保障能力不断增强，全州乡镇街道均有1所以上公办卫生院，配备1名以上全科或助理全科医生。民族医药事业加快发展。各项事业全面进步。文化事业加快发展，公共文化服务体系建设得到加强。精神文明建设不断深入，公民思想道德水平全面提升。民族团结进步事业取得新进展。

【从严治政】 深入开展“不忘初心、牢记使命”主题教育，有力推动了脱贫攻坚和区域发展。认真贯彻全面从严治党要求，严肃查处各类违法违规行为，政府系统党风廉政建设进一步加强。全面推行政府工作定责任、定主体、定时限制度，加强重点项目、重要工作、重大政策的督办落实。模范遵守宪法和法律法规，严格按照法定权限和程序行使权力。自觉接受人大及其常委会的法律监督、工作监督和政协的民主监督，定期向人大报告工作，向政协通报情况，办理人大代表建议164件、政协委员提案200件。依法出台《关于进一步加强州本级政府投资项目管理的通知》等34个规范性文件，跟踪实施效能评估，强化审计监督，政府治理法治化、民主化、规范化水平不断提升。牢固树立行政机关带头过“紧日子”思想，全州财政一般性支出压减10%以上。深入开展“四不两直”调查研究，推动问题在一线解决，工作在一线落实。落实安全生产责任，健全应急体系，加强消防能力，全州未发生较大生产经营性安全事故和食品安全事故，无自然灾害引起人员死亡。深入开展扫黑除恶专项斗争，依法打击各类违法犯罪，全力做好信访和司法调解工作。

（骆邦健　王　文　毛先锋）

【政府全会】 7月26日，召开十四届州人民政府第五次全体会议，贯彻落实省委第八次全会、省政府第四次全会和州委半年经济工作会议精神，深入学习贯彻中央、省委省政府一系列重要文件精神，总结分析上半年政府工作，通报政府目标管理、民生实事完成情况，安排推进下半年政府工作，要求深入践行新发展理念，坚持生态优先、绿色发展、旅游兴州，以打赢三大攻坚战为底线要求，以产业转型升级为主攻方向，以深化改革为根本动力，以优化发展环境为重要保障，不断培育高质量发展新动能；调整完善目标任务，压紧压实责任，加大督查考核力度，确保工作部署按计划、按时间节点推进；重点抓好三大攻坚战、重点项目建设、十大产业建设、招商引资、世界地质公园验收、财政资金调度和国库资金管理、优化营商环境、智慧湘西建设，防洪抗汛、安全生产和社会维稳，巡视、巡察和督导交办反馈问题整改，历史文化保护利用、基层建设等12个方面的工作；加强学习、提升本领抓落实，确保中央，省委、省政府和州委、州政府的各项决策部署落到实处；改进作风、担当作为抓落实，努力完成政府全年各项工作任务。

【政府常务会议】 1月9日，召开十四届州人民政府第34次常务会议，传达学习省政府《关于进一步加强和规范县级财政管理的若干意见》和《关于改革国有企业工资决定机制的实施意见》，审议《政府工作报告》《湘西州2018年国民经济和社会发展计划执行情况与2019年计划草案的报告》《关于湘西州2018年预算执行情况和2019年预算草案的报告》《2018年州政府目标管理考核结果和2019年州政府目标管理工作方案》《2018年州定20件民生实事考核情况及2019年民生实事实施方案》《关于进一步规范州直行政事业单位干部职工待遇保障支出的通知》《永顺县“9·7”较大道路交通事故调查报告（送审稿）》，听取全州安全生产工作情况汇报。要求认真做好州政府重点工作目标任务分解落实，形成一级抓一级、层层抓落实的责任体系，确保按时完成目标任务；加快推动完善权责清晰、财力协调、区域均衡的政府区间财政关系，建立全面规范透明、标准科学、约束有力的预算制度，提高县级财政资源配置效率和管理水平；建立企业薪酬调查和信息发布制度，完善工资指导线制度，定期开展监督检查，深化州属国有企业负责人薪酬制度改革；坚决按照中央、省有关规定和省委巡视组提出的整改要求，依法依规落实好干部职工各项福利待遇，严禁超范围、超标准发放各项福利待遇，坚决取消不合规内容；突出抓好煤矿和非煤矿山、危险化学品、烟花爆竹等领域，学校、医院、商场等重点部位安全隐患排查整治以及大型活动安全监管、传染病疫情监测防控、雨雪冰冻灾害性天气的监测预警和应急处置工作。

1月17日，召开十四届州人民政府第35次常务会议，审议《关于进一步深化“放管服”改革不断优化营商环境推进全州经济高质量发展的实施意见》《关于贯彻落实〈湖南省关于进一步促进就业工作二十条措施〉的实施办法》《湘西自治州人才发展专项资金管理办法》《湘西自治州文物保护专项补助资金管理办法》《湘西自治州动植物疫病防治专项资金管理办法》《关于对2019年州级金融保险机构实行目标管理的通知（送审稿）》，听取全州扫黑除恶专项斗争、2019年州本级重大专项资金安排、2018年度州级金融保险机构目标管理考核、2018年全州民族团结进步创建工作考核验收情况汇报，研究稳增长、促改革、增就业、优环境及承接产业转移的具体举措。要求切实做好稳增长、促改革、增就业、优环境各项工作，进一步厚植开放发展新优势，加快推动湘西州新一轮高质量发展；紧盯涉黑涉恶重大案件、黑恶势力经济基础、背后“关系网”“保护伞”不放，在打防并举、标本兼治上下真功夫、细功夫，确保取得实效、长效；进一步统筹整合重大专项资金，强化专项资金监管考核，着力保障州委、州政府重大决策部署和社会公共事业及经济社会发展最急需的重点支出，确保集中力量办大事、见实效；各级金融保险机构要继续牢牢把握服务实体经济这一立业之本，继续加强和改善对实体经济的金融服务；进一步巩固提升“全国民族团结进步创建活动示范州”成果，强化民族团结进步创建工作考核成果运用，确保全州民族团结进步创建工作暖人心、有氛围、见实效。各级各部门要切实履行主体责任，继续把民族团结进步创建工作作为一项重要工作来抓，确保人员、经费等保障到位。

2月11日，召开十四届州人民政府第36次常务会议，传达学习中央、省有关会议精神并研究湘西州贯彻落实意见，听取全州招商引资工作情况汇报，要求全面传达、认真学习、深刻领会中央和省有关会议精神，学深悟透中央、省新要求、新理念、新政策，抓住重要政策机遇，同时按照州委经济工作会议确定的目标任务，加强补短板、强弱项等工作，坚决打赢打好“三大攻坚战”，推动高质量发展；抢抓承接产业转移示范区建设的历史机遇，以更加开放的姿态、更加优惠的政策、更加良好的环境，掀起新一轮招商引资热潮。

2月24日，召开十四届州人民政府第37次常务会议，传达学习习近平总书记关于湘西州及十八洞村精准扶贫工作重要指示精神，研究湘西州贯彻落实《湖南省高质量发展检测评价指标体系（试行）》的意见以及“十三五”规划中期调整、“十四五”规划项目、争资上项、国土、招商等工作。要求认真学习贯彻习近平总书记关于湘西州及十八洞村精准扶贫工作重要指示精神，坚持发展第一要务，以脱贫攻坚统揽全州经济社会发展大局，用更高更严更实的标准和要求，高质量打赢脱贫攻坚战，彰显首倡之地的担当与作为；深入学习、准确把握高质量发展监测评价考核指标体系要求，切实抓好统计资料的采集、审核、测算、评估、汇总和提供等工作，以更有力、更有针对性的措施，抓紧补齐短板；准确掌握国家、省政策动态，精心策划，加大重大产业、基础设施、民生事业和公共服务等重点领域争资上项力度；积极做好国土空间规划，科学布局生产空间、生活空间、生态空间，用足、用活、用好土地优惠政策，最大限度释放增减挂钩扶贫政策红利；以全面建成小康社会为目标，突出精准扶贫、产业承接转移、生态环境、综合交通、民生发展、新型城镇、乡村振兴等重点，有针对性地为“十四五”规划做好项目准备；加强项目规划的统筹协调，切实提升招商项目的针对性、精准性和可操作性，真正引进一批好项目、大项目。

3月22日，召开十四届州人民政府第38次常务会议，传达学习全国“两会”精神，研究部署扫黑除恶专项斗争和审计等工作，审议《州政府落实州委〈关于省委第五巡视组反馈意见的整改方案〉的实施方案》《关于加快落实新时代教育优先发展战略的若干意见》《湘西州工程建设项目审批制度改革实施方案》《湘西州工程建设项目审批制度改革领导小组及联席会议制度》，听取了全州“大棚房”问题专项清理整治、2018年绩效考核定等结果及2019年绩效考核工作情况汇报。要求学深悟透做实习近平总书记两会期间重要讲话精神，奋发有为抓好全国“两会”精神贯彻落实，真正用其武装头脑、指导实践、推动工作；切实把思想和行动统一到习近平总书记有关扫黑除恶的重要指示批示精神上来，以更坚决的态度、更有力的举措、更扎实的作风，推动扫黑除恶专项斗争向纵深发展；尽锐出战，集中力量，集中精力抓好省委巡视组反馈问题整改，切实把巡视整改体现到“两个维护”上，践行在净化政治生态和推动高质量脱贫发展中确保巡视整改工作任务不折不扣落实到位；牢牢把握审计工作职责定位，大力推进审计监督全覆盖，充分发挥审计“治已病、防未病”的作用，加大对问题的揭示整改力度；坚定不移抓实体经济、抓工业、抓制造业发展，奋力迈出制造强州建设新步伐；全面提升产业链水平，着力推动特色食品、新材料、电子信息、生物医药、旅游商品产品等新兴优势产业链向中高端迈进；着力做强做优工业园区，推动园区集聚集约发展；充分认识新时代教育优先发展战略的重大意义，加强教育优先发展的组织领导，统筹推进学前教育、特殊教育、高等教育发展，加快实施教育优先发展战略的具体行动。

4 月 3 日，召开十四届州人民政府第 39 次常务会议，听取一季度全州经济运行情况汇报，分析当前经济形势，部署安排下阶段工作。要求各级各相关部门进一步增强做好经济工作的责任感和紧迫感，坚持目标和问题导向，多措并举，全力破解发展难题，推动全州经济高质量发展；紧盯年初州委经济工作会和州人代会政府工作报告确定的各项目标任务，加强经济运行情况调度分析，强化部门横向沟通协作，加大向上汇报向下指导力度，精准施策，破解难题，确保各项工作按时序推进。

4 月 9 日，召开十四届州人民政府第 40 次常务会议，传达全省推进城乡环境基础设施建设现场会精神，听取精准扶贫十项工程、安全生产、落实州政发〔2019〕1 号文件、环保督察问题整改专项督查和“三线一单”编制工作情况汇报，要求进一步压紧责任、落实措施、严抓作风，紧扣“两不愁三保障”目标，抓实精准脱贫“十项工程”；深入贯彻习近平总书记关于安全生产工作的重要指示精神和李克强总理等中央领导的批示要求，以最坚决的态度、最有力的举措，全力防范和遏制安全生产事故发生；切实提高政治站位，明确县市主体责任和部门责任分工，编制生态保护红线、环境质量底线、资源利用上线和环境准入清单“三线一单”，认真落实生态环境硬性约束；认真贯彻落实全省推进城乡环境基础设施建设现场会议精神，全力推进城乡环境基础设施建设；切实增强责任感、使命感、紧迫感，进一步对标中央、省环保督察要求，加快环保督察问题整改，确保全面如期完成整改任务；统筹力量，整合资源，进一步细化工作目标，压实工作责任，明确时间节点，严肃执纪问责，全力抓好环保督察限期整改；狠抓深化放管服改革、优化营商环境，以“自我革命”的精神，提高办事效率和服务效能，全面推进州政发〔2019〕1 号文件落实。

4 月 28 日，召开十四届州人民政府第 41 次常务会议，传达贯彻全省政务管理服务工作电视电话会议精神，传达学习《基本公共服务领域省与市县共同财政事权和支出责任划分改革方案》《湖南省高考综合改革实施方案》，审议《湘西州畜禽养殖污染防治管理办法（暂行）（送审稿）》，听取州政发〔2019〕1 号文件相关工作、全州公共资源交易管理、全州城乡环境基础设施建设以及医疗保障工作情况汇报，要求完善体制机制，持续深化“放管服”改革、优化营商环境，加快数据库及数据交换共享平台建设和各部门自有审批服务系统整合，加大减税降费力度，把政府 1 号文件各项政策落到实处；认真学习研究政策，积极稳妥推进财政事权和支出责任划分改革；坚持问题导向，加强制度建设，维护公开、公平、公正的公共资源交易秩序；建立“州级统筹、部门联动、县市落实”的工作机制，加快推进安全供水、气化湘西、污水治理、垃圾治理、黑臭水体整治、智慧建设增效六大重点工程建设，深入推进州新型城镇化建设；积极推进医疗保障各项制度的整合和完善，深入推进医保领域“放管服”改革；按照“立足长远、解决当前、分级负责”的原则，切实抓好高考综合改革课程培训和考试制度改革培训，正确引导社会和家庭关注学生全面发展。

5月29日，召开十四届州人民政府第42次常务会议，传达贯彻习近平总书记在重庆考察并主持召开解决“两不愁三保障”突出问题座谈会议、江西考察并主持召开推动中部崛起工作座谈会议和在国家综合性消防救援队伍授旗仪式上的训词精神，传达学习全国全省“十四五”规划编制工作会、全省退役军人工作会、全国医改工作电视电话会、中央第四环保督察组对湖南省开展“回头看”情况反馈会、全省投资暨产业项目建设年和重点项目建设推进会、全省易地扶贫搬迁后续扶持工作推进会、全省推进污染防治攻坚战会议精神和《关于新时代推进西部大开发形成新格局的指导意见》《重大行政决策程序暂行条例》《中华人民共和国政府信息公开条例》《关于全面实施预算绩效管理的实施意见》《组建国家综合性消防救援队伍框架方案》，审议《州人民政府落实〈州委集中开展形式主义官僚主义专项整治行动工作方案〉的实施方案》《关于加强易地扶贫搬迁后续帮扶工作的实施意见》《湘西州国家森林城市建设三年巩固行动实施方案》《湘西州信息通信基础设施能力提升行动计划（2018—2020年）（送审稿）》，听取全州消防工作、省委第五巡视组反馈意见整改工作、全州重点产业项目、全州草地贪夜蛾防控以及脱贫攻坚项目建设资金使用管理情况汇报，要求压实扶贫工作责任，聚焦突出问题，抓好产业建设，确保全面如期高质量打好打赢脱贫攻坚战；抓住中部地区崛起战略重大机遇，加大“放管服”改革力度，推进“十三五”重点项目建设，科学编制“十四五”规划；各级各部门特别是各级消防救援队伍要深刻领会习近平总书记在国家综合性消防救援队伍授旗仪式上的训词精神，维护社会公共安全、保护人民生命财产安全；统筹推进中央生态环境保护督察及“回头看”反馈问题整改、“夏季攻势”、生态文明建设等重点工作，确保环境问题整改取得阶段性成效；切实抓好产业项目建设，确保圆满完成2019年纳入省“五个100”重大产业项目的5个项目和全州151个重点产业项目；加强财政扶贫资金管理，强化责任落实、落实精准导向、坚持绩效问责，从资金归集、拨付到监管环节全面施策，为精准扶贫、精准脱贫提供财力保障；抓好易地扶贫搬迁和后续帮扶工作，全面完成全州“十三五”易地扶贫搬迁安置任务；加强草地贪夜蛾监测，强化培训宣传，加大财政支持，坚持科学防控。

6月15日，召开十四届州人民政府第43次常务会议，审议《全国民族团结进步模范集体和模范个人推荐名单（送审稿）》。

7月3日，召开十四届州人民政府第44次常务会议，传达学习全省企业职工基本养老保险省级统筹专题会议、全省减税降费工作专题会议、全国就业创业工作暨普通高等学校毕业生就业创业工作电视电话会议、全省打击和处置非法集资工作电视电话会议精神并研究湘西州贯彻落实意见，听取湘西机场及机场道路建设、扶贫专项审计、2019年州本级重点项目建设、启动社会救助和保障标准与物价上涨挂钩联动机制、全州打击和处置非法集资工作、组建融资担保公司及蚂蚁金服项目建设、做好2019年地方政府债券争取及配套融资工作、关于财政重大项目专项资金结转结余、州本级行政事业单位国有资产及经营性国有资产管理等情况汇报，审议《关于全面加强全州非贫困村和非贫困户弱项短板的意见》《关于加大基础设施等关键领域补短板力度的实施意见》《湘西自治州防治慢性病中长期规划（2019—2025年）》《湘西自治州本级行政事业单位国有资产管理实施细则（试行）》《湘西自治州党政机关办公用房管理实施细则》《湘西自治州党政机关公务用车管理实施细则（送审稿）》，要求加快重点项目推进，加强项目调度，严格项目监管，严肃查处违法违规行为，确保工程资金、质量安全；优化建设环境，对重点项目建设中发生的问题，相关部门要列出问题清单、责任清单，按照属地管理原则限期解决；湘西机场项目建设要完善顶层设计，落实“周例会、月安排、季调度、年考核”制度，强化项目管理，建立完善管控指标体系，依法依规运作，着力打造安全工程、廉洁工程、阳光工程；加强非贫困村、非贫困人口的帮扶工作，落实全州非贫困户“一超过、两不愁、三保障”短板弱项扶持政策，引导“边缘户”与贫困户共同参与发展产业，全面落实各项惠农政策；抓好地方政府债券争取及配套融资工作，建立财政、金融、发改以及项目主管单位协同配合机制，加强债券管理部门与金融机构之间的沟通衔接，积极向上争取获得更多债券支持，最大限度缓解项目资金困难；督促相关部门和县市政府进一步盘活存量资金，加快推进项目建设，限期完成资金支付，加强专项资金管理，确保将有限的资金用到项目建设上，切实提高财政资金使用效益。

7月24日，召开十四届州人民政府第45次常务会议，听取2019年全州经济指标、州政府目标管理指标调整，州财政局关于湘办发〔2019〕57号、债务管理和国库资金管理等文件解读及贯彻落实意见，全州古城古镇古村保护与利用工作情况汇报，审议《州对县市区财政国库资金调度管理暂行办法》《湘西州生态环境损害赔偿制度改革实施方案（送审稿）》，要求各级各相关部门认真学习习近平总书记关于贯彻落实新发展理念、推动高质量发展方面重要论述，科学研判经济形势，实事求是调整湘西州经济指标，确保湘西州经济运行保持在合理区间，为推动湘西州经济高质量发展夯实基础；坚决贯彻落实《关于做好当前财政收支预算管理支持落实减税降费政策若干措施的通知》（湘办发电〔2019〕57号），确保减税降费政策落到实处，让企业和人民群众有实实在在的获得感；盘活变现存量资产，清理结转结余资金，硬化预算安排执行约束，足额保障“三保”支出，规范国库资金管理，严格落实对县市区的资金调度与指标下达匹配原则，建立库款余额动态监控体制；加强债务管理、防控债务风险，坚决遏制隐性债务增量，严禁各种违法违规担保和变相举债，加强债务资金使用和对应项目实施情况监控，建立健全“举债必问效、无效必问责”的政府债务资金绩效管理机制和跨部门联合惩戒机制，加快完善融资平台公司市场化转型、债务信息公开等制度体系，健全债务管理长效机制；建立湘西州古城古镇古村保护名录和档案数据库，按照时间节点完成古城的报批工作和古镇、古村规划编制，充分挖掘古城古镇古村的文化价值、经济价值、社会价值，突出地方特色和民族特色，带动产业发展，建设生活宜居、环境优美、设施完善的美丽村镇；严格按照《湘西州生态环境损害赔偿制度改革实施方案》要求，压实责任，形成合力，落实好中央和省政府划定并严守生态保护红线的各项任务，推动全州生态环境质量持续明显改善。

8月20日，召开十四届州人民政府第46次常务会议，听取湘西经开区管委会关于湘西州吉凤投资开发有限责任公司（以下简称“吉投公司”）债券发行工作情况汇报，要求各级各有关部门加强协作，支持配合抓好吉投公司出资人变更、债券发行、市场化转型等工作，进一步优化融资结构，推动湘西经开区高质量发展。

8月23日，召开十四届州人民政府第47次常务会议，传达学习习近平总书记在解决“两不愁三保障”突出问题座谈会上的讲话和省人大常委会党组副书记、副主任黄关春在湘西州调研扶贫工作时的讲话精神以及全省产业项目建设推进现场观摩会、全省“135”工程升级版工作部署会议精神，听取脱贫攻坚“三清零”“放管服”改革和优化营商环境、智慧湘西建设、应急管理、电力重点工作专项督查、清理拖欠民营企业中小企业账款、市场监管、残联等工作情况汇报，审议《关于2018年度州级预算执行和其他财政收支的审计工作报告》《关于进一步加强州本级政府投资项目审批及概算管理办法》《湘西自治州安全生产和消防工作考核办法》《湘西土家族苗族自治州生物多样性保护条例》《湘西自治州品牌营销指导意见》《湘西自治州品牌奖励办法》《湘西自治州州直事业单位公务用车制度改革实施意见》《关于开展全州户外广告标语标牌整治集中行动的实施方案（送审稿）》，要求各级各相关部门把深入学习贯彻习近平总书记重要讲话精神作为重大政治任务来抓，切实提高政治站位，采取更加有针对性的措施，确保习近平总书记重要讲话精神不折不扣落到实处，确保今年脱贫攻坚任务目标如期实现；切实增强深化“放管服”改革的紧迫感、责任感、使命感，坚持问题导向，落实工作措施，推动全州营商环境发生根本好转；认真贯彻落实全省产业项目建设推进现场观摩会和全省“135”工程升级版工作部署会议精神，立足湘西实际，准确把握和用好产业建设机遇，加快补齐短板弱项，推动全州产业大提速大发展；认真学习执行财政相关法律法规，管好用好财政资金，认真抓好审计问题整改，继续加大财政预算管理和执行力度，抓实抓好财政收支，深化财税体制改革，进一步提升财政保障能力；积极主动申请公共技术服务共享清单和公共数据资源共享清单，重点抓好第一批、第二批数据共享责任清单的数据落地应用，不断提升数据共享质量和数据共享覆盖面；进一步压实安全生产和消防工作责任，狠抓监管执法、安全风险管控、防灾减灾救灾、督查考核等工作，努力实现“一杜绝、一遏制、双下降”目标，确保全州安全生产形势持续稳定，为庆祝新中国成立70周年创造良好的安全环境；切实执行和落实好残疾人各项优惠政策，主动支持残联工作，加强协同配合，共同做好残疾人工作；深入开展户外广告标语标牌集中整治行动，切实规范全州户外广告设置，加强公益广告标语标牌宣传，提升城市形象和品位，更好地展示美丽湘西风采，以崭新面貌迎接新中国成立70周年。

9月22日，召开十四届州人民政府第48次常务会议，审议《全州2019年劳动模范、先进工作者推荐名单及表彰会议方案（送审稿）》。

9月27日，召开十四届州人民政府第49次常务会议，听取脱贫攻坚“三清零”、传染病防治、中央扫黑除恶督导反馈问题整改、湘西机场航站楼及机场道路设计优化方案工作汇报，审议《贯彻落实〈湖南省人民政府关于支持湘南湘西承接产业转移示范区发展的若干优惠政策〉的实施意见》《湘西州历史文化保护利用五年行动计划（2020—2024）》《关于加强古城古镇古村保护与利用工作的实施意见》《湘西自治州第十四届运动会竞赛规程总则（送审稿）》，要求各级各相关部门坚决扛牢脱贫攻坚政治责任，重点抓好“户脱贫、村出列、县摘帽”标准方面存在问题的整改清零，脱贫攻坚成效考核指标方面存在问题的整改清零，中央脱贫攻坚专项巡视、中央和省级脱贫攻坚成效考核、省委巡视组巡视反馈问题整改清零，“两不愁三保障”摸底核查问题的整改清零，全省脱贫攻坚“三个落实”动态管理系统反馈问题清零，进一步攻难关、补短板、强基础，切实把扶贫优惠政策落实到贫困村、贫困户，让广大贫困群众有更多的获得感和幸福感；坚持防治结合和防控关口前移，加强重点区域、重点人群的传染病防治工作，健全传染病疫情和突发公共卫生事件监测预警系统，完善基层传染病防控机构基础设施建设，加强疾病机构经费保障，做到早发现、早报告、早诊断、早治疗；认真做好古城、古镇、古村的规划编制工作，实现

“三古”保护规划的编制与城市发展总体规划、美丽乡村规划、特色小镇规划等规划有机衔接，充分挖掘历史文化的文明价值、经济价值、社会价值，推进文化旅游深度融合发展；进一步优化湘西机场航站楼及机场道路设计，加强统筹协调，搞好资金预算，既要量力而行，又要适度超前，满足发展需要；紧紧围绕中央扫黑除恶督导“回头看”工作要求，坚持问题导向、目标导向、效果导向，全面、迅速、高质量完成整改任务。

10月24日，召开十四届州人民政府第50次常务会议，传达学习《中共湖南省委办公厅湖南省人民政府办公厅关于牢固树立过“紧日子”思想大力压减一般性支出的通知》（湘办发电〔2019〕72号）和《中共湖南省委办公厅湖南省人民政府办公厅湖南省军区办公室关于加强新时代基层人民武装部、村级民兵营（连）建设的意见》（湘办〔2019〕82号）精神并研究湘西州贯彻落实意见，听取全州深化“放管服”改革优化营商环境、全州当前自然资源重点工作情况汇报，审议《关于进一步加强州本级政府投资项目管理的通知》《智慧湘西建设三年行动计划（2019—2021年）》《关于新建居民住宅区配套规划建设中小学幼儿园的实施意见》《湘西自治州城镇小区配套幼儿园治理工作方案》《关于清理调整州人民政府各类议事协调机构的通知（送审稿）》，要求全州各级各部门务必认真贯彻落实中央、国务院和省委、省政府的决策部署，牢固树立过“紧日子”思想，发扬艰苦奋斗、勤俭节约优良作风，严格压减一般性支出；进一步加强新时代基层人民武装部、村级民兵营（连）建设、州本级政府投资项目管理、“放管服”改革、智慧湘西建设、城镇新建居民住宅区配套规划建设中小学校幼儿园及城镇小区配套幼儿园专项治理、国土空间规划和耕地保护、地质灾害防治、矿产资源保护与综合利用等工作，调整精简州人民政府议事协调机构，促进议事协调机构设置科学规范、精简高效。

11月27日，召开十四届州人民政府第51次常务会议，传达学习省委书记杜家毫到湘西州调研脱贫攻坚和指导开展主题教育有关精神，听取脱贫攻坚、生态环境、花垣矿业整治整合、农民工工资支付保障和创建国家高新区工作情况汇报，审议《湘西土家族苗族自治州乡村振兴战略规划（2018—2022年）》《湘西自治州政务（便民）服务导则》《全面提升湘西州消防能力建设的实施意见（送审稿）》等文件，要求各级各相关部门增强责任感和紧迫感，全身心、高质量做好脱贫攻坚各项工作，如期实现7个深度贫困县脱贫摘帽，确保高标准高质量交出脱贫答卷；认真学习领会并坚决贯彻习近平总书记关于“三农”工作的重要论述，把坚持农业农村优先发展的要求落到实处；建立工作机制，建立领导责任制，协同推进《湘西土家族苗族自治州乡村振兴战略规划（2018—2022年）》实施，全面实现乡村产业振兴、人才振兴、文化振兴、生态振兴、组织振兴；严格按照中央、省要求，把生态环境问题整改作为开展“不忘初心，牢记使命”主题教育的具体行动，按照整改方案明确的整改目标、整改措施和时限要求，做到整改一个、验收一个、销号一个；花垣县矿业综合整治要对照省整治规划和实施方案，抓好涉矿村庄环境治理，加快建设矿区扬尘监测站，推进矿区种植结构调整；加快铅锌矿业整合进度，加快推进尾矿库闭库和采空区治理，落实污染防治措施，全面完成强制性清洁生产审核，实现清洁生产；保障农民工工资支付，针对当前存在的突出问题，分解落实部门责任，深入开展2019年度根治欠薪冬季攻坚行动，督促相关县市、行业主管部门对拖欠农民工工资问题、“三制两金”落实情况等进行自查自纠，确保年底前政府投资工程项目及国企项目欠薪案件“两清零”。

12月14日，召开十四届州人民政府第52次常务会议，传达学习中央、省委有关会议精神和安排部署，研究2020年州政府主要工作。要求各级各相关部门全面深刻领会中央经济工作会议精神，切实把思想和行动统一到习近平总书记关于经济工作的决策部署上来，坚定不移贯彻落实新发展理念，坚持稳中求进的工作总基调，持续深入打好三大攻坚战，保障和改善民生，推动经济高质量发展；认真研判、准确把握经济形势，科学设定符合湘西发展实际的各项目标；抓实示范区建设，努力使湘西州成为中西部地区承接产业转移的“领头雁”；把培育壮大实体经济放在重要位置来抓，加快推进湘西经济转型升级、高质量发展；坚持走城乡融合发展之路，建立健全城乡融合发展体制机制和政策体系；要继续全面深化改革，重点抓紧抓实“放管服”、财税等领域改革，确保各项改革举措落地见效。

12月17日，召开十四届州人民政府第53次常务会议，听取脱贫攻坚、安全生产和消防安全、减负、信访、招商引资以及环境污染突出问题整改、交通问题顽瘴痼疾集中整治行动及马路市场安全隐患专项整治、落实国家药品集中采购和使用试点、完善湘西州城乡居民基本医疗保险门诊医疗保障政策等工作情况汇报。要求各级各相关部门对照脱贫摘帽标准，坚持目标不移、靶心不移、力度不减，确保完成今年目标任务；加强法治宣传教育，加强社会治安防控体系建设，提高人民群众的安全感、满意度；认真做好减轻农民负担工作，加大监督检查的力度；深入开展“信访秩序规范年”活动，全面提升信访工作专业化、法制化、信息化水平，更好地维护群众合法权益；深化地区对接，突出产业招商，精准招商，重点围绕十大产业建链、强链、补链，提升招商引资规模和水平；切实抓好突出环境问题整改，确保取得实实在在的成效；牢固树立“以对人民极端负责的精神抓好安全生产工作”的政治意识，扎实开展好全州交通问题顽瘴痼疾集中整治行动；高度重视招商项目履约情况，加强项目履约调度协调，加快推进招商项目落地，确保招商项目早日投产见效；积极稳妥推进湘西州药品集中采购工作，让广大患者早日享受到国家组织药品集中采购的降价成效。

【州长办公会议】 1月17日，召开州长办公会议，听取全州柑橘销售工作情况汇报，要求各级各有关部门以对人民高度负责精神，统一思想认识，切实增强执政为民责任感和紧迫感，把柑橘销售特别是椪柑销售作为当前工作的重中之重来抓，认真安排部署，精准施策，切实抓好柑橘销售，确保全州春节前柑橘销售达总产量的80%以上。

1月23日，召开州长办公会议，研究申世工作和湘西地质公园博物馆及配套设施建设有关问题，要求各级各有关部门树立“志在必得”的信心和决心，按照省、州关于申报湘西世界地质公园的工作部署，围绕打造国内外知名生态文化公园战略目标，根据《世界地质公园章程》和联合国教科文组织的规定，全力推进地质博物馆建设、环境综合整治、地质文化旅游产品开发、科普宣传教育等各方面工作，确保顺利通过联合国教科文组织实地评估，成功申报湘西世界地质公园。

2月24日，召开州长办公会议，听取2019年州人民政府重点工作情况汇报，要求州人民政府及办公室围绕州委、州政府确定的各项工作目标，牢记党和人民寄予的厚望和重托，继续发扬团结协作、求真务实的优良作风，以更加过硬的举措、更加高效的作为全力推进各项重点工作，确保全面完成2019年目标任务。

4月9日，召开州长办公会议，研究吉首市城镇棚户区改造工作，要求州、市相关部门高度重视吉首市城镇棚户区改造工作，立足于解决眼前问题和城市长远发展，认真研究、统筹推进吉首市城镇棚户区改造工作，切实解决吉首市部分单位宿舍和老旧小区各类安全隐患和现实问题，确保好事办好、实事做实。

4月23日，州委副书记、州长龙晓华深入泸溪县调研园区承接产业转移工作，并在泸溪县高新区创业孵化基地召开调研座谈会，要求各级各相关部门要进一步增强承接产业转移示范区建设工作的紧迫感和责任感，做好招商引资承接产业转移的后半篇文章，纵深推进“放管服”改革，大力优化营商环境，切实解决好企业面临的困难和问题，加快推动新旧动能转换和经济高质量发展；全州工业园区要立足发展基础、交通条件、优惠政策、良好服务和要素保障，善待投资者，成就企业家，打造承接产业转移的政策洼地、投资宝地、服务高地。

5月27日，召开州长办公会议，听取防灾减灾工作情况汇报，研究重点安全隐患风险防范和应急处置工作，要求各级各相关部门进一步深入贯彻落实习近平总书记关于安全生产、应急管理重要论述精神和“两个坚持、三个转变”防灾减灾救灾新理念，充分认识特殊时间节点安全生产的重要意义，始终绷紧安全生产这根弦，认真研判形势，立足防大汛、抢大险、救大灾，全面强化防灾减灾责任，提升防灾减灾能力，确保全州社会大局稳定。

5月28日，召开州长办公会议，审议《关于公布州本级第一批取消证明事项的通知（送审稿）》，要求各级各部门进一步提高认识，加大证明事项清理力度，最大限度精简不合法、不合理以及为规避责任、转嫁矛盾而要求申请人提供的各种证明材料，解决政务服务中证明材料过多过滥和“奇葩证明”“重复证明”“循环证明”等突出问题，优化办事流程，让群众办事更方便，创业创新更顺畅，营商环境更优化。

6月21日，召开州长办公会议，听取湘西机场、机场道路及新一代天气雷达项目建设情况汇报，要求各级各相关部门统一思想认识，切实增强责任感和使命感，及时解决项目建设中存在的困难和问题，加快推进项目建设，进一步强化组织领导，充实加强力量，理顺建设机制；强化科学决策，统筹考虑各方因素，完善顶层设计；强化项目管理，依法依规运作，确保积极稳妥推进；强化协调合作，做好要素保障；强化监督考核，抓好问题整改。

7月2日，召开州长办公会议，听取全州港口和船舶污染治理工作情况汇报，要求各级各有关部门高度重视港口、船舶以及河道污染治理工作，严格落实国家、省关于水污染防治工作部署，切实履行生态环境保护和水资源保护责任，把污染治理作为一项重要工作任务抓紧抓实抓出成效。

7月16日，召开州长办公会议，听取全州大宗特色农产品销售工作和商贸物流产业发展情况汇报，审议《2019年武陵山片区（湘西）贫困地区农产品产销对接活动——湘西特色农产品专场推介活动工作方案（送审稿）》。

7月17日，召开州长办公会议，听取张吉怀铁路项目建设情况汇报，要求各级各相关部门抢抓历史机遇，切实增强责任感和使命感，及时解决项目建设中存在的困难和问题，优质高效推进项目建设，推动湘西州加快驶入“高铁时代”。

7月23日，召开州长办公会议，听取全州历史文化保护利用工作情况汇报，要求各级各相关部门贯彻落实习近平总书记关于坚定文化自信的重要论述，围绕武陵山（湘西）土家族苗族文化生态保护试验区提质升级，统筹推进历史文化保护利用传承，切实增强湘西州民族文化的生命力、影响力，更好促进文旅融合发展。

8月22日，召开州长办公会议，研究酒鬼酒公司当前存在的困难及下步发展工作，要求各级各相关部门对白酒产业作为湘西州重大产业来抓，把酒鬼酒公司作为湘西州龙头企业来支持，打出优惠政策组合拳，给予酒鬼酒公司最优政策支持、最好的发展环境、最快的办事效率，支持酒鬼酒公司做大做强做优，走上一条富有生命力的特色发展之路，继续引领湘西州食品产业快速高质量发展。

9月22日，召开州长办公会议，研究矮寨奇观景区创建国家AAAAA级旅游景区工作，要求吉首市委市政府高度重视，积极主动作为，加快推进创建工作；州直相关部门要积极支持，加大景区创建指导力度。

9月30日，召开州长办公会议，听取吉首市大兴寨水库建设前期工作有关情况汇报，要求各级各相关部门克服困难，集中精力，强化措施，确保大兴寨水库建设项目前期工作有序高效推进。

10月31日，召开州长办公会议，安排部署州人民政府四季度主要工作，要求各级各相关部门坚持发展第一要务，切实增强抓好经济社会发展的紧迫感和责任感，突出重点、狠抓落实，加强协调、强化督导，全力以赴抓好各项工作。

11月28日，召开州长办公会议，听取清理州直国有资产工作情况汇报，要求各级各相关部门按照州委、州政府的决策部署，提高政治站位，高度重视，强化责任，把行政事业单位国有资产清理、核实、管理工作，作为检验“不忘初心、牢记使命”主题教育成效的重要举措，抓实抓好抓出成效，确保国有资产不流失、发挥效益。

12月2日，州委副书记、州长龙晓华到龙山县调研黔张常铁路龙山站站前广场及G353公路建设，专题研究黔张常铁路开通相关工作，要求各级各相关部门进一步提高政治站位，统一思想认识，将黔张常铁路顺利开通作为重中之重来抓，加强统筹协调，分清轻重缓急，科学铺排、倒排工期，突出重点、突破难点，对标对表完成相关工作任务，打好最后总攻战役，确保黔张常铁路（龙山段）建设验收达标和顺利开通。

【政府专题会议】 1月30日召开会议，专题研究智慧国土工作，要求国土部门进一步深化认识，统一思想，加强沟通，充分理解和处理好从数字城市向智慧城市发展的关系，明确责任，落实到位。

2月14日，州委常委、常务副州长向恩明在花垣县召开会议，听取花垣县矿业整治整合工作情况汇报，专题研究花垣县近期矿业复工复产有关工作，要求各级各相关部门全力攻坚，切实研究和解决突出问题，抓紧整治整改，完善手续证照，实现整治达标、尽快恢复矿业生产；加快推进矿业环境整治，切实抓好裸土覆绿，打造一批精品示范工程；抓紧推进矿山安全和环保整改，确保安全环保措施落实到位；加快推进铅锌行业整合，对尚未签订整合协议的企业，要抓紧协调督促，争取尽早签订整合协议；抓好儿童血铅防治，将其作为重要政治任务，全面落实定期复检、营养干预、治疗、健康教育、扬尘防治等工作，确保人民群众健康。

3月6日召开会议，专题研究湘西机场建设工作，要求各参建单位加快推进工程进度，确保工程建设质量；科学化、精细化倒排工期，加大施工器械和人员投入，按照操作规程，落实各项措施，确保安全高效地完成工作任务；提高从业人员廉洁自律意识，强化项目资金监管力度，努力打造阳光工程、廉洁工程。

3月13日召开会议，听取全州公立医疗机构药品采购款垫付工作及“反骗保”行动医保协议医疗机构整改落实情况汇报，要求各级各部门认真贯彻落实习近平中国特色社会主义思想，坚持以人民为中心，立足解决群众看病就医问题，充分发挥医疗、医保、医药职能部门作用，优化营商环境，加强协同合作，增强改革的整体性、系统性和协同性，维护人民健康，推动医疗卫生事业健康持续发展。

3月26日召开会议，专题研究州内通信企业当前主要工作，要求各有关职能部门高度重视通信事业发展，切实加大通信企业支持力度，在优化施工环境、支持通信企业发展方面提供优质的服务；各通信企业要抓住脱贫攻坚重大机遇，加快推进通信基础设施建设，加快谋划通信规划，做好通信技术储备，更好服务湘西州经济社会发展，同时也促进自身建设与发展。

4月4日召开会议，专题研究黔张常铁路通信基站建设工作，要求州直相关部门、相关县人民政府高度重视黔张常铁路通信基站建设，全面支持协调各自辖区范围内的环境优化、征地占地、林木砍伐、补偿等相关工作，以“优惠的政策、优质的服务、优良的环境”确保黔张常铁路州内段顺利建成。

5月6日召开会议，传达中央第四生态环境保护督察组向湖南省反馈“回头看”及专项督察情况，专题研究花垣县中央生态环保督察“回头看”反馈问题整改及矿业整治整合工作。

5月16日召开会议，听取“互联网+智慧健康”项目建设情况汇报，要求各级各有关部门适应新时代新技术发展要求，积极支持“互联网+智慧健康”项目建设，促进信息互联互通，推动湘西州医药事业科学持续发展。

5月24日召开全州东西部扶贫协作、易地扶贫搬迁暨“十四五”规划编制工作会议，传达中央、省委、州委和济南市委有关精神，听取了州东西部扶贫协作办、州易地扶贫搬迁联席办及各县市工作情况汇报。

6月14日召开会议，专题研究全州工程建设项目审批制度改革工作，要求各级各部门认真贯彻落实全州工程建设项目审批制度改革推进会议精神，进一步统一思想，凝聚共识，按照时间节点和目标任务扎实推进改革工作。

7月16日召开会议，专题研究州政务服务中心办事大厅窗口优化整合工作，要求州行政审批服务局及窗口各单位按照要求，积极推进，密切配合，扎实开展州政务中心办事大厅窗口优化整合工作，实行“前台综合受理、后台分类审批、统一窗口出件”的服务模式，强化政务大厅功能，提供集约化服务，提高工作效率，确保群众和企业“只进一扇门”“最多跑一次”。

8月6日召开会议，专题研究湘西海关建设有关工作，要求各级各相关部门进一步明确目标、任务要求，抓好相关工作落实，加快推进湘西海关业务技术用房建设，做好湘西海关开关准备工作，确保通过验收，开关运行。

9月8日召开会议，专题研究精准扶贫建档立卡户户籍比对工作，要求全州各级公安、扶贫等相关部门切实增强责任意识，坚持问题导向，落实工作措施，畅通沟通机制，确保公安部门户籍数据与全国扶贫开发系统数据准确、统一。

10月9日召开会议，研究湘西航运建设一期工程（武溪港）移交工作，要求各级各相关部门要高度重视、提高政治站位，按照州委、州政府的统一部署和要求，加强协调配合，依法依规尽快办理各项手续，认真做好项目移交工作；泸溪县人民政府要压实属地管理责任，切实强化安全监管，确保项目安全、有序、高效推进，争取早日竣工验收、投入运营。

10月25日召开会议，专题研究打击走私综合治理工作，要求各级各相关部门保持高度警惕，按照省委、省政府和州委、州政府的统一部署要求，进一步明确重点商品、重点渠道、重点领域，扎实抓好打私综治工作，维护好经济和社会良好秩序。

11月20日，副州长吴凌频到龙山县督导调度黔张常铁路龙山站及其配套工程建设情况，并主持召开会议专题研究黔张常铁路开通验收有关工作，要求路地双方认真贯彻落实省人民政府2019年11月18日黔张常铁路开通验收有关工作调度推进会议精神，进一步提高政治站位，强化工作措施，加快工程进度，确保黔张常铁路于2019年12月26日顺利通车。

12月16日召开会议，专题研究地方粮油储备工作，要求全州各级粮食和物资储备部门加快理顺工作职能，进一步压实粮食安全责任，切实抓好粮食储备和轮换、应急物资储备等工作，全面提升全州粮食安全和物资储备保障能力。

12月18日召开会议，专题调度花垣矿业综合整治、推动长江经济带发展领导小组办公室交办的“锰三角”污染问题整治和中央、省环保督察交办问题整改工作，要求各级各相关部门按照《花垣县矿业综合整治规划（2019—2022年）》《花垣县矿业综合整治实施方案（2019—2022年）》（湘环函〔2019〕79号）（以下简称规划和方案）要求，进一步主动作为、对标对标、加强统筹协调，加快完成矿业综合整治年度任务。

人民政府办公室

【概　况】 2019年，州人民政府办公室按照州委、州政府统一部署，围绕州委州政府重大战略安排，做好参谋、服务、协调、督办、落实工作，建设“五型”机关，转变作风，锐意进取，扎实工作，狠抓落实，完成各项工作。

【综合调研】 围绕州委、州政府中心工作，突出综合文稿服务，高质量完成政府工作报告、经济工作报告、政府全会报告、州政府重点工作部署会议报告、州政府重点工作推进会议报告以及安全生产等重要工作、放管服改革优化营商环境推进落实评议、防火安全工作、脱贫攻坚工作调度推进各类专题会议讲话等综合文稿起草，完成向国家部委、省政府有关综合汇报材料及其他地区到州考察调研材料起草，完成全州经济运行分析材料起草及州政府重要文件起草和审核，共完成各类综合性文稿330余篇。紧扣发展、改革、稳定中的重点、难点、痛点问题，贴近发展所需、群众所盼，组织全州政府系统开展50个重点课题调研，形成50余篇比较有分量的调研成果。开展承接产业转移示范区建设、特色产业发展、工业企业运行、泸溪医共体建设、小区物业管理等方面的专题调研，形成一批调研成果。高质量完成州政府主要领导2019年度课题《争当中西部地区承接产业“领头雁”——湘西州承接产业转移示范区建设对策研究报告》起草工作。《提高六种能力，不断开创工作新局面》《湘西：栽好梧桐树，只等凤凰来》《精准扶贫与乡村振兴有效衔接的湘西经验》分别被《学习与研究》《学习强国》、中国网等杂志或网络平台采用刊发；《构建县域三级医共体　实现基本医疗保障——泸溪县推进医共体建设调研报告》被《湖南工作》采用刊发。组织评选一批政府系统优秀调研报告，编印《2018年全州政府系统调研报告选编》。组织智库专家开展《绿色发展动能机制、促进民族地区扶贫攻坚与高质量发展》课题研究；协同智库专家参与产业园区高质量发展研讨会；牵头组织州长与智库专家全州经济社会发展座谈会；组织智库专家对智慧湘西建设进行长期指导服务；组织智库专家对乡村旅游和民宿建设中的土地问题进行解析。完成《湘西州高质量发展课题汇编》。

【政务服务】 全力做好国务院相关领导和国家相关部委、省委省政府领导到湘西州考察调研活动的组织协调服务工作，全力做好州政府领导开展的重大活动、重要会议、重要调研的综合协调工作，衔接协调州政府领导到中央部委和省直相关部门汇报衔接工作，均实现零差错。组织开展200余次专题调研，形成调研成果20余篇，多条建议转化为政府主要领导科学决策的重要依据。坚持政务信息报送的时效性、实用性、准确性，全年编发《政务要情》50期，上报信息1154条，11条信息被国办综合采用，65条信息被省办采用，政务信息综合计分继续保持全省前列。优化文电办理流程，提高发文质量，可发可不发的坚决不发，实现公文处理“零差错”，发文数量较上年度精简比例30%以上，其中制发规范性文件比上年精简40%。启动协同办公（OA）系统应用，提高了办公自动化应用水平。精细承办会议，严格会议审批，协调服务各类会议同比下降30.69%；起草印发常务会议纪要123个、州长办公会议纪要40个、专题会议纪要38个，没有出现纰漏。牵头对2017—2019年的政府序列议事协调机构进行清理，撤并议事协调机构50个，调整公布议事协调机构89个，精简率31%。围绕中心工作，组织开展各类专项督查6次，同比减少55%；真抓实干重点工作有11项工作受到省政府真抓实干激励表彰，1篇调研文章被省政府督查室组织编印的《督查案例选编》收录。严格领导带班和24小时值班制度，及时准确向省政府报送突发事件信息，落实反馈省州政府领导对突发事件信息批示，协助紧急调度处置突发事件50余起，有力维护了社会稳定。

【组织协调】 州政府办牵头具体安排部署户外广告市场清理整治及新设工作，全州共拆除户外广告标语43017块，责令整改2816块，新设176块户外公益广告，改变全州城乡面貌。实现事项“四级四同”目标，完成政务大厅各类综合服务窗口设置，互联网+政务服务连接到乡镇、村，企业开办时间压缩至3—5天，减税降费11亿元，各项服务水平不断提高。州政府办一名副秘书长任机场办主任，至年末项目建设总体推进顺利，土石方工程全面完工，招投标工作稳步推进，累计完成投资11.8亿元，占总投资的70%左右。分管副秘书长多次到花垣调研、协调、督查矿山整治整合工作，推动花垣矿业综合环境整治顺利开展。分管副秘书长牵头抓好申世办日常工作，完成2019年联合国教科文组织世界地质公园评估专家现场评估，取得满意成绩。建成独具湘西特色的七大公共技术服务平台，形成六大数字治理支撑体系，解决全州数据不通、系统不通、业务不通等信息壁垒问题。

【服务为民】 全年协调争取各类资金1000余万元，推进扶贫村河堤、产业路、便民服务中心等基础设施和公共设施建设，扩面提质柑橘、辣椒、蔬菜等优势产业，对农户庭院进行绿化、靓化、美化提质改造，41户159名建档立卡户顺利脱贫并实现高质量整村“户脱贫、村出列”目标。州政府系统办理建议提案419件、州“两会”期间代表委员讨论所提意见建议595条，实现办复率100%、见面率94.6%、反馈率93.3%、满意率96.8%。对34个政府工作部门政府网站依申请公开事项进行及时督促，对全州政务新媒体进行排查，及时上报省政府服务管理局。

【电子政务、网站建设】 聚焦州委、州政府中心工作，在州政府门户网站增设“图解政务”“精准扶贫在湘西”“走进湘西”等8个特色专栏，推介湘西好经验，传播湘西好故事，展示湘西好形象。全年发布信息71435条，向省政府门户网站报送信息989条。完成省政府门户网站“答卷”任务，得到省里高度肯定。开展“在线访谈”7期、“网上调查”6期，收集并处理涉州网络问政留言55件和“我为政府网站找错”35件，积极回应社会关切，为政府及时“发声”，为群众解疑释惑。实行24小时值班制，对州政府门户网站进行漏洞、暗链、木马等扫描监控，确保安全运行。定期对全州政府网群进行巡检与抽检，确保全州政府网站在新中国成立70周年特别防护期间安全正常运行。在全省组织开展的网站攻防演练中，州政府网防攻成绩优异，得到肯定。按照分级分类、问题导向、利企便民、开放创新、集约节约的原则，开展全州政府网站集约化建设，全州政府网站集约化平台于12月27日投入试运行，实现全州政府网站统一标准体系、统一技术平台、统一数据调度、统一安全防护、统一运维监管。推动政务信息数据资源向“两微一端”等延伸拓展，实现政府网站和政务新媒体数据同源、服务同根、更新同步，提供多渠道、便利化的“掌上服务”。

【机关党建】 开展“不忘初心、牢记使命”主题教育，组织集体学习11次，开展专题研讨3次，形成调研报告14篇，征集意见建议102条，圆满完成7类11项问题的整改落实。全年召开党组会议21次，理论中心组集体学习11次，下发学习资料300余册，组织领导干部到基层上党课10余次，推动习近平新时代中国特色社会主义思想和党的政治理论走深走实。严格落实“三会一课”、主题党日、组织生活会、民主生活会等基层党建基本制度，发展预备党员5名，预备党员转正2名，评选先进党组织4个、优秀党员15名。严格执行中央八项规定、省委九项规定和州委七条规定，加大对大宗物品采购、预算执行、公务接待费用、津补贴发放等审计力度，坚持接待公函、接待清单、派车单和公务用车维修审批单制度，公务接待费、公务用车运行维护费比上年减少12%、19%。

（骆邦健　王　文　毛先锋　张　立　李华钰　黄文军　杜　鹏）

信访工作

【概　况】 2019年，全州信访工作主动适应新形势、新任务、新要求，突出抓好省委巡视组交办件办理这项重点工作、“四重攻坚”“百案百天”行动和“三无”创建这些难点工作、信访“法治化建设”这项亮点工作、“人民满意窗口”建设和“最多访一次”这些改革工作。全年，召开3次州委常委会议、2次州政府常务会议、6次全州性大会，传达中央、省、州关于信访工作新要求、新精神，压实各级党委信访工作主体责任、领导干部领导责任、部门处理责任、属地稳控责任，推动全州信访工作迈上新台阶。全州信访形势呈现出总量、到州、赴省、进京访、非访五项指标均以两位数比例下降，尤其是进京非访下降53.1%，信访秩序呈现明显好转态势。全州信访宣传、信访督查、网上信访工作以及“新中国成立70周年”期间信访工作均获评全省先进，省委第五巡视组交办信访件息访息诉率取得历史性突破。州信访局获评全州平安建设、民族团结进步创建先进单位，文明创建标兵单位。

【信访积案化解】 开展重点领域、重点群体、重点人员、重点问题信访工作“四重攻坚”，持续抓好省委巡视组交办件办理，推进“百案百天”重点问题化解攻坚，交办的118件重点问题全部落实州、县市两级领导包案，实现群众见面率100%，办结率100%，综合化解率37.5%。深入推进州级领导干部联系督办信访工作，按照定期走访、个别了解、分步处理要求，实行动态管理，成熟一个解决一个，通过政策解释、思想疏导、帮扶救助等办法，实行责任到人制，力促化解。中央、省、州交办件到期办结率均为100%。“州长信箱”按期办结率99.5%，回访率81.3%，公开回复175件。州委书记叶红专批示群众来信75件，到期66件全部办结，州长龙晓华批示群众来信32件全部到期办结。中央四部委交办63件全部办结。“四重攻坚”交办35件全部办结，息访息诉20件，息访息诉率57.14%。

【信访源头调解】 坚持完善州级领导和州直单位主要负责人公开接访工作方案，推进州级党政领导联系督办信访工作机制。年内州级领导51人次、县级领导563人次、州直单位负责人57人次，接访上访群众3480人次，大量矛盾纠纷及时化解在基层。抓矛盾纠纷排查化解，坚持月排查与重点排查有机结合，注重发挥基层党组织、村（居）民自治组织作用，开展矛盾纠纷月排查和重点排查工作12次，排查出矛盾纠纷8659件、1.79万人次，及时化解率达90%以上。抓好“三无创建”，全州68%的乡镇（街道）符合“无到州以上非正常上访和重复访、无到州以上集体上访、无极端恶性事件”的“三无”乡镇创建标准，泸溪县荣获全国、全省信访“三无县”称号。

【信访案件处置】 全州信访部门加强与诉讼、仲裁、行政复议等法定受理部门协调联动，将不属于信访受理范围的问题导入法定途径依法解决，年内州、县市区两级信访部门引导进入法定途径依法解决的信访事项169件，收到群众复查复核51件，受理申请复查案件16件。建立健全“坐访约访下访”机制，变群众上访为领导“坐访”、特殊“约访”和重点“下访”。建立健全代表、委员、律师参与接访制度，在化解信访问题、疏导群众情绪上发挥很好效果。按照“五个一”要求，把人员教育疏导责任落实到领导、到单位、到直接责任人，确保问题及时有效化解在当地。强化依法处置，按照“群众诉求合理的解决问题到位、诉求无理的思想教育到位、生活困难的帮扶救助到位、行为违法的依法处理”原则，在信访问题处理“三到位一处理”基础上，强化依法处置工作，形成“合理合法信访问题必将得到解决，违法信访必将受到抵制打击”的正确导向。州、县市区两级公安、信访等部门密切协调配合，健全和完善违法信访行为处理联动机制，对坚持无理要求缠访闹访的，加强心理疏导、法制教育和思想转换。

【畅通信访渠道】 按照“畅通正常渠道、堵死非法渠道、压实基层责任”原则，引导群众依法理性有序表达诉求。建立完善州、县市区两级人民来访接待中心，实现登记分流、专项接待、司法调解、法律咨询、心理疏导、帮扶救助等功能，提高服务水平。畅通人民来信绿色通道，设立州、县市长信箱，让群众随时随地通过信件反映诉求。推进网上信访，依托“互联网+”，打造多渠道信息服务矩阵，助推初信初访得到及时妥善解决，效果明显，全州受理初信初访按期办结率96%，群众满意率98%。强化信访工作宣传。5月，州信访局联合信访联席会议成员单位及100多个乡镇，围绕《信访条例》等信访政策法规，开展信访法治宣传月活动，以悬挂横幅、标语、设立漫画展板、发放宣传册、宣传单、现场答疑、“以案说法”典型案例播放等方式进行。共印发宣传资料1万余份，现场为群众解答问题3500余人次，提升广大群众提高依法理性表达利益诉求的法律意识。

【信访督查督办】 全年开展由州委办、州政府办牵头，信访等相关部门参加的信访工作专项督查4次，对省委巡视组交办件、“四重攻坚”、“百案百天”以及州级领导签批交办件开展点对点督查，按照“不打招呼、不听解释、不作反馈”原则赴县市区和相关单位抽查暗访，发现问题均由“两办”追责，推进责任强有力落实。

【调查研究】 2019年，州信访局班子成员到县市、乡镇开展调查研究，形成信访调研报告4篇，局长向廷云撰写的《为党分忧、为民解难——湘西州信访问题治理的几点思考》调研报告得到州委书记叶红专和州委副书记廖良辉的肯定和专题批示，荣获全州主题教育优秀调研报告和省信访局主题征文活动一等奖。加大信访突出问题的分析和形势研判力度，房地产领域、拖欠农民工工资方面信访问题化解建议得到州政府采纳，顺祥公司涉嫌集资、吉首市红旗门大市场消防通道被占用、吉首市生猪销售问题等20件重要信访摘报通过州委州政府主要领导签批交办，问题得到化解。

（全　波）

机关事务管理

【概　况】 2019年，湘西州机关事务管理局落实新时代机关事务管理工作各项新要求，完成单位挂牌成立和科室设置，履行“管理、保障、服务”职能，强化国有资产清产核资、办公用房、公务用车等国有资产管理、公共机构节能宣传培训，完成州政府大院“七大改造”，推进湘西州机关事务管理工作有力有序开展。

【办公用房管理】 两次开展州直党政机关办公用

房使用情况检查。多次到州直单位调研衔接，共为21家单位调剂办公用房，与州政府机关大院等10多个单位签订办公用房使用管理协议。州直集中办公地点增加到10多个，办公用房集中使用管理得到有效推进。启动办公用房权属登记工作，完成州委办、州政府办等15家单位房屋土地面积测绘，办理州政府机关大院住宅区不动产权证400多户。

【国有资产清产核资】 完成56个州直行政事业主管单位及下属190个二级机构的办公用房等国有资产清产核资，建立集文字、图片、表格于一体的台账，办公用房家底得到进一步澄清，为实施“四统一”打下基础。加大州直行政事业单位实物通用资产调剂、配置、处置力度，办理资产调剂、处置事项30多项；建立国有资产公管账户，实行国有资产实物建账管理。

【公务用车管理】 按照“全省一张网”要求，制定平台配套建设方案，召开平台上线运行暨操作培训会议，全州安装公务用车北斗车载系统1663台，公务用车信息化平台建设全面完成，既加强了公务用车监督管理，又方便了各单位车辆调度使用。8月初，州机关事务管理局组建的州直公务用车集中服务平台正式投入运行，有平台车辆22台，州直党政机关公务用车不够、租车费用偏高等问题得到有效缓解。州、县市公车集中服务平台全面建成，纳入平台统一调度使用车辆821台。州机关事务管理局策应机构改革，微调公务用车15辆，为14个涉改单位调配了公务用车。对88家州直单位公务用车使用管理情况进行督查检查，督促部分存在公车管理欠规范的单位及时整改，实行精细化管理。根据州委常委会议、州政府常务会议精神，12月12日召开全州动员部署会议，州车改办实行集中办公，县市区事业单位改革方案基本完成，相关工作全力推进。

【公共机构节能管理】 以“全国节能宣传周”“低碳日”为契机，倡导开展各类宣传活动，全州公共机构制作宣传展板200余块，悬挂标语横幅100余条，发放宣传单2000余张，绿色成为全州公共机构践行节能理念的主旋律。指导州自然资源和规划局、吉首市机关事务服务中心成功创建“全国节约型公共机构节能示范单位”，州行政审批服务局、龙山县水利局成功创建湖南省公共机构节能示范单位，花垣县雅西镇、保靖县机关事务服务中心成功申报省公共机构节能改造项目。州人民银行节能充电桩通过省级验收，州人大州政府州政协机关大院、州行政中心节能充电桩建设项目加快推进。开展全州公共机构节能高质量发展专题调研和能源资源消费统计分级培训，1588个副科级（含）以上公共机构名录库建设、公共机构能源资源消费统计按时完成，全州公共机构节能降耗达到省定标准，机关节能改造、合同能源管理、垃圾分类、示范创建等工作按照上级要求有序推进。

【湘西州机关事务管理局挂牌成立】 2月19日，州机关事务管理局正式挂牌成立，开始履行相应职责。设置办公用房、国有资产（公务用车）、公共机构节能、接待服务管理等7个科室。各县市区均成立机关事务服务中心。为推进机关事务履行“管理、保障、服务”职能奠定了组织机构基础。

【党政机关办公用房权属登记】 12月12日，湘西州检察院老办公区办公用房权属变更登记为湘西州机关事务管理局，涉及16处办公用房等国有资产，建筑面积6559.46平方米。作为湘西州首家党政机关办公用房完成统一权属登记单位，湘西州机关事务管理局迅速成立工作专班，及时研判可能存在的症结，确保权属变更登记试点工作的顺利完成。这是湘西州各部门单位高效联动、积极配合、有序衔接的成果，为全州本级党政机关办公用房统一权属工作奠定了基础，铺平了道路。

（洪　洁）

民族宗教事务

【概　况】2019年，州民族宗教事务局立足“创品牌、抓特色”，在推进民族团结进步创建，建设少数民族特色村镇，繁荣民族文化，依法管理宗教事务取得新成绩，被评为州级文明标兵单位和全州平安建设优秀单位、平安单位、建设美丽湘西工作（美丽乡村创建）优秀单位、招商引资工作优秀单位。

【少数民族人口】年末，全州总人口294.76万人，其中少数民族人口237.3万人，占总人口80.5%。在少数民族中，土家族130.02万人、苗族105.17万人、回族0.96万人、瑶族0.26万人、其他少数民族0.91万人。

【政务服务】湘西州共审核普通高校招生享受少数民族优惠政策考生20645名，实现高考民族成分审核28年零举报。办理公民更改民族成分423人。起草《湘西自治州人民政府关于加强民族语言抢救保护传承运用工作的实施意见》，已完成专家座谈会、向州直相关单位征求意见建议等流程，正在修改完善之中。完成部门职责14项、与相关部门职责边界19项、公共服务事项4项的清理，制定完善事中事后监管制度，完成政务服务事项申请材料清理31项，群众办事“最多跑一次”“只进一扇门”成为常态，政务服务工作质量得到提升。

【民族团结进步创建】年初，州政府常务会议、州委常委会先后专题听取州民宗局关于民族团结进步创建工作汇报，强调各级各部门要高度重视民族团结进步工作，继续推进民族团结进步创建活动，贯彻落实中共中央办公厅、国务院办公厅《关于印发〈全面深入持久开展民族团结进步创建工作　铸牢中华民族共同体意识的意见〉的通知》，强化民族团结进步创建工作考核结果运用。着手研究制定《湘西自治州深入持久开展民族团结进步创建工作　铸牢中华民族共同体意识责任分工》，为深入持久开展创建活动做好顶层设计，确保全州民族团结进步创建工作暖人心、有氛围、见实效。对考核办法进行修改完善，强化过程平时考核，设置考核方式分值，使考核办法更趋科学合理。简化并修订考核指标，使考核指标更具可操作性。经考核，127个州直单位、9个县市区达到优秀等次。泸溪县人民政府等4个集体、龙山县国家级土家织锦传承人刘代娥等6名个人被评为全国民族团结进步模范集体、模范个人，受到国务院表彰。凤凰县被命名第七批全国民族团结进步示范区（单位），新打造古丈县断龙中学等示范点18个，创省级示范单位3个，127个州直单位被州委州政府命名为民族团结进步创建优秀单位。在有条件的社区设立专门窗口或服务网点12个，为少数民族流动人口开展就业创业、子女教育、落户租赁等“一站式”综合服务。

【少数民族经济】湖南省民宗委安排下达湘西州2019年度少数民族发展资金9238万元，比2018年度增加486万元，其中8338万元整合到各县市用于精准扶贫工作。争取落实民贸民品企业贴息引导支持资金1663万元。湘西州获得上级支持的少数民族特色村镇9个，安排专项建设资金900万元，其中龙山、永顺、花垣、古丈、泸溪、凤凰、吉首各安排100万元，保靖200万元。开展第三批中国少数民族特色村镇申报工作，全州申报26个村镇。加速民族特色村镇立法保护，由州民宗局牵头组织起草的《湘西自治州传统村落保护条例》，于2月28日湘西自治州第十四届人民代表大会第三次会议审议通过，3月28日湖南省第十三届人民代表大会常务委员会第十次会议审查批准，6月1日正式施行。按照自愿的原则，有古丈、吉首2县市向省申报2家民族客栈参加湖南省首批“民族客栈示范单位”评审。加强和稳定驻村力量，强化干部结对帮扶工作，协调落实基础设施和产业项目，帮扶的两个村脱贫成效巩固。

【少数民族文化】 在第十一届全国少数民族传统体育运动会上，湘西州运动员获7块金牌、6块银牌、6块铜牌、表演一等奖2个（含吉首大学3块银牌、表演项目一等奖1个），超额完成省下达的目标任务，创历史最好成绩。支持永顺县举办“社巴节”、花垣县举办“赶秋节”、吉首市举办“中华一家亲，天下鼓乡情”鼓文化节、凤凰县举办“四月八”和银饰节等民族节庆活动。拍摄完成《湘西苗族服饰》《土家三棒鼓》《土家织锦》《绣花鞋垫》4个纪录片。完成《湘西州民族古籍丛书》中的《泸溪跳香》（30万字）、《古丈跳马》（25万字）、《凤凰苗族姓氏考》（45万字）、《花垣苗族服饰研究》（35万字）、《永顺汉戏》（40万字）书稿初审，与民族出版社洽谈出版合同。编制《州民研所民俗文物登记表》《州民研所民俗文物登记总账》，拍摄照片724张，填制表格744份，清理登记民俗文物650项831件，从用途上分有生产工具、生活器具、民居建筑、服饰穿戴、仪仗用具、游艺道具、商标模具，从质地上分有木、竹、藤、棉、麻、丝、棕、毛、石、玉、骨、角、银、仿银、铜、铁、漆、瓷、陶。完成湘西民俗文物陈列室布展设计、施工招投标。

【宗教事务】 湘西州有佛教、道教、伊斯兰教、天主教、基督教，民间信仰普遍。信教群众约35万人，登记开放的合法宗教活动场所262处，其中佛教场所235处，道教场所11处，基督教活动场所16处；纳入管理的民间信仰活动场所57处。认定备案的宗教教职人员564人，其中佛教79人，道教445人，基督教40人；全州性宗教团体5个，分别是州佛教协会、州基督教三自爱国运动委员会、州佛教慈爱功德会、州宗教文化研究中心、州道教协会，县市宗教团体6个。正常开展宗教事务工作。全年在州委和县市（区）党委理论学习中心组、党校中青班等举行《深入学习领会习近平总书记关于宗教工作的重要论述，做好新形势下宗教工作》专题辅导讲座7场次，听课400余人。举办宗教工作干部和宗教教职人员培训班2期，参训110人次，学习党的十九大会议关于宗教工作部署精神、新修订的《宗教事务条例》等法律法规。召开全州性宗教团体工作会议暨换届工作筹备会，与3个州级团体班子成员开展谈心谈话活动18人次，完成3个团体150名代表的推荐和审核工作，8月6日、8月22日分别召开湘西州佛协、湘西州佛教慈爱功德会、湘西州基督教三自爱国会代表大会，完成换届选举工作。把宗教事务纳入州委统一战线领导小组议事协调范围，强化党对宗教工作的领导，全州8个县市各乡镇、村（社区）建立县市委统战部长为第一责任人、乡镇统战委员、村主任（综治专干）为专抓人员的工作网络，实行乡镇党委书记和村（社区）支部书记为宗教工作第一责任人的“两级责任制”。全年全州宗教领域和谐稳定。

（张叶军）

行政审批服务

【概　况】 州行政审批服务局2019年挂牌成立，配合编制部门做好局“三定”工作编制，按时完成顶层设计，确保“三定”如期出台，为依法履职奠定基础。在“三定”方案尚未确定时，面对人员只有部分到位的情况，局党组坚持在思想上不等不靠，在行动上履职尽责，主动承担划转和新定的职能职责，做好行政审批服务局的组建，推进党的建设和行政审批服务、“放管服”改革、优化营商环境等工作。7月24日省政府推进职能转变协调小组推介湘西州深化“放管服”改革转变政府职能经验做法。在9月初州政府组织开展的“放管服”改革优化营商环境现场测评中，州行政审批事务局位列优秀等次第五名。在11月下旬省政府2019年重点工作真抓实干综合大督察和12月中旬省工程建设项目审批制度改革调研评价中，对湘西州相关工作给予了充分肯定和高度评价。2019年，州、县市政务中心窗口受理办件405.07万余件，其中，“最多跑一次”办件210.21万余件，“一件事一次办”办件91.15万余件，办理非税收入31.99亿元。州政务中心（含州政务中心交警分中心和州政务中心第二办税服务厅）窗口受理办件130.7万余件，其中“最多跑一次”办件127.84万余件，“一件事一次办”办件65.69万余件，办理非税收入7.9亿元。

【政务服务“事项梳理”】 结合机构改革的实际和深化行政审批制度改革的要求，按照“三级四同”要求，统筹同步开展州直和县市政务服务事项的重新梳理和与国家、省级目录的比对、匹配和确认工作。6月初，形成2019年第一批依申请类行政权力、行政许可、“只进一扇门”、“最多跑一次”、“一件事一次办”、“五办”、高频等事项目录清单。统筹抓县市同步开展事项比对确认工作，在全省率先提出统一事项目录的工作思路，形成8个县市统一的依申请类行政权力事项目录清单和乡镇（街道）、村（社区）便民服务事项清单。同步组织州直单位和县市对“互联网+政务服务”一体化平台实施清单要素的匹配和填报并完成。7月，组织开展公共服务事项梳理和在一体化平台填报发布，完成第一阶段性任务。7月下旬，组织州直相关部门和县市对《湖南省乡镇权力清单和责任清单》《湖南省赋予乡镇（街道）经济社会管理权限指导目录》征求意见稿提出意见上报。9月，下发通知，推进依职权类行政权力事项实施清单在一体化平台的填报。结合国家、省事项目录的动态调整，梳理完善政务服务事项目录，经过多轮反复确认研究，州政府第51次常务会议审定通过，率先在全省形成“四级目录”：州行政许可事项目录、县市行政许可事项目录、乡镇（街道）政务服务事项目录、村（社区）政务服务事项目录，为机构改革后相关行政单位适时正确履职和一体化平台应用奠定基础。10月15日，组织州直相关单位、各县市在湘西州分会场参加全省公共服务事项梳理视频培训会，启动第二轮公共服务事项梳理工作，完成目录梳理和实施清单的填报。7月，会同州司法局下发《关于开展“减证便民”政务服务事项申请材料清理规范工作的通知》，取消证明事项72项，形成《政务服务事项申请材料清单》报州政府。8月，龙山县局组织梳理群众和企业办事相关流程，精减353个证明材料，51项审批材料。永顺县局牵头对审批事项进行“瘦身”和流程再造，开展减证便民行动，审批事项平均压缩法定审批时限50%以上，减少各类证明103项。凤凰县局组织开展“第三方证明（盖章）材料”清理工作，取消证明事项12项，保留17项。推进各业务部门开展事项的“减环节、减材料、减时限、减费用”工作。为统一政务服务事项的事项名称、事项编码、设定依据、事项类型、办结时限、收费标准、办理流程、申请材料、办理结果，编制标准化办事指南工作，州局起草了《关于梳理编制政务服务事项办事指南的通知》上报州政府办印发，推进各部门编印标准化办事指南。州局参与起草湘西州工程建设项目审批制度改革工作方案，为工作团队提供办公场地、设备和后勤保障，抽调专人集中办公开展工作，牵头开展综合服务窗口设置、事项、流程、材料清单梳理等工作。完成州政务中心工程建设项目审批综合服务窗口设置、人员招聘、培训上岗，制定印发工程建设项目审批“一窗服务”工作规程、工程竣工联合验收办法等。全州工程建设项目审批时限压缩至“100/80/60/50”，环节整合至立项用地规划许可、工程建设许可、施工许可、竣工验收四个审批阶段，精简至50项审批事项和12项市政及评估事项。县市政务中心均完成工程建设审批综合服务窗口设置。12月13日，省工程建设项目审批制度改革调研评估组到湘西州检查，认为这项工作开展处于全省前列。州局配合州优化办开展中介服务事项清理，着手在州政务大厅设立中介服务超市，完成起草工作方案和办法；花垣县、龙山县、保靖县完成政务中心中介超市设置和运行。

【政务服务“窗口办”】 2019年，按照事进、人进、权进“三进”要求和机构改革机构职能变化的实际，州、县市局完成了本级政务大厅涉改单位窗口的优化整合及网上办事大厅的调整和事项归并，新增具有行政许可职能的单位进驻中心，实行机构改革后的“应进皆进”和政务服务“只进一扇门”、“只到一个窗”、不空位、不错位，推进启用行政审批服务专用章，强化政务大厅规范运行管理，开展政务服务“好差评”工作。州行政审批服务局推进州税务局二分局的整体进驻，全面实现吉首地区企业和群众办税服务“只进一扇门”“最多跑一次”“一件事一次办”的目标，基本完成办税服务厅升级改造，计划建成24小时不打烊的自助型、智能型、智慧型“五星级办税大厅”。深化“一窗受理、集成服务”改革。8月14日，州政府办印发《关于转发州政务服务中心办事大厅窗口优化整合工作方案的通知》文件。州行政审批服务局制定窗口具体设置方案，召开实施动员会，完成综合类“无差别”受理窗口、“一件事一次办”窗口、行业类综合服务窗口、工程建设项目审批综合服务窗口、帮代办窗口、中介超市等的优化设置和窗口工作人员招聘、培训上岗。在全省率先开展优惠政策兑现服务窗口和人才服务窗口建设工作，设置窗口，起草工作方案并经州政府第51次常务会议研究审定，以《湘西自治州人民政府办公室关于设立优惠政策和人才服务窗口有关事项的通知》文件下发。泸溪县政务中心设置15个“无差别全科受理”综合窗口，严把受理收件、统一出件两个“关口”，落实集成服务。继续统筹推进窗口办、网上办、自助办、一次办、就近办、帮代办多元化办事格局的形成并取得阶段性成果。州政务中心税务、公安出入境、个人信用查询、企业注册、公积金、交通违章查询等一批业务实现24小时、365天在州政务大厅查询办理，一批窗口业务实现全程网办、不见面审批服务，县市政务中心均开通自助服务。州局以及花垣县、凤凰县、龙山县等局在政务中心成立（设置）帮代办中心（窗口），开展帮代办服务。完成全州乡镇（街道）政务服务中心、村（社区）便民服务中心标准化建设任务。永顺县组建了县乡村三级代办队伍，实行资料来回邮政快递，群众不出村办成事，全年办理2734件；花垣县所有乡镇、村（社区）实现“湘西e路通”运行全覆盖，总办件9705件；保靖县、古丈县在乡镇和村均配备了代办员。全州“12345”政府服务热线均实现启动运行，全年受理近万件，全部办结，满意率95%以上。《湘西自治州政务服务导则》下发后，州局组织局机关和政务中心全体人员学习，印发至州政务大厅每个窗口，在LED大屏幕滚动播放，制作宣传展板和宣传手册，在州团结报、州广播电视台、州政府网进行宣传。

【政务服务“网上办”】 将“互联网+政务服务”作为工作着力点和重中之重谋划推进，促进“放管服”改革。赴省政务管理服务局、省政府发展研究中心、省科创公司等汇报衔接。按照省政府统一部署，完成湘西州一体化平台与国家政务服务平台对接工作阶段性工作任务，完成一体化平台事项目录引用、实施清单填报和发布阶段性任务，引用率、填报率、发布率100%，完成州本级一体化平台事项审批人员账号配置，为各部门应用提供技术指导培训。州本级、永顺县、吉首市、凤凰县政务服务旗舰店上线运行，电子证照系统建设完成，实现部分电子证照数据汇聚，完成部分电子印章采集以及印模制作。推进一体化平台的应用，指导州水利局、州气象局等部门利用一体化平台实行办事在线申请和网上受理，借助网上办实现了“最多跑一次”，甚至一次不用跑。推进电子政务外网建设，实现了州直入网单位领导和业务办理人员电脑连通电子政务外网和一体化平台，全州乡镇（街道）、村（社区）电子政务外网基本实现全覆盖，具备一体化平台应用条件。全年全州“互联网＋政务服务”一体化平台产生办件42678件，其中州本级有州住建局、州水利局等31个单位同步应用一体化平台办件16831件，一批窗口单位事项做到全程网办和不见面办理。

【政务服务“一件事一次办”】 根据省《“一件事一次办”改革工作实施方案》要求，打造湘西州“最多跑一次”升级版，5月，州局制定《湘西自治州“一件事一次办”改革工作实施方案》，梳理并公示州本级第一批“一件事一次办”事项目录清单88项。7月19日，召开全州行政审批服务工作推进会，推进“一件事一次办”改革工作。7月下旬，下发《关于进一步加快推进“一件事一次办”改革落实的通知》，确定“统一事项、统一模块、统一流程、统一平台”的工作思路，对照省100项“一件事一次办”事项结合湘西州实际，推进“一件事一次办”在州本级和县市落地落实，实行按周报情况，落地一个销号一个。9月4日，州局再次组织召开全州行政审批服务工作调度会，推进“一件事一次办”改革落地落实。9月17日，就全省第二批“一件事一次办”事项目录征求意见建议提出符合湘西州工作实际的建议。10月18日，下发《关于报送“一件事一次办”改革每周情况统计的通知》，对工作情况按周进行统计。州局完成“一件事一次办”综合窗口设置工作，牵头开展的省第一批100项中的50项套餐式“一件事一次办”事项服务规程梳理完成并落地，推进单个事项在各窗口、各部门的落实。州政务中心办税服务厅梳理并公示143项单个的“一件事一次办”办税服务事项，组合11个套餐式“一件事一次办”办税服务，让办事群众充分体验到“一件事一次办”改革成效。11月28日，州局下发《关于加快推进全省第二批“一件事一次办”事项落实的通知》，全力开展全省第二批100件“一件事一次办”事项流程梳理和落地。州政务中心各窗口通过即来即办、自助办、网上办、结果邮寄等形式落实“一件事一次办”，办税服务、社会保障、医疗保障、公安出入境、交警等窗口90%以上的事项做到“一件事一次办”。市场监督管理局窗口办理企业注册登记时限压缩至1.5个工作日以内，基本做到当天受理、审核、发照，办理实行全程电子化和电子营业执照，全年全州企业登记全程电子化办理近万件，排全省前列；建立全省首个24小时企业注册登记自助服务区，通过政企合作将服务延伸到建行网点，企业可以在网点自助打印营业执照，实现“一件事一次办”。住房公积金中心窗口在全省首创“柜台前移”，将贷款前期资料收集、录入等交由楼盘公积金专管员负责，避免群众因资料不齐来回跑，推进公积金贷款“一件事一次办”。州烟草专卖局窗口通过推行网上审批、简化办事材料、实行结果免费邮寄，让群众和企业可以足不出户办理烟草零售许可，实现“一件事一次办”。龙山县通过免费邮政快递服务落实“一件事一次办”，全年免费邮递身份证、不动产权证、护照、车牌、教师资格证等证件1.4万余件。保靖县对群众所办证照，启动免费邮政快递服务，落实“一件事一次办”。全年全州“一件事一次办”办件量91.15万余件。州局还把“一件事一次办”作为落实全省集中整治形式主义官僚主义20条措施的重点工作推进，得到省政务管理服务局和州委整治办的肯定，分别推介湖南经视和红网，5月27日，湖南经视新闻以“一件事情一次办未来24小时都能办”为题播出，6月26日，红网时刻以《湘西州行政审批局：打造多元化办事格局》为题进行专题报道。11月，省政府2019年真抓实干综合督查，州政府将“一件事一次办”工作作为全州工作亮点向省推介。12月12日，省政府在常德召开“一件事一次办”改革现场推进会，龙山县、永顺县作书面典型发言。

（李琼慧）

中国人民政治协商会议湘西土家族苗族自治州委员会

政协工作

【概　况】 2019年，中国人民政治协商会议湘西土家族苗族自治州委员会围绕全州经济社会发展中心工作，履行职责，建言献策，协商议政，加强调查研究和交流，实行民主监督，完成了全年工作任务。

【建言献策】 精心选择高质量发展若干重要议题开展调研协商、汇智献策。在开展实地调研、外出考察基础上，聚焦产业发展、教育、医疗、生态、民族、旅游、文化等建言献策。第十二届十一次常委会议专题议政性协商后，形成《推进湘西州承接产业转移示范区建设调研报告》，向州委、州政府呈报关于推进湘西州承接产业转移示范区建设、关于创办“飞地工业园”发展飞地经济2份建议案，邀请州委、州政府主要领导和州直相关部门负责人列席会议听取协商意见、参与研究论证，达成共识，推动调研成果转化。就“湘西州民宿发展情况”组织委员到龙山、永顺等县实地调研，发放收集问卷300多份，提出具体意见和建议。就“全州自然保护区工作”开展专题视察，视察报告报州委、州政府和省林业局、国家林草局决策参考。关注申报世界地质公园工作，为通过联合国教科文组织验收、地质馆建设和布展等工作提出意见建议。就“湘西州农业产业园建设”开展专题调研，形成《湘西州农业产业园建设调研报告》，报送州委、州政府及相关职能部门供决策参考。就“加强宗教场所管理”开展调研视察，推动《宗教事务条例》贯彻实施和宗教事务管理法制化规范化建设。就“全州教师队伍建设”开展调研，对湘西州教师队伍建设存在的困难和问题向有关部门提出意见建议。

【协商议政】 围绕全州大局协商议政。开展多层次协商活动，共组织专题议政性常委会议1次、专题协商22场、对口协商15场、界别协商17场、提案办理协商7场。围绕经济社会高质量发展开展全会协商，紧扣事关全州经济社会发展重大问题，组织委员议政性会议50多场次，一批协商建言成果进入州委、州政府决策视野。组织编发《情况反映》23期，得到州委、州政府主要领导签批，指定专抓领导和责任部门。州委督查室、州政府督查室和州政协办公室跟踪督促，做到件件抓落实，并综合上报省委和省政协。围绕战略性、前瞻性课题开展专题协商，组织部分州政协委员和驻州省政协委员开展推进“放管服”改革、创新引领经开区发展等专题协商，提出50余条建议意见。围绕加强农家乐污染监管、河道开挖乱象整治开展专题协商，促成《湘西自治州农家乐污染防治管理办法》出台，促进相关部门加快河道划界，开展专项整治。围绕重点工作、重大项目开展对口协商和界别协商，以推进实体经济发展、乡村治理、城镇公共文化服务体系建设、重点项目建设管理、规范教师课后服务、村级文化服务中心建设为重点，邀请对口州直部门和界别委员参与协商面对面交流，促进相关问题解决。

【民主监督】 将335名委员按地域或工作划分为16个小组，大会期间以16个委员组开展工作，闭会期间以16个民主监督小组对相关单位或工作开展民主监督，每年每个民主监督小组选取2个以上专题，开展调研视察监督活动。围绕湘西州重点项目建设管理和实体经济发展情况开展专题民主监督，围绕人民法院审判程序、全州教师队伍建设、农村公路安保设施建设、乡村治理振兴等工作开展专项监督性调研视察，围绕破解湘西州城镇中小学骨干教师中高级职称职数比例结构性失衡和支教经历等难题加强协商监督，责成相关单位按照监督意见及时完成问题整改。发挥民主监督在提案办理中作用，围绕7件重点提案和26个重点承办单位开展办理协商，发挥提案民主监督作用。通过民主监督，一批涉及经济、教育、乡村治理、社会公平正义问题得到及时妥善处理。

【提案工作】 2019年，政协委员、政协各参加单位和各专门委员会围绕统筹推进“五位一体”总体布局、协调推进“四个全面”战略布局重点问题和人民群众关注的民生热点问题，聚焦州委、州政府中心工作，向大会提交提案274件。经审查立案207件，并案14件，转来信50件，撤案2件，转上级提案1件，交由60个承办单位办理。所有提案全部办复，其中已解决或采纳建议占78.5%，纳入计划逐步解决占16.5%，因条件限制暂不能解决占5%。

【文史编纂】 服务州委打造湘西土司、苗疆、红色等文化建设目标，组织完成《湘西民族文库》36种24101页湘西古本方志和历史文献下载扫描、标点整理等工作；完成17种25册680万字湘西史料文献图书笺注、点校、编辑工作；《湘西民族文库》（第一辑）共5种10册379万字已交付岳麓书社编辑出版。与吉首大学合作开展系列民族文化田野考察。组织完成《湘西苗族民间传统文化丛书》（第一辑）7大类10册400万字编纂、出版。

【调查研究】 加强调查研究工作，全年协助上级完成大型调研考察7次，自主开展较大型调查研究27次。协助调研考察。4月7—8日，协助粤港澳大湾区实业家一行26人到湘西州开展“户帮户亲帮亲互助脱贫奔小康”暨产业转移对接活动。4月15—18日，配合省政协副主席戴道晋率队到湘西州就“湖南省健康扶贫政策执行落实情况”重点课题调研监督，听取基层群众意见。5月7—8日，配合省政协副主席胡旭晟率队到湘西州就“推进民营经济发展政策落实与完善”课题开展调研监督，听取优化民营经济发展政策建议。9月12日，州人民政府副州长麻超、州政协副主席龙春生带领部分州政协委员、州政协提案委及相关部门负责人到湘西经开区调研园区建设和企业发展情况，现场督办州政协十二届三次会议1号提案《关于加大经济园区承接产业转移工作力度的建议》重点办理情况，了解企业存在的困难和发展计划。10月11日，省政协主席李微微率省政协调研组赴凤凰县围绕“政协委员助推产业扶贫情况”和“双助双行动”开展情况进行调研，调研组一行深入凤凰县麻冲乡扭仁村猕猴桃基地、竹山民居项目、众乐乐农产品公司、凤凰县易地搬迁禾库安置区和腊尔山台地蔬菜基地等地调研。12月25—26日，全国政协委员、民族和宗教委员会副主任罗黎明带领全国政协和民族宗教委员会调研组，到凤凰县、吉首市和花垣县就武陵山片区脱贫攻坚工作进行专题调研，了解易地搬迁村民生活状况、湘西国家农业科技园区建设情况。12月29日，协助湖南省总商会副会长、湖南省浙江总商会会长陈旭荣等，带领商会企业家到州考察。自主调研考察。州政协每位主席、副主席和每个委员会都确定有调研课题。是年开展调研的主要内容有：湘西苗族生态文化村镇游精品线路建设、助推湘西州承接产业转移示范区建设、精准扶贫脱贫攻坚工作、湘西机场建设、农业产业园建设、全州自然保护区工作视察、全州康养产业发展和医院基础设施改善及医疗保障状况、发展乡村旅游和民宿工作、苗疆边墙与民族变迁和融合、娄底考察政协基层协商民主、长沙考察高新技术发展、张家界考察民宿产业发展等。

10月11日，省政协主席李微微（左三）在凤凰县调研“双助双行动”工作情况　　州政协　供图

【联谊交流】 加强同社会各界团结联谊，助力区域协作，参与武陵山片区政协主席联席会第四次会议和湘鄂渝黔四省市政协主席联席会第二次会议，就省际交通互联互通、区域旅游合作、民族团结进步等达成共识，形成政协提案上报全国政协，为武陵山片区抱团发展凝聚合力。加强政协联谊交流，以联络感情、增进友谊、推介湘西、促进工作为重点，接待外地政协到湘西州调研考察30批500余人次。坚持带着问题“走出去”，围绕“政协云推广和运用”“高新技术产业发展”等课题外出考察学习，在学习中交流，在交流中提高，为更好地开展政协工作积累经验。

【政协湘西自治州十二届三次会议】 2月25日，中国人民政治协商会议湘西土家族苗族自治州第十二届委员会第三次会议开幕式举行。开幕式共有三项议程。第一项议程，政协主席刘昌刚作政协第十二届委员会常务委员会工作报告。刘昌刚从八个方面对2018年政协工作进行了回顾。第二项议程，州政协副主席龙春生作州政协第十二届委员会常务委员会关于十二届二次会议以来提案工作情况报告。州政协十二届二次会议共提交提案249件，经审查立案200件，转来信45件，并案3件，撤案1件，提案交由59个承办单位办理。至2018年12月所有提案全部办复，其中已解决或采纳建议占69.5%，纳入计划逐步解决占19.5%，因条件限制暂不能解决占11%。第三项议程，杨梅等12位委员作大会协商发言。

【政协湘西自治州十二届四次会议】 5月3日，湘西土家族苗族自治州政协召开十二届四次会议。会上确定《中国人民政治协商会议湘西土家族苗族自治州第十二届委员会关于免去向顺荣副主席职务的决议（草案）》，通过《中国人民政治协商会议湘西土家族苗族自治州第十二届委员会第四次会议选举办法（草案）》《中国人民政治协商会议湘西土家族苗族自治州第十二届委员第四次会议选举大会总监票人、监票人建议名单（草案）》，指定选举大会总计票人、计票人。经过投票，颜长文当选为十二届州政协副主席。

【举办庆祝人民政协成立70周年活动】 2019年，为宣传中国共产党领导的多党合作和人民政协事业的发展历程及70年光辉成就，反映湘西州经济和社会发展新面貌，展示政协委员和政协工作者时代风采，以庆祝人民政协成立70周年为契机，开展“深入学习贯彻习近平总书记关于加强和改进人民政协工作重要思想和政协系统党的建设”理论研讨，全州政协委员和工作者提交论文102篇，评选优秀理论研讨文章70篇，编印成册；组织参加全省政协优秀政协理论文章和调研报告评比活动，获奖13篇。召开州委政协工作会议暨庆祝人民政协成立70周年大会，举办湘西州庆祝人民政协成立70周年文艺会演、书法美术摄影展等系列活动。

【开展“实践基地”建设】 2019年，湖南省政协启动“湖南省习近平总书记关于加强和改进人民政协工作的重要思想研究基地、培训基地、实践基地”“三个基地”建设，授予湘西州“实践基地”牌子。州政协把加强理论武装作为引领和推动政协工作发展的首要任务，统筹推进习近平总书记关于加强和改进人民政协工作重要思想实践基地建设。总结全州各级政协党委和政协委员在脱贫攻坚中积极履职尽责、主动创新工作先进经验做法，印发《湖南省贯彻落实习近平总书记关于加强和改进人民政协工作的重要思想（湘西州）实践基地成果选编》，聚焦党和国家中心任务履职尽责，探索建设“实践基地”经验。依托花垣县十八洞村、永顺县塔卧镇和龙山县茨岩塘镇“湘鄂川黔革命根据地”等爱国主义教育基地、红色教育基地平台，加强政治思想引领，探索拓展“实践基地”内涵和外延。重点探索和推广龙山县加强基层政协组织建设和基层协商经验、花垣县十八洞村民主协商模式，组织协商民主经验交流会，组织州、县两级政协学习先进县市创新开展基层协商民主经验，加强基层民主协商，筑牢“实践基地”基础。

【助推湘西承接产业转移示范区建设调研】 根据湖南省政协三级联动和中共湘西州委同意批转的《州政协2019年度协商与监督计划》要求，湘西州政协常委会组织开展“助推湘西承接产业转移示范区建设”调研协商监督活动。3—5月，全州70多位州政协常委和委员分三个调研小组，由主席会议成员带队，到9县市区45户企业现场调研，听取县市区党政领导汇报，与相关州直、县市区部门和企业负责人等320人开展座谈。6—7月，三个调研考察组分赴长三角经济圈、粤港澳大湾区、成渝经济圈进行对比学习考察，形成调研报告15份，向州委、州政府呈报《关于“推进湘西州承接产业转移示范区建设”》《关于湘西州创办“飞地工业园”发展飞地经济》建议案2份。召开州政协专题议政性常委会议，邀请州委、州政府主要领导和州直相关部门负责人列席会议听取协商意见，参与研究论证，推动调研成果转化。

【“双助·双行动”】 州政协将“双向发力”“助力脱贫攻坚，全面建成小康社会”“助推新发展，建设新湘西”两个主题活动、政协委员“三个一”扶贫行动和“三进三助”聚力行动等五项工作整合为“双助·双行动”。州政协主席会议成员投身州委“三联”工作，服务重点项目建设，开展调研调度，协调解决资金、用地、环境、人才等问题。苗族生态文化村镇游精品线路建设、张花高速连接线、湘西机场建设等10多个重大项目均完成阶段性投资和建设任务。服务重点企业，帮助湘泉制药、湖南轩华锌业有限公司等企业协调解决困难和问题。服务现代农业、新型工业、新型城镇、招商引资等重点工作，发挥政协渠道优势，加强协调联络，协助相关工作推进落实。州政协主席会议成员落实州委安排，抓好联系乡镇精准扶贫等工作，为基层解决实际问题。推进机关驻村扶贫，开展干部结对帮扶，争取资金2000余万元，实施一批基础设施项目；支持扶贫村发展百合产业3000亩，带动建档立卡户71户277人脱贫，扶贫联系村脱贫出列。全州各级政协委员结对帮扶贫困户3700余户，结对率100%，筹集资金2700余万元，帮助贫困群众完成民生项目4520个。发挥州工商联界别委员带头示范作用，开展“千企联村”助推精准脱贫行动，全州1200余家民营企业结对帮扶贫困村720个，实施项目1360个，投入资金5.2亿元。

【联系企业捐资助学】 2019年，政协委员继续联系景鹏控股集团有限公司捐助资金30万元，资助湘西州农村贫困大学生64名，在吉首、泸溪、古丈、龙山四个点发放助学金。2008—2019年，州政协发挥政协组织联系各界、渠道畅通的优势，开展联系爱心人士资助贫困大学生工作，得到社会各界特别是景鹏控股集团的大力支持，12 年来募集善款 400.2 万元（其中景鹏控股集团有限公司捐助 316 万元），资助湘西州贫困家庭大学生 276 人（884 人次），有 186 人走上工作岗位，44 人考取研究生。

政协湘西自治州常委会议

【州政协十二届八次常委会议】 1 月 17 日，州政协召开十二届八次常委会议。会议协商审议湘西州 2018 年国民经济和社会发展计划执行情况与 2019 年计划情况、湘西州 2018 年预算执行情况与 2019 年预算情况、州政协十二届三次会议议程、日程（草案）、大会秘书长、副秘书长建议名单和各组召集人建议名单（草案），《政协湘西土家族苗族自治州第十二届委员会常务委员会工作报告（草案）》《政协湘西土家族苗族自治州第十二届委员会常务委员会关于十二届二次会议以来提案工作情况报告（草案）》《关于召开政协湘西土家族苗族自治州第十二届委员会第三次会议的决定（草案）》，确定州政协十二届三次会议常委会工作报告报告人和提案工作报告报告人。

【州政协十二届九次常委会议】 2 月 21 日，州政协召开十二届九次常委会议。会议传达学习省政协十二届二次会议精神，协商通过部分十二届州政协委员辞免撤销增补事宜、人事任免事项、《州政协办公室、研究室和各专门委员会重点联系党政部门方案（草案）》《湘西自治州政协 2019 年度工作要点（草案）》和《湘西自治州政协 2019 年度协商与监督工作计划（草案）》。

【州政协十二届十次常委会议】 5 月 17 日，州政协召开十二届十次常委会议。会议协商决定《中国人民政治协商会议湘西土家族苗族自治州第十二届委员会关于召开第四次会议的决议（草案）》、第十二届委员会第四次会议议程和日程（草案）、会议秘书长和副秘书长建议名单（草案）、各组召集人建议名单（草案）、执行主席值日安排（草案）、关于免去向顺荣副主席职务的决议（草案）、关于免去向顺荣州政协委员的决议（草案）、关于增补颜长文为州政协委员的决议（草案）。

【州政协十二届十一次常委会议】 9 月 29 日，州政协召开十二届十一次常委会议。会议协商审议《州政协“助推湘西州承接产业转移示范区建设”调研报告（草案）》《州政协“助推湘西州承接产业转移示范区建设”建议案（草案）》《州政协关于湘西州建立飞地工业园发展飞地经济的建议案（草案）》。6 名州政协常委（委员）围绕“助推湘西州承接产业转移示范区建设”向州直相关部门提问。

（杨晓婵　杨薏煊）

中国共产党湘西土家族苗族自治州纪律检查委员会

纪检监察工作

【概　况】 2019年，全州各级纪检监察机关认真贯彻落实党的十九大和十九届二中、三中、四中全会精神及中央纪委三次全会、省纪委四次全会工作部署，坚持“三个一以贯之”，践行初心使命，聚焦主责主业，忠诚履职担当，推动反腐败斗争压倒性胜利巩固发展，全州党风廉政建设和反腐败工作取得了新进展新成效，为全州脱贫攻坚、加快发展提供了坚强纪律保障。

【纪委会议】 1月15日，州纪委常委会会议专题学习传达中央纪委三次全会和省十一届纪委四次全会精神，明确提出了贯彻落实全会精神的意见，要求准确把握当前反腐败斗争的形势和任务，坚决做到“两个维护”。2月24日，湘西州十一届纪委四次全会召开。全会深入学习了贯彻习近平新时代中国特色社会主义思想和党的十九大精神，按照十九届中央纪委三次全会和十一届省纪委四次全会的要求，总结2018年全州纪检监察工作，部署2019年任务。审议通过邓为民代表州纪委常委会所作的《强化责任担当深化标本兼治推动新时代纪检监察工作高质量发展》工作报告。会议以电视电话会议形式举行，全州各县（市、区）设分会场。

【党风廉政建设】 州委制定《集中开展形式主义官僚主义专项整治行动方案》，带头倡导少开会、开短会、开管用的会。州纪委出台《整治形式主义官僚主义12条措施》，聚焦脱贫攻坚、“放管服”改革、优化发展环境等领域，查处形式主义官僚主义问题93起，党纪政务处分117人。坚决执行省委“约法三章”，撤销全州廉政账户。紧盯收送红包礼金、违规公款吃喝、违规公务用车、违规人情宴请、违规使用办公用房等问题，查处违反中央八项规定精神问题80起124人。开展违规经商办企业、“提篮子”“打牌子”等领域专项清理，全州11592名领导干部自查自纠。开展“减税降费”专项治理，督促整改收费项目101项，取消收费项目20项，退还企业资金5021.14万元。

【纪律审查】 全州处置问题线索3127件，立案979件，结案839件，党纪政务处分761人。运用“四种形态”处理2912人，其中第一、二种形态处理2712人，占比93.4%。严惩向扶贫资金“伸黑手”、为黑恶势力充当“保护伞”等腐败问题，张自政、王平、钟子荣、向金坤等27名县处级干部被查处；杨胜望、王海波、石泽辉等一批“保护伞”被打掉。做好审查调查“后半篇文章”。通过个案剖析推动案发单位堵漏洞、补短板，公安部门开展枪支弹药安全隐患大排查。用身边事教育身边人，制作警示教育片《初心与蜕变》。打造“一网两微”警示教育平台，通过“湘西纪检”微信公众号发布信息350篇，《湘西州2名处级干部因醉驾被“双开”》等案例通报阅读量突破“10万+”。弘扬新风正气，及时为13名受到诬告错告的干部澄清正名。

【巡察工作】 创新监督方法，巡察利剑作用进一步彰显。全年开展两轮常规巡察，巡察党组织42个，发现问题2750个，移交问题线索83件，其中涉及处级干部6人，全覆盖任务完成73%。围绕脱贫攻坚创新巡察监督方法，开展易地扶贫搬迁、村组道路建设、农村饮水安全专项巡察“回头看”，启动产业扶贫、生态扶贫、惠民补贴发放交叉巡察和“项目落地难”机动式巡察，交办立行立改问题1216个，移交问题线索157件。完成省委第五巡视组反馈问题整改，建章立制45项；州委巡察反馈问题整改率92%。加大巡察移交问题线索查办力度，立案查处吉首监狱原纪委书记李军、保靖县原副县级干部贾光荣等一批典型案件，持续释放巡察监督威力。

【监察管理】 持续推进“三项改革”，纪检监察体制机制进一步完善。推进纪律检查体制改革，加强党对纪检监察工作的领导，加强纪法贯通、法法衔接。完成监督检查和审查调查职能分离、部门分设。稳步推进派驻机构和州属国有企业纪检监察体制改革，向湘西经开区派出监察工委。全州监察对象达到104957人，增加73261人。加强对派驻机构的直接领导，建立“1名纪委常委（监委委员）+1个监督检查室+N个派驻纪检监察组”工作机制。坚持自我革新，纪检监察干部队伍的战斗力持续提升。开展“不忘初心、牢记使命”主题教育，坚定了做到“两个维护”的政治自觉、思想自觉和行动自觉。落实“全员培训”要求，完成115个乡镇纪委书记跟班轮训，举办实战业务培训班19期，培训干部2631人次。1件案件被评为全省“十大精品案件”、5名干部被省纪委评为业务能手。坚守安全文明办案要求，开展谈话审批、文书使用、线索管理“三规范”活动。坚持严管厚爱，坚持刀刃向内，锻造了政治过硬、本领高强的“湘西纪检监察铁军”。

2019年11月25日，十一届州委第五轮巡察工作动员部署会召开　　州纪委　供图

【专项工作】 把惩治“蝇贪”同扫黑除恶专项斗争结合起来，深挖彻查放纵、包庇黑恶势力甚至充当“保护伞”的党员干部。坚持“一案三查”，对涉黑涉恶犯罪案件逐案过筛，“保护伞”“关系网”没有查清的不放过，背后腐败问题没有查清不放过，失职渎职问题没有查清不放过。做到一马当先、一查到底、一网打尽。2019年，全州纪检监察机关受理涉黑涉恶腐败、充当“保护伞”及推动专项工作不力等问题线索718件，办结件560件，移送扫黑办和公安查办94件，处理221人，其中立案93人、移送司法20人。对55起黑社会性质组织和恶势力犯罪集团（团伙）案件实行“一案三查”，问责处理64人，其中处级干部4人。工作经验被中央纪委在全国扫黑除恶专项斗争工作推进会上进行推介。

为民服务

【脱贫攻坚】 围绕州委“脱贫攻坚决胜年”安排部署，推进生态扶贫、产业扶贫、惠民补贴发放、社会保障兜底专项治理。整合纪检监察、巡察机构力量，监督检查扶贫项目5069个，发现问题1536个，采取批评教育、谈话提醒、下发纪律检查建议书等措施，督促整改问题1344个。对永顺县芙蓉镇易地扶贫搬迁项目履责不力的9名干部严肃问责，并督促职能部门举一反三，开展易地扶贫搬迁项目质量大排查。全州立案涉及扶贫领域案件687件，党纪政务处分478人，追缴违纪资金9702万元，退还群众资金1036万元，通报曝光典型案例273件405人。干部群众对实现高质量脱贫的信心更加坚定，全州检举控告类信访下降13.1%，信访举报总量位居全省各市州第11位。群众的获得感幸福感显著提升。

【湘西为民村级微信群】 全州115个乡镇（街道）、1815个行政村（社区）按照"一村一群、一户一人"的要求，搭建1998个"湘西为民村级微信群"，入群总人数近60万人。2019年，全州纪检监察系统充分发挥村级微信群作用，交办督办群众反映的饮水难、出行难等问题10批次720个。专报信息6次获州委主要领导肯定批示。《人民日报》、新华网、中央纪委国家监委网站、《湖南日报》、湖南经视等媒体对湘西州纪检监察部门服务群众"最后一公里"工作多次进行宣传报道。《中国纪检监察》杂志将其作为全国纪检监察系统履行监督职责的七大创新举措进行典型推介。

（黄立好）

民主党派

中国民主同盟湘西州委员会

【概　况】 2019年，中国民主同盟湘西州委员会获评民盟中央2019年“政治思想建设和宣传工作先进集体”、民盟湖南省委“省级先进地方组织”和“思想宣传、参政议政、组织建设、社会服务工作先进集体”、州委统战部“统战信息宣传、统战调研工作先进单位”等，在湘西州五个文明绩效考核、文明标兵单位创建、民族团结进步创建、平安单位创建等工作中全部被评为优秀。

【思想建设】 全年在各级媒体发表稿件318篇（次），编印《湘西民盟》杂志2期，召开专题学习会议17次，举办道德讲堂4期、培训班2期。组织举办庆祝新中国成立70周年“读好书·爱中华”文化助残盲人读书活动、“经典悦读·民族团结”暨“新中国成立70周年华诞”文化展演活动、庆祝新中国成立70周年书画展和第三届全民健身趣味运动会；参加州政协“凝心聚力·共建美丽湘西”庆祝中国人民政治协商会议成立70周年文艺晚会演出，参加民盟省委庆祝湖南民盟省级组织成立70周年征文比赛、书画展览和文艺演出。开展“不忘合作初心，继续携手前进”主题教育活动20余次，民盟中央副主席龙庄伟、民盟省委主委杨维刚专程到民盟吉首大学委员会调研主题教育活动开展情况。

【参政议政】 盟员向省“两会”提交提案13篇，州“两会”提交议案13篇、提案29篇。其中1篇议案被选为州人大重点议案，3篇提案被选为州政协大会发言材料，7位盟员在大会上协商发言；4篇提案入选大会《情况反映》，州委书记叶红专、州长龙晓华分别作出签批。《尽快解决湘西职院生物科技实训基地建设用地的建议》是两会唯一一件由州委书记亲自督办的提案。《关于加强农家乐污染监管的建议》《关于破解我州城镇中小学骨干教师职称评定中的职数比例和支教经历问题的建议》2件提案被州政协列为2019年重点督办提案。成功承办民盟中央2019年脱贫攻坚民主监督座谈会，全国21个省、直辖市、自治区的民盟组织共200多位代表参会。参与民盟省委脱贫攻坚民主监督工作，对全州八县市进行专项调研。《“默戎模式”文旅一体化发展研究》《湖南省湘西州土家医学发展的问题与对策》获民盟省委参政议政研究课题三等奖，《高校民主党派参与精准扶贫的优势和作用》《民主党派有效开展各类培训工作的专题研究》获民盟省委统战理论课题三等奖、州委统战部统战理论课题一等奖。全年向省、州报送社情民意信息43条。

【社会服务】 全年在两个扶贫村投入项目资金700多万元，完成公路路面硬化4.5公里，新修产业路4公里，新建蓄水池2处、抽水泵站2台；

新建排大方村村部楼及村文体广场；实施人居环境改善23户，庭院硬化340多户，厕所改造330多户，入户路硬化13万多米；新建黄金茶园700亩、茶叶加工厂3个；在排大方村新建稻花鱼养殖基地200亩，免费向村民发放鱼苗1.5万尾；与湖南商务职业技术学院联合开办“潇湘·茶叶同心班”，为当地培养茶叶销售和茶艺表演专业人才。结对帮扶贫困户26户，组织民盟各基层支部到扶贫村开展帮扶关爱活动15次。向扶贫村捐赠爱心图书室2个，向村小学捐赠文体用品300余套；为贫困户销售大米2500多公斤、羊15头、鸡鸭200余只、稻花鱼100余公斤、腊肉50余公斤、茶叶25余公斤，折价总计12.15万元；通过民盟爱心基金向贫困户发放爱心款10万余元。中心村被评为州级“文明乡村”，排大方村被评为州级“同心美丽乡村”并顺利脱贫摘帽，民盟州委驻保靖县水田河镇排大方村扶贫工作队被评为全州优秀驻村扶贫工作队，民盟州委专职副主委张勇、民盟州委社会服务部部长樊神木被评为全州优秀驻村扶贫干部。为保靖县葫芦镇官庄村火灾受灾群众募集善款和物资总计40万余元；与州福彩中心共同举办“福泽湘西·2019年春节扶困送温暖”道德讲堂暨文艺演出活动，向121名城镇贫困职工、孤残儿童捐款20.4万元；与湘西州慈善总会、州美协联合举办“慈善助孤·丹墨飘香”捐赠仪式，向州慈爱园捐赠爱心款4万元；与州福彩中心联合举办“福泽潇湘·情满湘西”关爱留守儿童福彩公益金捐赠仪式，向全州30名贫困留守儿童捐赠3万元。

【组织建设】 全年发展新盟员20人，其中2名为处级干部。盟员1人任副县长，1人获提拔正处级，2人获提拔正科级，3人获提拔副科级，20人获“全省优秀盟员”表彰，4人获“全省优秀盟务工作者”表彰，1人获州人民政府“三等功”奖励，1人获“州级优秀人大代表”表彰，8人获“优秀教师”表彰。新成立“盟员之家”2个，湘西民盟书画院院长成功改选，支持盟员个人创办非遗文化艺术工作室3个。

【民盟湘西州委全委会议】 民盟湘西州委七届七次主委会议。1月31日，民盟湘西州委召开七届七次主委（扩大）会议，总结2018年工作，安排部署2019年工作。州人大常委会副主任、民盟湘西州委主委刘小刚出席会议并讲话。会议集中学习了《习近平在全国政协联组会上的重要讲话》《习近平在庆祝改革开放四十周年大会上的讲话》《习近平在〈告台湾同胞书〉发表40周年纪念会上的讲话》等文件精神。集中学习了民盟湖南省委十四届三次全体会议暨民盟湖南省委2019年盟务工作会议精神。会上民盟湘西州委各基层支部主委分别进行述职，并就2018年工作取得的成绩和存在的不足总结经验，展开交流。

民盟湘西州委七届八次全委会议。5月31日，州人大常委会副主任、民盟湘西州委主委刘小刚主持召开民盟湘西州委七届四次全体委员会议，总结2019年上半年工作，谋划下半年工作。会议商议了新盟员发展、“民盟·潇湘茶叶同心班”、民盟湘西州委第三届趣味运动会和开展2019年度脱贫攻坚民主监督等事项，表决通过州科技局局长高湘文加入民盟和民盟湘西书画院院长改选事宜。

民盟湘西州委七届九次全委会议。9月2日，民盟湘西州委召开七届九次全委会议，研究举行庆祝中华人民共和国成立70周年系列庆祝活动、申报民盟湖南省委传统教育基地、申办民盟中央脱贫攻坚民主监督工作座谈会等事项，会议严格按照《中国民主同盟章程》和民盟湖南省委有关规定，通过杨艳妮辞去第七届民盟湘西州委专职副主委的申请，依法补选张勇为新一任民盟湘西州委专职副主委。

【盟务工作会议】 3月15日，民盟湘西州委召开全州盟务工作会议。民盟湘西州委领导班子成员及17个基层支部主委、盟员骨干和机关干部30余人参加会议。会议对2018年度先进支部、优秀盟员及优秀通讯员进行了表彰，与会人员就《2019年民盟湘西州委基层支部盟务工作考核方案》进行审核评议，部分基层支部主委和盟员代表作典型发言。

【盟员邓光明举办精准扶贫个人画展】 4月25日，盟员画家、教授、湘西州美协副主席邓光明在古丈县举办脱贫攻坚书画写生作品展，对州人大和古丈县脱贫攻坚工作成绩进行展示。展出作品40余幅，是邓光明利用两年多时间，到古丈县石门寨、高望界、中寨村等地，以现实景物为题材，潜心创作的一批画作。

【民盟湘西州律师协会支部“盟员之家”挂牌】 5月8日，民盟湘西州律师协会支部“盟员之家”在湘西经开区挂牌成立。民盟湘西州律师协会支部将以“盟员之家”为平台，发挥社区法律服务室、乡村法律大讲堂、校园法律公开课等特色品牌优势，为湘西经开区实体经济发展、企业落户园区、失地农民权益保障、社区日常事务管理提供法律服务，创新民主党派社会服务模式，为党盟合作促推新型城镇化建设和全面依法行政探索一条新路。

【湘西民盟书画院第三次代表大会】 6月18日，湘西民盟书画院第三次代表大会举行。会议听取湘西民盟书画院第二任院长符长春所作的年度工作报告，讨论通过申报民盟中央美术院湘西分院挂牌事宜，就新一任湘西民盟书画院院长进行选举，全票通过由杨金成担任第三任湘西民盟书画院院长。

【庆祝新中国成立70周年书画艺术展】 9月12日，民盟湘西州委“庆祝新中国成立70周年书画艺术展”在湘西民盟书画院举行。有20余名盟员书画家的60多幅书画艺术作品参加展出，分为国画、油画、书法、工艺4类。生动展示了湘西州在生态环境建设、新型城镇化建设、精准扶贫、民族文化保护传承等方面取得的成就，深情讴歌了中华人民共和国成立70年来伟大祖国经济社会发展、民族团结进步、人民幸福安康的繁荣昌盛景象。

【盟员谢子敬获中华人民共和国成立70周年纪念章】 9月28日，在国庆节来临之际，湘西民盟老盟员谢子敬收到中华人民共和国成立70周年纪念章。纪念章由中共中央、国务院、中央军委共同颁发，颁发对象为中华人民共和国成立前参加革命工作的、健在的老战士老党员；中华人民共和国成立后获得国家级表彰奖励及以上荣誉并健在的人员；中华人民共和国成立后因参战荣立一等功以上奖励并健在的军队人员（含退役军人）；为中华人民共和国成立作出杰出贡献的国际友人。谢子敬是湘西民盟唯一获此殊荣者。现年92岁的他，是湘西民盟组织发展的主要功臣，参与了民盟湖南省委湘西自治州直属小组、民盟湘西州委从筹备到正式成立全部过程，为湘西民盟发展和湘西州经济社会建设做出了贡献。

【民盟湘西州委第三届趣味运动会】 9月29日上午，民盟湘西州委举办“福彩杯”第三届全民健身趣味运动会，以全民健身方式喜迎祖国华诞，庆祝中华人民共和国成立70周年。这次运动会以增进交流互动、促进团结和谐、引领全州盟员凝心聚力、坚定理想信念、提高精神追求为目的，围绕群众便利健身、科学健身、文明健身需要，设有三人四足接力、猪八戒背媳妇、螃蟹夹气球、拔河4个比赛项目。有16支队伍参加比赛。

【民盟中央脱贫攻坚民主监督工作座谈会】 10月10—11日，2019年民盟中央脱贫攻坚民主监督工作座谈会在湘西州召开。会议期间，龙庄伟一行视察了民盟湘西州委机关和湘西民盟书画院，到吉首大学与高校盟员举行“不忘合作初心，继续携手前进”主题教育座谈会，参观州博物馆和十八洞村。

【民盟中央“不忘合作初心，继续携手前进”主题教育活动座谈会在吉首大学举行】 10月10日，民盟中央“不忘合作初心，继续携手前进”主题教育活动座谈会在吉首大学举行，杨维刚代表民盟湖南省委从动员部署、贯彻落实、整改提高三个方面汇报民盟省委开展主题育活动的部署推进情况，刘小刚代表民盟湘西州委汇报履职工作情况。龙庄伟代表民盟中央充分肯定了民盟湖南省委和民盟湘西州委所做的工作和取得的成绩，强调要充分认识开展主题教育活动的重大意义，把深入学习贯彻习近平新时代中国特色社会主义思想作为主题教育活动的核心内容，使之成为全盟共同团结奋斗的思想政治基础，进一步深化对多党合作初心、中国特色社会主义参政党性质地位的认识，巩固坚定不移走中国特色社会主义道路的信心和决心。

【民盟湘西州委荣获民盟中央“思想政治建设和宣传工作先进集体”】 11月26日，民盟湘西州委因思想宣传工作成效突出，荣获民盟中央“思想政治建设和宣传工作先进集体”称号，这是民盟湘西州委连续两年获得该项荣誉。2019年，民盟湘西州委围绕庆祝中华人民共和国成立70周年、中国人民政协成立70周年、湖南民盟省级组织成立70周年等重大事件和“不忘合作初心，继续携手前进”主题教育活动，抓好思想政治建设和意识形态宣传工作，举办文化大讲堂、新盟员培训班、盟史讲座、读书日、书画展、趣味运动会等系列活动，扩大民盟影响力，树立民盟优良形象，提升盟员履职能力水平和干事创业热情，推动民盟工作更加向好发展。

（龙骏峰）

群众团体

湘西州总工会

【概　况】 2019年，州总工会围绕中心服务大局，强化政治引领，深化改革创新，努力开拓进取，展示了新时代湘西工会新活力、新气象、新作为。

【政治引领】 全州各级工会组织把深入学习贯彻习近平新时代中国特色社会主义思想、习近平总书记关于工人阶级和工会工作的重要论述、中国工会十七大精神、党的十九大和十九届二中、三中、四中全会精神作为首要政治任务，贯彻落实党的大政方针和省总、州委决策部署，团结引导广大职工坚定不移听党话、跟党走。是年，在“湘西工会”微信公众号开设《工会微课堂》，编发社会主义核心价值观、党的十九届四中全会、工会业务知识等4期专栏，编发微信公众号推文71篇，最高阅读量突破6000次，平均阅读量超过500次。运用湘西工会微信公众号开展党的十九大、中国工会十七大精神暨女职工维权知识学习宣传，开展微知识竞赛，全州有1万名女职工参与。开展“女职工素质教育大讲堂”活动，为全州8家机关、企事业单位、县市区1000多名女职工送课，全州共有41435名女职工参加特殊疾病保障，2万多名女职工参加妇检，建设15家“母婴关爱室”，为每家关爱室下拨2000元专项资金。关心单身青年职工，举办“让我们一起遇见未来”青春单身派对活动，参加活动的男女单身青年200余人，现场牵手成功3对。推荐评选全国职工职业道德建设标兵单位1个、标兵个人2人，推荐“全国职工书屋”称号1个，新建电子职工书屋4个，为6个劳模书屋更新书籍。组织全州3000名职工拍摄《我和我的祖国》MV，各类视频平台累计播放量4.5万次，登上《学习强国》平台进行展播。组织全州20万职工开展庆祝新中国成立70周年“我和我的祖国”湖南百万职工同声唱活动，推选的《东方红》节目获全省总决赛三等奖，参与“我和我的祖国”湖南百万职工同声唱网络比赛，5个节目进入总决赛并获奖。

【劳动竞赛与劳模服务】 围绕全州经济社会建设重点，调动和发挥广大职工的积极性和创造性，弘扬劳模精神、劳动精神和工匠精神。开展劳动模范和先进工作者评选表彰工作，表彰全州劳动模范和先进工作者63名，优秀党务工作者11名；推荐5名先进个人纳入省级劳模管理，1个精修班组获“全国工人先锋号”，3家公司获“湖南省工人先锋号”，1家公司获湖南省五一劳动奖状；推荐花垣县十八洞村扶贫工作队队长石登高获全国五一劳动奖章、全国最美职工、湖南省先进工作者；推荐1人获全国五一巾帼标兵，3人获湖南省五一劳动奖章，2人获湖南省实体经济企业优秀班组长；在全省第八轮女职工“芙蓉杯”竞赛中，获得省五一巾帼奖章1名、芙蓉标兵岗2个、芙蓉百岗明星2名，工会女职工培训示范学校1个。组织动员广大女职工投身参加“当好主人翁建功新湖南”系列劳动和技能竞赛活动，开展“建功新时代、建设新湘西，喜迎建国70周年”劳动和技能竞赛活动，在中铁五局总结推广开展重点项目工程领域劳动竞赛经验，组织开展安康杯劳动竞赛活动。与《团结报》联合开展对31名州级以上劳模代表的先进事迹进行宣传报道。创建劳模创新工作室4个，劳模乡村振兴示范基地4个，促进产业发展和脱贫攻坚工作，被湖南卫视新闻联播、《湖南日报》等省级媒体宣传报道。组织全国劳模到吉林、桂林等地疗养，组织29名省级劳模到青岛疗养，完成对劳模生活状况的调研。130余家企业与高职院校开展订单式培养，开展“一户一产业工人”培养工程，构建培训、拿证、就业、维权一条龙的工会培训机制，培训农民工2万人，培训后就业1.8万人，完成州政府分配的1000名职工职业技能提升工作任务。

【精准扶贫】 围绕“稳步提升精准识别率、精准脱困率、职工满意度”目标，以“万名工会干部进企入户”“双联”“一户一产业工人”培养工程等为抓手，通过“四个一批”举措，坚持精准识别，精准帮扶，推动城市困难职工稳步有序解困脱困。召开全州“双联”暨城市困难职工解困脱困工作推进会，明确任务，细化职责。向省总推荐湖南省“双联”工作先进单位3个，先进个人3名，建立帮扶档案768户，困难职工覆盖面90%，帮扶资金600余万元。全年收取医疗互助金623.75万元，参保人数9.7万人，完成计划任务数107.7%；女职工特殊疾病保障项目收取资金41万元，完成任务117%；全年完成医疗救助5950人，救助金额545.17万元。开展以“促进转移就业，助力脱贫攻坚”为主题的“春风行动”专项招聘活动，全州共开展招聘会30场次，组织670家企业，提供公共就业创业服务30450人，其中建档立卡贫困户4750人，女性14170人；组织参加技能培训393人，其中参加创业培训144人，享受培训补贴160人；劳动维权和法律援助1192人；实现县内就近就地就业2549人，其中建档立卡贫困户220人，女性1054人；实现县外省内转移就业1050人，其中建档立卡贫困户142人，女性388人；实现跨省转移就业3229人，其中建档立卡贫困户622人，女性1359人。加强源头参与，开展工资集体协商三年行动，做好劳动关系风险排查，加强法律援助，拓展维权工作，推动劳动关系和谐健康发展，维护职工队伍和工会组织的团结稳定，以职工队伍的稳定为全州大局稳定打下基础。制定全州集体协商工作行动计划，联合州人社局等部门开展“全州工资集体协商标准化建设”行动，落实绩效评估体系，增强集体协商的实效性。

【基层工会组建】 细化抓好工会基层组织的具体措施，时间安排，责任分工。新增在适合建会的易地扶贫搬迁安置点组建工会工作任务。组织召开村级工会组织研讨会，出台《湘西州总工会关于建立村级工会组织的实施意见》，年末，全州建立村级独立工会84个，易地扶贫搬迁安置点工会小组10个，村级工会运转正常，作用明显。确定“边摸边建，先易后难，多头组建，多重覆盖”工作原则。全州百人以上企业86家，原已建立工会组织73家，2019年新建9家，总建会率95.3%；已营业的保安公司9家，已组建工会5家，建会率55.6%；正在营业的家政服务公司34家，已组建工会29家，建会率85.3%。是年，全州新增工会组织137个，函盖单位137家，发展会员6877人，其中农民工会员5800人。全州法人单位建会率和企业法人单位建会率分别保持在85%和90%以上。按照“五型”标准建设职工之家，培育选树基层工会规范化建设和职工之家建设先进典型，探索建立模范职工之家动态评估管理机制。对全州历年来的154家国家级、省级模范职工之家、职工小家进行核查，合格保留荣誉的123家，因机构撤并建议取消荣誉的31家。按“六有”标准建好基层工会，特别是建好办公场地，工会组织全部配齐工会办公室、工会标识、工会主席身份牌、工会工作制度、办公电脑、打印机。加强工会干部培训学习，州本级举办一期工会干部培训班对全州250名基层工会干部进行培训；凤凰县、花垣县各办班一期，培训基层工会干部200名，其中村级工会干部50名；选送50名基层工会干部到湖南省总工会干部培训学校参加政治理论和业务培训，花垣县十八洞村工会主席龙书武到省总培训会上作交流发言。全面完成工会组织机构改革，全州各级工会组织领导班子人员全部配备到位。全州86家企业中有74家建立职代会制度，建制率86%。完成工会组织和会员实名制信息采集和录入工作，省总分配录入会员任务3万名，实际录入8.8万名，超额完成任务193%，居全省前列。

【工会资产管理】 成立州总工会资产管理年建设工作领导小组，召开县市工会财务资产管理工作会议，部署“工会资产管理年”工作任务，提出精心组织、认真落实、不打折扣、按期完成总体目标。全州县以上工会在资产清查时做到工会资产底数精准、产权清晰、证照齐全、账实相符，全州8个县市及州本级全面完成资产清查工作并导入系统。修改完善《州总工会机关财务管理制度》《州总工会固定资产管理制度》，制定《会计内部牵制制度》。各县市加快固定资产产权证办理，上交州总财资部统一管理，古丈县、泸溪县、永顺县、龙山县已将产权证交州总财资部统一管理，其他县市正在办理中。州总对州本级及各县市总工会资产服务阵地进行全面清理，州总办公楼的产权证正在办理，其他产权证已上交省总财务资产部，州本级及8个县市均已完成资产服务阵地统一标识更换工作。州民族工人文化宫建设全面完工，龙山县工人文化宫建设完成总工程量95%，花垣县工人文化宫建设完成外部装修，永顺县工人文化宫新建方案正在落实，泸溪县总工会争取县政府支持将全民活动中心1115平方米场馆改造成工人俱乐部作为活动场地，吉首市总工会建成240平方米的工人文化服务中心活动室，凤凰县总工会将办公楼一楼改造成工人俱乐部职工活动场所。确保工会资金安全增效。对州职工维权帮扶中心2018年帮扶专项资金和医疗互助资金管理使用情况进行审计，提出审查审计意见、建议21条。对7个县1个市1个区工会及5家州直属基层工会上年度预算执行情况和财务收支情况进行审计，查出问题215个，提出审计建议106条。连续第四年被省总评为“市（州）级工会经费审查工作规范化建设考核”特等奖单位，选送的2个审计项目被评为湖南省工会优秀审计项目。

（王文熙）

共青团湘西州委员会

【概　况】 2019年，团州委认真落实州委、州政府决策，紧紧围绕团的基本职能，切实加强组织领导，落实工作职责，强化推进措施，各项工作都取得了较好的成绩。

【学习宣传贯彻新思想】 围绕习近平新时代中国特色社会主义思想三十讲、党的十九大精神、习近平总书记“7·2”讲话、纪念“五四”运动100周年讲话和团的十八大精神等内容，开展12次中心组（扩大）学习，周五集中学习23次。推动“学习强国”平台学习的常态化，机关及二级单位干部参学率100%，平均学分3620分。按团省委要求，在全州团员青年中开展“青年大学习”活动，通过线上团课学习和线下“读书会”“分享会”相结合的方式，推动习近平新时代中国特色社会主义思想入脑入心，全州参与学习的团员青年人数近20万人。9—12月，以“不忘初心、牢记使命”主题教育活动为契机，全员全程学习习近平新时代中国特色社会主义思想，以新思想武装头脑，以新思想指导新时代团的工作，真正做到与习总书记的重要论述、与党中央的决策部署同频共振。5月4日，组织各级团干部集中收看习近平总书记在纪念五四运动100周年大会上的讲话，同步推出全州青年同唱爱国歌曲《我和我的祖国》MV。国庆前夕，牵头开展“与国旗合影，为祖国祝福”宣传活动，全州1000余个团青组织2万余名团员青年为祖国70岁生日送上祝福。国庆之后，组织团干集体观看爱国主义电影《我和我的祖国》，集中学习习近平总书记在庆祝中华人民共和国成立70周年大会上的讲话原文并请专家作辅导报告，增强广大干部的政治定力和发展信心。

【基层团建】 完成2018年度团员统计工作和2019年发展团员调控工作，计划新发展团员6000名，进一步严格新团员的发展要求和录入要求，要求一个编号一个团员，发展一批，录入一批。同时，依托团统和发展团员调控工作推进“智慧团建”工作，完成团组织和团员团干信息录入，抓好2017—2019年新发展团员信息录入，2017—2018年的编号团员录入率100%。做好“学社衔接”和毕业生团员团组织关系转接工作，全州115个乡镇街道团委全部建立学社衔接临时团支部，做好毕业生团员组织关系转接，对团员线下组织关系转接作出要求，线上线下转接工作稳步开展。

2019年4月21日，团州委组织团员青年、少先队员开展“我和我的祖国”MV录制　　团州委　供图

【助力精准脱贫】 用好“中国传统村落”300万元专项建设经费，推进定点扶贫村花垣县芷耳村荷花塘周边景观改造、民居建筑改造、改厕筹备和文体、消防设施建设，增强村内非物质文化遗产保护。投入150万元，升级打造“美丽少数民族特色村寨”，建设三个核心景点的旅游石板路和观光亭，完善各项附属设施建设。向上级财政部门、州住建局争取彩票资金、便民服务中心建设资金和人居环境改善资金20万元，建设芷耳村全民健身中心，完善村部硬件，促进人居环境改善。向县农业农村局、发改局、文旅广新局等职能部门争取对接，建好村百亩茶园机耕道和乡村旅游安全附属设施。邀请专家学者，编制《芷耳村户外旅游可行性报告》。引导农民参与乡村旅游发展，组织村民赴凤凰等地学习培训，提高开发能力。以芷耳村经济联合社为带动，以80万元涉农资金为保障，采取涵盖所有贫困户、吸纳部分非贫困户的利益联结机制，发展村特色种植养殖业，建设芷耳村100亩农旅观光精品茶叶、60亩“湘小黑”花生种植、90亩“互联网+扶贫”西瓜香瓜种植、30亩稻花鱼养殖基地。以“户帮户亲帮亲互助脱贫奔小康”为主题，开展走访慰问贫困户、与村民共同采摘豇豆、东西部协作公益捐赠、公益微心愿等活动，温暖群众心窝，增进干群感情。与相关部门联合开展湘西州“青年扶贫奖章”评选活动，通过县市推荐，资格审核，组织考察，网络投票和专家评审等流程，最终评选出10名青年“青年扶贫奖章”和9名“青年扶贫奖章提名奖”，在广大青年中倡树扎根基层、为脱贫攻坚奋斗的正面导向。是年，团州委助力精准脱贫工作的实践经验被《学习强国》和《中国共青团》《三湘团讯》《湘西工作》等媒体报道推介。

【服务青年创新创业创优】 向州委争取青年创新创业扶持政策，与州委人才办联合制定《湘西自治州青年创新创业英才支持计划实施办法》，落实专项资金100万元，支持10个青年创业项目做大做强。帮助8个优秀创业项目申报湖南省青年创新创业扶持资金项目，落实帮扶资金59万元。在青年创新创业中，湘西州周泽君的创业项目“做一只有态度的虾”先后荣获湖南省青年创新创业大赛初创组三等奖、全国青年创新创业大赛铜奖。张祝君、石开获评全国优秀农村青年致富带头人；谭永峰等4人成功加入中国青年企业家协会、中国农村致富带头人协会。为加强工岗对接促就业，团州委于8月联合三部门在吉首举办“千校万岗”专场招聘会，组织30余家企业，面向我州离校未就业大中专院校毕业生、社会待业人员群体提供就业岗位1253个。

【服务青少年】 全年为湘西州希望工程筹资460余万元，实施中国青基会网络助学、爱心小鸟、芙蓉学子、茅台学子、湘窖等助学项目，资助困难青少年2182人，建成希望小学1所，希望工程图书室、舞蹈教室2个。开展“青春自护·平安春节”青少年自护教育、知路·爱路·护路”宣传教育月、“轻松备考12355与你同行”考前减压心理辅导、青少年禁毒预防宣传教育、“携手关爱，共护明天”主题日等直接服务青少年的主题活动，为青少年身心健康成长保驾护驾。开展湘西州“快递从业青年服务月”活动，形成调研报告，并通过人大代表、政协委员呼吁社会关注快递从业青年工作生活。结合实际抓好扫黑除恶专项斗争工作，推荐3个村（社区）为全国“青少年零犯罪零受害社区（村）”第二期试点单位。

【“青年文明号”“青年岗位能手”争创】 深化“青年文明号”“青年岗位能手”“青年安全生产示范岗”争创活动，引领广大青年集体和个人立足岗位创先争优。全州138个青年集体3000余名青年参与争创活动，湘西长行村镇银行荣获2017—2018年度全国青年文明号。

【新媒体运营管理】 加强对“两微一端”新媒体规范管理，坚持正确舆论导向。团州委官方微信平台共发布活动资讯、在线募捐、团青工作、青年心声等各类图文信息240余条，阅读总量超过60余万人次，点赞1万多次，留言互动1500余条。粉丝数从年初的4.1万名增长至年末的5.4万名，平台吸引力和影响力日益增强。

（田　成　颜小煌）

湘西州妇女联合会

【概　况】 2019年，全州有乡镇妇联组织115个，村（社区）妇联组织1817个，州直机关事业单位妇委会40个。州妇联获得1项省级先进，即“全省‘两癌’免费检查重点民生实事项目先进集体”，7项州级先进单位，即全州平安建设工作“优秀单位”“平安单位”、建设美丽湘西工作优秀单位、民族团结进步创建优秀单位、保留州级文明标兵单位、禁毒工作先进单位、安康保险工作先进单位、先进关工委等，获第一批全州民族团结进步创建示范单位，获州五个文明建设绩效考核优秀单位、成绩突出单位。

【关爱妇女儿童】 投入资金550万元，为全州3.9万名贫困妇女进行“两癌”免费检查；为168名农村低保“两癌”患病妇女发放两癌救助金179.6万元。联合保险公司，开展女性系列保险工作，全年参保妇女4.28万人，参保金额400万元。组织相关专家走进村（社区）、校园、企业，举办生殖健康知识讲座，提升“两癌”防治知识知晓率。为防止农村刚摆脱贫困的家庭因病返贫，联合中国人寿保险公司为全州3000多户贫困家庭妇女赠送湘女关爱保。联系爱心企业，为131名乳腺癌术后贫困妇女捐赠价值10.48万元的义乳及文胸。推动州政府下发《关于进一步加强保障困境儿童的通知》，通知对保障对象及救助资金作出了明确规定，并安排500万元专款用于救助困境儿童。开展“下基层、访妇情、办实事”“一进二访三联”“大手牵小手”“同在蓝天下·快乐共成长”等活动，11月14日，州妇联携手济南市妇联在保靖县踏梯村小学开展爱心助学捐赠活动，捐赠校服106套、图书675册、助学金5万元。全年各级妇联共组织走访慰问困难妇女儿童家庭10万户，发放慰问金200万元，送书包及文具用品2万套，少儿书箱10万册。实施“幸福花蕾”女童防性侵自保知识讲座100余场次，覆盖农村近万名女童，有效提高女童防侵害的能力。

【调处家庭纠纷】 2019年，全州8县市均成立婚姻家庭纠纷调解委员会和婚调中心，乡镇、社区全部建立妇女维权工作站，实现了妇女维权机构全覆盖。县市妇联设置专职调解员岗位，州县乡村四级成立婚调志愿者队伍。全年调解婚姻家庭纠纷案件160件次，调处成功率90%。开具告诫书24份，人身保护令8份。

【宣讲培训工作】 2019年，建立官方网站2个、官方微信公众号8个，建立执委工作群和姐妹联系群2020个。举办育婴师、家政服务、苗绣、手工编织等职业技能培训班1000余期，培养打造了“苗乡绣娘”“土家织娘”“女子嫁娘”等湘西本土创业“娘子军”，培训农村贫困妇女30余万人。开展“巾帼大宣讲”，先后组织党的十九大妇女代表、妇联执委及各级三八红旗手等优秀典型，深入机关、校园、农村、社区，采取群众喜闻乐见的方式，宣讲习近平新时代中国特色社会主义思想、党的十九大和十九届三中、四中全会精神及新中国成立70年来的变化。共宣讲144场次，近8万名妇女群众接受教育。其中，州妇联推荐的《巧手脱贫绽芳华，经典传承民族魂》被全国妇联“妇女之声”微信平台采用。全国三八红旗手标兵田金珍被邀请参加国庆70周年阅兵观礼。率先唱响《我和我的祖国》主旋律，先后发动1000个“妇女之家”联动唱响礼赞祖国、爱我中华主题歌。“三八”期间，州县乡村四级妇联组织开展“我和我的祖国”唱红歌、随手拍、乡村广场舞大赛等群众性文化活动。3月4日，州妇联在吉首人民广场，举办“倾情礼赞新中国·巾帼建功新湘西”庆祝新中国成立70周年唱红歌暨民族文化进机关土家摆手舞比赛，参加活动和观看直播群众达12万余人，极大激发出市民的爱国、爱家情怀。先后选派51人次参加全国、全省妇联主席“领头雁”、新媒体等培训班；举办全州妇联干部能力建设培训班，50余名基层妇联主席参加学习；召开“巾帼心向党·建功新湘西”优秀女性座谈会，全面提升妇联干部及妇联执委履职能力。联合人社等部门举办以“促进转移就业，助力脱贫攻坚”为主题的“春风行动”专项招聘会30场次。州外207家企业、州内463家企业参加招聘会，为3.045万人提供就业岗位，其中女性1.417万人。

【乡村振兴巾帼行动】 推动相关部门印发《关于做好巾帼扶贫车间认定的通知》《巾帼就业扶贫车间培训专项资金使用管理办法》，明确州内优秀文创企业发展带动城乡妇女实现稳定就业、增收脱贫扶持体系，为推动妇女巧手脱贫提供政策支持。依托龙山县“惹巴妹”手工织品公司和吉首市山谷居民公司，创办“巾帼就业扶贫车间”。至年末，全州创建“巾帼就业扶贫车间”51家，实现州内八县市全覆盖，车间累计培训农村妇女6000余人，其中建档立卡户2900人，带动1.5万人稳定就业，就业妇女月收入600—4000元，打开了“政府引导、企业带动、群众参与”的巾帼脱贫行动新局面，帮助农村贫困妇女实现了“小车间、大梦想”的目标。

【志愿服务活动】 发动城市巾帼志愿者参与“我为贫困家庭添一物”活动，先后为2万余户贫困家庭添置家电、家具及日常生活用品。发挥巾帼文明岗作用，开展“岗村联创”活动。全州8个省级巾帼文明岗和1个省级巾帼建功集体与9个贫困村签订“岗村联创”协议，在扶贫村建立科技示范基地，发展特色产业。“6·26”禁毒宣传日期间，配合禁毒部门建设爱心家园，组织爱心妈妈走进社区开展“禁毒宣传进社区，建平安美丽家园”活动。

【“美家美妇·最美农家”评选】 2019年，结合农村人居环境整治工作，州妇联率先启动全州“最美农家”创建活动，向全州广大妇女和家庭发出“乡村振兴·巾帼同行——最美农家”创建活动倡议书，围绕“庭院美”“生活富”“家风好”目标，制定让“高颜值”亮出来、让“钱袋子”鼓起来、让“好家风”育出来的“最美农家”示范评比标准。全年，各级妇联共推出“洁净家庭”“最美庭院”“最美农家”等典型3000多户。其中古丈县向清利家庭被评为全国最美家庭，永顺县秦长志等6户家庭被评为全省最美家庭。同时，与乡村云书平台联合开展“美家美妇最美村花”评选活动，让优秀农家妇女通过互联网宣传展示自己，在农村妇女中形成“学优秀、当先进”的浓厚氛围。

【“户帮户亲帮亲”主题活动】 2019年，开展“姐妹守望、邻里相助”妇联执委帮困行动。运用基层妇联改革成果，每个村（社区）妇联15名执委重点帮扶3—5户贫困户，根据重点帮扶户的困难，依据执委特长，组建相应互助组，开展捐资送物、劳动互助、庭院清洁、留守儿童及老人照料等帮扶工作。近3万名村（社区）妇联执委，结对帮扶1.0778万户贫困家庭，携手贫困家庭摆脱贫困。组织州内女企业家与贫困妇女开展“1+1携手脱贫奔小康”活动。湘西州女企业家协会会长罗军带领她的团队，长期携手20户贫困家庭，为贫困家庭孩子解决小学至高中的学杂费及生活费；协会执行会长麻群霞在保靖县官庄寨发生火灾后，援建房屋15栋，其中建档立卡户9户。全州女企业家先后携手1000余户建档立卡户脱贫奔小康。

【妇联组织改革】 2019年，建立执委联系基层制度。州妇联印发《湘西州妇联执委联系妇女群众制度》，建立“1+1+5”联系制度，要求每个常委、执委联系1个基层妇女组织，5名妇女群众。推动基层妇联干部和执委积极履职，开展“3+1”“1+N”帮扶行动，每个村（社区）妇联15名执委重点帮扶3—5户贫困户，开展捐资送物、劳动互助、庭院清洁、留守儿童及老人照料等帮扶工作。10月30日，组织执委到凤凰县竹山村、老洞村、泸溪县浦溪村、吉首市排兄村考察“最美农家”创建。州妇联执委共联系基层组织58个，联系妇女群众350名，组织开展基层活动41次，为妇女群众办好事、办实事20余件。开展基层妇联领头雁培训。10月21日至11月1日，在州委党校举办全州妇联干部能力建设培训班，50余名基层妇联主席参与培训。选派31人参加省妇联举办的基层妇联主席领头雁培训。

（向思翱）

湘西州归国华侨联合会

【概　况】 2019年，湘西州侨联拓展海外联谊领域，丰富经济文化交流活动，提升服务发展能力，团结侨商侨企，整合侨智侨力，引进侨才侨资，提升“创业中华·兴业湘西”等品牌，扩大侨联组织社会影响力。推进侨联改革，加强自身建设。年内接待侨胞162人次。接收华侨捐资项目1个，华侨爱心公益捐款488.5万元。“千侨帮千户”帮扶侨眷15户，资金32万元。

【助推经济发展】 邀请并四川华商考察团来湘西州开展商务项目考察，促成吉首市与海底捞集团就吉首火锅小镇项目洽谈对接。邀请美国德克萨斯州商业联盟主席沈中平到州考察现代农业、食品加工、绿色矿业、文化旅游、健康养生等重点招商产业项目。邀请德国新丝绸之路协会张滢、德国全德华侨华人联合会秘书长刘贵江一行赴湘西考察。继续推动澳门君天集团腊尔山蔬菜基地建设，为湘西果蔬直供港澳进一步打开市场。组织州侨商代表参加湖南省侨联侨商会换届大会，推介湘西州招商项目和十八洞猕猴桃，为湘西农产品代言。

【联络联谊】 落实中央有关外交工作“两个拓展”（拓展海外工作、拓展新侨工作）要求，丰富内涵，创新形式，加大湘西州参与国家“一带一路”战略深度。邀请中国侨联青年委员、老挝中国总商会副会长宋杰锋一行来花垣县，就花垣县与老挝沙湾拉吉省它邦通县缔结友好县工作进行前期对接。继续推进湘西州与俄罗斯谢斯得罗列茨克市建立友好城市关系工作，组织安排谢斯特罗列茨克市驻中国办事处主任赵斌与州政府代表举行会谈，在经贸、文化、旅游等方面进行深入交流。组织120余名海外华裔青少年“寻根之旅”夏令营走进湘西，发放湘西宣传光碟200余张，扩大湘西影响。邀请南京市联侨爱心示范中心主任练世霞到州开展“同走建国路，侨爱光明行”活动，慰问湘西州侨眷侨属。推荐州内5名优秀留学生代表当选湖南省侨联青年委员会委员，扩大交流平台。

【帮扶侨企侨眷】 组织全州侨联系统干部职工开展涉侨法律法规知识培训4次。借助“湘西侨联”微信公众号平台，发布有关维护侨益法律法规信息20期，加大涉侨法律法规在线上网络宣传。组织州侨心艺术团进社区进学校开展侨法宣传慰问演出。为侨企和侨界群众排忧解难11件。推动“千侨帮千户”工程，更新重点贫困归侨侨眷数据库，争取省侨联扶侨帮困资金8万元，帮扶5名重点贫困侨眷解决住房、医疗困难。实施侨务重点项目，加强吉首市侨胞之家阵地建设，为龙山归侨侨眷、涉侨企业开展创新创业知识讲座，为保靖贫困归侨侨眷进行就业技能培训。

【参政议政】 借助“两会”平台，邀请侨界人大代表政协委员回“娘家”，共商“两会”建议提案5件，其中《我州茶叶产业深度开发的建议》《呼吁重视和支持我州中小学课后服务工作》建议在州政协十二届三次会上作协商发言，并得到州主要领导的签批。在《侨情专报》发稿16篇，数量位居全省各市州第一，其中在中国侨联《侨情专报》发稿5篇，湖南侨联《侨情专报》发稿11篇。

【促进文化交流交融】 开展庆祝新中国成立70周年世界华人华侨摄影展作品征集活动。协助中国音乐家协会赴花垣开展送欢乐下基层暨向人民汇报演出活动。协助举办湘西州“倾情礼赞新中国 · 巾帼建功新湘西”庆祝新中国成立70周年唱红歌、“最美农家”创建活动启动仪式暨民族文化进机关土家摆手舞比赛。对接联系侨领谭吴保仁女士，为凤凰文昌阁小学捐资190万元，建成谭德森纪念图书馆。协助加拿大孔子学院李小琴在蒙特利尔孔子学校举行中国美食节活动。

【助力决胜脱贫攻坚】 联办“携爱蓝天下 · 温暖你我他”2019公益慈善春节联欢晚会。联合州残联、州贸促会举办“扶残助残 · 大爱无声”2019年关爱残疾人活动。组织州侨心艺术团赴吉首、花垣、泸溪、永顺等县市开展关心下一代、禁毒教育、关爱留守儿童、关心残疾弱势群体慰问演出活动6次。组织全体干部职工下扶贫村雷公村、桃花村、补毫村，开展“户帮户亲帮亲 · 互助脱贫奔小康”活动。开展“侨爱心”送医疗送文化送温暖进扶贫村活动。开展“侨爱心光明行”活动，为全州2487名贫困胬肉和白内障患者实施免费复明手术。

（佘彬铭）

文学艺术联合会

【概　况】 2019年，湘西州文学艺术联合会组织文艺工作者开展“到人民中去”文艺志愿服务主题实践活动。全年开展文艺活动100多次，创作、演出、播出戏剧曲艺、影视作品80余件，创作歌曲50余首。在省级以上报章杂志和展览活动中，发表小说、诗歌、散文、报告文学及评论文章1000多篇，入选、展出书法、美术、工艺美术及摄影作品200余件，出版文集20余部。获省级以上奖励10余次，吉首市文联、花垣县文联被湖南省文联评为2018年度全省文联系统先进县市区文联，肖五洋被评为先进个人。

【文艺创作】 全州文学艺术创作精品主要有：田耳获茅盾文学新人奖，其中篇小说《开屏术》上《收获》杂志文学排行榜榜首，中篇小说《一天》获第三届《钟山》文学奖中短篇小说奖,《黑潭大峡谷》获广西文学优秀作品奖；田瑛《生还》获“中国土家族文学奖”、《小说选刊》中篇小说奖；苏明刚长篇纪实文学《血刃——红二、六军团湘鄂川黔纪实》，向远作词、张君林作曲的歌曲《神秘湘西》，舞剧《马桑树下》获湖南省“五个一工程奖”；梁书正获“红高粱诗歌奖”提名奖和中国·张家界国际诗歌节二等奖；蔡测海长篇小说《地方》、刘年诗集《楚歌》出版；何小平文学评论集《当代湘西少数民族历史题材的逸闻主义书写研究》入选中国作协2019年度少数民族文学重点作品扶持篇目，向升长篇小说《边土》、谢慧报告文学集《古丈守艺人》入选省作协2019年度重点扶持作品。举办“大地传奇”全国征文大赛并编辑获奖作品集；龙宁英长篇小说《南瓜船》、吴国恩长篇小说《巴茝坡记事》入选省作协“梦圆2020”文学征文选题；苗剧《相亲》、三棒鼓《我们脱贫了》、苗傩鼓词《三接岳母》参加第七届全国少数民族曲艺展演；田斌、陈建平、杨云磊的书法作品入选第十二届国展；李永生《春茶鼓》入选2019年中宣部第七批“中国梦”主题新创作歌曲选；李德华陶艺《春到苗寨》、夏令兵中国画《峥嵘岁月——不老女兵》、蒋万杰油画《在路上——复兴》3件作品入选全国美展；向钊邦国画作品《故园清梦》《苗乡巴代雄》《家山清梦》入选“新意象新时代”全国中国画作品展；彭方山油画作品《晚宴》《标间》《空间叙事·窗》等多次入选中国美术家协会举办的全国性大型作品展；组织参加第54届全国工艺品博览会，叶水云织锦《盘盘八勾》获金奖，熊智蜡染《雕花老人》、宋晓燕织锦服装《锦韵霓裳》、徐克双竹编《铜钱花果鼎》获银奖，向云芳扎染《富贵平安》、候中海根雕《福》、刘代英织锦《椅子花》获铜奖；组织参加“第二十届中国工艺美术大师暨手工艺术精品展”，叶丽萍织锦桌须《梭罗树》、候忠海根雕《花开富贵》获“百花杯”中国工艺美术精品奖优秀奖。

【展览活动】 围绕中华人民共和国成立70周年主题，举办“礼赞新中国、放歌新湘西”、“翰墨丹青绘湘西”、庆祝人民政协成立70周年等全州书法美术摄影展览活动20场次，展出作品1000余件，展示70年湘西社会发展的巨大变化，观众1万多人。举办“风清骨峻——全国书法名家作品湘西展”。

【主题实践活动】 组织文艺工作者开展“到人民中去”文艺志愿服务主题实践活动。元旦、春节期间，组织州作协、州美协、州书协、州评论家协会等文艺工作者80余人到吉首、泸溪、花垣、保靖等县市开展送楹联、送书画、送文化、送温暖活动，赠送书刊200册，书写春联、书法作品4000幅，惠及群众2万余人。州书法家协会被中国书法家协会授予“送万福进万家”先进集体称号。

【联谊交流】 4月，接待湖南师范大学博士生导师凌宇、作家蔡测海等一行到龙山里耶等地采风创作。5月，接待山东省济南市文联文艺家一行到湘西写生创作，湖南省青年美术家协会走进吉首采风写生，全国知名版画家文艺扶贫采风创作等活动；接待湖南省文联谭仲池、欧阳斌、夏义生、邓清柯、唐贵平等到湘西调研。7月，接待中国文联、中国作协主席铁凝等到凤凰、吉首、花垣、泸溪县市调研。10月，配合湖南省文联在花垣县举办全省基层文联负责人专题培训班及在十八洞村采风创作。

【铁凝到湘西州调研少数民族文学发展状况】 7月19—22日，中国文联主席、中国作协主席铁凝、湖南省文联主席欧阳斌等一行到湘西州开展中国少数民族文学发展情况调研。州文联召开全州文艺家座谈会，举办庆祝中国文联、中国作协成立70周年湘西书画工艺美术暨文学作品展。铁凝传达习近平总书记给中国文联、中国作协成立70周年大会的贺信和会议精神，与大家进行交流互动，回答有关提问，参观州文联大楼及展览活动，对湘西州文艺事业繁荣发展给予高度评价，对州委、州政府重视文艺工作经验做法给予肯定。

7月，中国文联主席铁凝（左四，女）等一行到湘西州开展中国少数民族文学发展状况调研，参观“庆祝中国文联中国作协成立70周年湘西书画工艺美术作品展”

州文联　供图

【县市文联工作】 各县市文联根据上级部署要求，结合各地实际开展工作。吉首市文联组织文艺轻骑兵开展“到人民中去”文艺惠民活动，给村民义务创作书画作品180件，送春联3000余幅；5月，市文联与湖南省青年美术家协会在长沙联合承办“武陵追梦”——湖南青年艺术家走进吉首采风写生创作作品展，展出39位省内青年艺术家作品100余件。泸溪县文联组织2019“我们的中国梦”文化进万家暨文化、科技、卫生“三下乡”活动，为群众赠送书籍、书写春联1000余幅（册）；文联副主席姚传山参加湖南省文化厅等组织的新疆行“春雨工程”，在新疆乌鲁木齐博物馆举办书画展览、书画笔会等文化交流活动。凤凰县文联成立中国文联文艺志愿服务中心凤凰县志愿服务队，举办“乡村振兴中的100张笑脸”摄影作品展；举办“海峡两岸诗歌见面交流会”，台湾著名诗人郑愁予等现场指导。古丈县文联在扶贫村举行书法美术作品展，组织文艺慰问演出；古丈一中“诗教先进单位”挂牌。花垣县文联协助湖南省音协等举办“礼赞新中国共圆小康梦”——庆祝中华人民共和国成立70周年湖南省音乐家协会第五届“潇湘好歌”词曲作家采风创作活动；承办由中国音乐家协会、湖南省文学艺术界联合会主办的“向人民汇报”——中国音协金钟之星艺术团送欢乐下基层慰问演出活动，演出2场，观众万余人。邀请中国摄影家协会副主席、中国文艺志愿者协会副主席居扬和新疆日报首席记者刘枫举办“摄影与写作扶贫公益讲座”。保靖县文联组织湘西百名文艺名家走进花井村开展文化扶贫慰问活动；举办2019年保靖黄金茶茶艺大赛，打造保靖黄金茶品牌。永顺县文联举办首届武陵山区山歌擂台赛、舍巴日系列展演活动。龙山县文联开展2019“秦简故里 · 湘西里耶”摄影大赛采风文艺联欢活动；湘西三棒鼓《迎春接福》参加湖南与台湾2019“欢乐春节，湘曲艺韵”两岸文化交流活动演出。

（罗应奉）

湘西州工商业联合会

【概　况】 2019年，湘西州工商业联合会有会员9761个，其中企业会员1460个，团体会员224个，个人会员8077个。州工商联荣获全省市州工商联绩效评估优秀单位、全州绩效考核优秀单位、州级文明标兵单位、全州平安建设优秀单位、全州民族团结进步创建先进单位、全州招商引资三等奖。

【教育引导】 组织72名民营企业家赴上海复旦大学开展“不忘初心、牢记使命”主题教育暨创新发展培训，参观中共一大会址，录制《我和我的祖国》快闪视频在“学习强国”平台展播。组织14个直属商协会、会员企业党组织赴吉首烈士公园、韶山、塔卧、十八洞村等地开展“传承红色基因，践行初心使命”等活动。

【参政议政】 州工商联主席石红在2019年全国“两会”期间，作为全省唯一代表参加全国政协十三届二次会议第三场记者会，回答国内外记者提问，推介湘西州民营企业、商协会助力脱贫攻坚的感人事迹。开展简政减税降费政策效果、民营企业融资难、优化发展环境等专题调研。工商联界别向州政协十二届三次会提交大会发言材料6篇、团体提案6篇，入选大会《情况反映》3件，得到州委书记叶红专和州长龙晓华批示。《关于降低湘西州中小企业融资成本的建议》被列为重点提案。

【优化服务】 联合州人行、州银保监分局等开展“百名行长联千企”活动，215名行长对接服务1075家民营和小微企业。开展银企对接100余次，为会员企业争取授信近200亿元。开展法律“三进”活动，与检察院共同召开护航民企发展座谈会，80余名民营企业家代表与检察官面对面交流。组织异地商协会会长和民营企业家参加第九届（全球）湘商大会，促成2亿元项目签约。组织15家企业赴山东参加“汇聚鲁商力量助推湘西脱贫”食品产业推荐会，促成2.1亿元消费扶贫签约。太丰集团获评第三届湖南省民营企业100强，丰达合金、德农牧业等8家民营企业入选省小巨人企业。

【精准扶贫】 共引导2000余家企业参与“千企联村”行动，进入“万企帮万村”台账480家，结对帮扶790个贫困村，投入资金4.5亿元，帮扶贫困人口3万余人。承办省工商联所属商协会“户帮户亲帮亲、互助脱贫奔小康”湘西行活动，6家商协会与52个贫困村签订村会结对帮扶协议；结对帮扶150名贫困师生，现场发放教育帮扶资金6.4万元，捐赠300万元教育器材；10家商协会与湘西州签订消费扶贫协议。193家州内外商协会、企业为保靖县官庄火灾受灾群众捐助爱心款311万元。开展全州“千企联村”示范单位、爱心企业家评选表彰活动。推进东西部工商联扶贫协作，济南市13家企业在湘西州注册落地。

州工商联组织开展“户帮户亲帮亲——湘西州非公经济人士在行动”，捐助保靖官庄火灾重建

州工商联　供图

（杨兴林）

红十字会

【概　况】 2019年，湘西州红十字会秉承“人道、博爱、奉献”的红十字精神，围绕党的建设、脱贫攻坚、三救三献、志愿服务与对外联络、公信力建设等几个方面统筹推进各项工作，充分发挥党和政府在人道领域联系群众的桥梁纽带作用，努力打造枢纽型红十字组织，促进湘西州红十字事业健康发展，2019年平安建设一类，机关文明创建“州级文明单位”保牌，民族团结进步先进单位。

【脱贫攻坚】 州红十字会围绕脱贫攻坚大局，引导全系统广泛动员人道资源向脱贫攻坚汇聚。对接山东省济南市红十字会系统，收到济南市红十字会系统扶贫款物733.9多万元。实施贫困村村部建设、安全饮水、文化广场、户间道、机耕道、村道、太阳能路灯等基础设施建设项目30个，筹资600多万元，惠及12个贫困村。推进茶叶、烤烟、猕猴桃、稻田养鱼、湘西黑猪、黄牛、山羊、冬桃、高山生态有机蔬菜、苗族传统银饰等扶贫产业28个近400万元，惠及贫困户8000余人。巩固中华慈善总会·首彩基金、广州合生元公司等27家社会团体及爱心人士参与脱贫攻坚，捐赠款物578万元；9月，在吉首市、凤凰县免费筛查0—14周岁少儿先天性心脏病13.8万人，确诊47人，免费治疗47人；救助白血病儿童25人，资助医疗费77万元；大病救助61人，资助医疗费30.5万元；募集发放助学款72万元。全系统结对帮扶贫困村12个，利用博爱送万家活动、“5·8”世界红十字日、“两节”等重大节日节点筹集款物86万元，用于扶贫村人道救助。

【“三救、三献”工作】 全年全州红十字会系统组织救灾活动20余次，募集救灾款物50多万元，救助灾民1000多人。进实施项目5类17个，资金1000余万元，其中实施“博爱家园”项目4个，建设校医务室7所、黄房子1所、救护站3个、避难所12所。弘扬人道精神，践行救助职责，开展助孤、助困、助学、助残、助医及关爱艾滋病患者、麻风病患者等工作，通过项目发放救助款物10多万元、救助群众100多人次。开展应急救护培训“五进”活动，全年培训师资7名，普及培训3万多人次，救护员培训637人。生命关爱引领社会风尚，参与推动无偿献血15121人，献血量516万毫升，造血干细胞血样采集入库452人，成功捐献2人，人体器官捐献登记报86名，成功捐献4例。赈济、事业发展、应急救护培训、造血干细胞捐献等业务均位列全省前列。

【志愿服务与联络】 全州红十字会系统新成立红十字志愿服务队17支、红十字应急救援队伍6支，志愿者2511人，注册志愿者606人，围绕红十字知识传播、脱贫攻坚等主要工作开展志愿服务活动500多次。拓展联络渠道，新引玉米基金、广州合生元公司、拓维信息公司等8家爱心组织，引导社会资金向红十字人道救助汇聚。

【公信力建设】 州红十字会坚持文化引领，推动新时代红十字文化传播，打造红十字文化魅力和时代风采。创新宣传载体，利用州县市电视台、政府网站、团结报、湘西红网等传统媒体，刊登新闻报道30多条。结合“5·8”世界红十字日、世界急救日、“道德模范”评选、“我是红十字人”宣誓活动、“博爱送万家”活动等节日节点开展宣传活动103场次，传播红十字文化。完善红十字会内部治理结构，落实“三重一大”制度，修订完善财务、备灾救灾物品采购发放等制度，织密扎紧制度笼子。加大信息公开力度，及时公开捐赠款物接受与使用情况、项目实施、部门预算等相关信息60多条，让群众查得到、看得懂、能监督。

（胡吉清）

法　治

政法委及综治

【概　况】 2019年，全州政法机关围绕改革发展稳定大局，以为新中国成立70周年创造安全稳定环境为主线，强化防风险、扫黑恶、保安全、护稳定、迎大庆、促发展各项措施，扎实推进高效能治理，有力确保了全州社会环境持续稳定，服务环境不断优化，法治环境明显改善。是年，全州公众安全感民意调查得分超过省平均，古丈县、保靖县、湘西经开区三县区实现年度“零命案”，泸溪县、古丈县、龙山县获评全省综治工作先进县，省平安县由2个增加为3个，泸溪县获评全国和省“信访三无县”，湘西州获评湖南省“七五”普法中期先进城市。

【提升政法工作理念】 深入学习习近平新时代中国特色社会主义思想特别是关于政法工作重要论述，深入贯彻《中国共产党政法工作条例》。坚持党对政法工作的绝对领导，落实请示报告制度，向州委常委会汇报政法信访及扫黑除恶工作9次。坚持以人民为中心的发展思想，针对群众关心关切的公共安全、权益保障、公平正义等方面难题，集中时间力量，化解了一批矛盾、消除了一批隐患、惩治了一批坏人。坚持依法治国基本方略，坚持运用法治思维法治方式深化改革、推动发展、化解矛盾、维护稳定。

【维护国家政治安全】 全面贯彻总体国家安全观，深入开展反渗透、反恐怖、反邪教、反间谍专项斗争，加强专案侦办和政治重点人管控。国家安全机关经营一批重点专案（项），推动将国家安全教育课程纳入州委党校主体班，与组织部门建立州管干部因私出国（境）书面征求意见机制。

【化解社会矛盾纠纷】 成立湘西州迎接70周年国庆安全稳定工作专班，开展“百案百天”重点问题化解攻坚和矛盾纠纷“大排查大调解、保稳定迎国庆”专项调解活动，完善情报信息协作共享机制。州县两级领导接访560批3480人次。排查调处各类矛盾纠纷15750件，调解成功15435件。搜集掌握各类情报信息1664条，及时化解群体性事件苗头39起。全州市信访总量、群众走访总量、进京非访登记人数同比分别下降20.54%、19.58%、53.1%。圆满实现“五个不发生、三个确保”目标，确保了多个重要节点和全年的安全稳定。

【扫黑除恶专项斗争】 全部完成中央督导反馈的9个方面23个具体问题整改，率先办结中央督导交办和全国举报平台移送线索问题，中央“回头看”督导反馈问题整改取得阶段性成效。深入开展扫黑除恶“雷霆行动”“一非二网三贷”“两打两整两清零”“三区三贷三霸”和整治“对黄赌毒和黑恶势力听之任之、失职失责甚至包庇纵容、充当‘保护伞’的问题”等专项打击整治行动。加强政法机关与纪检监察机关衔接配合、公安纪检联合办案、"一案三查"等工作机制，组织部门大力加强基层组织建设。全年侦办涉黑案件8起，打掉恶势力犯罪团伙56个，破获各类刑事案件431起；冻结扣押非法资产9.03亿元；起诉涉黑涉恶案件75件435人；一审判决涉黑涉恶及"保护伞"案件57件320人，二审判决30件211人；受理涉黑涉恶腐败、充当"保护伞"等问题线索721件，立案审查调查94人，查处"保护伞"48人，移送司法机关25人；排查整顿软弱涣散基层党组织127个，查处涉黑涉恶村干部5人。深入推进12个重点行业整治，挂牌整治重点地区9个、重点场所12处。

【政法领域改革】 完成州县市党委政法委和综治、维稳、反邪教工作机构整合及人员融合。州县市重新组建司法局，成立全面依法治州（县市）委员会办公室。8个基层法院内设机构改革全部完成，内设机构精简37.9%。落实州委2019年全面深化改革工作要点任务。落实司法责任制，全州法院院庭长带头办理案件20269件，结案19812件，结案数同比上升30.13%。优化审判团队人员配置，试行"大轮案"机制。推行一审行政诉讼案件分片集中管辖，审结行政案件539件。检察机关开展第二批员额检察官遴选，推进落实认罪认罚从宽制度。公安机关执法勤务警员、警务技术等两个职务序列改革全面完成。

【依法治州建设】 召开州委全面依法治州委员会第一次会议，建立相关工作机制、细则。起草地方性法规草案2部，启动单行条例打捆修改立法工作。推进执法公示、执法全过程记录、重大执法决定法制审核"三项制度"建设。推进"切实解决执行难"，执结案件9167件。公安机关立刑事案件5722件；法院受理刑事案件2614件，审结2402件；检察机关审查批准逮捕2033件2273人，审查起诉1418件3103人。

【优化经济发展环境】 依法打击、严厉惩处涉扶贫领域违法犯罪行为，妥善化解涉扶贫纠纷案件138件，对48名建档立卡户减免诉讼费，依法办理贪污扶贫资金案件7件7人。到期办结涉扶贫领域信访问题127件。开展重点工程、重点企业治安环境整治，立"两重"案件104起，打击处理47人。开展检察机关"服务企业发展五项公开承诺"行动，办理侵害企业合法权益刑事案件7件、涉企产权案件31件。推进生态环境和资源保护公益诉讼，受理案件342件，发出诉前检察建议276件。开展环境资源案件专项集中审判执行"春雷行动"，审结涉环境资源案件143件。

【深化"放管服"改革】 推进公安部20项交通管理措施落实，全州95个办理户口的派出所91%实现身份证办理，受理法律援助案件2145件、司法鉴定4020件、公证6010件。发放司法救助资金559.8万元。

【执法司法规范化建设】 全州法院开展"审判质量、效率和公信力提升年"活动。检察机关监督纠正侦查活动、审判活动112件次。加强党委政法委执法监督，对53件涉黑涉恶案件开展专项评查，对30件涉法涉诉信访积案逐案督办化解。

【创新社会治理】 吉首市、泸溪县"政法网"和政法跨部门大数据办案平台试点建设有序推进，实现网络联通。推进网格化与"党建引领、互助五兴""五进小区"深度融合，完善"网格全覆盖、诉求快响应、服务零距离"工作格局。完善立体化、智能化社会治安防控体系，配备"一村一辅警"1887名、"城市快警"284名，公共部位新增高清摄像头2210个，现行命案下降37.5%，道路交通事故及死、伤人数和财产损失分别下降33.4%、15.91%、41.29%、18.61%。

（白　成）

公　安

【概　况】 2019年，全州公安机关对标践行"对党忠诚、服务人民、执法公正、纪律严明”总要求，坚决贯彻“五大硬仗”“五项保障”“四个大抓”决策部署，深入开展“不忘初心、牢记使命”主题教育，从严从实深化“集中打击、基础强化、队伍建设”“三年活动”，实现稳中有进和高质量发展。全州社会治安持续平稳向好，人民群众满意度由2018年的90.36分提升至2019年的92.05分，高于91.66分的全省平均水平；与2018年相比，2019年全州治安案件下降3.7%，命案下降37.5%，道路交通事故下降33.4%；危害国家政治安全的重大敏感事件、重大暴恐袭击案件、影响恶劣的个人极端暴力犯罪案件、重特大公共安全事故等五项全部零发生。全州公安工作持续稳中求进，平安建设、信访工作、安全生产四项连续两年全州先进，民调、绩效评估、70周年大庆安保维稳、扫黑除恶专项斗争等工作走在全省前列。

【安保维稳】 贯彻总体国家安全观，树立维稳首位意识，以70周年大庆安保维稳为主线，坚决打赢政治安全、风险化解、严打犯罪、公共安全、社会防控“五大攻坚战”，对标落实保稳定、护安全、控风险、守底线、补短板各项举措，实现“五个坚决防止”目标。做实风险管控，“两会”、“一带一路”高峰论坛等30个重要敏感节点平稳度过。完成各类警保卫任务18次，确保绝对安全、万无一失。做实专案侦办，强化部、省督专案侦办，挂牌督办一批州督专案。做实反恐处突。开展严打暴恐专项行动，实现涉恐案件“零发生”。

【信访工作】 协助相关部门开展非访整治，全面规范信访秩序，进京访总量同比下降12%，非访量同比下降53%。

【打击犯罪】 推进扫黑除恶专项斗争，打掉“4·17”“6·22”等涉黑组织8个、涉恶团伙55个，破获刑事案件417起，刑拘649人，查处移交涉黑恶公职人员线索158条，扣押涉案资产9.02亿元，办结涉黑团伙案件、涉恶犯罪集团

州公安局组织在古丈县召开“5·30”专案退赃大会

州公安局　供图

案件人案比均位居全省前列。57起中央督导组反馈问题整改及交办线索核查任务全面完成，办结率100%、全省排名第一。推进“集打斗争”，全州共立刑事案件5722起，破案2496起，破案率43.62%，刑拘2609人，逮捕2166人，移送起诉3443人。查处治安案件10243起，打击处理7860人。推进命案积案攻坚行动，破获重大命案积案11起，抓获命案逃犯12人，协助外地公安机关抓获逃犯8人，破获命案积案追逃排全省第二。全州发现行命案15起，破案14起，破案率93.33%，发案同比下降37.5%。开展打击涉众型经济犯罪专项行动，全州受理经济犯罪案件186起，破65起，抓获犯罪嫌疑人157人，成功侦办路桥公司被骗保证金案等大要案件20起，挽回资金7.1亿元。

【平安建设】 靶向加强社会整体防控，完善“大巡防大管控大整治”机制，增强了防风险、保安全、护稳定能力水平。加快城市快警建设，全州9个县市区全部完成城市快警建设并实体化运行，城区、农村刑事及治安案件发案下降9%。推进风险隐患“清零”行动，开展对重点部位地毯式、拉网式检查排查，风险隐患存量降低。4次组织开展全州集中清查行动，强力高压震慑。开展顽瘴痼疾整治，一些长期以来的顽障痼疾得到彻底纠治。靶向防范公共安全风险，加强枪支弹药、危爆物品全程监管，办理涉枪爆案件171起，

民警在放学时段组织护学岗守护学生平安

州公安局　供图

缴枪351支，打击处理286人，销枪402支，全省排名第三名。推进新一轮禁毒人民战争，查处吸毒人员2135人，移送毒品犯罪嫌疑人288人，强制戒毒663人，破获部督、省督目标案件2起，缴获毒品5公斤，毒情快速蔓延势头得到有力遏制。开展“除隐患、防事故、保大庆”交通安全整治，道路交通事故起数、死亡人数、受伤人数、直接经济损失“四项指数”同比下降33.4%、15.91%、41.29%、18.61%。推进监所安全“铁桶工程”建设，全州监所连续7年实现零事故、零违纪。强化校园及周边环境综合治理，联合州教体局出台《全州中小学校、幼儿园安防“三项”建设工作实施意见》，校园及周边治安环境持续向好。

【基层基础建设】 推进“派出所建设三年行动计划”，完成6个派出所建设，“一人派出所”实现“清零”。开展“枫桥式公安派出所”创建活动，泸溪白沙、保靖迁陵派出所被评为首批省级“枫桥式公安派出所”。推进“一村一辅警”工作，全州1567个行政村和248个社区实现辅警全覆盖，协助破案1360余起，调解矛盾纠纷4100余起。加快“五大中心”及“三合一”作战平台建设，350兆数字集群通信系统、“道安云”平台等基础性项目全面建成投入使用，新建并接入视频监控摄像头500个，总数到14940个，城区公共区域及乡村主要道路路口视频监控实现全覆盖。加强刑事技术手段建设，8个县市刑事技术室全部通过资质认定现场评审。加快监管场所建设，5个监管场所建成投入使用。深化智能应用，全州归集数据24类1000余万条，新增“三实”信息22.8万条，采集率、及时率、准确率达到95%。强化境外人员管理，录入住宿登记信息8.2万条，及时率和准确率居全省前列。聚焦扫黑除恶专项斗争，出台《湘西州公安机关办理组织、领导、参加黑社会性质组织案件和恶势力犯罪案件的指导意见》，为全州公安办理涉黑涉恶案件提供法律指引。多次会同检察、法院等单位开展案件梳理、执法研究，组织州县市法制民警开展执法交叉检查和业务培训，成立法制工作专班，审阅卷宗500余卷，发现问题线索200余条，出具意见80余份，中央督导组交办线索办结率全省排第一。创新执法监督方式和手段，下发工作指令7348条，整改预警问题3720个，最大限度防范、纠正执法乱作为、不作为、不规范等问题。

【联合执法】 打好防范化解重大风险、精准脱贫、污染防治三大攻坚战，开展打击非法集资、网络传销等专项行动，金融领域摸排涉稳风险主体71个，化解风险24个，受理涉众型经济犯罪案件13起，抓获犯罪嫌疑人22人。打击扶贫领域违法犯罪力度，查处问题线索1126条，立案289件，追缴退还资金2100万元。建立打击食品、药品、环境、烟草与农资领域违法犯罪执法工作机制，常态开展联合执法，侦办、受理食药环案件54起，打击处理134人，破获省督案件2起，食药环部门移交案件查处率100%。开展重大活动、重点项目、重点工程、重点企业营商环境专项整治，实施项目警官制，立案104起，打击处理47人。聚焦全域旅游，做实旅游警务，侦办旅游案件133起，化解纠纷1150起。推进“放管服”改革，下放、取消行政许可事项34项，厘清责任事项36项，清理中介服务事项4项；完成119项涉及公安业务的国家级省级政务服务事项目录实施清单填报发布，清理证明材料438份；

推进湖南公安服务平台推广应用，注册数达到全州实有人口数的12%；对369项公安服务事项“打包上网”，77项业务可全程网办，292项逐步实现“最多跑一次”。将身份证业务向派出所延伸，全州95个办理户口的派出所中有86个实现身份证业务办理。

（黄 锋）

【刑事侦查】 全州刑侦部门持续保持对黑、恶、枪、盗、骗等突出刑事犯罪严打高压态势，全年立刑事案件5722起，破2496起，破案率43.62%，刑拘2609人，逮捕2166人，移送起诉3443人。

聚集扫黑除恶“治根”目标，围绕中央专项督导，突出线索核查和专案侦办，打掉“4·17”“6·22”等涉黑组织8个、涉恶团伙55个，破获刑事案件417起，刑拘649人，查处移交涉黑恶公职人员线索158条，扣押涉案资产9.02亿元，办结涉黑团伙案件、涉恶犯罪集团案件人案比均位居全省前列。57起中央督导组反馈问题整改及交办线索核查任务全面完成，办结率100%，全省排名第一。

将现行命案和“八大类恶性案件”作为侦查破案重点目标，持续保持严打高压态势。全州立“八类案件”177起，破147起，破案率83.05%，同比提高0.17%。其中，全年发现命案15起，发案同比下降37.5%，破案14起，破案率93.33%，仅龙山县“5·16”杀人抛尸案未破。

将命案积案攻坚作为扫黑除恶延伸打击的主要目标，组织精干警力集中攻坚，成立由副州长、公安局长王学武任组长的命案积案攻坚领导小组，各县市公安局负责人对本地命案积案负总责，逐案成立专案班子，采取领导包案、挂牌督办等措施，强化攻坚力度，侦破龙山县“1992.9.6”故意杀人案等11起重大命案积案。

发挥公安干警打击多发性侵财犯罪主力军作用，将盗抢骗等群众反映强烈的民生案件作为打击重点，聚集优势手段、技术、情报等警务资源，实行规模打击，全年立盗抢骗案件3997起，破案738起，刑拘573人，逮捕402人，有效遏制了多发性侵财犯罪高发态势。

开展“云剑”追逃专项行动，建立“一日一通报、一周一讲评”制度，对各县市“追逃行动”战果及时通报，全州共抓获逃犯274人，抓存比达到74.39%，超出行动预定目标34.39%。抓获命案逃犯12人，协助外地公安机关抓获逃犯8人，命案积案追逃排全省第二，消除一大批社会治安隐患，化解一大批疑难信访案件。

（贾绍波）

【治安管理】 2019年，全州治安部门坚持以问题为导向，以中华人民共和国成立70周年大庆安保维稳工作为抓手，扎实推进各项重点工作，较好地完成了全年工作任务。

完成各项警卫（保卫）任务18次及“吉首鼓文化节”等大型群众性活动保卫任务17次。

推进旅馆业实名登记，全州公安机关共办理旅馆业案件218起，处罚230余人。落实机修业实名登记，安装机修业和汽车租赁管理系统330家，查处机修业不如实登记案32家，处罚32人。开展扫黄禁赌，查获涉黄刑事案件24起，打击处理138人，刑事拘留72人；查获涉黄行政案件187起，打击处理363人；查获涉赌刑事案件56起，打击处理366人，其中刑事拘留153人；查获涉赌行政案件239起，打击处理1273人。优化重点工程、重点企业治安环境和施工环境，立涉“两重”刑事案件14起，刑事拘留14人；查处“两重”治安案件10起，行政拘留28人；排查涉“两重”矛盾纠纷71起，调处71起，调处率100%。

严抓校园安全防范，与州教体局联合下发《全州2019年中小学幼儿园“护校安园”专项工作方案》《2019年全州中小学校幼儿园安防三项建设实施意见》等文件。出动警力1万余人次，摸排安全隐患3800余次，发放宣传资料2万余份，集中整改安全隐患190处，下发限期整改通知书8份。督促县市开展打击医闹维护医疗机构治安秩序专项行动，全州无医闹案事件发生。做好寄递物流业治安防范，落实收寄验视、实名收寄、过机安检“三个100%”制度，检查寄递、物流企业256家次，排查从业人员400余人次，下发整改通知书22份。抓好石油石化系统治安防范，推进散装汽油购销实名制及成品油市场“自流黑”集中整治专项行动，开展“三电一铁”工作，发现隐患102处。开展公交车安全预防控制体系建设，强化银行业金融机构治安管理，完成2019年空军招飞和征兵政审工作。

组织开展“缉枪治爆”“危爆物品专项整治”等系列专项行动，全州全年使用炸药1.4万吨、雷管550万发、索类250万米，未发生危爆物品安全管理重大案件或事故。集中开展缉枪治爆大清查，收缴非法枪支弹药、爆炸物品，检查涉爆单位、场所723家（处），组织“三员”培训2000余人次，张贴收缴和打击非法枪爆物品通告3150份，立涉枪涉爆刑事案件119起，刑事拘留95人，起诉108人，追缴枪支139支；受理涉枪治安案件52起，行政处罚31人，追缴枪支49支，销毁枪支402支、管制刀具268把。

打击食药环犯罪，侦破食药环案件31起，移送起诉109人；办理食药环行政案件23起，其中省督案件2起，行政拘留25人；食药环部门移交案件查处率100%。打击黄赌违法犯罪，完成省督案件3起。

加强“一村一辅警”和警务工作服务站建设，全州1567个行政村和248个社区全面完成“一村一辅警”和村警务室建设任务。加强城市快警建设，9个县市（区）城市快警点全部建设完成并实体化投入运行。加强派出所建设，泸溪白沙、保靖迁陵派出所被评为首批省级“枫桥式公安派出所”。

（杨远宏）

【禁毒缉毒】 2019年，全州禁毒部门认真贯彻落实公安部“两打两控”和省厅“净边”专项行动工作要求，突出预防教育创新、禁毒执法攻坚、夯实基层基础三个重点，完善禁毒工作体制机制，禁毒工作取得阶段性成效，毒情快速蔓延趋势得到有力遏制。

将禁毒工作纳入五个文明、政府目标管理绩效考核等内容。4月18日，州政府组织召开《全州禁毒三年大行动暨2019年禁毒工作会议》，明确任务，压实责任。8月20日，副州长、州公安局长王学武组织集中约谈缉毒执法相对滞后的六个县市公安局长、分管副局长、禁毒大队长。采取每日一调度、每周一通报模式，以禁毒办名义通报县市长。禁毒办牵头组织开展实地督导，召开全州缉毒执法暨禁毒工作考评推进会。

全面推进新一轮禁毒人民战争，查处吸毒人员2135人，移送毒品犯罪嫌疑人288人，强制戒毒663人，破获部督、省督目标案件2起，缴获毒品5公斤，毒情快速蔓延势头得到有力遏制。出动警力及相关部门人员3000余人次，在全州400余家物流寄递、易制毒化学品使用单位张贴通告，在吉首高速公路出入口、花垣边城茶洞、凤凰阿拉、龙山与湖北来凤交界处设立查缉站，检查车辆5000余辆，查获盐酸0.25吨，氢氧化钠2.3吨。制定《2019—2021年易制毒化学品管制工作规划》，完善易制毒化学品进口联签会商制度，加强联合执法检查，开展排查整治行动33次，排查易制毒化学品单位185家。

州禁毒委开展“五个一”系列宣传活动：“一个论坛”——“6·26国际禁毒日”禁毒主题论坛，录制万人禁毒宣誓活动；“一个禁毒课件评比”——针对小学生、中学生、高中生（职高生）、大学生、社区居民、公务员、农民、外出务工人群、娱乐服务行业人群、物流寄递行业人群、交通运输行业人群等不同对象，制作PPT课件，选出最佳课件并举行颁奖仪式；“一场巡回宣讲”——组织全省“十佳缉毒民警”“十佳禁毒志愿者”在各县市区开展巡回宣讲；“一次电台访谈”——6月26日国际禁毒日，州禁毒委、州禁毒支队负责人到湘西广播电台接受网络直播，推介湘西州禁毒取得的成效；“一次知识竞赛活动”——11月，组织参加全省“我是答题王”禁毒知识竞赛活动，共6.5万余人参赛，27名选手进入全省五个小组的前50名。

推进“8·31”社区戒毒社区康复工作，八县市建立网格化社区（村）1815个，网格化覆盖率100%，利用网格对全州在册吸毒人员进行管控，有效管控率99.36%。加强病残吸毒人员收治力度，全州病残吸毒人员收治率97.90%，社区戒毒社区康复执行率99.39%。

（彭文蛟）

【经济犯罪侦查】 2019年，全州公安经侦部门依法打击防范各类经济犯罪活动，深入实施“信息化建设、数据化实战”发展战略，推进执法规范化和队伍专业化建设，护航全州经济社会健康发展。

开展打击非法集资、网络传销等专项行动，强化风险排查管控，金融领域摸排涉稳风险主体71个，化解风险24个，受理涉众型经济犯罪案件13起，抓获犯罪嫌疑人22人。做好新中国成立70周年大庆安保维稳工作，没有发生因工作不力引发规模性进京集访等群体性事件。开展扫黑除恶专项斗争，摸排28条经济领域内涉黑涉恶线索，协助核查线索3条，立案侦办串通投标案件12起。

保持对涉众型经济犯罪的高压态势，推进“一非二网三贷”打击整治，全州受理经济犯罪案件186起，破65起，抓获犯罪嫌疑人157人，成功侦办路桥公司被骗保证金案等大要案件20起，挽回资金7.1亿元。

树立“数据引领、数据实战、数据融合”理念，聚焦“两年锻造全新警种”规划目标，对涉众涉稳线索核查、资产查询、冻结方面给予有力支撑。建立健全“州局牵头、市县为主、警种参与、部门配合、州县市联合”的大要案件办案模式，大大缓解全州普遍面临的警力、物力等诸多压力和困难。全州发起资金查控案件24起，查询涉案账户9300余个，分析交易流水497万余条，服务案件侦办。

开展“5·15”宣传，联合州、市11个职能部门、金融机构在吉首大学开展全国公安机关打击和防范经济犯罪宣传活动，提高对经济犯罪的防范意识。开展以“携手筑网·同防共治”为主题的防范非法集资暨金融领域扫黑除恶集中宣传进社区活动，法制日报、中国报道等分别作出报道。

（侯　毅）

【人口与出入境管理】 严格户口管理，全州办理户口业务54581人次，受理居民身份证40182张，核实处理部级人口信息人像比对线索105条，清理重户人员2131个，纠正户口登记项目差错10627个，户口恢复人员清理18728条，审核7851名民族优惠政策考生。组织开展“一标三实”信息采集维护工作，全州新增“三实”信息228461条，登记率99.7%。推进已办二代身份证未登记指纹户籍人口指纹采集工作，为提高湘西州户籍人口信息质量和实名制管理、减政便民工作奠定基础。

规范出国境证件受理签发工作，签发出国境证件88487人次，接收全州各单位国家工作人员信息2895条，查询因私（公）出入境记录2099条，核查法定不批准出境人员信息243条。开展“三非”外国人专项清理，录入外国人临时住宿登记数量204032条，办理涉外案件16起，遣送54人出境。全州出动警力2000余人次，对州内幼儿园、早教中心、学校等教育机构进行清查，抽查720多家旅馆酒店，排查60多处酒吧KTV，核查各类境外人员证件3万余人次。

全州开通87个派出所身份证受理点。为解决吉首老城区市民办证远问题，在红旗门派出所增设出入境办证窗口，实现“就近办”服务。开展“减证便民”清查工作，逐项清理政务事项申请材料，解决群众“申请材料多、办事难”问题。降低公民出入境证件费收费标准，自2019年7月1日起，全国公安机关出入境管理部门降低普通护照、往来港澳通行证收费标准，普通护照由每本160元降为120元，往来港澳通行证由每张80元降为60元。推行出入境证件多方式支付，所有出入境窗口分期分批启动微信、支付宝、云闪付等移动扫码支付方式。推进“一件事一次办”，优化外国人签发签证条件，推进省、州政府“互联网+e平台”一体化平台建设，让群众享受规范、透明、高效服务。解决贫困人口中因各种原因无法上户问题，共办理贫困户儿童上户735户。

（谭　畅）

【监所管理】 全州公安监管部门瞄准“忠诚、平安、法治、文明、智慧、有为”的监管目标，扎实推进监管工作落实落细，带动全州监管工作稳步发展。监管支队发挥职能作用，落实常态化检查工作机制，每月开展一次对全州公安监所安全检查，下发督导整改意见书29余份，摸排安全隐患112条，逐所建立基础台账，跟踪问效，把问题隐患消除在萌芽状态。

（刘　真）

【道路交通管理】 全州公安交警部门严格道路交通安全管理，推动安全形势稳中向好。全年道路交通事故起数、死亡人数、受伤人数、直接经济损失“四项指数”同比下降33.4%、15.91%、41.29%、18.61%。

集中推进源头隐患清零、路面秩序整治、农村安全守护、宣传警示曝光、社会协同共治五大专项行动，完成春运、“两会”期间等重要节点安保任务，全州未发生长时间、大范围交通拥堵，未发生较大以上道路交通事故，春节期间道路交通死亡事故“零发生”。

围绕“城市保畅通、农村保平安”工作思路，按照“六个严禁”工作措施，整治农村道路交通秩序，深化“六个严查”工作措施，推进城市治乱疏堵行动。开展农村道路交通安全守护行动和治理酒驾醉驾违法犯罪行为专项行动，查处各类交通违法行为41万余起，现场纠违率20.2%，其中查处酒驾3700余起，现场查处农村严重交通违法1.55万起。开展摩托车“戴帽工程”专项整治，查处摩托车驾驶员不戴头盔2315起，违法载人530起，不按规定行驶998起，涉未成年违法168起，涉牌涉证3087起。抓好道路安全隐患排查治理，2018年省定的2处道路交通安全隐患销号，133处道路隐患点按照“一单四制”要求整改，2018年州道安委挂牌督办全州167处重点道路交通隐患全部完成销账，集中注销一批涉毒持驾驶证人员518人。

召开联席会，部署安排农村道路交通安全管理工作。推广农村道路交通安全信息管理系统，登录使用74万余次，使用率127.38%，劝导日志录入38.4万余条，劝导率140.98%。推进交通安全执法服务站建设，通过省交警总队验收5个，建成警保联动农村交通安全劝导站16个，完成26个农村平交路口增设减速带建设和自查验收，完成3处信号灯改建，开展交通安全管理相关培训30余次。

加快交通安全设施智能化建设进度，投入1400万元建设州本级指挥中心，9月30日建成投入使用，与省总队连线。“道安监管云”推广应用全面启动，建成国省道视频监控系统33套、气象自动观测站6个，与交通、公路、教体、气象部门对接数据共享。

落实30项交管服务便利化措施，实现“申请材料四个减免”“18类简单业务一证即办”“普通业务一窗通办”等。启动公安服务平台和交管“12123”平台，推行“警邮合作”“警保联动”试点工作，设立10个邮政代办服务，办结快处快赔业务1604起。办理机动车业务292450笔，驾驶证业务113297笔，机动车检验监控中心审核检验业务91104笔，完成174309人次考试，27758人通过考试合格取得机动车驾驶证。

（肖文楚）

【法制建设】 全州公安法制部门围绕“扫黑除恶”“省绩效重点评估项目”开展工作，履行法制职责，服务全局和中心工作。

全力配合中央督导组到州督导工作，复核线索核查报告100余份。参与专案办理、线索核查，出具审核报告10余份。开展涉黑涉恶案件办理巡查，到花垣、凤凰、古丈、龙山、吉首、泸溪就正在办理的涉黑涉恶专案进行专项督导。加强涉黑涉恶线索摸排，制定下发《州公安局法制支队扫黑除恶工作方案》《关于领导干部参与接访发现摸排黑恶线索的通知》《湘西州公安局在中央督导期间信访工作方案》，通过审核案件摸排出涉黑涉恶线索30余条，通过信访摸排出涉黑涉恶线索11条，办理中央督导组交办线索5条。出台《湘西州公安机关关于办理组织、领导、参加黑社会性质组织案件和恶势力犯罪案件的指导意见》，为全州公安机关办理涉黑涉恶案件提供法律指引。组建法制审核专班，审阅各专案组提供卷宗500余卷，发现问题线索200余条，出具阅卷意见80余份。对中央督导组交办和刑专平台推送40条线索的核查报告进行评查，逐一出具评查意见，发现问题56个。

开展案件日常巡查，下发工作指令7348条，整改预警问题3720个，最大限度防范、纠正执法乱作为、不作为、不规范等问题。下发《关于加强受立案监管的通知》，组织全州法制部门针对警情反馈、是否及时受立案、是否如实受立案三个方面的问题对全年受立案情况开展自查自纠，推动“三率”达标。强化信访案件督导、督办，组织学习公安部《公安信访事项标准承办流程操作手册》，督促信访事项办理规范、资料完善。加强案件审核把关，加强刑事、行政执法监督，受理刑事复核案件6起，办结5起，受理行政复议案件12起，办结10起。

制定下发《湘西自治州公安局深化“放管服”改革优化营商环境实施方案》，对行政许可事项进行清理核对，确定州本级保留行政许可事项14项、下放行政许可事项27项、取消行政许可事项7项。编制责任清单和办事指南，明确部门职责16项，与相关部门职责边界5项，事中事后监管责任7项，公共服务事项8项，接受社会监督。完成“互联网＋政务服务”系统内导入的119项涉及公安业务的国家、省级政务服务事项目录的实施清单填报、发布工作，对119项政务事项394份证明材料进行全面清理，确认取消证明材料44份。清理中介服务事项，确定涉及公安中介服务事项4项。推动“双随机、一公开”监管事项录入，安排部署13项公共服务事项实施清单填报工作。

实行局领导、部门负责人轮流坐班接访制度，开展信访社会矛盾隐患大排查、到部到省访整治等专项行动，化解信访社会矛盾15起，全年湘西州到部到省访数量同比下降53%。70周年大庆交办的重点案件15起化解5起。如期办结部、省交办件164件，州交办件9件，省厅交办件5件积案，3起重点案件全部办结化解。

（张 微）

【公安科技信息化】 全州公安科信部门对标上级要求，聚焦智慧公安建设，深化智能应用，全州归集数据24类1000万余条，信息支撑实战格局进一步巩固。

推进350兆数字集群通信系统建设，建成覆盖全州城区和浦市、矮寨等主要风景区的350兆警用无线数字通信网。实现全州公安机关30%以上民警配备通信终端，与警用地理系统对接，初步实现一张图指挥。推进警用地理信息系统图层建设及应用，推进图层建设方案编制，在PGIS

系统上新建100个业务图层，完成报警定位信息上图展示及科所队处警上图查询功能。推进信息化整合共享项目建设，解决向政府共享数据的技术支撑短板。

深化视频智能应用，推进人像大数据平台建设，开展州县市“雪亮工程”视频联网平台国标对接、巡逻车平台对接工作，优化巡逻车视频图像传输流程。350兆数字集群通信系统基础性项目全面建成投入使用，人像比对系统、信息化整合共享项目等一批重大项目取得实质性进展，实现可视化、点对点快速精准指挥调度。新建并接入视频监控摄像头500个、总数达14940个，城区公共区域及乡村主要道路路口视频监控实现全覆盖，带破各类案件964起，视频破案率达到70%，为1824起交通事故提供直接视频证据。

（程学春）

【特警队伍】 特警支队以新中国成立70周年安保维稳为主线，突出抓队伍建设、抓能力建设、基层基础建设，着力补齐短板，推进机制创新，确保各项工作稳步推进。全年出动警力4000余人次，警车480台次，完成新中国成立70周年大庆安保维稳、“N215”二级警卫、全州“两会”安保、“扫黑除恶”重点案件收网等各类勤务。

聚焦70周年大庆安保维稳，开展大规模群体性事件实兵对抗演练，派出45名特警参加全省演练。选派优秀教官团队，针对处置群体性事件战术战法、警棍盾牌使用等科目，组织开展封闭式技能训练。联合武警湘西支队、吉首市特警大队、吉凤分局开展联勤武装巡逻和护校工作，重要节点、重点时段日均投入警力40余人次，确保社会面平稳可控。

自2018年支队组建留置看护队伍以来，强化队伍管理，完成7处执勤点勤务，包括荷花园、海螺朝天、警校、常德4个纪委监委审查留置点和花垣、泸溪、高速西口3所监居点，全年看护监察留置对象66人，累计执行看护天数4566天，投放警力54336人次，未发生重大安全事故。

（赵博涵）

【强制戒毒】 州局戒毒所贯彻执行全州公安工作会议、监管会议和上级指示精神，坚守安全底线和队伍建设红线，确保了戒毒所安全稳定。全年收治吸毒人员320人，转司法戒毒132人，转刑拘逮捕35人，提前解除出所121人，深挖犯罪线索8条。

开展监管场所“大排查、大研判、大管控”整治行动，推行24小时全天候无缝隙巡查勤务模式，整改安全隐患5处。完善监所安全应急处置机制，明确学员突发疾病、打架斗殴、自伤自残等突发问题的相关处置程序及责任。强化学员谈心谈话和法制、健康、生命等大课集中教育，建立立功奖励制度，对有效防止安全事故发生、协助破案、举报违禁品的学员，给予提前出所评估等奖励。

规范完善戒毒学员入所、出所、劳动、训练、内务、看病、购物等日常管理制度，建立入所三级审批制度、出所四级审查审批制度，做到应收尽收，依法出所。推行“一宽、三严、四心、五化”（学员有宽松的休息时间；学员一日生活作息严落实，内务卫生严规范，遵章守纪严要求；对学员诚心交流，爱心帮助，热心关怀，耐心倾听；管理规范化，教育学校化，治疗医院化，康复劳动化，环境园林化），戒毒所规范化建设工作法，提高戒毒所规范化管理水平，在“6·26”国际禁毒日，成功举办了禁毒法制宣传和文体活动。

（吴　丹）

【湘西州人民警察训练学校】 警校以提升民警实战能力为目标，认真谋划、精心组织、科学安排教学训练工作内容，严格教官、学员队伍管理创新，各项工作任务如期完成。优化充实教师队伍，严格执行兼职教官评聘制度，根据教官岗位的变化和警种实际，聘任35名兼职教官，为教育训练的有效开展提供人才保障。提升教学成效，以建设高素质的人民警察队伍为目标，集中力量抓培训，圆满完成教学任务，举办各类培训班7期。深化教学改革，提高教育训练水平，增设刑事案件侦破与分析、指纹采集与应用、国保网上作战、毒品案件办理等课程，提升民警知识理论水平和业务技能。突出实战业务训练，将课外实战与课堂理论结合起来，把实战训练搬进课堂，开设反恐防暴、维稳处突、新式钢叉盾牌、徒手防卫与控制、嫌疑车辆盘查等培训课程。

（张 琼）

【吉凤公安分局】 2019年，吉凤公安分局加强情报信息收集研判，及时预防、化解和制止各类不稳定苗头160余起、矛盾纠纷130余起。强化警保卫工作，完成“两会”等安保任务50余场次。做好重点物品管控，区内共使用炸药498吨、导爆管5.2万米、导爆管雷管5.91万发、电子雷管1500发，无安全事故发生。确保新中国成立70周年大庆安保维稳特防期等30多个敏感节点的安全稳定，强化治安管理，开展安全隐患排查整治，开展检查235家次，发现整改隐患60余处，行政拘留7人。做好重点部位防控，最大限度将警力摆上街面，严格落实学校、广场、企事业单位等公共复杂场所的定点执勤，加大道路交通安全管理和重点点段的治安巡逻，确保道路安全畅通和治安秩序良好。加强矛盾纠纷化解，针对新生入学、征地拆迁、劳资纠纷等潜在矛盾问题及时召开专题会研判评估风险，在重大敏感节点实行拉网式排查风险隐患，预防和减少各类案事件发生。

全年共接处警1046起，受理刑事案件92起，刑事拘留19人，逮捕18人，取保候审1人，移送起诉20人，行政处罚61人。持续推进“扫黑除恶”，成功打掉涉恶团伙1个，抓获犯罪嫌疑人6人、破获行政案件3起，摸排线索29件、办结29件。持续专项整治，紧盯重点区域、重点行业、重点领域突出问题，实施综合治理，开展各类专项整治9场次、文明交通秩序专项整治行动12次，非现场录入违章7435起。开展集中打击整治“三贷三霸”暨工程建设领域突出问题、黄赌毒违法犯罪、食药环等专项整治行动，定期开展夜间巡查、设卡盘查、重点场所拉网式清查行动9次。

实行项目警官制，从全区重点项目中选择31个产业项目作为重点服务对象，实行“一名民警专责，两名辅警配合、一套机制保障”，量身打造服务举措，每月实行“访企”“惠企”“护企”“安企”对接大走访，为企业及员工解决实际困难20余件，协助处理拖欠农民工工资27起，化解涉企矛盾纠纷60余起，全区涉企矛盾纠纷同比下降19%，受到企业好评。完成“城市快警”建设工作，接处警实行“有警处警无警巡逻”的“1、3、5”（分钟）城市快警模式。加强户籍办理，推进户籍制度改革，简化落户手续，加快人口导入，全年共迁入户籍登记1839户，迁入常住人口4836人。推行户籍深化“放管服”政策，逐步实现“最多跑一次”。

开展基础设施建设，2月底在全州率先完成“一村一辅警”建设任务，辖区6个社区警务室办公场所、办公设施、12名辅警、年人均5000元工作经费均到位，社区警务工作全面正常运转。完成“智能交通一期”工程建设运行测试和验收，“智能交通二期”工程建设有序推进。

按照湖南省公安厅政治建警“1+5”文件精神，开展政治建警主题活动，开展“不忘初心、牢记使命”主题教育活动，落实“三会一课”制度，支部书记带头上党课，每周三集中政治理论学习，召开民主生活会，确保全警政治信仰铁、政治立场稳、政治方向准，全年集中开展“学习日”活动47场次，传达学习文件、讲话70余篇章，撰写心得体会300余篇。

（徐红卫）

【“扫黑除恶”专项斗争】 深入推进扫黑除恶专项斗争，聚焦中央扫黑除恶专项督导，全面线索核查，突出专案侦办，强化打财断血，着力综合治理，共打掉“4·17”“6·22”等涉黑组织8个、涉恶团伙55个，破获刑事案件417起，刑拘649人，查处移交涉黑恶公职人员线索158条，扣押涉案资产9.02亿元，完成57起中央督导组反馈问题整改及交办线索核查任务，办结率100%，全省排名第一，办理涉黑团伙案件、涉恶犯罪集团案件人案比均位居全省前列。

【70周年大庆安保维稳】 以70周年大庆安保维稳为主线，坚决打赢政治安全、风险化解、严打犯罪、公共安全、社会防控“五大攻坚战”，对标落实保稳定、护安全、控风险、守底线、补短板各项举措，实现“五个零发生”，即危害国家政治安全的重大敏感事件、重大暴恐袭击案件、影响恶劣的个人极端暴力犯罪案件、重特大公共安全事故零发生，安保维稳全省排名第六。

【公安基层基础建设】 推进“派出所建设三年行动计划”，“一人派出所”实现“清零”。开展“枫桥式公安派出所”创建活动，泸溪白沙、保靖迁陵派出所被评为首批省级“枫桥式公安派出所”。全州1567个行政村和248个社区实现辅警全覆盖。“五大中心”及“三合一”作战平台全面建成，视频监控城区公共区域及乡村主要道路路口视频监控实现全覆盖。智慧公安建设加快推进，智能应用不断深化。

（黄　锋）

检　察

【概　况】 2019年，全州检察机关按照“讲政治、顾大局、谋发展、重自强”的总要求，把握“稳进、落实、提升”的主基调，紧扣州委“542”发展思路和开展“三年活动”的工作大局，进一步强化法律监督、优化职能保障，按照“稳字当头、实字托底、敢字为先”的工作基调，打造“忠诚检察、正义检察、阳光检察”湘西样本奋斗目标，走好“爬坡过坎、提质增效、跨越赶超”发展路径，全州检察机关各项检察职能发挥在平稳运行中向“更加好”迈进。在全省检察业务绩效评价中湘西州检察系统名列第八，76项指标中有22项优于全省平均位次，其中19项位居前五。州检察院荣获2019年度全州支持高质量发展奖、民族团结进步创建工作优秀单位，连续保持省文明单位、州平安单位等荣誉。

【法律监督】 构建“四轮驱动”新格局，做优刑事检察、做强民事检察、做实行政检察、做好公益诉讼检察，推动刑事、民事、行政、公益诉讼“四大检察”并行发展，护航法治湘西建设。维护社会和谐稳定，注重办案质量、效率、效果“三统一三提升”，依法严厉打击严重刑事犯罪，增强人民群众安全感。全年批准逮捕各类刑事犯罪嫌疑人2273人、起诉3103人。维护司法公平公正，秉持检察官客观公正履职立场，坚持不偏不倚，确保不枉不纵，注重人权保障。对不构成犯罪或证据不足的犯罪嫌疑人不批准逮捕541人、不起诉358人；监督侦查机关立案26人、撤案1件；纠正漏捕37人、纠正漏诉29人；对刑事裁判提出抗诉12件，法院改判3件；监督纠正侦查活动、审判活动违法112件次；监督纠正刑事执行违法12件，对审前、审中不需要继续羁押的建议变更强制措施51人；对吉首监狱首次开展巡回检察，监督整改问题35个；受理提请特赦案件111件111人，同意特赦98件98人；受理不服法院生效民事行政判决、裁定、调解书申请监督案件118件，提请抗诉26件。促进社会治理，严格执行群众来信7日内程序性回复、3个月内办理过程或结果答复制度，用心用情对待群众信访，依法办理群众来访873人次、来信109件；结合司法办案发出检察建议117份，以高度的检察自觉和检察担当助推基层治理；出台《湘西自治州检察机关适用认罪认罚从宽制度工作细则》，发挥检察主导作用，推动认罪认罚从宽制度落实落地，促进社会关系修复；围绕落实最高检“一号检察建议”，加强未成年人司法保护，对涉嫌轻微犯罪并有悔罪表现的未成年人不批准逮捕33人、不起诉13人，向教育行政部门提出检察建议4件，到中小学上法制课27次。

【法治扶贫】 发挥反腐败检察职能作用，协力协同监察机关依法惩治扶贫领域腐败犯罪，起诉虚报冒领、套取侵吞、截留私分扶贫资金等职务犯罪案件7件8人。为因案致贫、因案返贫的困难群众提供司法救助，办理司法救助案件13件13人，发放救助金20.5万元，救助人数和救助金额实现“双提升”。综合运用法律监督手段，依法为农民工讨薪“撑腰”，助力农民工追回工资215万元。州检察院专门召开全州检察机关脱贫攻坚督导会，以问题为导向对脱贫攻坚工作靶向调度、拔钉清障，推动州、县市两级检察院驻村帮扶工作抓点推面。州、县市两级检察院检察长到扶贫村调研督导134次，专题研究扶贫工作201次，解决具体问题410个。全州选派61名检察干警专职驻村扶贫，对17个扶贫村1881名建档立卡户精准帮扶，多方争取资金7100万元用于补短板、强弱项，既“输血”又“造血”，让扶贫成效实起来硬起来。龙山县检察院针对贫困村饮水工程质量堪忧、功能弱化问题发出检察建议，县委县政府高度重视，明确要求检察院牵头督导在全县范围内全面开展农村饮水工程问题集中整改，为有效解决贫困户安全饮水提供了坚实支撑。

【扫黑除恶】 发挥上下一体检察制度优势和捕诉一体机制优势，实行提前介入、专人指导及漏罪漏犯专项审查等“六个全覆盖”，坚持既不“拔高”凑数也不“降格”处理的质量把控原则，注重“打伞破网”“打财断血”及社会治理工作同步推进，在强化责任担当中纵深推进扫黑除恶专项斗争。全年批准逮捕涉黑涉恶犯罪77件235人，起诉50件285人，立案监督11人、追捕追诉4人，批准逮捕、起诉人数分别较上年增长106%、144%。花垣王仕勇、王仕海，古丈向卫民、向卫兵，凤凰石龙成、龙浩斌，吉首张勇、田耿等为首的黑恶势力犯罪团伙被严惩，人民群众拍手称快。共依法向监委移送涉嫌“保护伞”线索44条，对监委办理的黑恶势力“保护伞”案件起诉7件7人。发挥惩治司法腐败的职能作用，依法自主立案侦查花垣县人民法院原院长田环，吉首市公安局石家冲派出所原所长张树军等司法人员以案谋私、徇私枉法案件6件8人，立案数位居全省第一。延伸司法办案服务，逐案提出检察建议，督促职能部门堵漏建制、规范管理，为党委政府当好“法治参谋”，发出扫黑除恶专项斗争检察建议95份，采纳率83%。在全省检察机关扫黑除恶专项斗争主要业务数据通报中，湘西有打击“保护伞”案件数、提前介入案件数、检法两家案件定性处理一致性数等6项指标居全省之最。中央扫黑除恶督导组对湘西检察机关的工作高度认可、充分肯定。

【服务企业】 综合运用司法办案、调研座谈、法制宣讲、检企共建、协调解难等方式，为张吉怀高铁项目建设提供优质高效司法服务，依法惩治强揽工程、阻挠施工、寻衅滋事等涉铁刑事犯罪案件7件35人，保障项目建设顺利推进。主动深入项目建设单位开展系列法律服务活动，协调推动解决相关问题26个。探索开展订单式、贴心式法律服务，推出服务企业发展“五项公开承诺”，提示民营企业发展中应注意防范“七项法律风险”，举行“检察护航民企发展”座谈会，部署检察长进企业活动，以实实在在的服务助推企业应对经济下行、困难叠加的压力和挑战。注重以形式上的“不平等”促进实质上的平等，在司法办案中体现对民营企业的司法保护。对涉嫌犯罪的民营企业负责人，能不捕的不捕，能不诉的不诉，能判缓刑的就提出判缓刑建议。开展涉民营企业刑事诉讼“挂案”及刑事申诉积案清理、涉非公经济案件立案监督和羁押必要性审查两个专项活动，有效防范和纠正超期羁押、久押不决、久拖不决问题。在依法办理涉企刑事案件中，依法不批准逮捕企业法人代表3人，开展羁押必要性审查变更强制措施2人。严格规范自身司法行为，严禁选择性司法、越权办案、插手经济纠纷，坚决对侵害企业和企业家合法权益的违纪违规行为“说不”，慎重发布涉企案件新闻信息，最大程度减少对企业合法权益和正常经济活动的损害及影响。

【公益诉讼】 聚焦群众反映强烈的重点领域，秉持双赢、多赢、共赢的司法理念，打造检察公益诉讼高端产品，立案公益诉讼案件342件，发出检察建议276件。加强生态环境和资源保护，守护绿水青山蓝天，酉水河域沿线检察院协力协同相关职能部门开展环保督查，恢复治理河道16公里，被污染饮用水源地285亩，恢复保护被破坏土地99.6亩。古丈县检察院针对栖凤湖网箱养鱼污染环境问题督促相关部门履职，让9700口网箱“上岸”。花垣县检察院督促生态环境等职能部门联合开展矿山砂石场清理整顿专项行动，依法取缔非法打砂场46个。开展“保障千家万户舌尖上的安全”专项监督活动，捍卫食品药品安全底线，在该领域立案公益诉讼案件217件，发出诉前检察建议158份。凤凰县检察院连续三年开展中小学校园及周边食品安全“护苗行动”。开展国有土地使用权出让公益诉讼专项监督，维护国有财产不受侵犯，督促收回应缴未缴土地使用权出让金1.25亿元。保靖县检察院因地制宜开展欠缴水资源费、公租房租金等小专项公益诉讼，依法为国家挽回经济损失上千万元。开展敬老院、幼儿园公益诉讼专项监督，紧盯健康、安全、卫生、管理等环节的突出问题，在强监督、促整改、建制度上下功夫，确保老有所养、幼有所教的惠民政策和措施要求落地落细。用法律手段捍卫英烈尊严和荣光，办理英雄烈士保护领域公益诉讼案件4件。永顺县检察院通过行政公益诉讼诉前程序，成功助推一座27名红军英烈的老司城村博射坪烈士纪念园重新修复。检察公益诉讼在开拓中规范、在规范中加强，得到了党委、人大、政府、政协的高度重视和社会各界的广泛支持。州委书记叶红专就公益诉讼工作专题批示2次。州人大常委会出台《关于加强检察公益诉讼工作的决定》。州“两办”明确将公益诉讼纳入“五个文明绩效考核”。省检察院向全省推介湘西公益诉讼工作经验，凤凰县检察院、花垣县检察院民行科获评全省公益诉讼先进单位、先进集体。

【检务公开】 持续深化检务公开，依托“12309”网站、检察服务热线、移动客户端、微信公众号检察服务中心，让数据多跑路，让群众少跑腿，向社会提供更加便捷高效的“一站式”服务。全年发布案件程序性信息4556条，发布重要案件信息572条，公开法律文书1807份，保障人民群众知情权、参与权、监督权，让司法公平正义看得见、听得懂、能评价。搭建阳光检务平台，举办以共和国建设者走进检察机关、携手关爱共护明天、检察护航民营企业发展为主题的检察开放日活动3次，依托“一网两微三端”自媒体阵地发布检察动态信息1100条，召开新闻发布会2场，检察官做客媒体访谈1次，讲好检察故事，传播检察声音，向公众展示检察工作，让检察工作更多“飞入寻常百姓家”。吉首市院成立“启明工作室”，畅通检察机关与人民群众的沟通渠道，诚心诚意为人民群众办实事解难题。深化律师代理申诉制度，召开检律交流座谈会，建立检察官和律师互评制度，解决律师会见难、阅卷难、调查取证难问题，联手打造新时代法治共同体。改进与其他执法司法部门的工作联系和协作机制，形成良性、互动、积极的工作关系。

【人民监督】 坚持检察工作的人民性，树立监督者更要接受监督的理念，保持接受人民监督的思想自觉和行为自觉。执行州人大及其常委会决议决定，落实州人大常委会听取和审议州检察院关于全州检察机关公益诉讼工作情况的报告、关于对员额检察官田忠等4人履职情况的调查报告的审议意见和相关要求，加强和改进检察工作。办理人大代表政协委员建议提案12件，逐一沟通、逐一整改、逐一反馈。梳理人大代表审议报告、视察、座谈时提出的具体意见建议，研究落实，举一反三检视。州检察院主动向州政协通报检察工作情况，自觉接受州政协民主派驻监督小组专项监督，两级院共向政协常委会和政协委员通报检察工作情况25次。加强与民主党派、工商联和无党派人士、人民团体的联系，听取监督意见。邀请人大代表、政协委员、人民监督员来检察院视察调研161人次，参与案件评查、执法检查、检务督察等活动63人次，零距离接受监督。自觉接受法院、公安等司法机关履职制约，以问题为导向加强沟通协商，在消除分歧、形成共识、坚守底线中守护法治信仰、维护法制统一。

（胡明智）

法 院

【概 况】 2019年，全州法院以“审判质量、效率和公信力提升年”活动为抓手，全面加强审判执行、司法改革、队伍建设等工作，各项工作取得新进展。全州法院受理各类案件32676件，结案31927件，结案率97.71%，收结案数同比分别上升36.82%、26.03%。其中，州中级人民法院受理各类案件3344件，结案3273件，结案率97.88%，收结案数同比分别上升24.59%、9.3%。州中级人民法院获评全国法院案例优秀奖、全国“七五”普法中期先进集体，全州法院3名法官被评为全国法院先进个人。

【刑事审判】 全州法院审结刑事案件2777件，判处罪犯2982人，其中判处五年以上刑罚300人。把维护国家政治安全放在首位，依法严惩杨宗详等利用邪教组织破坏法律实施犯罪。依法从严打击毒品犯罪，审结毒品犯罪案件168件，判处罪犯274人，判处五年以上刑罚58人，对贩卖毒品犯范汉填、龙安军等执行死刑。保障人民群众健康，审结危害食品药品安全犯罪案件13件18人，对泸溪“松香卤肉案”判处石晚英、郑妹等4人有期徒刑三年六个月至六个月不等的刑罚。推动反腐败斗争向纵深发展，审结张家界市人大常委会原副主任张功敏、邓大渊贪污贿赂等职务犯罪案件42件46人。坚持罪刑法定、疑罪从无，依法对11名被告人宣告无罪。落实新中国成立70周年国家主席特赦令，依法特赦101人。

3月29日，湘西州中级人民法院二审公开宣判9人恶势力犯罪团伙聚众斗殴、寻衅滋事案

州法院　供图

【民商事审判】 全州法院审结民商事案件18249件，案件调解和撤诉率32.9%，实现案结事了人和。切实把防控风险放在更加突出的位置，审结非法集资、网络传销等犯罪案件17件，审结金融借款、民间借贷等纠纷案件4794件。依法保障供给侧结构性改革，审理鸿信置业、兴飞水电有限公司等破产、重整案，稳妥处置“僵尸企业”，服务新旧动能转换。审慎处置涉征地拆迁、企业改制、招商引资等案件，主动汇报，及时疏导，维护社会稳定。依法快审快结劳动争议、农村土地征收补偿分配、劳务合同纠纷案件1476件。州

中级人民法院妥善化解凤凰县人防工程系列案件32件，确保人防工程顺利实施。吉首市法院妥善化解“红星美凯龙”工程215名农民工工资纠纷，金额1100余万元。加大知识产权保护力度，审结酒鬼酒公司诉某副食店商标权纠纷案，判决停止销售侵权商品并赔偿损失。

【行政审判】 全州法院审结行政案件和赔偿案件952件。行政机关负责人出庭应诉率稳中有升。充分发挥行政审判职能，监督行政机关依法行政，依法保护相对人合法权益。州中级人民法院审结云丰选矿厂等26家企业诉花垣县政府行政管理及行政赔偿系列案，确认行政机关强拆行为违法，判令其采取补救措施。加大调解力度，依法调解原告王某某诉永顺县政府林业行政给付案，县政府对王某某林业补偿款一次性给付到位，为实质化解行政争议探索实践经验。

【“扫黑除恶”】 全州法院审结涉黑恶案件95件，判处罪犯365人，其中判处五年以上有期徒刑113人。聚焦“大案攻坚”，古丈县法院审结吉首市公安局石家冲派出所原所长张树军等9人非法拘禁、徇私枉法等恶势力犯罪集团案，分别判处其有期徒刑十六年至一年八个月不等的刑罚。着力“打伞破网”，州中级人民法院审结省综治办原主任周符波受贿、巨额财产来源不明、包庇、纵容黑社会性质组织案，对其依法判处有期徒刑十九年，并处罚金200万元。该案先后被省高院、最高院作为典型案例发布。

【执行结案】 全州法院执结案件9167件，执行到位金额7.12亿元。执行案件结案率97.16%，实际执结率73.32%，核心指标位于全省前列。开展“寒战行动”“搜狐行动”“涉农民工工资”等专项执行活动，在全省率先创新“保险＋救助”机制，全州法院投保155万元，完成69案79人执行救助金157万元的保险款赔付。实施执行惩戒措施，纳入失信被执行人名单1268人，限制高消费3601人次，罚款29人，拘留335人，判处拒不执行判决裁定罪4人，执结一批“骨头案”。泸溪县法院为“西瓜案”中的18名60岁以上农民工追回拖欠4年的工资3.52万元，被中央电视台新闻联播宣传报道。

【环境资源专项审判】 全州法院审结涉环境资源、旅游民事、刑事、行政案件143件。院领导带头审理涉环境资源案件，发挥示范作用。加强环境公益诉讼案件办理力度，坚持最严格的污染损害赔偿和生态补偿、修复标准，督促当事人完成对凤凰、保靖等县非法冶炼作坊环境生态恢复工程和林地补植复绿工程，助推绿色湘西建设。

【“审判质量、效率和公信力提升年”活动】 层层压实责任，对审判执行工作态势实行“十天一通报、每月一分析、每季一推进”。泸溪、保靖县法院司法绩效考核获全省优秀等次。发挥审判委员会、专业法官会议把关作用，提升案件质量。开展案件质量评查，全州共评查案件4663件、裁判文书12949份，合格率100%。建立速裁团队，全面实施案件审理繁简分流，案件平均审理周期48.1天，结案率等指标排名全省前列。

【涉扶贫案审判】 全州法院审结涉扶贫刑事案件12件，依法打击扶贫领域滥用职权、徇私舞弊等犯罪行为。妥善化解涉基础设施、乡村旅游等扶贫纠纷案件138件，对56名建档立卡户缓减免诉讼费。保靖县法院半个月内审结103户建档立卡户土地承包、劳务报酬系列纠纷案，30日内兑现农民工“血汗钱”24万余元。落实脱贫攻坚责任

8月30日，湘西州中级人民法院到凤凰县禾库镇开展“送法进农村助力脱贫攻坚”活动

制，完成驻村扶贫各项任务。

【司法为民】 全面推进诉讼服务中心和多元化纠纷化解“两个一站式”建设，全州法院网上立案619件，跨域立案44件，网上缴费1836件，为群众诉讼提供便利。运用多元化纠纷解决机制，立案调解、诉前调解结案1529件。加大司法救助力度，批准缓减免诉讼费473.17万元，对208案251名困难当事人发放司法救助金297.94万元，解决弱势群体实际困难。吉首市法院司法救助委员会获评全国法院司法救助工作先进集体。打造“双语法庭”“背篓法庭”“旅游法庭”“红色法庭”等特色人民法庭，与基层共同组织开展“送法进农村助力脱贫攻坚”活动45场，为基层社会治理提供良好法治环境。永顺县法院芙蓉法庭获评全国法院先进集体。

【司法改革】 全州法院院庭长带头办理重大疑难复杂案件，共办理案件20269件，结案19812件，同比分别上升24.21%、30.13%。完成基层法院内设机构改革，机构精简37.9%。5月1日起，全州实行一审行政案件集中管辖，以吉首市、花垣县为管辖法院划分南、北两个片区，两个法院共受理行政案件551件，审结539件。落实司法公开，开展“直播庭审跃千场，透明公开促公信”庭审直播活动，直播庭审4490场次，观看量50余万次；人民陪审员参与审理案件4063件，裁判文书上网32321份，审结的199件减刑假释案件网上公示率100%。坚持有错必纠，审结再审案件88件，审结申诉复查案件195件。

【代表委员联络工作】 深入开展“司法公正湘西行”活动，贯彻落实州人大及其常委会各项决议、决定和审议意见，专题汇报行政审判、执行攻坚、员额法官履职情况。州人大常委会组织部分全国、省、州人大代表专题视察执行工作。全州法院畅通人大代表、政协委员联络沟通平台，邀请代表、委员参加旁听庭审、见证执行活动128次489人。办结州人大代表建议1件，州政协委员提案4件。

【集中宣判涉恶势力犯罪案件】 3月29日，为推动扫黑除恶专项斗争向全面纵深发展，依法从严从快打击黑恶势力犯罪，营造安全稳定的社会环境，湘西自治州两级法院扫黑除恶“雷霆行动”第二次集中宣判涉恶势力犯罪案件5件，27名被告人均获刑。被告人的近亲属，州、县人大代表、政协委员，新闻记者旁听案件宣判。4月2日，州法院召开全州法院扫黑除恶专项斗争工作视频调度会。12月23—24日，州法院、凤凰县法院、永顺县法院3个法院集中宣判涉恶案件7件，53名被告人获刑。这是开展扫黑除恶专项斗争开展以来，湘西州两级法院第八次集中宣判。

【基层法院施行一审行政案件集中管辖】 5月1日，湘西州基层人民法院全面施行一审行政案件集中管辖。根据湘西地域特点及案件分布情况，划分为南、北两个片区。其中，吉首市人民法院为南部片区的集中管辖法院，负责管辖凤凰县、古丈县、泸溪县、花垣县和湘西经济开发区的一审行政案件；花垣县人民法院为北部片区的集中管辖法院，负责管辖吉首市、保靖县、永顺县、龙山县的一审行政案件。施行一审行政案件集中管辖改革是完善国家行政诉讼管辖制度，进一步深化司法体制改革的重要举措，有利于促进依法行政、提高行政审判质效、提升司法公信力，对确保人民法院依法独立行使审判权，推进法治政府建设，切实保障公民、法人和其他组织的合法权益具有重要意义。

【审理重大贪污受贿案】 5月10日，湘西州中级人民法院一审公开宣判湖南广电网络控股集团有限公司党委原副书记、原董事长龙秋云受贿一案，对被告人龙秋云判处有期徒刑十四年，并处罚金人民币500万元；对龙秋云受贿所得财物及孳息予以追缴，上缴国库。6月19日，州法院一审公开宣判湖南省综治办原主任周符波受贿、巨额财产来源不明、包庇、纵容黑社会性质组织一案，对被告人周符波决定执行有期徒刑十九年，并处罚金人民币200万元；对周符波违法所得及其孳息依法予以追缴，上缴国库。7月3日，州法院一审公开宣判张家界市人大常委会原副主任张功敏受贿、贪污一案，对被告人张功敏决定执行有期徒刑十年，并处罚金人民币80万元；对张功敏违法所得依法予以追缴，上缴国库。7月3日，州法院一审公开宣判张家界市人大常委会原副主任邓大渊受贿一案，对被告人邓大渊以受贿罪判处有期徒刑五年，并处罚金人民币30万元；对邓大渊违法所得及其孳息依法予以追缴，上缴国库。

1月24日，湘西州中级人民法院一审公开开庭审理湖南省综治办原主任周符波受贿、巨额财产来源不明、包庇纵容黑社会性质组织案　　州法院　供图

【受理首例跨域立案案件】 10月24日，湘西州中级人民法院作为协作法院，与作为管辖法院的珠海市中级人民法院合作完成了原告酒鬼酒股份有限公司因与被告酒鬼洞藏酒销售有限公司、第三人珠海市塔鑫就业有限公司解散纠纷一案的跨域立案。该案是湘西州中级人民法院受理的湘西州首例跨域立案案件。

【在湘西的全国人大代表到州法院视察执行工作】 11月8日下午，湘西州人大常委会主任彭武长带领在湘西的部分全国、省、州三级人大代表一行23人到湘西州中级人民法院视察执行工作。视察中，彭武长一行参观湘西中院审判大楼、诉讼服务中心和全州法院执行攻坚工作宣传展板，在执行指挥中心观看了全州法院执行攻坚工作短片和执行现场连线指挥，并召开了座谈会。

（盘艳斌　刘昱林）

司法行政

【概　况】 2019年，全州司法行政系统抢抓改革机遇，全面履行新职能，以深化法治湘西建设为主线，团结奋进，开拓创新，在推动“司法行政为大局服务、司法行政为民生服务”上取得新成效。

【普法依法治理】 州司法局组织“三下乡”法治宣传活动，全州开展宪法、扫黑除恶等方面的宣传1000余场次。全州公职人员78668人报名学法，参学率99.9%，考试合格率99.98%。完善考评机制，将州直国家机关“谁执法谁普法”评议工作纳入州委州政府《湘西州2019年督查检查考核年度计划》。湘西州被评为全省“七五”普法中期先进集体。呈报全国先进县市1个、先进集体1个、先进个人1人。

【人民调解】 继承和发展“枫桥经验”，按照《关于开展“四查四防化纠纷千乡万村创四无”专项调解活动的实施意见》，组织专项调解活动。部署开展“大排查、大调解、保稳定、迎国庆”专项活动，结合“扫黑除恶”专项斗争要求，全州排查调处矛盾纠纷15750件，调处成功15435件，成功率98%；预防群械25件401人，预防“民转刑”案件29件。

【社区矫正和安置帮教】 成立湘西州社区矫正特赦工作领导小组，印发《湘西州社区矫正特赦工作实施方案》，9月23日法院依法对符合条件的95名社区服刑人员下达了特赦裁定书。为刑释人员落实低保4人，组织开展就业培训158人次，指导就业404人，落实责任田261人，开展救助59人次，落实扶贫资金65人次数万元。

【法律服务】 以机构改革为契机，整合法律服务资源，推动公共法律服务改革，州、县两级建立9个公共法律服务中心，115个乡镇（街道）

公共法律服务站，1773个公共法律服务点。推进刑事法律援助全覆盖工作，全州看守所法律援助工作站100%挂牌成立。以“万名律师乡村行”活动为抓手，推进一村（社区）一法律顾问工作。在全州1567个村、248个社区中全部建立法律顾问制度，各村社区均聘请或者指派法律顾问，在每一个村（社区）建立法律顾问指导微信群，打通了服务群众的“最后一公里”。全年受理各类法律援助案件2145件，代写法律文书600余份，接听“12348”法律服务热线1100余次，接待来人来访3900人次，挽回和避免当事人经济损失500余万元。基层法律服务工作者办理各类法律案件1490件，办理司法鉴定案件4020件，办理公证6010件。

【地方立法】 制定《2019年立法计划》，其中《湘西土家族苗族自治州生物遗传资源保护条例》在地市级立法中首开生物遗传资源保护之先河。严格文件备案审查，全年审查规范性文件47件，提出审查意见70条；备案审查县市政府报备文件65件，做到有件必备、有备必审、有错必纠。优化营商环境，便民利民，共计清理证明材料4557个，取消604个，保留3953个。

【法治政府建设】 全年收到行政复议案20件，办理省对州复议案1件，审结21件（包括上年结转未审结案件4件）。在审结的21件案件中，其中撤销3件，申请人撤回2件，维持14件。依法受理率、按时审结率均达到100%。州人民政府以被告身份收到法院应诉通知书20件，代理州政府出庭应诉16件（包括上年未审案件），在法院作出判决的9件中，州政府胜诉8件，败诉1件。对州生态环境局关于鸿瑞科技有限公司《环评批复》进行合法性审查，出具监督意见，维护法律权威。对按一般程序办结的或群众反映强烈、发生投诉举报的行政执法案件全面进行评查，确保执法规范。表彰了陈利民等15名优秀人民监督员。

（张　丹）

监狱管理

【概　况】 2019年，吉首监狱坚持党对监狱工作的绝对领导，以迎接州委政治巡察、司法部驻在式检查、州人民检察院巡回检察、州审计局审计检查、州委政治巡察“回头看”及系列整改为抓手，认真抓好五大改造新格局实践，落实安全管理各项措施，严格公正文明执法，有序推进“十三五”扩建，持续实现“四无”和“七个不发生”目标。

【监管改造】 2019年，吉首监狱监管安全基础进一步夯实，全年无罪犯逃脱，无重大刑事案件发生。加强巡查检查，由监狱领导带队，对罪犯三大现场以及围墙电网等监管设施开展巡查检查300余次。开展扫黑除恶专项斗争，排查涉黑罪犯、涉恶罪犯，深挖涉黑涉恶案件线索。开展“查漏补缺强化监管化解风险”“百日安全大会战”和“依法严格规范管理罪犯”等专项活动，推进“无违禁品监区”创建工作，全年不定期组织开展清监40余次，查获罪犯私藏手机、白酒、打火机等违禁违规品若干，监管秩序持续稳定。加强值班备勤工作，实现全员值班备勤，押犯监区、指挥中心、AB门、内看守值班干警岗位均实行24小时“瞪眼值班”双岗坐班制。加强应急处突工作，年内开展一分钟警务圈、消防、罪犯突发疾病应急演练44次，与驻狱武警中队开展罪犯脱逃追捕应急演练2次。五大改造新格局初步形成。贯彻司法部“5+1+1”规定，把每周一作为教育日，按照省局七大模块要求进行教育改造活动。把《习近平新时代中国特色社会主义30讲》作为对罪犯教育的重点，在罪犯中开展“我和我的祖国”主题教育系列活动，推动罪犯做到对党的领导、伟大祖国、中华民族、中华文化、中国特色社会主义道路的“五个认同”。落实省局“主辅包号”包教制度，对罪犯实行全狱包教矫治，狱领导对罪犯个别谈话教育矫治有记录，谈话结果有反馈，事后改造有效果。严格罪犯亲情电话管理。刑罚执行程序规范，严格按照“五级审批三级公示两级监督”程序，依法办理罪犯减刑假释暂予监外执行案件，邀请执法监督员、州司法局监所科、州人民检察院驻狱检察室参与案件研究，提高办案效率和执法公信力，全年办理减刑假释案件6批112件，办结暂予监外执行案件5件。生活卫生质量提高，开展“春季爱卫”“夏季三防”活动，采购消毒、防疫药品分发到各押犯单位。罪犯生活物资采购坚持先签合同再采购，年初对罪犯大宗物资采购进行统一招标，保障采购到商家资质合格、质量优、价格低的物资，持采、管分离制度，安排专人采购、专人验收，确保采购物资质量，减少干警执法风险。完成罪犯食堂标准化建设工作，落实农药残留检测和食品48小时留样制度，全年未发生食品安全事故。加强医疗工作，组织3名医技人员到省、州社会医院进修，对罪犯进行体检1720人次，全年外诊31例，同比下降30%。

（谭　昱）

隔离戒毒

【概　况】 2019年，湘西州强制隔离戒毒所共有中央政法专项编制92名，在所民警职工99人，内设8个常规矫治大队和14个职能科室。2019年度，荣获司法部“六无”单位、“全省司法行政戒毒系统‘统一戒毒模式建设先进单位’‘智慧戒毒先进单位’‘指导支持社区戒毒（康复）工作先进单位’‘国庆安保百日行动先进单位’”“全州文明标兵单位”“全州民族团结进步创建示范单位”，大队联合党支部被评为“全州十佳党支部最佳工作案例”。指导的花垣县社区戒毒康复中心被评全省社区戒毒（康复）工作一级站。

【安全管理】 州强戒所筑牢安全底线意识，完善安防设施，开展专项治理，完成监控视频智能分析系统、戒毒人员宿舍对讲系统、执法业务与诊断评估管理平台、司法加密网、万兆口光电板和避雷设施建设。开展“安全隐患清零”“百日安全竞赛”“扫黑除恶”等专项行动，场所管理秩序明显改观。

【戒治质量】 州强戒所利用少数民族特色文化精髓，推行“运动戒毒”，与吉首大学民族体育科学学院合作，建立运动戒毒实验基地。以花垣社区戒毒（康复）指导站为重点和依托，落实戒毒康复指导社会化延伸，推进“百千万”戒毒操守工程。戒毒人员饶某某获全省司法行政戒毒系统第二届“百千万”戒毒操守典型金奖。

（杨美玲）

军 事

吉首军分区

【概　况】 2019年，吉首军分区以习近平新时代强军思想为指引，强化看齐追随，聚力练兵备战，深化改革转型，持续正规秩序，各项建设取得新成绩，实现新发展。

【思想政治建设】 把学习贯彻习近平强军思想作为主线，扎实开展“不忘初心、牢记使命”主题教育和“四个专题”学习，全年组织12次集中学习、2次大会交流、4次专题讨论，开展祭奠革命先烈、重温入党誓词等配合活动，学习教育效果深入人心。围绕张富清典型事迹、国防动员系统“我奋斗我精彩”岗位建功先进事迹等，开展“学典型、找差距，明目标、见行动”职能使命大讨论，进行“安身安心安业”教育，营造砥砺奋进的良好氛围。年内，完成5名现役干部转业安置、7名现役干部转改文职人员、6名社会人员招考文职人员工作。把整风整治作为着力重点，把上级巡视巡察反馈问题作为主题教育需要解决问题的内容，针对反馈的5个方面10项共性问题，刚性落实20条具体整改落实措施，逐一挂账销号；落实大项活动、敏感事项纪委执纪监察，配合省军区纪委对问题线索进行查处，强化纪律震慑作用。

【战备训练】 军分区党委全年组织4次专题议战议训，立起党委抓备战打仗的“指挥棒”。按照“抓重点带一般、抓弱项强整体”思路，抓好按纲施训规范化落实，全年完成22期基干民兵集中轮训和2.2万余人的学生军训任务；参加省军区军事训练比武竞赛，取得7个单项名次、1个团体名次的好成绩；分步有序推动民兵训练基地建设，保靖县、永顺县、龙山县人武部民兵训练基地建设筹划早、抓得紧、推动快。紧抓各项战备制度落实，坚持每天抽点检查值班备勤情况，不定期组织应急分队拉动演练，结合民兵整组和机关正规化建设，机关本级投入70余万元，建设完成民兵应急营器材库，补充配套抢险救灾专用装备器材和机关“三室两库”，备勤应急基础更加牢固。出动民兵预备役人员参与地方抢险救灾、安保维稳等工作。

【国防动员准备】 围绕“四个实”，层层召开民兵调整改革任务部署会，组织集中业务培训和工作推进协调会，核查上报10类近1.1万条动员潜力数据，以上带下开展军地联合专项督查，组织问题整改“回头看”，编实编精18种专业类别的基干民兵，接受省军区工作组现场拉动点验，获得好评。开展“十八岁成人礼暨兵役登记进校园”和“大学生预征启动仪式”等活动，完成省军区赋予的兵役登记试点任务，全州适龄青年兵役登记率101.44%，完成直招士官征召任务，大学生征集比率超出全省指导比例6.5%。按照“五大块”建设标准，推动规范化建设向基层延伸，健全专职人民武装干部季度讲评培训、乡镇（街道）年度党管武装述职考评、专武干部招录选拔等制度机制，分3批次组织124名专武干部进行资格认证考试，良好率72.95%，居全省第一。认真落实习近平主席关于“让军人成为全社会尊崇职业”的指示要求，开展“三走访两督查一调研”活动，军地联合举办退役军人返乡欢迎仪式、就业培训暨军人军属专场招聘会，现场签订就业意向协议228份。

【综合保障建设】严格贯彻省军区财务法规制度培训会议精神，修订完善军分区《财务管理规定》《经费结算报销管理办法》等制度性文件，对军分区财务审批权限、报销程序、结算要求等进行细致规范。开展结余经费清理收缴，对照文件要求，结合分区实际，对军分区机关及所属人武部共9个单位2018年以前所有结余经费进行清理，清理历史遗留问题18个。贯彻上级指示精神，强力抓实全面停止有偿服务下篇文章，制定完成委托管理工作计划，开展移交项目资产底数清查、档案整理和相关费用清点追缴，完成资产审核移交。完成公寓房和经济适用住房核查摸底工作。抓好仓库营房整修、军分区机关食堂改造、军需物资发放、官兵饮食卫勤保障等工作，优化改善生活环境，官兵职工满意度高。

【党管武装工作】坚持党委议军、现场办公、第一书记述职等基本制度，协调召开州委常委议军会，印发议军会议纪要，推动州民兵训练基地建设、军分区年度预算经费、县市党管武装绩效考核等相关事项落地。开展全民国防教育，邀请军队院校教授及省军区机关领导，对州、县市党政领导进行国防形势授课；开展“六个十佳”评选活动暨颁奖典礼、“英模挂像进校园”、“传承·2019清明祭英烈”、“革命功臣送新兵”等群众性国防教育宣传活动，州国教办和8个县市分别制作国防教育微视频，在户外宣传屏上滚动播放；古丈县、花垣县国防教育活动抓得实、效果好。新闻报道工作成效明显，全年在州级以上媒体刊播稿件400余篇（条），量化评分居全省第五。把脱贫攻坚作为政治任务紧抓不放，组织党员干部到结对帮扶村，常态开展“办实事，解难题”入户帮扶走访，开展“六看六查”，加大产业扶持和基础设施建设力度，全年协调落实扶贫资金1700余万元，完成1099户4357人脱贫任务，接受上级各项扶贫检查验收100余次，获得充分肯定。

（刘　海）

武警湘西支队

【概　况】2019年，武警湖南省总队湘西支队党委团结带领支队官兵贯彻学习习近平强军思想，全面落实上级党委决策部署，紧紧围绕建设一支听党指挥、能打胜仗、作风优良的人民军队目标要求，坚持紧抓政治引领、狠抓练兵备战、大抓基层基础、严抓部队管理、常抓正风肃纪，年度工作推进有序，各项任务完成圆满，部队全面建设呈现出向上向好新局面。龙山中队被总队授予“基层建设标兵中队”称号，荣立集体三等功；吉首、泸溪、古丈、花垣中队和卫生队被评选为“基层建设先进中队”；执勤二大队被评选为“基层建设先进大队”。

【主题教育】开展“传承红色基因、担当强军重任”主题教育活动，组织“缅怀革命先烈、传承红色基因”清明祭扫活动、革命传统教育基地揭牌仪式暨“不忘初心、牢记使命”主题教育现场教学活动、国庆升旗仪式活动；开展“卫士风采”系列文化活动，评选表彰第二届“践行强军目标十佳标兵”和“拥护强军十佳军嫂”。

【警卫勤务】全年完成87起临时警卫勤务，联勤武装巡逻27起，“N215”二级警卫勤务，处置执勤险情4起，组织春运、省两会、国庆70周年安保等专项勤务，确保支队34年实现执勤安全无事故。

【大练兵大比武活动】 组队参加总队指挥员比武取得团体成绩第一名，参加总队后装比武取得团体成绩第三名，在机动分队大比武中取得团体成绩第九名。常态化组织开展“治违法、严纪律”等教育整顿活动。投入资金用于基层训练场地建设，保障军事职业教育配套设施建设，改善训练条件。

国庆70周年火车站武装巡逻

陈尚龙　摄

【“智慧磐石”工程建设】 2019年，支队持续推进“智慧磐石”建设，截至年末，支队完成“一室一站”“智慧磐石”工程建设，保靖中队、凤凰中队、花垣中队、龙山中队工程建设动工，古丈中队、永顺中队、泸溪中队工程建设进入招投标阶段，机动中队完成工程总体设计方案。

【第十五届军事比武】 7月29—30日，支队组织2019年度第十五届军事比武，比武坚持“贴近实战、突出重点、按纲施考、以赛促训”原则，设置手枪精度射击、自动步枪快速精度射击、自动步枪对隐显目标射击、88式狙击步枪对人体部位靶射击、识图用图、通过400米障碍、5公里武装越野、器械等多个课目。机动中队、古丈中队、龙山中队分获团体总分第一、二、三名。

军事比武（400米障碍）单手腾跃高板

徐成瑞　摄

【国庆70周年安保活动】 9月30日至10月8日，武警湘西支队应邀担负湘西自治州安保任务，主要对政府机关、学校、医院、车站等人员集中、案件多发的重要目标及各交通要道实施武装巡逻、全方位警戒，对可能出现的情况进行充分设想，有效确保湘西地区安全稳定无事故。

【湘西片区“魔鬼周”极限训练】 10月11—17日，武警湘西支队承办湖南总队湘西片区第三季度“魔鬼周”极限训练集训，湘西、张家界、怀化3个支队特战队员参加。训练着眼反恐任务要求，设置山地越野、紧急出动、武装奔袭、急行军、捕歼战斗、斩首行动、山林地搜索、战场救护等科目。

【革命传统教育基地揭牌】 10月24日，武警湘西支队在永顺县塔卧镇湘鄂川黔革命根据地纪念馆举行“革命传统教育基地”揭牌暨重温忠诚卫士誓词仪式。

【新兵冬季野营拉练】 12月22—24日，支队组织2019年新兵冬季野营拉练。野营拉练本着从难、从严、从实战要求出发的原则，组织实施以徒步行军为主，穿插进行执勤基础、战术基础动作、卫生救护、防暴器材使用等基础课目和紧急避险、野外生存、疏散转移、隐蔽伪装等带战术背景的应急课目训练，全方位检验训练成果、锤炼战斗意志。

（谢前进）

人民防空

【概　况】 2019年，州人民防空办以“提高质量、突出重点”“人防与经济社会融合发展”为方向，明确目标，强化措施，狠抓落实，人民防空各项工作顺利推进。

【人防行政审批】 工程项目各项人防审批1034个，结建项目初步设计审批17个（施工图备案审批6个）。人防易地建设批复1017个，收缴易地建设费1.5亿元。人防竣工备案2个（吉首市）。规范民用建筑人防工程初步设计和易地建设审批等程序，追缴州直项目人防工程易地建设费9个，收缴易地建设费用19167203元，行政罚款19.03万元。

【人防工程质量监督】 全州人防工程项目办理监督注册10个。出具人防工程监督报告3个。对10个在建人防工程进行技术交底10次、专项检查60次，提出隐患验收问题200余个，发出隐患整改通知书5份。

【人防指挥通信】 完成吉首、古丈防空警报信息管理平台和改频升级建设，全州增设防空警报终端12台，其中吉首2台、永顺3台、龙山3台、保靖4台。完成全州防空警报改频升级工作，州本级、吉首市警报信息管理平台形成互为备份。配合省国防动员委员会完成国防动员“三级”指挥光缆网第二路由及人防指挥专网建设前期工作。7月1—5日，州本级带吉首市参加全省人防通信比武活动，所有参训车辆、人员严格按照比武方案参加训练、考核。10月14—18日，组织全州人防机动指挥通信系统跨区拉练，州本级和8县市10台人防机动指挥车、40余名人员参训，训练途经通道、桂林、黔南州，全程1200余公里，分别在桂林市、都匀市组织展开人防指挥部训练、卫星通信、短波通信、超短波通信、单兵信息采集、无人机信息采集训练。11月1日，结合防空警报试鸣活动，组织开展相关训练、演练活动。

【人防宣传教育】 在吉首大学师范学院附属小学（经开区校区）投入资金500万元，启动湘西州防空防灾宣教展厅建设，展厅面积约1200平方米，包括湘西人防发展历程、防空防灾基础知识、VR实景体验、应急自救互救知识等内容。8月19—22日，州住建局（人防办）、吉首市住建局（人防办）联合在吉首市民族中学组织开展人防知识进校园活动，组织全校师生800余人观看《居安思危、备战人防》专题片，开展人防知识竞赛活动，设置人防知识宣传展板长廊，组织防空防灾应急疏散演练，提升师生自救互救能力。

（彭峥嵘）

经济管理

宏观经济管理

【概　况】 2019年，全州上下坚持以习近平新时代中国特色社会主义思想为指导，坚守“542”发展思路，坚持稳中求进工作总基调，突出打好“三大攻坚战”，扎实开展“三年活动”，全力以赴推进高质量发展，全州经济社会发展总体平稳、稳中有进。全州实现生产总值705.7亿元，增长7.2%。规模工业增加值79.9亿元，增长7%。财政总收入126.81亿元，增长5.61%。地方财政收入64.13亿元，增长7.39%。固定资产投资442亿元，基本完成调整后计划目标。社会消费品零售总额337.5亿元，增长9.7%。城乡居民人均可支配收入分别为26756元、10046元，分别增长8.2%、9.4%。进出口1.65亿美元，下降32.4%。到位省外境内资金104.2亿元，增长27.8%（增速全省第一）。常住人口城镇化率达47.8%。城镇登记失业率3.6%。7个深度贫困县摘帽、236个深度贫困村退出、8.95万贫困人口脱贫，贫困发生率降至0.65%。主要污染物排放量削减完成省定目标。

【产业转型发展】 三次产业结构优化比为13.4∶28.1∶58.5。实施“1112”产业发展三年行动计划（建设100个州重点产业项目，培育现代农业、矿产品精深加工、食品加工、新材料、新能源、电子信息、生物医药、文化旅游、商贸物流、健康养生十大重点产业，以湘西经济开发区、县市经济开发区、酒鬼酒湘泉食品城等10个工业集中区为重点，依据现有产业规模、资源禀赋、发展前景等推进主导产业错位发展，至2020年实现产业总产值2000亿元以上），开展“产业项目建设年”活动，纳入省“五个100”（100个重大产业项目、100个重大科技项目、100个重大产品创新、引进100个五百强企业、培育100个科技创新人才）的重大产业项目完成年度投资21.2亿元；151个州重点产业项目完成投资262.6亿元。推进“135”工程升级版（再扶持100个以上优势特色产业园区，建设产业发展、技术支撑、融资担保3大平台，引进5000家以上产业型企业，实现园区动能升级、功能升级、效能升级），工业园区完成投资104.6亿元，新建标准厂房93.1万平方米。吉首经开区调区扩区获省发改委批复。实施农业特色产业提质增效“845”计划［培育壮大柑橘、茶叶、烟叶、猕猴桃、蔬菜、油茶、中药材（杜仲、百合）和特色养殖（黑猪、黄牛）8大特色产业，到2020年建成特色产业基地400万亩，实现产值500亿元］，新增“三品一标”（无公害农产品、绿色农产品、有机农产品和农产品地理标志）52个，生猪产能逐步恢复。实施工业提质增效“151”计划（实现全州工业园区面积100平方公里，建成特色食品、生物医药、新材料、电子信息、旅游商品5条优势产业链，园区工业总产值1000亿元），新材料、电子信息等新兴产业在规模工业增加值中的比重提升至50%以上。推进文旅融合，矮寨奇观旅游区纳入国家AAAAA级旅游景区验收名单，全州接待国内外游客5720万人次，实现旅游总收入526亿元，分别增长13.3%、19.3%。加快商贸流通业发展，吉首国际时代广场等商贸项目建成营业；新培育电商企业53家，增长143%；完成电子商务交易额66.6亿元，增长37.5%。开展“百名行长联千企”活动，设立企业转贷应急资金，持续推出“无还本续贷”等业务，全州各项贷款余额868.4亿元，增长18.7%，贷存比71.88%，创历史新高。紧盯重大风险，防范化解政府债务、金融不良贷款，加快平台公司清理整合。

【项目建设管理】 编制完善基础设施补短板、承接产业转移、政银企合作等关键领域项目清单，筛选谋划基础设施补短板项目111个，总投资3400亿元；承接产业转移项目648个，总投资7100亿元；政银企合作项目282个，总投资1250亿元；亚行贷款示范项目28个，总投资28亿元；录入全州地方政府专项债券项目409个，总投资1667亿元。11个省重点项目完成投资31.2亿元，228个州重点项目完成投资455.8亿元，张吉怀高铁、湘西机场、天然气长输管网、城乡电网改造等项目加快推进。预算内资金争取取得成效，湘西民用机场等一批重大项目入围地方政府专项债券支持项目，利用亚开行2亿美元贷款获得国家发改委批复，获批新增建设用地8723.7亩，实现土地出让和增减挂钩结余指标流转64亿元，龙山县恒龙中药在省股权交易成功挂牌。坚持“月调度、季通报、年考核”制度，出台《州本级政府投资项目审批及概算管理办法》《进一步加强州本级政府投资项目管理的通知》《进一步加强全州建设领域招投标监管的若干意见》等文件，通过在线审批监管平台和国家重大项目库以及现场核查等线上线下相结合方式，加大对政府投资项目的监督检查。

【改革创新工作】 出台实施《关于进一步深化“放管服”改革优化营商环境推进经济高质量发展的实施意见》，“放管服”优化营商环境74项任务有序推进。统筹开展依申请类行政权力事项比对确认匹配工作，完成州本级审批中介服务和证明材料事项清理，取消72项行政许可事项。制定印发《湘西州政务服务导则》，基本实现州县乡村四级政务外网全覆盖。严格执行国家减税降费政策，全年减税7.94亿元，优惠企业电价1.27亿元，降低一般工商业电价和凤凰南华山等5个国家AAAA级旅游景区门票价格。开展营商环境现场评议和第三方评估工作，全州营商环境综合评价得分较上年提升4.78分。加快推进医疗卫生体制改革，全州15家医疗机构实现异地就医联网结算。加快推进工程项目建设审批制度改革，全面应用湖南省工程建设项目审批管理系统。深化商事制度改革，工商登记全程电子化率54.5%，日均新增市场主体70余户。混合所有制改革、农村商业银行改革、国企国资改革、财税金融体制改革、社会信用体系建设和乡村振兴与脱贫攻坚有机衔接体制机制改革试点等工作扎实推进。新增高新技术企业29家，总数达90家，实现产品产值115亿元。新增国家、省级创业孵化示范基地3家，新增省级创新平台9家、省双创示范基地1家、省级企业技术中心2家。

【开放合作工作】 渝湘高铁等一批“三个重大”进入省上报纳入国家基本思路内容。印发《湘西州乡村振兴战略规划》《湘西州传统村落保护条例》等。启动承接产业转移示范区和国土空间规划等规划编制。加快推进承接产业转移示范区建设，印发《关于推进湘西承接产业转移示范区建设的意见》《关于建设承接产业转移示范区的若干优惠政策》等文件，3个“三类500强”企业落户州境。加快开放大通道建设，济南至铜仁凤凰航班开通，黔张常铁路建成运营，湘西海关开关运行，渝湘高铁吉首东站预留接口工程启动实施。开展对外贸易，与49个国家和地区发生贸易往来，组团参加首届中非经贸博览会、第二届中国国际进口博览会等展会。加快市政基础设施建设，高铁新城、城市污水处理、城区停车位、老旧小区改造、城镇公厕、城市黑臭水体等项目加快推进。加快特色产业小镇培育发展，凤凰国际文化艺术旅游小镇等3个镇纳入省级特色产业小镇。推进农村人居环境整治，新建农村户厕4万余户，完成人工造林15.6万亩，棚户区改造、农村危房改造和特色民居整治保护等扎实推进，花垣县十八洞村等3个村入选全国乡村治理示范村候选名单，保靖黄金村等被评为全国文明村镇。持续打好蓝天、碧水、净土保卫战，着力解决突出环境问题，州府吉首市空气环境质量连续两年达到国家二级标准，全州31个省国控断面和8个县市10个地表饮用水水源地水质达标率均达100%，武陵山区（湘西）土家族苗族文化生态保护区入选国家级文化生态保护区。

【民生事业】 全州民生支出完成226.04亿元，增长4.21%，占一般公共预算支出的64.28%，省州民生实事项目惠民成效明显。实施“脱贫攻坚决胜年”活动。易地扶贫搬迁建设任务全面完成，累计完成投资50亿元，入住率100%；探索建立易地扶贫搬迁稳定脱贫长效机制，全省易地扶贫搬迁后续扶持发展工作现场会在湘西州召开。推进东西部扶贫协作，济南市财政援助资金增加到3.08亿元，实施帮扶项目89个，带动贫困人口18.6万人。7个县脱贫摘帽目标任务全面实现。着力稳就业，城镇新增就业2.6万人，新增农村劳动力转移就业2.5万人。二甲医院县域实现全覆盖，行政村卫生室“空白村”全面消除，全面取消建档立卡贫困人口大病保险封顶线限制，建档立卡贫困人口县域内住院医疗费用报销率达87.4%。永顺等3所芙蓉学校建成使用，开工建设农村公办幼儿园34所，新增学位近1.2万个。农村低保、残疾人“两项补贴”全面提标，特困供养、临时救助、养老服务、儿童福利工作不断加强。启动社会救助和保障标准与物价上涨联动机制，发放价格临时补贴3300万元，保障困难群体的基本生活。“扫黑除恶”专项斗争强力推进，较大生产经营性安全事故“零发生”，社会大局和谐稳定。

（吴如新）

自然资源和规划

【概　况】 2019年，州自然资源和规划局突出用地计划供应、地质灾害防控、增减挂钩、土地资源治理等工作，落实决策，加强调度，及时协调，督查督办，推动各项工作落实，完成全年工作任务。

【用地审批】 落实“边建边报”扶贫用地政策，争取新增建设用地计划6420亩，获批新增建设用地面积8723亩，超年度计划2300亩。湘西机场用地获批准。完成土地储备20877亩，获批发行专项债券10.5亿元。供应国有建设用地总量21067亩，同比增长60%，其中其他民生工程用地14177亩。优先保障精准脱贫产业、基础设施、民生工程、重点项目和张吉怀高铁、高速公路等一批省“5个100项目”用地。出让土地6742亩，占供应总量的26%，合同成交价款36.5亿元。全年实际征收入库土地出让金52.49亿元。吉首、凤凰、龙山、湘西经开区土地出让收益继续保持高速增长。完成第三次国土调查15470平方公里，覆盖115个乡镇街道，通过国家级核查，差错率在0.20%以下，低于全国平均差错率0.75%的0.55个百分点。开展国土空间规划前期工作，基本完成双评价、空间规划实施评估、国土空间规划现状评估工作。凤凰、龙山、花垣启动国土空间规划技术单位招投标工作。模拟城镇开发边界线经三轮修改形成初步成果，基本完成对生态保护红线评估调整工作。完成28个项目技术审查，对部分乡镇土地利用总体规划进行修改，保证项目实施。完成县市域村庄分类布局、现有村庄规划复核评估。花垣县完成15个村庄规划编制工作，十八洞村村庄规划作为典型案例，在国务院召开的工作推进会上介绍经验。强化乡村建设规划许可管理，核发乡村建设规划许可证3459份。

【三大攻坚战】 对全州在册的851处地灾隐患点进行全面排查，科学评估核减地灾隐患点71处。开展避险演练7次4300余人，地质灾害防治知识专题培训11次4000余人。构建“人防＋技防”地灾防治模式，投资300万元对28个重大隐患点建设在线监测预警，形成州级平台和3个县级平台的地质灾害监测预警系统。开展重大地质灾害治理项目和地质灾害搬迁项目实施，推进地质灾害综合防治体系建设，完成重大地灾治理项目26个，中小型治理项目16个，应急安置点8个。全年全州发生地质灾害8起，发布地质灾害气象风险预警23期，无人员伤亡。吉首、古丈、永顺、龙山等县市在预测预警、工程治理方面成绩突出。抓好增减挂钩，实施项目50个，面积46612亩，确认指标34个，面积29351亩。交付跨省交易节余指标6300亩，获得资金18.9亿元，节余指标省内交易5001亩，获得资金9.1亿元。实现资金归集49亿元，支持脱贫攻坚资金需求。积极争取新下达跨省指标4700亩，可再获流转资金14.1亿元。定向精准给贫困群众释放政策红利，发放各类惠农助农奖补资金约8.5亿元，助推易地扶贫搬迁惠及500余个贫困村、9000多户4.9余万人。提高征地拆迁补偿标准返利于民，完成修订《湘西自治州集体土地征收与房屋拆迁补偿安置办法》，房屋拆迁补偿每平方米平均提高253.5元，青苗补偿每亩平均提高1527元，重建地安置补助平均提高35%，与周边地区相比标准较高。规范征地拆迁程序，依法足额补偿被征地群众。征地信息公开7个批次，公开率100%。开展驻村扶贫，发展石鸡、稻花鱼等养殖业和金花葵、烟叶等种植业，投入资金150万元发展茶叶、油茶等生态产业，巩固单位扶贫村黄土坡村、广车村“户脱贫、村出列”驻村扶贫成果，村综合贫困发生率低于1%，“一超过、两不愁、三保障”落实到位。推进中央、省环保督察交办问题和长江经济带“举一反三”矿山滥采问题整改。花垣矿山整治整合取得阶段性成果，铅锌矿整合方案经最终调整优化后通过。州内14宗小煤矿和自然保护区内9宗采矿权完成退出关闭。全州关闭退出持证露天矿山113家，取缔非法采矿点120处，关停违法砂石、石材加工点300余处，露天矿山数量从471家（含非法采矿点120处）减少至238家。泸溪、永顺、凤凰矿山整治整合，按绿色矿山标准建设一批露天采石场。1个矿山入选自然资源部绿色矿山名录。花垣县新增矿山地质环境恢复治理面积6500亩。矿山数量多规模小、生态环境破坏严重、安全隐患问题突出、违法开采和加工经营行为屡禁不止等乱象得到遏制。

自然资源部、省自然资源厅领导调研湘西州地质灾害防治工作　　州自然资源和规划局　供图

【自然资源保护】 永顺、龙山、古丈、吉首、花垣等县市区协同配合，迎接联合国教科文组织世界地质公园专家现场考评，基本得到联合国教科文组织认可。完成湘西地质公园博物馆主体、布展、消防、监控平台建设。加强与其他世界地质公园交流，参加第六届亚太世界地质公园大会、

世界地质公园国际培训班等活动，向世界推介湘西地质公园助推精准扶贫经验，与泰国沙墩世界地质公园签订姊妹公园协议。全州下达年度土地开发和灾毁项目建设资金5110万元，验收新增耕地指标14704亩，落实耕地占补平衡。累计结余耕地指标18141亩，其中水田指标4576亩，粮食产能指标581万公斤。初步划定永久基本农田储备区80415亩。年末全州有耕地300万亩，基本农田保护面积233万亩，超额完成省定任务。全州立案查处违法用地43个788亩，完善用地手续71个4058亩，拆除复垦61个840亩。推进整治“两违”，处置新增49宗，处置率100%；存量“两违”销号率98%。保靖、泸溪整治“两违”工作形成长效机制。开展“大棚房”整治，排查设施农业大棚7831个，依法拆除复垦“大棚房”49个，整改率100%。开展违建别墅问题清查整治专项行动，清查违建别墅70宗60栋，整改到位率100%。龙山、古丈、花垣等依法强力拆除一批违建别墅。开展扫黑除恶专项斗争，落实中央扫黑除恶督导交办的11个问题整改。四是推进土地资源节约集约利用。全州处置批而未供土地129宗，面积2983.5亩；处置闲置土地3613.8亩；盘活城镇空闲土地413宗20997亩。组织各开发园区开展省级土地节约集约利用评价，供地率得到提升，土地利用效率提高。湘西经开区荣获全省土地节约集约利用一等奖，获得300亩用地计划奖励。

【治理体系和治理能力建设】 完成与原州规划处职能整合、人员划转等工作，增加行政编制2名，增设总规划师领导职数1名，设置机关内设机构22个。坚持干部人事阳光工程，推进职务职级并行，优化干部队伍结构，开展全州国土空间规划、地理信息、增减挂钩等专题培训500余人次。大部分县市区实现“外网申请，内网审核”与房产、税务等部门信息共享，各县市区实现“一窗受理、并行办理”，一般登记、抵押登记业务办理时限全部压缩到5个工作日内，部分县市区在银行设立抵押登记便民服务点，湘西经开区不动产登记中心实现八成不动产登记业务“零跑腿”“不见面”。全州核发不动产权证书49389本，不动产登记证明70653份。不动产抵押融资305.50亿元，比2018年增长221.92%。全州不动产登记系统迁移至州大数据中心外网运行，不动产登记数据汇聚及分析监管平台上线运行，数据汇交率100%。湘西经开区、永顺县完成不动产登记信息共享。吉首市、湘西经开区开展“上门服务”“不见面”登记。完成保靖县白云山国家级自然保护区自然资源统一确权登记试点工作。完成行政审批清单、中介服务清单、证明材料清单清查梳理，梳理州本级依申请类行政许可事项14项，下放事项8项，取消材料20项，行政审批事项的审批环节精简50%，审批时间在法定时限基础上提速60%。开展重点信访事项集中化解行动，对重点领域、重点群体、重点问题、重点人员信访矛盾纠纷定期排查梳理，采取措施化解，维护人民群众合法权益。接待来访群众421批次754人次，均及时进行交办，做到了件件有着落，事事有回音。做好行政复议、应诉工作。组织开展普法学法活动。认真审查行政复议案件，办理应诉应复案件及申请信息公开案件12件。完成数字湘西地理空间框架基础数据更新。启动“多规合一”协同审批、国土空间规划“一张图”双平台建设，完成全州基础数据汇交。加强测绘行业日常监管，开展测绘资质巡查与测绘地理信息质量监督抽检。推进天地图、“图说湘西”、全州地理国情地图集等测绘成果共享。其中“图说湘西”荣获2019年全省地理信息产业优秀应用工程金奖。健全测绘地理信息安全监管机制，依法提供基础测绘成果使用许可108宗，办理地图审核43宗。

【不动产数据汇聚分析监管平台建设】 12月，湘西州不动产数据汇聚及分析监管平台建设项目验收会在州自然资源和规划局召开，省不动产登记中心、州智慧办、州自然资源和规划局有关专家及负责人参加验收会。专家组审阅文档资料，听取项目建设情况汇报，观看系统演示，提出完善项目建设意见，一致同意通过该项目验收。该项目建成后，实现全州不动产登记数据实时查询、实时共享和汇交，便捷、准确完成相关数据统计分析，加强质量监控、办理时限监管、信息安全监测、电子档案管理，提升湘西州不动产登记能力和水平。

【湘西地质公园参展第六届亚太世界地质公园大会】 9月2—6日，世界地质公园举办第六届亚太世界地质公园大会在印度尼西亚林贾尼—龙目岛举行，“湘西地质公园”参展。在5天的会展中，湘西地质公园参展团接待参展游客1.5万余人次，发放宣传资料1万余份，获得GGN主席尼古拉斯·邹若斯、秘书长马丁尼等联合国教科文组织世界地质公园执行局“大咖”们的点赞。会上，湘西地质公园与泰国沙墩世界地质公园和日本阿珀依世界地质公园达成合作意向。与会人员实地考察了林贾尼—龙目岛世界地质公园地质遗迹，观摩学习多场地质公园促进社区发展、防灾减灾等专题讲座。

（易琬丰）

市场监督管理

【概　况】 2019年，湘西州市场监督管理局一手抓改革，一手抓监管，砥砺奋进，攻坚克难，做到“两不误、双促进”，实现湘西州市场监管事业的良好开局。

【商事制度改革】 推进证照分离、多证合一、企业登记全程电子化、最多跑一次、一件事一次办等改革事项落地生根，简化程序、降低门槛、激发活力。全州企业开办时间基本保持在3个工作日内，企业全程电子化排名全省第三，电子营业执照实现跨区域、跨部门、跨领域互通互认互用，企业登记注册服务满意率达到96%。新增各类市场主体2.1万户，同比增长10.2%；小微企业超过2万户，同比增长12%；新增农民专业合作社988户，家庭农场133户，涉农电商227家，同比分别增长11%、14%、21%。推进事中事后监管，制定《湘西自治州市场监管领域部门联合双随机一公开实施方案》，推动21个部门的涉企检查事项一次性联合完成；国家信用信息监管平台在州、县市两级的应用率提升，“一处违法、处处受限”的联合惩戒机制初现成效，全州企业和个体工商户年报公示率分别达到87.19%、90.44%，全部超过总局标准要求。

【监管执法维权】 推进“双随机、一公开”监管和信用监管，围绕问题突出的行业、领域，开展“保健”市场、成品油市场、旅游市场和假冒伪劣、违法广告、反不正当竞争、打击传销规范直销等专项整治13次，组织汽车销售、水、电、煤气等行业行政约谈10次，有力打击了各类市场经济违法行为和行业乱象。凤凰古城、永顺老司城、龙山里耶古镇、吉首矮寨大桥、花垣边城5个主要旅游景区实现消费维权全覆盖，“12315”五线合一投入运行。州委、州政府指定市场监管部门牵头的全州旅游市场整治、高速公路沿线户外广告整治，取得成效，受到州委书记叶红专和州长龙晓华的肯定。州委常委会议、州政府常务会议专题听取市场监管工作汇报，对市场监管工作给予支持。截至12月底，全州办理各类案件1273件，上缴财政非税收入982万元，同比分别增长103%和44%（其中州本级办理案件333件，上缴财政非税收入214.43万元）；完成产商品抽样检验2929批次；受理消费者来电来访信息6572件，为消费者挽回经济损失165万元。湘西市场监管执法工作连续两个季度在全省排名第二。

【市场安全监管】 围绕守住安全底线这一基本要

求，州市场监管局把食品监管“四个最严”标准拓展到药品、特种设备和工业产品质量监管等多个领域，坚持做到标准严谨、监管严格、处罚严厉、问责严肃，全州没有发生区域性、系统性、源发性重特大安全事件。在食品、药品安全方面，出台《湘西自治州关于落实地方党政领导干部食品安全责任制规定的实施意见》，组织开展护苗、护源、清网、护游等专项整治10次，药品、医疗器械专项整治5次，完成药品不良反应报告3908份，整改安全风险隐患696处，发现问题缺陷57条，立案查处44件。完成国家领导人到湘西州调研、联合国专家到湘西州考察评估、“两会”等重大活动的餐饮服务食品保障任务10次。州委常委会议专题听取食品安全工作汇报，州长龙晓华出席全州食品安全应急演练，对食品安全工作成效给予肯定。围绕特种设备和工业产品安全，开展安全隐患排查整治行动11次，整改电梯、锅炉、起重机械隐患120处；为中小微企业提供免费产品质量检验500批次，开展重点产品监督检验200批次、中小学校服质量检验205批次；完成州内民生计量器具检定1.37万块；完成张吉怀高铁、黔张常铁路设备检定1500台。

【质量品牌战略】 完成起草《湘西自治州品牌营销指导意见》《湘西自治州品牌奖励办法》，为全州品牌质量发展提供指南。全州新申报地理标志证明商标8件，一般商标2610件，马德里国际商标33件；注册商标总量升至9173件，增幅39.2%。泸溪椪柑、龙山百合、古丈毛尖3个地理标志产品标准化战略项目获批；“古丈崖蜜”“花垣苗绣”等7个地理标志商标进入审核程序。酒鬼酒列入省“拟纳入中欧地理标志合作协议第二批清单”；指导花垣通力公司制定《高纯石英砂》等4项湖南省地方标准；组织申报6个省级标准化战略项目；主导编制湖南省地方标准《苗族服饰》《土家族服饰》《土家织锦织造工艺规程》。联合州扶贫办、州驻村办，启动“一村一商标”工程，成为州直部门职能帮扶的典范，受到州委、州政府推介。

（张智浪）

审　计

【概　况】 2019年，湘西州审计机关紧紧围绕打好“三大攻坚战”，依法开展审计监督，完成审计项目195个，查出违规金额7.98亿元，损失浪费金额240万元，管理不规范金额103.74亿元；审计促进整改落实有关问题金额7.08亿元，审计促进拨付资金到位0.78亿元；审计后挽回（避免）损失4.57亿元。其中州本级完成审计项目53个，出具审计报告129份，查出违规金额3.04亿元，审计后挽回或避免损失1.61亿元，审计移送案件线索13起，有关职能部门根据移送线索给予党纪政纪处分7人，免职2人，诫勉谈话1人，约谈提醒1人，公安立案侦查4人。根据审计建议，州政府出台相关管理制度14项。是年，州审计局获得湘西州“五个文明绩效考核”一类单位、省级文明单位、州政府目标管理考核优秀单位、全州平安建设“平安单位”、民族团结进步创建工作优秀单位、三八红旗集体等荣誉称号，信息通联工作获得省审计厅表彰；吉首市2017年度保障性安居工程跟踪审计项目受省审计厅表彰。

【财政审计】 州审计局开展2018年度州本级财政、州水利局和州公积金中心等14个州直部门单位预算执行及其他财政收支情况审计，重点关注财政收支、专项资金管理方面有关情况，指出预算编制、项目建设管理、固定资产管理、专项资金管理等方面问题；完成全州财政存款清理审计调查，出具2018年州本级预算执行结果报告和全州财政存款清理审计调查报告。发挥审计促进科学理财、依法理财、强化财政管理、严肃财经纪律作用。

【领导干部经济责任审计】 州审计局完成省厅交办的常德市澧县党政主要负责人经济责任和自然资源资产离任（任中）审计。受州委组织部委托，开展吉首监狱党委书记等5个州直单位党政主要负责人任期经济责任审计。重点关注执行党和国家、省州重大决策部署、目标责任制完成、自然资源资产管理及生态环境保护、重大建设项目实施以及遵守廉洁从政规定等情况。对审计发现的问题均依法依规进行处理，并督促被审计单位限期整改。

【政府投资审计】 州审计局完成34个竣工结算审计项目，送审金额4.24亿元，审减金额1.1亿元，审减率25.75%。完成湘西海关业务用房等5个项目的概算审核。对湘西机场建设和机场道路建设实施跟踪审计，审计金额23.8亿元，按季度出具跟踪审计报告。根据审计建议，州政府下发《关于进一步加强州本级政府投资项目管理的通知》，规范政府投资项目建设管理。

【民生资金审计】 重点对全州5个县1个市2018年度扶贫情况、7个县东西部扶贫协作及省内对口援助情况实施审计，指出精准识别、扶贫政策落实、资金及项目管理绩效、帮扶措施及成效等方面问题。开展全州教育基金、残疾人保障金、次均医院住院费用前三位州直公立医疗机构专项审计。结合部门预算执行情况审计，统筹实施城乡建设资金、水污染防治与黑臭水体整治、生活垃圾焚烧处理区域统筹、电子商务、科技等州本级重大专项资金绩效评价情况审计，促进被审计单位完善制度、规范管理、发挥效益。

【重大决策部署落实情况审计】 是年，州审计局完成对吉首市、古丈县、保靖县等县市的政策措施落实情况跟踪审计，重点关注减税降费、清理欠款、重点建设项目和重点产业项目推进、“放管服”改革深化措施落实等情况，按季度向社会公告审计结果，维护政令畅通。抽调人员参加国家审计署专项审计、省委巡视、省厅赴新疆维吾尔自治区审计、省厅耒阳农村商业银行审计、州委巡察、州纪委监委专案、州攻坚办统一督查等工作。协调配合省审计厅对州政府2018年第四季度重大政策跟踪审计、最低生活保障金审计和龙山县党政主要负责人任期经济责任、自然资源资产离任（任中）审计，以及国家审计署长沙特派办对省政府二季度重大政策跟踪审计延伸至湘西州有关工作和对湘西州的扶贫审计。

2019年3月20日，湘西州委审计委员会第一次会议召开　　胡贻江　摄

【中共湘西自治州委审计委员会成立】 3月20日，州委常委会第9次会议暨州委审计委员会第一次会议召开。州委常委会专题研究通过湘西州委审计委员会及其办公室组成人员名单。随后，召开湘西州委审计委员会第一次会议。会议审议通过《中共湘西州委审计委员会工作规则》和《中共湘西州委审计委员会办公室工作细则》。会议强调，要进一步强化政治担当，认真学习贯彻习近平总书记关于审计工作的重要论述，切实把加强党的领导贯穿到审计工作的全过程、各环节，加强全州审计工作统筹，优化审计资源配置，努力构建集中统一、全面覆盖、权威高效的审计监督体系。要进一步突出审计重点，坚持把“治已病、防未病”的要求与实施各项审计措施结合起来，突出抓好党中央重大决策和省委、州委部署要求的跟踪审计，持续加大对重点部门、重点岗位、重点环节、重点领域、重大民生资金和项目的审计力度，不断提升老百姓的获得感幸福感。要进一步加强组织领导，州委审计委员会

要做好牵头抓总工作，各级党组织要认真履行领导责任，各部门要积极主动支持配合审计工作，审计机关要加强自身建设，提高履职能力，不断推进全州审计事业创新发展。州委审计委员会副主任及委员参加会议。年内州委审计委员会办公室呈报《审计专报》12期，州委、州政府主要领导签批17篇次，签批事项纳入州委、州政府重要督办事项，促进相关工作落地落实。

（胡贻江）

统　计

【概　况】 2019年，全州统计系统围绕“精准统计”这条主线，突出“四个争创”和“五个重点”，全面抓好绩效管理和争先创优工作，统计基层基础建设、统计服务能力、智慧统计、依法治统、机关精细化管理等工作取得了较好成效。州统计局荣获全国第四次经济普查先进集体，继续保持省级文明标兵单位、州政府目标管理优秀单位、全州综治平安单位、全州民族团结进步创建工作优秀单位等称号。

【统计规范化建设】 全年召开两次全州统计基层基础工作规范化建设推进会，细化量化建设内容，规范州、县市、部门、乡镇、村、企业等六个层次规范化建设操作实务，推进240个规范化示范点建设，涌现出一批先进典型，发挥了以点带面的示范带动作用，全州整体推进统计基层基础工作规范化建设氛围已经形成，基层单位的原始记录、统计台账、资料管理不断健全，源头数据质量不断提高。统计部门和各行业部门之间的沟通协调、协同配合进一步加强，经常开展重要数据联合监测评估、重大课题联合分析研究、重要工作联合协同推进，全州联合联统的大统计格局正加快构建。

2019年9月24日，州统计局举办的“统计开放日”活动在吉首启动　　州统计局　供图

【经济普查】 经济普查扎实有效。在各级普查机构的精心组织下，在各有关部门的密切配合下，全州动员1.1万名普查指导员和普查员，高质量完成了2.56万个单位和近15万个个体户的清查、登记、审核、评估等工作，普查工作得到各级充分肯定，州统计局被评为全国先进集体，1人获全国先进个人，全州获省先进集体6个、先进个人14人，获州先进集体35个、先进个人110人。做好常规统计调查工作。重点加强数据的上报、审核、评估工作，完成各专项调查任务，取得较好成效，在全省年度专业统计考核评比中，湘西州荣获11个奖项。

【统计服务】 围绕州委、州政府决策部署、重点工作，开展调查研究和统计分析，全年州统计局撰写各类统计分析和调研报告近80篇、统计信息100多篇，信息采用量居全州前列，形成一批较高质量分析报告，其中有2篇被州委书记叶红专批示，有近20篇被州委州政府决策采纳，发挥了统计参谋服务作用。主动服务，参与全面小康监测、州委绩效考核、州政府目标管理考核、高质量发展考核、绿色发展考核、为民办实事考核、第三方民意调查等评价工作，发挥统计在各类考核评价中的作用。

【智慧统计】 继续推进智慧统计建设，完善智慧统计一期工程建设，掌上数据库APP运行良好，为领导、部门和公众提供了便捷查询服务。综合数据库进一步充实，基础数据库加快完善，完成机房改造和安全等级保护工程建设，启动智慧统计二期工程建设，打造数据收集、处理、查询、分析、应用为一体的智慧统计服务平台，湘西州统计信息化建设在全省年度考核评比中荣获第一名，被列为全省统计信息化建设的样板工程。

【统计改革和依法治统】 地区生产总值统一核算改革取得积极进展，实行了下算一级。投资统计、服务业统计、社科统计等改革有序推进。加强统计法普法宣传，州统计局干部职工专题学习《关于深化统计管理体制改革提高数据真实性的意见》《统计违纪违法责任人处分处理建议办法》《防范和惩治统计造假、弄虚作假督察工作规定》《关于对统计领域严重失信企业及其有关人员开展联合惩戒的合作备忘录》《统计党纪责任》及《中华人民共和国统计法》《统计法实施条例》等统计法律法规，编印《统计法律法规文件选编》宣传册1000余册，增强宣传教育力度。开展统计执法检查，检查统计对象单位39家，对存在的问题进行督查整改，树立统计权威。统计行政执法工作实现了无行政复议、无行政诉讼、无单位举报、无民众上访。开展防范和惩治统计造假弄虚作假专项整治行动，取得积极成效。

（徐敦军）

海　关

【概　况】 中华人民共和国湘西海关位于湘西土家族苗族自治州吉首市人民南路69号，建筑面积4147.65平方米，总投资约1550万元，于2019年10月18日正式开关运行。湘西海关是湖南省湘西土家族苗族自治州负责湘西地区进出口货物、物品监督管理的正处级机关，隶属于长沙海关领导，实行海关总署垂直管理体制，设有办公室、综合业务科、监管稽核科3个科室。履行监管、征税、查私、统计4大职能。负责湘西州辖区内的海关业务，促进湘西州开放型经济发展，促进企业技术改造和产业结构调整。

【开关运行】 2019年10月18日，湘西海关举行开关揭牌仪式，湘西州从此有了专门服务于对外经济贸易的海关机构，湘西的进出口企业从此将可以在“家门口”办理海关业务。根据2018年中央编办批复的海关总署机构改革方案，长沙海关设立正处级的湘西海关。在海关总署、湖南省委省政府关心支持下，长沙海关与湘西州委州政府共同努力，顺利完成了开关的各项准备工作。湘西海关正式开关运行，将为湘西州企业加快“引进来”和“走出去”提供更加便利高效的通关服务，助力湘西州开放发展。

2019年10月18日，湘西海关正式开关运行
湘西海关　供图

【海关业务】 10—12月，湘西海关共审结报关单86票，其中“两步申报”报关单2票。监管进出口货运量2558吨，进出口值1755.19万美元。实施出入境货物检验检疫111批次，货值795.69万美元，同比批次下降15.91%、货值下降26.08%。实施出境货物包装检验141批1.72万件，同比批次下降10.19%，货值下降35.28%。审批减免税6批次，总货值22.24万美元，减免两税19.52万美元。新增备案企业36家。签发出口原产地证书182份，签证金额3031.94万美元。

【服务地方企业】 湘西海关积极组织开展多项对企培训，针对部分企业对海关业务了解不够充分、对相关业务培训需求强烈的问题，2019年先后举办诚信兴商主题座谈会暨原产地培训、湘西州出口危险货物及其包装检验监管培训、湖南湘

2019年10月，湘西海关办公大楼启用

湘西海关　供图

西州国际贸易“单一窗口”新功能推广应用等专题培训，由相关业务专家现场解读文件要求、剖析典型案例、开展现场答疑，惠及企业60余家，取得良好反响。助力湘西州外贸平台建设，协调多方促成“潇湘—伏尔加产业园”与湘西州外贸企业建立合作关系，为湘西州企业走出国门、走向世界搭建发展平台。

【精准扶贫】 湘西海关针对贫困户实际情况建立扶贫台账，把扶贫责任落实到人，对口到户。多次深入对口扶贫村保靖县碗米坡镇柳树坪村和押马村进行走访慰问，了解贫困户的实际困难，思考对策建议，并将相关情况汇总至村部。开展“六看六查”行动，实地查看、详尽反馈各贫困户的生活条件、家庭情况、脱贫情况。向驻村扶贫工作队拨付20万元扶贫专项资金，用于支持工作队办公经费和改善村镇基础设施等开支，为扶贫工作开展提供保障。2019年末，两个扶贫村通过省检、国检，完成脱贫摘帽。

（资梦玲　田歌扬）

公共资源交易

【概　况】 2019年，平台项目累计成交39249项151.69亿元，其中工程建设项目成交230项65.24亿元，政府采购项目成交718项21.78亿元（含PPP项目2项5.79亿元），资源交易项目成交146项50.09亿元（含排污权15项0.01亿元），国有资产项目成交100项1.5亿元，医药采购项目成交38055项13.08亿元（含药品集中采购37994项12.08亿元）。是年，荣获“全国公共资源交易标准化平台服务示范单位”“全国公共资源交易十佳学习型机构”“全省公共资源交易行业文明窗口单位建设先进单位”“全州民族团结进步创建工作优秀单位”荣誉称号。

湘西州公共资源交易中心获评“2019—2020全国公共资源交易标准化平台服务示范单位”

州公共资源交易中心　供图

【综合服务标准化建设】 是年，参与起草制定《湘西自治州人民政府办公室关于印发〈湘西自治州政府采购网上商城管理办法（暂行）〉的通知》《关于进一步加强全州工程建设领域招标监督管理工作的若干意见》，印发《湘西州公共资源交易中心交易现场管理制度》《见证服务制度》《交易服务行为规范（试行）》《中介代理进场交易行为考评管理办法》《交易失信行为名单公开披露制度》等管理制度，明确服务流程与管理标准，完善和扎紧制度笼子。抓线下咨询服务，对进场项目的形式仅实行要件审核，及时发布入场项目公告，入场项目招标文件挂网时间限定在1个工作日，结合《绿色通道》《项目回访制度》，业务办理即来即办；抓线上咨询服务，创新“一站式服务模式”，落实“最多跑一次”或“零跑路”，政府集中采购、产权交易、国土资源、水利工程、网上商城等均实现“不见面交易”。落实“三减五自助”，即减少环节，减缩时限，减低成本；实现自助注册入场，自助下载交易文件，自助抽取专家，自助交易公开，自助网上交易。取消投标报名环节、取消招标文件审查、取消交易资料封存，压低交易服务费，大大缩短交易时间，节约交易成本500多万元。

【现场管理精细化建设】 制定《湘西州公共资源交易中心“12345”精细化管理规范》，明确全面推行一站式服务模式，编写两种交易报告（公共资源交易统计分析报告、公共资源交易要情专报），开展三项交易评价（中介代理机构行为表现评价、评标评审专家履职评价、中心服务质量评价），做好四本交易记录（市场主体信息记录、交易过程记录、监督执法过程记录、网络运行安全记录），健全五类专业台账（评标评审专家抽取台账、异常情况协处台账、流废标情况台账、项目回访台账、交易档案台账）。全年归档全流程记录表1067份，通报专家现场行为165人次，发布5期中介代理机构通报，记录62家公司121宗项目123人次不规范行为，将中介代理机构、专家评价情况汇总后及时反馈给相关行政监管部门，作为相关考核依据。重点突出“扫黑除恶”专项斗争和公共资源招投标领域的专项整治，编制专报13期、分析统计报告11期，做好监督执法过程记录项目896个，配合有关部门协查协办交易事项99次。

【见证监督协同化建设】 改造总监控室，开评标区布置150余处监控摄像头，实现全方位无死角覆盖并升级监控系统，与州纪委监委监督实行“无缝对接”。推行全员现场见证、特别见证员轮流见证制度，完成特别见证项目600项。实行交易项目警官联系制度，落实“一项一警两辅”责任制，设立“快警”警务室，重点打击围标串标、抢标卖标、强揽工程等问题，有效遏制4起围标串标行为。改造完成独立评标室5间，促进评标评审更加公平公正。实行失信行为名单公开披露制度，将各级行政监督部门查处的11起交易失信行为在《团结报》进行公开披露。

【精准扶贫】 中心在重点围绕“两不愁三保障”和“三大清零”工作基础上，加大扶贫资金投入，扶贫村综合贫困发生率0.5%（2户7人），漏评率、错退率为0，群众满意度95%以上。组织投入扶贫资金278.25万元，其中中心投入资金62.25万元。新建基耕道2条，完成村部建设，新建太阳能路灯12盏，帮助协调柏杨坪组饮水水质改造纳入县水利建设计划，年度贫困人口年人均纯收入约9100元。通过新时代农民大课堂、“三大清零”集中行动暨新思想进扶贫村主题党日活动、“不忘初心，牢记使命”主题教育活动、庆祝中华人民共和国成立70周年暨主题教育宣讲活动、“六看六查”活动、入户宣讲、唱阳戏、三棒鼓表演等多种形式宣传党的十九大和十九届四中全会精神、习近平系列重要讲话精神，中央、省、州精准扶贫会议精神和决策部署，全年工作队走访贫困户宣讲政策200次以上，结对帮扶干部入户走访宣讲170次以上。

湘西州公共资源交易中心获评中国公共资源交易跨区域合作联盟“2019年度全国公共资源交易十佳学习型机构” 州公共资源交易中心 供图

（黄 霞）

财政　税务

财　政

【概　况】2019年，湘西州一般公共预算收入完成126.81亿元，同比增长5.61%（剔除减税降费和法院、检察院上划因素，同比增长16.52%），其中地方收入完成64.13亿元，同比增长7.39%（剔除减税降费和法院、检察院上划因素，同比增长18.27%）。州本级（不含湘西经济开发区）一般公共预算收入完成48.72亿元，同比增长8.43%，其中地方收入完成14.86亿元，同比增长7.96%。县市区一般公共预算收入完成78.09亿元，同比增长3.93%，其中地方收入完成49.27亿元，同比增长7.23%。全州一般公共预算支出完成351.67亿元，同比增长6.95%，其中民生支出226.04亿元，同比增长4.21%，占一般公共预算支出的64.28%。

【支持"三大攻坚战"】湘西州财政部门支持打好打赢"三大攻坚战"力度继续加大。严格执行债务限额和债务预算管理，加强风险预警和防控，重点做好债务增量控制和存量债务化解，全州债务风险总体可控，推动全州融资平台公司由59家整合转型为16家。全州整合各类财政涉农资金32.08亿元，安排各级财政专项扶贫资金19.85亿元，有效助力全州8.95万人脱贫，236个贫困村全部出列。争取环保专项资金4.98亿元，州本级安排污染防治专项资金0.5亿元，各县市区财政加大支持保障力度，有力支持了全州环保各项工作。

【服务经济发展】湘西州财政部门充分发挥职能作用，服务经济发展。组织开展全州减税降费政策进园区、知识竞赛、督查和调研，开展收费清理，对收费目录实行清单管理，实现"涉企收费进清单，清单之外无收费"和省定涉企行政事业性收费"清零"。筹集企业应急转贷资金0.5亿元，完成转贷业务57笔，累计提供过桥贷款3.53亿元，累计为政府采购项目企业贷款0.14亿元，帮助企业解决融资难题。拨付农业保险财政保费补贴0.95亿元，拨付创业担保贷款财政贴息资金0.33亿元，帮助申报制造强省奖补资金0.14亿元，投入企业研发奖补资金1.1亿元，支持农业发展、创新创业、产业升级和生产研发。充分运用财政政策，积极涵养税源，加大对重点税源企业支持力度，全州纳税前50名企业全年累计税收入库54.33亿元。全州累计获得上级转移支付243.43亿元，较上年增长12.40%；争取到新增债券34.65亿元（其中新增一般债券14.17亿元，新增专项债券20.48亿元）；争取到济南市财政援助资金3.88亿元；争取到城乡建设用地增减挂钩节余跨省交易指标17.82亿元，有力支持了全州经济社会发展。

【财政监督管理】科学编制"四本"预算，政府收支全部纳入预算管理，全口径财政预算管理进一步完善。州本级和各县市区按时按要求公开2019年度政府预算、部门预算、“三公”经费预算，预决算公开进一步深入。强化预算绩效管理，重点组织开展2018年度州本级22个政府预算重大专项重点绩效评价和2018年度州人大选定的21个政府预算专项资金绩效评价工作，完成州直173个单位整体绩效目标和282个专项绩效目标的编审、批复，预算绩效管理进一步强化。加大财政存量资金盘活力度，对集中支付系统和州直各单位特设账户存量资金进行清理，收回资金1.3亿元。压减一般性支出，牢固树立勤俭节约、艰苦奋斗和过“紧日子”思想，将一般性支出在年初预算压减5%的基础上再压减到10%，收回年初预算安排资金0.15亿元，统筹用于亟需资金的其他领域和重点工作，财政资金使用效益提高。出台《湘西自治州州直机关差旅费管理办法》等文件，一般性支出管理加强。完成2018年度资产年报编制。州直单位完成资产配置预算1.15亿元，审批控购公车198台，价值0.33亿元，处置资产4325件（宗），价值0.55亿元。出台《湘西自治州政府采购网上商城管理办法》《湘西自治州政府采购评审专家劳务报酬标准》等文件，政府采购管理更加规范。全年全州实现政府采购规模13.85亿元（不包括政府购买服务和PPP项目），节约采购资金1亿元，资金节约率6.77%。着力优化财政投资评审服务，在湘西州财政局门户网公布州本级财政投资评审资料审查标准一次性告知清单，实现送审环节“最多跑一次”。全年全州累计完成评审项目1779个，送审金额144.43亿元，审减金额24.65亿元，审减率17.07%。开展财政重大项目结余结转资金清理、安全生产财政资金监督检查、全州惠民惠农财政补贴资金“一卡通”专项治理、减税降费政策措施实施效果监督检查、地方预决算公开检查等，财政资金使用的有效性、规范性和安全性进一步提高。

【财政改革】 2019年，湘西州财政体制改革深入推进。按照“横向到边、纵向到底”的原则，推进国库集中支付制度改革，实现全州县市区、乡镇国库集中支付制度全覆盖。加快推进支付电子化改革工作，提升国库资金支付效率，州本级、永顺县、凤凰县、泸溪县支付电子化改革工作全面完成。推动全州1638个应执行政府会计准则制度的行政事业单位全部完成新旧制度衔接，按新制度开展2019年业务核算。配合相关部门出台《湘西州工程建设项目审批制度改革实施方案》，推动工程建设项目行政审批流程标准化。

【国有资产监管】 全州国有资产监管继续加强。完成起草《湘西州融资平台公司市场化改革方案》（代拟稿），报州人民政府，推动融资平台公司市场化转型。指导州国有资产经营管理公司重组整合，推动监管国有企业领导人薪酬制度改革，指导州属监管企业深化收入分配制度改革，基本完成省政府下达湘西州4户“三供一业”分离移交工作任务。通过业绩考核日常调度、经营业绩专项审计和考核验收，深化国有资本经营预算审查监督，强化财务监管以及督促企业落实重大举债报告制度，综合施策，加强国有企业监管。接洽中铁交通投资集团等4家大型企业来州投资考察，支持吉首市人民政府加大招商引资力度。做好产权管理基础性工作，完成湘西厚驿大酒店、吉凤投资开发有限责任公司、州城乡综合开发公司等企业资产评估、审计、处置等工作，夯实企业发展基础。成立3个国企党组织，配齐调整党支部书记6人，投入30多万元党建工作经费用于国有企业党支部“五化”建设和困难企业党建活动，国企培养入党积极分子125名，发展预备党员78名，国企支部“五化”建设取得新突破。表彰23个国企基层党支部“共产党员先锋（示范）岗”，将党建考核纳入干部绩效考核、企业经营业绩考核，发挥党建引领作用。

（杨　阳）

税 务

【概 况】2019年，湘西州税务局认真贯彻落实习近平总书记关于税收工作的重要指示，牢固树立为纳税人缴费人服务思想，坚持税收改革，优化纳税环境，简化纳税手续，严格进行税务稽查，税费收入超额完成州委州政府和省局下达的任务。

【税费收入】2019年，面对异常严峻的收入形势，全州各级税务机关切实处理好减与收的关系，紧盯收入目标，主动作为，多措并举促进收入增长，全年累计组织入库各项税收105.06亿元，同比增收4.18亿元，增长4.15%，增幅排名全省第六；累计征缴社保费29.16亿元，非税收入4.53亿元。全州10个征收单位全部完成预期目标任务。

【减税降费】2019年，州税务局认真贯彻落实州委州政府和省税务局减税降费工作部署，大胆探索，以习近平总书记精准扶贫思想为指引，学习借鉴湘西精准扶贫经验，采取“精准识别、精准服务、精准管理、精准督查、精准组织”五项工作措施，推动全州减税降费工作往心里走、往细里走、往实里走、往深里走。对全州14384户重点纳税户发放“精准落实减税降费政策连心卡”，按月更新减税降费资料，明确联系人、联系领导，建立高效的沟通联系工作机制。在花垣县十八洞设立全州第一个村级办税服务点，在精准服务扶贫上作出有益探索。个人所得税改革平稳落地，全州26万人享受改革红利。全年全州累计新增减税8亿元，支持实体经济和小微企业发展，激发市场活力。

【纳税服务】大力推进“放管服”改革，着力围绕纳税人的“痛点”“堵点”“难点”，优化纳税服务。2019年电子税务局全面上线，90%以上的纳税人足不出户就能办好税开好票；全州6个县市区办税服务厅整体进驻政务服务中心，实现“一门办税”；178项办税事项全部实现“最多跑一次”、35项“套餐式”办税事项和4类15项70条便民办税措施全部到位。在2019年全省纳税人满意度调查中，湘西州在全省排名上升了5个位次。在全州深化“放管服”改革优化营商环境推进落实评议会上，州税务局在29个被测评的州直单位中位列第2名。

【税收治理】法治建设深入推进，税收管理不断加强，探索推行了大企业“一户一卡”精准服务，实施个体工商户自主按期申报，强化了增值税、消费税、所得税精细管理，推进部门协作税收共治；信息化建设扎实推进，金三系统如期并库；风险管理成效明显，建立风险数据模型31个，完成风险应对2335户次，查补入库税款2.38亿元；打虚打骗行动有力，端掉虚开发票窝点2个，价税合计6.5亿元；税务稽查卓有成效，全年立案查处96户，查补入库税款1.56亿元，完成纪委、监委移送涉税案件4户，查缴税款6300万元；纳税信用管理稳步推进，通过“税银互动”为7853户企业争取授信贷款11.17亿元；社保费征管职责划转平稳有序，初步形成“政府主导、乡镇主抓、部门配合、税务征收服务”的征缴模式，社保费管理股所实体化运作，得到省局肯定。

（何雨凌）

农 业

农业及农村工作

【概　况】 2019年，全州农村人口137.85万人，耕地面积300.9万亩，同比增长0.5%，基本农田233.25万亩。实现农林牧渔业总产值165亿元，同比增长3.3%。农林牧渔业增加值96.2亿元，增长3.5%。农村居民人均可支配收入10046元，增长9.4%。

【现代农业建设】 实施农业"845"行动计划，推进产业扶贫，全州1701个有产业发展条件的村（含社区）实现特色产业发展覆盖，12万户有发展能力和意愿的贫困户得到1个以上的产业扶持，初步形成"一县一业""一乡一特""一村一品"产业格局。全州特色产业总面积432万亩，经济作物比重持续上升，其中茶叶、猕猴桃、蔬菜分别增长21.6%、10.5%、4.2%。特色畜牧水产业稳步推进。全州出栏生猪104.95万头、牛6.32万头。山羊存栏39.71万只、活家禽存笼495.77万羽。肉类总产量9.49万吨，同比下降11.2%，其中猪肉产量7.07万吨，同比下降15.9%。水产品总产量2.58万吨，同比增长4.5%。全州休闲农业企业183家，新增13个。全年接待游客995万人，同比增长9.1%；完成营业收入13.85亿元，同比增长10.8%；带动农民增收50360人，同比增长8.2%。推进休闲农业示范创建，古丈县龙鼻嘴村、凤凰县菖蒲塘村、保靖县黄金村被认定为2019年度湖南省休闲农业集聚发展示范村，神笔生态度假村（花垣县神笔生态文化有限责任公司）、后溶生态农庄（永顺县高坪乡后溶生态农庄）被认定为2019年度湖南省休闲农业示范农庄。争取项目资金3.4865亿元，启动高标准农田建设20.3万亩，含高效节水灌溉面积1.75万亩，保靖县在全省率先开工并完成建设，荣获省政府"2019年度真抓实干高标准农田建设成效明显单位"称号。

【农村生态建设】 出台《关于加快推进全州厕所革命的意见》《湘西州户厕建设实施方案》等政策文件，新建农村户用厕所4.16万座、农村公厕94座，探索形成凤凰"流滚模式"、保靖"茶市模式"经验。加强农村环境保护治理。启动全州耕地土壤与农产品重金属污染加密调查。基本完成第二次全国农业污染源普查。推进花垣县矿山环境问题整治、凤凰县184亩耕地重金属污染治理。推进农村人居环境整治和农村生态环境突出问题治理，制定《全州农村生活垃圾治理实施方案》，提升生活垃圾治理水平行政村523个；全州畜禽粪污资源化利用率73.03%，规模养殖场粪污处理设施装备配套率88%；推广可降解农膜2734.83吨，实现农膜回收率85.6%；开展病虫害专业化统防统治65万亩，开展绿色防控76.9万亩。永顺县荣获"2019年全国村庄清洁行动先进县"称号。保靖县、永顺县荣获省委"2019年度农村人居环境整治先进县市区"称号。泸溪县蒲溪村、花垣县岩锣村、永顺县场坪村荣获“2019年度全省美丽乡村建设示范村”称号。

泸溪峒河十万亩优质椪柑示范基地
州农业农村局 供图

【农业科技教育】 全年举办各类农业技术培训班2540期次，指导培训农民17.87万人次，印发技术资料29.16万份。推进“湘西州千名农技干部精准帮扶联村全覆盖行动”，选聘产业扶贫指导员2465名，覆盖有产业发展条件的建制村（社区）1701个。推进新型职业农民培育工作。全面实施农技推广特聘计划。成功申报“湖南最美科技工作者”1人，“湖南省十佳农技推广标兵”1人。

【农业法制建设】 深化“放管服”改革，制定《湘西自治州农业农村局关于进一步深化“放管服”改革、优化营商环境、推进经济高质量发展的实施方案》，采取委托下放、重心下移、移出权责清单等方式下放行政审批事项17项，保留州级行政审批事项8项，同步取消各类证明材料38项。推进“大棚房”问题专项清理整治，排查设施农业大棚7831个，占地面积11890.85亩；发现问题49个，占地面积55.57亩；整改到位49个，整改完成率100%。

【农产品质量监管】 加强质量监测，全州抽检农产品样品15262批次，合格率99.9%，其中州级抽检样品1203批次、县市级抽检样品14059批次；省级例行监测抽检农产品样品551批次，合格率99.6%，合格率居全省第一。加强监管执法，持续推进禁限用农药、水产品禁用药物和有毒有害物质、“瘦肉精”、兽用抗菌药、私屠滥宰生猪和农资打假等专项整治行动，持续推进农村假冒伪劣食品专项治理和扫黑除恶专项斗争，全州出动监管、检测、执法人员3800余人次，检查农资生产经营门店1926家次、种植基地1420个次，督促整改问题100起，立案64件，办结案件64件，案件信息公开64件，公开率100%。推进农产品质量安全追溯体系建设，全州“两品一标”“一县一特”农产品、省级以上农业企业全部进驻国家农产品质量安全追溯平台和湖南省农产品“身份证”管理平台，赋码标识率100%。

【武陵山区农产品产销对接会】 9月10日，武陵山区贫困地区农产品产销对接活动在湖南省湘西土家族苗族自治州举行。此次活动以“品牌强农、消费扶贫”为主题，由农业农村部、湖南省人民政府主办，旨在搭建贫困地区特色优质农产品产销对接平台，推介武陵山片区“生态、有机、富硒”优质农产品品牌，促进武陵山片区及湖南湘西地区优质农产品与市场的有效衔接。活动期间，举行湘西州客商恳谈会暨农业招商引资签约仪式，来自全国各地的300多家企业、客商，与湘西州的农业企业、农业合作社精准对接，涉及农业招商引资项目、东西协作扶贫产销对接、大湾区扶贫产销对接、柑橘猕猴桃扶贫产销对接、电商平台扶贫销售等29组项目，157个农产品合约成功签约，总金额23.1亿元，其中农业投资项目约3.5亿元。为助力农产品品牌建设，提高农产品市场竞争力，仪式现场还发布了湘西农产品区域公用品牌——“湘西相伴”。

花垣县道二猕猴桃基地 州农业农村局 供图

2019 年湘西自治州省级及以上农业产业化龙头企业一览表

表 11

序号	所在市县	企业名称	龙头企业级别	所属产业	主营产品（经营范围）	企业地址（住所）
1	吉首市	酒鬼酒股份有限公司	省级	粮食（酒业）	酒鬼酒、湘泉白酒系列。生产、销售曲酒系列产品、陶瓷包装物、纸箱，经营本企业中华人民共和国进出口企业资格证书核定范围内的进出口业务；矿产品开发投资（不含采掘）；旅游基础设施及景点的开发投资	湖南省吉首市峒河街道振武营村
2	吉首市	湖南湘泉药业股份有限公司	省级	中药材	中药饮片、中药材。生产、销售自产医药原料、医药中间体、中西成药、中药饮片（以上凭生产许可证核准的范围、期限从事经营），开发中药材基地，种植、销售自产中药材，养殖、销售家禽家畜（不含种禽、种畜），经营本企业产品及生产所需的原辅材料、仪器仪表、机械设备、零配件及技术的进出口业务（国家限定公司经营和国家禁止进出口的商品及技术除外）；经营进料加工和“三来一补”业务	湖南省吉首市镇溪办事处雅溪社区
3	吉首市	湘西湘谷粮油发展有限公司	省级	粮食（大米）	金香米。政策性粮食储备、粮油仓储、加工、中转、检测、包装及信息咨询，物流配送服务（以上涉及专项审批的须取得审批许可方可经营）、粮油购销及农副产品销售	吉首市石家冲办事处团结西路 14 号
4	吉首市	湘西新金凤凰农业开发有限公司	省级	茶叶	茶叶、果蔬仓储。农业开发，农产品加工、冷藏、销售	吉首市吉庄工业园（乾州东区乾城大道边）
5	吉首市	湖南边城生物科技有限公司	省级	粮食（醋）	香醋系列。食醋的生产，销售醋及醋制品的开发，民族工艺品设计、制作、销售，食品生产、销售，化妆品生产、销售，饮用水的生产、销售	吉首市河溪镇张排村
6	吉首市	湘西华方制药有限公司	省级	中药材	青蒿素、陈皮苷。青蒿素及其系列产品，其他中西成药、医药中间体、植物提取物（非药品，涉及专项审批的需取得相关专项许可证明）的生产销售，中药材种植、初加工、收购、销售	吉首市乾州新区建新路 168 号
7	吉首市	吉首诚成纺织有限公司	省级	其他（棉麻）	竹节纱、棉纱。纺纱、织布（白棉布）、印染布生产、加工、销售，民族服装服饰、针纺织品、沙发、席梦思、轻纺原料、纺织机械配件、化工产品（不含危险品）、民用建材的销售。	吉首市人民南路 69 号
8	泸溪县	湖南省泸溪县椪柑股份有限公司	省级	水果	椪柑。椪柑科研、基地建设及配套所需的化肥、农膜、农用激素的有偿转让；种子、种苗（不含杂交稻种子）、园艺植物培植、销售；果品收购、包装、销售；农村基本设施项目建设；农业技术服务	泸溪县白沙镇临江路
9	泸溪县	泸溪县富泰生物科技开发有限责任公司	省级	水果	椪柑	湖南省泸溪县白沙镇桥东路 26 号
10	泸溪县	泸溪县红山椪柑有限责任公司	省级	水果	椪柑。椪柑种植、销售；进出口贸易经营、进出口贸易代理；食品、苗木（不含种苗）、花卉、水果、蔬菜销售、家禽（不含种禽）、牲畜（不含种畜）、水产、农药（不含危险化学品）、化肥、文化旅游产品、政策允许的农副产品、民族工艺品、日化用品网络销售；普通货物运输、装卸搬运服务；道路货物运输代理；国际货运代理；打包、装卸、运输全套服务代理；物流代理服务；仓储代理服务；货物仓储（不含危化品和监控品）；电子商务平台的开发建设；信息系统集成服务；果蔬仓储管理信息系统集成；数据处理和存储服务	泸溪县洗溪镇洞底坪村
11	凤凰县	湖南省周生堂生物科技有限公司	省级	水果	猕猴桃果脯、蜂蜜柚子茶。生物制品技术研发；食品加工及销售；保健食品加工及销售；化妆品生产及销售；电子商务服务；计算机软件开发；计算机及辅助设备销售	湖南省湘西州凤凰县凤凰之窗文化旅游产业园第 20 栋

续表 11

序号	所在市县	企业名称	龙头企业级别	所属产业	主营产品（经营范围）	企业地址（住所）
12	湘西经济开发区	湘西自治州奥瑞克医药化工有限责任公司	省级	中药材	青蒿素、皂素、双烯。盾叶薯蓣（黄姜）种苗的组织培育及其种植，政策允许的医药中间体生产、销售，农产品收购，化肥、饲料、农用薄膜、农业机械销售	湖南省湘西经济开发区吉凤办事处长潭西路9号
13	花垣县	湖南德农牧业集团有限公司	省级	畜禽（牛）	黄牛冷冻系列。安格斯、湘西黄牛养殖、屠宰、清真加工包装（食用农产品初级产品）、销售及相关技术服务；动物肉制品及附属产品、速冻食品的生产加工、仓储、销售；牛、羊、牲畜、家禽的购销；引进和推广养殖相关新品种、新技术；开展相关农业技术开发、转让、培训、交流和咨询服务；自营、代理各类产品和技术的进出口贸易（国家限制公司经营或禁止的进出口商品和技术除外）；普通货物的运输（含运输途中的冷藏保鲜）；食品冷藏寄存；农作物、牧草的种植；农业技术开发和技术转让；民族民间工艺品销售	花垣县道二乡美惹村
14	花垣县	花垣县兴盛供销有限责任公司	省级	蔬菜	榨菜，泡菜系列。日用杂品；棉麻土产品；大小百货；政策允许的农副产品初级加工及购销；化肥、小包装种子的购销；非生产性废旧物资的回收	花垣县花垣镇建设中路58号
15	花垣县	湘西苗汉子集团农业科技有限公司	省级	水果（猕猴桃为主；有蔬菜）	政策允许的农副产品的销售；政策允许的中药材、谷物、薯类、蔬菜、水果、坚果、香料作物、花卉苗木及园艺作物的种植；农产品的加工、包装；园林景观绿化工程的施工；选矿药剂（不含危险化学品及监控化学品）、水泥、钢筋、砂石购销；民族工艺品、服饰的购销	湖南省花垣县花垣镇步行街
16	花垣县	花垣羽丰鸽业有限责任公司	省级	畜禽（鸽）	种鸽。白羽王鸽、石岐鸽养殖、销售、宰杀、加工；提供良种和优质商品乳鸽、鸽蛋；政策允许的农副产品购销	花垣县长乐乡团岩坪村
17	花垣县	花垣县裕隆集团科技发展有限责任公司	省级	畜禽（生猪养殖）	育肥猪。长白、大约克、杜洛克商品猪生产；商品猪饲养；人工授精服务；牲猪屠宰加工及销售	湖南省湘西土家族苗族自治州花垣县国家农业科技园区花垣核心区
18	保靖县	湖南鑫洋食品工业有限公司	国家级	水果	柑橘浓缩汁。蛋制品加工、销售；鲜果蔬菜及果蔬浓缩汁加工、销售；牲猪养殖、销售。民族工艺用品制造、销售	湖南省保靖县迁陵镇魏竹路
19	保靖县	保靖县鼎盛黄金茶开发有限公司	省级	茶叶	保靖黄金茶。茶叶种植、加工及销售；茶苗培育	湖南省保靖县迁陵镇大田村
20	古丈县	湘西自治州牛角山生态农业科技开发有限公司	省级	茶叶	茶叶、苗寨旅游。家禽、家畜养殖、销售；茶叶种植、生产、加工、销售；水果种植、包装、销售及休闲农庄服务；旅游项目开发、策划；旅游接待、景点门票销售；民族旅游产品生产、销售、收藏、展览；民间民俗文化	古丈县默戎镇毛坪村
21	古丈县	湖南鑫科牧业有限公司	省级	畜禽（生猪养殖、加工）	腌腊制品。腊制品、酱卤肉生产加工与销售及其产品网络销售；牲畜、家禽养殖、销售；农副产品收购、销售；民族工艺品制作、销售	湖南省古丈县红石林省级工业集中区
22	古丈县	湖南英妹子茶业科技有限公司	省级	茶叶	红茶、绿茶、紧压茶。茶叶生产加工、销售、种植开发及产品进出口贸易茶文化传播及茶产品科研开发；农副土特产品收购、加工销售；各类茶器茶具、茶工艺品、茶包装物、茶叶机械加工、销售；生态农业综合开发、生态茶园旅游观光及民族工艺品加工、销售	湖南省古丈县古阳镇红星小区

续表 11

序号	所在市县	企业名称	龙头企业级别	所属产业	主营产品（经营范围）	企业地址（住所）
23	永顺县	湘西老爹生物有限公司	国家级	水果（猕猴桃等）	水果罐头。饮料（固体饮料类、果汁及蔬菜汁类、其他饮料类）生产猕猴桃、杜仲及其系列产品的生产、加工、销售、研发及相关技术成果的转让；经济林苗生产、批发、零售；预包装食品批发兼零售	湖南省湘西土家族苗族自治州永顺县王村镇双桥村
24	永顺县	湖南永顺锦帛钰纺织有限责任公司	省级	其他（棉麻）	棉纱、坯巾。生产、销售：棉纱、白棉布、毛巾、浴巾、印染布、轻纺原材料，零售：化工、建筑材料、五金、百货、政策允许经营的农副土特产品，皮棉经营	湖南省湘西土家族苗族自治州永顺县芙蓉镇新城社区（永顺经开区）
25	永顺县	湖南继福种业科技有限公司	省级	粮食（种业 14）	玉米种子等。玉米、水稻种子生产；主要农作物种子（棉花种子除外）批发、零售	湖南省永顺县灵溪镇大桥街（房改办宿舍旁）
26	永顺县	永顺县源植天然香精香料有限责任公司	省级	其他	山苍子油、松香、松节油。收购、加工销售、购销：柏木油、山苍子油、天然香料油、水泥预制砖、政策允许经营的农副产品；方解石矿粉、塑化材料；松脂采割、加工、销售；厂房、场地出租	湖南省永顺县泽家镇泽家村
27	永顺县	湘西沃康油业科技有限公司	省级	油料（油茶）	山茶油、山地菜籽油。食用植物油种植、加工、销售；农产品及农副产品收购和销售	湖南省永顺县石堤镇狮子村
28	永顺县	湖南大洋肥业有限公司	省级	其他（有机肥）	测土配方肥、有机肥、复混肥	湖南省永顺县芙蓉镇太平村二组
29	龙山县	湖南省恒龙中药材股份有限公司（原龙山县恒龙中药业拓展有限公司	省级	中药材	中药材。中药材及农副产品加工、销售	湖南省湘西土家族苗族自治州龙山县民安街道城郊社区工业园区
30	龙山县	龙山县喜乐百合食品有限公司	省级	中药材	百合系列产品。百合产品生产、淀粉加工、销售；薯类系列产品生产、淀粉加工、销售；百合种植、加工、购销；花卉种植、种球培育及销售；生态农业开发；农业技术开发、咨询、转让服务；农业科技研究、实验、发展	龙山县洗洛乡洗洛正街
31	龙山县	龙山县泰新大鲵驯繁有限公司	省级	水产	大鲵。大鲵的驯养繁殖；种鲵、子代销售	龙山县民安镇春井村（东门桥头）
32	龙山县	龙山县飞龙牧业有限责任公司	省级	畜禽（生猪养殖）	牲猪。牲畜养殖、销售；肉制品加工、销售；饲料销售	龙山县洛塔乡
33	龙山县	龙山县昶光农业科技发展有限公司	省级	畜禽（牛养殖）	牛肉、地龙蛋白、中药材。农林业高新技术开发与技术推广服务；农林产品种植、批发、销售；生态农业园区建设及观光服务；家禽、家畜养殖、加工及销售；乡村农家乐服务；观光游道、户外徒步项目开发	湖南省湘西土家族苗族自治州龙山县农车镇农车村 82 号

（田智强）

种植业

【概 况】2019年，全州坚持质量兴农、绿色兴农、效益优先，稳定粮食生产，推进结构调整、绿色发展，加快促进种植业转型升级，实现农业增加值68.3亿元。

【粮油作物】全年粮食作物播种面积248.67万亩、产量87.53万吨，同比增长0.8%、2.8%。其中，稻谷播种面积143.625万亩、产量59.42万吨，同比下降1.7%、增长0.9%；玉米播种面积49.545万亩，产量14.89万吨，同比增长4.9%、10.1%；豆类播种面积15.975万亩、产量1.57万吨，同比增长5.7%、5.2%；薯类播种面积38.625万亩、产量11.48万吨，同比增长3.4%、4.2%。油料播种面积77.07万亩、产量7.9万吨，同比增长0.1%、下降0.5%。蔬菜种植面积83.805万亩、产量73.31万吨，同比增长4.2%、3.6%。

【经济作物】茶叶种植面积48.7万亩，同比增长8.11万亩，产量1.16万吨，产值24.19亿元。柑橘97.34万亩，同比减少2.8万亩，产量50万吨，产值10亿元。猕猴桃19.65万亩，同比增长1.51万亩，产量21.13万吨，产值6.5亿元。中药材32.36万亩，同比增长1.11万亩，产量19.29万吨，产值17.8亿元。百合8.51万亩，同比减少0.59万亩，产量8.56万吨，产值8.51亿元。时鲜水果18.77万亩，产值4.79亿元。

【农产品加工】全州有农民专业合作社5761个，农产品加工企业938家，其中国家级2家、省级31家、州级170家；营业收入123.5亿元，其中规模以上企业91家，实现营业收入61.3亿元。开展农业产业化省级联合体及省级示范联合体培育，认定农业产业化省级联合体6家（湘西黄牛农业产业化联合体、英妹子农创联盟联合体、喜乐百合产业联合体、湖南鑫洋柑橘产业化联合体、恒龙中药材产业化联合体、花垣县兴盛果蔬产业化联合体），农业产业化省级示范联合体2家（湘西黄牛农业产业化联合体、英妹子农创联盟联合体）。全年农业机械总动力186.4万千瓦。推进农业现代园区建设，巩固建设万亩精品园24个、千亩标准园316个。加强“两品一标”产品申报，有效“两品一标”农产品117个，其中无公害农产品34个、绿色食品51个、有机食品24个、农产品地理标志8个。“湘西香伴”农产品区域公用品牌正式发布。湖南省恒龙中药材股份有限公司在湖南股权交易所成功挂牌。龙山农业科技园获批省级农业科技园。永顺县松柏镇入选国家农业产业强镇示范建设单位。保靖县洞山镇黄金村、保靖县比耳镇和永顺县松柏镇荣获全国“一村一品”示范村镇称号。

【技术研究推广】全面实施农技推广特聘计划，聘请21人作为特聘农技人员。开展水稻新品种引种示范、再生稻、“水稻+”高效综合种养示范，“稻田+养鱼”模式平均亩产稻谷461.7公斤、水产品116.2公斤。积极探索“农科院+”模式，与湘西自治州吉凤农业科技有限公司、酒鬼酒公司合作，进行“穴盘+营养钵”“两段法”育苗技术示范、酿酒高粱引种示范，在吉首市、花垣县、龙山县开展茶叶穴盘扦插育苗半年出圃栽培示范。

【土壤肥料】加强耕地质量监测，编制《湘西州2018年耕地质量监测报告》，对81个大田监测和81个土壤墒情监测点进行监测。加强耕地质量建设，推广测土配方施肥技术458.8万亩，主要农作物测土配方施肥技术覆盖率92%；推广秸秆还田技术172.5万亩，农作物秸秆还田率50.6%、综合利用率84.7%以上；调减化肥施用总量669.29吨，主要农作物化肥利用率39.2%。改良酸性土壤12.1万亩。示范推广水肥一体化技术5万亩。

【植保植检】首次发现草地贪夜蛾，涉及8个县市107个乡镇，发生面积71591.5亩，防控面积70177亩，防控处置率98%，防控全部到位，没有局部成灾情况。州、县市编写发放病虫情报125期次45.55万份，排出病虫情报公告版42期次1.05万份，发送病虫防治通知单48期次4.5万余份，发送病虫防治手机短信4.5万余条。开展柑橘黄龙病普查防控，组织培训12次，培训人员1500人次，发放宣传资料5000份。开展稻水象甲普查防控，组织培训12次，培训人员1500余人，发放通知单8300余份，普查110万余亩，防控面积1.6万余亩。推广柑橘大实蝇绿色防控，实施成虫诱杀面积30万亩，实施专业化统防统治面积4.2万余亩。推广杀虫灯、诱虫板、诱蝇球、食诱剂成虫诱杀等绿色防控技术，覆盖水稻、柑橘、茶叶、猕猴桃等特色农作物76.9万亩。

【市场展销】 组织农业企业参加山东济南市年货会、浙江杭州茶叶博览会、第二十一届中博会（永顺松柏大米获袁隆平特别奖）、中国第十七届国交会等农产品展示展销活动。组织农业企业参加深湘农产品产销对接高峰会、西南贫困地区农产品产销对接活动、贫困地区农产品产销对接活动、湘赣边区优质农产品产销对接活动，主办承办武陵山区贫困地区优质农产品产销对接活动、湘西柑橘开园节活动、2019中国（古丈）第三届茶旅文化节。推进信息进村入户工程益农信息社建设，建成县级运营中心8家，村级益农信息站点1364个，覆盖全州85%行政村。

（田智强）

林　业

【概　况】 2019年，全州林业系统积极践行“绿水青山就是金山银山”发展理念，认真贯彻落实国家和省林业生态建设总体要求，紧贴州委州政府“542”发展战略和建设美丽开放幸福新湘西的决策部署，务实创新，克难奋进，年度各项工作任务圆满完成。武陵山区（湘西）土家族苗族文化生态保护区通过文化和旅游部评审。全州森林覆盖率稳定在70.24%以上，有林地面积1347.84万亩，活立木蓄积量4831.76万立方米，均稳居全省前列。9月，州林业局被国家林业和草原局评为“全国生态建设突出贡献先进集体”；1月州林业局被湖南省林业局绿化委员会评为“湘林杯”林业建设目标管理考核优胜单位、3月评为全省林业政务信息先进单位、9月获全省国有林场职业技能竞赛精神风尚奖、11月评为湖南省林业行业会计决算优秀单位；12月州林业局获州2019年度“五个文明”绩效考核优秀单位、平安单位创建优秀单位、州级文明标兵单位、民族团结进步创建先进单位、美丽湘西建设先进单位；12月州森林公安局被湖南省森林公安局记集体三等功；10月湘西州青坪国有林场被中国产业联合会确定为2019年全国森林康养基地试点建设单位；9月高望界国家级自然保护区被湖南省林业局评为“湖南省生态文明教育基地”，11月高望界国有林场、南华山国家森林公园荣获“2019年度国有林场管理十佳单位”称号。

【林业产业】 2019年，全州实现林业产业总产值144.09亿元，同比增长15.89%。其中第一产业57.10亿元，同比增长2.6%；第二产业26.30亿元，同比增长7.2%；第三产业60.69亿元，同比增长26.18%。全年完成木本药材新造8500万亩，全州中药材总面积增加到32万亩，年产量10万吨；食用林产品检测合格率97%以上。新挂牌林业产业省级以上龙头企业5家，全州林业产业省级龙头企业增加到18家，总产值9.36亿元，占全州林业总产值6.45%；新增省级林业特色产业园2家，全州省级林业特色产业园增加到8家，全州森林公园接待国内外游客94.5万人次，实现旅游收入6763.9万元。

【林业投资】 全州落实各类林业生态建设投资5.64亿元。其中，中央和省级财政投资5.43亿元，占林业总资金97%；州本级财政专项投入2186万元，占比3%。过亿元项目1个：生态公益林补偿1.2亿元；过千万元项目8个：天然林保护4957万元，石漠化综合治理3941万元，长江防护林1060万元，生态转岗护林员8501万元，森林抚育补贴1353万元，造林补贴2176万元，林业专项资金4221万元，森林植被恢复费分成返回6235万元。

【生态保护】 省局下达湘西州采伐指标32109立方米，实际采伐林木17395立方米，远低于省控指标。办理林地许可65张，涉及林地面积471.2623公顷，收缴植被恢复费8318.2111万元。完成“绿盾2018”自然保护地生态环境问题整改和申请销号70个，完成率94.59%。落实森林保险面积稳定在1100万亩以上，做到重点公益林全覆盖，参与农户45.6万人。森林资源保护和执法专项行动出动执法人员900余人次、车辆420台次，行政立案12起，刑事立案76起，刑事拘留25人，逮捕12人，移送起诉84人，收缴野生动物活体729头（只）、死体118头（只）。全州没有发生重特大涉林案件。

【生态修复】 全州完成人工造林15.6万亩，为省定任务的111.43%。其中完成石漠化工程造林8900亩、封山育林3.84万亩；完成“裸露山地”绿化3万亩、花垣矿山复绿4462.9亩；完成州、县生态廊道建设水岸绿化50公里、道路绿化315公里；完成长防林工程造林1万亩、封山育林2.6万亩、森林质量精准提升6000亩。申报立项2019年林业科技项目15项，资金170万元。完成编制申报2020年亚洲开发银行投资项目3大类11个和5个政府债券投资项目，总投资63.11亿元。

【生态补偿脱贫】 全州落实贫困人口转岗生态护林员7371人，其中中央转移支付生态护林员4221名，县市自筹资金生态护林员3150人，带动脱贫1.9万人（按照2019年脱贫标准3700元计算），为省分配计划的174.60%。到位年度退耕还林补助5237万元、生态公益林补助12648.03万元、国家天然林保护补助4957.28万元，分别涉及建档立卡户4.9万户17.15万人、8.11万户32.72万人、5.17万户21.07万人。

【林业科技】 全州申报立项林业科技项目15项，资金170万元。其中科技创新项目2项：《平欧榛引种与亚热带寒区结实特性研究》《湘西喀斯特地区青钱柳栽培标准化示范》，省科技推广项目1项：《油茶林下种植巴西人参、花生栽培技术》，中央财政科技推广项目1项：《湘西喀斯特地区青钱柳定向培育技术推广》，省科技特派员项目2项：《中华樱桃玛瑙红引种栽培推广示范》《黄桃高效丰产栽培技术》，林业科技特派员一对一帮扶行动项目9项。“武陵山石漠化地区林业长期科研示范基地”正式获批国家林业和草原局长期科研基地。《湘西州古树名木信息管理系统及综合评估研究》成果通过省科技成果鉴定入库，湘西州林科所刘兴峰和刘思凡共同完成的《森林培育及经营管理完善策略研究》项目被中国科学技术协会授予国家科技成果一等奖，刘思凡获州第十二届青年科技奖。新发现垂花樱桃（蔷薇科）和孙航樱（李属樱亚属）2个植物新种。

【林业有害生物防控】 全州林业有害生物发生面积19.91万亩，有害生物成灾面积1.54万亩，成灾率1.14‰，远低于省控指标3.3‰。为有效控制林业有害生物危害，全州各级林业主管部门多渠道筹措资金2000余万元，抢抓有利时机，组织专业技术人员、乡镇林业站工作人员及当地群众，实施以直升机、无人机播撒生物药剂灭虫为主、人工防治为辅的防治措施，施放松毛虫病毒、白僵菌等药剂50余吨，悬挂赤眼蜂卡7.4万亩，防治马尾松毛虫、松褐天牛、松材线虫病和油茶炭疽病等病虫害20万亩，其中无公害防治19.5万亩，无公害防治率97.5%，高于省定指标85%。组织开展松材线虫病普查，全州应实施监测面积418.98万亩，实际普查面积837.96万亩，松材线虫病监测和普查率达100%；清理因火灾、病虫害致死等原因引起的枯死松木11.3万余株，松枯死木清除率100%；经秋季松材线虫病普查统计，全州松枯死木84839株，病死松树74002株，全州松材线虫病发生面积6.9868万亩，其中10月25日经省检测鉴定确认，花垣县猫儿乡和双龙镇3个林地小班发生松材线虫病，面积523.5亩；开展松材线虫病疫木执法专项行动，对外省调入的松科植物及其产品进行检疫复检，复检率100%。

【森林防火】 执行森林防火工作首长负责制，重点落实森林防火“双向”责任制，层层签订森林防火责任书，把森林防火工作纳入县市、乡镇（街道）、村（社区）、林业主管部门和林场、保护区、森林公园等森林资源经营管理单位年度目标管理。强化防火宣传，全州累计发放森林防火宣传知识手册、挂历30余万份，新建大型森林防火宣传牌20余处，设置中小型警示宣传牌5000余块，悬挂横幅1.5万副（张），发送森林防火短信40万条，滚动播放森林火险电视公益广告10天。突出重点时段和重点人群，组织护林人员、林业干部、森林公安民警进行面对面、点对点宣传。强化火源管控，组织力量加强巡山护林，重点抓好农事用火、祭祀用火、游客用火和娱乐用火等野外火源管控。利用卫星林火监测、林火视频监控、人工塔台瞭望、地面巡护等手段，加强火情监测。选聘生态护林员7352人，将森林防火责任落实到人员和山头地块，织密森林火灾监测网络。强化应急处置，修改完善《湘西自治州森林火灾应急预案》，组建武警森林扑火专业救援队伍10支290人、群众性义务扑火队伍157支6820人，配置风力灭火机、油锯等防火设备4万余件。州、县市举办各类森林防火培训班10余期，培训人员1000余人次。强化值班调度，严格落实24小时值班和领导带班、国家卫星监测热点核查“零报告”和森林火情归口报告制度，做到及时接处警。是年，全州发生森林火灾19起，其中一般森林火灾15起，较大森林火灾4起，过火林地面积134.49公顷，受害森林面积95.78公顷，森林火灾受害率0.099‰，远低于省防火办0.9‰的规定标准，没有发生重特大森林火灾和人员伤亡事故，确保元旦、春节、清明、国庆等重点节假日重要活动期间林区的社会稳定，实现绿色生态得到有效保护的工作目标。

【国家森林城市三年巩固行动】 全面落实国家林业和草原局、省林业局森林城市三年巩固工作要求，印发《关于2019年度湘西州国家森林城市建设三年巩固行动绿化造林任务的通知》《关于国家森林城市建设三年巩固的实施意见》，编制完成《国家森林城市建设三年巩固行动总体规划（2019—2021）》，推进各项建设巩固工作落实。2019年度创建国家森林城市巩固和美丽乡村建设造林绿化任务全面完成，建设完成森林乡村60个、森林人家62个、庭院绿化1万户；完成高速公路沿线“国家森林城市——湘西州欢迎您”大型宣传广告牌制作安装；完成古树名木资源调查和挂牌保护42741株，其中一级古树1524株，二级古树4605株，三级古树36606株，名木6株。泸溪县新寨坪村、花垣县十八洞村等18个行政村被国家林业和草原局认定为“国家森林乡村”。

【油茶林面积突破100万亩】 2019年全州完成油茶新造12.85万亩、低改1.15万亩、幼林抚育1.2万亩，油茶产业总面积突破100万亩，年产油茶籽19443吨、茶油4860吨，产值突破7.29亿元。新组建油茶专业合作社226个，参与农户15292户，当年新造油茶林的63.44%、低改油茶林的52.17%是由油茶专业合作社完成的，专业合作社模式成为湘西州油茶建设的主力军；全州油茶产业扶持建档立卡贫困户17932户61568人，户均增收1000元。全年争取上级油茶项目资金620万元，其中凤凰县油茶新造资金420万元，保靖县油茶低改资金200万元。在州农行召开的“2019年银担联合推进工作会议”中推介我州油茶，向其提供了有资金需求的106家油茶合作社（大户）

名单，涉及资金2.77亿元。加强油茶产业招商引资，泸溪县引入中粮天地，凤凰县引入湖南青康生态农业科技发展有限公司，实施高效油茶林示范基地建设。保靖县移民局利用移民资金，在碗米坡镇柳树坪村、押马村等发展油茶产业，高标准种植华字系列油茶2600亩，部门的积极参与有力地助推湘西州油茶产业建设。

【退耕还林20年总结】 2019年，是退耕还林工程实施20周年。从2000—2019年，湘西州累计完成退耕还林面积420.2万亩，其中退耕地造林202.45万亩，宜林荒山荒地造林192万亩，封山育林25.75万亩。森林覆盖率由退耕还林前的56.86%增加到70.24%，森林蓄积量由2122.3万立方米增加到4643万立方米，森林面积由1152万亩增加到1633万亩，退耕还林工程生态效益物质量和生态效益价值量位居湖南省14个市州之首。惠及全州114个乡镇、1798个村社区、39.8万余农户、162万余人，其中建档立卡贫困户9.8万余户38.32万余人。累计获得退耕还林补助59.4亿元、生态公益林补助11.01亿元、天然林补助1.32亿元。退耕还林农户户均获得钱粮补助14380元，人均获得3533元。2019年全州实施退耕还林20周年总结、宣传和纪念活动，制作推广退耕还林和油茶产业宣传片各1部，组织邀请《人民日报》、新华社、《湖南日报》等多家媒体到凤凰、花垣等地实地采访，在各级新闻媒体刊出林业宣传专版10余个、稿件150余篇，其中《人民日报》2篇，新华社1篇，《中国绿色时报》2篇，湖南经视、《湖南科技报》、华声在线、《香港商报》、香港《大公报》等媒体各1篇。承办湖南省退耕还林20周年建设成果新闻发布会。筹备、参与国家退耕还林20年延安现场会展览工作，湘西州被国家林业和草原局评为“北延安、南湘西”的南方代表，和延安共同成为中国南北两个绿色发展的典范城市。2019年6月，州林业局在全省林业有害生物防治工作会议上作典型发言，11月在全省林业信息化建设工作会议做典型发言，12月在全省营造林工作会议上做退耕还林典型发言。

（杨　华）

水　利

【概　况】 2019年，湘西州水利部门认真贯彻“节水优先、空间均衡、系统治理、两手发力”新时代治水方针，围绕打赢脱贫攻坚战、全面建成小康社会、推动经济高质量发展，抓重点、补短板、强弱项、夯基础，圆满完成各项目标任务。全州防汛抗旱取得新胜利，农村饮水安全保障有力，河长制工作扎实开展，最严格水资源管理有效落实，水利项目建设扎实推进，库区移民工作成效显著，水利行业监管取得实效，水利“放管服”改革成效明显。是年，全国地表水环境质量状况考核湘西州位列全国第8名，全省水利质量考核湘西州位列第二名，凤凰县成功获评全国水生态文明城市，凤凰沱江被水利部评为长江经济带最美河流，龙山湾塘电站被水利部评为2019年度绿色水电示范电站，永顺县获得2019年湖南省政府河长制真抓实干表扬激励和省水利建设先进县；凤凰县水利局姚辉获得全国水利系统“先进工作者”称号。

【防汛抗旱】 认真贯彻落实习近平总书记“两个坚持、三个转变”防灾减灾救灾新理念，成功应对15次强降雨及局部地区旱灾，全年全州未有水库、堤防溃决，无一人因暴雨洪灾伤亡。全州687座水库和886处山洪灾害危险区均落实了行政责任人、技术责任人和巡查管护责任人。全面完成水毁水利工程修复任务，2018年冬至2019年春全州投入1130万元，开工修复30处水毁水利设施。全州抗洪抢险专家库建设基本完成，收录各类专业技术专家422名，其中州本级58名，各县市364名。全州水利部门举办培训29场次、演练158场次。6月14日，州水利局在花垣县小排吾水库举办2019年度水库抗洪抢险暨群众转移应急演练；7月5日，州水利局、州应急管理局举办全州水旱灾害防御知识培训。加强监测预警，全年发送预警信息6.23万条，启动山洪灾害防御预警广播2237站次。

【农村饮水安全】 全年实施农村饮水安全巩固提升工程507处，完成投资2.9746亿元，投资完成率100%；巩固农村居民42.78万人（其中贫困居民8.704万人）饮水安全。2019年上、下半年全州分别完成2299处、2585处集中供水工程出厂水（或末梢水）水质检测；新增农村自来水人口69213人，占目标任务的100.02%；年度全州自来水普及率增长2.78%，达到83.73%；对建档立卡贫困人口165066户667731人分县到乡镇到村到户到人建立安全饮水台账，实现建档立卡贫困人口饮水安全保障率100%。

【河长制工作】 州县乡村严格按照省总河长1号令巡河频次开展巡河，全年14个州级河长巡河52次，交办问题50个，全部整改完成。落实省总河长5号令，清理出102艘“僵尸船”，其中拆解84艘，落实专人看管18艘，水上交通安全隐患消除。酉水流域古丈县4个入河排污口完成整改销号。取缔沅水非法砂石码头7处、扣押运砂船舶4艘，强拆龙山、永顺非法采砂设备12处，清除滩涂围坝鱼塘2座，全州88个“四乱”问题按“一单四制”要求全部完成整改销号。组织召开2019年州总河长会议及成员单位工作会议2次；开展专题宣传活动42次，宣传报道1040件。20个农村饮用水源保护、2处黑臭水体治理、130条河道划界方案编制、115条样板河创建、464个城乡饮用水卫生监测、9县市区河道警长建立等10项重点任务全面完成。全州464个城乡饮用水卫生监测点每半年检测一次，达标率100%；辖区内4个国控断面水质全部达标、23个省控考核评价断面水质均达Ⅲ类以上；全州地表水水质全年监测为优，水质达标率100%。全面完成年度任务并顺利通过省河长办考核。在全省“美丽河湖”评选活动中，永顺猛洞河、泸溪武水、龙山果利河、保靖洺比河被评为“美丽河湖”。

【水资源管理】 全面推进水资源消耗总量和强度双控行动，严守“三条红线”。全州用水总量控制目标为9.58亿立方米，实际为9.23亿立方米；万元工业增加值用水控制目标为72.3立方米，实际为69立方米；万元GDP用水量控制目标153.7立方米，实际为153.7立方米；农田灌溉水有效利用系数控制目标为0.514，实际为0.5161；重要江河湖泊水功能区水质达标率控制目标为95%，实际值为100%。完成武水、酉水大型灌区及233座水电站、5208个农村安全饮水工程取水许可证规范工作，完成2718个取水工程（设施）核查登记入库工作，征收水资源费355万余元。开展水利行业节水型机关建设工作，编制印发州水利局节水机关建设工作方案。夯实水资源管理基础，编制完成湘西州2018年度水资源管理公报及年报。

【水利建设】 大兴寨水库项目前期进展顺利，争取进入了《沅江流域综合规划》。烟草水源工程永顺中秋河、古丈古阳河和新建永顺溪州水库建成投用，花垣吉辽河水库正在扫尾，泸溪辛女溪水库完成总体形象进度90%，凤凰乌巢河、龙山龙潭河、保靖三岔河水库完成总体形象进度65%。保靖小溪、永顺芙蓉、龙山楠竹坪三座抗旱水源水库工程建成，花垣五龙冲水库工程开工建设。完成泸溪县太平溪二期、花垣河二期中小河流治理工程和保靖县酉水重要河段（保靖县城段）主要支流治理项目、龙山县里耶防洪堤加固及提标一期工程建设。完成中央14个小型病险水库除险加固项目建设任务。完成保靖县狮子桥大型水闸除险加固工程，泸溪县甘溪桥大型水闸除险加固工程超额完成年度建设任务。完成凤凰县2019年长潭岗、禾库两个项目区坡耕地水土流失综合治理任务。龙山县三元二期、永顺县不二门等3处小水电扶贫项目进展顺利，古丈县古阳河、保靖茅坪电站小水电扶贫项目顺利投产运行发挥效益。全州完成各类水利投资13.78亿元。

【水土保持】 开展长江经济带生产建设项目水土保持监督执法专项行动，制定下发《湘西州长江经济带生产建设项目水土保持监督执法专项行动实施方案》，全州梳理排查各类违法项目136处，建立执法项目清单127处，到现场核查120处，现场纠正或下发整改通知查处80处，张吉怀铁路湘西段、张花连接线、G209永花公路等重大项目建设违反水保法的违法行为得到整改。各县市区在专项行动中，督促生产建设单位补编水土保持方案30个，全州征收水土保持补偿费425万元，州本级征收193万元。加快水土保持建设项目的实施，水土流失治理项目有凤凰县坡耕地水土流失综合治理项目，永顺县、古丈县国家水土保持重点治理工程，其中国家水土保持重点治理工程全部整合，用于精准扶贫；凤凰县坡耕地水土流失综合治理项目两个项目区实施，其中长潭岗项目区坡面整治基本完成，禾库项目区完成坡面整治及配套设施建设。完成2014—2018年连续5个年度续建配套与节水改造项目建设扫尾，谋划酉水和武水两个大型灌区现代化建设。

【农村水电】 以小水电扶贫和小水电站清理整改为主线，监督水电项目建设管理，推进水电项目环境整治和绿色水电建设。州政府出台《关于贯彻落实小水电整改有关文件精神的通知》《湘西自治州小水电清理整改联席会议制度》，完成262座小水电“一站一策”整改方案编制，9座小水电清理退出、2座小水电进行整改。古阳河电站、三元二期电站、不二门电站小水电扶贫项目进入扫尾阶段。全州“十三五”时期增效扩容改造项目39个，其中电站增效扩容改造项目25个，河流生态改造项目14个，已完成总投资5669.89万元，其中完成中央财政投资1838万元。

【放管服改革】 落实州放管服改革精神，在全州率先实现行政审批网上办理，行政审批事权从9项减为6项，审批时限从20天减为8天，窗口受理办结事项审批63件，审批项目进窗率100%，办件“零投诉”。

【猛洞河等入选湖南“美丽河湖”】 湖南省河长办联合红网在全省开展“美丽河湖”“最美民间河长”“优秀护河员”评选活动，经过征集、初选、网络评选、专家评审四个阶段角逐，湘西州永顺县猛洞河、泸溪县武水、龙山县果利河、保靖县洺比河被评为湖南省“美丽河湖”，凤凰县杨俊、古丈县代明泽、花垣县宋会虎被评为湖南省“最美民间河长”，凤凰县田宏站、吉首市樊仁辉、泸溪县向启明被评为湖南省“优秀护河员”。

【湘西州“最美水利人”评选】 11月29日，湘西州水利局开展全州水利系统“最美水利人”评选活动。从州县（市）推荐的8位参赛选手中，评选出了5名2019年度湘西州水利系统“最美水利人”，分别是永顺县水利局总工程师马继元、龙山县水利局工管站站长肖再明、湘西州水利局水利工程管理站副站长陈明、州西（武）水灌区管理局局长胡士平、吉首市水利局建管站工作人员麻成昌。

（彭继华　彭　姣　周　璇）

畜牧水产

【概　况】 2019年，州畜牧水产事务中心围绕目标管理和绩效考核工作任务，加强组织领导，落实主体责任，强化工作措施，在牧渔扩群增量、动物疫病防控、养殖污染治理、产业推进等工作取得了较好的成绩，中心获得2019年“全州招商引资二等奖”，获全国农牧渔业丰收成果三等奖1项，2人获得农业部表彰。

【畜牧水产养殖】 全州完成牛品改15648胎次，完成年度总任务156.5%。其中吉首市1060胎次，泸溪县1004胎次，凤凰县3098胎次，古丈县1463胎次，花垣县2692胎次，保靖县1034胎次，永顺县1542胎次，龙山县3755胎次。全州推广冻精3万支，发放液氮1.2万多升，冷配受胎率88.7%，比上年提高约1.2个百分点；肉牛良种覆盖率46%，比上年提高约1个百分点。全州开展渔业资源人工增殖放流活动17次，投放各类鱼苗鱼种2193万尾，完成总目标任务219%。其中州本级2次400万尾，吉首市2次400万尾，泸溪县4次400万尾，凤凰县2次100万尾，花垣县1次100万尾，保靖县3次253万尾，永顺县2次290万尾，龙山县1次250万尾。

【动物疫病防控】 全州按照“应免尽免、不留空挡”的要求，完成春、秋两季动物集中免疫，组织开展春、秋两季免疫效果评估，强制免疫病种的进度和密度均达到省定要求。面对2019年严峻的非洲猪瘟疫情防控形势，全州多次召开非洲猪瘟防控电视电话会议，安排部署非洲猪瘟防控工作。加强非洲猪瘟疫情监测排查，严格生猪调运监管，强化“两场”（种猪场和生猪规模场）保护，严厉打击生猪私屠滥宰行为，组织开展非洲猪瘟“夏季攻势”和“大清洗、大消毒”活动，举办全州第七届官方兽医暨非洲猪瘟复养技术培训和全国非洲猪瘟防控专题巡回讲座湖南站视频培训。年内全州没有发生非洲猪瘟等重大动物疫情。无害化处理体系建成运营。5月，全州建设完成1个病死畜禽无害化处理中心、8个收集点以及配套的监管网络平台并投入运行。5月31日，全州病死动物无害化处理体系通过省级考评验收，全年无害化处理病死畜禽9760头。落实动物疫病监测。完成春秋两季动物免疫效果评估工作任务，完成4次H7N9流感、4次高致病性禽流感、2次牛羊布鲁氏菌病、2次牛羊口蹄疫、2次小反刍兽疫监测，持续开展非洲猪瘟监测。全年共检测6600余份非洲猪瘟样品、2080份禽流感样品、627份牛羊口蹄疫及布鲁氏菌病样品、480份小反刍兽疫样品。

【养殖污染治理】 畜禽养殖污染防治。开展禁养区退养工作“回头看”，全州禁养区应退尽退，退养无反弹。永顺县东林养鸡场和荣晖养猪场被列入省“夏季攻势”任务，截至12月12日，全部完成关停退养任务。各县市启动畜禽养殖废弃物资源化利用整县推进工作，落实奖补资金800万元，项目资金3006万元。全州规模养殖场粪污处理设施装备配套任务82个，完成6个，配套率92.8%，超过省考核任务7.8个百分点；粪污资源化利用率75.1%，提前一年完成国家任务。网箱拦网整治。根据省河长办下达的2019年全省总河长会生态警示片问题整改交办单，确定湘西州碗米坡水库、凤滩水库、湾塘水库的网箱整治期限为2019年12月30日。2019年1月14日，州政府办印发《湘西自治州网箱拦网养殖整治工作方案》，全面启动湘西州网箱拦网养殖整治工作，涉及上述库区的四县人民政府均发布了整治工作通告，出台具体整治工作实施方案。截至12月30日，全州应撤除网箱15445口，实际已拆除网箱15445口，完成总任务进度的100%，并已全部销号。

【产业推进】 2019年，全州创建国家级畜禽标准化示范场1个、省级示范场4个。招商引资引进全国500强企业江西正邦集团投资生猪全产业链项目，建成现代化养猪场1个，整合3个，新增基础母猪1.2万头，总投资达1.05亿元，并以此为契机，同步引进500强企业双胞胎集团，州畜牧水产中心获得2019年“全州招商引资二等奖”。完成4个技术推广与研究实验课题，其中“肉牛品改技术推广示范”获全国农牧渔业丰收成果三等奖。中心组队参加全省水产技术推广职业技能竞赛，获得三等奖。中心干部职工获得实用新型专利1项，编制标准1项，在核心期刊发表专业技术论文22篇，2人次获得农业部表彰。

【精准扶贫】 按照“宜牧则牧、宜渔则渔”的原则，因地制宜发展养殖生产，通过专业人员科技下乡、"千名农技干部精准帮扶联村全覆盖行动"、特派员挂村驻点、开展养殖技术培训、建立"龙头企业+专业合作社（村集体）+农户"等多种形式，带动贫困户增收脱贫，支持全州扶贫工作。抓好驻村扶贫，落实吕洞山镇夯沙村危房改造、饮用水安全、教育扶贫、产业扶贫等工作，开展"三清零"活动和"六查六看"活动，中心57名副科级以上干部深入159户结对帮扶贫困户开展8次以上走访，为贫困户送去帮扶资金、畜禽渔种苗、生活物资等共计30余万元，解决住房安全8户，巩固发展黄金茶、稻田养鱼、土鸡养殖、养蜂等产业，建立农业专业合作社5个，实现村集体年收入6万元。夯沙村成功创建州级文明村，并通过省级现场验收评估。

（吴云斌）

农业科学研究

【概　况】 2019年，州农业科科研究院加强党对农业科研工作的全面领导，狠抓科技创新，加快科技成果转化，助推精准扶贫、精准脱贫，实现了农业科研工作稳步发展，综合实力和服务"三农"能力得到进一步提升。

【基础科研】 全面完成上级下达的国家武陵山中稻区域试验、国家西南区玉米区域试验等10个上级课题。通过南繁育种和本地区选育，水稻不育系"阳S"通过安徽省鉴定，所配两个组合晋级2020年湖南省区域试验，成熟组合农兴粘（湘L18）开展大田种植示范，米质、口感均表现很好，通过了农业部新品种保护申请。州玉9号参加2019年湖南省玉米区域试验，表现很好。

【平台建设】 截至年末，州农科院共建有国家、省级科研平台11个，其中国家级4个，省级7个。争取到2020年在州农科院建立"院士工作站"，同时还与湖南省农科院达成意向，将在州农科院加挂湖南省农科院"湘西分院"牌子。

【科技助力】 2019年，州农科院及院内一名专家分别获得全国科技助力工程先进单位、先进个人荣誉。共选派15名专家任省、州科技特派员和省"科技助力工程"专家团队，不仅完成该院扶贫村扶贫任务，还主动承担12个省直单位定点扶贫村的"科技助力工程"，圆满完成了各项科技助力工程任务，取得较好成效，受到省直相关单位领导好评。

【院企合作】 先后与5家州内龙头企业签订"院企合作"协议，通过龙头企业推动农业科技成果有效转化，与湘西吉凤农业科技有限公司合作，开展茶苗快速繁育和"保姆式服务"，在吉首、花垣、龙山和凤凰4县市推广茶叶穴盘苗+地膜覆盖新技术1万多亩，提供茶苗3000多万株，茶苗栽植成活率90%以上，比普通大田苗成活率提高30%以上，深受群众好评。

【精准扶贫】 2019年，继续落实"一对一"帮扶措施，围绕基础设施、基本产业、基层组织等建设，全力推进花垣县补抽乡桃子村、懂哨村的精准脱贫工作。帮扶干部到联系户走访均已达到7次，其中全覆盖走访慰问5次，了解生产、生活情况，宣传十九大精神和帮扶政策，交流感情，传递正能量。全年共投入资金70多万元，为巩固桃子村、懂哨村扶贫成果打下良好基础。

（孟　然）

农业利用外资

【概　况】 2019年，全州外资外援系统积极争资上项，狠抓项目推进，创新工作机制，农业利用外资工作取得可喜成绩，实施外资外援项目2个、申报外资外援项目1个，争取湖南省2019年农业企业对外投资国际合作和对外招商引资财政专项资金84万元。

【对外贸易】 开展农产品贸易促进、农产品出口基地建设等工作，组织3家企业报名参加"湖南—以色列现代农业科技合作交流对接会”，组织1家企业参加“2019年马来西亚食品酒店展览会”和“2019中国国际食品配料博览会”，派员参加“2019年中非农业合作发展研讨会”“2019年中国—东盟博览会及‘一带一路’农业投资合作论坛”，配合州农业农村局举办武陵山区贫困地区农产品产销对接活动。

【世行贷款农田污染综合管理项目】 该项目在湘西州花垣县、吉首市、永顺县、保靖县四县市实施，于2017年12月正式启动，湘西州项目区计划总投资1.7亿元，执行期6年，拟对项目区2.24万亩农田进行管控。2019年完成项目投资277.56万元，其中，基于风险的农田管理示范投资71.1万元，加强农业环境监测和管理计划投资1.26万元，能力建设投资19.01万元，项目管理与评价投资157.57万元，其他费用投资28.62万元。启动水稻品种筛选试验，花垣、永顺开展品种筛选试验各10亩，花垣县筛选品种12个，永顺县筛选品种15个。调整细化项目区实施方案，完成花垣、保靖、永顺项目区实施方案调整。批准项目县市实施方案，花垣、保靖、永顺项目县实施方案经获县级人民政府批准。启动实施农艺措施，花垣实施农艺措施500亩，采购农业投入品钝化剂50吨，采购复合肥25吨，规范落实大田培管。开展项目督查指导，分别于5月上旬、7月上旬、8月下旬配合省项目办调度督查指导，10月中旬开展项目调研，形成调研报告1篇。开展技术咨询服务，永顺、花垣、吉首完成技术咨询服务采购。收集完善项目农艺措施短名单，完成社区参与石灰、钝化剂、有机肥、复合肥采购短名单选择与申报，社区参与采购短名单获省农业农村厅批准。花垣、永顺、吉首完成项目办公设备采购。开展业务培训，开展提升项目管理人员业务水平培训2次。编制项目计划，编制完成项目采购计划、实施计划、培训计划。开展项目区培训，开展农民培训1892人天，其中，吉首400人天、花垣436人天、保靖400人天、永顺656人天。

【世界粮食计划署湘西学前儿童营养改善试点项目】 联合国世界粮食计划署（WFP）湘西学龄前儿童营养改善试点项目于2018年实施，为期3年，WFP无偿援助资金500万元，蒙牛乳业集团在项目区启动营养惠普计划，捐赠学生奶改善儿童营养。2019年，湘西州完成投资112万元，春季学期项目覆盖25所幼儿园1838名学龄前儿童，其中男生1015名、女生823名；秋季学期项目覆盖26所幼儿园1784名学龄前儿童，其中男生979名、女生805名。与59户精准扶贫户签订种养三方协议，为项目学校提供食材价值20余万元。开展项目督促检查，5月上旬就项目设备使用和项目资金落实情况对所有项目幼儿园开展督查检查，10月上旬顺利通过WFP项目检查团检查。开展营养宣教，3月下旬、7月中旬分别举办WFP湘西学龄前儿童营养改善试点项目幼儿教师及家长营养知识宣教活动；永顺、龙山两县项目办多次通过集中培训、餐前知识培训、张贴营养知识画报、召开家长会等形式进行营养宣教活动；全年全州张贴营养知识宣传画报50余份，举办营养宣教幼儿园培训100余次。做好阳光数据监测，完成阳光数据监测平台数据录入，按照每月监测月报调整项目幼儿园营养膳食搭配，全年发放蒙牛学生牛奶8480件/271360盒。组织7所幼儿园（教师代表2名、幼儿与家长代表各10名）参加美团、大众点评为湘西儿童营养改善试点项目开展的公益项目活动。

【国际农发基金贷款乡村振兴发展项目】 国际农业发展基金（IFAD）贷款湖南省乡村振兴发展项目湖南省总投资7000万美元，湘西州古丈、凤凰、泸溪、龙山四县被纳入项目县，申报贷款资金2000万美元。3月中旬派员参加“国际农业发展基金中国项目2019年工作（成都）会议”，4月中旬派员参加在凤凰县举办的“国际农发基金识别团2019年湖南项目识别对接会议”，11月下旬派员参加“国际农业发展基金贷款湖南省乡村振兴示范项目前期准备工作会议”，12月上旬IFAD项目设计团赴古丈县实地考察，召开项目设计会议，12月13日在长沙召开项目设计总结会。

（张 也）

农业机械管理

【概 况】2019年，湘西州农机系统贯彻落实乡村振兴战略，推进全州农机化工作高质量发展。农机总量稳步增长，新推广拖拉机、微耕机等各类机具10244台套，年末全州农机总量25.7万台套/186万千瓦。农机惠农资金规范实施，争取中央项目农机购置补贴等各类资金687万元，受益农户5681户，补贴机具6061台。全年培训各类农机操作人员3663人，配合湘西职院开展农机特岗生实践实习活动。农机安全生产形势良好，新增拖拉机驾驶员431人，开展农机牌证管理机具注册登记497台，注销285台，年检审机具5862台，完成龙山县召市镇、吉首市镇溪街道创建省级“平安农机”示范乡镇申报工作；强化农机安全监管，全年未发生较大以上生产经营性农机安全责任事故。农机合作组织较快发展，成功建设7家省级现代农机合作社，1家省级示范社。目标管理成效明显，完成州政府确定的各项主要职能工作任务，州农机事务中心被评为全省农机事务工作先进单位，州级文明标兵单位、州民族团结进步创建示范单位、州安全生产优秀单位、平安建设优秀单位和五个文明绩效考核优秀单位，龙山、永顺、凤凰三县农机事务中心获评全省先进县市农机事务单位。

【农机购置补贴】落实农机购置补贴等各类惠农资金687万元，补贴机具6061台套，受益农户5681户。抓好农机购置补贴工作专题培训与督查检查，确保全州农机购置补贴工作规范运作。7月15—16日，湖南省农业农村厅农机购置补贴落实情况调研小组对保靖县农机购置补贴政策落实情况进行调研指导。

【农机推广服务】按照因地制宜、先进适用、引导示范的农机推广思路，2019年分两批次集中引进茶叶加工、果园管理、蔬菜移栽等机械48款；为发展特色经济作物生产，龙山县、花垣县被纳入全省试点品目补贴项目县，两县在全州率先引进果蔬烘干机、冷藏保鲜库、微喷（滴）灌等设备进行示范推广。年末完成试点工作实施方案发布、企业招标入围、系统开通、现场演示评价等前期工作。是年，全州推广各类农机具10244台。组织举办新机具、新技术推广演示现场会9场次。9月20日，在永顺县颗砂镇举办全省2019年农业机械化秸秆综合利用现场演示会，演示机械化旋耕、水稻秸秆捡拾打捆、小型农机开沟培土、秸秆粉碎还田、无人机植保、油菜直播等多种农业机械的使用。12月24日，湖南省2019年第六期“教会农民用农机，我是党员我带头”农机化技术培训班在凤凰县举行，来自全省各市州县农机系统职工、优秀农机合作社和农机公司代表近200人参加培训，现场演示了微喷灌、单轨运输机、果蔬保鲜等多种先进农业机械。

【安全生产】贯彻落实州委州政府安全生产工作会议精神，按照省农机监理总站安全生产要求，结合湘西州实际，州农机事物中心调研制定2019年工作计划，落实农机安全生产工作要点。强化宣传，各县市采用广播电视、流动宣传车、微信和发放宣传资料等形式，宣传农机安全生产知识。全州开展24场次集中宣传活动，发放宣传资料4500余份，培训机手和合作社人员550人次。以点带面推进农机安全生产工作，完成龙山县召市镇、吉首市镇溪街道创建省级“平安农机”示范乡镇申报。抓好农机安全生产源头管理。进行农机牌证管理机具注册登记497台、注销285台、年检审机具5862台，组织开展农机驾驶人员考试15次，新增驾驶人员431人次。抓好元旦、春节、“两会”、清明、五一、端午、中秋和国庆等节日期间农机安全生产工作，全州开展58次联合执法行动，严厉打击拖拉机无牌无证行驶和违法载人行为，2019年，全州没有发生较大以上农机安全责任事故。落实“放管服”工作要求，开展上门服务群众活动。3月26日，组织开展“教会农民用农机，我是党员我带头”送考送技下乡活动，在龙山县天堂村现场给9名农机手进行拖拉机驾驶证考试和拖拉机上牌上户服务；4月25日，在保靖县阳朝乡进行联合收割机上门考试发证服务，得到机手一致好评。

【打假护农】 3月，州农机事务中心印发《2019年湘西州农机市场监管及农机打假专项治理行动工作方案》。州、县市农机部门坚持标本兼治、打防结合和属地管理原则，加强和整顿农机市场秩序，严厉打击假冒伪劣农机坑农行为，开展农机产品打假和农机质量现场咨询活动9场次，组织农机方面的专家和技术人员，解答农机化法律法规、扶持政策和农机质量等技术咨询；出动执法人员137人次，发放《农机具选购注意事项》《农机质量投诉小常识》等宣传资料1000余份，对全州38家农机经销、生产企业及维修网点开展专项治理行动，现场查验农机产品380多台。建立农机质量投诉热线电话，加强农机质量投诉监督管理，促进农机经营业主守法意识，保护农机消费者合法权益，为春耕生产创造良好环境。

【农机合作组织建设】 年初，确定扶持现代农机专业合作社方向，主要以“扶优扶强”为主，结合各县市地域实际及合作社发展前景，成功新建省级现代农机合作社7家，其中永顺4家、龙山2家、保靖1家；成功申报1家省级示范社：永顺辉煌现代农机专业合作社。全方位调查全州特色产业农机合作社建设情况，形成专门材料报备省财政厅和省农业农村厅，着力加快湘西州特色农业产业发展步伐，培育扶持好湘西州特色作物现代农机合作社。7月17日，农业农村部国际合作司司长隋鹏飞一行深入里耶镇麦子坪村调研产业发展和基础设施等巩固脱贫成效工作。

（陈　涛）

水　文

【概　况】 2019年，湘西州水文局着力推进全州水文现代化建设，积极开展水文服务，为地方防汛抗旱及国民经济建设提供技术支撑。全年编发水旱预测46期，发布水情趋势12次、手机短信5000多条。全州有各关水文资源监测站点330个。全州天然年径流115.17亿立方米，比正常年份偏少7.9%。平均年降水量1284.5毫米，比多年平均值偏少9.5%。汛期各水文站均发生不同程度的洪水过程，其中武水支流峒河吉首水文站发生1次仅低于警戒水位0.05米的洪水过程。7月下旬末至9月下旬，进入晴热高温少雨天气，出现旱情。全年主要江河水资源质量监测基本为Ⅱ类。

【水文站雨量点】 2019年，全州有水文（位）站23个，基本水文站7个，其中大河控制站2个（浦市、石堤），区域代表站5个（吉首、河溪、凤凰、永顺、红岩溪）；洪水易发区水位站1个（龙山）；中小河流水位站6个（矮寨、芙蓉镇、吉信、木江坪、泗溪、狮子桥），水文站9个（清明、乾州、宝灵、吊井、合水、石榴坪、白羊溪、水田河、招头寨）。全州有雨量站110个，其中基本雨量站34个，洪水易发区雨量站45个，中小河流雨量站31个。全州有泥沙站2个，地下水站2个，墒情站8个，地表水水质监测站25个。全州水利部门委托水文部门维护的雨量点（山洪部分）178个，其中泸溪县46个，吉首市14个，凤凰县31个，花垣县13个，保靖县9个，永顺县40个，龙山县25个。是年，水文部门管理各类水文站点346个。

【地表地下水】 2019年，全州天然年径流115.17亿立方米，比正常年份偏少7.9%。年径流深

744.89毫米，年径流系数0.58。其中，汇入沅江年总径流106.81亿立方米，汇入澧水年总径流8.36亿立方米。入境的客水河流，主要为沅江干流，其次为酉水。沅江入境水量491亿立方米，酉水入境水量55.13亿立方米。州境碳酸岩裸露面积约占全州面积35%。由于水资源具有地表水与地下水相互转化的特点，岩溶地下水资源丰富，水质良好。州境内有187条较大暗河和900多个大溶洞，多数溶洞出露于地表或悬挂在陡壁，少数埋藏在80—120米的深层。雨季降水后，丰富的地表径流通过喀斯特地形很快转入地下，以近源排泄的方式汇入河谷，转化为地表径流。是年，全州境内地下水资源总量21.54亿立方米，占年径流18.7%，年地下径流模数13.9万立方米/平方公里。

【雨　情】 2019年，全州平均年降水量1284.5毫米，比多年平均值偏少9.5%，其中汛期平均降雨量884.1毫米，比历年同期均值偏少13.3%，比2018年同期偏少8.7%。从时程分配看，5—6月月降雨量较历年同期偏多（其中最大5月偏多1成多）；4月、7—9月各月降雨量较历年同期均偏少（其中最小9月偏少6成多）。从空间分布看，中部吉首市境内汛期降雨较多，降雨量在1000毫米以上，其他县境内降雨相对较少，降雨量在1000毫米以下，汛期累计最大点雨量为吉首林木山站1444.9毫米。从行政区降雨看，汛期降雨量最多的为吉首市1096毫米，比历年同期偏多7.9%，最少的为保靖县778.3毫米，比历年同期偏少25.8%。汛期湘西州单站最大24小时雨量为泸溪芭蕉坪站188毫米（6月28日17：00至29日17：00）。2019年汛期降雨总的特点是：降雨总量偏少，时空分布很不均匀，局部性暴雨频次多，小范围暴雨强度较大。

【水　情】 受降雨及水利工程影响，2019年汛期各水文站均发生不同程度的洪水过程，其中南部武水支流峒河吉首水文站发生1次仅低于警戒水位0.05米的洪水过程，其他各水文站发生低于警戒水位1.23—3.62米的洪水。汛期洪水主要特点为时间较集中，洪峰水位不高，洪峰流量及洪量不大。

【旱　情】 7月底至9月下旬，湘西州进入晴热高温少雨天气，降雨量较历年同期偏少，且蒸发量偏多，出现旱情，且旱情基本呈逐渐加重趋势。

【水旱情服务】 是年，为各级防汛部门与主管防汛领导提供手机短信、水情报表、网站查询、分析简报等多项服务，为各级领导指挥防汛抗旱当好耳目和参谋。年内编发《水情预测》简报28期、《水文分析与预报》简报9期、《干旱预测》9期，发送各类信息手机短信5000多条，发布中长期雨水情趋势预测7次、专题趋势预测3次、洪水预警2站次。

【主要江河水资源质量状况】 2019年，湖南省水环境监测中心湘西分中心对州内沅江、酉水、猛洞河、花垣河、兄弟河、古阳河、武水（峒河）、万溶江、沱江等河流25个水质监测断面进行同步取样监测，选择pH、COD（Mn）、溶解氧、铜、铅、锌、镉、总汞、氰化物、挥发酚、总砷、Cr^{6+}、氟化物、氨氮、总磷、石油类、硒、阴离子表面活性剂、粪大肠菌群作为参评指标，依据《地表水环境质量标准》（GB3838-2002）对各河流水质进行评价。

（李　毅）

库区移民

【概　况】 湘西州水库移民开发管理局原隶属州农委管理的参照公务员管理的事业单位，核定编制23名。2019年3月5日，根据州编办《关于湘西自治州机构改革涉改处级事业单位调整的通知》，州水库移民开发管理局承担的行政职能划入州水利局，改为州库区移民事务中心，为州水利局所属正处级公益类事业单位。2019

年，州库区移民事务中心保持“省级文明单位”荣誉称号，被评为全州平安建设工作优秀单位、民族团结进步创建优秀单位，州定20件民生实事全面完成。

【争取资金】 全年争取到位各类移民资金3.101亿元，其中后扶基金2.9778亿元，库区基金315万元，移民扶助金917万元。

【后期扶持】 全年规范实施农村移民159917人后期扶持基金9595.02万元，规范发放移民直补4868.329万元；新修或改善产业道路11处。新开和培管产业16120亩，其中茶叶开发500亩，油茶开发2030亩，水果开发、培管11800亩，蔬菜开发430亩，中药材开发1360亩。

【移民村建设】 2019年，省级统筹整村推进移民美丽家园建设安排12个重点移民村，湘西州根据实际情况确定15个重点移民村（社区），分别是吉首市河溪镇渔溪村，泸溪县潭溪镇大陂流村和红土溪村，凤凰县落潮井镇铜岩村和廖家桥镇满江村，花垣县花垣镇下瓦水村和石栏镇排吾村，保靖县碗米坡镇拔茅村和押马村，古丈县古阳镇茶叶村和会溪村，永顺县两岔乡团结村和万坪镇卡木村，龙山县里耶镇麦茶社区和石牌镇卧龙村。省级统筹整村推进资金1880.3万元，计划项目64个，其中，基本口粮田及农田水利项目7个，投资235.5万元，占计划总额12.5%；基础设施项目41个，投资1219万元，占计划总额64.8%；生态及环境项目3个，投资42.8万元，占计划总额2.3%；生产开发项目12个，投资374万元，占计划总额19.9%；其他项目1个，投资9万元，占计划总额0.5%。另外每个村撬动和引进相关部门涉农资金和其他方面投入资金均超过100万元，合计投入资金9570万元。

【精准扶贫】 2019年，整合库区精准扶贫村扶持资金11315.96万元。州库区移民事务中心对口帮扶的保靖县碗米坡镇押马村建档立卡户61户237人全部脱贫；柳树坪村建档立卡户108户448人，已脱贫106户443人，未脱贫2户5人，综合贫困发生率降至0.43%。

【移民技能培训】 全年投入农业技能培训资金139.65万元，举办农业实用技术培训班57期，培训移民5073人次，其中，农业实用技术培训54期4914人次，新型职业农民培训3期159人。投入转移就业技能培训资金225.99万元，培训移民1247人，其中，短期就业技能培训班9期，培训移民281人，实际转移就业（含自主择业）257人，转移就业率91.5%；中长期职教投入资金169万元，培训移民966人次。

【移民安置】 龙山县落水洞电站完成水工建筑物防渗处理，通过工程达标投产验收，移民工作基本完成。凤凰县乌巢河水库完成导流隧洞开挖560米（贯通），衬砌100米，坝肩及基础土石方开挖6.5万立方米，交通洞洞挖210米，启动取水隧洞开挖，完成临时道路4公里，完成灌区征地测量、签订协议工作，完成投资5000万元。吉首市大兴寨水库，完成《湖南省吉首市大兴寨水库工程建设征地移民实物调查细则》编制。

（黎　莹）

工　业

工业和信息化

【概　况】 2019年，全州完成全部工业增加值158.3亿元，比上年增长7%；完成规模工业增加值79.94亿元，比上年增长7%，增速较全国平均水平高1.3个百分点，其中园区规模工业增速8%。泸溪县、凤凰县、花垣县、保靖县、古丈县规模工业增速高于全州平均水平，特别是花垣县、保靖县分别比上年增长14.5%和10.5%。全州完成工业税收39.8亿元，比上年增长6.7%，占全部税收的39.3%；工业用电量30.1亿千瓦时，比上年增长13.4%，增速居全省首位。全州规模工业主营业务收入和利润总额分别比上年增长8%和53.8%，企业盈利能力显著提高。全州工业总量占GDP的比重22.4%，工业对经济增长的贡献率22.8%。新增规模工业企业35家，超额完成省工信厅下达的任务，是2017年来最好成绩。创建5家省小巨人企业、4家省新材料企业，众鑫科技公司获"省发展非公有制经济和中小企业先进单位"。三湘印务公司获评为"省智能车间"，实现省级智能车间零的突破；金昊科技公司、星际动力公司、傲顿电子公司3个项目入围省100个产品创新项目笼子。全州完成工业园区建设投资104.6亿元，新建标准厂房93.1万平方米，完成年度任务。全州工业招商引资举办了广州、深圳、济南三场招商专场会，签约项目30个，签约金额38.2亿元。浩然锂电、深圳爱特嘉、快手科技、华美兴泰、中港铝业等一批大项目、好项目落户湘西州。全州新增"上云"企业208家，为年度任务的173.4%。酒鬼酒公司销售收入突破15亿元，馥郁香型白酒正式上升为国家标准，为振兴湘酒注入强大动力。高新企业119户，比上年增长12.3%。发明专利321个。投入研发经费2.77亿元，比上年增长18.3%。州委州政府出台了《湘西州工业园区考核评价暂行办法》和《关于推进湘西承接产业转移示范区建设的意见》等系列配套政策，进一步改善了工业发展环境。

【园区建设】 全州工业园区完成固定资产投资104.6亿元，完成年度任务的104.16%。全州工业园区规划面积从2009年的30平方公里，增加到2019年末的52.51平方公里。至2019年末，全州工业园区累计固定资产投资504.16亿元，基础设施建设加快，园区道路、污水管网、电力、输水、通信设施建设以及配套厂房、职工安置房等相关配套设施建设进一步完善，为企业入园提供了有利的条件和环境。完成新开工建设标准厂房93.14万平方米，完成年度任务的116.4%。至2019年末，全州累计建设园区标准厂房443万平方米。全年工业园区招商引资签约项目62个，总投资额度74亿元，已落地项目51个，投资额48亿元。其中总投资在3000万元以上项目40个，投资总额45.58亿元，完成年度任务的133%；投资超过1亿元项目21个，上海华烽集团投资吉首市卷烟材料科技改造项目投资4亿元，深圳爱特嘉智能科技有限公司投资3亿元，深圳市兴泰科技有限公司投资2.5亿元，东莞市民顺光电科技有限公司和东莞市金叶电子有限公司各投资2.4亿元。年末，全州工业园区企业户数1397户（其中工业企业459户），吸纳社会就业4.8万人。是年，全州工业园区实现技工贸总收入445亿元，其中实现工业总产值281.83亿元，占技工贸总收入的63.3%；实现规模工业增加值61.7亿元，占全州规模工业增加值的77.2%；实现税收18.25亿元。工业园区在推动工业经济发展中的主阵地、主战场、核心作用进一步凸显。2019年州委州政府出台《湘西自治州工业园区考核评价暂行办法》，促进工业园区建设科学管理，推动特色园区建设。湘西州经济开发区电子信息、泸溪高新技术开发区新材料产业发展势头强劲，呈现链式、集聚发展特征，泸溪高新区入选全省第一批工业园区体制机制创新试点。泸溪县为落实《湖南省工业园区体制机制创新试点工作方案》，出台《泸溪高新技术产业开发区体制创新综合改革实施方案》，主要涉及管理体制、行政审批制度及人事薪酬制度改革等内容。深化产业结构调整，非矿产业占比提高到67.4%。酒鬼酒公司产值达17.96亿元，食品产业的比重提高至22.69%。电子信息产业呈现集群发展态势。新材料领域多点开展，星际动力、泰和美等4家企业被评为湖南省新材料企业。

【科技进步】 州人民政府出台《关于加强创品提质建设质量强州的工作方案》，州工信局制定《湘西自治州2019年质量提升行动计划》和《湘西自治州开展食品与消费品工业“三品”专项行动实施方案》。组织开展“自治州州长质量奖”评选活动、企业产品专利政策宣传活动，加大对专利侵权、假冒行为的打击力度，为科技发展保驾护航。湖南恒裕新材料科技发展有限公司、湖南泰和美新能源科技有限公司、湘西宏成制药有限责任公司、保靖县鼎盛黄金茶开发有限公司四家企业被认定为湖南省级工业品牌培育试点企业。7月，酒鬼股份有限公司被认定为省级工业品牌示范企业，实现了湘西自治州标杆品牌企业零的突破。做好酒鬼酒、湘泉药业、金天铝业、金源公司、蓝天公司、金马铝业公司认定6家省级企业技术中心年度评价工作，搭建企业技术平台。开展消费品质量提升活动，推动湘西州工业“增品种、提品种、创品牌”工作，组织55家规模食品工业企业参加技术管理培训。推荐鑫科牧业、沃康油业、英妹子茶业、土家酒业、保靖黄金茶5家企业参加省举办的培训班培训。认定湖南金昊新材料科技股份有限公司新型功能性材料智能化生产车间等10个车间为2019年湘西州智能制造车间，从州本级财政2019年工业发展资金中安排160万元专项资金给予支持奖励。州工信局制定《湘西自治州新材料产业发展规划（2018—2022年）》，出台《湘西自治州矿产品精深加工产业发展规划（2018—2022年）》。金源粉体材料有限公司“晶体硅太阳能电池铝浆用铝粉冷气”项目获省重点新材料产品首批应用示范奖励项目，省奖30万元。对全州6户新材料高新企业进行奖励230万元，推动企业创新发展。加大对全州社会研发经费投入的宣传和指导，培训相关企业140家，260人次。继续推进“100个重大产品创新项目”建设，实施百项重点新产品推进计划和百项专利转化推进计划。推荐湖南金马金铝业有限公司“超细粉体冶金法生产碳化硅颗粒增强铝基复合材料”、湖南恒裕新材料发展有限公司“汽车活塞镶块颗粒增加碳化硅茶复合材料及加工工艺”、泸溪县群祥新材料有限责任“硅铝合金的开发及产业化”、湘吉程农机科技有限公司的“第四代乘坐式全地形耕地机研发试推行计划”四个项目列入全省工业领域双百推进计划。全年完成科技进步开发项目投资 1.026 亿元，为年度计划的 119.3%；专利项目申请 14 个，获得专利 7 个。加大工业技术改造投资建设，完成投资 62.42 亿元，其中投资过亿元的项目 21 个。全州动态高新工业企业在建项目 72 个，总投资 94.7 亿元，其中亿元以上项目 35 个。申报纳入 2019 年创造强省大项目库项目 1 个，申报纳入 2020 年制造强省重大项目 9 个。工业技术改造投资比上年增长 6%。开展项目建设情况动态调度，对全州工业项目实行一月一调，建立工业项目建设调度台账。对州重点产业项目调度考核，纳入对各县市绩效考核内容。持续深入实施“三联”制度，落实州级领导帮扶企业，解决问题。全年州工信局向上申报到位专项资金 3010.17 万元，开展专项资金绩效评价，规范专项资金使用范围，确保专项资金发挥财政资金引导作用。

【优化产业结构】 贯彻落实国家优化产业结构相关政策，结合湘西州实际情况优化产业结构。对全州矿业继续进行整治整合，实行合法开采、科学利用，资源优先配置给治理污染合格、有经济效益、社会效益的重点冶金加工企业；对污染大、规模小的冶金企业进行转产，淘汰落后产能。提高矿产业精深加工技术水平，全州电解锰、电解锌行业分别比上年增长 10.3%和 59.7%。为了解决过去“一矿独大”的被动局面，州工信局集中精力抓好新材料、电子信息、食品医药等新型产业的开发，加大对新科技、新产业的投入，产业聚焦效应初步显现，产业特色进一步凸显。以金昊、金源、金马等公司为主导，形成了微细球形铝粉产业链；以方彦、安捷朗、唯想、吉盛等企业为龙头的电子信息产业链建设初见成效；以星际动、泰和美、恒澎、浩然等公司为骨干企业的锂离子电池产业新能源建设进展顺利；以湘泉制药、本草药业公司为骨干企业的医药产业发展良好。这些低能耗低污染高附加值的产品产业的加快健康发展，使全州工业产业优化取得较好的效果。全州工业非矿产业的经济比重由原来的 30%上升到 70.4%，而高能耗高污染的矿产业比重由原来的 70%降至 30%。高能耗产业的比重下降，大幅度地减少了水污染、空气污染、废渣污染，改善生态环境，促进经济社会的持续发展。

【招商引资】 工业的生产规模、经济效益、技术水平决定着一个地区的经济发展。州委、州人民政府对工业发展特别关心，加大工业招商工作力度，建立州县联动、部门协同招商机制。先后在广州、深圳、济南举办三场工业招商专场会、累计签约项目 30 个，签约金额 38.2 亿元，其中，广州招商会签约项目 12 个，投资额 23.95 亿元，项目落地 11 个；深圳招商会签约项目 10 个，投资额 12.15 亿元，项目落地 7 个；济南食品产业推介会签约 8 家，投资额 2.1 亿元。浩然锂电、深圳爱特嘉、快手科技、华美兴泰、中港铝业等一大批大项目、好项目落户湘西州。湖南美生完生物有限公司、湘西乌龙山酒业公司、湘西吉程农机科技公司、龙山惹巴拉矿泉水公司、龙山宏图服饰有限公司、湖南恒澎新能源科技公司落户龙山县工业园区。泸溪县工业招商引资完成 16.1 亿元，比上年增长 78.9%。先伟实业、华美兴泰入驻泸溪县工业园区。梵华锂电池、鸿阳光电、军粮净荣、兴丰轮胎、鑫瑞建材入驻保靖县工业园区。

【优化发展环境】 为缓解企业融资难融资贵问题，州委、州政府成立湘西自治州转贷应急资金管理平台，成立一期规模 5000 万元的州转贷应急资金并投入运营，全年累计服务企业 57 家次，转借金额 3.53 亿元，为企业节约转贷成本 2800 万元。与中国建设银行、中国银行、农商行、长行村镇银行、华融湘江银行签订了应急资金转贷业务协议，共同破解企业融资难题。落实国家电价政策，联合州发改委、国网湘西公司实行“一口价”政策，落实优惠电价政策 7800 万元，75 家企业享受优惠金额 1.27 亿元。引导 171 家客户参与市场交易、39家企业参加扩需增发专场交易，释放改革红利736.63万元，降低用户用电成本1.63亿元。湘西海关实现开关运行，为发展外向型经济提供便利通关服务。州商务局将制造企业作为招商引资的重点，工业招商引资取得重大进展。州税务局贯彻落实国家减税降费政策，为企业减税降费11亿元。人民银行湘西中心支行组织开展“百名行长联千企”活动，实现银企零距离对接帮扶，着力打通金融服务民营企业和小微企业“最后一公里”，取得好的成效。州政府金融办将工业贷款增速指标进行单列考核，充分发挥导向作用，全州工业贷款金额61.5亿元，比上年增长17.6%。州银行保监分局持续抓好“无还本续贷”，为企业提供无还本续贷资金24.1亿元。进一步完善供电条件和供电环境。是年国网湘西供电公司完成电力建设固定资产投资6.02亿元，其中电网基建投资5.21亿元，投产110千伏及以上线路36公里，变电容量26万千伏安。顺利投产220千伏峒河#1立变、110千伏望城变升压等输变电工程和220千伏枫香变溪蚂线等黔张常铁路外部供电工程，有效缓解吉首市、州经开区、龙山县老城区供电卡口问题，大幅改善湘西北部电网结构。完成138个行政村、388个台区电网改造。提前一年全面完成新一轮农网升级改造任务，1项工程获评国网公司“百佳工程”。发掘和培育了一批“双创”优秀项目和优秀团队，催生新产品、新技术、新模式和新业态，推动中小企业转型升级，以湖南省工信厅《关于举办2019年“创客中国”湖南省中小微企业创新创业大赛的通知》相关工作为抓手，在吉首举办了“2019年创客中国”湖南省中小微企业创新创业大赛复赛，湘西州八家企业进入省决赛，其中湖南金洋光电科技有限公司获省三等奖。年内成立湘西自治州民营企业维权服务中心，举办法律知识讲座，开展15次活动，服务企业70家，服务人数150人次。

【工业信息化】 州工信局重视两化融合及通信基础设施建设工作，坚持同制造强州工作一起安排，一起部署，一起落实。明确2019年两化融合及通信基础设施建设工作职责任务、具体措施、时间安排、人员资金保障，形成局领导亲自抓，相关科室主动抓，条块结合，上下联动，人人参与，齐抓共管的工作格局。全年完成信息化建设投资5.17亿元，完成年度任务的172.35%；全州行政村4G覆盖率100%，行政村宽带网络通达率100%；经省通管局监测，20户以上村民小组或聚居的自然村，光纤通达及4G网络覆盖率分别达到92.1%和97.1%，两项指标在全省超额达标。全州所有行政村的村委会、学校、卫生室基本上具备了良好的4G网络信号和光纤宽带接入能力。扎实推进通信基础设施建设。抓好电信普遍服务试点工作，完成第四批电信普遍服务试点任务，通过国家、省验收，得到工信部验收组的充分肯定。第五批电信普遍服务试点项目完成申报、招标，计划新建345个基站，承建运营商已做好前期相关准备工作。推进通信基础设施建设，通信基础设施建设纳入各级政府目标管理考核内容。各通信企业按照《湖南省通信基础设施能力提升行动计划（2018—2020年）》和《湘西自治州信息通信基础设施能力提升行动计划（2019—2021年）》要求，明确标准和任务倒排工期。向省公司争取项目资金下划建设资金2亿元。至年末，全州已建成4952个4G物理站址，开通178个4G基站。5G网络建设拉开启动序幕，州移动公司独建一张5G网，州电信局和州联通合建一张5G网。三家公司已启动吉首市、湘西经开区和7个县城主城区全部站点的5G资源摸排查勘工作，完成吉首市区高校热点8个基站及凤凰核心景区7个基站、其他6个县各1个基站的建设改造工程，实现了商用。各县市完成传输类专项规划编制，古丈、花垣、保靖规划获批复，纳入相关县城乡总体规划和土地控制性详规。加强信息安全保障工作。根据州政府《关于转发〈2019年湘西自治州网络安全执法检查工作方案〉的通知》精神，州工信局组织单位内部和移动、电信、联通、铁塔公司开展网络安全执法检查和自查，全面摸清网络安全保护状况，检测排查网络安全是否存在重大漏网隐患、风险和突出问题，切实提高重点行业、重点部门网络安全防护意识和关键信息基础设施综合防护能力，防范重大网络安全事故的发生。智慧园区工业管理平台运行。湘西州智慧园区工业管理平台项目自2018年9月按入智慧湘西平台正式上线至2019年12月，良好运行15个月，实现经济运行信息动态传递，工业数据信息快速准确采集分析，项目管理、综合管理规范化标准化。年内平台新注册用户数192个，登录使用数67461次，统计专题369个，涉及相关统计表686个。完成各工业园区范围示意图二次开发，接入州智慧办天地眼电子地图数据接口，进一步完善工业信息化管理。电子信息事业实现持续快速发展，州工信局和长沙申电软件有限公司联合完成编制《湘西土家族苗族自治州电子信息产业发展规划（2018—2022）》。发展电子信息产业，支持新型电子材料、电子元器件、光通信锂电池、LED、智能终端及配套、新一代信息技术等细分产业持续快速发展。以朗迈物联为代表的物联网，以赛吉智慧城市为代表的大数据，以大洋软件为代表的云计算，以新中合为代表的5G等新一代电子信息技术已经在湘西州萌芽并且迅速发展。

（彭明友）

重点工业企业

【概　况】 根据企业规模和发展前景，州委州政府选定了30户重点工业企业，对重点企业进行强化管理，重点帮扶。全年30户重点工业企业完成工业总产值99.21亿元，比上年增长23.4%。其中酒鬼酒公司工业产值17.96亿元，轩华锌业公司工业产值10.07亿元，丰达合金公司工业产值9.20亿元，三立集团工业产值8.24亿元，蓝天高科公司产值8.64亿元，众鑫新材料工业产值7.34亿元，唯想电子公司工业产值4.97亿元，太丰冶炼公司工业产值4.47亿元。

【湘西自治州丰达合金科技有限公司】 2019年，公司主营产品销售首次突破1000单，开发新客户75家，产品销售网络遍布全球30余个国家和地区。主营产品销售市场第一次打破以外销为主，转变为以内销为主的格局，外销占43%，内销占57%。主营业务收入首次突破9亿元达到9.6亿元。企业研发投入刷新纪录，达到3950万元，比上年增长38.07%。研发成果创历史纪录，获授权专利7件，其中发明专利2件，实用新型专利5件；申请发明专利2件。万元工业产值用电量205.8千瓦时，能耗水平创新历史最低，比上年下降10.21%。

【湖南酒鬼酒股份有限公司】 该公司是湘西自治州唯一上市的大型高科技企业。2019年该公司制定《酒鬼酒公司纪委监督工作实施细则》，颁布《酒鬼酒公司市场活动管理办法》，修订《酒鬼酒公司关键岗位轮换制度》。推进“内参”品牌公司化运作，合同化营销，扩大市场份额，以湖南为核心市场、以华北为战略市场、以广东为重点市场，实现核心市场地级市、县级市场全覆盖。新增酒鬼传承与内参、酒鬼红坛形成三大战力单品，强化公司品牌主导权。酒鬼酒荣获金融界2019年金智奖之“杰出产品奖”，连续两年荣获第21届上市公司金牛奖，入选最具投资价值奖百强，成为湖南省上市公司获奖的两家企业之一。2019年，“第十届华樽杯中国酒类品牌价值200强”活动，评定酒鬼酒品牌价值318亿元，同比增长16.6%。是年，酒鬼酒冠名CCTV-5《直播周末》，内参酒成为CCTV财经频道《对话》合作伙伴。产品入驻酒仙名酒城500家新零售门店，覆盖全国所有省区市。电商销售额1.5亿元，比上年增长26%。曲酒年产能扩大至万吨，当年出产曲酒8100吨，比上年增长60.5%；完成大曲产量4800吨；完成包装产量9300吨，比上年增长24%。馥郁香酒鬼酒白酒正式成为国家标准的12大香型之一。2019年酒鬼酒股份公司完成工业产值17.96亿元，比上年增长44.4%；营业收入连续三年超行业水平稳定发展；企业实现利润比上年增长3成；上缴国家税收突破5亿元，比上年净增1亿元，增长25%。直接带动州内3个包装印刷企业、2个陶瓷制品生产企业的快速发展，实现相关企业就业2000多人，其中帮扶200多名精准扶贫建档立卡户走上脱贫道路，州委州政府授予酒鬼酒股份公司“社会扶贫先进集体”荣誉称号。

【泸溪蓝天高科技有限责任公司】 2019年实现销售收入8.65亿元，利税5000万元，是泸溪县第一纳税大户和工业重点企业。2019年，公司紧紧围绕有色冶炼废渣的综合利用湿法浸出工艺技术开发创新、新材料锌基合金研发及废渣中稀贵金属的综合回收新工艺、节能减排、环保清洁生产、新产品开发降生产成本等领域开展工作，成功开发出3次氧化锌浸出率高于92%的浸出新工艺，提高锌的综合回收率。开发出利用新型CLP-FL除氟剂、CLP-CL除氟剂去除氟氯新工艺，使除氟氯综合成本每吨下降150元，每年减排废水3.5万立方米。全年投入技改资金780余万元，引进KOB-300/420节能型制氟及超声波高能氧除铁装备等，在有色金属行业首创湿法锌冶炼高能富氧技术，填补州内同行业空白，使除铁双氧水消耗量降低100—120公斤/吨，铁渣量减少1/3，锌综合回收率提高1.5%，增强了企业核心技术能力，具有良好的市场推广价值。2019年6月，针对工艺热能利用效率不高，与湘西智能制造技术研究院技术合作，投入项目研发资金650万元，计划2020年上半年完成实现节能降耗、降低生产成本。公司获得国家知识产权专利12项，其中发明专利3项；专利“一种次氧化锌的回收方法”获得州科技进步二等奖，省专利发明三等奖。是年，公司投入2100万元，实施5万吨/年锌湿法冶炼技术升级装备改造项目，节省人力24个，改善工作环境，降低劳动强度，提高自动化水平和工作效率。2019年度在严峻的市场形势下，全年公司创生产安全、环保事故零事故。

【湖南轩华锌业有限公司】 2019年，湖南轩华锌业有限公司完成锌锭生产55537.26吨，完成年计划的110.07%；完成硫酸生产103283.16吨，完成年计划的117.3%；实现销售收入100756.09万元，首次突破10亿元大关；实现税金1638.89万元，比上年增长1096.49万元；实现利润总额382.82万元，扭亏为盈，减亏6657.59万元。

【湖南东方红住宅工业有限公司】 2019年，是湖南东方红住宅工业有限公司成立第5年，公司员工努力研发高新产品，克服困难，完成年度生产经营目标，全年签订供货合同及延续PC构件供货合同9501万元，实现产值6167.3万元、销售收入6200万元，收回货款4809.2万元，实现利税548.87万元，科技项目奖补资金到账210.85万元。完成红枫谷康养中心、湘西州地质博物馆、慈利医院、龙山芙蓉学校、山河智能、长沙涉外经济学院学生公寓、雅溪小学、湘西州妇幼院等建设项目PC构件的生产与供货，完成吉首大学项目构件生产任务70%。全年生产构件产品2.64万立方米，搅拌站生产混凝土2.66万立方米。实施精准扶贫政策，公司员工由2017年80%的外地籍到2019年变为80%为湘西籍员工，安置建档立卡贫困劳动力50多名，员工每月收入从2000多元至1万元不等，做到“就业一人、脱贫一户、带动一方”，助推农民工向产业工人转变，助力贫困地区群众在家门口就业。公司借助集团公益基金会平台，与集团公司一道对花垣县民乐镇路桥村学生进行“一对一”捐资助学，为吉首市矮寨镇排乃村53户残疾人家庭每户送一床保暖被，为吉首市教育基金会捐款10万元。

【湖南东方矿业有限责任公司】 2019年，公司生产电解金属锰44585.4吨，实现销售收入47096万元，上缴国家税收2200万元。全年产出的电解锰中，合格品占比98.56%，不合格品占比1.44%。合格品中一级品占比18.59%，二级品占比73.45%，三级品占比6.52%。完成电解三车间自动化升级改造。公司与其他两家公司合作，投入资金910.47万元，联合开发电解三车间自动化传输设备生产线，公司在同行业中率先实现自动化生产。采用新工艺技术，开展阳极泥锰金属回收试验取得良好效果，完成该项目全部生产设备设施安装，为下步实施从阳极泥中回收锰及铅金属打下基础，变废为宝，使有价值的锰及铅金属得到回收利用。采用新技术，改造调试设备设施，对压滤渣饼中含锰溶液进行回收利用，降低渣带走含锰溶液，减少浪费，整体提高生产中的总锰回收率。加强对矿石原材料高价锰、酸矿比、浸出效果、杂质成分以及溶液钙、镁杂质检测、分析和评定工作，为生产经营决策提供科学依据。9月启动ISO 9001质量管理体系认证工作，12月通过质量管理体系认证并在公司各部门全面推行。

【湖南赛吉智慧城市建设管理有限公司】 湖南赛吉智慧城市建设管理有限公司由深圳市赛为智能股份有限公司（社会资本方，股权占比80%）和吉首市吉智网络科技有限公司（政府方，股权占比20%）出资组建的“智慧吉首PPP项目”的项目公司。“智慧吉首PPP项目”一期工程投资金额约4亿元，包括智慧吉首运营中心、云计算数据中心、智慧警务大数据中心等，是智慧城市投资、建设、运营服务商，国内为数不多且成功落地实施、运营的智慧城市典范项目。针对广大市民停车难的问题，建设智慧路边停车管理平台、吉首停车APP。2019年纳入该系统的路边停车泊位共653个，停车场16个，自当年12月1日正式上线运营。停车收费工作启动后，杜绝了路边违规停车现象。相比实施停车收费工作以前，大大提高了路边停车泊位的周转率，缓解了城区道路交通拥堵情况，真正为有需要路边临时停车办事的市民带来了便利，使城市文明形象大幅提升。是年，在全市范围内建设完成交通诱导大屏14块、违停抓拍点位665个、不礼让行人抓拍22套、卡口设备13套、路口红绿灯7个以及1、2、3、5、6、7六条公交线路共158台电子公交站牌，改善了吉首市城市交通安全及道路畅通，为市民乘车出行提供了便利。

（彭明友）

供 电

【概 况】 2019年，国网湘西供电公司完成固定资产投资6.02亿元，其中电网基建投资5.21亿元，投产110千伏及以上线路36公里、变电容量26万千伏安。完成售电量44.13亿千瓦时，同比增长19.24%，增长率全省第一。营业收入24.74亿元，同比增长17.74%。电费回收率100%。综合线损率7.86%，低于计划值0.81个百分点。

【电网建设】 全面启动电网建设“三年行动计划”。推进湘西500千伏变电站等11个工程选址选线，顺利投产220千伏峒河变#1主变、110千伏望城变升压等输变电工程和220千伏枫香变、溪蚂线等黔张常铁路外部供电工程，有效缓解吉首市、州经开区、龙山县老城区供电卡口问题，大幅改善湘西北部电网结构。完成138个行政村、388个台区电网改造。加快推进泛网建设。开展数据治理，异动数据整改率100%。7个应用主题项目通过省公司成果评审，2个应用主题项目在省公司大数据应用商店成功发布。加快凤凰核心景区“两网”融合示范项目建设，无线电力专网建设顺利完成。提前一年全面完成新一轮农网升级改造任务，1 项工程获评国网公司“百佳工程”。

【经营管理】 推进“大经营”体系建设，完成二、三级市场模测工作。加强全面综合计划管理，落实 56 项提质增效措施。接收用户资产 46 个，资产净值 1.12 亿元，完成年度任务的 101.75%。持续开展反窃查违，追补电费 448.56 万元。强化线损管控，台区综合线损率 4.59%，同比下降 1.19 个百分点。推动电烤烟、电炒茶等替代电量项目落地，完成电能替代电量 4581.1 万千瓦时。组织经济责任及专项审计 11 次，实施工程及项目审计 242 项，发现问题 101 个，审减金额 325.04 万元。办结诉讼案件 13 起，避免经济损失 949.04 万元。去库存 1253.4 万元，处置废旧物资 478 万元。公司丰达路周转库、永顺县灵溪镇仓储点获选省公司“管理标准规范仓库”。率先完成综合能源分公司工商注册，实现综合能源营收 580.26 万元。省管产业单位新签合同 663 份，合同金额 5.07 亿元。

2019 年 7 月 3 日，国网湘西供电公司员工正在矮寨大桥前吉首市矮寨一组公变 03 号杆进行登杆作业

国网湘西供电公司　供图

【安全生产】 全面落实国网公司、省公司安全工作要求，强力推进 80 项重点任务实施落地。动态完善《安全责任清单》，压紧压实安全责任，本质安全水平大幅提升，实现连续 4 个安全百日长周期。深刻汲取系统内外事故教训，全面开展防止电气误操作、“防风险保平安迎大庆”等专项行动。坚持重奖重罚、严管厚爱，修订《安全工作奖惩实施意见》，奖励金额 1020.7 万元，处罚金额 37.3 万元。强化电网运行控制、设备维护、风险管控，切实抓好迎峰度夏、防冻融冰、防雷防汛等工作。圆满完成建国 70 周年等重大保电任务。截至 2019 年 12 月 31 日，湘西电网安全稳定运行 24 年零 10 个月，公司安全记录 6067 天。公司荣获省公司安全工作优秀单位、技术监督先进单位，湘西州安全生产和消防工作优秀单位，连续 10 年保持全州社会综治工作“平安单位”称号。

【制度改革】 严格执行降低一般工商业电价要求，降低用户用能成本 1.63 亿元。落实 7800 万元优惠政策，75 家企业享受优惠金额 1.27 亿元。引导 3171 家客户参与市场化交易，39 家企业参加扩需增发专场交易，释放改革红利 736.63 万元。成功中标泸溪高新区增量配电试点项目。完成猫儿口电站等两个自供区改制。完成供电服务指挥体系建设。深化“三项制度”改革，构建长期职工“三通道”和供服职工“双通道”，选聘、转聘各级职员、工匠和供服职工工匠共 72 人。举办内部招聘会，实现人员由超员单位向缺员单位正向流动。编发“放管服”第一批事项清单，授权采购典型经验在全省推广。全面完成省管产业单位瘦身健体改革，德夯公司完成工商注销。出台农服公司集约化管理工作方案，强化同质化管理。加快县公司改革发展，全面完成 34 项年度重点任务。完成古丈、龙山、永顺公司岗位绩效工资套改。凤凰公司连续获评省公司“示范县级供电企业”，凤凰阿拉供电所被评为“国网五星级乡镇供电所”“中国金牌最美供电所”“中国十佳供电所”、省公司“十佳电网先锋党支部”，凤凰吉信供电所入选国网公司线损“百强供电所”。

【优质服务】 积极实践“电力先行”九大行动，扎实开展报装接电专项治理。推广“三省”“三零”服务5576户，创建业扩配套项目35个，分别为客户节省办电成本434.36万元、2946万元。持续推广“互联网+”服务，累计绑定微信公众号31.91万户。持续深化网格服务，推进营配末端业务融合。着力控投诉、抓停电，百万客户投诉量同比下降74.86%，故障抢修时长同比缩短53.62%，15个供电所实现“零投诉”。宣传扩需增发专场交易政策，稳定保靖轩华、泸溪鑫海等锌锰企业生产用电。积极争取政府主导，促使龙山元宝硅业恢复生产。完成花垣宏盛锰业转网。

【脱贫攻坚】 开展驻村帮扶，421名干部员工参与结对帮扶，帮助贫困户解决实际问题3272件。加快贫困地区电网建设，提前全面完成民生实事项目任务。同步建成易地扶贫搬迁配套电网项目55个，到户通电1.59万户。供电范围内765个贫困村光伏扶贫项目按月结算，累计支付上网电费3129.54万元。开展景区汽车运营融资租赁服务，实施花垣十八洞村电动汽车充电基础设施建设。深化教育扶贫，定向委培招录67名贫困家庭考生。开展消费扶贫，创建爱心超市3个，完成农产品销售103.52万元。

（彭杨波）

2019年9月25日，电力公司志愿者在凤凰县禾库镇移民安置区光明小屋为留守儿童讲授安全用电知识

国网湘西供电公司 供图

地质矿产勘查

【概 况】 2019年，湖南省地质矿产勘查开发局四〇五队围绕地灾综防体系建设做实做精两个地灾中心工作，提升地质灾害防治与应急服务能力，经营总量过亿元，社会成效明显。四〇五队被评为湘西州文明单位、省地质院安全生产工作先进单位；湖南省湘西工程勘察院连续10年被评为湖南省重合同守信用单位、湖南省地质灾害防治学会先进单位，荣获“企业信用AAA等级证书”。

自然资源部领导一行到湘西州地灾中心指导吉首市天星庵滑坡地质灾害应急避险 四〇五队 供图

【服务地方】 与省地灾应急中心、湘西州委、州自然资源管理局建立“互联网+”地质灾害视频调度指挥平台，成为省内地质灾害应急指挥平台中的首家“地勘技术支撑单位”，进一步提升了地质灾害防治与应急会商综合服务能力，加深了地勘单位与地方政府融合发展。派出专家赴湘西州、张家界两地各县市政府、自然资源局开展地质灾害防治知识培训；到中小学校科普地质灾害、地质公园与地质遗迹等相关知识；助力湘西世界地质公园成功申报；参与湘西地质公园博物馆的筹建工作；继续开展十八洞村地灾施工、湘西贫困地区凿井打水。协助转移险情点群众784人，避免财产损失9075万元。配合当地政府

完成重大地质灾害治理项目立项工作。湘西州矿山监测技术服务中心发挥技术支撑职能，协助州自然资源和规划局完成全州方解石矿山开采监管、地质环境巡排查、全州露天开采砂石土矿巡排查等工作。经过近两年的艰辛努力，完成了花垣县铅锌矿资源整合。

金秋助学走进扶贫村　　　　四〇五队　供图

【质量管理】 测试中心连续两年在湖南省市场监督管理局组织的“镉”能力验证活动中被评为“满意”，提交的水中锌能力验证结果被评为“满意”。永顺县两岔乡长潭坪移民安置区地面塌陷防治工程勘查、设计被评为湖南省“优秀工程勘察二等奖”。“永顺县地名普查”“古丈县地名普查”项目分别获“湖南省地理信息产业优秀应用工程”金奖和铜奖。禾库、麻栗场、花垣三个1∶50000矿产地质调查报告评审均获得优秀。承

开展红色教育主题党日活动　　　　四〇五队　供图

担的“湖南花垣—凤凰地区铅锌矿整装勘查区矿产调查与找矿预测”项目，通过中国地质调查局组织的成果报告评审并获优秀评级。

（罗兴梅）

有色地质勘查

【概　况】 2019年，湖南省有色地质勘查二四五队坚持稳中求进工作总基调，以党的建设为统领，以产业建设为重点，以基础管理为保证，突出开拓创新、管理增效，统筹推进经济增长、深化改革、脱贫攻坚、民生改善、和谐稳定等各项工作，实现高质量发展。全年完成经营产值约9000万元，实现利润700余万元。二四五队获得湘西自治州2019年度“州级文明标兵单位”“民族团结进步创建工作优秀单位”荣誉称号。

【主要经济指标】 2019年，二四五队完成经营产值约9000万元，实现利润700余万元。开展生态修复、矿山地质环境治理、地下水监测等地质产业延伸项目。开展湘西州地区优势非金属矿种勘查选区及立项申报工作。紫源工程勘察公司完成相应资质延续申报，取得安全生产许可证，扭转无法正常招投标的被动局面。紫源公司勘察的吉首市一中迁建项目（吉首市高级中学）荣获国家优质勘察工程奖。地质环境勘查院完成吉首市208个、古丈县96个、花垣县84个地质灾害隐患点实地调查，将典型地质灾害隐患点编辑入库，提交书面调查报告，为湘西州地灾防治工作奠定基础。吉首矮寨大兴应急治理项目受到省地质院及队的重视，地质勘查进入施工扫尾阶段。地理信息测绘院。吉首市矮寨镇大兴寨滑坡地质灾害变形监测项目荣获“湖南省2019年优秀测绘地理信息工程奖一等奖”，地理信息测绘院成功进入“2019年度湖南地理信息行业诚信榜”。花垣县生态保护红线勘界定标（试点）项目为湖南省在该领

域唯一试点，二四五队成功中标，拓展测绘业务范围。承揽无人机航拍、不动产测量等业务，其中监测项目发展到应急抢险监测、锚索监测等多种类型。钻探公司加强与中铁四院的合作，拓展铁路勘察市场和大型房勘市场，恢复与辰州矿业井巷公司的地质找矿钻探施工业务。承担吉首市大兴项目注浆施工。探索各类路基强化处理、边坡治理施工等新领域。地产物业及后勤服务。湘西王酒店二期临街房屋于5月30日完成竣工验收交付使用，完成对外出租，年增加租金68万元。4月，完成张家界鑫湘旅游发展有限公司增资入股合作协议的签订，5月完成股权质押手续，进行建设前期准备工作。

（肖美群）

城乡建设　生态环境

城乡建设管理

【概　况】 2019年，全州住建（人防）系统以新一轮机构改革为契机，全面整合住建、人防力量，团结奋斗、担当作为，全州住房城乡建设和人民防空各项工作迈上新台阶，城乡环境基础设施不断完善，产业建设优化发展，管理水平全面提升，城乡人居环境显著改善。推进新型城镇化和城镇污水垃圾处理、黑臭水体整治、棚户区改造等工作被省政府列为2019年度真抓实干成效明显地区，农村危房改造工作全省排名第一，人防工程安全生产工作被评为全省先进。州定20件民生实事工作被州政府给予通报表扬，美丽湘西（美丽乡村创建）、信访等工作被州政府评为优秀单位。

【产业建设】 全州建筑业企业193家，在建房屋建筑和市政基础设施工程466个，总建筑施工面积1603万平方米，总造价519.13亿元，建筑业增加值同比增速4.54%。全州获评国家鲁班奖1个，省建设工程芙蓉奖4个，省优质工程奖7个，湘西旅游集散中心（金湘玺接待中心）1#楼、湘西州文化体育会展中心PPP项目等4个项目被评为湖南省2019年度建筑业新技术应用示范工程。全州装配式建筑基地初步形成完整产业链，湖南东方红建设集团、湖南美林住宅有限公司等基地企业具有150万平方米PC构件、10万平方米木结构、10万平方米轻钢结构的年产能。全州新开工建设项目采用装配式建筑面积62.66万平方米，其中吉首市中心城区（含湘西经开区）开工面积43.3万平方米，占新建建筑面积的32.71%。全州新开工绿色建筑面积221.77万平方米，其中吉首市新开工绿色建筑面积100.29万平方米，占新开工建筑面积的70.79%。“吉首市一中”建设项目获评全国唯一装配式建筑国家优质工程奖，州保健院建设项目被评定为一星级绿色建筑。装配式建筑落户贫困欠发达地区和“装配式建筑+精准扶贫”成为湘西州推进装配式建筑工作的亮点。三是房地产业健康发展。全州房地产开发企业284家，房地产开发实现投资87.44亿元，同比增长11.21%。新建商品房377.18万平方米，同比增长57.14%；新建商品房成交311.78万平方米，同比增长40.16%，成交均价4538.06元/平方米，成交额141.49亿元。全州二手房成交面积52.16万平

全国唯一装配式建筑国家优质工程奖项目——吉首市一中　州住建局（人防办）供图

方米，同比增长 9.6%，成交额 14.85 亿元。坚持“房子是用来住的，不是用来炒的”定位，开展住房租赁、销售中介机构乱象专项整治和房地产市场乱象治理专项行动，规范房地产市场秩序。

【重点工作】 凤凰县海绵城市省级试点完成验收评估。全州完成海绵城市建设面积 22.13 平方公里，累计完成投资 13.37 亿元。启动《湘西自治州生活垃圾城乡一体化收运及焚烧处理区域统筹规划（2019—2035 年）》专项规划编制，吉首市、永顺县生活垃圾焚烧发电项目分别完成投资 1.5 亿元、7490 万元。改扩建城镇供水厂项目 8 个，新建和改扩建供水管网 220 公里，累计完成投资 12 亿元，新增供水能力 8 万吨 / 日。提质改造污水处理厂 4 座，新建和改建污水管网 86 公里，累计完成投资 2.35 亿元，新增污水处理能力 2 万吨 / 日。启动乡镇垃圾中转站建设 4 座，完成投资 310 万元。启动乡镇污水处理设施建设 8 座，完成投资 1.85 亿元。建设城区停车位 3306 个，完成投资 2070 万元。新增安装天然气用户 13376 户。棚户区改造新开工建设 2908 户，开工率 100%，完成投资 6.12 亿元。各县市挖掘历史文化底蕴，结合当地民族文化、风土人情，确定保障房建筑风格，吉首市五里牌公租房、泸溪县武溪镇城南保障房、凤凰县大坳新村公租房、古丈县大岩板公租房、保靖县肖家堡桐木棋保障房片区、永顺县溪州新城公租房、龙山县华塘坝公租房小区等成为全州保障房建设的精品；4 类重点对象存量危房改造开工 2256 户、农村危房改造开工 928 户，竣工率 100%，完成投资 2.21 亿元。全州住建（人防）系统以坚定的政治担当、强有力的措施和过硬的工作作风，推进农村危房改造工作，通过国家脱贫攻坚考核验收。州住房和城乡建设局（州人民防空办公室）、保靖县住房和城乡建设局（县人民防空办公室）、龙山县住房和城乡建设局（县人民防空办公室）农村危房改造工作受到省住房和城乡建设厅通报表彰。《湘西土家族苗族自治州传统村落保护条例》正式颁布实施，传统村落保护步入法制化轨道。全州列入前五批“中国传统村落”名录村落 172 个，纳入中央财政支持范围的村落 129 个，获专项保护资金 3.922 亿元，入选中国传统村落个数和到位专项保护发展资金数均位列全省第一。出台《关于加强古城古镇古村保护与利用工作的实施意见》，加强古城古镇古村保护与利用，划定历史文化街区 3 个，对 80 处历史建筑进行挂牌保护。凤凰县在全国首创历史文化名城保护和开发利用“三权分离”模式，激活旅游产业经营机制。浦市镇、边城镇、芙蓉镇、里耶镇和十八洞村、惹巴拉村、老司城村等传统村落示范村，成为旅游网红景点和打卡地，带动全州乡村游产业发展。整治城市黑臭水体 5 条，完成投资 3800 万元；新增城区绿地 300 亩，新建和提质改造街道绿化 10 公里，新建城市休闲绿地 5 处，创建州级园林式单位 2 个。累计创省、州级园林式单位和小区 175 个，省级园林城市 1 个、省级园林县城 1 个；新建和扩建城镇公厕 100 座，完成投资 3313.8 万元；全州城市建成区 140 个建筑施工工地扬尘治理达到“六个 100%”。申报老旧小区改造项目 200 个，争取中央和省级财政资金 3.2 亿元。年末，5 个老旧小区改造项目进场施工，全年完成投资 3427 万元。全州工程项目人防审批 1034 个，结建项目初步设计审批 17 个，易地建设费全部收缴到位。启动吉首大学师范学院附属小学人防宣教基地建设，增设防空警报终端 15 台，完成国防动员“三级”指挥光缆网第二路由及人防指挥专网建设前期工作。在全省率先完成防空警报系统平台和改频升级，完成全州人防机动指挥通信系统跨区拉练和“11 · 1”防空警报试鸣活动。州本级组织人防指挥部演练，凤凰县组织人防专业队组训，吉首市、泸溪县、凤凰县、永顺县开展了人防知识进社区、进学校活动。深化全州人防系统行业整治，优化人防发展环境。累计帮助 9.9

万户 37.1 万名贫困群众解决住房安全问题，基本实现农村贫困群众住有所居、居有所安的住房保障目标。开展结对帮扶工作，扶贫村永顺县龙溪村 135 户 519 人贫困群众，实现脱贫 134 户 515 人，综合贫困发生率降至 0.3%；友和村 125 户 499 人贫困群众，实现脱贫 123 户 494 人，综合贫困发生率降至 0.4%；投入资金 55 万元、整合资金 390 万元，两村基础设施建设全面提质，公共服务设施逐步完善，产业发展成效明显。

【行业管理】 坚持自我加压，在省定目标“120/100/70/60”的基础上，压缩审批时间 20%，将湘西州工程项目审批时限提速至“100/80/60/50”工作日内。其中政府投资的房屋建筑和城市基础设施非线性工程总审批时限为 80 个工作日、线性工程为 76 个工作日，社会投资的房屋建筑总审批时限为 60 个工作日，工业投资的房屋建筑总审批时限为 50 个工作日，实行区域评估的带方案出让土地的社会投资房屋建筑总审批时限为 38 个工作日。基本实现审批事项办理“线下变线上”。下放房地产开发企业资质核定（三级及以下）、燃气经营许可证核发等 25 个行政事项。不动产抵押登记全程电子化、“互联网 + 不动产登记”建设完成，实现商品房网签系统全覆盖。推进供水、供气报装一站办理，供水报装时限由 30 个工作日压缩至 15 个工作日。在达到通气条件的情况下，供气报装时限由 15 个工作日压缩至 5 个工作日。新开办企业审批从 60 个工作日压缩至 24 个工作日（不含公示期），施工许可发放压缩至 5 个工作日。利用省住建厅审批平台对建筑施工企业安全生产管理人员审批事项实施网上审核，企业只需在网上提交申请材料，实现“零跑腿”。取消安管人员安全生产考核合格证书纸质版，企业和个人可通过省住建厅网站和微信公众号，在网上查询、打印、验证生成电子证照，通过电子化审批，安管人员证书变更时间由之前的一天最快缩短至 10 分钟，提高办理速度。全州城镇物业服务企业 175 家，归集房屋维修资金累计 8.2 亿元，投入使用 1190.04 万元。新建商住小区物业管理实现全覆盖。指导成立湘西自治州物业管理行业协会，弥补了物业管理行业主管部门机构人员短缺的问题。推进全州城市管理综合执法体制和机制改革工作。提升城市管理和规范执法水平。泸溪县采取疏堵结合的管理模式，将管理寓于服务之中，在服务的过程中实现管理。永顺县建立“5+2”工作日、“8+2+6”工作时，定点值守与监管巡查相结合，常态管理与专项整治共抓，白天向夜间延伸，主大街向背街小巷延展的市容管理机制。湘西经开区全面取缔园区内主次干道临街面占道经营的夜市摊点，解决了占道经营造成路面“脏、乱、差”和扰民问题，净化了园区环境。

（刘志伟）

房地产市场监管

【概　况】 2019 年末，全州有房地产开发企业 281 家。全州供地未开工商品房 300.93 万平方米，新开工未办理预售许可商品房 99.94 万平方米，其中住宅 88.97 万平方米，同比增长 75.11% 和 75.13%；批准预售商品房面积 377.18 万平方米，其中住宅 321.45 万平方米，同比增长 57.41% 和 73.26%。新建商品房网签面积 311.78 万平方米，其中住宅 277.97 万平方米，同比增长 40.16% 和 51.75%；新建商品房网签金额 1414877.2 万元，其中住宅 1161458.34 万元，同比增长 53.86% 和 68.92%；新建商品房网签均价 4538.06 元 / 平方米，其中住宅 4178.31 元 / 平方米，同比增长 7.21% 和 8.16%。二手房成交面积 52.16 万平方米，其中住宅 43.63 万平方米；二手房成交金额 148494.5 万元，其中住宅 108489.24 万元；二手房成交均价 2846.91 元 / 平方米，其中住宅 2486.66 元 / 平方米，同比增长 18.34% 和

16.59%。累计归集物业维修资金 82087.32 万元，累计使用维修资金 1190.04 万元，使用率 1.44%。累计库存房 267.98 万平方米，其中住宅 153.93 万平方米，商业门面及其他 114.05 万平方米，去化周期分别为 12.39 个月、8.6 个月和 30.65 个月。

【房产企业资质管理】 全年受理房地产开发企业资质业务 134 家，其中资质新申报 37 家，资质延期 33 家，资质延续 20 家，资质升级 16 家，资质变更 26 家；经过专家评审、网站公示、公告等程序，合格 133 家。对 94 家房地产开发企业进行资质年检，通过 94 家。

【房地产行业乱象治理】 开展房地产领域扫黑除恶专项斗争，重点打击扰乱房地产市场的黑恶势力，治理房地产市场乱象，规范房产领域市场秩序。制定《湘西州房地产领域扫黑除恶专项斗争重点排查整治工作方案》《在“不忘初心、牢记使命”主题教育中专项整治住房租赁、销售中介机构乱象实施方案》。联合州发改委、州公安局、州银监局、州市场监督管理局、州网信办等 6 部门，开展打击侵害群众利益的违法违规行为、治理房地产市场乱象专项行动。重点整治投机炒房、违规销售商品房、虚假房地产广告等行为和“黑中介”违法违规行为，对未取得商品房预（销）售许可证擅自销售、故意哄抬住房价格、变相收取定（订）金“诚信金”等违规行为，进行严肃查处。坚持“房子是用来住的，不是用来炒的”总体要求，从开发、建设、销售、验收、宣传、管理、督查等方面，对全州房地产开发建设及销售管理进行规范和约束，加强房地产开发市场管理，促进房地产业健康平稳发展。

【物业管理服务】 是年，全州新建小区 18 个，全部进行市场化管理，实现新建小区市场化、专业化物业管理全覆盖。成立湘西自治州物业管理行业协会，弥补了物业管理行业主管部门机构、人员短缺现象。指导成立业主委员会 21 个，组织开展第三方物业承接查验和物业项目评星，建立物业管理专家库等工作，逐步实现小区物业管理和服务智慧化。

（邹纯科）

城市建设管理

【概　况】 2019 年，湘西州城市建设管理工作坚持以提升城镇基础设施承载能力、完善城市配套功能为重点，高起点规划、高标准建设，全州城镇建设实现了快速发展。

【海绵城市建设】 全州完成海绵城市建设面积 22.13 平方公里，累计完成投资 13.37 亿元。其中，凤凰县完成海绵城市建设面积 10 平方公里，完成投资 8.37 亿元；吉首市完成海绵城市建设面积 12.13 平方公里，完成投资 5 亿元。

【黑臭水体整治】 全州完成泸溪县虎头溪、凤凰县小溪河（兰经市场段至花果山段）、花垣县坝塘溪、保靖县桐木棋经检察院至岳阳桥接南门河段雨污水沟、永顺县北门河等 5 条城市黑臭水体整治。

【城镇公厕建设】 完成新改扩建城镇公厕 66 座，累计完成投资 2252.6 万元。其中吉首市 15 座，泸溪县 4 座，凤凰县 10 座，古丈县 3 座，花垣县 7 座，保靖县 5 座，永顺县 8 座，龙山县 9 座，湘西经开区 5 座。

【城区停车位建设】 完成城区停车位建设 3306 个，累计完成投资 2070 万元。其中吉首市 600 个，泸溪县 342 个，凤凰县 70 个，古丈县 300 个，花垣县 380 个，保靖县 300 个，永顺县 364 个，龙山县 350 个，经开区 300 个。

【城市供水】 全州完成城镇供水厂改扩建项目 8 个（每县市 1 个），完成供水厂新建项目 5 个（泸溪县白沙新水厂、古丈县猛虎岭水厂、花垣县佳民水厂、永顺县城新水厂、龙山县石羔水厂），在建项目 1 个（凤凰二水厂新建工程），新增供水能力 23 万吨 / 日，供水能力较 2015 年翻一番。

完成供水管网新建改造556.71公里。建成水质监测站7个（吉首、泸溪、古丈、花垣、保靖、永顺、龙山），在建1个（凤凰），累计完成投资12.06亿元。

【城市污水治理】 加快县市城区生活污水处理设施建设。吉首市乾州污水处理厂扩建提质工程、凤凰县官庄污水处理厂迁建工程竣工投入运行，新增生活污水处理能力5.5万吨/日。泸溪县武溪城北污水处理厂、永顺县溪州新城污水处理厂、保靖县城第二污水处理厂、龙山县宝塔污水处理厂应急改造工程等一批城市污水处理项目开工建设。全州完成污水管网新建改造199.3公里，累计完成投资4.69亿元。下发《湘西自治州住房和城乡建设局（州人民防空办公室）关于进一步加快城镇污水处理厂不达标污泥处理处置设施提质改造工作的通知》《关于印发湘西自治州城市污水处理厂污泥设施整改方案的通知》，明确污泥用于混合填埋时，其含水率应小于60%，要求各县市城镇污水处理主管部门要严格按照相关规范标准要求，制定提质改造方案，明确改造时间表、责任部门和责任人，加快项目建设进度，尽快完成改造任务。

【老旧小区改造】 全年申报老旧小区改造项目200个，涉及户数33245户，涉及楼栋数1972栋，争取中央财政城镇保障性安居工程专项资金用于城镇老旧小区改造资金28303万元，保障性安居工程（老旧小区）2019年第四批中央预算内投资3725万元。全州15697户、135个小区正在开展群众工作、手续办理等前期准备；4067户、5个小区完成前期准备、施工单位进场施工，完成投资3427万元。

【古城保护与利用】 加强全州古城古镇古村保护与利用，起草《湘西自治州人民政府办公室关于加强古城古镇古村保护与利用工作的实施意见》，确定保护与利用工作实施清单，明确工作任务及职能分工。要求县市要充分重视历史建筑的保护与利用，做好历史文化街区划定和历史建筑的确定。凤凰县划定古城街区和沙湾街区2个历史文化街区，摸底80处历史建筑。吉首市对乾州古城历史街区进行管控，对保护范围内的30栋重要历史建筑进行挂牌。

【天然气安全监督管理】 全年开展城镇燃气安全检查和各类专项检查4次，抽查液化天然气气化站15座/次、液化石油气充装站21座/次、汽车加气站5座/次、瓶装燃气供应站62家/次、工商居民用户75户，发现隐患82处，下发隐患整改单8份、行政处罚单1份。全年新增安装天然气用户13376户，占全年任务数的107%。其中吉首市3036户，泸溪县1000户，凤凰县2075户，古丈县1080户，花垣县1050户，保靖县1601户，永顺县1310户，龙山县1063户，湘西经开区1161户。

2019年湘西自治州城市公共供水基本情况表

表12

序号	县市	供水企业名称	主管部门	水厂名称	水源地名称	水源类别	水源水质状况	水厂处理工艺	投产时间	投资（万元）	运行状况	设计供水能力（万立方米/日）	供水管网长度（公里）	年供水总量（万立方米）	水质监测能力（项）
1	吉首市	城市供水总公司	市公用事业中心	狮子庵水厂	峒河	地表水	Ⅱ类	常规	1983年，2017年扩建	7000	正常	（5）10	683.6	2587	106
2				钟家寨水厂	黄石洞、跃进水库	地表水	Ⅱ类	常规	1991年		正常	3			
3	泸溪县	自来水公司	县住建局	白沙水厂	沅江	地表水	Ⅰ类	常规	1993年，2018年新建	6600	正常	（1）3	75.0	495	42

续表 12

序号	县市	供水企业名称	主管部门	水厂名称	水源地名称	水源类别	水源水质状况	水厂处理工艺	投产时间	投资（万元）	运行状况	设计供水能力（万立方米/日）	供水管网长度（公里）	年供水总量（万立方米）	水质监测能力（项）
4	凤凰县	自来水公司	县住建局	北园水厂	沱江	地表水	Ⅱ类	常规	1986 年，2016 年改造	600	正常	3	110.7	1279	42
5	古丈县	城市供水公司	县住建局	猛虎岭水厂	古阳河水库	地表水	Ⅱ类	常规	2018 年	9940	正常	3	61.2	269	42
6				仁溪河水厂	仁溪河	地表水	Ⅱ类	常规	2006 年		应急	0.3			
7	花垣县	自来水公司	县住建局	钟佛山水厂	兄弟河	地表水	Ⅱ类	常规	1980 年		正常	3	133.0	893	42
8				佳民冲水厂	兄弟河	地表水	Ⅱ类	常规	2017 年	5120	正常	3			
9	保靖县	自来水公司	县住建局	银雕一水厂	银雕地下水	地下水	Ⅱ类	常规	1980 年		应急	0.5	61.4	500	42
10				梅花二水厂	白岩洞、沙井、塘口湾水库	地下水地表水	Ⅱ类	常规	2002 年，2017 年改造	3160	正常	2+0.5 深层地下水			
11	永顺县	自来水公司	县住建局	县城新水厂	猛洞河	地表水	Ⅱ类	常规	2018 年	15660	正常	5	63.7	823	42
12	龙山县	城镇供水公司	县住建局	石羔水厂	卧龙水库	地表水	Ⅱ类	常规	2018 年	12440	正常	5	234.6	1219	42
13				梨园水厂	卧龙水库	地表水	Ⅱ类	常规	1996 年，2017 年扩建	2909	正常	（1.5）3.5			
	合计									63429		44.8	1423.2	8065	

2019 年湘西自治州城市生活污水处理厂一览表

表 13　　单位：万立方米/日

县市	污水处理厂名称	所在地	处理工艺	规模	排放标准	备注
吉首市	吉首污水处理厂（第一污水处理厂）	吉首市青山湾	SBR	4	GB18918-2002 一级 B	
	乾州污水处理厂（第二污水处理厂）	吉首市小庄村磨沟滩	SBR	6	GB18918-2002 一级 A	
泸溪县	泸溪县城市生活污水处理厂	泸溪县白沙镇	SBR	1	GB18918-2002 一级 B	
凤凰县	凤凰县城污水处理厂	凤凰县杜田村	生物膜法	2	GB18918-2002 一级 A	
花垣县	花垣县城市生活污水处理厂	花垣县望城村	氧化沟	2	GB18918-2002 一级 B	
保靖县	保靖县污水处理厂	保靖县酉水二桥下游 400 米处左岸	A2/O 工艺	1	GB18918-2002 一级 B	
古丈县	古丈县城市生活污水处理厂	古丈县古阳镇树栖科村	氧化沟	1	GB18918-2002 一级 B	
永顺县	永顺县城市污水处理厂	永顺县灵溪镇宝塔村葫芦堡	氧化沟	2	GB18918-2002 一级 B	
龙山县	龙山县污水处理厂	龙山县民安镇宝塔村	生物接触氧化法	2.5	GB18918-2002 一级 B	

2019 年湘西自治州生活垃圾填埋场一览表

表 14

县市	垃圾填埋场名称	所在地	垃圾处理方式	规模（万立方米 / 日）	渗滤液处理工艺	备注
吉首市	吉首市台儿冲垃圾处理工程	吉首市台儿冲	卫生填埋	300	膜生物反应器 + 纳滤	
泸溪县	泸溪县城市生活垃圾填埋场	泸溪县白沙镇城西杨柳溪上游	卫生填埋	70	膜生物反应器 + 纳滤	
凤凰县	凤凰县城镇生活垃圾处理工程	凤凰县沱江镇高峰村	卫生填埋	100	两级反渗透	
花垣县	花垣县大头冲垃圾处理场	花垣县花垣镇依溪村	卫生填埋	70	生物处理 + 深度处理组合工艺	
保靖县	保靖县城生活垃圾无害化处理场	保靖县迁陵镇要坝村	卫生填埋	80	生化—芬顿化学氧化联合处理工艺	
古丈县	古丈县城市生活垃圾卫生填埋场	古丈县双溪乡蔡家村大塘组小坳壕沟湾	卫生填埋	70	膜生物反应器 + 纳滤	
永顺县	永顺县城垃圾处理工程	永顺县灵溪镇岔那村桐油树湾	卫生填埋	100	生化—芬顿化学氧化联合处理工艺	
龙山县	龙山县垃圾无害化处理场	龙山县新城乡韩家湾	卫生填埋	100	生化 + 深度处理	
	龙山县里耶古城垃圾卫生填埋场	龙山县里耶镇岩冲村罗家田	卫生填埋	30	两级反渗透	

（鲁迎春　向瑛俊）

建筑业

【概　况】 2019 年，全州新建项目从业施工企业 193 家，其中州外 160 家，州内 33 家；从业监理企业 57 家，其中州外 51 家，州内 5 家；从业勘察企业 26 家，其中州外 23 家，州内 3 家。全州在建项目 466 个，总建筑施工面积 1603 万平方米，总造价 519.13 亿元。其中竣工工程 93 个，竣工面积 319.07 万平方米，造价 96.06 亿元。全州开工核发施工许可证 193 个，许可面积 595.72 万平方米，造价 13.6 亿元。其中州本级核发施工许可证 5 个，许可面积 4.73 万平方米，造价 1.42 亿元。施工许可报建核发率 100%。

【行政许可】 全年上报湖南省住建厅安全生产许可申请 12 项，获许核准新申请 3 项，延期 8 项，待批准 1 项。审核 1738 个安全生产考核合格证书的新申请、延期、变更等申报工作。许可施工总承包资质三级 5 项，专业承包资质三级 2 项，施工劳务序列资质 8 项。

【扬尘防治】 下发《全州建筑施工扬尘整改实施方案》《湘西自治州住房和城乡建设局关于切实加强建筑施工扬尘环境突出问题监督执法的通知》等文件，多次召开专题会、推进会和调度会，对全州建筑工地开展扬尘污染和城区道路扬尘专项排查整治及“强执法防事故”行动进行安排部署。全州在建工地 226 个，住建系统出动执法人员 820 人次，下发停工整改通知单 57 份、限期整改通知单 151 份、严重不良记录告知书及安全考评不合格告知书 5 份，行政罚款 108 起，处罚金 39.71 万元。

【“打非治违”专项行动】 严厉打击和遏制建筑工程施工违法发包、转包、违法分包及挂靠等行为，健全监管长效机制，规范建筑市场秩序，营造良好的市场竞争氛围，促进湘西州建筑业健康有序发展。

【安全生产】 以“安全生产活动月”和“安全生产宣传咨询日”为契机，开展建筑施工安全生产宣传和警示教育活动，展出宣传及警示教育展板 30 多块，发放宣传资料 500 多份，对近万名市民进行知识宣讲，接待群众咨询 200 多人次。6 月 12 日，在吉首市吉盟天下项目开展“建筑施工塔吊高空坠物打击暨人员高处坠落事故应急救援演练”活动。组织开展行业领域安全监管执法质量排行榜活动，安全生产标准化考评认定不合格 9

起、企业不良行为27起、个人不良行为34起，行政处罚决定121起，共处罚金640.12万元。

（杜风平）

市政基础设施运营监管

【概　况】 2019年，湘西自治州住房和城乡建设局充分发挥职能，积极履责，加强城镇基础设施运营监管，维护城镇功能，服务人民群众。

【城镇供水监管】 要求各县市供水主管部门严格按照《湖南省住房和城乡建设厅关于进一步规范城镇供水水质信息公开的通知》规定，督促供水企业定期公开所辖公共供水厂水质检测信息，要求供水主管部门每年定期开展供水水质督查并在部门网站上公布水质督查结果。积极应对突发天气，保障城镇供水安全。印发《关于做好干旱期间城镇供水工作的通知》，要求各县市供水主管部门及时启动供水应急机制，科学合理调度城镇供水，严格城镇供水净水工艺管理，加强城镇供水设施维修维护，加大城镇供水水质监测力度，加强城镇应急供水组织领导，保障全州城镇供水安全。严格供水规范化管理考核工作，积极组织各县市供水主管部门对本县市供水厂的运行设施进行全面自查，根据检查结果提交相应考核结果。加强水质检测，确保水质优良。落实《城市供水水质管理规定》（建设部令第156号）和《湖南省城市供水水质督察管理办法》相关规定。12月初，委托湖南省城市供水检测网吉首监测站（湘西恒远水务检验检测有限公司）对全州八县市进行水质督查，确保水质安全。

【城镇排水及污水处理监管】 下发《关于做好2019年全州住建系统防汛抗灾工作的通知》，制定检查工作方案，明确排水防涝工作要求，要求各县市区健全工作机制，成立应急抢险队伍，加大对易涝点的整治力度。对于短时间难以消除的易涝点，设立醒目的公众警示标记，安排应急抢险和交通疏导等人防措施。加强全州污水处理设施运营监管，全年全州城镇污水排放总量6688.91万吨，9座城镇污水处理厂污水处理量6358.04吨，污水处理率95.05%。

【城市桥梁安全运行监管】 对各县市城市桥梁安全运行隐患和整改措施等相关工作进行全面部署，要求县市对住建管辖城市桥梁进行摸底，做到座座有档案，座座有人管理，对存在的安全隐患研究解决，对技术等级底的桥梁进行专项整治，实行桥梁定期监测，做到城市桥梁管理工作制度化和规范化，杜绝城市桥梁安全隐患。

（熊鹤松）

村镇建设

【农村危房改造】 2019年，州住建局（州人防办）深入贯彻学习习近平总书记在解决“两不愁三保障”突出问题座谈会上的重要讲话精神，落实党中央、国务院和省委、省政府关于打赢脱贫攻坚战的系列决策部署，以农村贫困人口实现“住房安全有保障”为目标，推进农村危房改造工作。全州核实上报4类重点对象危房存量3184户，争取上级资金1.8亿元，开工3184户，竣工3184户，4类重点对象危房改造存量任务全面清零。

【传统村落保护】 2019年3月28日，湖南省第十三届人代表大会常务委员会第十次会议批准，6月1日《湘西土家族苗族自治州传统村落保护条例》正式实施，湘西州传统村落保护步入法制化轨道。全州列入前五批“中国传统村落”名录的村落172个，纳入中央财政支持范围的村落129个，获专项保护资金3.922亿元，入选中国传统村落个数和到位专项保护发展资金数均位列全省第一。按照《湘西自治州特色民居与传统风貌保护整治三年行动计划（2018—2020年）》文件要求，对历史建（构）筑物进行保护整治，对不同传统风貌的村落进行保护修缮，累计投入 1.6369 亿元，开展保护整治特色民居 10002 栋。乡镇垃圾污水治理。坚持城乡一体，科学规划县市、乡镇生活垃圾收运处置和乡镇生活污水治理设施，合理安排转运、处理等设施布局。启动《湘西自治州生活垃圾城乡一体化收运及焚烧处理区域统筹规划》编制，完成全州 106 个乡镇排水与污水处理专项规划编制工作。累计投入资金 2.093 亿元，开工（续建）建设 8 座乡镇污水处理设施。坚持“标本兼治、综合施策、突出重点、分类整治”的原则，加强农村生活垃圾处理设施建设，排查农村非正规垃圾堆放点 47 处，整治 47 处。

湘西自治州列入中国传统村落保护批次情况表

表 15

县市	第一批	第二批	第三批	第四批	第五批
吉首市	德夯村、中黄村	小溪村、齐心村、河坪村		坪年村、坪朗村、补点村	锦坪村、红坪村古者寨、家庭村、联团村、隘口村林农寨
泸溪县		岩门村		芭蕉坪村、椰木溪村、欧溪村	三角潭村、塘食溪村、布条坪村、张家坪村、李什坪村、新寨坪村
凤凰县		老家寨村、凉灯村	黄毛坪村、早岗村、竹山村	塘坳村、大塘村、火炉坪村、东就村、塘头村芭蕉冲、泡水村、扭光村、香炉山村、关田山村、黄沙坪村、米良村	米坨村、苏马河村、扭仁村
古丈县	岩排溪村、老司岩村、龙鼻村			李家村、中寨村、九龙村、毛坪村、翁草村、列溪村、洞溪村、宋家村	丫角村、排茹村、曹家村、溪口村窝米寨、梓木村、沾潭村、磨刀岩村、坐龙峡村、白果树村、三坪村、葫芦坪村、陈家村、夯娄村、新窝村
花垣县	磨老村、板栗村			高务村、五斗村、十八洞村、张刀村、芷耳村、金龙村、油麻村	板栗村、鸡坡岭村、鼓戎湖村、龙孔村、夜郎坪村、大夯来村、土屯村、大兴村、子腊村、岩科村、懂马村、石栏村、磨子村、雅桥村、紫霞村、懂哨村、桃子村、谷坡村、东卫村、坡脚村、扪岱村、排腊村
保靖县	夯沙村、首八峒村			黄金村、吕洞村、夯吉村、梯子村、金落河村、新民村、木芽村、傍海村、魏家寨村	亨章村、波溪村、巴科村、丰宏村、沙湾村、白云山村、磋比村、新印村、阿扎河村、陇木村、陡滩村、米溪村
永顺县	双凤村、老司城村、小溪村			爬出科村、博射坪村、砂土村、大井村、芷洲村、列夕村、伍伦村、西那村	那必村、大明村、兰花洞村、流浪溪村、西岐村、西龙村、咱河村、龙珠村
龙山县	六合村、惹巴拉村	万龙村、长春村	捞车村	老洞村、树比村、街上村、巴沙村	五官村喇宗坡寨、塔泥村、天桥村、神州社区马洛沟、脉龙村、前丰村、天井村、耳洞村、泽果村、烈坝村、猛西村、头车村大字沟、东风村、长兴村、兔吐村、双坪村、双树村、中心村、信地村、百型村
合计	17	8	4	53	90

2019 年湘西自治州农村环境整治（传统村落保护）资金分配情况表

表 16

单位：万元

县市区	村落名称	传统村落批次	是否贫困县	补助资金
吉首市	矮寨镇坪年村	第四批	是	300
	寨阳乡坪朗村			300
泸溪县	潭溪镇新寨坪村	第五批	是	300
	洗溪镇布条坪村	第五批		300
	洗溪镇李什坪村	第五批		300
	洗溪镇三角潭村	第五批		300

续表 16

县市区	村落名称	传统村落批次	是否贫困县	补助资金
泸溪县	洗溪镇塘食溪村	第五批	是	300
	洗溪镇张家坪村	第五批		300
凤凰县	禾库镇米坨村	第五批	是	300
	腊尔山镇苏马河村	第五批		300
	麻冲乡扭仁村	第五批		300
花垣县	补抽乡懂哨村	第五批	是	300
	花垣镇紫霞村	第五批		300
	吉卫镇大夯来村	第五批		300
	吉卫镇夜郎坪村	第五批		300
	民乐镇土屯村	第五批		300
	石栏镇大兴村	第五批		300
	石栏镇懂马村	第五批		300
	石栏镇磨子村	第五批		300
	石栏镇石栏村	第五批		300
	石栏镇雅桥村	第五批		300
	石栏镇岩科村	第五批		300
	石栏镇子腊村	第五批		300
	双龙镇鼓戎湖村	第五批		300
	双龙镇鸡坡岭村	第五批		300
	双龙镇龙孔村	第五批		300
	雅西镇东卫村	第五批		300
	雅西镇扪岱村	第五批		300
	雅西镇排腊村	第五批		300
	雅西镇坡脚村	第五批		300
	长乐乡谷坡村	第五批		300
保靖县	葫芦镇新印村	第五批	是	300
	毛沟镇巴科村	第五批		300
	普戎镇波溪村	第五批		300
	普戎镇亨章村	第五批		300
	迁陵镇阿扎河村	第五批		300
	迁陵镇陡滩村	第五批		300
	迁陵镇陇木村	第五批		300
	水田河镇丰宏村	第五批		300
	碗米坡镇白云山村	第五批		300
	碗米坡镇磋比村	第五批		300
	碗米坡镇沙湾村	第五批		300
	阳朝乡米溪村	第五批		300
永顺县	车坪乡咱河村	第五批	是	300
	芙蓉镇兰花洞村	第五批		300
	灵溪镇那必村	第五批		300
	石堤镇大明村	第五批		300
	首车镇龙珠村	第五批		300
	西歧乡流浪溪村	第五批		300
	西歧乡西龙村	第五批		300
	西歧乡西岐村	第五批		300

（向瑛俊）

建筑节能

【概　况】2019年，全州新建装配式建筑开工面积62.66万平方米，其中吉首市中心城区开工面积43.3万平方米，占新建建筑面积32.71%。吉首市中心城区开工建设绿色建筑项目14个，建筑面积100.29万平方米，占新建建筑面积70.79%。湘西旅游集散中心（金湘玺接待中心）1#楼、湘西州文化体育会展中心PPP项目、龙山县体育中心项目设计、采购、施工一体化总承包EPC项目、凤凰古城旅游保护设施建设项目EPC总承包工程等项目获批湖南省2019年度建筑业新技术应用示范工程。

【绿色建筑】加快推进绿色建筑评价管理工作，是年15个项目通过绿色建筑评价认定，绿色建筑总面积221.77万平方米，全州绿色建筑面积累计298.92万平方米，其中湘西自治州保健院建设项目通过省级评定为一星级绿色建筑。严格执行建筑节能材料备案管理工作。根据《湖南省民用建筑节能条例》和湖南省住建厅关于加强建筑节能管理工作有关规定，按照《湘西州住房和城乡建设局关于印发〈湘西自治州建筑节能产品（材料）备案管理暂行办法〉的通知》要求，对申请备案的建筑节能产品（材料）进行审查，全年有21个建筑节能材料完成备案登记，分两个批次进行公示。落实省定在市州中心城区60%新建建筑开工建设绿色建筑的考核目标，全年湘西州中心城市吉首市新开工绿色建筑面积100.29万平方米，新开工民用建筑面积141.66万平方米，占新开工建筑面积的70.79%。

【装配式建筑】投资1.2亿元、占地1000亩的湖南美林住宅工业有限公司和总投资8亿元、总用地321.84亩的吉首现代建筑智能制造产业园2019年投产。

【建筑节能改造】实施科技园棚改安置建设等项目，在湘西海关业务技术用房项目、龙山县就业孵化基地改造工程项目、凤天大酒店及星级农贸市场改造项目、财信商贸中心商业提质改造项目、湘西州疾病预防控制中心改扩建项目等项目中实施了建筑节能改造，改造既有居住建筑节能面积32.09万平方米。

（彭龙南）

工程建设项目审批制度改革

【概　况】按照国家、省工程建设审批制度改革统一部署和州人民政府相关工作要求，全州工程建设项目审批制度改革工作稳步推进，取得了阶段性成效。

【工程审批串联变并联】围绕“一家牵头、并联审批、统一确认、限时办结”的改革实施方案要求，出台《湘西州工程建设项目审批工作指南》，坚持应减尽减原则，四个审批阶段牵头部门主导、相关部门及九县市区同步推进，完成六大类型各审批阶段“一份办事指南、一张申请表单、一套申报材料、一张审批流程指导图”的制定发布，促成“一次项目报建、完成多项审批”运作模式，基本实现全州工程审批“串联变并联”。建立申请表单和申报材料清单等填报服务机制，主动告知申请人填报要求，提升企业、群众获得感、满足感。

【施工图审批多窗变一窗】深化“多审合一、多图联审”改革。出台《关于全州开展房屋建筑和市政基础设施工程施工图“多审合一”“多图联审”工作的通知》，严格审查，优化工作流程，实现建设单位送审施工图“零跑路、零付费、零接触”，消防、人防、技防审查“多审合一”。推行联合验收，出台《湘西自治州行政审批服务局等五部门关于印发〈湘西自治州房屋建筑和市政基础设施工程竣工联合验收办法〉的通知》。“一张蓝图”统筹项目实施。加快构建“多规合一”的“一张蓝图”有关工作，印发《湘西州“多规合一”信息管理及协同平台建设工作方案》，应用测试账号对基础版测试平台进行测试并提出优化建议，基本完成州直部门“一事项、一人员、一账号”多规合一信息平台用户权限设置。按照省政府“1+4”（项目空间管制 + 立项用地规划许可、工程建设许可、施工许可、竣工许可）工程建设项目审批制度改革工作部署，推进工程建设项目空间管制管理办法相关工作。推动“多窗变一窗”，整合湘西经济开发区、各工程建设项目审批部门，供水、供电、燃气、排水、通信等分散设立的实体服务窗口，设立一个工程建设项目审批综合服务窗口，实现一个窗口受理、出件的服务模式。

【审批时序】 梳理全州工程建设项目审批事项，精简审批事项和条件，减少保留事项的前置条件，结合审批事项梳理、“立改废释”等。明确相关部门区域评估工作，调整审批时序，即地震安全性评价在工程设计前完成，其他评估评价和取水许可等事项在开工前完成，将供水、供电、燃气、热力、排水、通信、广电等市政公用基础设施报装提前到开工前办理，在工程施工阶段完成相关设施建设，竣工验收后直接办理接入事宜。社会投资项目初步设计审批并入规划设计方案审批环节一并进行审查，使各阶段审批时序得以优化。全面取消申请施工许可证时需提交的资金到位证明、施工和监理合同备案、建筑节能设计审查备案，取消通过招投标方式选定招标代理机构的要求等。

【综合服务】 出台《湘西州工程建设项目审批“一窗服务”工作规则》，在州政务服务中心二楼搭建工程建设项目审批综合服务窗口，设立“咨询、帮代办服务”、两个“综合受理”“立项用地规划许可阶段”“工程建设许可阶段”“施工许可阶段”“竣工验收阶段”“湘西经开区服务”“中介服务”共 9 个窗口。下发《湘西州工程建设项目审批制度改革联席会议办公室关于印发〈湘西州工程建设项目审批监督管理办法（试行）〉和〈湘西州工程建设项目审批咨询指导协调服务工作规程（试行）〉的通知》，加强工程建设项目审批协调机制，协调审批部门分歧。出台《湘西州工程建设项目审批制度改革部门联席会议办公室关于印发〈湘西州工程建设项目帮代办服务工作暂行办法〉的函》，主动服务，打通服务“最后一公里”，实现群众办事“只跑一次路”，推行帮办代办服务工作模式，解决群众“多头跑”的烦心事。

【厘清审批“一张表单”】 11 月 12—13 日，州政府副秘书长张发权组织召开湘西州工程建设项目审批服务事项集中审议会，对照《湘西州工程建设项目审批有关事项清单和审批流程指导图》《湘西州工程建设项目审批工作指南》，对涉及 50 项审批事项与 12 项强制性评估和市政公用服务事项的州直审批部门及服务单位所编制的“办事指南”“流程图”“制式告知承诺书”“申请材料清单样例”，逐一进行集中审议，提出修正意见。对超出省定的事项，要求相关审批部门废止；对多于省定提供的资料，要求审批部门予以取消。厘清“一张表单”，印制成册，与省里制定的审批事项、材料、表单实现无缝对接，为“一窗服务”奠定基础。

【行政审批】 推行区域评估、实施告知承诺制。出台《湘西州工程建设项目行政审批告知承诺制管理办法》，鼓励开发区、产业园区等实施告知承诺。推动州直相关部门区域评估工作，州发改委印发《关于湘西自治州区域评估能评实施细则（实行）》、州文化旅游广电局印发《关于做好我州工程建设区域文物影响评估工作的实施细则的通知》，州应急管理局印发《关于湘西自治州区域性工程建设项目安全评估实施导则》。加强信用体系建设，健全完善与工程建设项目审批制度改革相适应的事中事后监管制度，建立以“双随机、一公开”监管为基本手段，以重点监管为补充，以信用监管为基础的新型监管机制，制定下发建筑市场信用“红黑名单”管理办法、招投标失信黑名单管理暂行办法等。强化事中事后监管。出台《湘西州工程建设项目事中事后监管指导意见》，统一规范监管模式，督促审批部门在规定时限内完成审批工作，加强对行业主管部门工程建设项目审批事中事后监管，

【宣传培训】 4月19—20日，组织全州570余人参加住建部举办的审批制度改革视频培训。5月10—15日，5次组织各阶段成员单位召开审批事项梳理填报研讨会，120人次参加。6月5日邀请吉首5家企业代表和吉首大学基建办负责人座谈。12月6日，组织各县市“四个阶段”牵头部门分管负责人、窗口人员及62个审批服务事项办理工作人员480人参加湖南省工程建设项目审批管理系统培训班，提升系统操作能力。加强宣传教育，印发《湘西州工程建设项目审批制度改革部门联席会议办公室关于加强审批制度改革工作信息报送的通知》，宣传工程建设审批制度改革的重要意义、经验做法，在报刊、广播、电视、互联网等宣传报道27次，编制6期《湘西工程审改动态》，为推进工程审改营造良好的舆论环境。

【工程审批明确节点时限】 全州明确工作时间节点，量化路径措施，强化工作调度，整体推进工程建设项目审批制度改革工作。7月1—5日，州政府组织两个调研督导组对8县市进行工程审改专项调研督导，形成调研督导报告，对工作推进不力、影响改革进程的，特别是对未按时完成阶段性工作目标的部门，下发督办函5份；确保全州按时间节点要求完成工程审改工作目标任务。

【建章立制】 全州出台区域评估、告知承诺制、红黑名单、多审合一等制度，以重点监管为补充、以信用监管为基础，推进“双随机、一公开”监管，促成事中事后监管机制。制定中介服务、市政公用服务等管理办法，各阶段牵头部门负责协调审批部门分歧，初步形成审批协调机制。建立健全审批督查问责机制，制定“一窗服务”工作规则、“帮办代办方案”“一单告知”办事服务指南等措施制度，对违规、超时审批、不履行一次性告知等行为予以通报问责。推动法规、规章、规范性文件的“立改废释”工作，基本形成“一套机制”规范审批运行，为建立依法推进改革长效机制创造了条件。

【推动“在线审批”】 按照“全流程、全覆盖”要求，推进信息平台互联互通，基本实现无缝对接湖南省工程建设项目审批管理系统，完成审批事项纳入省“互联网+政务服务”一体化平台，完成全州审批部门入驻湖南省工程建设系统审批管理系统工作，初步形成“单位后台”服从“窗口前台”，“单位后方”支持“窗口前方”的工作格局，基本实现审批事项（从立项审批至竣工验收备案）均通过湖南省工程建设系统审批管理系统受理和审批，“一网通办”全面启动，基本实现审批事项办理“线下变线上”运行格局。

（汪　涛）

园林绿化

【概　况】 2019年，州园林绿化办结合中心改革后保留的工作职责，优化职能，推进新思想、新作风和新制度建设，在强化组织领导、加强队伍建设、优化工作作风、提升工作效能、服务基层群众、园林绿化管理方面取得了明显成效。

【公园绿地建设】 落实州委州政府和局机关要求，推进全州城市绿荫行动，搞好建成区增湿造绿工程、城市生态修复工作，提升全州建成区绿化覆盖率，旧城区改造坚持“拆墙透绿、拆违建绿、见缝插绿”。全州新增城区停车位3150个。吉首市新增社区绿化39亩，新增建新东路、文心东路、北二环连接线绿化街道26公里。副中心城市龙山县增加城区绿化面积64.5亩、街道绿化

5.1公里。为庆祝新中国建立70周年，中心城区吉首市摆放时令花卉13万余株，在老城区和4个高速出入口城口摆放花卉、绿植25万余盆。吉首市花果山综合性公园完成足球场、篮球场、射箭馆等基础建设3500平方米、公园车行道沥青路面2.5公里，209国道生态公路建设和市易地扶贫搬迁安置区完成绿化种植1.58万平方米。

【申报园林式单位（小区）】 按照《湖南省住房和城乡建设厅关于印发湖南省园林式单位和园林式小区评选办法的通知》《湘西自治州住房和城乡建设局关于印发湘西自治州园林式单位和园林式小区评选办法的通知》要求，组织省级、州级园林式单位和园林式小区申报，组织已经取得省级园林式单位的花垣县农业局、永顺溪州中学、吉首市人民政府，申报州级品牌奖励。

【城市绿化】 吉首市完成城区公园广场绿化带造型树、球形树整形修剪3000余株，花灌木和色块小苗修剪整形5次，修剪面积11万多平方米，完成附属道路绿地等27条主次干道行道树整形修剪1.1万余株，清理枯死乔灌木360多株，公园和广场公共绿地及城区27条主次干道行道树樟叶蜂防治喷洒灭治药物42车次，道路交通环岛实施网蝽和螨类防治2次。

（田玉霞）

生态环境保护

【概　况】 2019年，湘西州生态环境系统增加了农业农村污染防治、长江保护修复、柴油货车整治等工作内容，开启了工业园区污染治理、自然保护区问题整治、尾矿库污染整治、矿山污染治理、入河排污口排查整治等新领域、新任务。是年，生态环境保护督察问题整改进一步加大了压力，在持续推进2017年中央环保督察反馈问题整改的同时，又增加了2018年中央生态环境保护督察"回头看"及省级环保督察反馈问题的整改，还有全国人大和省人大水污染防治法执法检查反馈问题及建议、长江经济带警示片披露问题的重大整改任务，生态环境保护工作面临重大转型。全州生态环境系统工作取得良好成效，全州环境质量总体保持稳中趋好。2019年，吉首市城市空气质量优良天数为345天，优良率为94.5%，PM2.5浓度为30微克/立方米，PM10年均浓度为49微克/立方米。全州水污染防治目标31个国控、省控考核断面水质优良率100%，无劣V类水质断面。

【环境质量】 2019年，地级城市吉首市环境空气平均优良天数比例为94.5%，同比增长0.3%；环境空气质量综合指数3.08，同比下降0.3%。环境空气质量综合指数在全省14个市州中排名第一，空气环境质量连续两年达到国家二级标准。全州31个省国控断面达标率100%，其中Ⅰ类水质断面1个，Ⅱ类水质断面29个，Ⅲ类水质断面1个。8县市10个地表饮用水水源地水质达标率100%，水质良好。"锰三角"7个断面不含锰指标均为Ⅱ类水质，达标率100%；含锰指标4个断面达标，3个断面与上年同期相比呈下降趋势。2019年，污染源、污染地块调查数据显示，全州有部分疑似污染地块，主要为遗留工业场地和工业弃渣场地，重金属和有机污染物排放不断累积。至2019年末，全州累计建立各类自然保护区33个，其中国家级自然保护区、森林公园、湿地公园12个。8个国家重点生态功能区县域生态环境总体保持良好。全年，全州未发生较大及以上环境污染事件，核与辐射环境质量安全可控。

【生态保护】 稳步推进花垣县生态保护红线勘界定标试点。指导花垣县制定《湘西州花垣县生态保护红线勘界定标试点工作方案》，成立工作领导小组，正式启动勘界定标工作，年末完成生态保护红线界桩、宣传牌制作，完成内业工作量的80%；完成湖南省生态保护红线勘界定标第一桩安装。组织开展湘西州"绿盾2019"自然保护地强化监督。开展实地核查2次，组织“绿盾”专项督查1次，下发督查通报1次，督促县市政府和自然保护区管理机构加强问题整改力度和加快问题整改进度。国家第一批实地核查有关问题线索移交的永顺小溪国家级自然保护区和古丈高望界国家级自然保护区4个问题通过核查督查全部整改完成；自然保护区遥感监测涉及九重岩、两头羊、印家界、洛塔4个省级自然保护区共51处人类活动新增或扩大点问题，通过核查督查，除44处为原住居民生产生活没有生态破坏无需整改外，其余7处，年末1处整改完成并申请销号，4处已经拆除待复绿，1处正在拆除中，1处正在督促县政府采取措施；“绿盾2017—2018”专项行动自然保护区131个问题，除3个问题为交通项目建设未完成正在按时序进度整改中外，其余128个问题完成整改，整改完成率97.7%。“绿盾”专项行动自然保护区实地巡查5个问题全部整改完成并按程序销号。配合自然资源部门做好生态保护红线评估调整。8—11月，开展3次生态保护红线评估调整，对在生态保护红线内符合调出原则的基本农田、矿业权、商品林、土地后备资源、村镇以及有关建设项目，优化调整出生态保护红线，确保在保护好生态环境的情况下又不影响项目建设。

【污染防治】 打好“蓝天保卫战”，实施有色行业特别排放限值达标改造、水泥行业升级改造、挥发性有机物治理等重点减排项目7个。投资大气污染防治资金1873万元，实施“天地车人”一体化移动源排放监控体系、大气环境监测小微站建设、城市环境空气质量限期达标规划编制、全州八县市声环境功能区划分调整编制等6个项目建设。全州20个“千吨万人”饮用水水源保护区10个完成划定，10个完成技术报告评审和报批，待批复；整治省级工业园区水污染防治9家；实施凤凰县沱江上游饮用水水源地综合整治工程和吉首市饮用水水源地环境保护工程项目，强化流域污染治理项目储备，申报武水和西水流域水污染治理项目。土壤风险管控与治理修复项目通过审查入库19个，获得项目资金支持11个，资金1.399亿元。“夏季攻势”任务清单。省定2019年“夏季攻势”问题（任务）7大类36个，年末全部办结销号。黑臭水体整治、工业园区整治、饮用水水源地保护区划定等与民生和环境质量改善息息相关的项目整治取得显著成效。

【主要污染物总量减排】 2019年，解决花垣县矿山综合整治项目总量指标来源。对花垣县矿山整合迁建铅锌浮选项目总量进行审核，对花垣上报花垣县太丰矿山有限责任公司、花垣县海丰矿业有限责任公司结构关停减排项目进行认定后报省厅备案，解决了花垣矿山整合迁建项目总量来源。组织县市上报辖区内已完成总量减排并产生稳定效果的减排项目，解决辖区内新建项目的总量指标来源。完成列入湖南省“蓝天保卫战”重点减排项目8个（均为工业窑炉治理项目）。完成2019年省定湘西州主要污染物减排目标任务：二氧化硫指标较2018年削减106吨，较2015年下降6%；氮氧化物指标较2018年削减0吨，较2015年下降12%；化学需氧量较2018年削减200吨，较2015年下降3.58%；氨氮较2018年削减30吨，较2015年下降6.04%。

【环境监管】 州委州政府将环保督察整改、污染防治攻坚战纳入重点事项督查范围，每季度督查一次。2019年第4季度州政府4名副州长分别带队赴县市现场督导，督促责任主体单位及时整改落实，现场解决督办部分重点难点问题。把生态保护责任落实情况纳入党政领导干部考核内容，制定《环境保护工作责任实施细则（试行）》《环境问题（事件）责任追究办法（试行）》，厘清责任清单，加强督查问责。环保督察整改期间，党委政府约谈99人，纪委追责问责297人。

【环保科技与环保产业】 全年建设空气环境自动

监测站10座、地表水环境自动监测站10座，完成污染源自动监控平台建设，安装在线监控设施91套。投资1297万元，启动环境空气自动监测系统改造升级、大气环境质量限期达标规划、“天地车人”一体化移动源排放监控体系、湘西州大气网格化监测等项目建设，提升环境质量监管能力。完成2018年度全州环保产业统计工作，统计环保产业企事业单位60家，比2017年增加2家；环保产业产值39亿元，比2017年增加22%，实现年增长20%的省定目标。

【环境影响评价】 以“三线一单”为手段，强化空间、总量、准入环境管理，实行源头严控。落实绿色发展理念，严格控制“产能过剩”项目，防止工业项目低水平重复建设，立足当前环境问题管控好资源利用新建项目。强化规划环评，提高环评审批效率。全年受理环评文件31个，审批28个，对3个不符合要求的项目作出暂时不予审批决定。按照要求对造纸、水泥、有色冶炼、化学品原料药制造、屠宰及肉类加工等5个行业发放排污许可证17家。

【生态环境保护执法】 落实《中华人民共和国环境保护法》及其赋予的手段，依法严厉打击环境违法行为，保障人民群众的合法权益。全年全州生态环境部门对环境违法行为立案136件，实施行政处罚128件，其中移送行政拘留8件、限产停产6件，合计处罚金额1600余万元；州本级处罚案件6件，处罚金额64.8万元。

（余菊馨）

2019年湘西土家族苗族自治州县市所在城市环境空气质量情况表

表17

城市	优良天数（天）			优良天数比例（%）				综合指数				排名	
	2019年	2018年	同期增减	2019年	2018年	同期增减	年度基本目标	2019年	2018年	同比变化率（%）	年度基本目标	优良率	综合指数
泸溪县	338	341	−3	92.6	93.4	−0.8	—	3.00	3.40	−11.8	—	7	1
凤凰县	337	334	3	92.3	91.5	0.8	—	3.33	3.36	−0.9	—	8	7
花垣县	344	354	−10	94.2	97.0	−2.8	—	3.47	3.02	14.9	—	3	8
保靖县	344	350	−6	94.2	95.9	−1.7	—	3.22	3.18	1.3	—	4	5
古丈县	343	347	−4	94.0	95.1	−1.1	—	3.17	3.16	0.3	—	5	4
永顺县	345	345	0	94.5	94.5	0	—	3.31	3.35	−1.2	—	2	6
龙山县	342	344	−2	93.7	94.2	−0.5	—	3.08	2.98	3.4	—	6	2
吉首市	345	344	1	94.5	94.2	0.3	—	3.08	3.09	−0.3	—	1	2
全州	2738	2759	−21	93.8	94.5	−0.7	—	3.21	3.19	0.6	—	—	—

说明：城市环境空气质量监测数据有效性统计方法按照《关于调整城市环境空气质量监测数据有效性统计方法的通知》（气字〔2016〕276号）执行

2019年湘西土家族苗族自治州县市所在城市环境空气污染物浓度情况表

表18

城市	$PM_{2.5}$（微克/立方米）				PM_{10}（微克/立方米）				SO_2（微克/立方米）	NO_2（微克/立方米）	CO（微克/立方米）	O_3（微克/立方米）
	2019年	2018年	同期变化幅度（%）	年度基本目标	2019年	2018年	同期变化幅度（%）	年度基本目标				
泸溪县	33	34	−2.9	—	47	56	−16.1	—	13	10	1.3	96
凤凰县	34	30	13.3	—	51	61	−16.4	—	8	21	1.1	112
花垣县	29	23	26.1	—	54	48	12.5	—	16	18	1.5	123
保靖县	28	26	7.7	—	56	56	0	—	10	12	1.5	123
古丈县	29	25	16	—	56	55	1.8	—	8	13	1.4	118

续表 18

城市	$PM_{2.5}$（微克 / 立方米）				PM_{10}（微克 / 立方米）				SO_2（微克 / 立方米）	NO_2（微克 / 立方米）	CO（微克 / 立方米）	O_3（微克 / 立方米）
	2019 年	2018 年	同期变化幅度（%）	年度基本目标	2019 年	2018 年	同期变化幅度（%）	年度基本目标				
永顺县	34	30	13.3	—	54	52	3.8	—	9	15	1.2	118
龙山县	30	33	-9.1	—	43	48	-10.4	—	9	15	1.3	122
吉首市	30	33	-9.1	—	49	55	-10.9	—	6	16	1.2	115
全州平均	31	29	6.9	—	51	54	-5.6	—	10	15	1.3	116
变化幅度（%）	—	—	—	—	—	—	—	—	—	—	—	—
2018 年全州年均值												
国家标准年均值	35				70				60	40	4（日均值）	160（日均值）

2019 年湘西土家族苗族自治州地表水控制断面水质情况表

表 19

序号	断面名称	考核城市	所在河流	断面属性	上年同期类别	2019 年		水质类别变化	水质下降主要指标	“水十条”考核断面	
						水质类别	超Ⅲ类标准指标（超标倍数）			2019 年目标	目标达标情况（影响指标）
1	浦市上游	辰溪县	沅江干流	交界 *	Ⅱ类	Ⅱ类	/			Ⅲ	达标
2	白沙水厂	泸溪县	沅江干流	饮用水	Ⅱ类	Ⅱ类	/				
3	武水汇合口	泸溪县	沅江干流	控制 *	Ⅱ类	Ⅱ类	/			Ⅲ	达标
4	河溪水文站	吉首市	沅江武水	交界 *	Ⅱ类	Ⅱ类	/			Ⅲ	达标
5	武水入沅江口	泸溪县	沅江武水	控制	Ⅱ类	Ⅱ类	/				
6	吉首二水厂（狮子庵水厂）	吉首市	沅江武水	饮用水	Ⅱ类	Ⅱ类	/				
7	张排汇合口峒河段	吉首市	沅江武水	控制	Ⅱ类	Ⅱ类	/				
8	吉首三水厂	吉首市	沅江武水	饮用水	Ⅱ类	Ⅱ类	/				
9	张排汇合口万溶江段	吉首市	沅江武水	控制	Ⅲ类	Ⅲ类	/				
10	北园水厂	凤凰县	沅江武水	饮用水	Ⅱ类	Ⅱ类	/				
11	庄上	凤凰县	沅江武水	控制	Ⅱ类	Ⅱ类	/				
12	解放岩乡	凤凰县	沅江武水	交界	Ⅱ类	Ⅱ类	/				
13	里耶镇	/	沅江酉水	交界	Ⅱ类	Ⅱ类	/				
14	碗米坡电站	/	沅江酉水	控制	Ⅱ类	Ⅱ类	/				
15	江口	保靖县	沅江酉水	控制 *	Ⅱ类	Ⅱ类	/			Ⅱ	达标
16	酉水二桥	保靖县	沅江酉水	交界	Ⅱ类	Ⅱ类	/				
17	凤滩水库	古丈县	沅江酉水	控制 *	Ⅱ类	Ⅱ类	/			Ⅲ	达标
18	卧龙水库	龙山县	沅江酉水	饮用水	Ⅱ类	Ⅰ类	/	↑ 1			
19	跳鱼洞电站	龙山县	沅江酉水	控制	Ⅲ类	Ⅱ类	/	↑ 1			
20	石花村	/	沅江酉水	交界	Ⅲ类	Ⅱ类	/	↑ 1			
21	边城镇	/	沅江酉水	交界	Ⅱ类	Ⅱ类	/				
22	川心城	花垣县	沅江酉水	控制	Ⅲ类	Ⅱ类	/	↑ 1			
23	狮子桥坝下	花垣县	沅江酉水	交界	Ⅱ类	Ⅱ类	/				
24	清水江入酉水口	/	沅江酉水	控制	Ⅱ类	Ⅱ类	/				
25	下寨河电站（佳民）	花垣县	沅江酉水	饮用水	Ⅰ类	Ⅱ类	/	↓ 1	总磷		
26	塘口湾水库	保靖县	沅江酉水	饮用水	/	Ⅱ类	/				

续表 19

序号	断面名称	考核城市	所在河流	断面属性	上年同期类别	2019 年		水质类别变化	水质下降主要指标	“水十条”考核断面	
						水质类别	超Ⅲ类标准指标（超标倍数）			2019 年目标	目标达标情况（影响指标）
27	永顺县水厂	永顺县	沅江酉水	饮用水	Ⅱ类	Ⅱ类	/				
28	永顺县污水处理厂下游	永顺县	沅江酉水	控制	Ⅱ类	Ⅱ类	/				
29	海螺电站下游 300m	永顺县	沅江酉水	交界	Ⅱ类	Ⅱ类	/				
30	古丈县水厂	古丈县	沅江酉水	饮用水	Ⅱ类	Ⅱ类	/				
31	树栖科	/	沅江酉水	控制	Ⅱ类	Ⅱ类	/				
32	青木岭	泸溪县	沅江干流	交界	Ⅱ类	Ⅱ类	/				
33	木枝溪	凤凰县	沅江辰水	交界	Ⅱ类	Ⅰ类	/	↑ 1			
34	戴家坡	古丈县	沅江酉水	交界	/	Ⅱ类					

说明：1.* 标记为“水十条”国家考核断面

2. 青木岭、木枝溪和戴家坡断面为怀化辖区内监测、考核湘西州断面

2019 年“锰三角”湖南地区地表水监测情况表

表 20

序号	断面名称	水质类别（基本项目）			补充项目锰超标倍数		
		2019 年	上年同期	水质类别变化情况（下降指标）	2019 年	上年同期	变化
1	里耶镇	Ⅱ类	Ⅱ类		0.8	1.9	↓
2	碗米坡电站	Ⅱ类	Ⅱ类		\	\	\
3	江口	Ⅱ类	Ⅱ类		\	\	\
4	凤滩水库	Ⅱ类	Ⅱ类		\	\	\
5	石花村	Ⅱ类	Ⅲ类	↑ 1	\	1.2	↓
6	边城镇	Ⅱ类	Ⅱ类		0.5	2.6	↓
7	清水江入酉水河口	Ⅱ类	Ⅱ类		1.1	1.2	↓

说明：锰评价参照《地表水环境质量标准》（GB3838-2002）表 2 执行

2019 年湘西土家族苗族自治州重金属地表水监测情况表

表 21

序号	断面名称	所在县市	超标项目（超标倍数）	与上年相比	备注
1	张匹马	花垣县	无超标项目	锰浓度下降	2018 年锰浓度 0.13 毫克 / 升
2	边城	花垣县	锰（0.5）	锰浓度下降	2018 年锰浓度 0.357 毫克 / 升
3	川心城	花垣县	锰（0.8）	锰浓度下降	2018 年 8—12 月锰浓度 0.29 毫克 / 升
4	龙潭镇龙潭河桥头	花垣县	无超标项目	/	2018 年 8—12 月锰浓度 0.009 毫克 / 升
5	江口	保靖县	无超标项目	/	2018 年 8—12 月锰浓度 0.016 毫克 / 升
6	浦市上游	泸溪县	无超标项目	/	2018 年 8—12 月锰浓度 0.004 毫克 / 升
7	武水汇合口	泸溪县	无超标项目	/	2018 年 8—12 月锰浓度 0.005 毫克 / 升

说明：1. 重金属地表水监测项目：铜、锌、硒、砷、汞、镉、铬（六价）、铅、铁、锰、锑、镍、铊

2. 达标评价标准为《地表水环境质量标准》（GB3838-2002）中表 1 中Ⅲ类标准，表 1 没有的指标参照表 2、表 3 中相关标准值进行达标评价

（吴宽全）

交通 邮政 通信

交通运输

【概 况】2019年，全州交通运输系统干部职工砥砺奋进，攻坚克难，按照州委“542”发展思路，全力以赴抓重点、补短板、强弱项、防风险，圆满完成年度各项目标任务。年末，全州通车里程13295.5公里，其中铁路里程192公里，公路通车里程12571.5公里，高速公路通车里程482公里（不含连接线）。2019年12月26日黔张常铁路开通运营，填补了渝鄂湘三省市交界地区铁路网空白，标志着湘西州正式迈入高铁新时代。全年完成农村公路硬化952公里。有道路运输企业314家，其中客运企业42家，货运企业27家，驾培企业43家，维修企业178家，出租车企业12家，公交公司12家；道路运输相关业务经营业户395户，从业人员1.84万人。有农村客运车辆2136辆、出租车1450辆、城市公交501辆，8个县市城市公交和出租车覆盖率100%，适宜通客班车的建制村通客班车率100%。有水运企业20家，各类营运船舶454艘，其中客船400艘，货船54艘，运力3.6万总吨，客运舱位8687个。全州有船乡镇86个，大中型水库22座，渡口码头149座，通航河流35条，通航里程1067.2公里，等级航道157.2公里。年末全州民用汽车保有量19.05万辆，增长13%，其中私人汽车保有量17.5万辆，增长14%；私人轿车保有量7.3万辆，增长15.3%。州府吉首市与张家界机场和铜仁凤凰机场分别相距152公里和80公里。

【三大攻坚战】农村公路建设完成投资9.4亿元，提质改造农村公路185公里，建成自然村通水泥（沥青）路952公里，建成农村公路安防工程2316公里，新建村组停车场110个。全州适宜通客班车的1562个建制村全部通客班车。省脱贫攻坚工作考核和省定、州定的民生实事交通运输项目考核指标任务全面完成。建设完成40座交通厕所。推进城市公交车转型升级，淘汰高排放公交车379台，吉首市城区在线运营的209台公交车全部更换为新能源车辆。全州5个港16座码头均配备简易船舶污染物接收垃圾箱，350艘主辅柴油机总功率大于22千瓦小于220千瓦的客渡船、公务艇均安装了油水分离器，284艘非机动船舶均配备了垃圾桶、油污桶，首批3个港口和船舶污染物接收转运及处置站点建成投入使用。取缔泸溪县境内非法砂石堆场17处。“十三五”旅游干线公路建设营运PPP项目暂停实施。争取交通建设和运行资金12.5亿元。一般性支出较上年减少10%以上。内部审计实现全覆盖。

【交通项目建设】2019年完成交通固定资产投资29.9亿元。湘西机场完成土石方工程。续建干线公路351公里，完成路基168公里，完成路面120公里。张花高速三条连接线全面完成路基工程建设。湘西机场道路累计完成投资3.2亿元，占项目总投资的49%。凤凰客运综合体完成投资1.3亿元。吉首综合客运枢纽项目加快开展前期工作。湘西航运二期工程完成部分环评工作，正在开展施工图设计。

【运输服务保障】 2019年全州公路水路客运量、旅客周转量、货运量、货运周转量分别完成4189万人次、267789万人公里、2573万吨、57.2亿吨公里。完成春运、国庆70周年等重点运输保障任务。全州八县市公交车交通一卡通全国互联互通改造全面完成。启动道路货运车辆“三检合一”工作。高速公路ETC推广发行19.93万张，超额完成省定目标任务。全州新能源公交车比例73%。推进交通旅游大数据服务平台建设前期工作，完成初步设计并通过评审。

【重点领域改革】“放管服”改革取得新成效，“减证便民”清理取消5项行政许可部分证明材料。普货车辆实现网上年审业务办理全覆盖。吉首市、凤凰县完成第三轮城市出租车经营权配置工作，5家出租汽车企业、746台出租汽车完成车辆更新。推进网约车企业审核落地，开展从业资格认定，推动州级网约车监管平台建设。统筹推进交通运输综合执法改革，省、州编办下文同意组建州交通运输综合行政执法局。

【公路航道管理养护】 投入专项资金9.3亿元，做好公路大中修、危桥、安保、水毁抢险等养护工程建设。全州干线公路路况指标达88.81%，农村公路PQI中等路以上比例达86.61%，普通公路路况水平保持稳中有升。航道养护率保持良好。科技治超有序推进，全州普通干线公路超限率稳控在1%以内，高速公路入口收费站超限率稳控在0.5%以内。完成最美生态公路创建485.9公里。

【智慧交通建设】 强化行业内信息互联互通，国省道重点路段和渡口码头视频监控数据实现与州大数据中心对接。州局机关办公计算机设备全部联通电子政务外网，实现与省交通运输厅文电电子传输、一网通办，有效提升文电办理时效。

【安全生产】 2019年全州道路运输、水上交通、交通建设施工、铁路专用线领域均未发生生产经营性安全生产事故。安全生产责任有效落实，制定领导干部安全生产责任清单等系列规章制度，组织开展“两客一危”车辆、重点船舶等监督检查，企业安全生产主体责任压实。升级开展交通运输安全“隐患清零”行动，排查整改隐患482项。开展“强执法防事故”行动，经济处罚133.37万元。开展“大排查大管控大整治”百日行动，曝光典型安全隐患2个，挂牌督办重大风险隐患18个，查处违法违规企业44家，公布联合惩戒“黑名单”6个，查处违法违规车辆1385台、船舶540艘。开展农村道路交通运输安全专项整治行动，查处各类违法违规经营行为580余起，查扣农村非法营运车辆62台，立案调查17起。开展交通问题顽瘴痼疾集中整治和铁路沿线安全环境整治，排查清零州域内黔张常高铁沿线隐患105处。安全发展基础筑牢，实施国省道大中修（含灾毁重建工程）29公里，完成危桥改造75座，建设安防工程2210公里，提质改造隧道12座。全州1298辆“两客一危”车辆全部纳入3家平台运营商监控，990台“两客”车辆安装了智能监管防范系统终端，463台公交车安装了驾驶区域隔离防护设施。

（余　飞）

公　路

综　述

【概　况】 2019年，湘西州公路管理局（2019年9月6日更名为湘西自治州公路建设养护中心）履行全州普通公路建设、养护和管理职能，管养全州普通公路12571.482公里，其中国道6条682.749公里，省道14条1402.231公里，县道123条2237.206公里，乡道3808.49公里，专用道293.291公里，村道4147.515公里。通过财政集中代付129户集资人集资款本金余额1107.12万元，解决了困扰多年的民生问题。成功创建全国职工书屋和省文明卫生单位，保持省级文明标兵单位，州“平安单位”、安全生产、民族团结进步先进单位，荣获州政府目标管理优秀单位、五个文明绩效考核一类单位，再获创森工作先进单位、无偿献血先进单位等荣誉称号。

【工程建设】 2019年，完成总投资92654万元，完成工程建设：国省道大中修（含灾毁重建工程）29.358公里；危桥改造125座，其中干线公路20座，农村公路105座；公路安全生命防护工程2477公里，其中干线公路161公里，农村公路2316公里，超额完成农村公路防护工程633公里；干线公路2处服务区和1处停车区建设；隧道提质改造工程12座，其中国省干线9座，农村公路3座；普通国省道交通标志调整工程里程954.791公里；新埋设、安装900块公里碑、8000根百米桩；自然村通水泥（沥青）路建设任务里程925公里。

【普通公路管养】 全州国省干线在养公路路况（优良路率）指标89.254%；农村公路评定里程6395.062公里，其中PQI中等路及以上里程5538.811公里，占比86.61%，全州普通公路路况指标超省定目标，路况水平提升。投入720余万元，完成国省道小修工程872公里、沥青路面挖补2.2万余平方米、水泥路面清灌缝88公里、国省道实施预防性养护47公里；完善桥隧养护管理，健全省、州、县三级桥隧安全监控体系，落实桥梁安全运行十项制度，实现桥梁技术状况动态管理，确保桥梁运营安全和公路畅通；国省干线公路G352芙蓉镇大桥的养护管理及2018年G352河西镇1号桥、河西镇4号桥、河西镇5号桥共3座危桥改造工程被列为2019年度国家公路网技术状况检测工作迎检桥梁，州公路中心和古丈县公路中心成立专门迎检组织机构，仔细对照部、省迎检标准要求，制订工作方案，细化分解任务，将各项具体工作落实到部门、到路段、到项目、到现场、到个人，完成迎检各项工作目标任务，得到部检查组领导和专家的好评。

【公路春运】 2019年元旦期间，面对低温暴雪天气，全州公路部门紧急启动应急预案，干部职工取消元旦休假，州、吉首市公路部门干部职工100多人组成抗冰保畅先锋突击队，赶往矮寨坡头公路段实施紧急铲雪除冰，恢复矮寨公路交通。春运期间，州、县市公路部门齐心协力，干部职工坚守岗位，本着“以人民为中心”的理念，按照“安全、畅通、有序、满意”原则，多措并举，做好春运期间全州普通公路保畅保通工作。在吉首矮寨坡头，古丈牛角山，龙山砂子坡、江家垭、望乡台、铁路坡等高寒易冻地段固定执勤点各配备40余名养护人员，不分昼夜轮流值班，及时撒融雪剂除冰，为过往驾乘人员提供服务，上报路况信息。春运期间落实应急车辆55台、融雪剂831吨、防滑砂石1790立方米、防滑麻袋3.605万条等防滑物质，出动车辆220余台次、人员1100余人次，铲雪融冰车等机械设备130台次，撒融雪剂300余吨，疏导车辆1700余台，保障公路通行安全。

【生态公路建设】 全州公路部门按照创建最美生态公路目标要求，结合千里生态景观走廊和“土家探源”“神秘苗乡”两条乡村游精品线路建设，以“创森”公路绿化三年巩固工作为重点，确定全州建成最美生态公路21条641公里的目标任务。融入“公路+旅游+文化+扶贫”理念，突出最美生态公路与湘西全域旅游的鲜明特色，把生态公路文化与地方文化、民族文化、旅游文化紧密融合，取得成效。在G352古丈县红石林镇金钉子路段举行全州公路系统创建最美生态公路集中植树活动，为创建工作发力提速。全州公路系统总投入公路绿化资金6500余万元，完成G319、G209、G352、龙山县龙里路、花垣县美虎路、永顺县禁老路、泸溪县白浦路等21条641公里最美生态公路绿化，完成G209线矮寨盘山公路路面铺设彩装及路面维修，完成公路树木、花草锄草、施肥、剪枝等管护650余公里，制作公路绿化责任公示牌20块，超额完成州定400公里的最美生态公路建设目标。

【异地治超执法行动】 为打击部分县市非法超限超载运输和改拼装“马槽车”呈现死灰复燃的苗头，州治超办组织“亮剑异地治超执法行动”，抽调永顺县公路、交警、交通20余人组成治超执法队伍，对吉首市、凤凰县、州经开区开展异地治超执法，严查重点工程建设项目领域的超限超载运输行为，严打非法改拼装“马槽车”，严查源头企业治超监管和违规装载情况，严格落实治超违法信息抄告、“一超四罚”、黑名单等制度，查处涉嫌违规超限超载车辆13台，卸货或转货69.41吨，处罚金5.5万元扣6分，按照“一超四罚”进行后续处理。

【古丈最美生态公路服务国际越野赛】 为迎接6月1日“2019 Mountain Hard China 中国古丈·两山100国际越野赛”，5月，古丈县养路工人在国道G352古丈段公路沿线种花植树、剪枝整叶、培土施肥、清理垃圾杂草，栽种香樟树4000余棵、桂花树2000棵、红十叶兰3万余株，播撒200公斤百日草、285公斤格桑花种子，绿化里程40公里，以最靓的路容路貌迎接各国越野赛选手。

【调整普通国省干线公路里程碑】 2018年，交通运输部重新修订公路命名编号规则，在对规划后的实际路网进行调整后，湘西州的国道增加到6条，省道增加到14条，国省干线公路总里程2487公里。其中，境内国道G319维持现有走向，国道G209龙山砂子坡路段改走茨岩；龙山经砂子坡到花垣边城、原省道S229巴巴铺至吉首、原省道S308凤凰至大兴、原省道S305桑植至龙山公路则分别被升级为国道G242、国道G352、国道G353、国道G354。随之，相关公路的线路编号、桩号等信息也发生改变，亟待更新。9月，湘西州完成“普通国省干线公路里程桩号传递和交通标志调整”工程，新埋设安装900余块公里碑、8000根百米桩、1081块标志牌的材质、颜色、尺寸、文字与数字的字体大小等指标，均严格执行国家标准，整洁美观。

【矮寨盘山公路铺装彩色沥青砼路面】 为打造最美生态旅游公路，助推吉首矮寨奇观旅游区创建国家AAAAA级旅游景区，9—10月，州市公路部门对G209矮寨盘山公路坡头工班至立交桥1公路长的路段实施彩色路面铺装，修筑公路边沟，增设盖板拓宽路面，增加防撞墙高度，加固安防设施，施划反光线，新建观景台，铺装彩色沥青砼路面，使用段原本灰白色水泥混凝土路面变成了红黑相间的沥青混凝土路面，让原本单调乏味的路面变得富有了“个性”，从视觉和感官上给驾乘人员提供一个良好的行车环境。

【公路两侧广告标语标牌清理整治】 为打造“文明示范路”“四好农村路”“最美生态公路”，9月，州公路部门开展公路两侧广告标语标牌集中整治，成立整治工作领导小组，制订整治方案。行动前，各县市路政人员采取现场拍照取证、查询档案、发布公告督促确权登记等方式，对辖区公路两侧各类广告标语标牌逐个调查核实，建立台账。路政人员耐心对各广告标语标牌所有人宣讲政策，对不合规标牌下达责令改正通知书，为依法、文明拆除做好准备。行动开始后，全州公路部门对公路沿线的广告标牌、违法棚屋、摆摊设点、堆物放料等重点违法行为、重点区域进行重点打击，共拆除公路两侧广告标语标牌4200余块，拆除违法棚屋276处，整治桥隧安全保护区涉路违法行为10处，制止涉路违法行为52处，清除路障1750处，依法维护路产路权，确保公路完好畅通。

【使用泡沫沥青冷再生技术维修公路】 “传统公路维修，一般是翻挖、铣刨后摊铺新料，或在旧路面上直接加铺新料，资源浪费严重，并带来路面越修越高、护栏越来越矮、边沟越来越深等问题。”“新工艺不再将破碎后的废料拉走倒掉，而是添加相应比例的水、水泥和泡沫沥青拌和生成新料直接回铺，震荡压实成全新结构层，经过一周保养，再铺上沥青磨耗层后，就完成了对道路的维修作业。”“泡沫沥青冷再生技术”实现路面废料100%就地再生循环利用，发挥旧料“剩余价值”，减少材料使用和废料清运处理成本，节约资源，减少环境污染，施工方便快捷。10月，湘西州公路部门在国道G352线古丈县王村大桥至箭潭口路段率先在全省使用这一泡沫沥青冷再生技术维修公路，为全省推广这项新工艺提供实践经验。施工期间，省公路管理局领导专家到现场指导，委派的长沙理工大学实验检测科研人员对“泡沫沥青冷再生技术”工艺实施进行技术把关，提供技术服务，对施工效果进行考量和评估。

（陈　明）

高速公路管理

【概　况】 2019年，湖南省高速公路集团公司湘西州管理处在集团公司绩效考核中，排名第四，获评“2019年度集团公司先进单位”“纪检监察工作先进单位”“平安建设工作先进单位”“取消省界收费站工作先进单位”“工会工作先进单位”，有45人被集团公司评为各类先进。通过“省属监管企业文明标兵单位”复查验收，获评省文明卫生单位，继续评为湘西州平安建设优秀单位等。

【收费稽查】 全年通行费实收26.4475亿元，通行费拆分实得14.5836亿元，均超额完成目标任务，车辆实征率99.9%，年度收费额继续保持湖南省全系统第一。30天内推广发行ETC共30478台，提前超额完成任务。全年查处逃费车辆819台次，追缴通行费262.625万元（含“8·31”专案追缴到账通行费200.1293万元），堵漏增收取得成效。联网收费保运行、保畅通、保稳定工作有效开展，实现平稳过渡，收费管理加强。

【路政治超】 全年巡逻里程104.54万公里，受理路损案件256起，结案率100%，收回路损理赔金额524.79万元，路产路权维护能力增强。开展路域环境整治、“路政宣传月”等活动，拆除违法建筑200平方米、非公路标志标牌16块，走访村镇、单位、企业、学校等30余家，发放宣传资料2万余份，宣传成效提升，路域环境改善。强化施救管理，救援行为更加规范，全年施救775次，无违规施救现象。完成主线治超站取消工作，超限车辆入口劝返成效明显，收费站入口平均超限率0.1%，远低于省政府要求的1%以内。

【养护机电管理】 养护管理方面，开展日常保洁、小修保养，交安设施修复、路面坑洞裂缝修补以及水毁抢通处治及时有效。完成中修工程任务。完成“小国检”任务，岩门界隧道在“小国检”中取得全国第一名的好成绩。加强精细化管理、科学养护、精准养护，养护管理水平提升。路容路貌和通行条件持续保持良好。机电管理方面，开展路网监测与信息报送发布、路网态势研判预警预报、系统和网络安全管理、机电养护与通信维护、隧道安全管理及提质升级等工作。完成关键业务指标和专项工作任务，取消省界收费站工作取得优异成绩，在全省施工排名中名列前茅，车道改造、门架联网调试均获得前三名的成绩，在1月1日实现全国联网。辖区路网视频接入率和视频在线率分别达到75%和85%以上，路径识别率达95%以上，车牌识别率达98%以上，达到集团公司要求。机电系统运行保障能力增强。

【服务区管理】 开展服务区日常管理，危化品运输车辆停放问题和环保问题整改取得成效，服务区卫生环境、经营秩序持续保持良好。

【保安保畅】 制度体系、责任体系持续完善，管理界面和责任清单更加明晰。安全教育培训、隐患排查整改及监控防范等日常安全管理常抓常严，落细落实。开展“安全生产月”、安全生产风险隐患“大排查大管控大整治”百日行动等专项行动，全年排查整改安全隐患746处，整体安全生产形势平稳可控，无安全责任事故发生。应急保畅有成效。健全“一路多方”联动机制，路面动态管控、应急救援和疏堵保畅能力有新提升。实施各项疏堵保畅措施。科学调度，高效联动，快速处置各类交通拥堵、交通事故，疏通交通节点，抗冰和春运保畅措施有力，成效明显，完成抗冰和春运保畅任务。编辑《春运及抗冰保安保畅经验知识手册》，总结推广有效经验取得成效；成功举办危化品运输车辆交通事故联合应急演练，货车自燃、危化品车辆侧翻泄漏事故等应急事件均得到及时有效处置。保障所辖各路段安全畅通，没有发生较长时间、较长距离、较大范围的拥堵事件。

（吴 虎）

水 运

【概 况】 2019年，州水运事务中心（州地方海事局）突出安全监管，重视业务规范，提升服务水平，全州水上交通运输安全连续7年实现“三零”目标，为全州社会经济快速发展提供了坚强支撑。是年，全州有水运企业20家，各类营运船舶454艘，其中客船400艘，货船54艘，运力36000总吨，客运舱位8687个。全州有船乡镇86个，大中型水库22座，渡口码头149座，通航河流35条，通航里程1067.2公里，等级航道157.2公里。全年完成货运吞吐量73.55万吨，客运量137.92万人次。

【水域生态环境保护】 落实2019年《湖南省环保督察反馈意见整改工作方案》整改意见，开展港口和船舶污染防治。全州5个港口16座码头22个泊位均完成配备简易船舶污染物接收垃圾箱，634艘船舶按规定配齐船舶防污染设备，其中350艘机动船舶配备污油桶或油水分离器、生活污水处理装置；284艘非机动船配备垃圾桶。依法拆解14艘老旧客船。推进港口和船舶污染物接收转运站点建设。年末，全州首批3个港口（泸溪县武溪港口、保靖县碗米坡港口、古丈县红石林河南港口）船舶污染物接收转运站点全部建成可以投入使用。开展非法砂石堆场整治，打击沅水非法采砂行为，取缔非法砂石堆场17处，复绿面积3000多平方米。

【砂船整治】 2019年上半年，针对无证挖砂船运砂船长期非法经营、存在较大安全隐患的实际，泸溪县地方海事处主动作为，积极汇报，得到泸溪县人民政府的高度重视和大力支持，县政府成立专门整治工作领导小组，由分管副县长担任组长，12个部门参加，开展为期一个多月的专项整治行动，彻底解决了砂船长期非法经营的问题，为确保沅水船舶安全奠定了基础。加强保靖县两家砂石企业管理，杜绝船舶走锚事件发生。

【水运安全监管】 州水运事务中心把确保水路交通运输安全作为海事工作的重中之重，继续保持水路交通运输安全形势稳定。开展专项整治，推进“平安交通”建设，开展“大排查大管控大整治”百日行动、“强执法防事故”行动、脱管船舶整治、“安全生产主体责任年”和“隐患清零”等专项行动，召开安全例会4次，进行安全专项检查6次、航道巡查835人次，处罚违章船舶11起，处罚金额6.4万元，责令停产停业整顿企业18家，责令限期改正148件。加大巡查力度，强化节假日期间重点水域、重点时段、重点码头、重点船舶的现场监管。坚持“六不发航”制度，严禁超载运输，严禁人货混装和“三禁品”上船。抓好防汛抢险工作，确保安全度汛。召开防汛工作会议，制定防汛抢险工作预案，成立防汛工作领导小组，加强防汛抢险协作，进行汛期安全检查。3月12日、4月10日、4月15日，分别与怀化市辰溪县人民政府、凤滩水力发

2019 年 10 月 30 日，州水运事务中心在州幼儿园组织开展水上安全知识进幼儿园活动

州水运事务中心　供图

电厂、常德航道局泸溪航道处召开防汛抢险工作协调会，共同做好汛期应急救援工作。在沅水设置三道船舶走锚拦截点，在永顺县芙蓉镇设置 1 道船舶走锚拦截点，每道拦截点配备一艘大功率船舶。7 月 13 日，泸溪县地方海事处成功拦截怀化市辰溪县 3 艘走锚船舶，有效化解险情。开展安全文化"五进""安全生产月"和"志愿服务"活动，从业人员和人民群众水上交通安全意识不断增强。在吉首市河溪镇小学、保靖县复兴九年一贯制学校、州幼儿园开展三次水上安全知识进校园活动，特别是"水上安全知识进幼儿园"活动，这在湘西州甚至全省尚属首次。

【水运管理】 2019 年，根据交通运输部海事局 2017 年《船舶登记工作规程》要求，按照初审、复审、审批三级程序办理船员证书 104 件，办理船舶登记业务 197 件，船舶现场安全监督检查 91 艘次，船旗国监督检查船舶 85 艘次，船舶进出港报告 11210 次，完成全州在册 1490 名船员证书清理、造册工作。加强船员培训力度，举办船员知识更新培训 1 期，培训船员 237 人；举办船员基本安全培训 3 期，培训船员 239 名。抓好船员违法记分管理工作，处罚违法违规船员 59 人次，累计船员违法记分 160 分，规范海事执法行为，消除现场执法人员"只处罚不记分"的现象。完善船舶基础台账，厘清辖区航行船舶数，对已报废和不存在的船舶在数据库中全部予以清除。开展定期或不定期航道巡查和重点航段、重要时段和敏感水域的巡查力度，全年进行航道巡查 5 次，设置防撞浮标 32 座，保护航道安全畅通。

【水路运输管理】 完成组建泸溪县武水客运、保靖县酉水客运、龙山县华运水上客运、永顺县灵溪船舶船员培训、古丈县酉水航运、永顺县酉水水上客运、吉首市河溪水路运输 7 家有限责任公司，为落实安全监管主体责任，加强船舶安全监管打下基础。开展水路运输企业年度经营资质核查，全年核查通过水路运输经营户 39 户，营运船舶 454 艘，36000 总吨，8687 客位。规范水路运输市场秩序，督促 7 家水路客运公司对省水运局组织第三方检测机构抽查存在的问题进行整改。与航运企业签订《闸坝碍航补偿费包干使用协议》，发放 2019 年碍航补偿费 89 万元。

【船舶检验】 做好船舶年度营运检验、新购船舶入籍检验及新建船舶检验工作，全年检验营运船舶 599 艘，40071 总吨位、25368 千瓦、11594 客位、45065 载货量。加强木质旅游船舶管理，对花垣县边城镇 35 艘木质旅游船舶、凤凰县 168 艘木质旅游船舶和 20 艘 PVC 排筏进行登记发证。州中心船检质量体系工作顺利通过部海事局检查验收。

（胡晓玲）

邮　政

【概　况】 2019 年，州邮政管理局统筹推进稳增长、促改革、调结构、惠民生、防风险，着力建设高质效的湘西州邮政业现代化供给体系、生态体系和治理体系，各项工作稳步推进。全州邮政企业完成业务总量 4.5504 亿元，同比增长 13.96%，全省排名第 13 位；完成快递业务总量 702 万元，同比增长 20.85%，全省排名第 13 位。

【服务民生】2019年，新增3个邮政普遍服务局所（泸溪锵虎、花垣西门口、吉首马坡岭），全州邮政普遍服务局所从166个增加到169个，普遍服务设施优化。建制村直接通邮取得进展，全州1567个建制村中投递频次周三班及以上1553个，周二班减少到14个。对建制村直接通邮情况进行核查，发放湘西州建制村直接通邮情况调查问卷表，出动检查人员244人次，实地核查122个建制村通邮情况，基本符合普服标准。配合省局开展建制村平信时限测试，实地测试350个建制村，直接通邮情况良好。开展邮政普遍服务情况检查，出动检查人员146人次，抽查普遍服务营业场所73个，下发责令整改通知书5份，约谈分公司1次，年末问题整改完毕；检查邮票发行营业网点8个次，未发现有问题。推进快递扶贫业务。州邮政局对扶贫村古丈县溪流墨村出产的茶叶实行统一收购、加工、包装、销售，引导古丈县快递企业主动切入，为该村农村电商提供培训和物流支持，实现茶叶网上快递销售。

【邮政管控】全年出动检查人员630人次，抽检210个邮政、快递企业网点，填写检查表210份，下发责令改正通知书22份，立案调查18起，年末结案16起。其中春节、两会期间，出动38人次，检查邮政、快递网点51个，发现安全隐患9个，下发整改通知书4份，行政立案处罚3起。开展乡镇快递违规收费专项治理。是年，关于乡镇快递违规收费问题，州邮政局局长信箱收到举报线索1起，收到省局“问政湖南”转办举报件1起，申诉系统收到投诉21起。州邮政局坚持对乡镇快递违规收费保持高压态势，露头就打。召开全州邮政快递企业负责人座谈会，对2018年乡镇快递违规收费整治情况进行通报，分析快递企业在乡镇发展的实际困难，对症下药，引导快递企业通过设立“快递超市”、专营店、邮快合作、交邮合作等模式降本增效，增强末端网点生存能力，为杜绝乡镇违规收费创造相对良好的条件。在湘西快递企业QQ群、微信群发送国家局省局关于专项治理乡镇快递违规收费精神，申明州局对乡镇快递违规收费问题保持高压态势的立场不变、打击力度不减，要求各快递企业自查自纠，合规经营。在泸溪、凤凰、古丈、保靖、花垣等县召开当地邮政企业和快递企业联席座谈，探讨邮政开放营业场地，利用投递员低价有偿为快递企业提供末端投递服务的可行性，取得初步效果。开展寄递渠道涉枪涉爆物品专项检查。进行协议客户备案排查，摸清各邮政、快递企业协议客户业务量、人员、主要寄递物品底数，建立协议客户台账；采取试寄、调阅监控资料等方式，检测各寄递企业“三项制度”落实情况；与公安、国安等部门加强信息交流沟通，联合开展安检机专项检查行动，实行共查共处。全年湘西州寄递渠道未发生涉枪涉爆案事件。继续加强寄递渠道涉烟管控，全州寄递渠道寄递假烟数量明显减少。实行运单集中销毁，年末州快递协会收集各寄递企业面单，由州邮政局派员监督，在化浆厂集中销毁，保证用户信息安全，促进快递面单的绿色回收利用。

【通信安全】州邮政局召开全州邮政机要通信安全保密工作会议，强化邮政机要通信安全监管，提升机要通信保密安全工作水平。联合州保密局开展机要通信保密安全专项检，检查机要通信网点15个/次，对龙山县、永顺县机要安全设备问题下发整改通知书，年末整改完毕。

（秦胜波）

邮政服务

【概 况】2019年，中国邮政集团公司湘西州分公司在践行央企责任担当，服务“三大攻坚战”，助力地方经济社会发展等方面持续加“邮”，团结和依靠全州邮政干部职工，转变新思路、谋求新动能、探索新路径，较好地完了稳发展、促改革、提质效、防风险、惠民生等工作，企业朝着高质量发展迈出了坚实步伐。

【业务发展】 是年，湘西州邮政分公司实现收入3.09亿元。寄递业务实现收入2801万元。其中，标准快递收入768.1万元，快递包裹收入1618.7万元，国际业务收入22万元，物流业务收入360.8万元，其他收入31.41万元。全年日均邮件收寄量6958件，较2018年日均增加1900多件。金融业务实现收入22391.5万元。代理邮政储蓄期末余额规模127.14亿元；当年新增各类保险保费2.9亿元；人民币理财保有量规模8.72亿元，新增保有量2.25亿元；第三方支付绑卡总户数35.7万户，当年新增6.6万户；发放小额贷款辅助贷款1272万元；新增ETC共2.2万户。文化传媒业务实现收入2925.7万元。2020年度报刊收订实现流转额4380.81万元。在八县市持续开展图书巡展，倡导全民阅读。经不断申请，促成《中国古镇》（三）——芙蓉镇、《精准扶贫》——十八洞村邮票首次发行，开发《喜上十八洞》《青山绿水，最美芙蓉》等特色邮册；开发“美丽乡村明信片”两万余枚。电商业务实现收入2424.8万元。通过邮政渠道销售农产品实现收入2118.3万元，邮乐小店全年分享13.8万人次。其他收入391万元。

【服务“三大攻坚战”】 湘西邮政主动担当，服务“三大攻坚战”。湘西邮政有扶贫点8个，扶贫村9个，扶贫队员17名，第一村支部书记5名，共134名党员干部参与定点扶贫工作。2016—2019年，全州邮政直接投入扶贫资金200余万元。2019年，扶贫点3100余人脱贫，9个扶贫村实现脱贫摘帽。湘西邮政落实湘西州人民政府与省邮政公司签订的《共同推进农村电子商务发展战略合作协议》及州邮政公司与8县市人民政府签订的《电子商务进农村工作实施协议》要求，与政府部门、企事业单位、各院校、小微电商企业、合作社、家庭农场、农户开展电商培训和项目孵化，培养电商人员，围绕“一县一品”开发、实施农产品进城项目，全年销售、寄递猕猴桃79万件、柑橘83万件，其中销售十八洞猕猴桃6.55万件，销售额407.3万元。2015—2019年，湘西邮政利用自身物流、商流、资金流、信息等方面的优势，努力破解湘西农产品销售中信息少、销路窄、走货慢、价格低等问题，将山上的果子变成农户手中的票子。召开各类电商培训孵化会400余场，培养扶贫领创人及电商从业人员5000余人，累计销售、寄递湘西农特产品583万余件，为农户增收1.22余亿元。启动“惠农合作”项目，打造集产业扶持、电子商务、寄递物流、金融信贷、文化宣传等服务为一体的惠农“生态圈”，推动湘西州特色农业产业提质增效，巩固提升农村产业扶贫质量，推动乡村振兴。举办“把美丽湘西寄出去”及“世界游湘西、湘西邮世界”邮资风光明信片寄递活动，开发“美丽乡村”明信片等文化产品，为湘西州旅游产业发展持续加“邮”。发挥“线上+线下”传播优势，与企事业单位合作，以“爱心邮路”为载体，搭建“乡情、关爱、帮困”公益桥梁，开展送文化、送科技、送政策下乡，“文化巡演”等公益活动，开创文化扶贫新模式。是年，湘西邮政建成贫困村助农取款点22个，为村民提供优质的邮政代理金融服务。利用1500余个邮政综合便民服务站，拓宽邮政普惠金融服务的深度和广度，基本实现“金融不出村”。在龙山县代理金融机构试行开办小额贷款辅助贷款，解决“三农”融资难问题，发放贷款1272万元。防范化解重大风险。是年，湘西邮政围绕“合规经营、筑牢防线、安全发展”思路，抓人员排查、扫黑除恶、反洗钱、消保、集中授权、个人账户管理等金融风险防控工作，树立合规经营文化，完善代理金融风险防控体系，持续保持案件防控高压态势，保障消费者权益。全年对代理金融从业人员进行全覆盖排查，无重大金融案件发生。执行邮件收寄“三项制度”，严把出口邮件内件验视、实名制和过机安检关，开展规范邮件处理和服务质量大提升“三大歼战”。全年无邮寄安全事故，机要通信连续28年实现安全和质量全红。是年，湘西邮政向包装污染宣战，采取包裹包装减量、胶带瘦身、包装封发方法创新、循环回收、品牌推广等形式，打造轻薄化集邮产品，推动包裹业务绿色低碳工作。发展“绿色金融”，出台《湘西自治州分公司绿色邮政建设行动三年规划》，明确绿色邮政发展工作要求，全年包裹电子面单使用率99%，窄胶带使用率100%，推广使用绿色标准包裹箱102万个，新能源投递车辆占比51%；电子银行交易替代率89.95%，柜面分流率66.05%。

【邮政服务】 湘西邮政加大投入，提升邮政普遍服务、机要通信、便民服务等能力。邮政普遍服务。投入187万元用于邮政普遍服务能力建设，全州建制村直接通邮率100%，169个邮政普遍服务网点100%开办四项法定业务（包裹、印刷品、信件、汇兑）。普通邮件进出转局内处理时限综合合格率98.9%，省际地级以上城市间给据邮件普遍服务全程时限达标率98.65%，省际其他地区间普遍服务全程时限达标率98.97%，均达到要求。快递包裹省内互寄邮件次日递率96%；挂信同城互寄T+1率98.29%、省内互寄T+3率94.95%，挂刷同城互寄T+1率95.8%、省内互寄T+3率99.25%，普通包裹同城互寄T+1率99.36%、省内互寄T+3率94.58%，均达到要求。机要通信。全年机要业务量5.44万件，其中出口机要邮件1.52万件，进口机要邮件1.88万件，密级刊物发行量2.04万份，押运机要袋7035余袋，全州机要通信连续28年质量安全全红。邮政便民服务。是年，湘西邮政建成集“普惠金融”“高效物流”“电子商务”“便民服务”为一体的邮政综合便民服务站点1500余个，精品电商服务中心21个，电商服务精品路线8条，构建创业、购物、销售、缴费、金融不出村的“五个不出村”综合便民服务体系。实施“互联网+政务服务”项目，深化与税务、交警、政务中心等部门合作，开办“线上办理业务”，推进“放管服”改革，让“最多跑一趟”成为常态。各县市政务中心与邮政快递系统完成对接，打通了IT平台，实现“互联网+”“便民服务+”，政务中心服务更加便民、惠民、利民，全年各类便民服务渠道服务群众350万人次。

【邮政网络】 投入760万元，对10个服务网点进行重建或重装修，添置邮件装卸皮带机1台、电动面包车3辆、电动三轮车33辆。组开各县至常德的两个频次二干邮路，将泸溪、凤凰、古丈三县一频直达邮路调整为串行邮路；新增省内互寄专线邮路，保障省内邮件的次日递。是年，集邮件集散、物流运输、仓储配送、电商服务等功能为一体的邮政网运调度指挥中心（邮件处理中心）建设工程在湘西州经济开发区动工，预计2022年可投入使用。年末，全州邮政共有邮政营业网点（邮政普遍服务网点）169个，代理金融网点90个，综合便民服务站1500余个；布放ATM（CRS）129台，智能包裹柜32台，邮筒（箱）167个；邮运车辆300余台，邮路总长度6845公里。

（欧林江）

无线电管理

【概　况】 2019年，湘西州无线电管理处贯彻落实国家和省无线电管理工作会议精神，紧紧围绕“三管理三服务一突出”核心职能，扎实有序推进，圆满完成了全年各项工作任务。

【频谱资源管理】 落实省办部署的季度日常监测任务，完成全年频谱监测月报工作，全年累计监测达10355小时，完成GPS频段专项监测和干扰查处任务，落实航空专用频率及航空飞行其他使用频率安全保护监测，依法规范对讲机用频，审核审批对讲机频率3批次。

【无线电台站管理】 完成吉首市广播电台新设调频广播电台电磁环境测试任务。完成在用无线电发射设备检测和广播电视设备现场核查工作，从9月中旬至10月中旬，核查广播电视设备39个、雷达站1个，抽检广播电视设备4个、雷站1个，公众蜂窝移动通信基站28个，及时出具测试报告，向省站上报工作情况。开展对讲机专项清理整治工作，对城区各宾馆酒店、物业工地等设置使用对讲机进行规范。落实卫星地球站核查和5G干扰协调“两表一单”工作，开展人机见面卫星地球站核查，行程500多公里，掌握了全面准确的台站数据，为今后开展干扰协调打下基础。

【电波秩序管理】 全年开展电波秩序监督检查9次。落实频率占用费征收，完成征收任务。做好打击“黑广播”“伪基站”专项活动，全年开展监测108车次，出动人员106人次，动用设备140台次，监测时长804小时，辖区内除公安设置的“伪基站”外没有其他“伪基站”线索，没有发现“黑广播”线索或接到相关投诉。服务无线电设备销售商，开展销售备案登记31家。

【无线电干扰排查】 全年排查无线电干扰6起：1月14日排查永顺羊峰山调频广播台互调干扰航空专用通信频率案；1月24排查龙山县某中学擅自设置使用屏蔽器干扰移动正常通信案；1月30日完成省办交办的民航干扰排查任务，经过在凤凰县、花垣县与铜仁市交界区域为期2天的监测排查，最终确认干扰源为铜仁辖区内的调频广播；3月排查民航花垣导航台DME频率干扰案；4月9日排查吉首一居民私装手机信号放大器干扰正常移动通信案；7月2日排查凤凰居民小区电梯井内无线监控设备干扰移动通信室内分布系统案。干扰类型主要为航空专用频率和公众移动通信频率。

【无线电安全保障】 1月，开展春运期间航空铁路专用频率保护监测巡查，到全州各广播电视台站和航空与铁路沿线开展监测，完成航空铁路专用频率安全保障任务；完成新中国成立70周年庆典活动无线电安全保障，全处人员、设备24小时待命，一旦有情况随时能出动。防范打击利用无线电设备进行高科技作弊。完成各类教育、人事、技术资格等考试保障17次35天，出动人员107人次、车辆34台次，动用仪器设备53台套次，发现并有效压制作弊信号一起，维护考试的公平公正。保障重点工程无线电使用安全。11月，开展为期3天的黔张长高铁专用频率保护监测工作，为其顺利通车提供无线电安全保障。

（张　军）

中国电信湘西分公司

【概　况】 2019年，中国电信湘西分公司全面贯彻集团和省公司高质量发展的总要求，突破收入份额改善各项效益指标。以党风廉政建设为重点，以经营发展为中心，以改革创新为动力，以服务质量为保证，以提高效益为目标，一切围绕市场，大力发展各项业务，不断深化企业流程改革，充分发挥党支部的坚强堡垒作用和党员的先锋模范作用，带领全体员工恪尽职守，勇于开拓，企业综合竞争实力持续提升，保持了企业健康发展的良好态势。

【市场经营】 组织营销拓展渠道。在政企市场开展常态化营销，在渠道商圈门店组织营销活动近千场，全州渠道有销店、农村达标实体门店同比增加。强化维系保有存量。加强重点客户单位续约及存量保有工作，重点合同到期进行重点管控，提前3个月预警，按合同金额实行分类管理，加强走访提前续约，实现政企市场存量保有的基本面不动摇。政务云项目于3月8日通过验收，走上标准化、规范化轨道，转入运行维护阶段。全年完成设备软件版本升级25台次，关键设备配置数据备份8期，开通云主机428台，迁移29台，实现各类应用系统部署20多套，完成项目签约与支撑8个。做好精准数据挖掘分析、扩展存量随销装维触点、培养客户营销操盘手三项工作，全年公司存量收入保有超额完成任务，全省排名第四；存增量收入保有全省排名第一；4—7星级拍照客户累计价值保有率同比提升2.32%。盘清家底规范管理。对每个合同进行认真解析并形成电子档，便于实时管理更新，做到家底清楚；规范政企预打票收欠管理，对预打票金额按周、按笔管控，确保当月回收，重点管控跨月未回收金额；加强收入分成类合同清理，清理收入结算类合同，清理超额结算收入。

【客户服务】 做好“移动、光网”双网提升工作。新建4G小区，全网4G网络覆盖率从2018年的91.95%提升到2019年的94.45%。共上站调优基站175个、调优小区497个。解决85个投诉工单、质差区域34个、弱覆盖15个、模三干扰和越区覆盖18个，上提高网络质量和客户感知。持续落实六项服务承诺，做好装维“七个一”上门服务规范，预约规范，杜绝虚假预约，虚假回单，推行“六项服务承诺”，提升装维及时率，提升用户感知。装维IVR回访满意率指标平均值97.43%，名列全省前茅。做好投诉服务处理。工信部越级投诉发生量30件，较2018年下降44.44%，远超压降20%的管控目标值。重点指标成效明显，全业务万用户投诉咨询率平均为21.36%，保持全省排名第一；综合满意度86.14分，行业第一，全省第四；公众客户满意度85.69分，行业第一，全省第二；宽带网络质量满意度86.83分，行业第一，全省第一。

【基础体系建设】 优化划小承包机制，调整超收分成核算规则，缩小创业承包与经营制承包差异。四级单元平衡性与活力整体得到提升，支局营业部承包单元累计超收率同比提升8%，乡镇网格外包人员有序退出。销售费用管控水平提高，完成佣金、积分补贴、终端补贴规则优化，降低日常营销费用开支。基础管理工作提升，组织开展收入管控团队、欠费管控团队、高带宽管控团队、携号转网管控团队、在途工单管控团队工作。规范业务流程、审批流程、补退费流程、优惠处理流程等，为企业降低经营风险。提升业务产品性价比，梳理市场空间和内部责任机制，加快“云网物”智慧融合发展转型，建立营销发展支撑体系，利用新媒体、新技术开启高质量发展。

【网络运营】 全年投资1.2827亿元，新增接入网光缆7690皮长公里，新增主干光交599个、配线光交139个、管道55管孔公里。光网FTTH端口利用率较2018年末提升3.3%。新建开通LTE4G站和农村综合业务区，完成建设任务。完成ITV用户组播下移工作，缓解OLT上联链路压力，节省相关配套投资，提升用户业务体验；OLT脱网率下降，全州ABC类OLT脱网压降279次，从年初的14%压降到年末的4%以下。完成122台OLT上行扩容，全年全州OLT上联口拥塞率0.12%，远低于全省3%的管控值。完成全州74台老旧设备退网工作。完成新/老吉大、吉大师院、湘西职业4个高校校园基站天馈调整，完成27个小区拆闲补忙，完成16个基站站址优化，经过VOLTE、语音拉网测试，覆盖率95.16%，指标明显提升，特别是城区拉网测试数据显示4G移动网在覆盖率、下行优良比、上行优良比等客户感知指标改善显著。完成LTE网络4712个小区的多频协同，完成C网DO的918个小区移频和570个小区退频，完成562个800兆小区的深度重耕，带宽由5兆扩展为7.2兆。清查全州县间中继波分同路由隐患，完成隐患段落整治，完成县间中继波分及乡镇密波系统扩容或调波方案，增强BRAS、OLT业务保护。完成C网基站改IPRAN承载方案并逐步实施，确保3G网络安全。完成IPRAN高流量接入网拆环或升10G改造，支撑移动网双提升工作。完成“HW-

2019”“一带一路国际合作高峰论坛”“2019年中国北京世界园艺博览会”“亚洲文明大会”等各项重保任务，通过公安2019年网络安全执法检查。清除VPN账号153个，修改邮箱、账号弱口令205个，拆除DCN网内Wi-Fi共23个，下沉公网系统1个，对所有系统基线进行重新检查，处理省公司IP封堵5600余次。承接防范打击通信信息诈骗工作，组建专门团队，全面核查清理存量用户，加强新入网用户管理，加强电话用户合同约束和规范营销外呼业务。强化呼叫中心业务管控，及时处理骚扰电话举报派单，从源头上防范打击通信信息诈骗。全年组织智慧家庭装维工程师培训8次，培训人员92人次，湘西智慧家庭装维工程师认证率94.11%；集团级智慧家庭装维工程师理论考试通过人数80人，占全州装维人员的40%。开展7583个零占用分光器现场清理，清除无效资源14016个端口，挂测1428个分光器形成能力，完成237个分光器扩容工作，平均清理进度为91.02%，FTTH端口利用率同比提升3.3%。通过对网管、动环、资源、维护操作管理等各方面优化提升、网络工单集约化调度能力加强，局站机房准确性、网络工单直派到岗率、超长工单滞留率和维护作业计划完成率全年无扣分，有效提升了网络运营能力和维护生产效率。

【转型改革】 按照省公司要求，结合湘西分公司实际开展岗位写实工作，对不在岗人员、人岗不匹配情形、职责重叠及流程不畅等问题进行现场访谈沟通，完成分公司28个本部三级单元和8县市分公司各类人员1401人（含ABD及第四类）写实及复核。下发《关于明确协议离岗等岗位退出人员管理有关事项的通知》，开展人岗不匹配人员岗位归真和调整。实施“员工待遇与企业效益同步增长”，继续实施差异化分配政策，人均年收入较上年增加2017元。制定员工培训计划，全年举办培训班49个，参培人员1495人次，其中主办培训39个班次，送省公司培训10个班次。组织参加外部培训153期，参培人数325人次。培训内容涉及业务、技术和规范管理多个层面。举办现场综合化维护、核心网络技术、政企商客、渠道、IT信息化等十大板块32个岗位的技能认证工作，全州有215人参加考试。组织开展后备干部应知应会综合能力培训和技能认证工作，参加后备人才考试91人，通过71人，通过率78%；3名青年员工选拔为湖南省公司“雏鹰计划”第三期培优人员，加快优秀青年员工成长。做实人才强企工作，为新员工1∶1配置技能导师。5月，举办湘西分公司第一届“人才节”，给人才、青年员工搭建展示风采的平台，实现“人人皆可成才、人人尽展其才”，营造尊重知识、尊重人才的企业良好文化氛围。加强人防物防建设，做好安全生产、反恐防暴工作，公司全年未发生刑事犯罪、职务犯罪、吸毒案件，平安建设与社会管理综合治理工作全面达标通过验收。加强安全意识培训，提升员工安全生产意识，组织开展消防安全、隐患排查、劳保防护佩戴、应急救护、安全生产月主题教育和案例学习培训3次，参训人数496人次。做实“七个紧盯”，每季度开展一次安全生产大检查，全年检查安全项目159处，发现一般隐患262个，现场完成整改151个，事后完成整改93个，继续整改的18个，未发现重大安全隐患。

（向明中）

中国移动湘西分公司

【概　况】 2019年，中国移动湘西分公司深化“四轮驱动”融合发展，积极主动应对竞争，着力推进创新变革，经营业绩位居全省第一位。深化人力资源改革，梳理岗位职责，推动人员向一线倾斜，后台人员压缩率超15%。完成政企组织机构调整，成立存量运营中心，完成内审机构集中化改革。强化风险防控意识，深入落实“合规护航计划”，全省合同检查未发现重大违规问题；全年重点安全隐患整改率100%，未发生重大安全生产责任事故。发挥工会组织优势，结合“关爱巡航5+5”项目，用好120万元“暖心工程”经费，改善员工生产生活条件；全年慰问困难员工、劳模先进、一线员工182人次，向结婚、生育的员工赠送慰问品27人次，援助家庭遭受大病大灾员工36人次。增强采购仓储效能，年度采购计划完成率超省定目标5.26%，采购项目平均用时较省定标准少3.55天，采购公开率、采购效率均达100%，单一来源项目金额占比低于省定标准9.08%。提升后勤服务能力，完成全州8个州县分公司、11个小区（含分营代管）、224户“三供一业”管理职能移交及改造工作。

【市场经营】 全年合约融合客户规模50万户，渗透率43%，头部客户固移融合率48%，全业务融合率9%。净增宽带客户7万户，用户规模达到25万户；魔百和用户达到23万户，电视渗透率达到82%；智慧家庭连接数净增6万户，平安礼包系列产品规模达到5000余户。完成集团信息化产品收入6000余万元，同比增长16%，其中专线收入3400万元，同比提升52%；物联网收入950万元，同比提升51%，收入驱动能力增强；AB拍照集团成员收入保有率100%。

【客户服务】 营业厅客户满意度97.99、政企客户满意度97、家宽客户满意度85，持续保持全省前列。投诉率、申诉率持续下降，不知情定制投诉降幅63%，用户申诉率降幅53%。

【网络建设】 全州新增4G基站400余个，总计超5000个，覆盖率99.42%。开通30余个5G基站，实现吉首市区高校、党委政府等重点区域、重点商圈营业厅5G覆盖。新建传输线路700余公里，光缆总长3万余皮长公里，新建光宽带端口超过5万个，总数达到70万个；全年新建集客专线6000余条，总数达到1.4万条，互联网出口总带宽达到400G；网络重要故障发生次数较上年下降超70%，LTE基站退服率较上年下降45%。与上年相比，城区LTEMR覆盖率由95%提升至99%，省干OLP加载率由26%提升至73%，PTN接入成环率从92%提升至98%。ONU弱光占比从4.9%下降至0.9%以下，完成动力隐患整改1200余处，传输隐患整改300余处，无线隐患整改84处，自启动油机安装站点450个，基础网络安全性持续改善。全年未发生重大网络故障，未发生违反网络与信息安全管理事件。

（彭英福）

中国联通湘西分公司

【概　况】 2019年，中国联通湘西州分公司认真践行新发展理念，加快“五新”联通建设，深化混合所有制改革，推动改革发展向高质量发展迈进，再续辉煌，在连续三年荣获全省先进市州分公司荣誉称号的基础上，荣获湖南联通2019年特殊贡献奖。荣获湖南联通2019年度党建工作先进单位；2019年7月，中国联通党组授予中国联通湘西州分公司2018年度集团级党建工作示范点荣誉称号。

【市场经营】 公司紧紧围绕落实“新基因、新治理、新运营、新动能、新生态”五新联通理念，部署开展各项工作。公司上下持续保持发展定力和信心，坚定不移贯彻落实高质量发展战略，咬紧生产经营目标不放松，圆满完成年度各项工作指标，主营收入完成3.43亿元，同比增长3.9%，同比增幅连续五年排名全省前三；移网出账用户数超50万户，同期基本持平；宽带出账用户数8.6万户，同比增长27%；利润自2016年扭亏为赢后，连续四年持续改善。

【网络建设】 公司新建光网宽带端口3万个，端口累计达到26万多个。互联网出口带宽100G，IPTV专用通道20G。新建4G基站408个，4G基站累计达到2243个。年末有2G基站868个，3G

基站1910个。2月，在吉首市武陵西路联通中心营业厅率先开通全州第一个5G基站。6月，在吉首市武陵山邮政大楼、乾州二四五队万溶江医院楼顶开通2个5G基站，可供用户在热点区域抢先体验。12月，在黔张常高铁正式开通前，公司圆满完成该高铁湘西境内网络建设工作。

【客户服务】 公司持续推进“一切为了客户”服务理念，围绕提升用户感知开展客户服务活动。秉承“百倍用心10分满意”服务宗旨，树立客户至上服务理念，力争为每一位客户提供优质服务。移网客户满意度、固网客户满意度两项指标连续4年位居全省前列。

【通信保障】 1月，累计出动抢修人员98人次，出动抢修车辆42辆次，出动应急油机84台次。4月，完成凤凰古城网络优化工程，优化后网络下载均值52Mbps，上传均值37Mbps，电话接通率达100%。7月，战高温酷暑保通信畅通，公司累计发电882次，发电时长7756小时。8月，为进一步提升校园网络质量，完成湘西州内35所学校网络优化。是年，公司围绕当地党委政府庆祝新中国成立70周年举办系列活动做好网络通信保障工作。

【行业信息化建设】 公司深入贯彻落实国家“互联网+”行动和云计算、大数据、物联网战略部署，助力“智慧湘西”建设，促进湘西州经济社会实现跨越式发展。快速推进云计算、大数据、物联网、人工智能安防、新兴ICT等行业信息化服务，助力教育、医疗、旅游、公安、交通、水利、环保等行业实现智能化、信息化。10月，公司完成湘西州网络联校教育平台搭建，让偏远地区的村小学生可以接受高质量网络教学服务。完成3所学校智慧校园建设，进一步推进湘西州校园信息化建设。11月，由湘西州文化旅游广电局与公司联合承建的湘西州智慧旅游服务平台正式上线运行，该平台可以实现与各政府部门、旅游企业的数据采集及共享，将市场监管与公共服务从传统方式走向与智能嫁接，为政府建设智慧管理体系，为企业打造智慧营销体系，为游客提供智慧服务体系，实现了“信息一网通，订购一网通，服务一网通”。12月，公司与合作单位顺利完成吉首市智慧城市监控182个点网络接入工程，结合专业的自动化监测设备和可靠的数据传输通道，全力助推新型智慧城市建设，为交通行业提供多样性服务，在充分保障交通安全的同时提升交通系统运行效率和管理水平。

【脱贫攻坚】 公司党委严格按照中国联通集团公司、省公司及各级党委政府要求，进一步提升政治站位，全力以赴开展脱贫攻坚各项工作。公司结对帮扶的8个贫困村，于2019年末全部实现“村出列”。公司驻龙山县小井村扶贫工作队和驻古丈县排茹村扶贫工作队获评2019年度优秀驻村工作队，派出扶贫干部郭书平、姜文获评2019年度优秀驻村干部。

（肖运勇）

中国铁塔湘西分公司

【概　况】 2019年，中国铁塔股份有限公司湘西自治州分公司（简称湘西铁塔）落实“网络强国”战略，深化国企改革，促进电信基础设施资源共享，自上而下实施扁平、集约三级管理体系，在县级不设立独立机构。是年，湘西铁塔分公司力促各项经营目标落地，完成经营收入15481万元。

【通信基础设施建设】 2019年，湘西铁塔共承建塔类站址1135个，承建室内分布系统38个，承建微站73个。年内开工建设第五批电普站点345个，全部分布在偏远山区，计划2020年建成，将大大提升偏远山区4G网络覆盖。建成大型项目黔张常高铁铁塔通信覆盖项目，投资2790万元。年末，湘西铁塔塔类站址4829个，微站110个，室分62个，站址规模排全省十位。2019年全州行政村4G网络覆盖率100%，3G/4G移动宽带普及率71.84%，全省排名第六，社会信息化水平大幅提高。

【铁塔共享】 铁塔公司因共享而生。湘西铁塔公司成立5年来，坚持“能共享不新建，能共建不独建”的原则，铁塔共享水平由2018年的9%迅速提升到2109年的37.44%，给行业和社会带来显著效益，实现通信塔与社会塔的双向转换，提供“智享”“智联”“智控”以及发电备电等服务，与千寻位置网络公司、湘西州公安局、州森林公安、州气象局、州水利局、州邮政局以及美团等开展业务合作，扩大朋友圈，深化合作共享。2019年，湘西铁塔完成编制5G站址《三年行动》计划，统筹铁塔站址资源，协调推进5G建设。

【提升服务能力】 紧跟市政规划，由“被动等需求”变为“主动找需求”，定期收集在建房产项目信息，组织3家运营商对吉首御香山等大型综合体项目提前进行现场查勘及建设方案沟通，逐步投入建设。推送共享需求，主动为运营商定制共享方案，尽量满足不同运营商的不同需求。通过县州联动、月度例会、三费共查、整治齐抓、指标共保、联合调度等方式，协同好市场建设维护人员“铁三角”，打通与运营商各层级沟通渠道，大大提升了运营商的满意度。

（彭心愿）

商 贸

商 务

【概　况】 2019年，国内外风险挑战明显上升，经济下行压力不断增大，全州商务系统认真贯彻落实省创新引领开放崛起战略和州委“542”发展思路，围绕“承接产业转移”主线，聚焦“产业四区”建设目标，认真履职，迎难而上，各项工作取得显著成效。

【招商引资】 2019年，全州实施省外境内招商项目158个，合同引资927.58亿元，到位资金125.43亿元，到位资金同比增长53.77%。引资项目多。新签约招商项目107个，已履约项目78个，到位资金50.02亿元。实际到位外资948.56万美元，同比增长129.73%，增速排名全省第一，是全省唯一一个引进外资实现倍增的市州。招商效果好。4月中旬，湘西州组团参加“对接粤港澳大湾区承接产业大转移”招商活动，梳理发布110个招商引资项目，涉及农业及食品加工、电子信息及新材料、生物医药、装备及轻工业制造、商贸物流、文化旅游、健康养生、现代金融、基础设施9个行业领域，总投资额1229亿元。举办工业园区专场、文化旅游专场、农业园区专场三大专场招商活动，吉首市、泸溪县、凤凰县、古丈县、花垣县、保靖县、龙山县七县市招商推介专场活动。签约项目84个，合同引资762.3亿元。10月中旬，在北京市举行2019湘西自治州（北京）招商引资推介活动，梳理发布80个招商引资项目，涉及文化旅游、生物医药及健康养生、商贸物流、现代农业及食品加工、电子信息及新材料、矿产品精深加工、装备及轻工业制造、基础设施建设8个行业领域，总投资额723.39亿元。召开重要客商座谈会、媒体见面会、招商引资推介会暨重大项目签约仪式，签约项目20个，合同引资122亿元。瞄准三类500强企业，拜访铜锣湾、蓝城集团、空中商学院、全经联、正威集团、碧桂园、宝德科技等知名企业、机构50多家。新引进5家三类500强企业到湘西州投资5个项目，原已入驻州内三类500强企业新增4个投资项目。营商环境优。州政府出台《关于推进湘西承接产业转移示范区建设的意见》《关于进一步深化“放管服”改革优化营商环境促进经济高质量发展的实施意见》等政策文件，州商务局修订《湘西自治州招商引资工作考核办法》，制定《2019年重点招商引资项目履约督办责任分解表》，创造良好的亲商、助商、安商的投资环境，推动招商引资工作，州商务局被省商务厅评为招商引资先进单位。

【对外贸易】 2019年，全州累计实现进出口额11.4亿元，同比下降32.4%，完成年度任务的58.85%。其中，出口实现10.5亿元，同比下降26.8%；进口实现0.9亿元，同比下降63.6%。实现“破零倍增”企业15家，其中“破零”企业10家，"倍增"企业5家。全州与51个国家和地区发生贸易往来，与南非、俄罗斯、印度等金砖国家贸易实现较大较快增长。农产品出口来势强劲，以椪柑、茶叶等为主的农产品出口1817万美元。州商务局制定出台《湘西自治州2019年国际市场开拓"百企闯国际"行动方案》，组织发动企业参加各类境外专业展会30余次。为州内80多家企业提供咨询指导服务，上门走访服务企业40多家，为企业免费办理整套外贸资质33家，变更整套外贸资质8家。5月，举办湘西州外贸工作培训会，组织90多家企业人员参训。9月，开展为期两周，涉及20余家外贸企业的走访调研。多次与工行、中行等金融机构走访多家外贸企业商谈企业融资业务。湘西海关开关运行，外贸发展环境改善，全州9个工业园区均有出口。湘西经开区、泸溪高新区、吉首经开区共同申报国家级高新区取得新进展。州政府向企业兑现外贸政策奖励191万元。11月上旬，组织全州30余家企业组成的湘西州交易分团参加在上海举办的第二届中国国际进口博览会，与来自白俄罗斯和乌克兰的参展商签订人民币1600万元的采购合同。

【外资利用】 2019年，全州实际使用外资948.5631万美元，同比增长129.73%，完成省年度任务460万美元的206.2%，增速排名全省第一，完成州年度任务500万美元的189.7%。其中直接投资493.8113万美元，再投资451.7518万美元。全州实现对外劳务合作营业额3760万美元，完成年度目标任务109.4%，同比增长25.79%。是年新增1家境外机构，吉首智成教育发展有限公司在英国备案境外机构。年末，湘西州共有对外投资企业6家，境外机构1家，对外承包工程经营资质企业1家。8月，湘西州第一批学员赴日本工作。州商务局与济南市商务局协作，首次启动东西部外派劳务扶贫协作项目，10月，首批10人（其中建档立卡户4人）到达济南，接受技能实习和日语学习。

【内贸流通】 全州实现社会消费品零售总额337.5亿元，同比增长9.7%。商贸物流方面，向上争取到位行业服务业发展项目资金1701万元，编制《湘西自治州商贸物流业发展规划》，并入全州十大重点产业发展规划。新入规限额以上商贸流通企业和大个体31家，实施全州"1112三年行动计划"重点产业商贸物流项目建设34个，完成投资99.39亿元，完成年度目标任务的114.5%。"湘品出湘"方面，组织开展"湘品入鲁""湘品入粤""湘品入沪"等市场促销，推动湘西茶叶、柑橘、猕猴桃、百合等农特产品市场销售。固定资产建设方面，向上争取市场体系建设资金299万元，农贸市场提质改造加快；完成编制7个城市综合体和4个商贸综合体项目年度投资计划，开展项目建设监督、指导、调度，全年计划投资27.7亿元，完成投资29.23亿元，完成年度目标任务的105.5%。服务业发展方面，配合组织开展商贸流通服务业的日常监管，商务领域汽车报废、二手车交易、家政服务等行业健康发展。

【电子商务】 电子商务完成交易额66.57亿元，同比增长66.4%。完善制度保障。编制《湘西自治州电子商务发展专项资金管理办法》《湘西州电子商务同冷链物流协同发展工作方案（草案）》等文件，对全州电子商务发展提供制度保障。推进平台建设。推进电子商务进农村综合示范项目建设，花垣、凤凰电子商务进农村示范项目通过省中期评估，全州建成电商服务站1356个，其中乡镇79个、社区26个、村1246个，县乡村三级服务体系不断完善。培育主体壮大。新增省级认定电商企业5家，新培育电商企业53家，活跃网店数8300个，吸纳就业人数9013人。深化网企合作。加强与苏宁易购、淘宝、京东、拼多多、今日头条等平台对接合作，组织推荐6家优质农产品品牌企业入驻中国电商扶贫联盟，保靖县迁陵镇和花垣县十八洞村挂牌"苏宁湘西州农产品直采基地”，永顺县与未来集市、快手等企业签订合作协议，全州线上市场和渠道扩宽。丰富销售形式。构建“线上 + 线下”双驱动模式，采取“县长代言 + 网红带货 + 网络直播”的线上销售方式，组织开展湘西州大型农产品产销对接会、农产品扶贫专场推介、湘西猕猴桃网销节、湘西柑橘开园节等线下展销活动，助力湘西州农特产品上行和电商精准扶贫，全州累计销售农特产品 14.55 亿元，同比增长 34.6%。

【会　展】 2019 年，湘西州展会活动分为两类，即组团参加国际国内的展会和州内自主举办的行业展会。参加国际国内的展会。由主管部门牵头组织相关企业或者企业自行组织，以参展商、买家和观众身份参加的国内外各类行业展会，如中国国际进口博览会、中国食品餐饮博览会、中国国际电子商务博览会、中国国际汽车展、中国湖南省旅游产业博览会、中非经贸博览会。州内自主举办的行业展会。湘西州各类展会活动是由相关部门或者行业协会、企业举办。由州内各级政府机关主办的展会，如由州政府与怀化市政府每年一届轮流举办的湖南武陵山片区农产品博览会、武陵山片区旅游商品博览会，吉首市、古丈县、保靖县、永顺县各具特色的农产品交易会等。各级政府严格落实党政机关境内举办展会有关规定，规范办展行为，逐步减少财政直接出资和行政参与。由市场主体主办的展会遍及国民经济众多行业，展会数量较多的主要为汽车、小商品、建筑建材、食品饮料、家具、文化产业等展销会，由相关行业协会和企业市场化运作。湘西州从事会展服务的有几家文化传媒有限责任公司，如飞扬 101、凤飞文化传媒有限责任公司（湘西生活网）等。2019 年，湘西州行业会展规模持续扩大，如车展成交 1172 辆，交易金额 2.06 亿元，比 2018 年成交的 1130 辆、交易总额 1.92 亿元，分别增长 3.7%、7.2%，车展成效呈小幅上涨趋势。

（尚　涛）

投资促进

【概　况】 2019 年，全州投资促进工作成效明显，实施省外境内招商引资项目 158 个，到位资金 125.43 亿元，到位资金同比增长 53.77%。其中，省商务厅审核通过项目 146 个，同比增长 117.91%；到位资金 104.24 亿元，同比增长 27.79%；完成省定年度目标任务的 113.31%，项目数增长、到位资金增幅、完成省定任务进度三项均列全省第一名。内资到位增速连续 9 个月持续领跑全省。

【粤港澳大湾区招商活动】 4 月 13—17 日，湘西州政府在深圳等粤港澳大湾区成功举办 2019 年湖南—粤港澳大湾区投资贸易洽谈周湘西州系列专场招商活动，积极促销农特产品。采取“1+4+8”方式举办 10 多场招商推介会（座谈会），调度 84 个项目在省、州、县三级招商专场集中签约，总投资额 775.94 亿元，引进资金 762.3 亿元，成为 10 多年来湘西州外出招商签约项目个数和金额最多的一次。其中省级签约合同项目 1 个，引进资金 60 亿元；州政府综合主场推介会签约合同项目 17 个，引资 232.9 亿元；工业园专场签约项目 12 个，引资 24.85 亿元；农业园区专场签约项目 17 个，引资 55.26 亿元；文旅专场签约项目 8 个，引资 46.89 亿元；县市专场签约项目 29 个，引资 342.4 亿元。合同引资 600.99 亿元、协议引资 161.31 亿元。乾州古城文化旅游综合开发、高铁新城商贸物流园等项目签约实施，为全州产业建设和经济社会发展提供项目支撑，形成新的投资增长点。

【北京招商活动】 10 月 15—16 日，湘西州政府在北京成功举办 2019 湘西自治州（北京）招商引资推介会。现场签约合同项目 20 个，总投资 123.2 亿元，合同引资 122.6 亿元。发布 90 个重点项目，总投资额近 800 亿元，项目涉及文化旅游、生物医药、健康养生、电子信息等湘西州十大重点产业。配合招商活动举办湘西州特色产品现场展销等活动。中央广播电视总台、《人民日报》、新华社、《中国日报》、香港卫视、《湖南日报》、湖南卫视等30余家媒体对活动密集报道，宣传开放湘西、投资热土。

2019年11月25日，湖南异地商会联合会第二届二次会员代表（理事）大会暨湘鄂两地招商引资项目推介会在湖北省荆州市召开，州投资促进事务中心主任杨艳玲作湘西州招商推介　　龙向阳　摄

【湘鄂两地招商活动】 11月25日，湖南异地商会联合会第二届二次会员代表（理事）大会暨湘鄂两地招商引资项目推介会在湖北省荆州市召开，湘西州投资促进事务中心主任杨艳玲作湘西州招商推介。会上发放湘西州招商项目册和投资指南资料，对接荆州市湖南商会企业家等有意向到州投资的客商。

2019年12月25日，第八届中国养老地产与大健康项目交流大会重要客商座谈会在吉首召开，湘西州委副书记、州长龙晓华（右）会见中国房地产业协会副会长兼秘书长陈宜明　　杨艳玲　摄

【其他招商活动】 6月5—7日，湘西州投资促进事务中心在吉首举办“湘西自治州（济南）招商引资项目对接座谈会”。12月18—21日，第十一届全经联年会在西安举办，湘西州投资促进事务中心牵头组团参加，推介湘西州招商项目。12月25日，第八届中国养老地产与大健康项目交流大会重要客商座谈会在吉首召开。

【成渝驻点招商】 州投资促进事务中心招商引资主干力量成立州商务局驻成渝招商工作组，开展成都和重庆地区驻点招商。5月15日，成渝地区企业家组团到湘西州考察对接投资项目。16日，在吉首召开湘西州成渝地区企业家招商项目对接会。重庆万里高科技有限公司投资的龙山县百合精深加工系列产品开发及品牌运营等3个项目实现当年落地。

【三类500强项目引进】 2019年，全州在湖南省内联引资项目管理信息系统上报“三类500强”项目18个，到位资金36.05亿元。是年新签约“三类500强”项目5个，合同引资72.26亿元，当年到位资金2.21亿元。

【招商引资基础建设】 编印《湘西州招商引资项目册》80个重点项目，总投资723.39亿元，《湘西州承接产业转移招商项目册》110个项目，总投资1229.05亿元。全州商务投促系统健全招商项目台账，做好招商统计调度和数据上报工作。

【济南·湘西商务投促扶贫协作】 2019年，济南市湘西州商务投促部门扶贫协作工作取得成效。2月20—23日济南市投资促进局副巡视员闫翠玉率考察组到湘西州对接东西部扶贫协作商务投促领域工作。3月20日，湘西州商务局、州投资促进事务中心和济南市商务局、市投资促进局研究制定《2019年东西部扶贫协作工作要点》，明确推进产业深度合作和消费扶贫、助力湘西“招大引强”等重点工作任务。4月中旬，州投资促进事务中心派员参加济南市西安交通大学经济与金融学院举办的招商引资专题培训。6月26日，山东省商业集团有限公司（鲁商集团）与花垣县人民政府签订50亿元的全域旅游合作协议。经过7个县商务部门的努力，全州共引进山东企业落户湘西州招商引资项目12个，总投资14.43亿元，2019年到位资金1.02亿元。9月23—26日，组织州家庭服务协会3家企业，考察济南市阳光大姐、山东大嫂、热心大嫂等家政企业。10月26日，济南市商务局、市投资促进局、湘西州商务局、州投资促进事务中心在济南市召开东西部扶贫协作联席会议，总结成绩，谋划2020年具体工作举措。着力推动消费扶贫，促进两地商贸物流和电子商务对接合作，组织湘西州特色农产品参加济南市举办的年货会、民俗会、茶博会、电商会、旅博会、美食节食材展、非遗展、"情暖湘西"农特产品展销会、2019年第13届山东国际糖酒会等九次展销会。

（龙向阳）

粮食和物资储备

【概　况】 2019年，湘西州粮食和物资储备局以落实粮食安全省长责任制为统揽，以供给侧结构性改革为主线，牢牢把握保障国家粮食和物资储备安全重要使命、推动高质量发展根本要求、服务乡村振兴战略方向、防范化解风险隐患工作底线，切实履行为国管粮管储责任，全面提升粮食安全和物资储备安全保障能力。

【粮食安全保障】 根据机构改革及时调整全州落实粮食安全责任制考核领导小组各成员单位，编印《湘西自治州2019年度落实粮食安全责任制工作方案》，督促有关部门补齐保障粮食安全工作短板，夯实各级政府粮食安全主体责任。加强对粮油供需平衡调查，保证粮食供应和价格基本稳定，维护粮食流通的正常秩序。宣传最低价收购政策并大力推广优质稻种植，维护种粮农民利益和种粮积极性。强化库存安全监督检查，做到安全储存和生产安全。完善粮食质量安全检测体系，加强对粮食流通各环节的质量安全监管，严防不合格库存粮食流入口粮市场。加强市场监测，完善应急供应网络，做好粮油和应急物资的应急准备。完成全国政策性粮食库存大清查，查清全州政策性粮食库存实底，对突出问题和薄弱环节，年内全部完成整改。清查结果显示，湘西州政策性粮食库存数据真实，质量良好。做好粮食和物资储备工作。完成州级粮食储备7000吨，食用油储备1400吨，成品粮实物储备240吨；完成州级粮食轮换2141吨，储备油轮换940吨。加强与州财政局、农发行对接州级储备粮承储管理工作，按照"一规定两守则"安全储粮要求，从制度、文化、硬件、软件、仓内、仓外六个方面加强全州粮油仓储规范化管理。利用发挥智能粮库系统作用，提高粮食存储管理水平和储备粮监管效率。加强粮食仓储规范化管理，4月1—2日召开全州粮食仓储企业规范化管理现场推进会，统一制作仓储管理账、卡、证、簿等。广泛宣传粮食收购政策，做好粮食收购工作，全州粮食收购56482吨，完成任务的112.96％。做好粮油市场调研，认真研判形势和粮食行情，在确保储备安全的前提下，探索实行更加灵活高效的储备轮换制度，进一步优化储备粮品种结构和轮换方式，发挥储备粮对市场供需调剂作用和对生产的引导作用，提高储备效益，最大限度减少轮换价差亏损，不断提升储粮企业运营效能。强化应急保障工作。完成粮食应急供应网点建设124个，实现县市城区、重点乡镇全覆盖；完成粮食应急加工点建设9个，每个县市1个。完善粮食应急预案，落实《湘西州救灾物资使用管理联动机制》中相关职责。

【行业发展】 申报并获批湘西沃康油业加入湖南省食用植物油产业联盟、永顺松柏米业加入湖南省环洞庭湖地区稻米产业联盟。获得省局支持优质特色粮油产业政策，获批凤凰县特色杂粮产业示范县项目，获项目资金200万元；获批凤凰、龙山两县粮食产后服务体系建设项目，总投资规模1725.38万元，获批中央资金300万元；获批保靖、龙山两县粮食质量监测体系建设项目，总投资规模813万元，获批中央资金400万元；牵线促成凤凰县泰美公司携手西昌市正中公司，共同打造凤凰苦荞产业，为湘西杂粮开发开启了一片新天地。将已落地吉首的湘鄂渝黔现代农业产业园项目列为“跟进落实”项目，年内完成投资3000万元。与古丈县人民政府共同主办“2019湖南省第二届新粮油产业高峰论坛暨大湘西油茶创新峰会”，支持参与老爹广场年货节及农产品展销活动，为全州特色粮油产品代言，为脱贫攻坚“加油”。组织7家企业、19人参加第二届中国粮食交易大会，4家企业20余种产品参加展出，现场销售约2万元，意向合同6份约500万元。联盟西昌市苦荞加工企业携手共建凤凰县苦荞产业，与企业达成合作协议，第一批苦荞产品上市。加大对优质粮油基地支持力度，申报并获批4个优质粮食工程项目，项目资金700万元；2个省粮油千亿产业项目，项目资金255万元。粮食质量宣传监测。组织开展世界粮食日及粮食安全宣传系列活动，州粮食质量监测中心确定为“全省粮食安全宣传基地”，湘谷公司、松柏米业、泰美公司确定为“全州粮食安全宣传基地”。对全州省级放心粮油示范加工（销售店）产品进行抽样检查，覆盖率达到100%。完成粮食抽样检测249个，其中新收获粮食质量安全与监测146个，区域内各级政策性储备粮扦样检测51个，军供粮、应急及放心粮油加工企业25个，社会委托各类粮油质量检测样品27个。抽样点涉及全州55个乡镇、18家重点涉粮油企业和8家军粮供应站（店）。从对新收获粮食样品自我检验结果来看，州内粮食质量良好。

（张世群）

供销合作

【概　况】 2019年，州供销联社被评为全州文明标兵单位、民族团结进步先进单位、全州平安建设平安单位。

【为农服务】 2019年，全州供销系统完成商品销售49.9亿元，同比增长10.2%，其中农资销售15.6亿元，同比增长10%；完成州级农资化肥储备6.2万吨，为全年任务数的207%，全州化肥销售批发市场70%的农资化肥由州供销联社下属股份制公司供应，实现全州农资化肥的价格稳定。抓好全州350个再生资源回收网点、450个农资销售网点、650个日用消费品经营网点、5个农产品交易市场经营管理，稳定农资市场，拓宽为农服务渠道。

【供销网点建设】 州、县市均成立有惠农服务公司，同时完成105个乡镇惠农综合服务中心建设，完成1567个惠农综合服务社建设。设立乡镇农合会53个，吸收专业合作社59个，为农服务水平不断提高。抓住综合改革契机，全面构建供销农村电商体系，在8个县市组建县级电子商务运营中心，在乡镇、村设立477个农村电商服务网点，打通村级电商业务的“最后一公里”。

【供销项目建设】 全面摸清州本级资产家底，建立健全资产台账体系，确保监督、管理、资产台账信息账账相符。紧跟2018年底被吉首市人民政府征收的州农资公司与州日杂公司土地后续购地事宜，促进物流园项目稳步推进。按照省总社要求，联合各县市国土资源局完成全州供销系统土地情况摸查。8县市均完成资产管理公司的组建。

【平安建设】 深入贯彻习近平总书记关于安全生产、社会稳定方面的系列重要讲话和指示精神，按照中央、省委和州委关于安全生产、信访工作的决策部署，开展各项工作。同州直各直属公司签订安全生产、综合治理责任状，确保安全生产、综合治理落实到人，安排10万余元用于州社直属企业平安建设奖励及相关工作经费。积极创建全州平安建设平安单位，全年未发生一起安全责任事故。

【供销综合改革】 1月23日，召开全州供销工作会议，对2019年全州供销系统全面工作做出总体部署安排。10月8日，州委副书记廖良辉对8个县市供销合作社综合改革工作做出调度，进展迅速、效果明显，为下步全州供销综合改革工作加快推进打下基础。

【精准扶贫】 州供销联社定点扶贫凤凰县米坨村，驻村扶贫工作队紧紧围绕抓党建促脱贫工作思路，补齐基础设施短板，推进产业发展，狠抓扶贫扶智建设，组织干部职工全覆盖结对帮扶建档立卡户178户742人。新修机耕道9公里、水渠500米，完成全村所有村民房屋登记、摸底、上传，完成危房改造7户，种植烟叶658亩，联合太美公司种植油桐1080亩。通过努力，全村实现户脱贫村出列。

（郑　萍）

烟草产销

【概　况】 2019年，湘西州烟草专卖局（公司）严格落实国家局、省局工作会议精神，按照解放思想、夯基固本、创先争优总体思路，坚持稳中求进工作总基调，经济运行保持平稳，累计实现主营业务收入42.16亿元，同比增长19.5%；实现利税总额12.75亿元，同比增长0.33%；其中利润总额6.5亿元，同比增长3.6%。三项费率为10.57%，同比减少1.33个百分点。州局组织的《山地植烟土壤维护和改良技术创新研究与示范》项目获中国烟草总公司科学技术进步三等奖，获全国烟草行业第七届劳动模范1人，州局机关被评为全省文明单位。

【烤烟生产】 全力应对烟区萎缩、烟农锐减等挑战，收购均价、户均收入均有提升，共收购烟叶27.6万担，收购均价1377.77元/担，同比提高41.74元/担；实现烟农总收入4.14亿元，烟农户均收入9.48万元，同比增长6.16%。全面推行合同“六制”管理，狠抓分层分类考核，严明收购纪律规矩，严打违法违规行为，收购外烟顽疾得到遏制，烟农群众利益得以维护。深入推进高端原料定制化开发，落实以“七度”为核心的“4+N”标准化生产技术，烟叶质量有一定提升。

【烟基投资】 完善烟站管理制度，推行片区网格化管理，改善工作生活设施，烟站责任落实逐步强化。投入6220.6万元，完成2016年度精准扶贫机耕道增补项目和2018年度烟水配套、机耕道及土地整理项目建设；行业援建的7座水源工程有序推进。

【卷烟销售】 主动增加卷烟销售计划，全年销售卷烟9.58万箱，同比增长0.74%，增幅排名全省各市州第一；销售收入29.83亿元（含税），同比增收2.04亿元，增幅7.34%，增幅排名全省第三；销售均价3.11万元/箱，同比增长0.19万元/箱，增幅6.55%，增幅排名全省第三。创新推进“3+2”品牌培育模式，省外烟销售25887箱，占比27.02%，同比增长1.66%，增幅排全省第二。提质自律小组建设，落实线上线下管理和评先评优，建成小组664个，覆盖率98.39%，在销品规包价均达到零售指导价格。提质现代终端建设，在永顺、龙山打造“烟草+旅游”“烟草+党建”特色终端51家。提质营销信息化建设，推广零售终端信息系统580套，超额完成任务；自行研发并推广“湘汇通”信息系统460台，破解中小客户信息采集难题。

【专卖管理】 稳步推进“大专卖、大市场、大数据”建设，坚决守好湖南“西大门”，查获涉烟违法案件1039起，同比增长6.24%，案值2256.04万元，同比增长41.95%；查获5万元以上大要案件71起，同比增长36.54%；破获国标网络案件2起，破获真烟涉刑案件1起，端掉大型制假窝点2个。决胜规范经营和大户治理“两大决战”，重点监管大户186户，行政处罚66户次，责令停业整顿3户，劝退歇业15户，取消经营资格16户。执行真烟异常流动“双向”打击，查获真烟案件、烟支、案值增幅14.31%、30.72%、29.06%，被省外查获绝对量、控制线进度排名均完成治理目标。落实“放管服”改革要求，制定“两个文本”，出台“三个指引”，优化“十个流程”，提高了依法行政能力水平。

【技术创新】 全年共实施科技项目21项，其中主持州局（公司）项目11项，承担省局（公司）项目10项。完成科技项目结题验收3项、田间鉴评1项，通过省农学会成果评价2项。荣获2019年度总公司科技进步三等奖1项，省科技进步三等奖2项，省局科技进步一、三等奖各1项，知识产权奖一、二等奖各1项，科技奖励数量名列全省前列。申报专利6件，获得实用新型授权专利3件，出版研究专著2部。加强学术交流和向上级推荐优秀学术论文工作，全州会员在核心期刊上发表学术论文和科技论文共21篇。举办科技活动周、全国科普日和送科技下乡服务。科技活动周期间，州烟草学会收集州局机关及各县局学组庆祝建国70周年征文比赛的应征文章，对收集上来的65篇征文认真甄选，推选出8篇优秀文章上报省烟草学会，获得一等奖一篇、二等奖二篇、三等奖两篇的优异成绩，被省局通报表扬。

【公益捐赠】 开展精准扶贫，成立12个驻村扶贫工作队帮扶7县12村开展新农村基层组织、基础设施等建设，捐款304.81万元；开展教育助学、文化活动等其他社会公益事业，捐款23.4万元；资助乡村建设，开展美丽乡村、文化广场等乡村基础设施建设，捐款78.36万元；开展烟农灾损救助，捐款35万元，其中古丈县8.4万元、龙山县26.6万元。

（蔡云帆）

中石油湘西分公司

【概　况】 2019年，中国石油湖南湘西自治州销售分公司直面加油站防渗改造的安全环保压力和连续多年挖潜式增长与量效矛盾，以“稳健高质量发展”为总基调，坚持毛利最大化下的销量最大化，苦练内功眼向里、稳中求进干在前。

【安全环保】 树立“安全是1其他是0”的安全管理理念，不断加强正面宣传，作为湘西州先进代表参加消协“3·15”主题日活动，参加“安全生产公众开放日”活动，营造良好安全氛围。强化风险预警管控。不断消除人的不安全行为给加油站运行带来的风险，提升加油站员工安全技能。开展安全稽查、“安全专项整治月”、应急演练活动，完成“护网2019”工作，减少“三违”行为，规范作业操作。严把环保质量关。所属32座加油站实施职业病危害因素检测，全年迎接政府部门、公司质量抽检9站次，合格率100%；由具备资质的第三方对需要清理隔油池的20座加油站开展隔油池清理，取得危险废物处置转移联单。年内州委、州政府主要领导4次到分公司加油站调研交流，对分公司安全、环保、消防工作给予肯定，分公司连续8年被评为州安全生产和消防工作优秀单位，分公司负责人被评为州安全生产和消防工作优秀个人。

【品牌形象】 突出“稳、准、狠、快”营销理念，坚持油卡非润一体化运作，拓展零售客户群体，把握量效平衡关系，实现柴油稳量、汽油增量，以量稳效。抓实集团客户开发，实行“一客一策”差异化营销。面对日趋激烈的竞争环境，正确处理竞合，在稳价中求增长，开展“五进”“10惠”“25号会员日”等促销活动，唱响品牌主旋律，影响力扩大；以客户体验为中心，推进便利店目视化管理，优化商品陈列，打造卖场氛围，店面不断优化提升，创造条件增设汽服功能近10个。坚持薪酬分配向一线岗位、艰苦岗位、贡献大岗位倾斜，员工收入连续8年年均增长在3%以上，员工获得感、幸福感提升。发挥要素保障单位作用，支持地方经济社会发展和精准扶贫工作，扶贫捐赠10万元，分公司所在扶贫工作队连续三年获得州级先进扶贫工作队。

（牛燕芳）

中石化湘西分公司

【概　况】 2019年，成品油市场多元竞争、无序竞争日趋激烈，公司加快打造“奋斗共同体”，实现成品油经营43.3万吨，非油品营业额1.28亿元，比上年分别增长10.4%、2.0%。荣获湘西州政府平安建设“优秀单位”“平安单位”“安全生产和消防工作优秀单位”等荣誉称号，被湘西州委、州政府评为“社会扶贫先进集体”，获湖南石油分公司“2019年度HSSE管理先进单位”“实物资产管理、法律工作年度先进红旗”“零售量、7S管理年度进步红旗”。

【销售市场】 公司在零售上坚持“量效兼顾”原则，突出在精心上发力，实施“冲刺2019”和“加油卡五进”竞赛活动，开展“四联四保”专项工作，推动“一站一策”落地落细，推动“赛一晒”活动持续开展，指导帮助基层解决“疑难杂症”。突出在精准上发力，开展各类营销活动，推广简易洗车，把握“金九银十”等节假日有利时机，打造高速站骨干支撑，落实“一户一策”打好移动靶。突出在服务上发力，做好改造站客户引流，确保客户不丢，销量不减，强化神秘顾客检查考核，加强客户维系，增强客户黏性。在直分销上按照“量价兼顾”原则，以“稳区内、挖区外”经营思路，做到“两盯、三考量”，把握消费规律和补库时机，做好量价互动和“一户一策”，以“小公司大体量”持续做大直分销规模。在非油品上加速打造综合服务体，拓展汽服、店中店等新业态，将6家湘西特色商品厂商42个单品纳入销售系统，打造扶贫专柜，开展“加油满额享受低价换购扶贫产品”活动，承办“品湘西名优、促决胜脱贫”湖南湘西州特色商品展示会，现场收到意向订单2315万元。凤凰古城易捷便利店的投营标志着“湘品出湘”“精准扶贫”工作进入联合经营互利共赢的新模式。

【供油网点】 推进库站建设，新建投营凤凰新城加油站，双层罐改造完成13座，实现51座站的双层罐全部改造到位，是全省系统首家率先完成所有防渗改造的单位。乾州油库扩容增储改造在保质保安全的前提下有序推进，年末完成进度的80%。精准扶贫加油站——花垣联营公司十八洞加油站于2020年1月正式营业。

（杨　晶）

中石化首座精准扶贫加油站——十八洞加油站开业

金　融

金融产业

【概　况】 2019年，全州金融总量提升，支持实体经济能力增强，金融风险总体可控，金融产业平稳发展。金融总量提升。年末全州各项存款余额1208.05亿元，较年初增长44.02亿元，增速从2018年末的0.86%增长至3.8%，增幅排名全省第七；各项贷款余额868.36亿元，较年初增长132.85亿元，增幅18.7%，高于全省平均增速2.33个百分点，增幅位居全省第二；存贷比71.9%，全省排名第五，较2018年末增加近10个百分点，创历史新高。支持实体经济能力增强。年末，全州中小微企业贷款余额、工业企业贷款余额分别为560.43亿元、65.91亿元，分别较年初新增98.9亿元、9.28亿元，增速21.4%、17.2%。银行机构为202户企业提供无还本续贷服务236笔，贷款金额25.8亿元，累计为企业节约融资成本5159万元；企业贷款加权平均利率6.2%，同比下降0.21个百分点，为实体经济融资“减费让利”9179万元。优化金融生态环境。光大银行正式入驻湘西州，于12月对外试营业。年末，全州各银行机构资产总额1389.63亿元，比年初增加90.89亿元，同比增长7%；实现利润18.81亿元；不良贷款率1.5%，比年初降低0.28个百分点。全州金融风险总体可控，新发非法集资事件得到及时处置，非法集资陈案处置稳妥推进。

【对接企业信贷需求】 州政府金融办会同州人民银行、湘西银保监分局等部门开展百名行长联千企活动，建立行长定点联系机制，要求州、县市两级银行机构215名行领导聚焦全州九大园区、十大产业，每人联系5家企业，提供“一站式”金融服务，走访企业950家，发放贷款51.66亿元，已授信或待发放贷款13.64亿元，为88家企业减费让利2065.66万元，31家企业享受一年期贷款基准利率。组织银行机构开展“进园区、进企业、促融资、促发展”活动，按照召开一次座谈会、发放一份调查表、形成一张调查清单、组织一次情况对接、做好一项服务的“五个一”要求，采取“一园一策”“一企一策”办法，摸清企业需求，促进银行和园区及企业精准对接，推动银行与20余家民营企业签订金额10.59亿元合作协议，与13家民营企业签订金额2.6亿元授信意向书。

【信贷产品创新】 州政府金融办推动州人民政府与浙江蚂蚁金服集团签订战略合作协议，共同开展“普惠金融+智慧县域”项目合作，蚂蚁金服利用大数据分析为湘西州涉农群体提供手续便捷、1元起贷信用贷款，全州8县市均已上线运行。全年全州“普惠金融+智慧县域”项目授信总额16.9亿元，累计放款24.46亿元，年末贷款余额2.52亿元，其中涉农贷款累计发放额及余额分别为16.29亿元、1.76亿元，占比66.6%、69.84%，惠及3.26万余人。强化财政金融联动，

4月，会同州财政局开展政府采购项下中小微企业应收账款融资工作，依托政府采购合同质押增信融资，全年发放11笔政府采购合同质押贷款，合计贷款金额1407.5万元。

【拓展企业直接融资渠道】 推动涉农企业股改规范治理，推动湘西黛帕迷迭香生物科技公司、湖南恒龙中药材公司完成股份制改造，在湖南股交所成功挂牌。组织州内8家企业申报省重点上市后备企业库，6家企业通过审核成功入库。做好重点上市后备企业跟踪服务工作，邀请方正证券、和生投资等机构对州内重点企业进行调研指导，邀请上海证券交易所团队对泸溪众鑫科技、金源粉体进行走访调研。

【引导信贷支持】 年初，将贷款加权利率纳入银行机构目标管理考核，将考核结果与次年州本级财政资金分配挂钩。督促银行机构健全中小企业贷款利率定价机制，提供低成本信贷资金。按照州委加大对制造企业信贷支持力度要求，对银行机构2019年考核指标进行修订，增加制造业企业新增贷款余额考核指标，督促银行机构加大投放制造业企业贷款。会同湘西银保监分局推进银行机构落实“无还本续贷”政策，改变以往企业需“借新还旧”局面，得到省地方金融监管局肯定。

【融资担保体系建设】 推动州人民政府与省级政府融担平台对接合作，促成州人民政府与省融担集团、省农信担公司高层互访，省担保集团初步同意湘西州加入全省再担保体系，对湘西州担保业务按“4321”标准进行风险分担。推动州人民政府完善全州融资担保体系建设，赴省财政厅、省地方金融监管局、省担保集团就政府性融资担保公司组建工作考察学习，起草专题报告呈报州人民政府；起草担保公司组建方案经州政府审议同意。

【金融风险防范】 调整州打击和处置非法集资工作领导小组，多次召开联席会议或视频会议，研究部署防范和处置非法集资工作。整合银行金融机构数据资源，依托银行资金监测系统进行可疑账户分析预警；将工作纳入社区网格化管理，依托广大群众“防非打非”。建立健全各级以处非办牵头，宣传部门协调推动，行业主管、监管部门参与，州、县市、乡镇（街道）三级联动常态化宣传教育工作机制。就非法集资、套路贷、非法金融活动发出多个风险提示，印发相关提示3万余份分发各县市和有关单位。抓风险摸排，开展非法集资风险排查整治等专项行动，开展“一非三贷”摸排整治工作，牵头做好金融领域扫黑除恶专项整治行动，组织全州金融系统摸排线索9条，会同公安经侦部门摸排涉黑涉恶线索28条，协助核查线索3条，立案20起，刑拘30人，逮捕6人，移送起诉7人。抓案件处置，针对非法集资陈案建立专项台账，加强与公检法部门协调联动，加快案件处置工作。

【州政府与国开行湖南分行开发性金融合作】 9月23日，湘西州政府与国开行湖南分行举行高层联席会议，就开发性金融支持湘西州决战决胜脱贫攻坚举行座谈，签署《决战决胜脱贫攻坚建设美丽开放幸福新湘西开发性金融合作协议》，商定国开行湖南分行围绕湘西州“十三五”发展重点和实施精准脱贫“十项工程”，重点支持易地扶贫搬迁后续产业发展、市政基础设施和公共服务建设，发挥开发性金融机构作用和优势，助力湘西州经济发展。州政府金融办与国开行湖南分行就开发性金融承接项目在全州进行摸底，在各县市摸底基础上，梳理形成总投资155亿元、信贷需求92亿元的第一批开发性金融承接项目库，实现授信20亿元。

（刘　洋）

银行保险监管

【概　况】 2019年，湘西银保监分局围绕落实州委州政府和湖南银保监局党委决策部署，锐意进取，扎实工作，各方面工作取得积极进展。年末，辖内银行业金融机构资产总额1389.63亿元，比上年同期增加90.89亿元、增长7%。其中，各项贷款868.36亿元，同比增加132.85亿元、增长18.66%；负债总额1335.83亿元，同比增加85.28亿元，增长6.82%（其中全州各项存款余额1208.05亿元，同比增加44.02亿元，增长3.78%）。全年全州保险业金融机构实现原保险保费收入27.05亿元，同比增长7.07%；赔付支出9.68亿元，同比增长2.11%。人身保险公司退保支出2.75亿元，同比下降29.59%。湘西银保监分局考核获评湘西州政府“2019年高质量发展奖”“州平安建设（综治）优秀单位”。

【金融风险防范】 开展“巩固治乱象成果，促进合规建设”专项工作，依法严肃查处违法违规行为，首次对保险机构进行处罚，对平安产险湘西中支虚列费用问题，发告知书罚款15万元，督促严肃开展内部追责整改；对1家农商行及4名责任人发出处罚告知书，处罚机构80万元，创分局成立以来单家机构最大罚单。合规经营意识深入人心，银行保险机构行稳致远，银行业保险业风险总体可控，12月末，全州银行业机构不良贷款13.05亿元，不良贷款率1.5%；保险机构满期给付18794.52万元，同比下降22.27%，退保率4.23%，同比下降2.22%。

【保险业乱象整治】 以保险机构与第三方机构业务合作风险排查、财产保险公司分支机构经营管理风险排查、保险业机构侵害消费者权益乱象整治为抓手，督促保险机构规范经营行为、保护消费者合法权益；以4S店捆绑销售保险专项整治、保险专业中介清理规范工作为基础，推进中介市场清理整顿，对辖内保险专业代理机构清理，督促主动注销2家，建议注销3家。截至12月末，财产险方面，全州车险综合费用率40.61%，同比下降1.69个百分点，较2019年最高值下降11.65个百分点。

【服务实体经济】 引导银行机构在风险可控前提下，加大有效信贷投放。年末达成融资意向小微企业438家，拟授信金额13.77亿元；实际获得授信小微企业共计296家，实际用信金额9.16亿元。结合实际情况，计划组建的5家债委会已全部组建完成。年末，全州银行业机构存款余额1208.50亿元，各项贷款余额868.36亿元，存贷比为71.85%，比年初增加8.97个百分点。通过多次调研、窗口指导，成功引导辖内保险机构发力商业性农险，中华财险湘西中支首次开展龙虾保险，与湘莲生态龙虾养殖公司签订合作协议，开启农户主动参保、商业保险公司积极参与的良好局面，截至12月末，全州商业性农险保费收入704.32万元，是2018年同期的12.97倍。

【普惠金融】 年末辖内法人银行机构普惠型涉农贷款余额273.24亿元，较年初新增26.85亿元，完成信贷年度新增计划（19.81亿元）135.54%。加强金融精准扶贫，年末辖内银行业机构精准扶贫贷款余额153.71亿元，较年初增长29.58亿元，达到“精准扶贫贷款余额持续增长”监管要求，7个深度贫困县各项贷款余额559.14亿元，较年初增长16.61%，高于全省银行业机构各项贷款平均增速0.68个百分点。

【“无还本续贷”】 督促引导辖区银行业机构认真落实小微企业金融服务监管政策要求，开展小微企业“无还本续贷”业务，改善小微企业融资环境，降低小微企业融资成本，对执行情况不理想的2家银行开展“无还本续贷”督查，推进“无还本续贷”增户扩面。全年全州银行业机构为230户小微企业办理270笔“无还本续贷”27.97亿元，较同期增加5.15亿元，为小微企业节约融资成本约5500万元。

【消费者权益保护】 开展银行保险机构侵害消费者权益乱象整治，督促辖内机构严格自查自纠，提升消保工作水平。2019年，分局收到的各类投诉信访均得到妥善处理，未发生越级上访及因信访引发行政复议和诉讼案件。开展“3·15”保护金融消费者权益宣传周、凤凰县山江镇苗区集中宣传、“7·8”全国保险公众宣传日等活动，各级网点接受客户咨询2.3万多人次、发放各种宣传资料6万多份，受到金融消费者好评。

（姚　颖）

中国人民银行湘西自治州中心支行

【概　况】 2019年，中国人民银行湘西自治州中心支行按照“党建增强、服务增效、工作争先”的思路，紧紧围绕州委州政府“542”（大力实施优势产业、基础设施、新型城镇、生态文明、民生事业“五大建设”；着力建设绿色、文化、开放、和谐“四个湘西”；努力实现在武陵山区率先发展、率先脱贫“两个率先”）发展战略，着眼于稳中求进总基调和高质量发展大局，聚焦服务宏观调控、金融精准扶贫、防范金融风险、推动金融改革创新、优化管理服务等职责，担当实干，实现全辖人民银行全面高效履职，积极促进地方经济社会发展。

【落实货币政策】 运用货币政策工具。做好MPA评估工作，A类机构实现“零”突破。管好用好34.5亿元扶贫再贷款限额和2.5亿元支小再贷款限额，实现支小再贷款业务“零”突破。发挥存款准备金政策调控功能，累计释放资金21.33亿元。推动利率市场化改革，推广LPR运用。年末，全州各项贷款余额868.36亿元，同比增长18.66%，比年初增加132.85亿元，新增贷款连续4年过百亿，新增额、贷存比创历史新高。开展“百名行长联千企”活动。落实长沙中支“1241”专项行动要求，开展“百名行长联千企”活动，全辖金融机构215名行长与1075家民营小微企业开展结对服务，走访企业1075家，主动做好湘西承接产业转移金融服务，落实制造业重点企业“白名单”制度，创建民营小微企业金融服务示范窗口66个，组织17家会员成员单位签署《关于降低民营和小微企业融资成本的倡议书》，为走访企业减费让利7179万元，实现走访企业全覆盖。进行金融精准扶贫“回头看”。总结全州金融精准扶贫工作，印发《湘西州金融精准扶贫典型材料汇编》。开展全州金融精准扶贫劳动竞赛，表彰14家金融精准扶贫先进集体、12名金融精准扶贫先进个人。开展扶贫再贷款使用、金融扶贫服务站和“三站”融合共建、扶贫再贷款示范点建设、金融精准扶贫示范区创建、农村信用体系建设等五个“回头看”，对发现的问题和不足限时整改，确保打赢金融脱贫攻坚战。加强驻村扶贫，一月一走访，安排专项资金实施亮化工程，推进产业扶贫，为对口扶贫村免费提供门面销售农产品，力保实现户脱贫、村出列目标。全年发放扶贫再贷款93.95亿元，实现8个县市、9家法人银行机构全覆盖。推动应收账款融资。联合州财政局、州政府金融办印发《关于开展湘西州政府采购项下中小微企业应收账款融资工作的通知》，拓展小微企业应收账款融资范围，为小微企业融资创造了新模式。联合中支工会委员会开展“湘西州中小微企业应收账款融资”竞赛活动，调动辖内各县支行工作积极性。全州发放应收账款融资贷款90笔，金额30.2亿元，其中政府采购合同质押贷款发放1407.5万元，政府采购供应商质押贷款获得率100%，实现县市全覆盖，支持地方中小微企业的资金需求。抓住“外汇管理政策改革发展暨国家外汇管理局成立40周年”契机，开展外汇系列政策宣传活动，加强履职调研，推进行政许可“一站式”服务，促进外汇服务便利化，全年办理外汇行政许可审批32件。加强跨境资金监测，履行“展业三原则”，开展防范境外融资诈骗提示，堵住2家企业落入境外融资陷阱的骗局。运用“跨境金融区块链服务平台”在湖南省辖内成功办理首笔人民币出口应收

2019年8月22日，中国人民银行副行长朱鹤新（左五）在湘西长行村镇银行十八洞村社区银行就金融精准扶贫和金融支持乡村复兴开展调研　　　　州人行　供图

账款融资，化解中小微企业“融资难、融资贵”问题。

【金融风险防控】 紧盯五类风险，辖内无重大金融风险事件发生。按季监测互联网金融风险、地方政府债务风险、银行信贷资产质量风险、流动性风险和民间非法集资风险。完善“3241”风险防控体系，提前预判风险，打好阵地战。通过按季开展央行金融机构评级、现场核查、压力测试、风险提示，实现对辖内银行信贷资产质量及流动性、房地产贷款、涉矿及涉案贷款、政府性债务、汇率、互联网金融和民间融资等金融风险的管控。按照“四到位一作用”机制，盯防7级金融机构风险，打好歼灭战。结合央行金融机构评级结果与日常风险监测，通过专项风险提示、按季约谈、人盯机构、督促清收等措施防范化解风险隐患，实现了辖内无8级以下银行业金融机构的工作目标。按照“六个一批”“五个精准”，开展湘西州政府性债务监测分析，打好攻防战。与州财政局构建《政府性债务风险监测协调机制实施办法》，实现政府性债务数据信息共享。制定《县（市）政府性债务监测小册子》和《县域政府性债务风险监测报告（模板）》，全面掌握县域政府性债务风险情况。制定《县域金融风险应急处置预案》，做好“精准协调”和“精准拆弹”准备。加强金融管理，促进金融机构合规经营。与州政府金融办公室、银保监分局沟通衔接，推动《湘西州金融监管协调机制管理办法》出台，探索构建地方金融监管协作机制。加强金融消费者权益保护，成功化解2起消保信访积案，得到当事人高度赞许。强化反洗钱监管，严防洗钱风险。贯彻落实湘西州扫黑除恶专项行动实施方案，配合开展扫黑除恶、禁毒、打击骗（逃）税、打击地下钱庄、反腐追逃等专项行动。创新反洗钱分类评级工具，设计汇总软件，完成129家金融机构2018年度反洗钱分类评级工作，实现评级全覆盖。联合中国银联、吉首市房管局探索加强房地产开发资金监管，推动房地产行业反洗钱监管。引导金融机构做好涉嫌洗钱可疑资金监测，配合公检法做好案件协查工作。按月联合成员单位进行反洗钱现场摸排，参与现场处置“套路贷”涉案团伙2起。

2019年6月18日，由中国人民银行长沙中支组织举办的湖南省十佳金融讲师宣讲比赛在湘西州吉首举办
州人行　供图

【“放管服”改革】 开展统计数据质量提升年活动，升级改版《湖南金融统计数据审核辅助系统》，获全省发文推广。组织编写《金融统计工作规程》，规范金融统计工作要求，为金融统计管理、执法检查提供有效参考。加强统计制度研究，撰写《住房公积金贷款核算模式变化对社会融资规模统计的影响值得关注》调研文章，得到总行调统司重视并赴湖南开展实地调研。强化制度性经济调查，组织开展城镇居民资产负债情况调查，被长沙中支调统处邮件转发全省推介。聚焦小微企业融资堵点，组织开展《银行甄别技术

在小微企业信贷融资中的应用研究》等重点课题研究。组织开展金融服务调研月活动，汇编调研成果资料电子书，加大调研成果的共享和运用。进行二代人民币银行结算账户影像传输监督系统升级研发，在全省8000家银行网点推广运行，将核准类开户办结时间由2018年的4个工作日直接压缩至2019年的30分钟，日平均开户效率提高数十倍。在全省首发“乡村振兴主题卡”，助力精准脱贫。推进电子支付示范县创建活动，凤凰县通过长沙中支“电子支付示范县”创建验收，电子支付涵盖全县大型商场、古城商圈、企事业单位缴费场所。推进移动支付便民工程建设，协调吉首市委组织部使用云闪付缴纳党费。加强农村支付环境建设，组织州内金融机构进行助农取款服务点升级，实现农村支付服务全覆盖。保障农民工工资支付，工资保证金制度基本覆盖。规范州内预算单位开户环境，和州财政局联合印发《湘西土家族苗族自治州州级预算单位银行账户管理办法》。优化货币金银工作。构建“二四二”模式，推进城区及农村、革命老区现金服务示范区创建，实现辖内现金服务水平、人民币流通环境、人民币整洁度提升，客户投诉率直线下降“三升一降”的市场满意效果。加强纪念币发行、反假货币宣传、整治拒收人民币现金行为，开展第五套2019版人民币防伪知识培训。打造平安国库、人民国库。坚守底线，开展突击检查、实地业务检查、库主任交叉检查、异地应急演练，实现国库安全年。优化服务，实现辖内5县市上线国库集中支付电子化，全辖减税降费30多万户6.27亿元。国债下乡销售2.51亿元，实现农村地区国债发行全覆盖。推进财扶资金财库共管模式，做到县市全覆盖，实现扶贫资金快速、准确、安全、高效运行。研发国库票据电子验印系统，提升防范风险水平。编制《国库制度汇编电子手册》，助力制度执行准确到位。推动普惠金融。承办湖南省“助力脱贫攻坚金融知识乡村行”暨“十佳”金融知识优秀讲师宣讲比赛活动，加大金融知识宣传普及力度。联合湘西州教体局等印发《关于开展金融知识纳入国民教育体系试点的通知》，推动全州8个县市25所中小学试点将金融知识教育课程纳入国民教育。在商业中心、农贸市场、扶贫点等场地开展支付、征信、国债、消保、货币、科技等金融宣传活动30余次，相关活动被《金融时报》推介。强化科技支撑能力。强化创新意识，按照“业务部门提需求，科技部门支持”的联动模式，完成研发二代人民币银行结算账户影像传输监督系统等3个系统。强化服务意识，组织辖内金融机构参加企业标准“领跑者”活动，推动金融机构营业网点服务和网上银行服务达标认证工作。强化责任意识，定期巡检基础设施运行情况，完成云存储系统升级扩容，推进辖内金融机构开展IPv6改造，清理辖内网络外联线路，增强技术保障能力。

（沈春成）

中国工商银行湘西州分行

【概　况】 2019年，中国工商银行湘西州分行按照稳中求进的总要求，坚持一手抓党建质量提升和一手抓经营发展，通过开展“不忘初心、牢记使命”主题教育与提升自身综合实力，在“奋斗+落实”的精神状态下，紧紧围绕湘西州经济发展的特点，采取创收、抓存、放贷、促销、控险、扶贫等有效措施，推进各项工作继续向前向好发展。

【经营效益】 截至12月31日，按考核口径，湘西州工行实现利息收入25130万元，比年初增加6095万元，增幅32%。实现拨备前利润18367万元，比年初增加3926万元，增幅27.18%。净利润实现11485万元，比年初增加2370万元，增幅26%。经济增加值（EVA）5804万元，比年初增加1338万元，增幅29.95%。加大对财务事项管理，规范财务开支行为，全辖实现增收节支，效益继续实现创新高。经考核，湘西州工行中间业务收入增幅和任务完成率在全省均排前列。

【存贷款业务】 全年，全行本外币各项存款日均余额106.5亿元，日均新增存款比年初增长5.79亿元。各项贷款净增10亿元，完成地方政府下达的贷款投放任务，获得2019年“政府目标管理奖”，完成“两增两控”监管目标。坚持金融服务实体经济的本质，在稳增长、促改革、调结构、防风险的方针下，遵循上级行投融资整体布局要求，把准信贷资金结构调整方向，把握好信贷总量、节奏和投向，确保了资金流向可持续发展的企业和行业，为地方企业解决“融资难”“融资贵”问题。

【资产质量管理】 全年，湘西州工行不良贷款总额和不良率继续实现“双降”。不良贷款比年初减少328万元；不良率降至1.22%，比年初下降0.33个百分点，降至全省系统平均线以下。在强化资产质量管理工作上，遵循商业银行审慎稳健的经营原则，把风险控制放在重要位置，通过有效把控好信贷准入关口，坚决做好放款前作业监督，强化流程风险管理，强化风险预警管控，同时积极取得地方政府支持，对历史存量不良贷款实施清收压降，完成资产清收处置，使资产质量跨入全省先进行之列。

【转型创新业务】 湘西州工行ETC业务自2019年7月开始到12月31日结束，共营销45075户，同业市场占比第一，全省排名第8位。营销“e分期”22637万元，任务完成率188%，全省排名第2，实现“双e齐飞”。年末全辖信用卡有效客户数增量完成7427户，完成年任务88.42%，排全省第3位。收单交易额实现25.15亿元，完成任务96.73%，排全省第3位。消费额实现32.09亿元，完成任务91.69%，排全省第3位。网络金融业务“融e行”年新增50836户。企业网上银行证书版动户新增737户。“融e购月均动户”“融e联月均动户”任务完成率均在全省排名前列。

【内控案防】 全年，湘西州工行紧扣新时期从严治行高标准，以“消除风险隐患、堵塞新案发生、拆解陈案风险”为主线，全面压实主体、监督、整改三大责任，加强机制、能力、文化三大建设，着力提高内控案防管理能力，着力提升内控评价等级，实现了不发生案件、不发生较大风险事件、不遭受大额监管处罚三大目标，为新时期改革发展提供有效支持和保障。在完善内控案防体系上，强化《内部控制手册》学习，根据《监督检查整改工作管理办法》，加强整改工作组织管理，严厉查处假整改假问责行为，确保整改工作及时性、真实性和有效性。在落实案件防范工作责任制上，层层签订案防责任书，落实案防分析会制度，使案防工作更具针对性、实效性。开展员工违规对外担保、经商办企业、非法集资、涉恶等行为动态排查，按照上级行《案件警示教育活动实施方案》要求，紧扣“八大领域”风险，重点关注从业人员违法发放贷款、骗取贷款、贷款诈骗、失职、挪用资金、信用卡诈骗、贪污受贿、非法集资等违法犯罪行为，开展典型案例、刑法教育、员工行为教育、岗位规范和业务流程教育、合规养成教育五个方面的学习教育活动，杜绝风险隐患。

【精准扶贫】 年末，湘西州工行承担的7个国家级贫困县10个贫困村1078个建档立卡户4339人，按照新阶段收入标准考核，全部实现脱贫。湘西州工行加强对工作的协调推动，开展扶贫工作人员培训，强化对扶贫工作考核。推进金融扶贫服务站建设，为龙山县隆头镇隆头村、永顺县颗砂乡两河村、保靖县复兴镇那铁村、花垣县补抽乡兴中村、凤凰县米良乡夯来村建立五个金融扶贫服务站，按照建站“八有要求”落实配备金融服务机具和工行助农金融服务终端手册等。提供人财支持，抽调15名员工进驻10个扶贫村，支持扶贫经费100万元。做好后盾单位帮扶工作，组织和开展帮扶干部入村走户活动，向对接户宣传扶贫政策人均6次以上。开展产业扶贫，推动永顺县猛晓村与湘泉制药公司签订药材供应协定，种植中药材，使猛晓村成为湘泉制药公司药材基地。继续组织员工利用“融e购”平台帮助花垣县十八洞村、永顺县等一批县域扶贫村线上销售猕猴桃、稻香米、黄金茶等农产品，扩大工商银行精准扶贫的影响力，弘扬了工行“工于至诚，行以致远”企业文化。

（郑延峰）

中国农业发展银行湘西州分行

【概　况】 2019年，中国农业发展银行湘西州分行强化担当、锐意进取，充分发挥政策性金融“当先导、补短板、逆周期”职能作用，有力有序推进各项工作。2018年和2019年，连续两年获评全州银行业金融机构综合评价A类单位。

【经营效益】 2019年，全行贷款总额90.87亿元，首破90亿元大关，较年初增加14.52亿元，增长19.02%，完成省分行下达任务的133.80%；全年累计投放贷款21.78亿元，其中扶贫贷款投放占98.44%，完成省分行下达任务的130.41%；扶贫贷款余额70.97亿元，增速28.26%，整体实现“三个高于”目标。各项存款余额26.27亿元，对公存款日均余额28.23亿元。

【精准扶贫】 落实省分行党委“主力军、主战场、主流业务”“三主”发展思路、“二十字”发展原则，坚持信贷扶贫和驻村扶贫两线作战，引领全行业务提质增速，推动精准扶贫向纵深发展。坚守主责主业，服务粮食安全，围绕“两不愁、三保障”，把脉主攻方向，明确着力目标，精准发力、补齐短板。从回应“看病难、看病贵”入手，贷款6.1亿元，推进永顺县公共医疗卫生体系提质改造；以解决“大班额”为契机，贷款6.2亿元，支持龙山县城区教育布局调整；服务住房保障，累计支付专项建设资金19.65亿元，建成安置房1.9万套，搬迁入住6.5万人，实现易地扶贫搬迁8个县市全覆盖。开展驻村帮扶工作，在7个深度贫困县均有驻村扶贫点，选派驻村帮扶干部9名，全行参与帮扶员工89人，对口帮扶210户928人，其中机关支部28名党员结对45户建档立卡户。开展驻村帮扶、结对帮扶，与贫困户谈“交心话”、吃“交心饭”，到扶贫村开展“同升国旗、同唱国歌”等活动。号召向对口帮扶村身患眼瘤的田佳鑫小朋友捐款1.2万元。凤凰支行将中药种植产业营销到村、服务到户，花垣支行支部与火焰土村党支部开展结对共建活动；永顺支行组织为贫困户收稻谷。年内全州各行开展消费扶贫投入50万元以上，个人捐赠合计2万多元，协调各项资金投入350万元，支持扶贫村建设。

【转型创新】 紧贴“八大改革”要求，加强人才队伍建设。以考试考察形式选拔培养信贷、财会、文秘三大领域人才，采取现场培训、跟班学习、以评代训等方式进行长期“拉练”，配强配优脱贫攻坚一线力量，在创新领域屡创佳绩：继2018年泸溪县“易地扶贫+”模式后，创新凤凰土地整治“1+N”模式，两度荣获省政府“融资创新考评”一等奖。面对小微企业“小而散”、难以直接支持的难题，探索支农转贷模式，发放全省首笔扶贫批发贷款1亿元，实现政策性金融支持扶贫小微企业由“点”到“面”的扩展。服务小微企业提升工程，低成本融资助力凤凰县水木香茶业有限公司，贷款150万元，解决资金周转燃眉之急，该案例被人民银行长沙中心支行评为“湖南省民营和小微企业金融服务百佳优秀案例”。

（张　莹　刘思岑）

中国农业银行湘西州分行

【概 况】 2019年，中国农业银行湘西州分行坚持稳中求进工作总基调，坚持新发展理念，提升经营效益，加快经营转型，持续深化改革，强化“双基”管理，全力防控金融风险，增强市场竞争力，实现各项工作稳步推进。

【存贷款业务】 年末，州农行各项存款余额146.87亿元，较年初净增6.04亿元，四行（工行、农行、中行、建行）排名第一。其中个人存款余额99.98亿元，较年初净增5.72亿元；对公存款余额46.89亿元，较年初净增3192万元。各项贷款余额91.8亿元，较年初净增23.6亿元，四行排名第一。其中个人贷款余额40亿元，较年初净增9.6亿元；对公贷款余额51.23亿元，较年初净增14亿元。普惠金融贷款（银监口径）净增2.2亿元，计划完成率117%，同比多增9272万元；普惠金融贷款（央行口径）净增3.4亿元，计划完成率127%，同比多增1.4亿元。

【服务“三农”】 年末，州农行农户贷款较年初净增9080万元，惠农e贷较年初净增4亿元，荣获全省农行“三农”“一号工程”先进单位。辖内5个支行全面完成“三农”事业部制达标任务，完成率100%。在1603个行政村（社区）布放惠农通机具3777台，覆盖率88.31%，建立贫困村金融扶贫服务站120个，实现电子机具乡镇全覆盖。实现税务、“两险征缴”代缴105万笔2亿元，市场份额占比46.13%。

【脱贫攻坚】 年末，州农行7个国家扶贫重点县贷款余额51.27亿元，较年初增加13.28亿元。精准扶贫贷款余额15.1亿元，较年初增加7.3亿元。服务带动贫困人口数5万人，较年初增加3.4万人。突出“一县一特”“一村一品”，创新推出玻璃椒贷、百合贷、猕猴桃贷、黄金茶贷、毛尖茶贷等6个“惠农e贷—特色贷”产品。年末落地发放贷款146户3295万元，产业带动888户建档立卡贫困户脱贫。

【服务实体经济】 州农行围绕“回归服务实体经济”这一目标，突出主业，按照湘西州委州政府“542”发展思路，支持“两供两治”、轨道交通、能源水利等基础设施和公共服务领域，新发放贷款10亿元；支持湘西承接产业项目建设，主动对接各个产业园区，关注电子信息、新材料、新能源、食品加工、生物医药、文化旅游、现代农业等十大优势产业，新发放贷款6.74亿元；支持旅游业提质发展，以湘西州“十三五旅游规划”为主轴，对州内国家AAAA级以上旅游景区、历史文化名镇、国家森林公园等进行调查研究，新发放贷款1.6亿元。

【风险控制】 年末，州农行不良贷款余额较年初减少392万元，不良率较年初下降0.17个百分点，实现不良贷款“双降”且达到历史最低水平。内控评价连续5年被湖南省农行评为“一类行”。内控案防“双线管理”得到落实，案件防控“四支利箭”得到运用，“三线一网格”管理得到推广。平安建设工作连续8年被湘西州委、州政府评为“优秀单位”，连续6年被授予“平安单位”称号。全年未发生任何案件和安全责任事故。

【转型发展】 州农行深化改革，创新转型。利用场景金融、系统对接活客。全年信用卡智慧商圈场景商户净增42户；ETC用户新增1.3万户；依托扶贫商城与商户强强合作，实现平台商户入驻9户，上架产品44款，交易金额73万元，排名全省系统第一；建设完成住房公积金直联平台、“组合贷款”平台、“公转商贷款”平台、公积金“消费贷”平台和住房公积金自助缴款平台（B2B）。为网点建设投放各类设备55台；优化自助设备加配钞、司法查询业务流程，实现权证集中管理。实施10个网点的对公业务转型导入和2个网点的零售业务转型导入培训。

（向海琳）

中国银行股份有限公司湘西州分行

【概　况】 2019年，中国银行湘西州分行贯彻落实州委经济工作会议精神，围绕“抓党建、健机制、拓客户、增收益、防风险”的工作思路，拓展业务市场，加强内控管理，依法合规经营，经济效益稳中有升。全行业务净收入12671万元，同比增长10.56%；其中净利息收入10276万元，非利息收入2398万元。实现拨备前利润8131万元，实现净利润4642万元。年末，全行一般性存款余额31.01亿元，较年初新增4.57亿元；其中公司存款余额17.13亿元，储蓄存款余额13.88亿元。市场份额占比5.73%。年末，全行各项贷款余额33.49亿元，较年初新增5.39亿元；其中公司贷款余额11.64亿元，人民币零售贷款余额19.27亿元。市场份额占比8.96%。票据融资余额1.72亿元，较年初增加1.16亿元。全行资产质量持续向好，不良余额1507万元，较年初减少318万元，不良率0.45%，较上年下降0.2%；关注贷款余额6012万元，较年初减少376万元，关注率1.8%，较上年下降0.49%；实现表内不良资产清收化解3051万元，清收表外不良资产367.47万元，不良贷款连续5年实现余额和不良率双降，贷款质量持续优化。

【服务实体经济】 中行湘西州分行坚持立足湘西，反哺湘西，积极支持当地经济发展。优化授信服务模式，通过“税融贷”“税融贷+担保”等服务方案向州经开区、泸溪县工业园区等多家客户提供免抵押贷款支持，破解了入园轻资产企业因无土地或厂房担保不易获取银行贷款支持的难题。大力扶持特色农业，向10家农民专业合作社发放1200万元的中长期流动资金贷款。全年累计投放小微企业主、个体工商户普惠金融贷款49户、3000余万元；累计投放公司普惠金融贷款18户、4000余万元。全行人行降准口径贷款余额12776万元，银保监普惠口径贷款余额10689万元。发挥中行国际化优势，联合中信保公司为出口企业提供联合服务，向经开区递交了园区综合服务方案，实现对经开区的出口型企业服务全覆盖。抢抓中国银行湖南省分行“一行一库”项目建设契机，加大对本土优质企业的信贷支持，将湘泉制药、凤凰首创水务等本地客户纳入项目库，在授信额度、融资成本等方面给予优惠政策支持。为有效促进湘西州新型城镇化建设，针对贫困地区住房开发企业资金实力偏弱等问题，中行湘西州分行在住房按揭业务上给予贷款规模倾斜，向省分行寻求政策及额度支持，为基层项目拓展解决后顾之忧。全年共与26个楼盘项目建立按揭合作关系，储备按揭额度近8亿元。

2019年10月19日，中国银行湘西分行参加湖南省分行合唱比赛取得二等奖

中国银行湘西分行　供图

【确保安全运营】 全年共完成表内不良清收化解3051万元，完成率119.23%。开展“不良资产清收百日攻坚活动”，出台表外不良资产清收奖惩实施细则，狠抓表外不良清收，全年共清收表外不良资产367.47万元，完成率46.46%。督促网点客户经理加强监控，开展相关业务培训，严控新冒不良。完善分行内控合规操作奖惩细则，用制度管人，依托视频查看、GMAP防控、ICIR系统应用等手段，强化对关键业务关节、重点人员的内控合规管理。抓好监管部门检查发现问题的整改督办，加大考核管理力度，解决“屡查屡犯”问题，提升员工风险防范意识。强化反洗钱

日常管理，全年调整洗钱高风险及中高风险客户至中风险客户近1200户，向人民银行和州公安局报送可疑交易案例2份，组织全员参加制裁合规测试，参考率及合格率均达到100%。开展案例警示教育，组织员工收看违反中央八项规定、贪污受贿、赌博等违规违法案例，旁听湘西州中级人民法院案件庭审，增强员工底线意识。在湘西州境内现有9家经营性网点，分别为吉首分行营业部、峒河支行、人民北路支行、团结路支行、凤凰支行、经开区支行、龙山支行、泸溪支行、永顺支行（开业筹备中），逐步实现州内县域全覆盖，加强服务县域经济的能力。

【助力脱贫攻坚】 中行湘西州分行始终坚持以“担当社会责任，做最好的银行”为经营宗旨，以“担当、诚信、专业、创新、稳健、绩效”为价值观，按照“抓源头营销、抓重点客户、抓关键环节”的方针，助力湘西州经济发展。依托自身国际化渠道优势，自觉融入湘西州社会经济发展大局当中，全力支持州内张吉怀高铁项目、凤凰高铁新城、龙山高铁新城等重点项目建设，以绿色金融推进绿色发展，服务本地、服务“三农”、服务中小微企业。积极优化中银信贷工厂新模式审批程序，成立服务中小企业专职团队，简化授信续作、审批及发放审核程序，提高了授信审批及发放时效。对普惠贷款实行贷款优惠利率政策，全年发放的贷款利率均实行贷款基准利率，利率水平低于系统内其他地区10个BP以上。定点扶贫保靖县中心村及排大方村，其中中心村共有建档立卡贫困户176户721人，2019年脱贫10户35人，贫困发生率降为0.2%；排大方村共有建档立卡贫困户83户403人，2019年脱贫46户230人，贫困发生率降为1.2%。坚持高起点起步、高标准管理、高质量运行原则，全力提升行内员工综合素质，同时开展“金融知识进校园”“金融标准为民利企”等多项金融知识宣传活动，提升州内居民金融知识水平和金融技能，引导居民树立科学投资理财和负责任借贷的理念。

（曾　晶）

中国建设银行湘西州分行

【概　况】2019年，中国建设银行湘西州分行紧跟省行办行思路，紧密结合当地经济社会发展实际，严格落实监管机构各项工作要求，积极推进战略转型，积极应对风险挑战，不断提升服务实体经济的能力，取得较好成绩。

【一般性存款】 年末，全行一般性存款余额183.5亿元，在“四行”（工商银行、农业银行、中国银行、建设银行）中占比39.73%，排名第一，较年初增长4.29亿元。

【各项贷款】 年末，各项贷款余额147.74亿元，“四行”占比44.1%，“四行”第一，较年初增长15亿元。

【资产质量】 全行资产质量持续向好，不良贷款比年初下降3336.96万元，不良贷款率比年初下降0.3个百分点；逾期贷款比年初下降4028.22万元，逾期贷款率比年初下降0.37个百分点，实现了不良贷款额、不良贷款率、逾期贷款额及逾期贷款率“四个下降”。

【战略转型】 零售条线中间业务收入占全行中收的88.37%，实现信用卡消费交易额50.14亿元，信用卡不良率仅为0.62%，系统内最优。年末个人类贷款发展进入快车道，较年初新增12.06亿元，增速全省系统第三。商户消费交易额（不含分期）50.1亿元，全省系统第二。普惠金融贷款余额达18.61亿元，较年初新增4.49亿元。住房租赁业务。搭建州住建局智慧住房平台，新增房源核验数28736户，新增社会化房源9400户。搭建州工信局等战略性合作平台，上线州本级国库集中支付系统、商品房预售资金实时监管系统，实现“互联网＋不动产抵押”，不动产登记窗口延伸至建行网点。劳动者港湾情怀。彰显全行16个网点“劳动者港湾”开展爱心助考、倾情义诊等活动，打造“爱心驿站”“环卫工人休息站”等服务品牌，增强网点服务社会能力，赢得客户认可。

【服务实体经济】 州建行紧跟州委州政府的战略部署和金融精准扶贫工作要求，强化金融创新，加大信贷投放，全年投放贷款65.26亿元，支持湘西州经济建设发展。发挥建行基建贷款、工程造价等传统业务优势，围绕机场、PPP项目等重大交通项目和工程，助力基础设施建设和城市综合开发。持续助力矿业整治整合，为涉矿企业发放贷款15.46亿元。支持特色农业产业基地建设，助力乡村振兴，新增涉农贷款2.32亿元。支持医院、学校以及“智慧湘西”建设，医院类贷款新发放1.8亿元，余额接近5.27亿元。选优配强扶贫干部，发挥第一书记作用，完成8个村脱贫，脱贫人口3792人。做实电商扶贫工作，善融扶贫交易额新增8751万元，全省地市行排名第一。继续落实与湘西州政府、各县市签订的《战略合作协议》，深化与产业园区平台合作，落实省行“百园千户”活动要求，园区优质企业结算开户率50%，授信覆盖面25%，提升园区市场份额。龙山支行、花垣支行、古丈支行与当地农业农村局签订农村集体产权管理信息平台合作协议，开立农村集体经济组织账户43个。与州统战部、州民宗局开展战略合作，建启善源平台搭建初步完成。与政府、第三方科技公司合力打造吉首市级智慧政务平台，实现政融支付全费项、全渠道覆盖。

【风险内控】 加强贷后跟踪会议组织管理，加强对公押品的集约化管理，合理把控押品的价值和例外准入，所有涉矿企业成功转贷，大中型及机构类贷款继续保持零不良，政府背景类债务无一户逾期欠息。内控合规持续强化。开展案例警示教育专题宣讲、“护航高质量发展规范员工行为”专项行动，按照监管部门要求，完成网金业务、违规代客行为、各项贷款等重点地区、重点业务风险排查，内外部审计检查发现问题个数及严重问题个数均明显减少，实现监管“零处罚”。安全稳定基础更加牢固。实现无案件、无重大安全责任事故、无重大违规、无重大负面舆情、无大规模群体性事件目标。

（彭忠图　舒利菊）

中国交通银行湘西州分行

【概　况】 2019年，中国交通银行湘西州分行沉着应对内外部经营压力与挑战，着力调结构、促转型、转机制、强作风，拼搏进取、迎难而上，2019年各项工作取得新突破。至年末，分行本外币各项存款余额较年初增幅为58.29%，各项贷款余额较年初增幅为67.5%。

【业务发展】 分行以服务地方经济为重点，围绕“五一工程”建设，拓宽渠道，在财政、烟草、物业维修基金、医卫教育等板块深耕挖潜。保证财政存款的新增，实现财政非税双提升，累计成功托管约5亿元政府化债专项资金，上线物业维修基金微信缴费渠道，引入源头活水；签约州内规模最大的三甲综合性医院湘西州人民医院，达成该医院含POS机收单、收费缴费、信贷业务等业务合作；贯彻“以项目带资源”的发展策略，目标紧盯优质代发源头客户，撬动吉首市教育板块以及州本级部分预算单位业务，夯实基础客群。

【风险案防】 修订《交通银行湘西分行2019年案件防控“5+N”专项治理实施方案》《湘西分行授信业务全流程考核管理办法》等，明确征信合规管理、反洗钱业务开展、授信全流程管理工作思路，为分行合规经营管理打下基础；定期召开授信全流程培训会议，给客户经理介绍、分析分行贷后管理工具、薄弱环节，提高客户经理对授信客户的风险识别能力；对全行员工利用信用卡套现、经商办企业、以贷谋私、违规担保、合规操作进行专项检查，未发生重大风险事件。

【荣 誉】涌现一批先进个人，被省行评为“省先进工作者”2人，“省十佳客户经理”2人，“省十佳优秀员工”1人。在2019年省行考核评价体系中，湘西州分行综合绩效考核排名第一，荣获省行“先进集体”和“经营管理优胜单位”一等奖、“日均存款人均”一等奖、“消保服务工作优胜单位”等奖项，被中国人民银行湘西州中心支行评为综合评价“A类”单位、征信工作先进单位、金融消费权益保护工作先进单位。

（向 华）

湘西州农村商业银行

【概 况】2019年，湘西州农村商业银行有营业网点216个，在职员工1650人，分别占全州银行业金融机构网点总数的49.31%和从业人员的38.90%，营业网点服务覆盖州内所有乡镇。全年无经济案件、“四类”案件和责任性安全事故。年内，全州农商银行在微信公众号、《团结报》、省联社官网、《金融时报》等媒体发表信息稿件556篇。湖南省农村信用社联合社湘西自治州办事处绩效考核居全省农信系统第三名，获绩效考核优胜奖；凤凰县、龙山县农商银行进入全省绩效考核前20名，获绩效考核先进单位；永顺农商银行营业部被中国银行业协会评为“银行业文明规范服务三星级网点”。

【经济效益】年末，全行各项存款余额386.79亿元，较年初净增25.47亿元，增幅12.52%，存款市场份额为32.02%；各项贷款余额251.09亿元，较年初净增32.65亿元，增幅14.95%，市场份额为28.90%，存、贷款总量均居全州银行业金融机构首位。实现经营利润11.32亿元。资本充足率12.98%，拨备覆盖率209.99%，拨备充足率210.57%。

【支持地方经济】湘西州农商银行履行社会责任，全年纳税2.34亿元。全州农商银行聚焦主责主业，深耕“三农”、小微贷款，开展“百名行长联千企”行动，推动农业特色“千亿产业”发展，增加涉农贷款29.94亿元，增量占比91.71%，实现涉农贷款“一个不低于”目标，完成州政府信贷投放目标任务的125.58%；增加小微企业贷款17.51亿元，为小微企业让利2569.24万元，减费51.41万元，实现“两增两控”目标；向4.27万户贫困农户发放扶贫小额信贷17.65亿元。

【助推农业特色产业】以商业化理念支持现代特色农业发展，扶持湘西州茶叶、猕猴桃、果蔬、油茶、特色畜牧业等重点产业。以商品化理念支持特色农产品发展，扶持农产品加工、农村服务业、精细农业等劳动密集型企业；扶持涉农龙头企业、农业大户等新型农业经营主体。以商人化理念支持民生消费，围绕消费品下乡、农民进城购房、绿色健康等消费领域，扶持农村电商、城乡物流、农业休闲等新业态。优化信贷产品，继续推广农户贷款、小额信用贷款等产品；创新信贷方式，采取农村承包土地经营权和农民住房财产权抵押方式，盘活农村“沉睡资产”；改变授信方式，以整村授信方式助力农业产业发展。

【支持乡村振兴战略】开展“党建+金融”模式推动乡村振兴，与当地党政部门、组织部门对接，发挥金融组织员、金融协理员、金融联络员的作用，扛起服务乡村振兴政治责任，支持农村电力、水利、交通等基础设施改造、农村产业发展、农村人居环境改善和群众生产生活条件提升。依托农村绿色资源，扶持休闲农业、乡村旅游、健康产业以及特色村寨和乡村游客栈、农家乐、观光农业产业园等体验于一体的新产业；支持粮食生产、农林牧渔及种养加销一体发展，带动乡村第三产业。以福祥便民卡、福祥e贷产品为载体，多种电子银行产品为补充，为地方经济发展注入更多金融元素。

（张 鹏）

中国邮政储蓄银行湘西州分行

【概　况】2019年，中国邮政储蓄银行湘西州分行践行普惠金融理念，坚定服务“三农”之路，切实履行国有大行担当。年末各项存款余额179.91亿元，排州内同业第三位。其中储蓄存款净增10.23亿元，排州内同业第二位；各项贷款余额58.36亿元，年增12.25亿元，完成州政府计划任务122.5%。

【脱贫攻坚】落实金融精准扶贫工作，采取“新型经营主体带动贫困户”“特色产业带动”等模式，发放扶贫类贷款助力贫困地区农户增收脱贫，全年发放金融精准扶贫贷款7240万元，贷款结余1.98亿元。提升金融服务覆盖面，在全州金融服务匮乏的村落建立164个金融扶贫服务站，为贫困地区群众提供信贷、支付结算、金融咨询等服务。

【支持大众创新创业】发挥小额创业担保贷款带动就业的作用，专门为返乡农民工、失地农民、大学毕业生、退伍军人、下岗职工再就业提供信贷支持，单户最高授信额度由原15万元提高至20万元。全年投放再就业贷款881笔、金额11244万元，贷款结余3184笔，结余金额3.5亿元。

【服务农业转型发展】结合自身经营特点，发挥网点、资金及技术优势，建立覆盖种植到养殖、生产到加工的信贷产品体系，服务州内烟叶、柑橘、猕猴桃、中药材、百合、黄金茶、特色养殖等产业。全年涉农贷款结余15.46亿元，占各项贷款余额的26.54%。

【推动金融惠及民生】发放用于消费、住房、汽车等改善民生贷款，推出邮享贷、网贷通、邮薪贷等线上支用信用消费贷款产品，方便快捷，满足不同消费者需求。全年消费贷款净增10.37亿元。

【履行金融社会责任】参与金融知识宣传普及、金融讲师培养、金融消费者标准化网点建设等工作，打造健康和谐金融消费环境。采取制作《邮储银行消费者权益保护》专题宣传片、原创原唱《邮储银行消费者权益保护之歌》、改编真实案例拍摄《一张银行卡的故事》微剧等宣传方式，引导社会公众自主提升金融风险防范意识。宣传片及微剧获得监管机构认可，被推荐参加人民银行长沙中支湖南省十佳作品评选。是年，邮储银行湘西州分行再度被州人民银行授予“湘西州金融消费者权益保护工作先进单位”。

（彭雪松）

华融湘江银行股份有限公司湘西分行

【概　况】2019年，华融湘江银行股份有限公司湘西分行新设龙山县支行，年末有5家营业网点，全行在职员工106人，平均年龄30岁，其中湘西州本地员工占比81%。是年，华融湘江银行湘西分行荣获湖南省五一劳动奖状、湘西州金融扶贫先进单位；员工获评全国“五一劳动奖章”、湘西州金融扶贫先进个人；分行营业部获“2019年中国银行业协会文明规范服务五星级示范网点”。分行各项业务稳健发展，信用风险管理可控，分行各项信贷资产连续6年保持零欠息、零不良、零逾期的良好态势。

【经济效益】截至12月31日，一般性存款余

2019年8月22日，中国人民银行党委委员、副行长朱鹤新（左二）到华融湘江银行湘西分行花垣县双龙镇十八洞村金融扶贫服务站开展金融精准扶贫调研

华融湘江银行湘西分行　供图

额40.76亿元，较年初新增0.75亿元，新增占比2.88%，全州排名第七；用信总额56.72亿元，新增15.32亿元，全州排名五，完成州政府目标任务102.15%；实现税收约2600万元，新增300万元。

【金融扶贫】 巩固金融精准扶贫成果，以人民银行相关要求为指导，结合湘西分行“双龙镇十八洞村金融扶贫服务站”建设成功经验，制定金融服务站管理提升方案。2019年，全行精准扶贫贷款16.78亿元，较上年增长0.43亿元，增幅2.6%；贷款总笔数88笔。2014—2019年，组织开展“绿色助学行动”，对全州家境贫寒、品学兼优的高中毕业生进行资助，累计资助438人，资助资金131.4万元，其中2019年资助73人21.9万元。

（麻顺强）

湘西长行村镇银行

【概　况】 2019年，湘西长行村镇银行股份有限公司积极应对复杂严峻的宏观金融经济形势，精耕细作、砥砺前行，实现资产总额80.41亿元，各项存款59.06亿元，各项贷款59.66亿元（含人行再贷款3.22亿元、国开行及农发行转贷款2.39亿），利润总额1.83亿元，全年上缴各项税收0.93亿元；实现资本充足率21.77%、拨贷比4.57%、流动性比率63.03%、拨备覆盖率302%、不良率1.51%，主要业务指标均达到监管要求，无案件及重大安全事故发生，牢牢守住风险底线。全行员工429人，下辖11家一级支行、30个物理网点、19个自助银行、20个金融服务站、17个扶贫再贷款示范点，服务渠道已覆盖全州县市区及重点乡镇。连续五年被评选为全国百强村镇银行，获得“全国青年文明号”“全国AAAAA村镇银行”“全国经营管理优秀村镇银行”“湘西州慈善单位”“湘西州扶贫竞赛先进单位”等荣誉称号。

【经营业绩】 湘西长行村镇银行坚持“支农支小”市场定位，经营“民族、草根、绿色”银行特色，为湘西州农村、农户及小微企业提供金融服务。成立9年来，累计实现利润约9亿元，累计上缴各项税收3.58亿元，反哺地方财政，帮扶企业6000多家，成为武陵山片区金融生力军，是湖南省行下辖机构数量最多、业务辐射范围最广、资产规模最大的村镇银行。

【服务地方】 湘西长行村镇银行紧跟州委“542”发展思路，化解政府5.73亿元债务风险，做实合规转化工作，助力政府防范存量债务资金链断裂风险。建立多方共建风险补偿体系，缓解企业融资难、融资贵问题，对州内小微企业、贫困农户定向投放扶贫再贷款3.22亿元。在十八洞村试点开发“互助五兴贷”产品，助力乡村振兴、“互助五兴”基层治理模式推广。在吉首承办中国第十二届村镇银行发展论坛。冠名湘西州委宣传部开展的“欢乐潇湘，幸福湘西”湘西长行村镇银行杯广场舞大赛，丰富人民群众精神生活，受到“学习强国”APP推介，向全国宣传湘西州精神文明建设成果。

【创新体制】 发展农村市场，探索新时代金融“支农支小”，走“错位竞争”的可持续发展之路。利用湘西金融精准扶贫契机，搭建金融扶贫站等金融服务平台，学习长沙银行“农金站”业务模式，将服务半径延伸至村村寨寨。年末，湘西长行村镇银行设立有20个金融扶贫站、17个扶贫再贷款示范点，服务范围覆盖70个重点产业村寨，直接惠及农村人口16万余人，其中包含建档立卡贫困户1800余户，贫困人口8000余人，在银行撤并农村网点的大潮中，湘西长行村镇银行成为业内最靓丽的“逆行者”。

【研发产品】 为提升抢占农村市场竞争力和加快业务结构转型步伐，湘西长行村镇银行根据湘西州农村经济特点、企业经营规模和农户不同的消费习惯，陆续推出多种造福小微企业与贫困农户的创新信贷产品。如对参与精准扶贫项目的新型农业经营主体和中小微企业，研发了“吉湘贷”“助保贷”产品；推出的“惠农担—油茶贷、生猪贷、特色贷”及“茶叶贷”等“三农”信贷产品，覆盖农业生产加工多个环节，并且均为无抵押贷款，利率十分优惠，大大缓解农户融资成本及满足农户资金需求，后期配套的“无还本续贷”产品，对经营状况良好但还款有一定难度的农户，起到了政策支持。

中国光大银行湘西分行

【概　况】 2019年7月，湖南银保监局同意筹建中国光大银行股份有限公司湘西分行，筹建地址为湘西自治州经济开发区武陵山大道18号建发大厦一层、八层及九层。筹备期间，光大银行坚持“边建设、边营业、边服务”的原则，积极主动为地方提供优质金融产品和金融服务。至2019年末，筹建工作基本完成。

【业务发展】 筹备期间，筹备组按照工作轻重缓急及业务侧重，与湘西州委州政府、吉首市委市政府、经开区管委会建立联系，与人民银行湘西州中支、银监局湘西分局、州金融办、州财政局、州住房公积金中心、吉首市财政局、湘西州吉凤投资有限公司、吉首市华泰投资有限公司等部门建立关系。向州委州政府递交支持筹备开业的函，向吉首市提供配合地方政府隐性债务化解方案，给经开区辖内的优质企业投放贷款，给吉凤投资公司下属企业皇冠假日酒店、阳光酒店发放1亿元流动资金贷款；批复吉凤投资公司6.35亿元集团授信额度，推进其下属公司吉凤水务5000万元流动资金贷款项目。推进债务置换方案，助力化解存量隐性债务，促进金融大局稳定发展。根据初步核定给吉首市华泰集团10亿元额度的方案，筹备组走访吉首市财政局，分行可置换吉首市华泰公司的第二期发债基金1.6亿元。推进机构客户开户准备工作。筹备组向州政府递交支持业务函，请求政府支持分行获取部分业务的资格准入及财政支持。与湘西州住房公积金中心、湘西州公共资源交易中心就在分行开立汇缴专户、保证金专户及连接系统达成初步合作意向。推进零售业务。筹备组在零售条线分时段、分客群、分项目推进，在房地产开发商、银联商务客群、部分理财客群、宝庆商会、征地拆迁等获客渠道上责任到人、任务到人。借助项目公私联动，冠名参与吉首市最美公交司机评选活动，扩大知名度，做好筹备开业品牌宣传。

【合规管理】 开展合规管理，防范法律合规风险，将发展效益建立在依法合规经营的基础之上。加强组织领导，健全合规管理组织机构，配备合规管理人员，开展合规教育活动，加强全流程管理，防范案件风险。

（贺　乐）

湘西州保险行业协会

【概　况】 2019年末，湘西州有保险企业19家，其中财产保险公司12家，人寿保险公司7家。各公司设立县市支公司、营销服务部87个，比上年增加3个；设立乡镇营销服务部27个、乡镇保险服务站383个、驻村保险服务点3176个。全州保险行业协会会员单位20个，与上年持平。保险从业人员13072人，比上年末增加1998人；其中保险个人代理人员12017人，同比增加2017人。全年累计获取销售佣金35317.32万元，同比下降1.4%，保险代理人人均月佣金、手续费收入2449元。保险业特别是寿险业吸纳就业能力依然强劲。

【全州保险业务】 全年湘西州各保险主体累计实现保费收入284056.66万元（含中邮人寿），同比增长7.46%，增幅同比放缓2.4个百分点。保险深度为4.03%，与上年基本持平；以常住人口计算保险密度1077元，同比增加72元。其中财险公司保费收入112053.96万元，同比增长11.07%，增幅同比下降8.39个百分点，占全州总保费的39.45%，占比上升1.29个百分点；寿险公司保费收入172002.7万元，同比增长5.22%，增幅同比增加0.56个百分点，占全州总保费的60.55%，比重略有下降。湘西州保险市场呈平稳发展态势，总体健康运行。

全年，湘西州各保险主体共计赔付支出94871.87万元，同比增长5.35%，增幅同比放缓10.79个百分点。其中财产险公司赔款支出55685.36万元，同比增长15.22%，增幅同比放缓11.02个百分点。分险种看，车险赔付26351.8万元，意外和健康险赔付19723.32万元，农业险赔付5832.43万元，其他非车险赔款支出3777.81万元。人寿险公司赔款给付39186.51万元，同比增长-6.08%。其中人身意外伤害赔付1078.54万元，健康险医疗赔付10334.5万元，寿险死伤及年金、满期给付27773.49万元。

【县市域保险业务】 吉首市全年实现保费收入140847.8万元，市场规模约占全州总规模的一半，达49.58%。其中财险公司保费收入52466.16万元，占全州财险保费的46.82%；人寿险公司保费收入88381.59万元，占全州人寿险保费的51.38%。

龙山县总保费33345.58万元，州内规模占比11.74%。其中财险公司保费13942.88万元，州内占比12.44%，人寿险公司保费19402.7万元，州内占比11.28%。

永顺县总保费30491.94万元，州内规模占比10.73%。其中财险公司保费10078.23万元，州内占比8.99%；人寿险公司保费20413.71万元，州内占比11.87%。

凤凰县总保费26301.76万元，州内规模占比9.26%。其中财险公司保费12707.31万元，州内占比11.34%；人寿险公司保费13594.45万元，州内占比7.9%。

花垣县总保费18575.2万元，州内规模占比6.54%。其中财险公司保费9047.47万元，州内占比8.07%；人寿险公司保费9527.73万元，州内占比5.54%。

泸溪县总保费14803.72万元，州内规模占比5.21%。其中财险公司保费5373.5万元，州内占比4.8%；人寿险公司保费9430.22万元，州内占比5.48%。

保靖县总保费11437.07万元，州内规模占比4.03%。其中财险公司保费5642.83万元，州内占比5.04%；人寿险公司保费5794.24万元，州内占比3.37%。

古丈县总保费8253.61万元，州内规模占比2.91%。其中财险公司保费2795.57万元，州内占比2.49%；人寿险公司保费5458.04万元，州内占比3.17%。

【“保险公众宣传日”保险进社区活动】 7月8日上午，湘西州2019年“7·8全国保险公众宣传日”保险进社区活动在吉首市峒河公园拉开帷幕，来自全州12家财产险公司、7家人身险公司和1家法人代理机构的百余名员工参加此次活动。2019年全国保险公众宣传日的活动主题为“爱国爱家，从一份保障开始”。活动现场通过摄影图片展方式生动反映湘西州保险扶贫工作成果和社会公益等先进事迹。以展示宣传展板、发放宣传手册、解答保险消费咨询、受理保险消费投诉及防范非法集资、金融知识进社区等方式普及保险常识和消费维权知识，提高公众保险意识和维护自身权益的能力。各家保险公司还在“7·8”活动期间组织员工广泛发动客户，通过微信小程序参与中国保险行业协会发起的“7·8保险扶贫公益跑”活动，鼓励大家通过“运动+扶贫”的方式为全国22个具有集中连片特殊贫困县（市）及国家扶贫开发工作重点县的省份捐赠步数，为建档立卡贫困人口提供公益性保险服务。

（伍素云）

保险公司

【人保财险湘西分公司】 2019年，人保财险湘西自治州分公司实现保费收入48200万元，承担社会风险责任7915亿元；处理各类赔案5万多件，支付赔款并计提未决赔准备金39445万元，其中赔款占全行业的50.4%；上缴和代收税款3300万元，客户服务评级持续达到AAA。公司荣获州政府金融机构支持地方经济发展保险机构考核一等奖，连续3年荣获全州烟叶种植先进单位。

公司围绕州委、州政府精准脱贫战略，做精准扶贫的支柱力量，探索出“保险跟着扶贫走”的扶贫模式。围绕农村重点产业发展，推出烟叶、百合、柑橘种植保险，山羊、肉牛饲养保险等扶贫保险产品；开展扶贫特惠保业务，为全州建档立卡贫困户提供医疗保障，着力解决因病致贫和因病还贫问题。基本形成以农业保险、扶贫保险、城乡意外保险、大病保险为代表的保险扶贫保障体系，以小额贷款保证保险为代表的保险扶贫增信体系，以保险资金支农融资和直接投资为代表的保险扶贫投资体系。

履行社会责任，投入全州精准扶贫攻坚战。2019年，人保财险湘西自治州分公司对口全州扶贫村8个村（吉首市丹青镇樟武村、永顺县颗砂乡新寨村、泸溪县武溪镇黑塘村和城北社区、凤凰县千工坪镇建塘村、花垣县双龙镇敏纳村、保靖县复兴镇普溪村、永顺县灵溪镇鲁纳村），派驻扶贫驻村人员10人，安排44名部门经理以上人员“一对一”结对帮扶159户，入户走访慰问452人次，为帮扶对象提供扶贫慰问金38.48万元。

开展机动车辆保险、道路承运人责任险、校园方责任险、住建安全责任保险、监护人责任险、环境污染责任险和安全生产责任险等一系列责任保险产品，2019年为湘西州交通运输事业、旅游产业和学校安全以及企业安全生产提供3577亿元的风险保障，为州内企业生产、州内重点工程及全州农房提供113亿元的风险保障。为配合民生湘西建设，重点针对农民工、学生、旅客、农民等相对弱势群体的人身意外和健康领域推广相关保险产品，如学生意外保险和附加住院医疗保险，建意险、乘意险、旅意险、外出打工人员意外险等产品，为全州群众提供意外健康保险风险保障2151亿元。与湘西州法院签订《战略框架合作协议》，开办执行救助和诉讼保全险等业务合作。探索“政商融合”发展新模式，龙山支公司开展特困人员护理保险，实现保费收入71万元，开办全县特困人员集中供养食责险，实现新增保费48万元。

全州系统开展高规格、多频度的政企互动，为农险政府支持、政策支撑营造良好的外部发展环境。围绕“守、拓、创”三个重点，争取财政规模，在水稻、育肥猪、能繁母猪等重点项目上加快发展。应对农业保险招投标全面实施的挑战，不断适应农业保险“强监管、严监管、深监管”的常态化形势，遵循“扩面、增品、提标”发展路径，创新产品供给，提高服务能力，加大科技赋能，确保承保理赔端的精准细致，坚守合规底线，防范经营风险，实现各项工作依法合规、严谨细致，确保了农险提质增效、转型升级。

努力做灾害救助的及时雨。人保财险响应政府号召，积极主动参与到抗灾救灾一线，配合党委、政府做好抗灾救灾工作，全系统全员参与查勘、定损，及时赔款，帮助受灾群众恢复生产生活，得到各级政府和广大群众的认可。坚持以客户为中心，创新服务方式，从提高服务效率着手，注重服务品质有效提升，着力提高客户体验和满意度，构筑公司核心竞争力，全州系统理赔服务能力和客户服务评级均达到AAA水平。以减少客户投诉为目标，开展监管投诉综合治理工作。积极响应、妥善处理重点督办投诉件；并已联合行业协会成立理赔争议行业调解委员会，妥善处理各类理赔争议纠纷案件。

（游 蓉）

【中国人寿湘西分公司】 2019年，中国人寿保险股份有限公司湘西分公司实现保费收入61279.25万元，同比增加672.83万元，同比增长101.11%。其中首年期交保费12587.87万元，短期险8670.84万元。市场份额35.62%，稳居州内寿险行业龙头地位，为全州260万客户提供各类风险保障4665亿元，服务客户超过600万人次。全年兑现各类赔款支出8073.92万元，同比增加1899.05万元，上升30.75%；为近8.3万人次给付各类保险金13023.7万元。上缴地方税收近1000万元，解决就业3579人。

为助推扶贫攻坚战役，放大央企优势，助推民生升温，践行“保险扶贫、保险维稳、保险强州”的服务职能，公司湘西分公司积极开办一系列的惠民民生保险业务。在全州范围内，为全州152369名建档立卡户人员开办《“扶贫特惠保”贫困家庭人员综合保障保险》，承保大病医疗保险50000元/人、意外伤害保险50000元/人、意外医疗保险5000元/人、自然灾害伤害保险100000元/人、自然灾害伤害医疗保险5000元/人等保险保障，承保风险保障319.97亿元。为全州78232户计划生育家庭办理了《国寿计划生育家庭意外伤害保险》，承保意外风险保障58.67亿元；为全州668名计划生育特殊困难家庭人员办理《计划生育特殊困难家庭综合保险》，承保意外伤害、疾病医疗、住院津贴等保险保障434.2万元。为全州45901名老年人（含农村“五保老人”、城市“三无”老人、重点优抚对象、城乡低保老人、失独老人）办理《老年人意外伤害保险》，承担近4.59亿元的意外风险保障。在全州范围内开展《学生平安保险》业务，承保26万多名中小学生，提供各类风险保障775.85亿元。为助力健康扶贫，降低妇女因病致贫、因病返贫风险，为全州城乡妇女首推“湘女关爱保”业务，全年承保21897人，为参保妇女提供了女性癌症保险、意外身故和意外住院津贴等保险保障21.46亿元。公司负责承办永顺县、泸溪县、古丈县三个县的城乡居民大病保险，参保人数852292人。公司取得泸溪、花垣、保靖、龙山、古丈五个县的新农合意外伤害委托经办业务委托权，中心接到报案人数15407人，理赔案件13129件，理赔金额5630.34万元。

（谭芝梅）

【平安财险湘西中心支公司】 2019年，中国平安财产保险股份有限公司湘西中心支公司继续坚守合规经营发展底线，加快业务发展，提升市场份额，强化品质管控工作，取得较好成绩。全年完成保费16648万元，同比增长13.6%，整体增速超市场3.3%。其中车险保费完成14906万元，增长12.9%；财产险完成保费639万元，增长–0.6%；意外险完成保费1104万元，增长36.4%。KPI得分108.2分，全省排名第五。

公司顺应互联网发展潮流，在原有电话、微信理赔模式基础上，开始推广“好车主APP”的多项理赔服务功能，引导客户在线上办理理赔、查询进度等项功能，提升客户服务体验；夏季雨季期间、冬季道路凝冻期间，应对车辆事故赔付工作，推出绿色服务规则；做好农业种植保险理赔工作，其中为泸溪县葡萄种植因旱灾赔付90万元。继续联合公安部门做好交通环境整治工作，全年打击醉驾、无证驾驶、肇事逃逸等违法交通事故20余起，拒赔减损150余万元。

（杨 琴）

【平安人寿湘西中心支公司】 2019年，中国平安人寿保险股份有限公司湘西中心支公司继续坚守合规经营发展底线，强化品质管控工作，加速业务发展，取得较好成绩。年末，中国平安人寿在湘西州境有3个营业机构：湘西中心支公司、凤凰支公司和永顺支公司。全年公司实现保费收入

26359.78万元，同比增长20.8%，其中首期保费收入8969.72万元，续收保费收入17390.06万元。单笔理赔款高达108万元。

7月25日，中国平安集团与湘西自治州人民政府、湖南润农生态茶油有限公司在花垣县十八洞村签订《三村工程茶油产业扶贫、乡村振兴战略合作协议》，合力打造“灵犀十八洞村茶油”品牌；平安内部商城上线“灵犀十八洞茶油”扶贫农产品，导入平安金融流量及合作伙伴电商流量，助力产品销售；带动30万亩油茶示范基地建设，为农户创造就业机会；把“灵犀十八洞茶油”品牌销售额的1%直接捐给十八洞村，推动乡村振兴。

2019年10月9日，平安人寿湘西中心支公司与花垣县麻栗场镇中心小学签约挂牌平安智慧学校建设

刘静君　摄

10月9日，中国平安人寿湘西中心支公司与花垣县麻栗场镇中心小学签约挂牌平安智慧学校建设，中国平安“村教工程”走进花垣县麻栗场中心学校，让学生近距离学习机器人搭建和编程，开启科技大门，注入创造灵感。村教工程依托全新智慧教学平安“三村晖”APP，开展“平安双师课堂”和“三点半素质课堂”，建立以乡村中心校带动村小为主、城市名校名师定向帮扶为辅的村教生态，面向村小、村教、学生三个层面，实施立体化教育扶贫，提升偏远地区教育水平。

（刘静君）

【泰康人寿吉首中心支公司】 2019年，泰康人寿保险有限责任公司湖南吉首中心支公司下辖吉首本部，龙山、永顺、花垣、凤凰、泸溪5家支公司，以及古丈、保靖、石堤3家营销服务部，营销队伍1550人。中支依托总公司的“活力养老、高端医疗、卓越理财、终极关怀”四位一体的商业模式，打造O2O大健康生态系统，提供保险、资管、医养全方位服务，坚持“诚信守法，合规经营；杜绝误导，客户至上”的企业文化，全方服务客户，取得较好成绩。年末，中支总资产超1700万元，保费收入近2亿元，全年受理理赔案件1528件，理赔超700万元。是年，泰康人寿升级创新服务体系，服务内容从保险支付向前后端扩展。国内首创全流程零人工干预智能化信用赔项目，实现秒级结案；业内率先将理赔和健康管理相融合，延长理赔服务链。在2019年湘西州政府目标管理考核工作中，吉首在支荣获金融机构三等奖。

（尚道遵）

【新华保险湘西中心支公司】 2019年，在行业深化转型发展的背景下，新华人寿保险湘西中心支公司实现保费收入24910万元，其中人身意外伤害险277.9万元，健康险9784.9万元，续期保费20809万元。全年赔付件数3155件，同比增长46.7%，赔付金额1802万元，同比增长32.7%。全年向湘西州国家税务局缴纳税金总额78.69万元，其中增值税7.61万元，个人所得税52.27万元，被州税务局考核评定为A级企业。中支秉承诚信经营、规范服务的原则，被评为“2017—2019年度湘西自治州消费维权先进单位”。中支党员志愿者笃行践诺，开展爱心公益活动。3月10日，中支志愿者资助吉首市矮寨镇农户栽种苗木，减缓农户生活压力；10月27日，中支总监李振松携志愿者联盟到吉首市吉新社区开展慰问贫困户爱心活动；10月28日，在湖南省第24个环卫工人节来临之际，中支党支部书记唐辉雄带领党员干部及内外勤志愿者，为每位环卫工人送上1袋大米和1桶菜籽油。

（谭子慧）

【中华财险湘西中心支公司】 2019年，中华财险湘西中心支公司实现保费收入23630.32万元，承担的风险保障超过1150亿元，市场规模居湘西州财险市场第二位。中支业务经营涵盖非寿险业务的各个领域，保险产品包括机动车辆保险、农业保险、企业财产保险、家庭财产保险、信用保证保险、责任保险、工程保险以及短期健康保险和意外伤害保险等。中支继续发展多元险种，稳定农险业务和优质保险业务的核心优势，为服务社会经济发展大局提供全方位保险保障。年末，中支在全州8个县市均设立有县支公司，网络覆盖全州各县市及乡镇，有签约员工140多人，形成比较完善的服务网络，建立一支高素质的保险经营与服务专业队伍。公司牢记肩负的社会责任，在不断扩大保险覆盖面、完善保险服务、努力为社会大众提供风险保障，发展壮大自身的同时，注重践行企业的社会价值，致力于助学、扶贫、慈善捐助等公益活动，得到社会各界的赞誉。是年，湘西中支蝉联全省系统中支公司年度综合考评先进单位，被湘西州人民政府评为“金融机构支持地方经济发展目标管理二等奖”。中支下辖吉首市支公司获市农业局、林业局“优秀协作单位”奖，花垣支公司获县林业局“优秀协作单位”奖，保靖支公司获县农业局“优秀协作单位”奖，凤凰支公司分别获县医保局、畜牧局、林业局、农业局“优秀协作单位”奖。

（向雪丽）

【太平洋财险湘西中心支公司】 2019年，中国太平洋财产保险股份有限公司湘西州中心支公司坚持把准国企站位，担当国企责任，发挥保险保障功能，助推湘西州经济社会发展。年末完成在全州八县市的机构网点覆盖，较上年末新增古丈、泸溪两家县支公司。有员工人数80余人，各类车辆15台，注册营销员164人，是全州机构网点最全、配置最齐、队伍最大的产险主体之一。

全年实现保费收入11078万元，上缴利税2268.6万元，市场份额同比提升2.07个百分点，实现业务规模与经济效益双增长。在机动车辆保险方面，全年承保各种机动车辆43485台次，理赔3957件，赔付金额2192.98万元。全年提供涉及基础设施建设、交通意外保障、食品生产安全、校园风险防范等各类非车险风险保障646亿元，非车险保险赔付172.57万元。在农业保险方面，承保中央大类、地方特色、产业扶贫品种共计11个，其中涉及能繁母猪、育肥猪、山羊、竹鼠养殖类品种4个，涉及水稻、油菜、玉米、中药材、蔬菜、猕猴桃、茶叶等种类品种7个，全年农险保费收入574.27万元，农险赔付支出652.93万元，农险简单赔付率113.69%，为促进湘西州农业产业稳定和农民收入稳定发挥了积极作用，特别是在非洲猪瘟疫情应对上，2019年仅此一项赔付支出就达352万元，降低了出险养殖户的损失。在民生保障方面，除继续承保龙山县建档立卡户扶贫特惠保以外，新增吉首市城乡居民大病保险、龙山县基本医疗意外伤害保险两个经办业务，为42.59万名城乡居民提供民生保障服务，全年累计赔付8017人次，赔付金额1427.28万元。

（邹 涛）

【太平洋人寿湘西中心支公司】 2019年，中国太平洋人寿保险股份有限公司湘西中心支公司以“价值导向、对标要求、贡献牵引”为核心，推出“太E赔”“太慧赔”“云柜面”等践行科技成效，通过科技赋能方式，5000元以下案件基本在3个工作日内赔付完成到账，整个理赔时效平均缩短5个工作日，全年服务评级保持AA。在监管部门及行业协会的带领下，中支多次参与向广大群众宣传反洗钱、非法集资等金融知识，在给客户送去保障的同时传播金融知识及防范金融风险理念。全年实现保费收入7964.21万元，同比上升1%；累计赔款679.42万元，同比减少69.27万元，同比下降10.19%。年末有员工379人，其中营销人员336人。

（敖　彬）

【大地财险湘西中心支公司】 2019年，中国大地财产保险股份有限公司湘西中心支公司以诚信为先、稳健经营、价值至上、服务社会的经营理念为前提，坚持"合规为先，效益为本"两个底线，有效应对市场变化，全面加快业务发展。全州设有4家机构，其中三级机构1家，四级机构3家（分别为凤凰支公司、永顺支公司、龙山支公司）。全年实现保费收入3724万元，较上年增速10.0%，其中车险2675万元，增速6.2%；财产险822万元，增速21.1%；意外险173万元，增速28.8%；健康险54万元。全年支付赔款1528万元。中支员工瞿继生、颜君被州行业协会评为2019度"诚信服务明星"。

（张　芬）

【天安财险湘西中心支公司】 2019年，天安财产保险股份有限公司湘西自治州中心支公司全险种累计保费收入1093.61万元，保费同比增长90.23%，较上年净增保费518.73万元。2019年累计赔款支出232.79万元，同比增加109.44万元，上升88.72%。年末公司有销售员工18人。3月30日，承保湖南省某发电有限公司意外险，保费30万元，保额14781万元；6月，承保湘西某旅游有限公司意外险，保费52万元，保额25489.36万元。

（赵桂香）

【都邦财险湘西中心支公司】 2019年，是都邦财产保险股份有限公司湘西中心支公司成立的第11个年头，公司实现保费收入164万元，同比增长–26.5%；累计赔款支出245.52万元。

（薛厚景）

【大家财险湘西中心支公司】 2019年8月21，银保监会日下发《中国银保监会关于设立大家财产保险有限责任公司的批复》（银保监复〔2019〕785号），大家财产保险有限责任公司正式设立。2020年1月22日，中国银行保险监督管理委员会湖南监管局下发《中国银保监会湖南监管局关于大家财产保险有限责任公司湖南分公司下辖株洲中心支公司等57家分支机构开业及相关高级管理人员任职资格的批复》（湘银保监复〔2020〕68号），包括湘西自治州中心支公司在内的57家分支机构得以全面设立。2019年末，大家财险湘西自治州中心支公司只有1家机构，未下设营销服务部。公司地址为湘西自治州吉首市乾州办事处西一环（南）29号金地明珠D栋105号。公司经营各类财产损失保险、责任保险、信用保险和保证保险、短期健康保险和意外伤害保险；上述业务的再保险业务；国家法律、法规允许的保险资金运用业务；经中国银保监会批准的其他业务。

（尹　芳）

【人民人寿湘西州中心支公司】 2019年，中国人民人寿保险股份有限公司湘西州中心支公司实现保费收入15566.71万元，同比上升8%，较上年度增加保费1190.45万元。累计赔款179.38万元，同比下降24.97%，较上年度赔款下降59.7万元。上缴和代收税款49.3万元。公司有从业人员1657人，其中营销人员1618人。下辖凤凰、永顺、龙山3个县级机构。为积极助推湘西州脱贫攻坚和全面小康脱贫，根据《关于开展"扶贫特惠保"工作的通知》（湘扶办联〔2017〕4号）文件精神，公司与龙山县扶贫办签订"扶贫特惠保"贫困家庭综合保障保险项目承保协议，承保里耶镇、内溪镇，承保16758人，保费收入904932元。人保寿险热心积极参与公益，实现"公益组织塔台、爱心企业倡议、爱心人士参与"为宗旨的爱心活动。2019年客户节"爱心保单"公益筑梦捐助活动中，在凤凰县1所小学及贫困乡村进行爱心慰问，在龙山县1所养老院进行"关爱孤寡老人"公益活动，捐助图书、书包、学习用品、生活物品等爱心物资。

（谢芳琦）

【国寿财险湘西州中心支公司】 2019年，中国人寿财产保险股份有限公司湘西自治州中心支公司实现保费收入5296万元，同比增加570万元，增长率10.76%；累计赔款支出2699万元，同比增加580万元，增长率21.48%。6月，为了答谢新老客户对公司的支持，增加公司与客户之间的互动，公司邀请多名老客户参加“国寿惠客厅活动”，为客户推出一系列线上、线下增值特色服务，邀请客户面对面与理赔部进行座谈，增强客户与公司的交流沟通，增进相互信任和理解。

（李　舟）

【吉祥人寿湘西中心支公司】 2019年，吉祥人寿保险股份有限公司湘西中心支公司实现保费收入9160.47万元，同比下降24.86%；年度发生理赔案件1262件，同比下降30.51%；赔款支出467.5万元，同比下降11.94%。公司下辖吉首本部，龙山、永顺、花垣3个支公司，营销队伍950余人。

（张莉萍）

【华安财险湘西中心支公司】 2019年，华安财产保险湘西中心支公司坚持合规经营理念，回归保险本源，把更多资源投放到为消费者提供优质服务上，结合公司实际，创新工作途径，做好保险服务。全年实现保费收入755.99万元，同比增加316.77万元，同比增长72.12%；累计赔款支出171.07万元，同比增加65.47万元，同比增长62%。

（李　杰）

【阳光财险湘西中心支公司】 2019年，阳光财产保险股份有限公司湘西中心支公司坚守合规经营发展底线，加快业务发展，强化品质管控，努力提升市场份额。全年实现保费收入513.71万元，同比上升4.23%；累计赔付支出190.19万元，同比增长13.45%。

（龙　波）

【永诚财险湘西中心支公司】 2019年，永诚财险湘西中心支公司完成保费收入205万元，累计赔款支出201万元。

（肖　虹）

文化　旅游

文化管理和设施

【概　况】 2019年，湘西州文化建设紧扣“打造国内外知名生态文化公园和国际旅游目的地”总目标、总愿景，改革创新，锐意进取，实现新跨越、再上新台阶，共荣获国家级表彰8项、省级奖励19项。湘西州文旅广电局荣获“全国文化志愿服务先进集体”，州七六零二台获评“中央广播节目传输优秀发射台站”，州羊峰山电视调频转播台获评“全国新闻出版广播影视系统先进集体”，泸溪县浦市古建筑群入选第八批全国重点文物保护单位，龙山县洗车河镇获评“2018—2020年度中国民间文化艺术之乡（舍巴日）”，凤凰县文化执法局获评全国“查处侵权盗版案件有功单位三等奖”，州民族歌舞团原导演、舞蹈编导家胡明珠获中共中央、国务院、中央军委颁发的“庆祝中华人民共和国成立70周年纪念章”，永顺县文化馆馆长杨淑君获国务院“全国民族团结进步模范个人”。湘西州公共文化服务体系建设获省人民政府“真抓实干督查激励先进市州”，州文旅广电局荣获“全省宪法进宾馆（景区）活动优秀组织单位”“国庆70周年广播电视行业安全播出安全保障先进集体”、2019年省重点民生实事项目“数字广播电视户户通工程”建设先进单位、优秀组织单位，花垣县药王洞遗址、凤凰县肖纪美故居等14家单位入选第十批省级文物保护单位，歌曲《神秘湘西》大型民族舞剧《马桑树下》荣获湖南省第十四届精神文明建设“五个一工程”“优秀作品奖”。

【公共文化服务体系】 红色舞剧《马桑树下》在湘西大剧院展演15场，赴北京、深圳、济南三地巡回演出，受到社会各界人士好评。凤凰县曲艺节目《三接岳母》获2019年度国家艺术基金资助，是湘西州首个获得国家艺术基金资助项目。全州公共文化基础设施面积486.09万平方米，比2018年新增278.99万平方米，同比增加135%，增量在全省同类地区位居前列。在全省现代公共文化服务体系建设三年行动计划绩效综合评价中，龙山县、泸溪县、永顺县、保靖县为优秀县市，凤凰县、花垣县为合格县，全州达标县市6个，达标率75%，超过省定70%任务。县级文化馆、图书馆分别完成分馆设置58个、54个，均完成年度任务129%；建设完成村级综合文化中心1567个。推进州图书馆、州民族文化馆、州博物馆等州级公共文化机构法人治理结构改革。加强文化交流，在济南美术馆举办“走进新时代——美丽开放幸福新湘西”摄影展。组织湘西州书画家及书画作品到新疆维吾尔自治区、云南、西藏自治区等地开展文化志愿者边疆行文化交流活动，邀请承接中央歌剧院、省演艺集团等文化机构到湘西州开展文化志愿交流活动。

【文化惠民】 围绕中华人民共和国成立70周年等

重要纪念日、民族节庆，举办《云出幽谷——湘西画家六人美术展》《不忘初心、牢记使命——庆祝人民政协成立70周年书法美术摄影作品展》等专题展览10余场。举办“欢乐潇湘”文化惠民活动、“湘西大舞台”系列活动、春节“三下乡”等文化活动，开展演艺惠民送戏下乡500场，群众百姓大舞台100场。协办“走进新时代——美丽开放幸福新湘西”摄影展。举办“我的中国梦——湖湘文化进万家暨元宵节闹元宵猜灯谜活动”。承办“精准扶贫，文化助力”“我们的中国梦——湖湘文化进万家”文艺惠民演出活动。承办“庆祝新中国成立70周年湘西文旅融合影像嘉年华”活动，包括“文旅融合看湘西”抖音、微视频大活动和“文化生态”杯全国旅游散文征文。举办“我与图书馆共同成长”主题演讲比赛，举办庆祝新中国成立70周年“不忘初心、牢记使命”红色著作展活动。

【文化市场管理】 深化文化市场综合执法改革，配合上级部门整合文化、文物、出版、广播电视、电影、旅游市场等领域执法职责和执法队伍，履行文化市场综合执法职能。规范执法行为，推行落实文化市场综合行政执法公示制度、执法全过程记录制度、重大执法决定法制审核制度。按照“全覆盖、零容忍、严执法、重实效”原则，整治行业秩序。组织开展“春雷”“利剑”“暑期整顿”等专项整治，出动车辆585台次、执法人员2781人次，检查网吧856家次，营业性演出、娱乐场所139家次，没收非法出版物5689本，盗版光碟31206张，处罚网吧11家、罚款金额14.6万元、网吧立案调查6家（暂停营业5家）、取缔“黑网吧”5家；游艺场所立案1家、关停7家；取缔游商地摊3家，收缴盗版出版物2万余本（册）；娱乐场所因证照不全暂停营业15家；印刷企业因安全生产被责令整改3家、约谈2家；立案调查网络文化案件1家次，责令整改3家次；对28处各级文物保护单位、11处博物馆和纪念馆进行安全检查，督促县市区整改84处安全隐患。参加扫黑除恶专项行动，摸排全州文化市场涉黑涉恶和欺行霸市情况，配合公安机关严厉打击黑恶势力，确保文化市场规范有序。健全文化市场监管体制，以网吧监管、娱乐市场监管、出版物市场监管、农村演艺市场监管、卫星电视视频接收设施监管、“扫黄打非”等为文化市场综合执法工作重点，纳入文化执法工作绩效考核，建立长效机制。实施全省文化市场监管与服务技术平台建设，推进“文网卫士”“双随机、一公开”安装使用，文网卫士服务端安装率92.6%，客户端在线率91.5%。全州8个县市均已使用移动执法系统，并通过系统办理简易程序案件。通过平台设立经营单位主体865家，双随机办理案件同实际办案占比30%，平台日常检查和实际日常检查占比92%，平台办案与实际办案占比91%，发挥州、县市两级文化市场视频监控系统功能，提升全州文化市场监管工作信息化水平。

【民俗文化活动】 1月，举办锦绣芙蓉夜·非遗土家年、吉周吉年·玛汝过大年、泸溪腊八节。2月，举办过土家年、矮寨“百狮会”会。3月，举办第三届乡村文化旅游节矮寨高山梨花节、湘西黄金茶开茶节。4月，举办土家三月三·芙蓉女儿节、泸溪县芭蕉坪苗寨“三月三”挑葱节。5月，举办金龙樱桃节、矮寨奇观景区四月八亚努狂欢节、蚩尤公祭活动、凤凰四月八跳花节。6月，举办“爱在五月天·相约猛洞河”自助漂流节、德夯苗家粽粑节、鼓文化节、龙山舍巴节、猛洞河漂流节。7月，举办凤凰“六月六”苗歌节。8月，举办花垣苗族赶秋节、古丈红石林第六届摸泥节、吉首天下鼓乡鼓舞嘉年华等活动。实现“月月有活动、季季有节庆”。

【文学艺术活动】 湘西州文化部门指导所属专业艺术院团开展艺术创作和创新，组织开展多场为民服务和演出活动。组织州歌舞团新创大型红色舞剧《马桑树下》巡演，在湘西大剧院展演15场，赴北京、深圳、济南三地巡回演出，开展文旅推介招商活动，组织全州各文艺院团开展演艺惠民送戏下乡和“贫困地区送戏下乡”活动，全年完成“双送”演出589场，超额完成州委州政府下达500场的目标管理和五个文明建设绩效考核任务。开展“我们的中国梦”——文化进万家活动，在元旦春节期间，组织下基层文化文艺小分队和重点亮点文化惠民项目走进农家、走进社区，丰富节日群众精神文化生活。组织全州各县市局及文艺院团，在6月15日前，完成全州2020年度国家艺术基金项目申报，报送艺术作品10件。组织州民族文艺创作研究所开展系列调查研究和书籍整理工作。开展苗剧调查研究，完成《中国戏曲剧种全集——苗剧》初稿编撰及审稿工作。成功申报湘西自治州哲学社会科学成果评审委员会2019年度州级一般性社科课题——《湘西土家族梯玛与苗族巴代祭祀音乐文化互文性研究》。联合吉首大学音乐舞蹈学院开展“蚩尤戏”田野调查，完成《乡村振兴战略视域下湘西北部土家族母语区传统音乐舞蹈文化保护利用现状调研》。开展申报参评工作，配合州委宣传部开展湖南省第十四届精神文明建设“五个一工程”作品申报及评选工作，湘西州2019年宣传文化奖申报参评工作。完成2019年度湘西州文艺创作专项引导资金项目申报确立和评审，有25个项目获准立项，17个项目通过专家评审完成结项。

【广电影视】 开展日常巡查、专项检查、值班值守抓好巡查监管，确保全年安全播出平稳有序，全年未出现重大播出事故。强化日常管理，做好有线传输经营业务许可证、播出机构许可证、频道频率许可证审核换证工作，规范播出机构运营，加强对广播电视台商业、公益广告播出监管，规范卫星地面接收设施安装、使用管理。完善监听监看中心建设，抓好广播电视监听监看中心维护运营，强化对全州广播电视责任单位的节目制作、传输、播出各环节依法监管。搞好频率频道整治，印发《规范传输频道管理通知》，强化频道频率规范化管理，对全州频道传输开展不定期检查，防止电视频道传输秩序混乱。永顺县、吉首市、泸溪县广播节目申办获得国家广电总局批复，按期规范试播，湘西州广播频率全部实现规范化管理。按期完成应急广播升级工程建设任务，泸溪县、花垣县、保靖县、凤凰县农村广播“村村响”应急广播升级建设均获国家补助资金240万元。完成省广播电视局给湘西州下达的1.2万户直播卫星户户通建设安装任务。完成纳入湖南台节目无线覆盖工程建设任务的州羊峰山电视调频转播台、州七六零二台设备安装、调试、发射等建设任务。

【非物质文化遗产保护】 12月，文化和旅游部批复同意武陵山区（湘西）土家族苗族文化生态保护实验区列入全国首批国家级文化生态保护区，肯定湘西州文化生态保护区建设湘西模式和实践经验。以非遗扶贫就业工坊为阵地，开办50期“非遗＋扶贫”培训班，参训学员3000余人次。组织织锦、苗绣、银饰等非遗产品参加成都国际非遗节、济南百花洲非遗扶贫展等展会活动。启动州非遗馆大师工作室，与北京首创集团合作成立驻湘西非遗工作站，开展传承对话活动。讲好湘西优秀故事。编辑出版《口述非遗——湘西历史文化故事丛书》《湘西苗剧选》《战争与非遗》《司马之河》《奋斗之歌》等文献书籍，创作红色歌曲《那年的塔卧》《塔卧告诉我》，《红色塔卧革命精神》列为湖南省党性教育精品课程。

【文物保护】 组织开展国保和省保申报工作，泸溪浦市古建筑群和永顺天主堂会议旧址获批第八批全国重点文物保护单位，花垣药王洞遗址、凤凰肖继美故居等14处申报为第十批省级文物保护单位。组织实施文物保护工程，开展凤凰古城堡、里耶古城遗址、湘鄂川黔革命根据地旧址、岩门古堡寨、肖继美故居、向凤武故居等一批文物保护项目，全年争取国家、省文物专项资金4000余万元，实施湘鄂川黔革命根据地旧址保护等项目，完成凤凰肖纪美故居修缮工程，全州国有博物馆、纪念馆征集各类文物604件。制定历史文化保护利用五年行动计划，《湘西自治州历史文化保护利用五年行动计划（2020—2024）》经州政府常务会议同意，于9月30日由州政府办印发施行，计划用5年时间，建立起历史文化保护利用长效机制，非遗项目库更加丰富，代表性传承人达到一定规模，民族特色村寨群基本形成，人民群众保护历史文化思想自觉和行动自觉明显增强。组织开展全州文物资源核查和第五批州级文物保护单位申报，现场核查文物点200余处，县市上报第五批州级文物保护单位申报名单50余处。贯彻落实国家和省文物安全检查通知精神，成立专项检查工作组，对全州行政区域内重点文物保护单位、文物库房及博物馆、纪念馆展开两次文物安全检查，督促文物行政管理部门增强安全防范意识，明确安全责任，强化防范措施，预防文物安全事故发生，全年全州未发生文物安全责任事故。

【图书馆】 修缮馆舍，新建和扩展功能空间，建设多媒体报告大厅，扩充少儿阅览室，配置自助借阅机系统等设施设备，拓展优化借阅书库、报刊阅览室空间，增加流通书库面积400平方米，改善盲人阅览室。基本完成数字图书馆平台建设，更新升级业务管理系统，建设RFID自助借还系统。打造“悦读湘西”湘西阅读服务门户网站和新媒体矩阵，设计制作“悦读湘西”网站和开办微信公众号、微博等。建设新媒体矩阵，连接湖南图书馆和国家图书馆，储备海量数字资源，开展相关服务。争取国家图书馆支持，设立湘西移动阅读平台，实现移动图书馆服务，与多家数字资源供应商合作，设置“掌上阅读”“QQ阅读”“数字阅读”“懒人听书”等栏目，开展在线阅读服务。更新资源，搞好触摸媒体服务。地方文献、报纸数字化加工，完成《团结报》1952—1985年3万版报纸数字化加工。开展土家族、苗族地方特色文献资料等地方文献数字化工作。实施图书馆公开课建设。规范开放时间和流通服务，设立读者首问机制和意见箱。开展未成年人、残疾人阅读服务工作，组织阅读服务进社区活动。加强分馆建设，在吉首区域内设分馆15个，扩大州图书馆服务网络辐射面，满足读者阅读需求。保存地方文献，加强地方文献资源收集，建立响应机制和文献收集联系制度，丰富地方文献收藏种类，收集保存稀少珍贵地方文献。

【博物馆】 2019年，湘西州博物馆（非遗馆）免费接待观众59万余人次，较上年增长12.38%，被湖南省委宣传部等六部门授予“湖南省社会科学普及基地”称号，被省文化旅游厅和州人民政府授予“武陵山区（湘西）土家族苗族文化生态保护区展示馆”称号。举办多种临时展览，制作湘西传统村落专题展、湘西大遗址考古发掘成果展、湘西土家族苗族节庆展、“雷锋的记忆”和“湘西记忆”展板，开展流动博物馆进校园、进社区、进农村、进机关活动，全年出展15场次，发传单6200余份，发放有奖问答奖品1800余份，参观人数3.2万余人，利用微信公众平台推送信息、文章29篇。2月，与湘西州电视台联合，以湘西州博物馆馆藏文物为题材拍摄5集系列专题片《湘西文物馆藏》，在《湘西新闻联播》节目中播出，宣传和展示湘西州博物馆文物藏品。4月30日，经过一年筹备的“湘西州非遗大师工作室”在州博物馆揭牌，有土家织锦、苗族银饰、苗画、苗绣和挑花、雕刻、凿花、蜡染、竹编、服饰等10个非遗项目21位非遗大师进驻工作室，向观众展示湘西“非遗”文化和技艺。湘西非物质文化遗产展览综合大楼（博物馆、非遗馆）获评2018—2019年度第一批中国建设工程鲁班奖，开创湘西州建设工程获“鲁班奖”历史。该馆是湖南省唯一的少数民族地区级综合类国家三级博物馆，集文物收藏、非遗传承、民族教育等多功能为一体。12月，以州博物馆、非遗馆为主体建筑的民族文化园景区成功创建国家AAAA级旅游景区。落实文物安全行为准则，落实人防技防措施，坚持24小时值班巡逻制度，全年无安全责任事故发生，保证馆藏文物安全。

【美术馆】 州美术馆以举办展览为核心工作，全年举办美术书法展览10余次。其中大型展有：6月16—22日，举办“湘韵乡情·梦萦丹青”吴正义国画展，展出作品80幅；8月3—9日，在东莞市与岭南美术馆联合举办“我和我的祖国·彩墨湘西”——凤凰小子毛光辉现代彩墨2019岭南画展，展出作品60余幅，展示湘西风土人情，促进粤湘两地文化交流。9月29日至10月15日，以艺术形式展示70年成就，举办“翰墨丹青绘湘西”湘西州庆祝中华人民共和国成立70周年美术书法作品展，展出湘西州90多位美术家、书法家120余件作品，作品类别有书法、油画、国画、水彩画、漆画等。12月7日，在湖北省襄阳市与大联美术馆联合举办“鄂湘情文化交流”——凤凰小子毛光辉现代彩墨画展，展出作品60余幅。

【群众艺术馆】 州群众艺术馆以群众文化艺术活动为中心，组织开展具有湘西民族特色的群众文化艺术活动，弘扬民族精神，传承民族文化，增强民族自信。以“工程+志愿者”“专家+志愿者”“交流+志愿者”“快闪+志愿者”等形式，开展文化志愿者服务活动，利用春雨工程、阳光工程、圆梦工程、扶贫工程、惠民工程、名家讲座、艺术展演等活动，吸引更多的文化志愿者志愿参与，全年开展各类文化志愿者活动32次，参加志愿者5600人次。开展文化艺术交流活动。利用国家文化部“春雨工程”交流平台，于8—11月开展“春雨工程边疆行”系列活动。举办“湘新两地情文旅一家亲——湘西书画作品吐鲁番展”“湘滇两地情文旅一家亲——湘西书画作品腾冲展”“湘藏两地情文旅一家亲——湘西书画作品山南展”“文化入村寨翰墨进万家——系列文化下乡”等各类活动40余次。边疆三地参观展览观众6000人次。组织书画现场笔会3场，送书画作品186幅。承办“庆祝新中国成立70周年·欢乐潇湘·乐在湘西全州群众文艺汇演暨全州非遗展演活动”，组织以“我和我的祖国—文化新生活湖南如此多娇”为主题的社会主义核心价值观广播体操快闪活动。州群艺馆音乐专干方卫国作曲的《湘西正青春》是共青团湘西州委为庆祝湘西自治州建州60周年推出的献礼歌曲；书法专干李红梅创作的书法作品《诗词青松劲挺/众芳摇落》，获评湖南省文化和旅游厅庆祝中华人民共和国成立70周年“不忘初心、牢记使命”湖南省美术书法摄影优秀展览入选作品奖。全年举办基层群众性文化艺术辅导培训班58场次，培训人员2.5万人次。其中，公益性书法培训班、古筝培训班、交谊舞培训班、少儿舞蹈培训班成为品牌项目。

（李立超　王　星　张生辉　蔡钟庆）

团结报社

【概　况】 2019年，团结报社紧紧围绕州委、州政府中心工作，认真履行党报职责，大力抓好新闻宣传、舆论引导、融媒建设等重点工作，《团结报》发行量39713份，报纸发行年毛收1810.9万元。

【新闻宣传】《团结报》全年设立栏目版面近40个，刊发相关稿件近3万条。抓好重大时政宣传。开设《在习近平新时代中国特色社会主义思想指引下——新时代新作为新篇章》《新时代新湘西——深入学习贯彻习近平新时代中国特色社会主义思想》《政协委员风采》《脱贫攻坚——人大代表在行动》《不忘初心、牢记使命》《不忘初心、牢记使命——整改进行时》等栏目，刊发稿件1010篇、专版4个、评论员文章4篇。抓好经济新闻报道。围绕全州重点工程、重点建设、重点项目，新型工业化、农业产业化、新型城镇化、精准扶贫、美丽湘西、文化旅游产业发展等工作，开设《坚决打赢精准脱贫攻坚战》《牢记殷切嘱托决胜脱贫攻坚》《脱贫光荣》《东西部扶贫协作——济南·湘西》《美丽湘西》《湘西印象》《湘西故事》《湘西特产》《美丽湘西乡村行》《文化湘西》《对话名家》11个版面和栏目，刊发稿件5104篇、专版208个、评论20篇。抓好服务群众共建和谐社会的报道。围绕巡视整改、党的建设和作风建设、不忘初心牢记使命主题教育、污染防治、扫黑除恶、社会治安综合治理、安全生产、两违专项整治、突发事件、社会主义核心价值观宣传等工作，开设《巡视整改进行时》《学党章学条例》《守初心担使命》《监督进行时》《扫黑除恶进行时》《红色记忆》《平安湘西》《卫计风采》《扶残助残》《民生人社》《强执法防事故》《工伤预防知识》《决战决胜执行攻坚》《公共资源阳光交易》《积极应对低温雨雪冰冻天气》《走基层转作风改文风——不忘初心牢记使命》《行进湘西精彩故事》17栏目，刊发稿件2062篇、专版20多个。湘西网及所属新媒体，突出精准扶贫、扫黑除恶、巡视整改、乡村振兴等重大主题宣传，全年刊发发稿件15895条。策划推出“庆祝新中国成立70周年”“不忘初心、牢记使命主题教育”“2019年湘西州‘两会’”“精准脱贫百村行”等16项重大主题宣传专题。

【融媒体建设】 团结报社率先在全州获得省网信办颁发的“互联网新闻信息服务许可证”，迈进国家一级网站方阵。组建新闻视频小组，全年播发文字视频稿件130多篇（条）。湘西网及新媒体“三微两端”（微信、微视、微博，PC端网站、手机客户端）建设进一步强化，PC端网站日均PV流量近10万人次，移动手机客户端“红湘西”下载安装用户接近1万人次，微信公众平台“湘西头条”订阅人数超4.6万人，视听品牌“湘西网视”直播活动105场、“听见湘西”推送45期，湘西网新浪、腾讯微博收听粉丝超18万人，报、网、端、微播发相互配合不断强化，其中《特殊的一课——毕业40载，学生又回课堂；退休23年，教师重上讲台》视频获湘西州新闻奖一等奖，短视频“我对祖国说”和“致敬扶贫人”点击量均近万人次，龙山通高铁的直播、微信、红湘西APP等点击量30多万人次。湘西网荣获第九届中国互联网品牌大奖“2018—2019中国媒体融合创新最佳品牌奖”、2019第二届全国地市新媒体创新大赛“地方融媒体传播影响力十强”“2019全国地方融媒体十佳网络直播”称号，“湘西头条”获第九届中国互联网品牌大奖“2018—2019中国新闻网站最佳微信公众号50强”荣誉。

【通联工作】 全州共发展通讯员2312名，通讯员在团结报全年刊发稿件6924篇。指导龙山、泸溪等县市和州直有关部门举办通讯员培训班，培训通讯员人数500余人。举办《团结报》及湘西网2018年度“十佳通讯员”“优秀通讯员”评选表彰。

【创先创优】 全年有94件新闻作品、11篇论文在州以上各级评比中获奖。其中中国人大新闻奖1件，湖南新闻奖3件，第31届中国少数民族地区好新闻奖34件，湖南省市州报好新闻奖18件，湖南省报纸副刊年赛奖4件，湖南州市报摄影作品奖4件，省新闻工作者协会美术片面奖2件，湖南人大新闻奖1件，全国地市新媒体首届有奖创新大赛奖3件，第二届湘西新闻奖20件。

【十九大精神报道】《团结报》认真抓好学习宣传贯彻党的十九大精神、十九届四中全会精神的宣传报道，做好中央重要文件、重要活动、重要稿件和人民日报重要评论员文章的刊发，刊发有关稿件700多篇。大力宣传报道湘西州干部群众学习十九大精神的生动场景，经济社会发展取得的新变化新成就，开设《在习近平新时代中国特色社会主义思想指引下——新时代新作为新篇章》《新时代新湘西——深入学习贯彻习近平新时代中国特色社会主义思想》栏目，刊发稿件380多篇。

【庆祝新中国成立70周年报道】《团结报》设立《壮丽70年奋斗新时代》栏目，刊发稿件400多篇，专版30多个，策划国庆16个联版特刊。湘西网开设“庆祝新中国成立70周年“栏目，湘西头条推出《奋斗的湘西》微信特刊，获得湘西州新闻奖特等奖。

【名家访谈】 2019年，《团结报》《名家访谈》栏目，先后推出龚曙光、游建鸣、蔡测海等颇具影响力的文化名家，对他们的艺术人生、艺术理念及取得的成果进行宣传，湘西网、湘西头条等新媒体同步进行推送，栏目内容被新湖南、华声在线、搜狐、光明网等多家省内外网站转载，对湘西本土文化名人起到非常好的推介作用。

【“神秘湘西·文化寻根”报道】 2019年，团结报社、州文广新局共同举办的“神秘湘西·文化寻根”大型系列报道对湘西州23个核心文化现场进行实地采访，以图文专版的形式在团结报刊发23个专版，湘西网、湘西头条同步推出，凤凰网、腾讯网、搜狐网、新湖南等多家省内外网站转载，为传播湘西文化旅游做出了贡献。

【“今日十八洞”融媒直播】 派出2名记者全年驻花垣县十八洞村采访，持续开展“今日十八洞”大型融媒体每日直播，全年推送360期，获2019年湘西新闻奖特等奖。11月7日，在《今日十八洞》大型融媒体直播开播一周年之际，举办《今日十八洞》大型融媒体直播周年座谈会。

【济南日报报业集团与团结报社扶贫协作】《团结报》开设“东西部扶贫协作济南·湘西”专栏，刊发稿件75件；湘西网、湘西头条、红湘西客户端等新媒体刊发扶贫协作稿件和图片80件（张）、专版3个，现场直播2次。11月3日，在习近平总书记视察十八洞村六周年纪念日，团结报社联合济南日报报业集团推出“泉润湘西”大型全媒体直播报道，展示济南·湘西东西部扶贫协作的丰硕成果。团结报社与济南日报报业集团开展2次东西部扶贫协作工作高层联席会，对双方扶贫协作工作的成果、下步协作进行商议。

（麻黎明）

广播电视

【概　况】 2019年，湘西州广播电视台开设新闻综合、湘西公共两个电视频道，“湘西之声”106广播电台、边城报社和湘西州民族文化传媒公司。湘西州民族文化传媒公司下设“湘西融媒”新媒体、恒广影视制作公司、首德演艺公司、广告活动中心4个子公司。电视开办《湘西新闻》《关注》《神秘湘西》《好房好家》《天生我才》《武陵纵横》《武陵揽胜》7个栏目；“湘西之声”106广播电台开办有《湘西早新闻》《民情直通》《快乐你我他》《查牌时间》《只想听音乐》《经典留声》《天天大碗茶》《106晚高峰》《梦回边城》《好听假日》10个栏目；《边城报》为每期16个版的综合性文化生活周报；电视节目信号通过微波联网和电信光缆覆盖全州9个县市区近300万人口。2019年播出《湘西新闻联播》新闻类节目365期，新闻综合频道和公共频道播出118条公益广告，播出次数1.72万次，播出时长329小时，取得较好的社会效益。播出电视剧2555集、电影365部。完成各项收入2000多万元。实现广播电视安全播出“零失误”目标。

【宣传工作】 坚持把习近平新时代中国特色社会主义思想和党的十九大和十九届四中全会精神学习宣传贯彻作为年度宣传工作重点，开设《在习近平新时代中国特色社会主义思想指引下》《不忘初心牢记使命》等专栏，跟进转载中央主流媒体重要宣传文章，增强意识形态主导权和话语权。围绕新中国成立70周年,《湘西新闻联播》策划推出《壮丽70年奋斗新时代》《从人民走来》等大型系列报道，从新颖角度记录湘西与新中国共同成长的鲜活事例，通过湘西机场、张吉怀高铁、黔张常铁路等重点工程、湘西经开区等园区经济的开放崛起，全方位展示湘西州交通大变革、旅游新崛起、生态大改善、经济大发展。围绕决胜脱贫攻坚,《湘西新闻联播》全年聚焦，推出《牢记习近平总书记殷切嘱托湘西州探索走出精准扶贫好路子》《牢记殷切嘱托决战脱贫攻坚》等多个系列报道、主题报道及典型报道，激发群众内生动力，汇聚脱贫攻坚正能量。湘西人民广播电台顺应听众需求，调整升级节目，采取现场连线、嘉宾访谈等灵活多样的形式，弘扬社会正能量。《边城报》开设《牢记殷切嘱托决战脱贫攻艰》等专栏，全年采写主题宣传稿件60余篇。台各媒体持续聚焦三大攻坚战、高质量发展、巡视整改、扫黑除恶、“不忘初心、牢记使命”主题教育等中心工作、重点工作，全力以赴开展宣传报道，开办《扫黑除恶进行时》《巡视整改进行时》等专栏，推出系列报道。湘西人民广播电台《民情直通》节目收到群众来电反映热点问题1441个，帮助解决1126个。《边城报》在《民情联通》和《关注》等版面对热点、焦点和难点问题持续进行舆论引导和监督，刊发相关稿件90余篇。以州广播电视台为首的“湘西兄弟连”团队在中央电视台、湖南卫视、湖南人民广播电台播发400多条稿件，创造了全州上稿新高度，向全国乃至全世界推介湘西精准扶贫经验，展示湘西良好对外形象。在中央电视台《新闻联播》播发《湖南湘西：聚焦精准决战脱贫攻坚》《湖南湘西：易地搬迁筑牢脱贫根基》等重头稿件，在中央电视台新闻频道《朝闻天下》《新闻直播间》《共同关注》《整点新闻》播出《共同走过70年湘西：一桥飞架天堑变通途》《张吉怀铁路西水河大桥合龙》等反映湘西经济建设成就和文化旅游的重要报道。在《湖南新闻联播》头条播出《湘西：脱贫致富快全靠产业带》《湘西自治州探索走出精准扶贫好路子》等6篇重头稿件，刷新全省市州台上稿新纪录。在5月召开的湖南卫视通联会表彰会上，州广播电视台荣获通联工作突出贡献奖。州广播电视台栏目坚持内容为王、深耕品质，制作了一批有品质有水准的精品节目。《关注》栏目以追踪新闻热点、解读民生政策、记录时代变迁为己任，围绕州委、州政府重点工作、重要活动，精心选题，播出《牢记殷切嘱托决战脱贫攻坚》《做好“金融扶贫”文章助力湘西经济发展》等专题报道。《好房好家》栏目围绕新中国成立70周年，策划《家国七十载湘西我的家》大型电视纪录系列活动，挖掘70年来湘西州在城市建设、乡村振兴等方面逐梦圆梦故事。举办以“家国七十载·巨变七十年”为主题的“首届城市人居发展高峰论坛”，开创行业先河。《神秘湘西》栏目打造《湘西冒险王》系列节目，通过高空速降、滑翔伞、水上竞技等运动，展示湘西州奇山秀水风光，推介湘西文旅发展，节目制作精良，获得外界好评。州广播电视台发挥主流媒体权威优势，以更高的站位、更广的视野重组生产流程，将智慧湘西APP升级为湘西融媒，更直接、更具体的推动传统媒体和新兴媒体融合发展。在新闻内容上创新，在《湘西新闻联播》《湘西经开区新闻直通车》专区将视频新闻拆条处理，单条新闻阅读量达上万余次。将拆条新闻及本台优质视频上载至学习强国平台，更多渠道传播党和政府的声音。全年湘西融媒“两微一端”发出稿件6678条，其中APP单条浏览量最高达1.3万人次，公众号单条阅读量最高达3万余人次。开展大型活动网络直播，全年进行47场网络直播，在线观看人数900万人次，抢占直播市场高地。是年，湘西融媒APP新增下载人数1万多人次，新增浏览量200多万次，湘西融媒APP下载总人数7万余人，总浏览量2000

多万次，微信公众号新增1.2万关注人数，总关注用户3万多人次。电台开放直播间，进行《爱心送考》等多场直播活动，增强广播电台的影响力。是年，在中宣部“学习强国”总平台举办的“我爱我的祖国”微视频、摄影作品大奖赛评选中，州广播电视台创作的微视频《大山的希望——十八洞村》在万里挑一的激烈角逐中荣获二等奖，位居全省获奖作品第二。州广播电视台14位资深新闻工作者荣获中华全国新闻工作者协会颁发的“从事新闻工作30年”荣誉证书和证章。在向省广电协会推荐的优秀节目中，州广播电视台3件作品获一等奖，2件作品获二等奖，3件作品获三等奖，州广播电视台荣获“2018年度宣传创优组织奖”，创历年获奖最高佳绩；在省广电协会广告专题评奖活动中，州广播电视台1件作品获一等奖，2件作品获二等奖，5件作品获三等奖；在省广电协会播音评奖活动中，州广播电视台1件作品获一等奖，2件作品获二等奖，3件作品获三等奖；在全省新闻奖评选中，州广播电视台1件作品获二等奖，4件作品获三等奖；在湘西州“新闻奖”评奖活动中，州广播电视台3件作品获一等奖，7件作品获二等奖，3件作品获三等奖。

【产业发展】 民族文化传媒公司围绕台经营发展大局，顶住整体经济运行下滑压力，保稳定、求增长。夯实基础，健全管理体系。按照《中华人民共和国公司法》要求建立健全工作制度、规范业务流程、加强考核力度，打造一套高效率严标准的管理体系。规范财务管理、严格预算管理，提高财务核算水平，严防经营风险。发挥优势，盘活产业多面开花。想方设法经营创收，全年组织策划大型活动40余场次，以2019湘西州春晚、少儿春晚、“欢乐潇湘 · 幸福湘西”全民广场舞、湘西大舞台等为代表的活动水准高、品质佳、影响大，在全州范围内形成了良好的社会影响力和市场口碑。拍摄制作30部主题突出、品质优良的影视作品，既服务了中心工作，又为公司完成目标任务提供了保障。创新思路，拓展经营新渠道。公司各部门大胆尝试，开辟创收新渠道。首德公司利用平台资源和人才优势开办“小小主持人”培训班。恒广公司利用人才优势，攻克技术难关，完成湘西州传统村落数字博物馆网站建设。民族文化传媒公司全年实现营业收入1136.8万元。

（谭锦文）

档案管理

【概　况】 2019年末，湘西州档案馆馆藏资料670742卷，其中，新中国成立前1354卷（其中民国档案1341卷，革命历史档案13卷）；新中国成立后档案669388卷，比上年增加3469卷。湘西州档案馆馆藏档案数量位居湖南省市州综合档案馆前列。州档案馆建筑总面积5000平方米，其中档案库房3150平方米，档案技术用房800平方米，对外服务用房230平方米，办公用房200平方米。

【机构改革】 2019年2月18日，《湘西自治州委湘西自治州人民政府关于湘西土家族苗族自治州州级党政机关机构设置的通知》，明确州委办公室加挂州档案局牌子。3月5日，州编办下发《关于湘西自治州机构改革涉改处级事业单位调整的通知》，将州档案局（馆）承担的行政职能划入州委办公室，改为州档案馆，为州委办公室所属正处级公益类事业单位。

【档案资源建设】 年初，州委办州政府办下发《关于印发机构改革中档案处置实施方案的通知》（州办发电〔2019〕27号），州档案局下发《关于开展2018年度档案年检年审工作的通知》，加强档案资源建设和档案规范化管理，着重开展州直机构改革撤并单位档案接收进馆。4月16日组织开展两期涉改单位档案员培训班，对州直33家涉改单位档案归档范围、整理标准、移交时间等业务工作进行安排布置。全年，接收州地方志办、州文物局、州质监局、州安监局、州台办等9家州直涉改单位档案3119卷册进馆；接收州委组织部、州政府办、州统计局等单位到期移交档案2100卷册；接收永花公路建设公司工程建筑科技档案资料900卷册。4月30日，州档案馆人员深入保靖县国茶村采集保靖黄金茶“茶王”争霸赛民族文化特色档案。6月11日，接收老挝人民革命党总书记、国家主席本扬·沃拉吉给湘西州十八洞村的亲笔回信原件进馆，永久珍藏。9月24日，原湖南省委书记杨正午捐赠其著书集12册进馆。12月19日，湘西苗族银饰锻制技艺国家级传非遗承人麻茂庭制作的价值7万多元全套苗族银饰作品进馆。征集《湘西60年周庆》《湖南移动“信息高速”绘就土家苗乡小康新画卷》微视频进馆并报送省馆。

【档案利用建设】 申报省重点档案抢救保护与开发项目1个。充实《湘西州政权建设与党和国家领导人关怀湘西专题数据库》，收集国务院副总理胡春华、马凯，全国人大常委会副委员长万鄂湘，省委书记徐守盛，画家黄永玉等到湘西调研照片26118张。整理收集自身单位2019年度各类活动照片3059张、视频档案130个13.9G。推进馆藏档案数字化扫描工作，扫描州地税局、湘西州政权建设档案14万页。指导州粮食局、州文物局、州安全生产监督管理局、州旅游局和外事侨务办等涉改单位电子档案数字化工作并接收电子档案进馆。指导州纪监委、州住建局等州直单位开展档案工作信息化。督促指导项目负责单位吉首大学申报的《经济一体化建设中的“城市记忆”保护研究》课题顺利结题。组稿参加湖南省档案信息资源开发利用优秀案例评选，国网湘西供电公司《巧用多媒体技术，开创档案编研新模式》获二等奖、《“三步归档法”助力授权采购在“泛在电力物联网”建设中的运用》获三等奖，花垣县司法局《法律援助创新举措助力农民工工资支付》获三等奖。抓好档案为民工作，全年接待档案查阅利用者1778人次，查阅档案6700卷次，复印档案资料6024张，群众满意率100%。

【档案安全建设】 先后两次邀请消防技术人员开展消防安全知识专题培训，提高干部职工自防自救能力。积极做好国家安全教育宣传、禁毒宣传等活动。对州直各机关、团体、企事业单位档案整理规范化做出进一步明确要求，及时指导各单位文件材料的收集、整理、归档。督促县级国家综合馆建设按标按时完工。2月初，州档案馆转发《国家档案局关于深入开展档案安全检查的紧急通知》(档发〔2019〕2号)，对加强和做好档案安全工作进一步明确要求，坚决杜绝档案安全事故发生。维修库房水电设施设备20余次，及时排除档案库房存在的安全隐患。向上级争取库房改造资金37万元，11月底完成全部库房恒温恒湿设备更换和相关软件系统的合并升级，解决档案库房安全保管设施设备老化、多次出现故障险情的问题，保障库房及档案实体的安全。

【脱贫巩固】 州档案馆驻村帮扶保靖县国茶村，2018年实现村出列，2019年继续抓好脱贫巩固工作。1月22日，州档案馆入村开展“三九送温暖，脱贫再出发”春节走访慰问活动，筹集资金10.05万元，对大重病人、残疾人、五保人员和贫困户等进行走访慰问。6月1日开展“大手牵小手，护美国茶行”活动，为村里学生赠送文具和国学经典书籍等200余份。8月27日开展“户帮户亲帮亲”金秋助学圆梦贫困学子活动，为9名新考起大学生家庭发放助学金14500元。9月25日，省人大常委会副主任、州委书记叶红专、州人大常委会主任彭武长带领省人大代表湘西第一小组到国茶村调研产业发展，对该村茶旅产业发展作出指示。全年，州档案馆帮助国茶村申报教育助学补贴雨露计划241人次，申报劳动力转移交通补贴88人，慰问特殊困难人员25人，解决茶叶肥120.6吨，完成厕改220户，庭院建设93户，协调解决村美丽湘西建设经费、村部食堂建设经费等738.28万元。2019年该村无整户新增和返贫人口，综合贫困发生率降至0.21%。

【“新中国的湘西记忆”图片档案展】 全州档案部门围绕“服务新中国成立70周年”主题开展档案宣传工作。6月4日，州档案馆、吉首市档案馆联合在吉首市峒河游园举办“新中国的湘西记忆”——新中国的湘西故事、新湘西的时代乐章大型图片档案展，按“党的关怀”“扶贫攻坚”“民生改善”“经济建设”“美丽乡村”“高铁建设”6个部分展出展板35块、珍贵照片300多张，展示新中国成立70年来湘西州的巨大变化。其间发放宣传手册300余份，接受市民咨询500余人次。联合湘西民族职业技术学院和吉首大学师范学院举办“新中国的记忆”档案知识进校园活动，开展档案知识专题讲课、知识竞赛，发放宣传资料，让400余名青年学生第一次与档案知识有了亲密接触。

2019年6月4日，群众参观“新中国的湘西记忆”图片档案展　　吴海斌　摄

（吴海斌）

党史和地方志工作

【概　况】 2019年，州委党史研究室（州地方志编纂室）组织编纂湘西州“不忘初心、牢记使命”主题教育党史简明读本《红色经典》，被省委主题教育办推介。在《湘西工作》、《团结报》、湘西网分别开设“红色家书”“红色湘西”“红色记忆”专栏，创办“红色湘西”微信公众号，累计推出湘西党史宣传文章120多篇，被“学习强国”平台推荐53篇。牵头与湘西州电视台摄制20集《湘西·红色记忆》系列专题片，在湘西《新闻联播》连续播出，社会反响强烈。《湖湘红色基因文库》编纂任务书目《中国共产党湘西州历史》《龙山县革命斗争史》进入出版程序，《湘鄂川黔革命根据地》《永顺县革命斗争史》《保靖县革命斗争史》完成初稿送审。

【争创中国名镇名村志文化工程】《里耶镇志》《芙蓉镇志》《浦市镇志》《十八洞村志》《德夯村志》《双凤村志》等名镇名村志申报进入中国名镇名村志文化工程，其中《里耶镇志》《芙蓉镇志》在“第四届全国名镇论坛暨第四批中国名镇志丛书出版座谈会”上公开发行并介绍编纂经验。

【落实“两全目标”】 州、县市志书全部实现公开出版，二轮《古丈县志》进入出版程序。向省地方志编纂委员会争取全省民族地区和贫困地区县级综合年鉴出版年度资助资金38万元，推动州、县市综合年鉴全部实现“一年一鉴，公开出版”。《湘西州年鉴（2018）》出版发行，获第六届全省地方志优秀成果（年鉴类）市州综合年鉴一等奖，《龙山年鉴（2018）》获县级综合年鉴二等奖。点校注释整理清代《凤凰厅志》《古丈坪厅志》《永绥厅志》等经典古志，进入出版程序。与吉首大学武陵山区发展研究院合作，组织编纂《湘西文化通史》。

【创新党史和地方志工作思路方法】 推进以永顺塔卧、龙山茨岩塘、花垣十八洞、泸溪浦市为重点的“党史惠民”教育基地建设，规范建设红色湘西图书馆（湘西州民族方志馆）。承办“第四届全国名镇论坛暨第四批中国名镇志丛书出版座谈会”“任弼时与中国共产党人的初心和使命”学术研讨会两次全国性会议。举办“党史讲堂”，其中《不能忘记为什么出发》主题宣讲在全州引起强烈反响。启动组建“湘鄂川黔革命根据地精神研究中心”和“湘鄂川黔革命根据地精神研究会”。成立湘西州史志图书编纂人才专家库，首批入库专家58人。举办庆祝新中国成立70周年“不忘初心、牢记使命”红色图书展览、“任弼时与中国共产党人的初心和使命”主题展览、湘西州史志图书编纂成果展览、湘西州争创中国名镇名村志文化工程展览。成立党史宣讲团、史志图书编纂人才专家库等工作举措被中央、省级业务领导部门誉称为“湘西模式”。中央党史和文献研究院、中国地方志指导小组、省委党史研究院、省地方志编纂院领导以及长沙、常德、益阳、张家界等地史志部门多次到湘西州调研指导和考察交流。州委党史研究室副主任李雄野获“全国地方志工作先进工作者”荣誉。州委党史研究室荣获全省党史工作先进单位、全省地方志工作先进单位、全省党史宣教“以史铸魂”平台建设先进单位等荣誉，综合评比保持位列全省第一方阵。

【两部镇志登上“中国名镇志风云榜”】 湘西州推动全国地方志“十大工程”之一中国名镇志文化工程，1月7—11日开展全州8县市落实《湘西自治州〈中国名镇名村志〉文化工程实施方案》情况调研督查。3月12日，举办湘西州《中国名镇名村志》编纂业务培训班。6月25—28日，组织《芙蓉镇志》《里耶镇志》主编或主笔人员参加在江苏省苏州市召开的中国名镇志、中国名村志丛书编纂业务培训班暨中国影像志研讨会。12月10日，在湘西州召开的“第四届全国名镇论坛暨第四批中国名镇志丛书出版座谈会”上，推出中国名镇志文化工程第四批中国名镇志丛书15部，湖南省3部名镇志入选，其中2部为湘西州的《芙蓉镇志》《里耶镇志》。两志凭借别具匠心的编纂手法、厚重丰腴的刊载内容付梓问世，受到社会关注。这2座中国历史文化名镇成为“湘西名片”，走向全国、走向世界。12月底，《芙蓉镇志》《里耶镇志》荣登中国地方志指导小组“中国名镇志风云榜”，面向全国推介古镇风貌、风土民情、民间文艺。

【《湘西州年鉴（2018）》获省一等奖】 1月，《湘西州年鉴（2018）》出版发行。10月，第六届全省地方志优秀成果（年鉴类）评审，确定一等奖21部、二等奖50部、三等奖5部，《湘西州年鉴（2018）》获一等奖。该部年鉴创新编纂方式，引入先进理念，具有全书图文并茂、彩页主题突出、内容丰富精炼、编辑工艺凸显、检索方便快捷等特点。

【《湘西文化通史》编纂工作】 州委党史研究室与吉首大学武陵山区发展研究院合作，组织编纂《湘西文化通史》。1月，完成编纂大纲。《湘西文化通史》上迄原始社会，下至2017年，采用编年体和纪事本末体相接的章节目结构，记述和评价湘西民族文化的发展脉络、重大文化事件、重要文化名人，分析湘西史前文化、先秦时期、初郡时期、羁縻州时期、土司时期、“改土归流”后、近代及现当代等各时期湘西文化产生、发展的背景及其特征，用普及性的学术著作来展示湘西悠久的文化脉络和在人类文明发展史上的影响和地位。组织与邀请吉首大学、湘西民族职业技术学院、州政协文史委、州档案局、州文广新局、州文联、州团结报社以及各县市地方志办50余名专家学者，到县市进行田野调查，征集各类文献资料1000余万字。对所有资料开展分类整理，完成资料长编200余万字。

【党史读本《红色经典》出版】 6月，州委党史研究室编纂出版湘西州"不忘初心、牢记使命"主题教育党史简明读本《红色经典》，转化党史成果、讲好党史故事。该读本从中共党史和湘西州地方党史中选择186条经典党史，分为中共历次党代会、中国革命根据地、红军长征大会师、中国共产党的精神谱系、红色家书、湘西党史故事、湘西党史人物、湘西红色资源、光辉照耀、点赞湘西、附录11个部分。通过图文并茂的形式、短小精悍的文章，修好红色家谱，传承红色基因，被纳入湘西州"不忘初心、牢记使命"主题教育学习资料，获得全州广大干部群众尤其是青少年的一片点赞。作为湘西州主题教育的亮点和特色工作，被省委主题教育办《简报》推介，获省委常委、纪委书记、监委主任傅奎的肯定，其他省市党史部门把该书作为编写党史读本的样本书，先后3次印刷1万余册。

【党史课题研究首获中央专项支持】 7月，经中央党史和文献研究院审定批准，《湘鄂川黔革命根据地和红二、六军团长征历史课题研究》入选"2019年度宣传专项引导资金项目"，成为全省推选的唯一一个获得该项目重点支持课题，属湘西州党史工作历史性突破。课题研究取得成果，完成省委《湖湘红色基因文库》相关书目编写出版任务，修订《中国共产党湘西州历史（1921—1949）》和新编《龙山县革命斗争史（1921—1949）》进入出版程序，新编《湘鄂川黔革命根据地》《永顺县革命斗争史（1921—1949）》《保靖县革命斗争史（1921—1949）》11月全部完成初稿送审，得到省《文库》办高度评价。编写出版湘西州"不忘初心、牢记使命"主题教育党史简明普及读本《红色经典》。开发制作《红二、红六军团在湘西》《塔卧精神耀千秋》《从塔卧到十八洞》《用初心锤炼党性》《不能忘记为什么出发》等6个反映湘西州红色历史文化、具有湘西地方特色的高标准党史宣讲PPT课件，打造"以史铸魂"特色品牌。

【湘西史志图书编纂人才专家库成立】 8月21日，湘西州史志图书编纂人才专家库组建，从全州8县市及州直部门推荐的候选人中进行筛选，聘请来自机关单位、大专院校、群团组织、厂矿企业及退休人员等行业的58人为专家库成员。下半年，充分发挥史志图书编纂人才专家库的作用，两次组织调度人才专家库内30名专家，在2个月内突击完成《湘西州年鉴（2019）》《保靖县年鉴（2019）》等编纂任务，确保州、县市综合年鉴全部实现"一年一鉴，公开出版"，被中国地方志指导小组领导誉称为"湘西模式"。

【"任弼时与中国共产党人的初心和使命"学术研讨会】 10月10日，州委党史研究室承办中国中共文献研究会任弼时研究中心、湖南省委党史研究院和省中共党史学会召开的"任弼时与中国共产党人的初心和使命"学术研讨会。为缅怀和弘扬任弼时等老一辈革命家的丰功伟绩和革命精神，与会专家学者围绕"任弼时与中国共产党人的初心和使命"主题展开深入研讨。研讨范围涵盖任弼时关于根据地建设、党的建设、军队工作、组织工作、思想政治工作、青年工作、在共产国际的工作等方面，探讨任弼时的党建思想、军队政治工作思想、自我革命思想、"骆驼"精神及其当代价值。研讨会收录学术论文37篇。会场举办"任弼时与中国共产党人的初心和使命"主题展览。

【"第四届全国名镇论坛暨第四批中国名镇志丛书出版座谈会"在吉首举办】 12月10日，州委党史研究室承办中国地方志指导小组在吉首市召开的"第四届全国名镇论坛暨第四批中国名镇志丛书出版座谈会”。开幕式上播放了《走进湘西四大名镇》电视宣传专题片，向第四批中国名镇志丛书编纂单位授牌和颁发证书。湘西州《里耶镇志》《芙蓉镇志》在会上首次发行并介绍经验。人民网、新湖南、红网、湘西网、《湖南日报》、《团结报》和湘西电视台等主流媒体进行了宣传报道。会议期间，现场举办湘西州史志图书编纂成果展览，制作80块宣传展板展览推介全州11个名镇名村，举办湘西州争创中国名镇名村志文化工程展览。这次会议成为服务全州中心工作、助推全域旅游的一个平台。

【“党史讲堂”巡回宣讲】 州委党史研究室与州委组织部、州直工委联合开办“党史大讲堂”，在州直机关启动“学党史、讲党史，走好新时代的长征路”主题宣讲。利用“党史讲堂”平台，组织送党史进机关、进企业、进学校、进农村、进社区、进军营等党史“六进”巡回宣讲活动100余场次，受众2万多人次。7月4日在武陵山大剧院为州直机关副处级以上党员干部、党支部书记和湘西经开区副科级以上干部共800余人宣讲的《不能忘记为什么出发》。湘西州的做法获得省委党史研究院的肯定和推介。

【“湘鄂川黔革命根据地精神”研究】 2019年，州委党史研究室牵头推进湘鄂川黔革命根据地精神研究。湘西州是湘鄂川黔革命根据地的中心区域，湘鄂川黔革命根据地历史和红二、六军团长征历史课题研究成果《湘鄂川黔革命根据地》列入《湖湘红色基因文库》出版书目，完成50多万字初稿编纂任务。根据2018年12月在湘西州召开的“研讨弘扬湘鄂川黔革命根据地精神座谈会”的一致提议，启动组建“湘鄂川黔革命根据地精神研究中心”和“湘鄂川黔革命根据地精神研究会”，推进湘鄂川黔革命根据地历史和红二、六军团长征历史课题研究及成果转化，全面、客观地反映湘鄂川黔革命根据地和红二、六军团在中国革命历史上应有的地位与作用。为宣传推介湘西州红色文化资源，加快融入长征国家文化公园之特色展示点建设提供权威、全面的信史资料。启动筹备学术研讨会、续编出版《湘鄂川黔革命根据地》、新编《红二、六军团在湘西》、摄制《红二方面军的长征》10集电视文献记录片等工作。

（田望春）

社科联

【概　况】 2019年，州社会科学界联合会发挥“咨政辅政、理论创新、舆论引导、文化传承、启迪民智”功能，充分调动和凝聚全州社科工作者力量，着力提高服务党委政府和服务社会大众的能力和水平，为繁荣湘西州哲学社会科学做出了新的努力。是年，州社科联新增编制4名，共有全额拨款事业编制10名。

【课题研究】 州社科联紧扣州委“四个全域”战略布局和建设美丽开放幸福新湘西理念发展目标，开展一般性课题研究，收到申报课题57项，立项31项。与吉首大学马克思主义学院开展合作，鼓励青年马克思主义学者进行马克思主义应用理论研究，立项下达州级青年社科自助课题20项。以委托课题的形式，对2019年党委（党组）中心组学习专题进行购买服务，课件和讲稿免费发放给各单位学习，下达“深入学习领会习近平总书记关于增强忧患意识、防范风险挑战的重要论述”等10个委托课题。

【社科普及】 州社科联开展“精准扶贫在湘西”主题科普活动，其中“非遗”进校园展、科普知识进乡镇、老司城科普3场活动编录进《2019年全省社科普及活动周活动指南》。

【学会管理】 州社科联协同州民间组织管理局，开启社科类社会组织同登记、同年检、同换届、同评估、同考核的“五同”工作模式，做好学会年检年审工作。4月11日，下发对本年度各学会所组织或参加的学术研讨性活动进行有针对性的统计工作通知，对所主管的金融学会、钱币学会法人更换和拟成立的文化产业研究会履行政治考察手续，做好意识形态领域风险排查；4月19日，组织全州社科类社会组织集中学习习近平总书记关于意识形态工作的重要论述。年内，没有一个州级社科类学会因组织论坛、讲座、报告会、学术沙龙等活动发生不良影响，全州学术报告、学术研讨、学术刊物等社科交流平台实现意识形态领域“零事故”。

【学习大课堂】 州社科联联合州委宣传部和州新华书店开展启迪民智——让党的创新理论“飞入寻常百姓家”科普宣讲活动和“湘西学习大课堂”。6月14日，邀请吉首大学教授朱廷岚以《坚定信心，为实现美好理想而奋斗》为题在泸溪县第二中学开展理论宣讲；10月15日，在吉首举办“生态优先与绿色发展”专场报告会，邀请中国生态文明研究与促进会执行副会长李庆瑞主讲《以习近平生态文明思想为指导推进绿色发展建设美丽湘西》，吉首大学教授丁建军主讲《绿色发展丹麦经验与湘西思考》；11月8日，邀请著名通信专家项立刚来州作“5G与未来”专场报告会。

【省社科专家服务团泸溪行咨询活动】 10月22—24日，州社科联组织开展“省社科专家服务团泸溪行”咨询活动，邀请9名省内外资深专家学者前往泸溪县，通过实地考察、调研走访、座谈交流的方式，为泸溪县的“全域旅游与乡村振兴”把脉问诊、献计献策，与县主管领导就如何发展全域旅游、乡村旅游如何对接乡村振兴进行面对面咨询交流，专家组提供了专题咨询报告，为泸溪县加快推进“工业强县、产业富民、环境创优、民生改善”战略提供智力支持。

【首届湘西州社会科学界学术年会】 州社科联、州委党校联合举办以“绿色产业与美丽湘西”湖南省第十届社会科学界学术年会湘西专场暨首届湘西学术年会，下发征文通知，征集到44篇学术论文，评选出优秀论文13篇，其中一等奖3篇，二等奖4篇，三等奖6篇。10月15日，在州委党校举办获奖论文学术交流会，进行学术交流，表彰获奖作者。

【湘西州第八届社科评奖】 2019年5月23日，州哲学社会科学成果评审委员会下发《关于做好湘西自治州第八届哲学社会科学优秀成果评奖申报工作的通知》，面向全州社科界征集2017年1月1日至2018年12月31日期间的优秀社科成果，共收到成果材料33份，经过资格初审、专家评审、公示等环节，评选出《精准扶贫在湘西》《乡村旅游丛书》等10份优秀成果。

【省级社科普及基地新增两家】 2019年，湘西州成功申报永顺县湘鄂川黔革命根据地纪念馆和吉首大学沈从文纪念馆2家省级社科普及基地，全州省级社科普及基地数量达到8家。10月10日，州社科联前往永顺县湘鄂川黔革命根据地纪念馆开展革命传统教育，并就其作为社科普及基地的作用发挥进行调查研究。

（向　晖）

图　书

【概　况】 2019年，湖南新华书店有限责任公司湘西自治州分公司有中心门店8个，校园书店13个。年末，全州各级公司在职员工219人。设管理部门6个：综合管理部、人力资源部、资产财务部、监察审计部、物流配送部、信息技术部；经营部门4个：中小学教材业务部、图书业务部、文化用品部、图书城经营部。

【教材教辅发行】 各公司为全州30多万中小学生发放春、秋两季免费教科书6000万元，确保“课前到书，人手一册”，并做好后期服务工作。

【政治图书发行】 全年发行重点政治图书有《第五期干部培训教材》6099套、《在改革发展稳定中攻坚克难案例丛书》1400套、《深入学习习近平关于教育的重要论述》4000本、《习近平新时代中国特色社会主义思想学习纲要》10.5万本。

【各类图书营销】 响应省委宣传部、省公司关于“书香湖南”全民阅读号召，筹划2019年各时段图书主题营销活动，在全民阅读推广中积极开拓探索，以新的定位和方式服务全民阅读，以新的姿态承载更多的社会期待，做先进文化的传播者、教育事业的服务者、全民阅读的倡导者、湖湘文化的推广者。4月20日，在吉首市世纪广场，州新华书店和州少儿图书馆联合举办“读经典、学新知、链接美好生活”为主题的“世界读书日”宣传活动；4月23日，在吉首大学师范学院举行“阅读伴成长、书香满校园”第三届吉大师院阅读推广系列活动；4月26日，在州图书馆举行“你读书、我买单”世界读书日活动；6月15日，由州委宣传部、州社会科学界联合会、州新华书店联合主办“湘西启迪民智科普活动”，面向全州各级机关事业单位、农村、社区和企业等广大党员群众开展社科普及活动。

【大中专院校教材招标】 做好与大中专院校衔接工作，把服务做透做细，2019年，中职教材发行码洋春季330万元，秋季490万元。

【校园书店建设】 公司按照“科学规划、积极推进、规范管理、多元发展”的原则，做好校园书店建设，2019年建成校园书店13所，校园书店销售122.49万元。

【门店销售】 门店是服务的窗口，全州各县分公司充分利用中心门店为活动平台，不定期举办活动。利用“五一”“六一”“十一”等节假日及寒暑假期间开展促销活动，服务广大读者；通过加强专卖POP广告，分期分批组织各类图书展示，每月做到有活动开展，及时推出每周图书销售排行榜、新书推荐，引导读者购书导向。

（熊吉平）

旅 游

【概 况】 2019年，湘西州旅游产业发展紧扣“打造国内外知名生态文化公园和国际旅游目的地”总目标、总愿景，致力改革创新，提质增效全域旅游。全州接待国内外游客5720万人次，实现旅游收入526亿元，同比分别增长13.3%、19.3%，高于全省10%、13%增幅。花垣县十八洞村入选全国“2019旅游扶贫年度典型案例”，湘西州全域旅游示范区创建工作获“湖南省人民政府真抓实干督查激励先进市州”荣誉，吉首市、凤凰县、永顺县创建为湖南省全域旅游示范区，永顺县芙蓉镇和龙山县里耶镇获评“湖南省首批十大特色文化旅游小镇”。

【旅游景点】 吉首矮寨奇观景区实施游步道、电瓶车道等项目，向文旅部递交创建国家AAAAA级旅游景区申报资料，推进创建。凤凰古城景区建设南华里游客中心，启动西门游客中心风貌整治等项目建设，开通旅游交通接驳服务。永顺老司城景区对照国家AAAAA级旅游景区创建标准，实施土司文化展览中心、教研实习基地、传统街巷整治、自驾营地建设等项目，启动国家AAAAA级旅游景区创建。湘西经开区湘西民族文化园景区完善游客服务中心、标识标牌等设施，2019年12月创建为国家AAAA级旅游景区。永顺塔卧景区、龙山茨岩塘景区、龙山太平山景区、泸溪新寨坪景区、保靖陇木峒景区5个景区创建为国家AAA级旅游景区。花垣边城文化旅游小镇建设、永顺芙蓉镇景区提质改造、龙山里耶旅游文化小镇建设等景区提质升级工程有序推进。永顺塔卧景区完善游客中心、停车场等服务设施，开发“十个红色”教学课程，入选全省（第二批）干部党性教育基地；龙山茨岩塘景区建设红色文化广场、生态停车场等项目。塔卧景区、茨岩塘景区、十八洞景区分别接待游客81万人次、24.19万人次、38万人次，同比分别增长8.8%、36%、32.4%。实施乡村旅游脱贫工程，评选凤凰栖息庭院、永顺白河山谷等10家特色民宿，花垣十八洞村入选第一批全国乡村旅游重点村名单，泸溪马王溪村、永顺司城村、凤凰竹山村入选首批湖南省乡村旅游重点村名录。创建永顺双凤村、古丈翁草村等10家全州乡村旅游示范村，创建泸溪红禾山庄1家五星、花垣神笔生态度假村等8家四星级省级乡村旅游区（点）。全州乡村旅游接待游客1503.74万人次，实现旅游收入56.06亿元，同比分别增长21.76%、24.85%，带动8700人脱贫。举办深圳文化旅游招商推介会，赴济南、北京等地登门招商，发布28个重点旅游招商项目，签约8个项目。凤凰飞水谷委托经营、吉首乾州牛庄时尚文艺小镇建设、保靖府库红石海景区开发、龙山太平山景区开发、泸溪浦市古韵建设等5个项目落地实施。

【旅游项目建设】 2019年，全州实施30个重点文化旅游项目，完成投资47.13亿元。分别是湘西地质公园博物馆、武陵山（湘西）游客服务中心、湘西吉凤山生龙欢乐世界、湘西民族文化传承园、吉首古城文化旅游产业综合开发、矮寨奇观景区提质改造、吉首乾州古城改造、湘西红枫谷康养中心、凤凰旅游观光磁浮、凤凰旅游基础设施及转型升级、凤凰县全域旅游建设、凤凰古城旅游保护设施建设（三期）、凤凰文化创意科技产业园、凤凰文旅谷开发、凤凰秀兰国际饭店、凤凰凤仙境森林温泉艺术小镇、古丈综合游客服务中心、花垣紫霞湖景区旅游基础设施、花垣边城文化旅游小镇、保靖吕洞山景区开发、永顺芙蓉镇景区提质改造、永顺不二门景区提质改造、永顺猛洞河景区提质改造、永顺老司城景区提质改造、永顺塔卧红色旅游景区、永顺马拉河景区提质改造、龙山里耶旅游文化小镇、龙山惹巴拉景区开发、龙山乌龙山大峡谷客运索道、龙山太平山森林公园果利河谷绿道及旅游开发等项目。完成湘西智慧旅游（一期）、湘西地质公园博物馆建设，启动湘西红枫谷康养中心、凤凰秀兰国际饭店等重点项目建设。

【“神秘湘西”品牌宣传】 开展重点市场宣传，将文旅宣传与招商引资、文化交流活动结合，4月17日在深圳举办“对接粤港澳大湾区，承接产业大转移——湘西自治州文化旅游产业招商推介会”，对湘西州文旅资源、旅游线路、招商政策及文旅项目进行宣传。签约文化旅游项目8个，总投资46.89亿元。以在北京、济南、深圳三地进行大型红色舞蹈剧《马桑树下》巡演为契机，开展文旅推介活动，5月7日、5月10日分别在北京、济南《马桑树下》演出剧场大厅进行湘西文旅资源展示和文旅商品展销，举办“神秘湘西——济南市湘西旅游摄影展”。组织参加2019昆明国际旅游交易会、湖南省上海文化旅游推广活动，进行旅游市场对接。开展境外市场宣传。加强与韩国市场对接，组织参加韩国首尔国际旅游产业博览会，与韩国旅游公司对接，开展业务交流。组织境外旅行社到湘西州踩线，加强与英国、韩国、日本等境外旅行商对接合作，加强境外宣传营销。加强品牌形象宣传。在怀化高铁站、凤凰铜仁机场、张家界荷花机场进行“神秘湘西”整体品牌广告宣传；在州域高速公路沿线交界处及吉首高速出入口增设大型户外广告牌14块。以旅游线路宣传作为品牌宣传重点，打造“神秘湘西”长线游和短线游旅游产品，推出“神秘湘西”6日游线路。包装推出时令性、特色性旅游产品，开展苗族四月八、鼓文化节、土家族舍巴节等民族节庆游线路宣传，春节、五一、端午等小长假旅游线路宣传，湘西春季赏花和夏季避暑游等季节性旅游线路宣传。针对《怒晴湘西》《招摇》等热门影视剧、网红民宿，推出打卡地线路游宣传。组织召开湘西州全国优秀旅游供应商合作交流会，向合作商宣传推介湘西州线路产品和景区优惠政策。实行旅行社精品线路推广奖励。下发《关于印发〈湘西州2019年旅行社地接奖励方案〉的通知》，对组织州外游客进入湘西州2个及2个以上等级景区（点）且住宿1

晚，累计人数达2000人以上的州内旅行社进行人数奖，奖励金额共计100万元。搭建媒体宣传渠道。搭建与新华社、红网、新湖南、湖南卫视、湘西电视台等媒体宣传合作平台，加强春节黄金周，五一、端午等小假期特色产品、特色线路专题宣传。与移动公司合作，开展“神秘湘西”旅游短信宣传。开展张吉怀旅游联盟轮值主席工作，录制湖南卫视《世界看湖南》张吉怀旅游专题片，在重庆举办“寻美张吉怀、邀约全世界”张吉怀专场宣传推介活动。开展“济南万人游湘西”活动，开通济南—铜仁凤凰直飞航班，推出双飞4日游和湘西研学游精品线路，济南、湘西两地分别针对对方市民出台旅游优惠政策。支持举办吉首鼓文化节、龙山舍巴节、花垣苗族赶秋节等15个民族传统节庆，推出湘西民俗文化游。

【旅游行业管理】 坚持一手抓执法监管、一手抓服务引导，提升监管水平和行业服务质量，推行“双随机、一公开”监管工作机制，以“强执法、防事故”为主线狠抓行业安全生产，强化行业事中监管，维护全州旅游市场秩序。强化政务事项、行政权力事项等服务标准化建设，落实政务服务当场办结、一次办结、限时办结等制度，提高审批时效。实行目标管理和绩效考核，开展“按季调度、半年督查、年终评比”督查考核机制，适时通报工作进展情况。组织开展2019年度湘西州最佳特色民宿评选活动，评出特色民宿10家。组织开展旅游星级饭店复核，推动全州星级饭店管理水平和服务质量提升。采取线上排查全国旅游监管服务平台填报信息与线下核查相结合方式，清理旅游服务质量保证金，对州内所有旅行社（含分社）缴纳质保金情况开展核查，督促各社按时足额缴纳、增存、补足质保金或提交银行担保；对旅行社在系统填报各项报表严格把关，加强对全国旅游监管服务平台管理，每季督促各星级饭店按时保质完成全国星级饭店统计调查管理系统各项报表。严格行政审批，全年许可设立4家旅行社。加强旅游市场监管，构建旅游综合执法机制，打击违法违规经营行为。整治行业秩序，建立优质、高效、便民旅游投诉处理机制，保持旅游投诉受理率、处置率、游客满意率三个100%。组织开展“春雷”“利剑”“整治黑导游”“暑期整顿”等专项整治，出动车辆585台次、执法人员2781人次，开展旅游市场专项执法检查，查获涉嫌违法违规案件线索25件，其中旅行社24件、导游1件，州内13件、州外12件。全年接到旅游投诉134件，全部办结，处理率、结案率、满意率三个100%，全州旅游质监机构为旅游投诉者挽回经济损失71569元，未发生超时未办结投诉案件，未发生重大影响的投诉事件和负面舆情。督促文化旅游市场相关企业落实安全生产主体责任，对存在安全隐患景区、旅行社等企业限期整改，全州旅游市场实现“安全、秩序、质量、效益、文明”工作目标，未发生较大以上旅游安全责任事故，旅游市场安全有序。

【旅游产业差距】 湘西旅游产业与发达地区相比还有差距，旅游资源大州向旅游产业强州转变任重道远。湘西州无上市旅游企业，无国家AAAAA级旅游景区和五星级旅游饭店。市场主体规模小、经营分散，旅游与其他产业融合程度不高。湘西州国内过夜游客平均停留天数为1.8天，低于省内其他地区；湘西州国内过夜游客平均花费767.2元，低于全省平均值817.7元；旅游购物仅占总花费的8.12%，低于全省13.8%、全国12.3%平均水平。与张家界市、恩施州等周边地区相比，湘西州旅游发展形势严峻，压力巨大。湘西州生态文化旅游资源富集，品位高、层次多、规模大，是中国内陆生态文化旅游资源最集中的板块之一，极具开发潜力。州委、州政府提出把文化旅游业作为湘西发展的最大门路，随着黔张常快速铁路、张吉怀高速铁路、湘西机场的开通运营，破解制约旅游发展的交通瓶颈，增强旅游可进入性。

（李立超）

科学技术

科技工作

【概　况】2019年，全州科技战线贯彻落实习近平总书记关于科技创新的重要讲话精神和重要指示批示，按照州委“542”发展思路，切实推进各项规划和政策落实，发挥财政专项资金引导作用，带动全社会研发经费投入，培育创新主体，打造良好创新生态，提高财政专项资金绩效，加快科技与经济社会深度融合，为全州高质量发展提供科技支撑。

【高新技术产业发展】 年内全社会科技研发投入资金5.14亿元，占GDP比重0.72%，增幅143.8%。实现高新技术产业产值120.6亿元，增加值39.8亿元。支持和鼓励全州科技型企业申报高新技术企业，分三批次推荐申报2019年度高新技术企业培育对象，获批30家，年末在册90家，增长率47.6%；科技型中小企业备案入库104家，比2018年增加51家，增长96.2%。按照“创新型湘西”建设要求和州委州政府重大决策，湘西高新区、泸溪高新区、吉首经开区联合申报创建国家高新区工作，年末初步完成编制战略规划、产业规划，科技规划馆、国家众创空间、工程技术研究中心等正加速建设。

【科技创新平台建设】 2019年新增省级科技创新平台12家，其中省级众创空间1家、工程技术研究中心2家、星创天地3家，科普基地3家，湘西经开区获批省级高新区，泸溪县被纳入首批省级创新型县市区培育建设名单，龙山县农业科技园区被认定为省级农业科技园区。湘西创新创业大厦主体工程竣工验收，正加快建设科技创新综合服务体系；长沙科创飞地一期研发人员办公场所已陆续入驻企业。

【科普宣传与产学研融合】 5月18—26日全国科技活动周期间，湘西州围绕“科技强国·科普惠民”主题，突出特色，注重实效，开展各类科技活动85场次，包括科普进社区、进校园、进企业、进农村宣传咨询服务、科普巡展等。制作科普挂图、展板120余幅（块），发放科普读物及宣传资料3.97万份，悬挂张贴横幅标语100余幅，健康义诊1500余人次，技术培训1.85万人次。会同州委宣传部、吉首市等单位在矮寨镇举行2019年湘西自治州文化科技卫生“三下乡”集中示范活动暨吉首市“拥抱新时代、践行新思想、振兴新农村”文化科技卫生“三下乡”活动启动仪式。组织产学研合作活动2次，湖南星际动力新能源有限公司与武汉理工大学硅酸盐材料工程研究中心、硅酸盐建筑材料国家重点实验室在湘西经开区举行新能源新材料产业发展产学研合作座谈会，提升企业技术研发和产品开发能力；组织中南大学与湖南锐阳电子科技有限公司举行产学研合作基地暨研究生联合培养基地授牌仪式，加深校企合作。

【科技成果登记】完成“温室智能化高端花卉高效集约化栽培技术与产业化”“湘西富硒柑橘高效栽培技术集成及产业化示范”等17项科技成果登记，致力推进科技成果转移转化。

【科技扶贫】全州选派科技特派员2574人次，“三区”科技人才530人次，实现科技人员服务贫困村全覆盖，发挥科技服务对精准脱贫的引领支撑作用。建立科技扶贫产业示范基地182个，培育科技扶贫示范企业52家，组建合作经济组织或专业协会74个，用科技促进产业发展，以产业推动精准脱贫。湘西州科技特派员“6+1”（龙头企业、科技特派员、技术团队、产业基地、农户、责任部门+项目）工作模式、科技扶贫专家服务团模式等在全省、全国得以推广。全面落实驻村扶贫和结对帮扶任务，安排6人入驻花垣镇杠杠村、朱朝村开展驻村扶贫工作，重点发展百合、烤烟、猕猴桃等产业，引导建档立卡户和县内龙头企业建立利益联结，安排项目资金80万元入股花垣永丰农业公司，开展油茶产业，带动农村经济帮助农户脱贫；开展“粽情苗乡、同步小康”等文化活动、以改厕为重点的村容村貌整治均取得良好效果。认真做好济南市东西部扶贫协作工作，持续深化与济南市科技局的常态联系机制，加强挂职人员交流互访，继续强化“东西部科技扶贫协作专项”科技项目，全年安排3个专项扶贫项目，促进两地企业达成5项技术合作协议。

【科技项目奖补】全年成功申报国家、省科技计划项目83项，到位资金4769.59万元，同比增长33%。其中上级专项转移支付财政资金669.49万元，包括创新型省份建设专项资金280万元、企业研发财政奖补资金389.49万元，主要用于创新型县市科技创建、研发奖补、企业技术研发、设备购买、知识产权申报、科研人才引进等。按照《关于加快科技创新引领驱动产业发展的奖补措施》，州本级加大对企业研发经费的投入和创新城市、科技园区、创新平台、创新型企业、科技人才、成果转化、科技金融等方面进行奖补，兑现各项奖补资金776万元，其中高新技术企业认定奖补260万元，科技创新平台奖补180万元，专利质押贷款奖补108.5万元，企业研发经费投入财政奖补227.5万元。

（吴正昭　龙滢升）

科学普及

【概　况】2019年，湘西州科协坚持“四服务”职责定位，聚焦提高全民科学素质，组织、参与开展了迎新春送科技下乡、世界气象日、世界地球日、科技活动周、食品安全周、全国科普日等主题科普活动，参与活动的各类科技人员100余人，发放科普资料1万余份，组织医疗专家义诊体检500余人，开展科普有奖竞答发放奖品2000余份，农业、畜牧业实用技术咨询1000人次，现场免费书写赠送春联1000余副。组织1万余人参与第二届湖南省科学素质网络大赛。组织开展各类技术培训7期，培训人员达570余人。鼓励15个州级学会围绕发展生产脱贫、培养新型职业农民举办各类培训班165期次，培训农民3.8万人次，印发资料2.69万份。组织引导参与州级学会开展学术交流活动60次，参加人数5600多人次，交流学术论文159篇，编印期刊9类期，印发1000余本。开展农村实用技术培训3期，270余人参训。举办科技人员培训4期，培训人员300余人。积极组建湘西州科普志愿者支队，注册参加支队人数532人。加强科技人员的宣传，湘西州柑橘科学研究所高级农艺师彭际淼被评为湖南省“最美科技工作者”。

【基层科普行动】推进基层科普行动计划，全年争取中国科协、省科协“科技助力精准扶贫工程”项目资金610万元，开展新品种、新技术推广示范，采取集中培训和专家现场示范指导的形式指导帮助扶贫村发展脱贫产业。认定“州级农村科普基地”17个、“州级科普社区”7户、“州级科普带头人”30人。承办以“体验科学追逐梦想”为主题的中国流动科技馆湖南湘西第二轮巡展，4—12月，分别在龙山县和花垣县展出，累计接待参观体验者10万余人次。州科协组织相关学会编写《酉水鱼类》《酉水鸟类》《古丈毛尖茶》《保靖黄金茶》科普知识宣传手册，开展地质科普宣传进校园、进社区、进景区活动3次，营造申报湘西世界地质公园创申氛围。协助有关单位成功创建“湖南省科普教育基地”。是年，吉首大学、湘西职业技术学院分别建立科协组织，全州建立企业（园区）科协组织35个，实现了规模以上高新技术企业科协组织建设100%覆盖，高校科协组织建设100%覆盖。

2019年1月22日，群众踊跃参加科普有奖知识竞答　胡丰源　摄

【科普信息化建设】 加强科普信息化建设，在古丈县开展科普信息化试点，建设农村、社区“科普e站”各1个。

【青少年科技创新活动】 州科协组织开展中小学科技创新教育活动。4月，在长沙举办的第40届湖南省青少年科技创新大赛中，湘西州青少年科技代表队取得12金、27银、18铜的佳绩。7月，在澳门举办的第34届全国科技创新大赛中，湘西州取得2银4铜的成绩。7月，州科协联合吉首市科协、团市委等单位利用暑期开展“暑期青少年科普活动进社区”活动，进入吉首市12个社区开展科技小创客活动15次，为吉首市300余名青少年在暑期开启一次快乐的科学之旅。州科协投入活动资金3万余元，支持吉首市小牛顿科技馆承办周末科技小创客活动，全年举办活动30期，900名学生在家长的陪同下参与竞赛活动，赢得学生及家长们好评。11月6—8日，州科协、州教体局联合主办的第六届湘西州中小学科技创新教育活动在州电教仪器站完成评审工作。经过专家评审，评选出中小学生及教师科技创新教育成果一等奖107项、二等奖152项、三等奖231项，优秀科技辅导员4名，优秀组织奖9个。11月12日，湘西州第12届青年科技奖评审会召开。经过申报推荐、资格审查、专家初审、评审委员会终评、社会公示等环节，王鹏等10人获评“湘西自治州第12届青年科技奖”。

【科学道德与学风建设报告会】 11月5日，州科协联合湖南省科协在吉首大学举办科学道德和学风建设报告会，邀请湖南师范大学副校长、教授匡乐满作《高等学校科学技术学术规范》宣讲报告。吉首大学部分青年教师、在读研究生、州直相关学会科技人员参加报告会。

【全州企业科协联合会第一次代表大会】 12月18日，湘西州企业科协联合会第一次代表大会召开。来自全州企业（园区）科协的34名代表参加会议，通过不记名投票选举产生了第一届理事会，王卫民当选理事长，王国宁、向文改、高耀富、樊林当选副理事长，彭秀建当选秘书长。

【湘鄂渝黔边界第31届气象学术暨助力精准扶贫交流会】 12月22日，州科协联合州气象学会举办湘鄂渝黔四省市边界协作区第31届气象学术暨助力精准扶贫交流会。来自湘鄂渝黔四省市边界的18个成员单位100余人参加会议。交流会共收到学术论文173篇，其中171篇刊登在2019年《湖南气象》增刊，内容涉及农业气候、气象与生态环境、防雷技术等领域，经成员单位推荐和评审，评出一等奖15篇、二等奖29篇、三等奖33篇。

（龙丽芳）

气　象

【概　况】 2019年，州气象局坚持在落实上级决策部署、服务国家和地方重大战略中发展气象事业，以“项目建设年”“作风建设年”“开放合作年”为抓手，加快气象现代化建设，为湘西州经济社会发展提供优质气象服务，荣获全国气象部门“优秀公务员集体”奖、2019年全省气象部门综合目标管理考评第一名（优秀单位）、省气象局创新工作奖；州气象台被省气象局记功授奖，预报员唐旭紫代表湖南省气象部门在“五四”青年节全国气象部门优秀青年集体风采展活动上演讲，受到中国气象局局长刘雅鸣接见；2009—2019年湘西州气象局通讯员连续11年荣获中国气象报社“优秀通讯员”称号。

【公共气象服务】 是年，湘西自治州境内气象灾害频发，汛期遭受15次强降雨过程袭击，全州7个县市60个乡镇4.82万人受灾。州气象局全力以赴做好气象监测预报预警服务工作，汛期24小时双岗值守，采用手机短信、电话提醒、现场服务、会议汇报、新闻发布会以及电视、广播、报纸、微信公众号等方式开展气象预报预警服务。启动气象灾害应急响应2次，召开气象发布会5次，为州委州政府和有关部门提供春运、“两会”、春耕春播、防汛抗旱、森林防火、抢险救灾、重大活动举办等气象专题汇报材料气象信息315期，第一时间向州、县、乡、村四级2万余名防汛责任人和社会公众发送气象灾害预警短信268期、暴雨实况监测警报192期，助力全州平安度汛。为湘西机场、张吉怀高铁、国网湖南水电公司凤滩水库、电力、烟草、保险等行业用户提供精细化专业气象服务。向茶叶合作社发放保靖黄金茶气候品质认证二维码1万余张。助力古丈县获评“中国天然氧吧”称号。通过湖南卫视天气预报栏目开展“美丽新湖南”湘西城市名片宣传。泸溪县成功创建标准化气象为农服务县，保靖县清水坪镇、永顺县西歧乡成功创建标准化气象灾害防御乡镇。

【设施建设】 完成湘西州新一代天气雷达站“三通一平”工程和人员培训，雷达塔楼主体开工建设。完成保靖国家基本气象站搬迁建设，于2020年1月1日在新址正式进行气象观测。

【基础业务质量】 省局通报，2019年，湘西州地面测报、农气测报错情率0，酸雨测报考核全优。州气象局对全州地面观测质量96.31%、资料质量99.99%；给国家气象站观测数据可用率99.99%、观测数据传输质量99.94%；全州区域自动站资料上传及时率98.96%，全省排名相对靠后。2018年度气候影响评价获评省局一等。州气象台预报员唐旭紫获评全省预报业务竞赛全能第8名，入选省代表队参加全国气象部门业务技能竞赛。

【气象社会管理】 深化气象“放管服”改革。推动“工程建设项目审批制度改革”和“互联网+政务服务”一体化新平台业务运行，对接国家政务服务平台，实现气象行政审批事项网上可办率100%、办结率100%。强化行业安全生产监管。湘西州安委会将防雷工作列入安全生产目标管理考核，印发《2019年雷电防护装置安全性能定期检测工作的通知》；州气象局执法队对33家危爆危化企业进行检查，建立防雷安全隐患台账。州气象局荣获2019年全州安全生产先进单位和综治平安单位。

【人工影响天气】 8—10月，受高温少雨天气影响，部分县市旱情严重。全州气象部门组织开展防雹增雨作业258次，发射高炮弹6424发、火箭弹154发，缓解旱情，消除雹灾，为保障全州实现烟叶生产指标、人畜饮水和农业生产用水作出贡献。

【《湘西州气象灾害防御条例》颁布实施】《湘西土家族苗族自治州气象灾害防御条例》于2019年3月1日颁布实施，为湖南省各市州第一部气象灾害防御条例（综合类），填补全省市州气象灾害防御立法空白，为湘西州气象事业发展和气象防灾减灾工作提供法制保障。

（张　宇）

地　震

【概　况】 2019年，州地震局全体员工认真学习贯彻习近平总书记关于提高自然灾害防治能力的重要论述，以稳中求进的工作总基调，着眼全州经济社会发展大局，提升应急管理、地震监测预报、科普宣传和人才队伍建设，逐步完善防震减灾工作体系。

【监测预报】 修复全州地震台网中心测震信息内网，恢复数据正常接收。加强花垣县地下流体监测设施设备维护，按时上报台站数据，及时关注监测信息和报送地震宏观异常报告。安排资金用于地震宏观观测点日常维运，成功监测到10月2日贵州沿河地震异常。启动永顺地倾斜台建设前期选址工作。着手在全州各县市新建地震预警台。新设永顺县马拉河宏观观测点，年末全州有宏观观测点4个。组织召开“湘西自治州2019年地震形势报告会”和“湘西州2020年度地震趋势会商会”。完成编写《湘西州2019年中地震会商报告》《湘西州2020年度地震趋势研究》。履行监管职责，深化“放管服”。完成《州地震局工程建设项目审批改革方案》《州地震局审批服务事项清单梳理》等指导性文件，按照“是否符合法律和政策，是否简政放权、流程优化、便民利民，是否与周边市州一致或者更优，是否四级四同、办理信息化”原则对审批权限进行梳理，并对责任清单进行清理，理清职责分工，明确具体工作事项，确保责任事项全面、真实、合法、有效。

【科普宣传教育】 与龙山县应急管理局、龙山县思源实验学校联合开展地震应急演练活动和知识抢答赛，给吉首大学开展防震科普知识讲座。在吉首大学、吉大师院附小、团结路天桥、步步高商场、和盛堂商城、边城电影院等处电子屏幕上连续滚动播放地震动画片、专家解读片、防震减灾之歌MV等宣传片。组织花垣县民族中学代表湘西州参加全省中学生防震减灾知识大赛。联合多部门下到吉首经开区厂矿企业、凤凰县禾库镇、花垣县洞溪坪村、吉首市乾州社区等宣传地震知识，免费发放宣传资料5000余份。通过《团结报》、湘西有线电视、湘西融媒、微信朋友圈、公众号及手机短信等进行地震辟谣。在湘西职院、凤凰县禾库镇开展“湘西农村民居建筑工匠抗震设防培训”，培训农村建筑工匠500余人次，赠送《湘西州农村民居抗震设计图集》800余本。自编自演制作“防震减灾之歌——湘西方言版”少数民族歌曲MV，搭配苗歌、苗鼓等具有民族色彩的载体，将地震防御救援常识编制成通俗易懂、朗朗上口的歌词，播出后受到社会各界热捧。在有线电视台、吉首市内各线路80余辆公交车连续播放《你应该掌握的地震知识》公益宣传片，仅公交车播放就达4万场次以上。

【示范创建】 启动吉首市双河、寨阳的省级防震减灾科普示范社区创建工作。成功新培育省级防震减灾科普示范学校1所、州级示范学校2所。按照地震安全民居示范点验收标准，指导凤凰县禾库镇安置区开展省级农村民居地震安全示范点创建。

【应急工作】 按州委州政府要求，州地震局转隶并整体搬迁到州应急管理局，参与全州应急值班值守、政务窗口和各项应急工作。克服自身困难，连人带编划出5名业务骨干到州应急管理局下属机构工作。开展全州防震减灾能力调研，对全州农村应急能力进行摸底统计。联合湖南省地震台、吉首蓝天救援队为吉大师院附小100多名学生现场演示和传授自救互救、应急避险等方面的技能，提高师生应对突发事件和意外伤害事故的救护能力。做为精准扶贫后盾单位，抽调3名年轻骨干分别派驻花垣县花垣镇洞溪村、道二乡杠杠村、朱朝村开展驻村扶贫工作。

（陈凌玲）

教育　体育

教育管理

【概　况】 2019年，全州教育和体育系统全面贯彻党的教育方针，坚持稳中求进、高质量发展原则，落实教育教学质量提升三年行动计划，抓重点、补短板、强弱项，推动全州教育和体育工作迈上新台阶。是年，全州有各级各类学校1927所（个），在校学生469430万人。其中义务教育阶段学校1209所（个）[小学1055所（个），中学182所]，在校生332514人（小学生231399人，初中生101115人）；高中阶段学校57所（普通高中29所，中职学校28所），在校生78669人（普通高中50556人，中职28113人）；特殊教育学校4所，在校生469人；高等教育学校3所，在校生57778人。全州在职教职工40022人，其中专任教师32789人。全州义务教育阶段在职教职工22069人，其中小学13668人，初中8401人。

【教育优先发展战略】 4月22日，州委、州政府印发《关于实施教育优先发展战略推动新时代民族教育振兴的若干意见》，强调加强党对教育工作的全面领导、加大教师队伍关爱力度、传承民族优秀文化、优先落实教育投入等19条工作措施，为民族教育振兴描绘了新蓝图。4月26日，湘西自治州州委办公室下发文件《中共湘西自治州委办公室关于深入习贯彻杜家毫书记对泸溪县教育改革批示精神的通知》，要求全州各县市委、湘西经开区党工委、州委各部委、州直有关单位党组（党委）认真学习泸溪县教育改革工作经验。5月21日，全州教育大会在吉首召开，深入学习领会习近平总书记关于教育工作的重要论述，贯彻落实全国、全省教育大会精神，总结全州教育工作成绩，安排部署新时代全州教育工作。2019年，省教育厅核准湘西州公费师范生培养计划省、州两级436人，5月召开全州农村小学教师公费定向培养工作会议，是年全州报考公费师范生学生3302人，8月中旬完成招生，9月入校报名学生435人。

【州教体局机构改革】 4月24日，完成州教体局机关机构改革，内设机构由18个精简为12个：办公室（州委教育工作领导小组秘书组秘书科），基础教育科（学生科），职业教育与成人教育科，学校体育卫生与艺术教育科，教师工作与师范教育科（州语言文字工作委员会办公室），群众体育科（体育产业管理科），青少年体育和竞赛训练科，应急管理科，政策法规科（行政审批服务科、民办教育发展科），发展规划与财务建设科，教育督导科（州人民政府教育督导委员会办公室），组织人事科（毕业生就业办公室），另设机关党委、离退休人员管理服务科。州教体局内设事业单位7个：州教育和体育工会、州教育基金会秘书处、州学校后勤管理服务中心、州学生资助管理中心、州教师发展中心、州普通话培训测试站、州体育运动研究所。有归口管理二级机构6个：州教育考试院、州民族教育科学研究院、州全民健身服务中心、州教育科学技术院、州举重人才基地、州体育彩票管理中心。有州本级直属学校10所：州民族广播电视大学、吉首大学师范学院、州民族中学、州第二民族中学、州民族体育学校、州溶江中学、吉首大学师范学院附属小学、州民族实验小学、州民族特殊教育学校、州幼儿园。

【平安校园建设】 5月7日，州教体局印发《关于进一步抓紧抓实校园欺凌专项治理工作的通知》，要求各县市区、州直各学校推进校园欺凌专项治理工作，建立健全防治工作机制，有效预防和妥善处理学生欺凌事件。6月3日，州教体局与州扫黑办、州公安局印发《湘西自治州校园及周边扫黑除恶专项斗争工作方案》，对全州教体系统扫黑除恶专项斗争工作进行安排部署，健全防范打击校园涉黑涉恶长效机制，提升校园综合治理能力和水平。9月11日，州教体局与州公安局印发《关于做好2019年全州中小学校幼儿园安防“三项”建设工作的实施意见》，就推进全州中小学幼儿园封闭化管理、一键式紧急报警、视频监控系统，与属地公安机关联网、中小学校幼儿园保安配备“三项”建设工作人员设备进行安排部署。州教体局被评为2019年度信访工作目标考核优秀单位，安全生产和消防工作先进单位，全州平安建设考核优秀单位、平安单位。花垣县入选2019年度湖南省“平安校园建设先进县市区”项目第一轮建设立项单位。湘西州第二民族中学、吉首市第一小学、凤凰县阿拉完全小学3所学校申报2019年度“湖南省中小学安全文明校园”项目立项公示。

【教育扶贫】 6月21日，全州学生资助政策下乡行暨中国学生资助志愿者服务出征仪式举行，各县市在暑假期间组织300多名志愿者服务队伍，在墟场人员集聚地方，以及进村入户开展学生资助政策宣传，发放宣传资料4万余份。10月17日，关心支持教育事业的15个社会爱心团体、8名社会爱心人士在社会扶贫日受州委、州政府表彰。2019年，州教体局教育扶贫突出“有学上”，控辍保学坚持学籍核对、数据比对、“三帮一”劝返、“送教上门”、情况报告、依法督导“六个到位”，确保了“一个不失”。年内全州累计劝返学生650人，“三帮一”378人，送教上门840人。全州无一名建档立卡等贫困家庭学生因贫困而失学。贫困生资助工作做到底数、政策、程序、群众“四个明白”，确保“一个不漏”。全州发放学生资助全覆盖资金4.6亿元，惠及学生17.85万名，其中建档立卡家庭学生13.75万名。湘西州加快推进与济南市的教育协作帮扶，年内人才交流416人，其中湘西州赴济南挂职学习199人，济南来湘西州支教217人。全年接收济南市教育系统捐赠资金及物资折价合计1258.4万元。是年，完成湘西州学生资助Excel专用工具箱开发，具有一键查重、一键拆分合并表格、一键校验身份证号、一键校验银行卡号、一键自动生成贫困生模板和家庭经济信息录入、助学金发放模板、一键生成一卡通打款发放模板等功能，方便对贫困学生的管理。

【教师队伍建设】 3月12日，完成全州2018年教师高级职称评审委员会集中评审表决，473人通过中小学高级教师专业技术职务任职资格评审。3月，指导吉首市、古丈县申报湖南省第五批国培计划项目县通过评审，至此，全州8县市全部进入“国培计划项目县”建设笼子。全年全州完成教师培训46835人次。其中，完成“国培计划”项目123项，培训教师5782人次；“省培计划”项目17项，培训教师1460人次；实施“州培计划”项目5项，培训教师1025人次；县市完成“县培计划”146项，培训教师17628人次；各中小学完成校（园）培训任务20940人次。9月9日，州教体局在州电视台演播厅举办“湘西州教体系统庆祝新中国成立70周年暨第35个教师节‘四有好教师’颁奖活动”，表彰“四有好教师”100名、湘西职教名教师10名、“君天同心烛光奖”50名。花垣县猫儿乡田湾小学教师龙金高、永顺县永茂镇九年制学校教师彭水旺荣获2019年“湖南最可爱的乡村教师”荣获称号，其先进事登载《湖南日报》。是年，从州、县名师工作室中遴选7个名优名师工作室纳入州武陵人才行动计划，每个工作室给予30万元经费支持。12月，开展全州第五届学科带头人及第二批州级中小学名师工作室的换届评选工作。

（张云文　刘　芳）

学前教育

【概　况】 2019年，全州有幼儿园655所，比上年增加26所。在园幼儿100135人，比上年增加1083人；入园幼儿41501人，比上年增加3374人；离园幼儿47791人，比上年减少1721人。幼儿园教职工8814人，比上年增加488人，其中园长和专任老师5017人，比上年增加121人。1月，湖南省教育厅下发通知，认定湘西自治州幼儿园、凤凰县幼儿园、花垣县民族幼儿园、龙山县第一幼儿园为湖南省首批保育教育规范幼儿园。年末，全州建成公办乡镇中心幼儿园105所，实现公办乡镇中心幼儿园全覆盖。

【公用经费拨款制度】 2019年，开始建立学前教育生均公用经费拨款制度，保障范围覆盖全州所有公办幼儿园及办园质量完全达到标准要求的普惠性民办幼儿园，每生每年公用经费拨款500元。

普通中小学教育

【概　况】 义务教育阶段。2019年，全州有义务教育阶段学校1209所（个），在校学生332514人，专任老师21563人。其中小学1055所（个）（含教学点843个，十二年制和九年制学校小学部90个未计入小学数），小学在校学生231399人，比上年增加5843人；招生39580人，比上年减少85人；毕业生34483人，比上年增加536人。小学入学率99.99%，毕业生升学率102.2%（转入学生大于转出学生）。小学教职工13668人，比上年增加284人，其中专任教师13516人，比上年增加305人。小学教师与学生之比为1∶17。全州小学占地面积4811140平方米，校舍建筑面积1811975平方米，生均图书21册，生均教学仪器设备值8969元。每百名小学生有计算机7.4台，全州212所完全小学全部建网。普通初中学校153所，比上年增加2所。其中初级中学64所，九年制学校89所；完全中学初中部16个（完全中学算高中），十二年学校初中部1个。普通初中在校学生101115人，比上年增加2075人，校均规模598人，平均班额48人；毕业生32392人，比上年增加736人，毕业生升学率85.7%；招生35260人，比上年增加839人。普通初中教职工8397人，其中专任教师8047人，比上年增加103人，专任教师师生比为1∶12.6。全州普通初中学校占地面积4575428平方米，校舍建筑面积1659229平方米，生均图书34册，生均教学仪器设备值19450元，每百名学生有计算机14.4台，普通初中全部实现建网。是年，全州义务教育阶段辍学率0.02%，远低于国家控制标准；义务教育九年巩固率96.2%，较上年增长2个百分点。全州义务教育阶段三类残疾少年儿童入学率95%，较上年增长0.07个百分点。

高中教育阶段。2019年，全州有高中教育阶段学校57所，比上年增加1所，其中普通高中29所（高级中学13所，完全中学15所，十二年制学校1所），中职学校28所（含教师进修学校7所）。在校生78669人，比上年增加914

人，其中普通高中50556人，中职28113人。招生27746人，比上年增加972人，其中普通高中招生17528人，比上年增加392人，初中毕业生升普通高中比例63%；中职高中招生10218人，比上年增加580人。普通高中有教职工4050人，其中专任教师3692人，专任教师师生比例为1∶13.7。全州普通高中学校占地面积2091240平方米，校舍建筑面积1162275平方米，生均图书36册，生均教学仪器设备值37954元，每百名学生有计算机17.8台。

【中小学生校内课后服务秋季实施】 从2019年秋季学期起，全州县城（含县城）以上城市义务教育阶段公办学校在周一至周五（节假日除外）正常上课结束后开展校内课后服务，课后服务按照每课时4元/人标准收取，每天不超过两个课时。

【学校创优】 7月，吉首大学师范学院附属小学、花垣县民乐中学、古丈县芙蓉学校获评省教育厅“2019年教育信息化创新试点项目”单位。9月，保靖县、凤凰县、古丈县入选省教育科学院首批“农村网络联校实验县”名录。9月，吉首市乾城小学、泸溪县思源实验学校、古丈县断龙山镇初级中学、凤凰县落潮井学区中心完小4所学校获评教育部“全国中小学中华优秀传统文化传承学校”。6—11月，北京师范大学中国教育创新博览会面向全社会征集教育创新成果，湘西州教育科学研究院《区域推进民族民间文化在学校教育中的传承研究》课题进入全国1800项优秀成果展评，获博览会最高奖SERVE奖。11月，泸溪县第一中学龙季为被评为湖南省第一届励志成才好学生典型，州教体局被评为优秀组织单位。12月，泸溪县明德小学、吉首市第三小学、古丈县第一中学获评省教育厅“湖南省第七批生态文明示范学校”。

【校园活动】 3月18日，各校组织学生参加“世界防治结核病日”网络知识答题，全州共有50余万名中小学生参加。5月，由州委宣传部、州文旅广电局、州教体局主办，州非遗保护中心、州教科院等五单位承办的全州“文化和自然遗产日主题活动为推动非遗文化项目校园传承普及，展示非遗项目进校园成果，暨非遗进校园成果展”在吉首举行，在全州范围内评选“一本书”（10本）、“一堂课”（10堂）、“一套操”（10套）、“一场展”（10场）、“一次会”（10次）、“一台戏”（10台）、“一批小小传承人”（10组）。5月31日“2019年文化和自然遗产日湘西州主题活动——非物质文化遗产进校园经验交流会”上，全州12个学校就民族文化校园传承进行典型发言，推动民族文化校园传承研究工作。

【学生参赛】 4月15—20日，湘西州学生参加全国第六届中小学生艺术展演活动，吉首市谷韵民小龙万华老师指导的李思瑶同学绘画《运动会》获艺术作品小学甲组一等奖，吉大师院附小刘克江老师等指导的工作坊《湘西土陶傩面具制作》获二等奖。4月20日，湘西州第二届小学生汉字听写大赛在吉首大学师范学院附属小学举行；4月27日，全州初中生诗词大赛在泸溪县思源学校举行，传承祖国优秀传统文化，激发学生爱国热情。9月23—28日，湘西州第十六届中小学生独唱、独奏、独舞比赛在吉首举行。全州418名中小学生参加比赛，评选出一等奖节目139个，二等奖节目134个，三等奖节目145个，优秀指导教师187名，优秀组织奖12个。推荐12个节目参加省“三独”比赛，荣获5个一等奖、4个二等奖、3个三等奖，其中所推荐的4个独唱节目均荣获一等奖。至10月底，第六届湘西自治州中小学科技创新教育活动共收集参赛作品611件。11月8日完成评审，评选出优秀创新项目一等奖19项、二等奖29项、三等奖50项，优秀科技实践活动一等奖7项、二等奖10项、三等奖16项，优秀科幻绘画一等奖15幅、二等奖13幅、三等奖31幅，优秀电脑作品一等奖62件、二等奖92件、三等奖123件，优秀教师项目一等奖4项、二等奖8项、三等奖11项，优秀科技辅导员4名，优秀组织奖9个。获奖作品被推荐参加第40届湖南省青少年科技创新大赛，取得12金、27银、18铜的成绩。

【优质课堂】 4—10月，湘西州举办第一届全州中小学青年教师教学竞赛，比赛分学科分学段进行，经学校、县市初赛，州里决赛，共评出青年教师州级教学竞赛奖414名，其中一等奖48名，二等奖98名，优胜奖268名；授予吉首大学师范学院附属小学李燕等46名教师“湘西自治州教学能手”称号。5月26—29日，全州第十四届中小学体育与健康教育学科教学比赛在凤凰县举行。活动分体育高中组、初中组、城市小学组、农村小学组和健康教育组五个组别，共43节课，其中现场课27节，光碟课16节，评出一等奖5个，二等奖10个，优胜奖28个。获奖教师参加湖南省第十四届体育与健康教育教学比赛，荣获1个一等奖，2个二等奖，3个三等奖。7月18日，湖南省第一届中小学青年教师教学竞赛在长沙落幕。湘西州吉大师院附小李燕、龙琳，龙山县皇仓华鑫小学陈春平，龙山县第一中学章琴，吉首市第一初级中学潘红艳，吉首市矮寨中学朱菲芳，花垣县边城高级中学周石琳，吉首市第一中学赵彦娟，龙山县高级中学尚晓燕等9名教师荣获“湖南省教学能手称号”。9月17日，2019年湘西自治州中学生物教师实验素养大赛在花垣县民族中学举行，初、高中学段18名生物教师参赛，评选出初、高中学段一等奖各1名、二等奖各2名、三等奖各6名。10月15日，2019年全州中学化学教师实验素养大赛在花垣县民族中学举行，初、高中学段17名化学教师参赛，评选出初中学段一等奖1名、二等奖2名、三等奖5名，高中学段一等奖1名、二等奖3名、三等奖5名。10月17日，2019年全州中学物理教师实验素养大赛在保靖民族中学举行，初、高中学段18名物理教师参赛，评选出初、高中学段一等奖各1名、二等奖各2名、三等奖各6名。10月，全州各县市中小学开展“一师一优课、一课一名师”活动，12168名中小学教师报名参加活动，晒课14142堂，课堂实录1790堂。在学校、县市逐级评审推荐的基础上，州教体局组织专家评审，评出州级优课一等奖140堂，二等奖230堂，优秀组织奖13个，先进个人10名。10月，州教体局推荐7名中小学教师自制的7件教具，参加2019年湖南省中小学教师优秀自制教具展评活动，荣获3个一等奖、1个二等奖、3个三等奖，成为唯一一个参评教师全部获奖的市州；州教体局获优秀组织奖。

职业与成人教育

【概　况】 2019年，全州有各类职业院校28所（含教师进修学校7所），在校学生34744人，其中公办职业院校18所，民办职业学校10所。有国家中等职业教育改革发展示范学校1所，国家级重点职业中专学校3所，省级卓越中等职业学校1所，省级示范性中等职业学校4所，省级示范性职教中心2个，省级特色专业群1个。中职学校占地面积746436平方米，校舍建筑面积1162275平方米，生均图书18册，生均教学仪器设备值84173元。高职学校占地面积615975平方米，校舍建筑面积1162275平方米，生均图书70册，生均教学仪器设备值27067元。

【校园活动】 3月29日，湖南省职业院校技能大赛手工制茶项目赛由保靖县职业中专学校承办，在手工卷曲形绿茶制作赛项中，该校4名选手获一等奖，4名选手获二等奖。5—6月，全州中职学校教师职业能力课堂教学竞赛活动在吉首举行，收到各职业学校36个参赛团队作品，通过材料评审和现场比赛两个阶段的评比，评出一等奖7个，二等奖10个，三等奖15个。5月20日，“湘西自治州2019年职业教育宣传周启动仪式”在凤凰县从文广场举行，继之，各县市教体局、各职业学校开展形式多样的宣传活动，宣传职业教育新政策、学生技能展示、校企合作成果、优秀毕业生事迹等，扩大职业教育的影响力。10月11日，湘西州中等职业学校班主任基本功比赛在吉首举行，在学校和县市推荐的基础上，经过笔试和教育故事演讲等环节评审，评选出一、二、三等奖各1名。2019年，组织开展全州职教战线建制班合唱、征文、摄影、啦啦操、朗诵者、男子篮球、女子排球、男女足球等“文明风采”德育系列活动，参加活动师生5万余人次。

【定向农技特岗生招录】 3月15日，湘西现代职业教育集团第一届理事会第二次全体会议在吉首召开，州人民政府副州长李平参会。会议研究部署中高职衔接办学、定向农技特岗生招录等工作。州委办印发《湘西自治州2019年定向招录培养公费农技特岗生实施方案》，州教体局印发《关于下达2019年“2+3”中高职衔接招生计划通知》。9月，全州中高职校招录农技特岗生195人，“2+3”中高职衔接计划1203人。

【教学项目申报】 2019年，吉首市职业中专学校成功入围2019年湖南省职业教育专业教学资源库项目，湘西经济贸易学校获国家“现代学徒制”项目立项，泸溪县第一职业中学、凤凰县职业中专学校、花垣县职业高级中学获省“现代学徒制”项目立项，湘西经济贸易学校、泸溪县第一职业中学被教育部批准为首批“1+X证书制度”试点校，花垣县职业高级中学入选全省职业院校文化建设50强名单。

【教育扶贫】 2019年，推进职业教育“一家一”工程，全州建档立卡户子女7909人通过学历教育和职业技能培训后稳定就业，有7.8%的学员成为当地脱贫致富带头人。省内6所示范性高职学院从师资教学、设施设备、质量提升等对口扶持湘西州6个县公办中等职业学校骨干专业建设。山东省帮扶城市济南市槐荫区投入300万元的花垣县职教中心实训楼竣工，历城区投入2400万元的保靖县（历城）职教中心计划投入使用，76名花垣籍建档立卡户贫困新生正式就读山东南翔技师学院，三年全免费。

【36名学生获中职国家奖学金】 从2019年秋季起，中等职业学校全日制学历教育正式学籍二、三年级学习成绩优异、技能表现突出的学生，可享受国家奖学金。当年，湘西州36名中职学生获此奖学金，标准为每生每年6000元。

特殊教育

【概　况】 2019年，全州有特殊教育学校4所，特殊教育学生3075人，教职工129名，其中专任教师117名。学校占地面积28716平方米，建筑面积14654平方米，藏书1.3万册，有计算机236台，固定资产总值12032万元。

【教师培训】 3月22日，湘西州特殊学校举办特殊教育教师职业幸福与专业成长专题培训班，邀请州教师发展中心主任、特级教师符顺忠作“追求幸福快乐的教育——与特校教师谈教师队伍建设、教师职业幸福和教师专业发展”专题讲座。州特校和凤凰县特校70余名教职工参训。

【湘西州特殊教育阅读教学研讨会】 11月13—15日，湘西州特殊教育阅读教学研讨会在州特殊教育学校举行，州特殊教育学校、龙山县特殊教育学校、永顺县特殊教育学校、凤凰县特殊教育学校200余教育同仁汇聚一堂，通过课堂展示、现场评议、主题讲座、论文交流研讨及现场参观互动等方式，共同探讨湘西州特殊教育中“阅读教学”存在的问题及实践探索，推动湘西州特殊教育事业的发展。

民办教育

【概　况】 2019年，全州有民办学校579所，学生91583人。其中，民办幼儿园550所，学生66832人；民办小学2所，学生6065人；民办中学15所，学生15027人；民办中等职业学校10所，学生3659人；民办非学历高等教育2所。

【民办教育社会组织党支部建设】 2019年，批准成立湘西州建筑学校党支部、州新起航学校党支部，实现州教体局直管的各类社会组织党支部建设全覆盖。推进全州民办教育党支部“五化建设”，选派4名“党建指导员”指导民办学校和体育协会党建工作，培养发展党员1名、预备党员5名、入党积极分子17名。

【民办教育机构艺术素质展演活动】 9月24日，全州民办教育机构迎国庆70周年艺术素质展演暨表彰活动在吉首湘西大剧院举行，来自全州8县市1000多名民办教育机构师生表演文艺节目，展示艺术素质，表彰110名优秀民办教育工作者和10个“精准扶贫，结对帮扶”先进单位。州人大常委会副主任刘小刚、州政协副主席向顶天等领导为获奖者颁发奖牌。发动吉首地区44家民办幼儿园对口帮扶古丈县32家山村幼儿园，捐资捐物20余万元。

教育考试院

【概　况】 2019年，州教育考试院坚守“一切为了考生，为了一切考生，为了考生一切”的服务宗旨，为考生服务诚心诚意，对考务工作细而又细，督考风考纪严而又严，树立教育考试公平、公正的良好口碑。全年组织12次国家教育考试报名工作，审核报名人数9.2万人，创历史新高。4月组织的成人自学考试，各项考务差错均为“零”；其余各次国考考务差错率均趋近于“零”，最大差错率仅为0.04%；特别是学考工作，连续3年位居全省一、二名，实现考务“零差错”，年初在全省教育考试大会上，州教育考试院就考务工作经验作典型发言。

【落实新高考政策】 平稳推进湖南省新高考改革政策在湘西州的落实。4月20日，州教育考试院组织召开全州高考综合改革推进暨考试招生安全风险防范工作培训会议，副州长李平要求全州各级党员干部统一思想、统一认识、统一口径，坚决贯彻落实省新高考改革政策，做到不打折扣、不搞变通、不谈条件、不提意见、不作比较，确保新高考改革政策平稳落地。8月11—14日，州教育考试院举办新高考政策解读及全面实施专题研修班，全州近200名直接负责新高考改革工作人员集中交流学习，邀请多名省内外新高考改革领域专家授课，让每位“操盘手”领会新高考改革政策的新规则、新要求、新动态，以便指导、推进全州新高考全面有序有效实施。州教育考试院派出5人参加教育部新高考综合改革培训班轮训。全州投入400余万元，8个县市完成对辖区内所有国考考点设施设备升级改造、维护更新，杜绝在考试期间出现因设备问题而带来的隐患、事故发生。

【试卷安全】 全州上下按照“分级管理，逐级负责”的原则，认真落实考试安全“一把手”责任制，各县市教体局和招考机构主要负责人为组考第一责任人，对本地保密室和考点亲自部署，亲自检查，确保责任落实横向到边，纵向到底，不留死角。成立11个考试安全工作督查组，于6月2—3日，对照省厅通知、省督查组要求和教育、公安、保密联合督查组发现的问题，下到每个考点，逐一对标对表，全面整改落实。协同公安、保密相关部门，在试卷的领取、运输、交接、保管等每个环节，严格执行保密规定，细致检查防火防水防盗等器材，充分发挥视频监控系统、无线屏蔽系统等现代技术装备的作用，有效防范失密、泄密和各种破坏行为。2019年，全州各项教育考试工作无一起责任事故发生，实现“零差错、零事故”的目标。

【服务考生】 2019年，州教育考试院组织12次国家教育考试报名工作，审核报名人数9.2万人，创历史新高。审核过程中对考生户籍、学籍、报考类别等方面进行重点排查，杜绝考生违规报考。联合民宗委、公安、基教、纪检等部门审核普通高考享受少数民族优惠加分资格21156人，审核工作公开、公正、透明，无差错。各县市教育部门和招考机构加大信息公开力度，将考生应知、须知内容，准确、全面、及时告知考生、家长和社会，主动接受群众监督。严格按照教育部“不准炒作高考”的要求，做到不宣传高考状元，不宣传学校上线率，禁止学校和各类办学机构悬挂、张贴类似的宣传喜报和横幅，让高考常态化，用素质教育替代应试教育。在工作中做到想考生之所想、解考生之所难，关心考生的衣、食、住、行，关注考生的情绪与心理变化，做好考生的思想工作和心理疏导教育，鼓励和引导社会各方面力量开展爱心送考、爱心送水等服务考生公益活动，搞好考生志愿填报指导和高考志愿填报指导日活动，为考生提供便利，营造良好的考试氛围。2019年高考期间，全州参与爱心送考车辆1622台，参与高考服务的爱心企业18家、志愿者576人，爱心送水6万余瓶。

【考风考纪】 考风考纪是维护考试招生公平、公正的核心，是维护政府公信力的关键。州教育考试院紧抓考试每个环节，规范操作流程，依法、依规全面从严治考。考前，广泛开展诚信教育和典型案例警示宣传教育，重点宣传解读违规处理办法，以问题为导向，强化教育警示监督，让考生和考试工作人员不想、不敢、不能舞弊，形成公平考试、公平竞争的良好氛围。按照考务细则要求，精心选聘作风正派、工作能力强、有责任心的优秀人员担任监考老师和考务工作人员，坚决执行“先培训，再上岗；不培训，不上岗”的规定，经培训考试合格后才能上岗，要求全体考试工作人员严格按照《考务工作手册》开展考试工作。发挥无委办和考点各种仪器设备作用，建立全方位高科技作弊防控体系，运用视频监控、网上巡查等现代技术手段，对考试过程实施全覆盖、全时段监控，重点防范和打击有组织、有预谋的团伙舞弊。全年全州各类教育考试未发现一起严重舞弊事件。

【七类教育考试报名人数增长】 2019年，全州七类教育考试报名人数64792人，比上年增加8918人。其中，普通高考报名人数21116人，比上年增加1899人。研究生考试报名2142人，比上年增加263人；自学考试报名5098人，比上年增加554人；成人高考报名7038人，比上年增加1469人；学业水平考试正考报名16328人，比上年增加142人；成人学士学位参考912人，比上年增加369人；教师资格证（笔试）参考12248人，比上年增加4223人。

【湘西州招录12名飞行员】 2014—2018年，湘西州为空军培养输送10名飞行员。2019年，5名学生被录取为飞行员，其中1名女飞行员（全省仅3人），位列全省各市州前列。在湘西州还录取了7名民航飞行员。是年，全州招录飞行员12名，创招录飞行员人数之最。

（黄　晶）

州民族教育科学研究院

【概　况】 2019年，湘西州民族教育科学研究院围绕全州教育中心工作，坚持“科研兴教”战略，以提高全州中小学教师整体素质和业务能力、提高教育教学质量为目标，强化教研工作“研究、指导、管理、服务”意识，在教育教学指导、课题研究管理、学科教学竞赛、教育研究等方面开展工作，取得较好成绩。

【教学视导】 完成州直学校教学视导，查找突出问题，形成州直中小学落实教学常规管理和规范办学情况汇报材料，提交州教体局，为州局加强教学常规管理、规范办学行为提供决策参考。完成省教育厅组织的义务教育阶段课程设置情况调研，形成《湘西州义务教育课程实施情况调研报告》，上交省教育厅。

【教学科研】 抓实高中教育教学质量提升工作，完成全州高三年级三次质量检测，举办高考迎考复习研讨会，聘请9名省内高中名校和省教科院专家，进行2019届高考备考复习教学辅导讲座。组织开展高一高二期末考试，促进州内校际间交流。组织开展教学竞赛，举行高中、初中、小学三个学段43个学科教学竞赛，参加赛课及观摩教师近2000人。如期完成课题申报，全州中小学申报湖南省“十三五”2019年度教育科学规划课题50余项，审查通过立项课题17项，位列全省各市州前茅。展示民族文化校园传承研究成果。开展“一堂课”“一本书”“一次会”三项成果评选，组织召开“2019年文化和自然遗产日湘西州主题活动——非物质文化遗产进校园经验交流会”。参加全国民族文化校园传承研究成果展，州教科院《区域推进民族民间文化在学校教育中的传承研究》课题被评为参展成果最高奖SERVE奖。开展职业教育研究指导工作，举办全州中职学校教师职业能力比赛课堂教学竞赛。安排中职学校教师培训，组织参加全省中职学校公共基础课普测，促进中职学校公共课教学质量提升。抓好信息技术应用研究，利用人工智能，助力农村校本教研，在信息技术与学科深度融合研究基地学校——花垣县民乐镇初中、民乐镇中心小学开展AI课堂分析测评，探索农村校本教研扶贫试点，取得成效。在保靖岳阳小学、花垣小学、花垣华鑫小学开展“STEM教育”试点，取得较好效果，受到中国教科院STEM教育研究中心主任王素的高度评价。

【农村教育发展调查研究】 按照州教体局关于开展“百名干部下基层”“七个一”调研活动要求，3月11—15日，州教科院分两个小组到永顺县西岐乡九年一贯制学校和小溪镇完小及其所辖村小、教学点，开展教育扶贫、控辍保学、学生资助、食堂管理、“小手拉大手建功新时代”行动、教辅资料征订、教学常规管理等调查研究，察看了解学校办学条件、校容校貌、校园安保、食品安全、队伍建设等，课堂听课评课39节，与任课教师、学生、家长60余人座谈交流，入农户开展劝学活动，上党课两次，宣讲全国教育工作会议精神，开展科普宣传4期。通过听呼声、查实情，掌握了大量材料，撰写两份调研报告，汇报两乡镇教育现状，指出存在的问题，提出科学发展建议，3月底向永顺县教体局进行专题反馈，服务县市农村教育发展科学决策。

【高考迎考复习研讨会】 3月下旬，组织召开全州高考迎考复习教学研讨会，各县市高指办、全州高三年级各学科备课组长、高三教师400多人参会。州教科院各学科教研员做高三学生第一次质检考试分析报告，聘请9名省内高中名校教师和省教科院专家，进行2019届高考备考复习教学辅导讲座，为促进全州高三年级迎考复习发挥导向作用。

【人工智能助力农村校本教研】 为探索人工智能在教育教学中的应用，在信息技术与学科深度融合研究基地学校——花垣县民乐镇初中、民乐镇中心小学开展AI课堂分析测评，探索农村校本教研扶贫试点，取得成效。6月20日，教育部科技司在株洲举行的“信息技术支持下的区域研修模式研究及试点”项目经验交流会上，花垣县民乐中心小学吴波老师执教的《认识负数》一课与株洲市荷塘区美的学校、仙庾学校开展了同侪研修模式下的同课异构教研活动直播展示，通过移动教研平台及AI课堂分析测评系统的支撑，向来自27个省市区35个项目试点单位的400多名参会代表展示了农村学校应用 AI 课堂分析测评实施的“经验 + 数据”促进课堂观察的教研探索情况，受到参会代表的高度关注。《今日头条》《新湖南》以《湘西州首个实施人工智能促进校本研究的农村学校亮相全国教研大舞台》为题进行了报道。同时，花垣县民乐镇初中以《人工智能在教育教学中的创新应用探索》为题完成了 2019 年湖南省教育信息化创新试点项目的申报工作，开展深入研究。

（刘江舟）

湘西民族职业技术学院

【概　况】 至 2019 年末，湘西民族职业技术学院新校区建设完成总投资 10 亿元，占地面积 1100 亩，建筑面积 30 万平方米，实习实训设备总值 5000 余万元，办学条件达到国家高职高专人才培养水平评估优秀标准。设有 10 个教学系部，开设有高职、中职（中技）专业 34 个，有教职员工 720 人，全日制在籍学生 1.2 万人。是年开展社会培训 4000 余人次，为国家级非遗传承人群研培学校，有国家级民族文化传承与创新示范专业 1 个、现代学徒制试点专业 1 个、“1+X”证书制度试点专业 1 个、骨干专业 3 个，省级一流特色专业群 1 个、现代学徒制试点专业 3 个。

5 月 12—13 日，省纪委驻省教育厅纪检组长曹世凯（左二）带队到湘西民族职业技术学院调研职业教育集团化办学工作

湘西民族职业技术学院　供图

【立德树人】 推进课程思政改革，课程思政覆盖率达到 100%，初步形成专业课与思政课同行同向、相辅相成的工作格局。落实思想政治和意识形态工作，开展课堂纪律检查 50 余次，校风校纪巡查和专项治理检查 24 次，及时纠正劝导不文明行为，助推校园精神文明建设。以庆祝中华人民共和国成立 70 周年为契机，举办“我和我的祖国”等一系列主题教育活动，承办州直机关第三期道德讲堂，广大师生深受教育。抓好“职教改革二十条”宣传贯彻，培养教师思想观念、教学理念、育人信念。

【产教融合】 构建“二元制”新型人才培养模式，探索产业落后地区产教融合创新之路，快手公司、江苏远洋数据公司、国网湘西分公司、州民族中医院等企业成为学院新的合作伙伴。经济贸易系成功举办首届校企合作年会；生物工程系在州内科研院所和企业建立产学研实训基地 20 多个；计算机系与快手公司共建湘鄂渝黔快手人才培训基地进入实际运作阶段；机电工程系引入的广东嘉腾公司和南长城公司，分别投入 260 万元和价值 100 万元的设备在湘西经开区为学院提供的标准厂房内建设工业机器人和 3D 打印生产性实训基地落成；经济贸易系联手北京新迈尔科技、湖南星火丰城、厦门中达融美众创、吉首安信财税 5 家公司共在学院设立 5 个电商、财税工作室，为学生提供了实战化的实训基地。全院订单班级达到 36 个，培养人数 1641 人，分别较上年增长 44.0%、42.2%。生物工程系、经济贸易系、交通工程系、旅游管理系分别与湖南佳和农牧、湖南新伍丰农牧、湖南星火丰城、湘西汽车协会、湘西边城旅游等企业行业签订现代学徒制和“1+X”证书制度试点合作协议，企业真正参与到人才培养“方案共定、师资共培、基地共建、成果共享”全过程；交通工程系的“2+3”教学模式，经济贸易系的“双导师”制走向成熟；各特岗生班开展岗位所在地现场教学，定期举行专家讲座，深化精准培养。

【服务发展】 全院1.2万余名学生中，州内农村籍学生占比90%、留守学生占比82%、建档立卡户学生占比27%，2019届1485名高职毕业生就业率90.9%，其中州内就业占比大幅提升，学生平均就业起薪点3800元，比上年提高500多元，增幅16.5%，实现“就业一人、脱贫一户”目标。社会技能培训。参与全州职业技能提升行动，全年共培训3631人，落实国家高职扩招政策，开展退役军人培训500人，其中已基本落实高职扩招80人。驻村扶贫工作。坚持驻村扶贫工作力度不减、标准不降，在2018年实现村出列的基础上，进一步巩固脱贫成效，扩大脱贫战果，5名工作队员常年驻村扶贫，全院90名正科级以上干部整体入村7次，贫困户“两不愁三保障”得到全面落实，通过州检省检和国检。

（向昌斌）

吉首大学师范学院

【概　况】 2019年，吉首大学师范学院围绕“思想观念更新、教育质量提升、美丽师院建设”三大工程有序推进。深入开展“不忘初心、牢记使命”主题教育，成果获得州委第七指导组肯定。教育教学质量持续提升，教资考试成绩优异，首批教育硕士入校学习，学术科研工作收获丰硕。加强校园文化和环境建设，教学生活设施建设项目破土动工，教工食堂重新起用，平安校园建设开展扎实。组织庆祝新中国70周年“我和我的祖国”群众性主题宣传教育活动。全院教职工在编303人，有29个管理教学研究机构，开设中文、数学计算机科学、外语、初等教育、艺术、体育、教育7个系。

【教育教学】 应届毕业生教师资格证考试合格率80.99%，远超湖南省平均合格率39%；2020届学生第一次笔试合格率53.85%，远超湖南省均合格率19%。开展2019版人才培养方案修订，组织师范生教学技能竞赛。组织首届导师团队先后五次奔赴湖州、杭州、长沙、贵阳等地参加培训学习，完成教育硕士（小学教育领域）人才培养方案，统招首批7名教育硕士入校学习。

【学生工作】 学生舞蹈队代表学院参加2019第五届中国·娄底CEFA体育舞蹈全国大奖公开赛获集体舞金奖。3名学生入选湖南省大学生拉丁舞集训队。学生舞蹈队代表州教体系统参加“倾情礼赞新中国·巾帼建功新湘西”庆祝新中国70周年唱红歌、“最美农家”创建活动启动仪式暨民族文化进机关土家族摆手舞比赛，获一等奖。学生舞蹈队编排的《黄河》参加全省教育系统庆祝新中国成立70周年“我和我的祖国”教职工文艺会演。

【学术科研】 修订完善《吉首大学师范学院科研项目与成果奖励办法（2019版）》，组织教师参加科研教研活动，获得省级教学成果奖1项、州级优秀成果奖1项；申报各级各类课题114项，其中省部级立项16项，获重点资助1项，州级立项12项，校级立项19项。首次获高校思想政治工作研究课题3项、高校思想政治工作精品项目1项。发表学术论文70余篇。1人获省政府津贴，1人被确立为省级骨干教师培养对象，1人推荐申报省级骨干教师培养对象，1人获湘西自治州优秀教师，1人获湘西职教名师奖。

【校园建设】 以“加强安全管理，打造平安校园”为主题，持续开展平安校园建设。加强校园文化与环境建设，出台《吉首大学师范学院关于征集学院楼宇、道路、景观等文化标识名称的实施方案》和《吉首大学师范学院校园环境卫生专项治理实施方案》。完成旧学生宿舍楼拆除和施工招标挂网报建手续，完成学术报告厅改造并投入使用，完成旧学生宿舍楼（2号、5号）和办公楼外墙维修改造，开工建设教学楼临教育路车行通道八子口路面。培训楼和溮溪书院偏坡平房改造开工，教职工食堂重新起用。

【考察交流】 4月，益阳市教育考察团到吉大师院考察交流；吉大师院党委书记刘保国一行赴山东省济南市幼儿师范高等专科学校学习交流。5月，贵州省铜仁市幼儿师范高等专科学校领导师生一行到吉大师院考察并跟班学习。10月，吉大师院副院长杨华一行受邀参加铜仁幼儿师范高等专科学校建校100周年发展大会，济南幼儿师范高等专科学校考察团来院对口考察交流。11月，副院长石群勇一行应邀参加在铜仁举行的“第四届武陵山区学前教育改革与发展研讨活动”。

【庆祝新中国成立70周年活动】 组织开展“回望辉煌·共祝未来——吉首大学师范学院庆祝新中国成立70周年”系列活动，邀请原北京大学马克思主义学院院长、教授陈占安，中央党校原校委委员、博士生导师、一级教授韩庆祥等6位专家学者来院作学术讲座；组织各班学生绘制“新中国成立70周年国庆”主题黑板报；举办“献礼祖国七十华诞·唱响追梦华美乐章”主题歌咏比赛；开展“缅怀革命先烈”爱国活动；制作“伟大历程·辉煌成就”宣传展板；举行“同升国旗、同唱国歌”升旗仪式；摄制“我为祖国点赞”视频；发布宣传报道，开展爱国主义教育。进行师德建设，举办四期道德讲堂，对从教30周年以上教职工进行表彰。

（黄　曼）

湘西州民族广播电视大学

【概　况】 湘西州民族广播电视大学集湘西广播电视大学、湘西州干部教育培训网络学院、湘西社区大学为一体，上联国家开放大学、湖南广播电视大学，下辖龙山、永顺、保靖、花垣、古丈、凤凰、泸溪7个工作站。学校实行多渠道、多层次办学，学历教育、非学历教育并举。2019年末有学历教育本专科在籍学生4000余名，干部在线教育学员2.4万余名，“湘西终身学习网”注册学员2万余名。全年招生1620人，其中本科345人，专科1275人；校本部开放教育招生582人，比上年增长10%，完成招生目标工作任务。校园面积26.5亩，建筑面积1.632万平方米。是年，学校被湖南广播电视大学评为全省电大系统优秀分校，被湘西州精神文明指导委员会评为“文明标兵单位”。

【农民大学生培养】 农民大学生培养是州电大助力湘西精准脱贫的“品牌工程”。2019年学校新招录农民大学生334名，其中村组及后备干部157人，占招生总人数的47%，实现了湘西州所有行政村农民大学生全覆盖。永顺县电大招录75名国家开放大学“长征带”教育扶贫项目学员。优化专业设置，开设农村行政管理、农业经济管理、法律事务、茶叶评审与营销、畜牧兽医等5个与湘西州农村经济发展相适应的专业。落实线上线下教学，线下教学全年完成面授辅导5次，到课率超过85%以上，2019年农民大学生线上教学测评综合排名全省第一。建立6个实践教学基地，把课堂搬到科技园、产业园、学员创业基地。

【干部在线教育】 由州电大承办的湘西自治州干部教育培训网络学院，全年有114个参学单位31309名注册学员；注册干部参加考核人数29923人，全部参加干部在线学习，参学率100%。29695人通过考核，通过考核率99.24%；人均学习79.46学时，学时任务完成率100%，参学率、学时任务完成率、人均学时三项指标位居全省第一。拓展干部在线学习教育功能，举办“第一期政治能力建设”“湘西州2019年政工师继续教育”等4个专题培训班。“第一期政治能力建设”向湖南省干部培训网络学院选送优秀论文48篇，其中荣获一等奖1篇、二等奖4篇。完成《从塔卧到十八洞看共产党人践行初心》等23门18学时的本地特色课程建设任务，受到参学干部的普遍欢迎。

【社区教育】 州电大致力追求办学均衡协调发展，依托各县电大成立社区学院，注册学员2万余人，开通湘西老干部（老年）开放大学网站，注册学员3936人。举办湘西州2019年全民终身学习活动周活动，湘西老干部（老年）开放大学书画和计算机培训班开班。湘西州社区大学合唱艺术团被湖南省教育厅评为2019年湖南省“终身学习品牌项目”，永顺县老干部（老年）开放大学获批“湖南省老年教育学习体验基地”。湘西州3支队伍晋级“全省离退休干部礼赞新中国·奋进新时代”太极拳比赛决赛，获二等奖1个，州电大荣获“优秀组织奖”。社区大学合唱艺术团在湘西电视台举办“我的祖国我的梦”迎新年专场文艺晚会。

【教师队伍建设】 引进5名青年高学历教师。对11名中层干部进行轮岗交流，选派10多名教师进行异地学习培训和学术交流，完成2名教师申报高级职称、2名教师申报中级职称、3名教师初任专业技术职务认定工作。教师队伍的年龄结构、学历结构、学科结构明显优化，35岁以下的教职工人数占比由2017年的9%提升到2019年的26%，硕士学历教师人数由2017年的3人增加到2019年的8人，理工、经济、艺术等学校紧缺急需的学科人才得到补充。全年有20余名教师获得国家、省、州级表彰奖励。

【教学科研】 学校把科研成果纳入专技人员年终考核，加大科研投入，开展终身教育、远程教育、农民大学生培养等特色研究，营造良好科研氛围，取得一批具有自身特色的教研成果。全年有3个省级课题和1个州级社科课题结题，有2项省教育厅课题立项，申报湖南电大课题1项。教职工有17篇论文在省级期刊发表或获省级以上奖励，其中1名教师的论文获国开三等奖、省电大二等奖。

【人才培养】 全年有102名学员分别获得国家开放大学“希望的田野奖学金”、国家开放大学奖学金、国家开放大学“长征带精准扶贫”奖学金及湖南电大奖学金。在全省“农民大学生创新创业系列竞赛”中，2名学生获三等奖。组织参加全省电大工商管理案例分析大赛，1名学生获二等奖。组织参加全国电大工商管理案例分析大赛，1名学生获优秀奖。组织参加全省电大系统“庆祝新中国成立70周年‘我和我的祖国’大学生视频打卡征文大赛”，获二等奖2个、三等奖3个。

【校园文化】 全年在湘西州《团结报》、《湖南广播电视大学学报》、新华网、中国关工委网、湖南电大网、湘西教体网等媒体发报道70余篇。《践行初心使命，锤炼忠诚干净担当的政治品格》等文章在团结报首发后，上传至“学习强国”平台，被法制湖南网、湖南红网频道、湘西网等多家媒体转载。办湘西电大简报8期，办庆祝湖南电大建校40周年湘西分校“伟大历程·辉煌成就”宣传展板10余块。完成学校网站改版。举办道德讲堂4期、民族团结进步讲座3次。组织开展“感动你我美在身边”摄影大赛、“读经典学新知链接美好生活”全民阅读、文明礼仪进校园、义务献血、“关爱残疾儿童爱心情暖人间”志愿者服务等活动。在全省电大系统羽毛球比赛中取得第四名。组织拍摄《我和我的祖国》MV。

（胡仁贵）

湘西州民族中学

【概　况】 湘西州民族中学占地153亩（不含包蒙苑），建筑面积77627平方米。学校固定资产1.25亿元，有教学楼4栋。图书馆藏书1.58万册，新建1间电子阅览室。有专用理、化、生仪器室12间，实验室10间。标准田径运动场1个，室内体育馆1个，体育器材106类/种。学生宿舍3栋，有床位2224个。在岗教职工328人，其中专任教师281人，正高级教师2人，特级教师5人，中学高级教师87人，州级学科带头人11人，硕士学历以上22人。少数民族教师占比92%，男女比例为1：2.2。学校总学位数3300。2019年招生950人，比上年增加100人。有55个教学班，在校学生2827人，其中少数民族学生占比89%，男女比例为13 ：15。2019年9月，全国劳模康济华、离休老干部邵德阳两位老师荣获中共中央、国务院、中央军委“庆祝中华人民共和国成立70周年纪念章”。

【改善办学条件】 2019年，争取上级资金495.9万元，自筹资金892.5万元，实际完成改善办学条件资金投入791.7万元。完成勇智馆篮球场地面维修、十九套宽雅楼宿舍改造、“两考”广播系统改造、盛教亭、BC栋公租房附属绿化改造等工程；完成图书馆图书数据录入、书籍上架工作，教师阅览室开放运营；完成食堂改扩建及综合教学楼项目工程审计、结算；完成挡土墙垮塌和勤攒楼前保坎塌方处置。后勤保障服务质量提升，强化财务管理；编制2019年财务预算，财务收支日清月结，严格报账签审手续，严控“三公”经费支出，确保学校经费的安全运行；强化资产管理，做到账务相符、物尽其用；配合州委“回头看”巡察完成食堂专项整改工作，调整新的膳食委员会，落实食堂卫生日检查月评比、财务按月公开公示等制度，保障食堂管理规范化、常态化。

【立德树人】 坚持“重心下移，分块管理”模式，开展安全、禁毒、科普和民族团结教育及学生不良行为习惯专项治理活动；实施卫生“三查三加”(早、中、晚检查，升旗、跑操、好人好事等加分)、评选文明班级、午休管理、学生思想品德评价电子档案记录和学生品德量化考核管理等制度；实行宿管部和保卫科联合行动等措施保障学生住寝安全。联合家长学校，举行道德讲堂、心理健康教育专题活动，开展家访工作。坚持开展主题月教育活动。结合学雷锋主题教育系列活动，组织学生开展共建文明社区、慰问福利院、敬老院、特殊学校等青年志愿者活动，开办业余团校，举办“我为祖国点赞”读书征文比赛、“壮丽七十年阔步新时代”演讲比赛、“我们的节日”主题道德讲堂，培养学生正确价值观。坚持扶贫帮困培育传统美德，开展“小手拉大手建功新时代”校园义卖活动，所得善款用于资助龙山县内溪乡双坪村小学留守儿童；为关爱贫困孤儿募集爱心款54962.88元；慰问敬老院、慈爱园等。坚持践行社会主义核心价值观，做好每周一全校师生升旗仪式工作，举行新团员入团宣誓，开展“纪念五四运动100周年”“新时代好少年”“传承红色基因向国旗敬礼”等活动。坚持开展社会实践、社区服务活动，评选出30个优胜班级和850名优秀个人。坚持校园文化建设，开展系列助力高考活动，加强校宣传队伍建设，办好校报校刊、校园网站、学校官微，创办学校杂志《民中人》发行2期，出版校园文学刊物《虎耳草》1期、校报2期。在湘西州《团结报》、中国未成年人网站、湘西青年网、州直青年网、湘西电视台等媒体宣传教育教学成果。全年受资助学生1515人次，发放救助金220.38万元。全校282名建档立卡户等家庭经济困难学生全部享受减免政策。利用周末、节假日走访慈爱阳光班学生8人，利用多种平台宣传贫困家庭大学生救助政策。修订州民中生涯教育实施试行方案，完成《高中生生涯规划导与学》全一册授课任务，针对不同对象开展咨询工作。开展课题研究、送教、学校第五届“5·25”心理文化节活动，做好家庭教育指导工作，宣传推广彰显心理健康教育社会效益。组建国家安全人民防线建设小组，加强与社区及有关执法部门的合作联动，改善学校周边环境。排查消除安全隐患，安排1.8万余元更换消防设施。开展全国第24个安全教育周、禁毒教育周等主题活动，安排2.8万余元创建禁毒展览室。3月，学校与州军分区联合开展的“追梦新时代青春献国防”兵役登记进校园国家安全教育被央视频道报道。坚持晨检制度，做好甲流及各类传染病防控工作。学校食堂实行学生参与管理量化评比制，创建文明食堂，全年食品卫生安全零事故。年度学生思想品德评价合格率100%，在校学生零犯罪。18个班级参与学生食堂青年志愿者服务活动，评选出优秀青年志愿者80人。2019年，学校综治工作继续获评州级平安单位。

【教学改革】 严格实行均衡编班，节假日没有进行成建制收费补课。职能科室对每天的教学活动进行检查，每周汇总上报。改革对备课组工作考评方式，做好学期教学工作大检查，检查项目各项数据向全校公示。年度使用65次录播室开展教研活动，录制21堂优秀示范课。重点开展“同课异构”教学研究活动。“一师一优课，一课一名师”晒课校本研修活动，完成265堂晒课任务。各科教研员参加高一、高二、高三备课组活动72次，分阶段对高三两轮复习和高二学考进行调研指导。跟踪、督促、指导、实施省、州、校三级立项课题，重点推进11个省、州级立项课题，完成7个省级立项课题选题材料的上报。推进2018—2019学年度26个校本研修课题的过程研究工作。在2019年度湘西州教育科研校本课题成果评奖中，州民中选送的10个校本课题全部获奖，其中一等奖2个，二等奖3个，三等奖5个。组织实施2018—2019学年度35名教师优秀教学奖的过程评价工作，10位教师获优秀教学奖。推动校本教材的开发和使用，完成17本新版《学易》的编修及寒暑假作业的编写工作。完善高二合格性考试卡片式复习资料。完善并实施《湘西州民族中学新高考综合改革实施方案（试行）》，采用多种形式宣传新高考，指导学生选科走班。举办教学开放日，州民中湘西经开区校区，雅思初、高中，吉大中文系学生及部分家长等来校交流，推门听课196人次。在学校举办的第二届理、化、生教师实验操作技能大赛中，评出一等奖6名，二等奖6名。通过地理实践考察、社会实践课程等丰富第二课堂内容。举办州民中第13届科技节，遴选7件作品参加第六届全州中小学生科技创新竞赛活动，获一等奖3人，二等奖1人，三等奖3人。在第40届湖南省青少年科技创新大赛中，州民中教师张钰、孟棠辅导的高二学生向杰的《植物健康卫士》和龙熙宇的《永顺毛坝莓茶产业精准扶贫可行性研究报告》两件作品均获二等奖。做好高一、高二年级周末学科竞赛培训和学科提高培训活动。组织学生参加全国数、理、化、生学科竞赛，高三竞赛成绩整体上在全州继续保持领先，获省级以上奖励20人次，其中二等奖10人，三等奖10人。学生社团活动、大课间活动组织有序。艺体比赛取得较好成绩，9月下旬参加湘西州第16届“三独”比赛，15名同学参赛获一等奖7人、二等奖4人、三等奖2人，其中4名参赛选手成功晋级省“三独”比赛，学校获团体总分一等奖和优秀组织奖。在湘西州第四届中小学生校园足球联赛中获优秀组织奖。2019年学考科科合格率99.59%，科科优秀率23.33%，均为全州第一；省各学科竞赛物理、化学、生物、创新均为全州第一；2019年高考一本上线412人，上线率42%；二本以上上线707人，上线率70%，两项均为全州第一。其中理科孙沐川同学682分为全州最高分，北大清华上线3人。继续实行校级分管领导、科室长责任制，按月完成资料上传任务，按要求完成2018—2019学年度网评问题的整改方案及整改情况总结，学校获评优秀等级，以90.5分名列全州第一。

【队伍建设】 3月完成湖南省文明标兵测评验收工作，4月学校被评为“2018届湖南省文明标兵校园”，年底完成复检工作。做好五个文明建设绩效考核工作，制定工作方案，加强常态化建设。制定《州民中师德师风主题教育活动实施方案》，召开“师德师风”主题教育集中学习会3次。配合上级部门做好副科以上干部因私出国专项管理工作。树立师德典型，推进“五好”关工委创建，宣传“五老”典型事迹，弘扬民中精神。2019年组织教师参加国家、省、州、校各级培训共25项，参培教师653人次。组织2019年北京朝阳名师送培高中物理培训活动，3名物理教师的同课异构展示课获好评。黄志华、彭雨、左雨露3位青年教师完成拜师学艺任务，顺利出师，被评为“州民中‘青蓝工程’优秀青年教师”。举办州民中第20届优质课比赛暨第六届课件说课比赛和45岁以下青年教师教学业务竞赛。在第一届全州中小学青年教师教学竞赛中，彭敏、袁理、石梦雨等老师表现突出；物理老师冷花明在2019年全省中小学教师优秀自制教具展评活动中荣获省一等奖。袁理、石梦雨、向红群、张海林4名教师荣获“湘西州教学能手”称号。做好全州青年教师教学竞赛评委推荐工作，州民中12名老师被推荐进入评委库。教师各项业务成果在省级以上刊物发表8篇，获省级以上奖励6篇，课件、课例、教学设计获省级以上奖励4件。修改教职工全员聘任方案，落实各项福利、保险制度等措施，调动教职工工作积极性。建立台账，做好学年度教职工聘任前期准备工作。做好人事管理工作，及时进行空缺岗位的聘用、工资薪级晋级、教师岗位晋级和教龄津贴调整等常规工作。组织召开离退休人员恳谈会，完成离退休干部93人基本信息采集工作，在生活中尽力关心照顾好离退休老同志。发挥工会作用，组织庆“三八”“重阳节”庆祝活动和文明教职工、文明家庭、文明科室评选活动，评出文明教职工25人，文明家庭14个，文明科室14个。

（王贤芝）

湘西州第二民族中学

【概　况】 2019年，湘西州第二民族中学有71个教学班级，在校学生3773人，教职工298人。其中，高中教育阶段41个班级，学生2273人（高一716人，高二688人，高三869人），专任教师143人；义务教育阶段30个班级，学生1500人（初一561人，初二445人，初三494人），专任教师105人。高中招生比上年增加28人，高中学业水平考试合格率62.9%，高考升本科119人。初中招生比上年增加116人，无流失，初中生毕业学业考试合格率75%。学校占地面积74539平方米，校舍建筑面积45366平方米，藏书15万册，订报刊212种。有理化生实验室9间、仪器室10间、实验准备室7间、音乐室5间、舞蹈排练室3间、美术室3间、专用画室4间、专用多媒体教室1间、计算机室2间、劳动技能室1间、通用技术教室1间，仪器设备达到《中学理科教学仪器配备》I类标准。多媒体教室全覆盖，有智慧教室4间。修建龙思奇铜像纪念碑，打造红色校园文化。

【教学教研】 完善、强化教学制度，确保教学质量。全年进行4次以上对教师上课、教案、听课笔记、学生作业批改情况等检查。制定《州二民中集体备课制度》，建立青年教师培养制度，落实“一帮一”成长举措。举办“守初心、担使命”新进教师汇报课比赛，39位教师参赛。招考33位本科、研究生学历的青年教师，年末有国家骨干教师1人，省级骨干教师3人，中学高级教师57人，研究生7人。教师65人次参加国培、省培、州培学习，全体教师参加新高考政策培训。按照新高考改革方案及新高考考察模式，高二年级组合8个新高考科目组合，组织最强师资队伍，加强新高考培训，抢占新高考阵地。制定《州二民中教学成果奖励办法》《州二民中课改奖励办法》《中学教师教学常规》《州二民中微型课题管理办法》

等教研工作制度。有4个省级课题立项、在研或结题，有10个州级课题立项，有27个校级课题立项或结题。参加各级晒课，获州级一等奖11人次，二等奖10人次，三等奖23人次。其中参加“一师一优课”活动126人次，3人获州二等奖。有14人次发表论文。

【综合治理】 加强封闭式管理，召开保卫、门卫工作人员会议4次，班主任安全工作会议4次，护校队员会议3次，保卫委员会议2次，综治、禁毒、民调等安全工作会议10余次。完成开学第一课堂安全课2次、安全教育课72节。组织安全逃生演练2次，发放致家长的一封信和责任书1万余份。校园安全隐患大排查6次，安装消防栓、增加灭火器。进行校园暂住人口清理。实行安全工作台账、安全工作承诺书、责任书制度，进行学生禁毒知识、安全知识、人防知识测试。学校连续9年获“州平安单位”荣誉，2019年获“文明标兵校园”“平安建设州优秀单位”“平安单位”“民族团结进步优秀单位”。

【合作交流】 接待安排湖南大学研究生支教团8名研究生到校义务支教，山东省济南外国语学校1名老师到校协作支教，省教育科学院组织的12位名师到校送教送研，科目为英语、生物、政治、美术，中国音乐学院青年演奏家4人到校现场演出。

【公开招考教师】 6月1日，州民二中公开招考教师笔试在学校新教学楼开考。设12个科目：语文、数学、英语、物理、化学、生物、历史、地理、书法、美术、体育、音乐（声乐、器乐、舞蹈），412名本科、研究生立志从教青年参加考试，录取新教师33人。

【第十九届田径运动会】 10月30日至11月1日，州民二中举行第十九届田径运动会。1080名学生参加11个大项目132个小项目比赛，有1000多人次获得个人奖，7人次打破7项学校田径记录。同步举行了教工运动会，276名教师参加气排球发球和飞镖两个个人项目、接力运水和旱地龙舟两2个集体项目的比赛。

（彭英姿）

吉首大学

【概　况】 吉首大学是湖南省属综合性大学，湖南省按一本批次录取高校，也是武陵山片区唯一的综合性大学。学校是国家民委与湖南省人民政府共建高校，国家“中西部高校基础能力建设工程”高校，“服务国家特殊需求博士人才培养项目”高校，《武陵山片区区域发展与扶贫攻坚规划》重点建设高校，教育部本科教学工作水平评估优秀学校，湖南省研究生培养过程质量评估优秀学校。学校是推荐优秀应届本科毕业生免试攻读硕士学位研究生普通高校，国家博士学位授权单位。2019年，体育学博士点正式招生。

“全国少数民族优秀大学生”、吉首大学研究生阿布力克木在少数民族学生中宣讲党的十九大精神

吉首大学　供图

【教学工作】 牢固树立本科教育教学中心地位，召开推进“一流本科”建设大会，出台《吉首大学“三全育人”实施方案》《吉首大学关于加快建设高水平有特色本科教育全面提高人才培养能力的实施意见》等文件。教育教学质量不断提高，人才培养水平明显提升。2个专业（体育教育、软件工程）获批为国家级一流专业，11个专业获批为省级一流专业，获省级教学成果奖一等

2019年11月，吉首大学思想政治教育园开园，建起湖南省高校第一个校内大学生思想政治教育园地

吉首大学 供图

奖3项，国家民委教学成果奖12项，其中A+6项。全年，专任教师获湖南省教师课堂教学二等奖2项、三等奖4项，获第四届全国高等院校英语教师教学基本功大赛二等奖1项，获首届湖南省普通高校外语课程思政教学比赛一等奖1项。学生在全国大学生“挑战杯”、大学生数学建模等竞赛中获国家级一等奖10余项、省部级特等奖5项、一等奖120余项。2019届本科、硕士、博士毕业生共计6564名。

【科研与产学研合作】 2019年，获得国家自科基金16项、社科基金16项，科研经费较上一年实现较大幅度增长。新增省部级科研平台4个、创新团队1个。获国家民委人文社科优秀成果奖6项。获批1个省级社科普及基地。围绕武陵山区开展脱贫攻坚与乡村振兴研究，大力开展产学研工作。成立十八洞乡村振兴学院；与铜仁市4所高校和铜仁市人民医院开展深度合作；助推湘西州获评“世界地质公园”；发布第四部《中国连片特困区发展报告（2018—2019）》蓝皮书。《吉首大学报》社科版再次入选CSSCI来源期刊，遴选为核心期刊，评为“全国高校社科精品期刊”，自科版被遴选为RCCSE中国核心学术期刊。2019年，学校排位向前推进了33位。

【人　物】 7名教师成功入选湖南省“芙蓉学者奖励计划”，1人入选湖南省政府特殊津贴，11人入选湖南省121创新人才培养工程，1人获得湖南省“芙蓉教学名师”，1人入选湖湘高层次人才聚集工程，1人获省教育系统“芙蓉百岗明星”，1人获评为湖南省优秀青年社会专家，1人获国家民委青年人才项目。获得省教育系统“芙蓉标兵岗”1个。

【荣　誉】 2019年，学校荣获“全国离退休干部工作先进集体”“全国教育后勤信息化工作先进单位”称号、全国三下乡“优秀单位”、全国西部计划优秀高校项目办、全国“全民阅读推广先进单位”和“全民阅读示范基地”、湖南省“教育工会年度目标管理考核先进单位”“无偿献血促进奖单位”等称号。

（柴绪亮）

体　育

【概　况】 2019年，全州教体系统落实党对体育工作的要求，坚持稳中求进、高质量发展，以推进全民健身计划、竞技夺牌计划为抓手，抓重点、强弱项、重特色，体育地域品牌逐步形成。年末，全州共有体育场地4041个，场地总面积362万平方米，人均体育健身面积1.2平方米。其中体育场馆271个（体育场13个，体育馆6个，小运动场229个，田径场房23个），游泳跳水场馆14个（室内游泳馆3个，室外游泳场11个），室内综合训练房60个（篮球场4个，体操房3个，羽毛球馆5个，乒乓球12个，武术馆2个，摔柔跆1个，举重1个，健身房17个，棋牌9个，台球2个，门球4个），室外专项体育场1928个（标准足球场13个，5人制足球场20个，7人制足球场19个，标准篮球场1570个，三人制篮球场15个，排球场7个，羽毛球场68个，乒乓球场217

个，轮滑场1个，门球场11个，网球场2个），健身步道100余条，乡镇村社区街道健身场地1768个。享受国家补贴的公共体育场馆5家，全部免费或低收费开放。设有州体育总会1个，县市体育总会8个，县以上全民健身中心8个，州级体育协会27个，专业体育健身指导机构32个，在册各级社会体育指导员1296名。全州1576个村有1477个已配套安装了全民健身器材，覆盖率93.7%。国家级体育后备人才基地5个（其中重点后备人才基地2个），省级重点基地4个。国家级青少年体育俱乐部1个，省级青少年体育俱乐部4个，省级青少年体育传统项目校7所。业余体校8所，其中州级体校1所，县市级业余体校7所，在聘教练员85人，在训运动员875人。

【全民健身】 5月18—19日，举办“红军走过的路·徒步穿越大湘西”户外徒步活动，来自全国各地徒步爱好者2000余人参加活动，穿越吉首、花垣苗寨。6月1日，在古丈县举行以“体育+旅游+扶贫”为主题的中国古丈·两山100国际越野赛。10月19—20日，在龙山县里耶八面山举办“巅峰湖南·2019”六大名山登山赛，来自全国各地越野健身爱好者2000余人参赛。全年还举办湘鄂渝黔四省市第3届武陵山区门球比赛，湖南省游泳邀请赛，湘西州职工篮球联赛、气排球赛，湘西州“地质公园杯”职工羽毛球赛，第十一个“全民健身日”活动，2019“我爱足球”中国民间争霸赛湘西海选赛青少年组赛，2019“全民健身挑战日·健康湘西动起来”暨“全民终身学习活动周”活动，首届“万步有约健康湘西’职业人群健走大赛”，“庆国庆迎重阳”全州老年人门球赛，“2019湘西·娄底青少年校园足球冬令营邀请赛”等。州县两级对幼儿园开展“快乐体操”进行全方位评比，《湖南日报》“华声在线”、新湖南客户端等媒体以《全国首创的快乐体操在湘西州全面普及推广》为题进行专题报道，快乐体操得到有效推广。9—12月，组织开展湘西州第五次国民体质监测，全州8个县市检测6000余人，合格率93%。

【竞技夺牌】 2019年，湘西州408名运动员组队参加了田径、举重、摔跤、体操、足球、乒乓球、游泳等14个项目的省青少年锦标赛，共获得金牌52枚、银牌44枚、铜牌47枚，其中体操、攀岩项目团体总分排名全省第一。在全国第十一届少数民族传统体育运动会上，湘西州运动员代表湖南省参加7个项目角逐，获得7个一等奖、7个二等奖和9个三等奖。在山西太原举行的第二届全国青年运动会上，湘西籍运动员在攀岩项目上取得3金3银3铜。2019年赛艇世锦赛上曾涛夺得男子轻量级四人双桨项目金牌。在宁远县举办的2019年全省青少年举重锦标赛上，湘西州举重基地以96分的成绩列团体总分第二名，获体育道德风尚奖。在2019年全国男女举重锦标赛上，湘西州运动员夺得4金1银1铜。承办2019年全国举重U17锦标赛暨二青会15—17岁以下组预赛。

【后备人才培养】 2019年，全州审批发放国家二级运动员证20个。1月，湘西州举重基地、州体校摔跤基地、古丈县举重基地、永顺县体操基地获得湖南省高水平体育后备人才基地认定，被湖南省体育局命名为“湖南省高水平体育后备人才基地（2019—2022）”。龙山高级中学、永顺灵溪一小评选为“2017—2018年度湖南省体育传统项目学校优秀单位”，保靖民族中学、花垣边城高级中学等5所学校评选为“合格单位”。全年，各人才基地招生组建队伍，收集100余名运动员信息，通过集训发录取通知书70余份。举办2019年度全州体育教师、教练员队伍骨干培训班，127人参加培训。全州有1100多名教师、指导员、快乐体操教练员参加社会体育指导员培训，120多名健身骨干参加健身气功二级和一级社会体育指导员培训，20人参加轮滑、柔力球、山地救援、广场舞、瑜伽、跳绳等项目一级社会体育指导员培训，20名骨干参加州级羽毛球裁判员培训，推送1人参加国家级社会体育指导员培训，52人参加湖南省省级武术（太极拳）段位考评员认证培训。

【学校体育】 10月16—28日，组队参加湖南省第三届中学生运动会，湘西州代表团严美云获男子田径100米亚军、200米亚军，高煜蕊获女子400米自由泳亚军、100米蝶泳季军。11月6—14日，全州第四届中小学生校园足球联赛在吉首市举行，共1391位师生参加活动。从竞赛中脱颖而出的李嘉璇、吴文静、李欣怡三位同学分别进入省女足和国家女足集训队。11月，花垣县民族中学、花垣县第三中学、花垣县猫儿乡九年一贯制学校、古丈县古阳镇罗依溪九年一贯制学校4所中小学校入选“国家青少年校园足球特色学校”，年末，全州有国家级青少年校园足球特色学校65所、国家级足球特色幼儿园5所、国家级足球运动队建设基地1个。是年，永顺县、龙山县作为2019年湖南省学生体质与健康调研及国家学生体质健康标准抽查复核调研点县，完成2600例土家族学生健康监测。

【体育彩票销售】 全州开展140场次“体彩嘉年华”地推活动，其中州、县市合力开展40多次与大型体育赛事活动相结合的地推活动，地推活动场次在全省各市州名列前茅。是年新增州“诚信经营体彩网点”18个，诚信经营状况年检合格42个，正常经营网点135家，全年销售体育彩票1亿元，完成州定销售目标任务。

【承办全国举重锦标赛】 3月21—28日，2019年全国举重U17锦标赛暨二青会15—17岁以下组预赛在湘西自治州民族体育中心体育馆举行。比赛由国家体育总局举重摔跤柔道运动管理中心主办，湖南省体育局承办，湖南省举重协会和湘西自治州教育和体育局协办。全国46支代表队558名运动员参加比赛，男子组有49公斤级至+102公斤级10个级别比赛，女子组有40公斤级至+81公斤级10个级别比赛，各级别比赛总成绩前12名选手将获得参加第二届全国青年运动会参赛资格。这次比赛，是至2019年末在湘西州举办的最高规格的单项赛事。湘西州的后勤服务工作得到赛事主委会的肯定，参赛人员的赞扬。

【湘西州输送的运动员在全国举重锦标赛上夺金】 4月，湘西州培养输送的4名运动员参加在浙江和湖北举行的全国举重锦标赛，田野获得男子96公斤级抓举银牌和挺举、总成绩金牌各1枚，唐健获男子81公斤级挺举和总成绩金牌2枚，石佳琪获得女子87公斤级银牌1枚，吴要林获得男子55公斤级铜牌1枚。

【湘西州运动员在全国民运动会上夺金】 9月5—16日，全国第十一届少数民族传统体育运动会在河南省郑州市落下帷幕，湘西州运动员代表湖南省参加7个项目（秋千、高脚竞速、射弩、蹴球、陀螺、民族摔跤、武术）的角逐，获得7个一等奖、7个二等奖和9个三等奖。12月，湖南省人社厅、省民宗委、省体育局授予湘西州教育和体育局、湘西州民族体育学校“湖南省民族体育工作先进单位”称号，授予龙波、吴安珍、陈晓霞、费迁红、谭文妹、张雪飞、严美云、石凡君、杜文杰、姚敏、向竹青11人“湖南省民族体育工作先进个人”称号。

【曾涛夺得赛艇世锦赛金牌】 8月24日至9月1日，世界赛艇锦标赛在奥地利林茨奥斯滕海姆举行。湘西自治州培养输送的赛艇选手曾涛夺得男子轻量级四人双桨冠军。这是中国赛艇队在该级别项目上首次夺冠。

【湘西州输送的运动员在全国青运会攀岩上夺金】 8月，在山西太原举行的第二届全国青年运动会上，湘西籍运动员龙金宝、张亮、杨慧贤、杨惠菊、杨嘉轩、石杨芳在攀岩项目上取得了3金3银3铜的好成绩，其中运动员张亮夺得体校男子乙组标准速度赛和体校男子乙组速度接力两枚金牌，运动员石杨芳摘取一枚体校乙组女子攀石金牌。

【“体育＋旅游＋扶贫”为主题的古丈国际越野跑赛】 6月1日，以“体育＋旅游＋扶贫”为主题的中国古丈·两山100国际越野跑赛在古丈县举行，赛道105公里，穿越湘西腹地古丈高望界、断龙山、酉水河茶马古道和土家族苗族传统村落，沿途奇特的山水风光、丰富的森林植被、优美的生态茶园、浓郁的民族风情，给参赛选手带来身心愉悦享受和不一样的体验。有国内外1500名选手参加比赛，包括来自法国、意大利、英国、美国、立陶宛、德国、加拿大等国家的22名外籍选手。这是全国首次体旅扶贫越野跑赛事。

（张云文　刘　芳）

卫 生

卫生健康

【概 况】 2019年，全州卫健系统坚持以人民健康为中心，团结奋进，努力工作，完成年度各项任务。巩固三明联合限价采购联盟，跟进国家“4+7”城市药品带量采购，每年减少患者用药支出3亿元。古丈县人民医院通过“二甲”评审，实现县级医院“二甲”全覆盖。全州90个行政村“空白村卫生室”建设项目全部完工。每千常住人口有执业（助理）医师、执业护士、基层医疗卫生机构诊疗量同比提升8.5%、7.9%、5.7%；县域外就诊率同比下降5个百分点，住院床日同比下降0.26天，医疗费用增幅同比下降3个百分点。湘西州综合医改工作受到省人民政府“真抓实干督查激励”表彰，健康扶贫工作经验入选全国健康扶贫十大传播案例。全州有综合医院、民族中医院70家，其中公立医院23家，民营医院47家；妇幼保健院9家，专科疾病防治院（站、所）5家；基层医疗卫生机构3107家，其中乡镇卫生院207家、社区卫生服务中心8所、村卫生室2428家、诊所和医务室456家。全州医疗机构床位数21116张，执业（助理）医师6224人，注册护士8034人。全年总诊疗973.31万人次，入院65.40万人次。

【健康扶贫】 全州城乡居民基本医保参保率95%，贫困人口参保率100%，个人参保缴费财政补贴50%以上，其中吉首市、龙山县对贫困人口参保实施全额补贴。所有医保定点机构实施贫困人口住院“先诊疗后付费”和“一站式”结算政策。29种大病定点医院专项救治率90%，建档立卡贫困户慢病患者签约服务率100%，县域内就诊率85%，贫困人口等四类人群医疗费用实际报销比例平均86.3%（考核要求85%），有效控制因病致贫因病返贫。湘西州健康扶贫通过全省考核验收，代表湖南省接受国家健康扶贫检查。

【综合医改】 贯彻执行国家基本药物制度，36种国家谈判药及17种抗癌药品纳入医保目录，25个品种纳入湘西州药品耗材采购平台。与州医疗保障局联合公开遴选相关企业为湘西州短缺药品储备基地，竞价增补30种短缺药品。建立短缺药品四级监测网络，药品采购平台新增基药品种115个。深化公立医疗机构改革，推进医疗联合体建设，全州组建各类医联体28个，其中医疗集团1个，县域医共体20个，专科联盟6个，医疗协作网络1个，覆盖全州2家三级医院、15家二级医院、160家乡镇卫生院。控制医疗费用增长，公立医院医疗总费用增幅为9.9%，实现医疗费用增长控制在10%左右目标。城乡居民医保筹资标准每人每年740元，其中各级财政补助520元，城乡居民个人缴费220元。

【基层卫生】 重视消除行政村卫生室“空白村”工作，完成全州消除村卫生室“空白村”建设项目 90 个。160 个行政村无村医卫生室按照巡回诊疗方式，人员配备到位。115 个乡镇均有 1 所政府办卫生院，每个乡镇卫生院和社区卫生服务中心配备 1 名以上注册全科或助理全科医生。明确乡镇卫生院为全额拨款事业单位，实行编制内实有人员经费纳入财政全额预算，正式聘请人员经费按所需基本工资和基础性绩效工资 60%标准纳入财政预算。新增财政补贴加基本公共卫生补助和药品零差率补助项目，全州村医年均收入 3.9 万元，基本稳定村医队伍。全年培训基层骨干全科医生 10 人、骨干医生 38 人、骨干护士 171 人、村医 2030 人。全年争取上级支持基层卫生基建项目建设和仪器设备配置资金 5565 万元，完成乡镇卫生院房屋修缮项目 68 个，修建行政村村卫生室“空白村”项目 90 个，为乡镇卫生院配置医疗设备 DR18 台、全自动生化仪 18 台、呼吸机 29 台、彩超 31 台、救护车 8 辆。支持古丈县人民医院二甲创建，从州人民医院选派 52 名医务人员驻古丈县人民医院，提升古丈县人民医院医疗服务能力。古丈县人民医院顺利通过专家组评审，正式确认为二级甲等综合医院，湘西州实现二甲医院县市全覆盖。

1 月 12 日，州卫计部门为群众提供义诊服务
袁桂湘　摄

【疾病防控】 抓实疾病防控和应急处置工作，落实霍乱、手足口病、人禽流感等重点传染病防控措施，指导县市处置突发公共卫生事件 34 起。落实免疫规划工作，推行儿童预防接种信息管理系统建设，采用集中定点接种与上门查漏补种相结合方式，确保儿童免疫规划无空白村寨。对全州 120 个接种单位进行督导，免疫规划疫苗报告接种率 95%。推进艾滋病、结核病防治工作，探索结核病防治试点湘西经验，助力结核病人脱贫脱困，减免医药费用 300 余万元。

4 月 29 日，湘西州《中华人民共和国职业病防治法》宣传周系列活动启动仪式暨湘西州尘肺病农民工救治救助义诊活动在永顺县万坪镇举行
袁桂湘　摄

【医疗服务】 持续夯实医疗服务能力，全州 20 家二级以上公立医院推行 6S 精益化管理。重点抓好县以上二级医疗机构呼吸、肾病、肿瘤等重点专科建设与同质化培训，持续推进胸痛、卒中、创伤、危重孕产妇和危重新生儿救治“五大中心”建设。推进深度贫困县“1+6”能力提升项目实施，补齐县医院能力建设短板，县域就诊率 90%。持续改进医疗服务，优化诊疗环境和服务流程，增设服务窗口，开展优质护理服务。州人民医院、州中医院开通网上预约诊疗、移动支付、诊间支付服务。落实“五项制度”，开展“三大整治”，控制医疗费用不合理增长。加强无偿献血宣传招募工作，年内完成无偿献血 600 万毫升，加强临床用血检查指导，确保临床用血安全。

【民生实事】 加强妇幼保健机构建设，龙山、凤凰2个妇保院创建二级甲等妇幼保健机构。保障母婴安全，全州有母婴设施场所27处。实施农村适龄妇女“两癌”免费检查39283人，完成年度任务104.92%；孕产妇产前免费筛查18123人，完成年度任务107.88%；孕前优生健康免费检查21464人，完成率100.30%；新生儿疾病筛查率97.3%（考核要求95%）。

【民族医药】 2019年，湘西州有三级甲等中医医院1家，县级中医民族医医院7家，95个乡镇卫生院和4个街道社区卫生服务中心建立标准化中医馆，238个行政村卫生室建立中医角。全州有中医民族医国家级重点专科3个、省级重点专科14个、省级专长绝技6项。6月30日，《土家医药医疗标准》在湘西州正式发布，制定发布土家医药标准25项，土家医药有了规范的医疗标准。加强中医药综合监管，组织开展中医医术确有专长考核申报、资格审查、注册管理等工作。对民营中医医疗机构医疗服务行为开展监督监管。全州监督检查“保健”类店铺96家，开展行政指导和行政约谈138次。加强民族医药人才培养。开展名老中医药专家传承工作室建设和中医药专长绝技收集整理，全州有635人通过考试获得土家医苗医从业资格。引进医药卫生类世界500强企业1家，至年末湘西州康养中心项目累计投资2.8亿，其中生物医药投资1.2亿元，康养产业投资1.6亿元。

【智慧医疗】 开展“互联网+医疗健康”考察试点。筛选吉首、凤凰和古丈三县市作为第三批基层远程诊室项目县市进行申报。推进“一网通办”和“一卡通用”工作，推进智慧医院建设。全州已有11家二级及以上公立医院开展预约诊疗等服务，占比52%；三级公立医院预约时段精确到1小时以内。

【计划生育】 年末，全州总人口3063313人，同比净增18217人。全年出生人口31235人，同比减少4720人，出生率10.3‰，同比下降1.6个千分点。出生人口中，一孩11871人、二孩14564人、多孩4800人。政策内出生27980人，其中一孩11839人、二孩14543人、多孩1598人，符合政策生育率89.6%，同比下降0.62个百分点。2019年出生人口中，男性16471人，女性14764人，出生人口性别比111.56（女为100），同比下降1.06（女为100）。结合生育服务登记和“放管服”改革要求，开展计划生育网上办证服务，政府官网和微信公众号等多渠道申办生育服务证，疏解群众办事堵点，提高登记办证效率。全州应配置母婴设施场所26家，年末建成并投入使用8家，在建14家，纳入2020年规划4家，总体配置率为84.6%。完成农村部分计划生育家庭奖励扶助、计划生育家庭特殊扶助、独生子女保健费、城镇独生子女父母奖励、农村独生子女考学奖励等扶助对象资格确认及目标人群申报，落实年度扶助资金3925万元，惠及23435人。其中农村部分计划生育家庭奖励扶助对象15240人，计划生育家庭特别扶助对象1795人（其中独生子女伤残对象293人，独生子女死亡对象791人，计划生育手术并发症对象711人），州本级城镇独生子女父母奖励对象2810人，独生子女保健费发放对象3302人，农村独生子女考取全日制专科以上高等院校一次性奖励对象288人。提高特别扶助金标准，独生子女伤残对象扶助金每人每月540元以上，独生子女死亡对象扶助金每人每月680元。其中标准最高的永顺县、龙山县将独生子女伤残对象扶助金标准提高到每人每月725元，独生子女死亡对象扶助金标准提高到每人每月866元。开展特别扶助保障体系调研，通过发放调查问卷、召开座谈会、上门走访等方式，了解计生特殊家庭在生活、健康、养老等方面的具体需求。推进“三个全覆盖”制度落实。对所有计划生育特殊家庭对象确定乡、村各一名干部作为帮扶联系人，纳入家庭医生签约服务。州本级

2家、8个县市各1家综合性公立医院确定为计划生育特殊家庭就医绿色通道定点医院，全年为110名有医疗需求的计生特殊家庭对象提供医疗服务。

【州中心血站采血小组获评全国突出采血班组】 1月31日，国家卫生健康委、中国红十字总工会、中央军委后勤保障部卫生局联合下文表彰全国表现突出采血班组304个，湘西州中心血站采血小组获此殊荣。湘西州探索“优质、高效、便捷”无偿献血综合服务模式，树立“以献血者为中心”服务理念，广大血站工作者立足本职、尊重科学、敬畏生命，提高服务质量、规范服务行为，强化血液质量安全体系建设，保障无偿献血事业持续健康发展。2018年，全州献血16577人次，献血总量5.2吨，采血量同比增加3.38%，供血总量9.2吨。

【湘西州获评“全国结核病防治工作先进集体”】 4月，湘西州结核病防治“湘西经验”，被评为“全国结核病防治工作先进集体”。副省长吴桂英批示:“请省卫健委阅研，总结湘西经验，积极推广，提升结核病防治的能力和水平。”湘西州构建疾控中心、定点医院、基层医疗卫生机构“三位一体”结核病防治新模式，推动湖南省医疗机构结核防治技术联合体建设，全州9家定点医院全部签约成为联合体会员单位。整合资金6000多万元，为州级定点医院添置荧光定量PCR设备1台，为吉首、泸溪两县市定点医院添置G-Xpert设备各1台，为其余6个县定点医院配置结核分枝杆菌复合群核酸检测仪，升级硬件，为防治结核病提供基础服务。将结核病纳入基本医疗保险门诊特殊病种管理，普通及耐多药结核病患者医保额度分别提至2000元/年和1500元/月，个人自付降至20%。整合帮扶救助政策，在全省率先实现结核病门诊定额报销，建档立卡贫困人口、农村低保对象、大病患者、特殊慢性病结核病患者实际医疗费可报销80%以上，特殊困难患者可全额报销，累计为5100余名结核病患者报销医疗费用1050万元。

（胡　刚　贾海花　张　洁）

计划生育协会

【概　况】 2019年，湘西州计划生育协会认真学习贯彻习近平总书记在中国计生协“八代会”上做出的重要指示精神，紧紧围绕党委、政府工作中心和卫生计生重点任务、卫生健康工作大局和计生协“六项”重点任务，积极、务实、主动、创新履行职能，各项工作取得新进展、新成效，为助力推进党委、政府的决策部署落地落实彰显了群团风采、贡献了协会力量。

【宣传工作】 助推健康湘西建设，开展三大活动。围绕纪念计生协第21个“5·29会员活动日”，集中5—6月两个月时间，开展“关注家庭健康，建设幸福小康”为主题的集中宣传服务活动，精心组织“九大”系列群众性宣传服务活动，实现州、县市、乡镇、村（社区）四级联动，构建大健康宣传格局。围绕家庭幸福，开展“健康科普咨询、青春健康进校园、婴幼儿成长关爱”三大健康促进活动，助推健康湘西建设。围绕庆祝新中国成立70周年，开展“党的十九大精神、卫生健康政策法规、卫生健康知识”三大宣讲活动，进行送政策、送知识、送关怀、送健康活动，营造礼赞壮丽祖国、亮展卫健风采、关注健康知识的浓厚氛围。

【生育关怀】 助力精准脱贫工程，实施三项生育关怀。搭建政策、项目、保险、健康、爱心五个生育关怀服务平台，助力健康扶贫、精准扶贫工作。全年争取上级“三结合”、创业贷款贴息、幸福工程、决胜小康等计生关怀项目39个，资金234.35万元，帮扶带动600多户计生贫困家庭发展生产，增强脱贫后劲；巩固和持续推进城乡计生家庭意外伤害保险和计生特殊家庭健康保险工作，为城乡近7万户计生家庭和计生特殊家庭人员撑起抵御意外伤害保险“安全伞”；组织开展健康义诊、健康咨询活动，落实计生特殊家庭住院护理补贴政策，为171名住院对象发放护理补贴33万元。坚决贯彻国家、省、州关于扶贫攻坚的一系列决策部署，落实驻村帮扶和后盾单位责任，选派一名工作人员担任驻村第一支部书记，为扶贫工作队解决工作经费8万元，结对帮扶贫困户12户，全年入户走访慰问10余次，帮助落实产业发展和救助资金12万多元；发挥群团组织优势，在扶贫联系村开展企业和公益团队“与爱前行”志愿服务献爱心送温暖活动，组织“湘探·花连”公益团队为扶贫村师生捐赠学习用品，组织健合（中国）有限公司为3岁以下儿童捐赠93箱价值60万元的营养奶粉，组织凤凰县“山那边慈爱之家”及株洲爱心团队开展留守儿童慰问和圆梦助学活动，发放30多万元的爱心资金和学习用品。实行计生特殊家庭“2+1”结对联系制度，适时开展解困、帮扶和慰藉；组织卫健系统“小善举·大爱心”、爱心组织及人士“生育关怀基金”等募捐活动，定期开展生育关怀送温暖活动。年内先后整合资金、物资折价185万多元，为5340多个困难计生家庭、贫困母亲、学生、流动人口和“三留守”人员等送去关怀慰问和精神慰藉。

【基础建设】 以“六个到户”为抓手，着眼全面两孩政策的新任务、新要求，面向需求，创新管理，通过群众自治的方式，鼓励和引导群众按政策生育，促进社会治理水平提升。是年，全州县市、乡镇、村（社区）计生基层群众自治组织，有29个进入省级计生基层群众自治先进单位，有28个被授予全州计生基层群众自治先进单位。在推进省、州两级流动人口计生协示范点创建工作的同时，新创吉首市、花垣县2个省级宣传教育、会员之家建设示范窗口，培植州、县市级会员之家示范点16个。巩固百支宣传队、千人志愿者、万名骨干会员“三支队伍”建设，发挥其作用；积极培育协会组织网点，全州各级计生协在理事单位、行业、企业及辖区内流动人口集聚地区所建立的计生协会组织，得到加强和拓展。

【创新实践】 携手其他群团和社会组织，开展“圆梦微心愿”、助学济困、“关爱婴幼儿成长”、情系留守儿童、留守老人等多形式送关怀活动，整合资源汇聚大爱。坚持生育关怀与精准扶贫相结合，探索实践计生关怀项目“助企联村帮户”运作模式，带动帮扶计生贫困家庭增收脱贫，促进项目运行提质增效。以“六个到户”为管理手段，参与公共卫生服务、家庭健康促进、文明“三关爱”、社会治理等工作，做到资源、内容、机制、保障“四融合”，拓展转型期协会服务职能。着眼大宣传格局，打造协会好声音舆论平台，借力卫健、妇联、社团等多组织力量，系列化、规模化、多样化、特色化策划和组织群众性宣传活动，强化协会宣传员队伍力量，办好《协会信息》简报阵地，发挥计生协网站作用，传播协会正能量，浓厚宣传舆论氛围，扩大协会活动影响。全年全州各级计生协在州级以上报刊网站等媒体发表新闻信息稿件140多篇。

【“决胜小康·计划生育困难家庭发展行动”项目启动】 8月2日，湖南省人口健康福利基金会“决胜小康·计划生育困难家庭发展行动”项目落户永顺县灵溪镇树木村，举行启动仪式。该项目采取“公司+基地+计生困难家庭”模式，帮助和带动计生贫困家庭解决就业、发展产业、增加收入、助力脱贫。项目总资金规模为20万元，扶助计生困难家庭40户，每户5000元，以入股的形式投入永顺县三人行柑橘种植合作社，在3年内对受助计划生育困难家庭按参股金额10%比例给予年终分红，3年期满后，将5000元扶助金将返还给受助家庭。

【“关爱婴幼儿成长”营养奶粉发放】 6月11日，州计生协与州卫健委、州红十字会携手中国红十字基金会合生元母婴救助基金、健合（中国）有限公司在凤凰县两林乡禾当村举行“关爱婴幼儿成长”营养奶粉发放活动仪式，将1830盒价值60万元的营养奶粉发放给两林乡禾当、板如、代高、高岩，禾库镇德榜5个苗族贫困村的300余户0—3岁的婴幼儿家庭。此举是关爱婴幼儿成长、推进贫困地区婴幼儿营养干预工程、帮助贫困家庭婴幼儿童改善营养健康水平、落实对贫困人口健康扶贫的一项措施。

（田晓辉）

疾病预防控制

【概　况】 2019年，州疾病预防控制中心认真贯彻“预防为主”工作方针，紧紧围绕“保障人民健康”这一核心任务，认真落实各项疾病防控措施，苦练内功，砥砺奋进，圆满完成年度各项目标任务。

【传染病防控】 开展39种法定传染病监测、评估、预警和处置工作，落实霍乱、手足口病、人禽流感、流感、狂犬病、登革热等传染病防控措施，全州传染病疫情总体平稳，无甲类及按甲类管理的乙类传染病报告。

【公共卫生应急】 重组湘西州疾控系统突发公共卫生事件应急机动队，完善应急预案体系，强化应急演练，加强日常培训，卫生应急能力不断提升。成立湘西自治州突发公共卫生事件风险评估领导小组、专家组，定期组织专家对疫情趋势进行风险评估，强化重点疫情分析的针对性，提前研判疫情发展趋势，定期报送疫情防控信息，确保政府领导及时、准确掌握突发公共卫生事件情况。

【免疫规划】 组织实施扩大国家免疫规划，推进儿童预防接种信息管理系统建设，科学、规范开展免疫规划针对性疾病监测等工作。全州免疫规划疫苗报告接种率98%以上，疫苗针对性疾病发病维持较低水平。预防接种异常反应监测灵敏、处理及时，强化麻疹疫苗查漏补种和疫情防控，全年报告疑似预防接种异常反应244例，异常反应19例，均按要求开展调查处理和信息资料的上报。

【艾滋病综合防治】 完成艾滋病综合防治转型工作，艾滋病防治更加科学规范，病人发现数、符合治疗条件的病人接受抗病毒治疗比例和病人生存时间大幅度提升。落实“四免一关怀”政策，全州免费抗病毒药物成人治疗1181例，治疗覆盖率89.9%；完成国家哨点监测2401人，完成艾滋病病毒抗体筛查40.7万人次。

【结核病防治试点】 全州共登记活动性结核患者2760例，较上年同期（2771例）减少0.4%，治疗成功率94.37%。筛查耐多药可疑者912人，发现耐多药患者47例，耐多药患者发现完成全年任务的235%（47/20）。非结防机构报告肺结核患者转诊及追踪总体到位率95.9%。加强学校结核病防控工作，完成1090所学校148188名学生结核病筛查（含症状筛查），发现活动性肺结核患者38例，学校结核病聚集性疫情得到及时有效控制。65岁及以上老年人和糖尿病患者肺结核病筛查工作全面开展，可疑症状者摄片率分别为92.42%、92.69%。

【农民工尘肺病救治救助】 继续实施无责任主体尘肺病农民工患者专项救治救助，对建档立卡贫困户患者实行100%医疗救助，完成农民工尘肺病筛查2165人，完成救治救助286人。完成职业性尘肺病人随访2444人、工作场所职业病危害因素监测155家（省定任务153家）。完成国家下达的职业病监测与职业健康风险评估、医用辐射防护监测和职业性放射性疾病与职业健康风险评估、非医用辐射危害监测三个项目工作，完成从业人员预防性体检21791人、职业健康体检2400人、职业病治疗156人。

【慢性病防控示范区创建】 推进慢性病防治工

作，凤凰县顺利通过国家慢病综合防控示范区复评审，泸溪县继续保持国家示范区称号。完成死因监测、心脑血管疾病监测、肿瘤随访登记、伤害防控能力与心理健康促进能力调查等国家项目年度任务。组织开展州直机关第一届“万步有约健康湘西”职业人群健走大赛，有46个单位59支队伍809人参赛。推进全民健康生活方式行动，开展现场活动与健康知识讲座32次，新增健康支持性环境4个，全民健康意识和健康生活方式行为能力不断提升。

【实验室服务能力提升】 全年投入1726.7万元，添置各类检验检测设备30余台件。完成水质、食品、传染病病原学等各类样品检测16194个，上送毒株、菌株195株，其中鸡胚培养分离毒株数居全省各市州第2位，参加国家、省组织的能力验证活动38项，考评结果全部为合格以上，检验检测“一锤定音”能力提升。

【服务生态整治消除涉污危害】 牵头开展花垣县涉矿区域儿童血铅超标流行病学调查，落实采样、检测、健康教育、营养干预等防控措施，对花垣县涉矿区域的4242名适龄儿童进行血铅筛查，登记在册检测率98%；指导花垣县完成170名高铅血症和轻度中毒儿童的营养干预，登记在册营养干预率100%，经过三轮干预两次复查，血铅超标儿童超标率1.7%，达到省定超标率控制在2.5%的目标。

（卓　超）

卫生计生监督执法

【概　况】 2019年，州卫生计生综合监督执法局严格按照国家有关卫生计生法律法规规定，代表州卫健委履行全州卫生计生综合监督行政执法，各项工作均取得较好成绩。全州所有村社区实现卫计监督协管全覆盖，公共场所、生活饮水、医疗市场、学校卫生、传染病防治等监督管理制度化、规范化、常态化，全年查处各类卫计违法违规案件创历史新高。

【卫生监督协管】 全州8个县市、109个乡镇街道、1726个行政村、166个社区全部开展卫生计生监督协管服务，覆盖率100%。成立乡镇街道卫生计生监督管理机构115家，有协管员349人、协管信息员1810人。全州卫生计生监督协管服务框架基本形成，服务网络初具规模，服务能力逐步提升。

【公共场所卫生监督】 截至12月20日，全州查处公共场所卫生行政处罚案件111起，其中一般程序89起，简易程序22起，共处罚款17.62万元，案件数量和罚款金额均创历史新高。州本级查处案件25起，其中一般程序22起，简易程序3起，罚款金额6.25万元。2019年3—9月，对全州住宿场所卫生问题进行专项整治，检查912家旅店，检查覆盖率92.68%，立案查处79家，占检查单位8.66%，结案79起，共处罚款10.64万元；完成省《公共场所告知承诺制实施后事中事后监管追踪评价项目》湘西州调研，为省调研提供素材。

【生活饮用水监管】 2019年，湘西州有二次供水单位164家，二次供水设施238个。州卫计监督局对全州二次供水卫生现状和农村集中式供水卫生安全展开全面巡查，开展整治净水器市场乱象百日行动“回头看”专项工作，8个县市共出动监督员334人次，检查家电市场、销售净水器店铺113家，检查社区、农村集市等重点区域48个，责令限期整改28家，整改到位28家。后期“回头看”回访排查场所29个，经营店铺66家，发现违法销售2家，前期整改到位100%，回访排查率60.41%，店铺回访率58.41%，未出现反弹现象。5月下旬，在全州范围内开展以“全民关注饮水安全、共筑平安和谐社会”为主题的一系列饮用水卫生知识宣传活动，开展媒体报道10次，开办报纸、电视、网络等专题栏目7个，微信、短信推广1.88万条（次），制作播放公益广告16条，制作张贴宣传海报181张，制作展板44块，制作发放宣传单（册）2.153万份；开展现场咨询活动126次，为7万余群众解惑答疑。

【医疗服务市场监管】 2019年，全州有持“医疗机构执业许可证”的医疗卫生机构664家（不含村卫生室、医务室等医疗机构）。全年进行医疗机构“医疗机构执业许可证”新申请发证现场审核2家，申请变更现场审核15家；医疗机构“母婴保健技术服务执业许可证”申请现场审核8家；“医疗广告审查证明”审核12份。全州出动卫生执法人员1124人次、车辆256台次，检查医疗机构550家，办理卫生行政处罚案件73起，结案66起（其中简易程序13起，一般程序53起），暂停执业1人。其中州局检查州本级及县市医疗机构78家（州本级33家，监督覆盖率达100%；抽查县市发证医疗卫生机构45家），提出整改意见78家次。州本级立案查处12起，结案12起，罚款3.68万元。开展医疗废物、医疗机构抗菌药物、医疗美容、产前诊断技术服务机构、儿童青少年近视矫正医疗机构、抗（抑）菌制剂、预防接种等专项整治工作，共计检查1064家次，下达《卫生监督意见书》367份。开展打击非法行医、“保健”市场乱象百日行动、县级医疗机构院感工作督查、传染病防治分类监督综合评价工作，均取得良好成效。

【学校卫生监督管理】 州卫计监督局对全州343所学校进行调查，发现设置有医务室的学校31所，设置有保健室的学校160所；学校饮用水水源供水方式为市政集中式供水的107所，农村集中式供水的232所，二次供水的2所，分散式供水的2所。开展学校饮用水安全专项监督检查行动、学校近视眼防控和采光照明抽检工作，保障学生饮水安全和学习环境。对286所学校卫生状况开展综合评价，其中优秀学校35所，合格学校251所，达到“十三五”规划任务要求。开展饮用水安全讲座和学校近视眼防控进校园活动，受益师生600余人。查处学校卫生案件48起，案件数比上年增长46起，其中一般程序7起，罚款2.9万元，当场处罚41起。

【职业卫生与放射卫生监督】 对州民族中医院改建CT机房、龙山龙凤精神病医院DR机房、湘西经济开发区吉凤街道卫生服务中心DR机房竣工进行现场验收，对州民族中医院分院DR、CT机房进行放射性职业病危害预评价审核。对20家州级发证放射诊疗单位监督全覆盖，完成放射诊疗行政许可7家，注销3家，审核通过2家。换发“放射工作人员证”507份，其中新发证146份，老证核发361份；换发放射工作人员个人剂量计1956个。开展全州医疗机构放射工作人员个人剂量专项整治工作，全州出动监督员471人次，检查放射诊疗单位131家次，下达监督意见书86份，查处5起违法行为。截至12月11日，完成对8个县（市）尘毒危害督促指导工作，为全州尘毒危害专项执法工作奠定基础。全年州本级查处放射卫生行政处罚案件12起，其中6起当场行政处罚，6起一般程序行政处罚，加上2018年1起跨年办结案件，2019年度共结案13起，罚款1.43万元。

【传染病防治监督】 州级层面有传染病防治监督管理单位13家，其中12家餐饮具集中消毒服务机构，1家疾病预防控制机构。全年完成经常性卫生监督40余次，制作现场监督文书38份，监督覆盖率100%。实施行政处罚12起，其中警告8起，立案查处4起，罚款1.2万元。对全州120家医疗卫生机构全面开展预防接种专项整治工作，及时汇总上报检查情况。对12家集中式餐饮具消毒服务机构进行全覆盖监督检查，抽检样品39份，全部合格，制作30余份卫生监督意见书，实施“警告”的当场行政处罚7起，一般程序的行政处罚1起，罚款5000元。开展抗（抑）菌制剂专项整治工作，检查抗（抑）菌制剂生产企业1家、医疗机构314家、疾控机构9家、妇幼保健机构9家，按要求及时汇总上报。开展消毒产品生产企业专项整治工作，检查7家消毒产品生产企业，对1家无“消毒产品生产企业卫生许可证”的“消毒品”生产企业违法行为进行立案查处，罚款3000元。联合吉首市卫计监督执法局对吉首城区4家消毒产品生产企业开展专项监督检查，立案查处1家，罚款3000元；对24家消毒产品经营单位进行监督检查，立案查处2家，罚款4000元。

【卫生计生许可审查】 依据相关法律、法规和标准，严把卫生计生许可审查和审批关。截至12月20日，全州共受理行政许可事项2022件（其中州本级456件），办结许可事项2016件（其中州本级456件），限时办结率99.7%。

【卫生行政处罚】 全州共查处各类卫生行政处罚案件254起，与上年同比增加25.12%。其中，州本级65起，8县市189起（其中泸溪41起、吉首33起、古丈28起、凤凰19起、花垣19起、永顺18起、龙山18起、保靖13起）；一般程序案件162（州本级44起，8县市118起），简易程序案件92（州本级21起，8县市71起）。共罚款42.942万元，其中州本级13.96万元，8县市28.982万元。

【“双随机”抽检】 截至2019年10月28日，全州有799个“双随机”抽检任务单，监督完成799个，任务关闭46个，监督完成率100%，任务完结率100%。实施行政处罚96起，罚款11.43万元。旅州卫计局将“双随机”抽查结果及行政处罚案件情况在局门户网站依法按规定时向社会公开。

（韩　倩）

人民医院

【概　况】 2019年，州人民医院（吉首大学第一附属医院）在职职工2538人，其中高级职称专业技术人员365人，中级职称专业技术人员680人，博士、硕士研究生241人，享受国务院特殊津贴专家3人，获国际南丁格尔奖1人。全年完成门诊112.98万人次、出院10万人次，住院手术3.82万台次，同比分别增长16.16%、19.15%、28.91%，门诊人次、住院人次分别首次突破百万、十万。年内，开展新业务、新技术46项，成立吉首大学临床与转化医学中心。获评州级文明标兵单位、州民族团结进步示范单位、州民族团结进步创建优秀单位，获得国家、省级、州级荣誉273项。

【医疗质量】 加强医疗质量管理，落实医疗质量安全核心制度。终末病历甲级率90.1%，在架病历甲级率99.8%，完成三、四类手术10969台次，占全年手术量28.7%。落实“三合理一规范”要求，抓好临床查房。病床使用率99.18%，大型设备检查阳性率均在52%以上，药品、医用耗材实现“零差率”销售。加强急救知识技能培训，提升危重患者抢救能力，危重患者抢救成功率99.11%。实行医院感染管理委员会、院感科、医院感染管理小组三级同步管理，院内无感染暴发事件发生。加强传染病管理，被评为湖南省哨点医院先进单位。完善医疗纠纷处罚定责规定，医疗安全保障水平提升，未发生被鉴定为医疗事故的医疗纠纷。

【信息化建设】 启动“智慧医院”建设，信息系统核心硬件设备改造升级，门诊新系统上线使用，门诊自助服务系统升级更新，启动外科楼、门诊楼智能化改造，手机OA办公系统成功上线，医院运行效率得到提升。

【改善服务】 预约挂号精准到1小时，门诊挂号、开诊时间分别提前至早上7点、8点。实现诊间支付、微信支付，居民电子健康卡、身份证、社保卡全院流通，一卡就诊。启用“一站式服务中心”，丰富自助机功能，办卡、挂号、缴费、结果查询、打印、取片等一机完成。推行专病专治，开设高血压专科门诊、慢阻肺门诊、哮喘门诊等专科门诊。开展优质护理，设置造口、PICC换药等护理专科门诊，开设“领班护士”试点病房、安宁疗护、肺康复操等特色护理。提供“共享轮椅”。

2019年11月22日，州人民医院“一站式服务中心”正式启用　　陆　山　摄

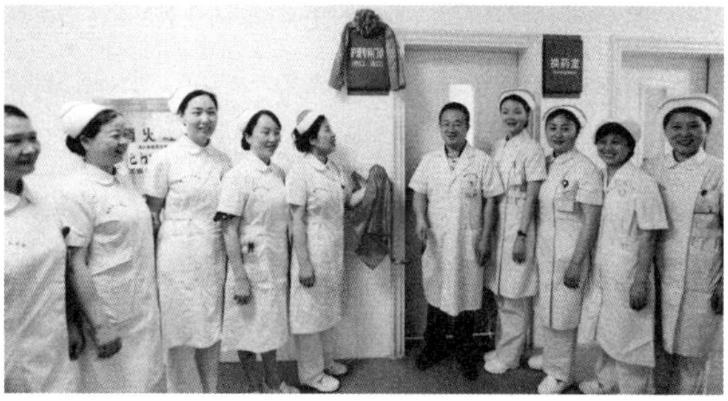

2019年6月1日，州人民医院成立湘西州首个护理专科门诊——伤口、造口护理门诊和经外周中心静脉置管术（PICC）护理门诊　　向飞燕　摄

【学科发展】 创建危重孕产妇救治中心、危重新生儿救治中心。强化胸痛中心、卒中中心建设。开展介入治疗，完成介入手术7899台次，同比增长20.65%。建成产前诊断中心PCR室并投入使用。成立州胸痛中心联盟和房颤中心。开展多学科会诊，全科医学科开科。重症医学科床位增至24张。儿童专科大楼2018年底启用后，儿科整体实力增强，全年完成门诊17.80万人次，出院1.74万人次，分别同比增长16.7%、50.1%。消化内科、呼吸内科、肝胆外科、乳甲外科等临床学科实力得到增强。

【科研培训】 成立吉首大学临床与转化医学中心，举办第一期胶质瘤专题学术沙龙。完成省、州级科研课题立项11项，吉首大学校级科研课题立项9项，省级继续医学教育项目17项。申报省级临床医学创新创业教育中心，完成临床医学本科2592学时理论教学和26676人学时实验教学任务，19名应届研究生毕业。规范开展住院医师规范化培训工作，3位教师获省级住培教学优秀表彰。开展临床技能培训，完成各级各类技能培训和考核30115人学时。加强继续教育学分管理，授予2类学分1.08万人次，审核学分524人次。

【社会担当】 及时处置突发公共卫生事件，“120”急救中心出诊4105次，开通急救绿色通道107次，成功救治流感病人、手足口病患者1828例、肺结核1141例。开展公共救助，免费治疗白内障患者578人，收治“三无特困”病人163人，减免费用113万元。加强对口支援，派驻85名医务人员对口帮扶古丈县人民医院，组织专家实地指导帮扶古丈县人民医院成功创建二级甲等医院。落实精准扶贫任务要求，为23983名建档立卡贫困对象减免住院费用1036万元。安排127万元资金支持两个定点贫困村产业发展，组织全院性下乡扶贫9次，两个定点扶贫村通过国家、省脱贫检查验收。驻新湾村工作队获全州优秀驻村扶贫工作队，2名驻村扶贫工作队第一书记获评全州优秀驻村扶贫干部。

（宋太灵）

民族中医院

【概　况】 2019年，州民族中医院抓抓国家重视中医药事业发展的机遇，坚持“一体两翼，一院两制，三医联动，四个精准”发展新思路，以病人为中心，以提高医疗质量和医疗安全为核心，着力内涵建设，不断彰显中医民族医特色，呈现出持续发展的新常态。全年完成门急诊量30.8万人次，同比增长5%；住院2.46万人次，与2018年基本持平。病床使用率108.3%。

【医疗改革】 按照省、州有关精神，坚持深化医改与医疗业务融合发展，主动适应医改，积极推进“三明”采购模式，推行药品零加成，建立医联体，推行分级诊疗，落实跨省异地就医和“先诊疗后付费”，以医改为导向注重调整发展结构，严格控制医疗费用不合理增长，不断提高中医药民族医药服务能力，优化服务质量主动适应医改，推进医院发展增速提质。

【基础设施建设】 项目建设稳推进。规划建设的27层、建筑面积3.89万平方米的综合楼即将完工，项目建成后，将新增住院床位800张，医院总住院床位将达到1200张。湘西红枫谷康养中心项目建设用地242亩，规划建筑面积16.2万平方米，计划总投资8.6亿元，年末累计完成投资3亿元，项目康养楼、康养副楼、医疗综合楼、民族医研究楼主体建设基本完工。项目申报新进展。申报内科大楼和湘西州武陵山老年养护中心建设两个项目，其中内科大楼项目预计投资3.5亿元，建筑面积7万平方米，湘西州武陵山老年养护中心预计投资3亿元，建筑面积7万平方米，2019年两个项目均进入国家项目库。

【医疗质量】 坚持以病人为中心，狠抓医疗质量和医疗安全。强化核心制度落实，做好医疗、医技科室量化考核工作，严格按医院核心制度、医疗工作制度、医院管理制度规范开展管理工作。定期或不定期对首诊负责制度、病情评估制度、三级医师查房制度、手术分级管理制度、知情同意制度、新技术新项目准入制度、疑难病人讨论制度、危重病人抢救制度等进行重点督查和监管，确保医疗质量。加强对危重病人、围手术期、临床用血、药物不良反应、有创诊疗操作、新技术新业务等重点环节监控，强化急诊、手术室、麻醉科、ICU、内镜室、血液净化室、产房、新生儿病房等重点部门和重要岗位质量管理，医

州民族中医院综合楼鸟瞰设计图
州民族中医院　供图

疗质量稳步提升，医疗服务领域不断拓展，医疗服务能力取得长足进步。全年组织疑难危重病人大会诊40余次，提升疑难危重病人诊疗质量。院部与各相关科室签订“医院感染管理责任书”“医疗废物管理责任书”，使医院感染及医疗废物管理工作责任明确，确保医疗安全，未发生院感爆发事件。规范传染病信息上报，做到传染病报告及死亡病例报告网络直报率、及时报告率、网络报告信息相符率三个100%，无漏报和迟报现象。

【医疗服务】 坚持以解决群众看病难、看病贵问题为根本，以落实医院核心制度为抓手，以提高疑难和危重病人诊疗水平为目标。根据临床和业务发展需要，在全州率先引进3.0T核磁、日本岛津大平板数字胃肠机、西门子超高端128层螺旋CT等高精医疗设备。推进卒中中心、胸痛中心和创伤中心建设，每个临床科室确定了1—2个亚专科发展方向，开展1—2项新技术、新项目临床实施，规范诊疗技术，提升医院整体医疗水平跃。重点专科建设有新突破，“土家医苗医脾胃

病、土家医肝病专科、推拿科”三个国家级重点专科引领带头作用进一步强化，新增骨伤科、儿科、呼吸内科、内分泌科4个省级重点专科，全院省级重点专科增加到7个。

【护理管理】 严格落实护理工作层级管理责任制，签订《护理管理目标责任书》，制定启动“精准护理”工作方案，全年患者点名表扬护理人员80人次，患者满意度96.8%。开展“青年志、杏林梦”主题中医护理健教大赛。探索建立科室铜砭刮痧、督灸、药筒滚熨疗法等专项特色治疗护理专家团队。发布风湿性关节炎等8个土家医常见病种护理规范国家团体医疗标准。

【医疗教学】 坚持走出去请进来方式开展学术教育，选派专业技术人员289人次外出参加学术会议，组织开展院内业务学习12次，培训院内外学员2000余人次。全年接纳省内外医学院校医学实习生237人，其中医药技127人，护理110人；接收省内外医院选送进修人员73人，其中小儿推拿进修人员26人。完成吉首大学医学院针推、护理专业临床见习2751人次，承担吉首大学医学院针灸推拿专业5门课程（方剂学、中医骨伤科、外科学、针灸学、推拿学）教学，完成授课任务。

【科研平台建设】 巩固国家地市级重点中医医院、国家重点民族医医院、中国土家医药标准研究推广基地、国家中药现代化工程技术研究中心土家医药分中心等国家级发展平台建设，推进湘西州首个博士后流动工作站协作研发中心等新平台建设，促进医院科研的发展。2019年，医院获国家级、省局级科研立项资助11项。参与国家重点研发计划“少数民族医防治常见病特色诊疗技术、方法、方药整理与示范研究”等科研项目建设，填补了州民族中医院建院30多年来承担国家级重大科研课题的空白。州民族中医院作为牵头部门组织起草的《土家医药医疗标准》正式发布，这是全国土家医药第一次发布团体医疗标准，标志着土家医药事业发展站在了一个新的起点上，争取了土家医药在国家层面的话语权。申报的两项民族医药科研成果“土家医常见病护理规范与特色护理技术传承创新”和“湘西刘氏小儿推拿疗法的推广应用”均获2019年度中国民族医药学会科学技术奖三等奖。

【土家医特色发展】 注重中医、西医、民族医融合发展，突出中医药民族医药特色优势。主持修订18项土家医技术操作规范、9项土家医养生保健技术文本，交国家中医药管理局医政司审议。组织起草心窝痛等11个土家医常见病证疗效评价标准、诊疗指南及护理规范文本，制订三百棒等29种土家药炮制规范文本及18个土家医常用护理技术操作规范文本，年末通过第一轮专家评议。在临床推广运用了“湘西苗医腰痛正骨法”“湘西土家医风湿痹症雷火神针疗法”等6项专长绝技和77项中医诊疗技术。全年除急诊ICU外，每科至少开展6项以上专科性较强、疗效确切的中医护理治疗项目。院内制剂实现新突破，全年取得15个院内制剂备案批号，打破建院以来只有1个院内制剂备案的局面。中药民族药服务能力增强，全面服务患者30余万人次，服务效果提升。

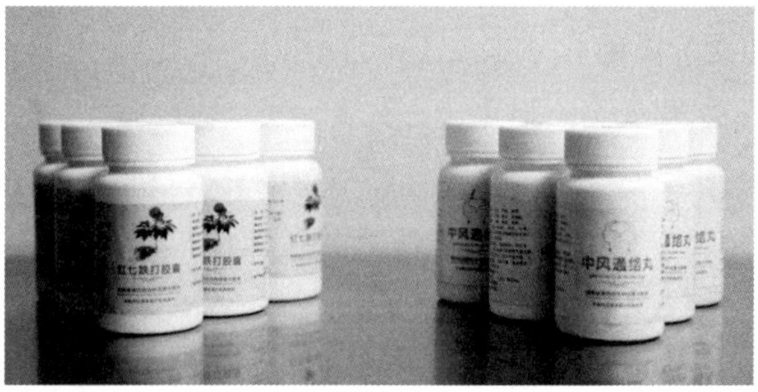

2019年，州民族中医院新取得备案号的2个制剂
州民族中医院　供图

【医疗扶贫】 为充分发挥医疗资源效能，优化资源配置，更好地为湘西人民群众提供优质的医疗服务，加强与上级医院医联体建设进程，是年，州民族中医院与济南市第四人民医院签署对口帮扶协议。医疗对口支援。选派神经内科、妇产

科、儿科、针灸推拿科7名骨干医生分别到泸溪县中医院、吉首市马劲坳中心卫生院、保靖县水田河中心卫生院、保靖县葫芦镇中心卫生院、花垣县边城镇中心卫生院、龙山县妇幼保健院开展为期半年的对口帮扶工作，受援单位的门诊量和医疗技术均显著提升。组织全院79名中层以上干部与扶贫村龙山县农车乡新寨村、富坪村贫困户开展一对一结对帮扶，全年开展走访6次；采取“公司+合作社+基地+农户”模式，带动贫困户发展中药材产业，带动周边7个贫困村533户2115人种植各类中药材1000余亩，取得扶贫实效。2019年新寨村新开发油茶产业222.5亩，年末通过有关部门验收；种植中药材吴茱萸200亩、迷迭香110亩，长势良好。富坪村开发中药材595亩（含套种），其中吴茱萸280亩、丹参120亩、迷迭香70亩、白芨105亩、迷迭香苗圃20亩，其中吴茱萸收益良好。州民族中医院扶贫工作组被评为州直单位驻村扶贫先进工作组。

（刘让定　文婷婷）

妇幼保健院

【概　况】 2019年，湘西州妇幼保健院围绕卫生健康妇幼中心任务，以保健为重点，以临床为依托，落实国家重点民生实事工作任务。全年门诊29601人次，与上年基本持平；出院病人701人次，同比增长8.85%。全年无医疗事故和违法违纪现象发生，患者及家属满意率98%。州妇幼保健院整体搬迁建设项目主体建设基本完工，完成概算投资金额的59.29%。吉首、花垣、凤凰、永顺、龙山五县市完成二级妇幼保健院创建，凤凰、龙山两县妇幼健康计划生育服务中心“二甲”正在创建中。

【基本公共卫生服务】 落实《妇女保健管理规范》和《儿童保健工作规范》，执行《国家基本公共卫生服务规范（第三版）》，做好妇幼公共卫生服务工作。2019年，孕产妇早孕建册率95.85%，产后访视率98.65%，新生儿访视率94.31%，同比均有上升。0—6岁儿童健康管理率89.34%，母婴保健核心知识知晓率80.10%。规范托幼机构卫生保健工作，落实儿童青少年近视防控工作责任，检查0—6岁儿童眼保健和视力176457人，检查率90.29%。加强妇幼惠民政策宣传，提高群众对妇幼健康服务工作知晓率。

【省重点民生实事工程】 全州农村适龄妇女“两癌”免费项目检测37902人，覆盖率104.92%，孕产妇免费产前筛查率112.18%，超额完成任务。产前筛查共检查诊断出染色体异常26人，神经管异常胎儿41人，避免严重缺陷儿的出生。为全州27037名助产机构内出生新生儿提供52种遗传代谢性疾病免费筛查，检查出新生儿遗传代谢性疾病110例，及时给予早期干预。

【出生缺陷防控】 建立州、县、乡三级出生缺陷防治网络，依托婚前医学检查、孕前优生健康检查、增补叶酸、产前筛查、高危人群出生缺陷干预、地中海贫血防控、新生儿疾病筛查、新生儿52种遗传代谢性疾病检测、0—14岁儿童多种遗传代谢性疾病救助、0—18岁儿童先天性结构畸形救助等“八免两救助”项目，宣传贯彻落实《湖南省出生缺陷防治办法》，抓好孕前、孕期、产后三级预防，实施出生缺陷三级预防服务，防控出生缺陷。全年全州免费婚前医学检查率为87.10%，同比上升6.13%；新生儿疾病筛查率99.13%，同比上升1.73%。

【“两个死亡率”控制】 对高危孕产妇管理和救治到位，全州“两个死亡率”有效控制在省定重点工作目标任务数内。全州孕产妇死亡率3.84/10万，比省定目标（18/10万）下降78.67%，5岁以下儿童死亡率6.22‰，比省定目标（9‰）下降30.89%；婴儿死亡率4.57‰，控制在省定目标以内。

【母婴安全保障】 规范管理，落实责任，做到孕产妇分类分级管理，以加强高危孕产妇筛查管理为重点环节，强化高危因素筛查和风险评估机制，完善救治网络。执行《湘西自治州疑难危重孕产妇救治与转诊方案》，畅通孕产妇救治与转诊绿色通道，建立完善危重孕产妇病例评审制度和孕产妇死亡报告制度。6 月和 10 月，组织召开两次全州危重症孕产妇和新生儿死亡评审会，分析查找原因，控制关口前移。全年抢救危重孕产妇 19 例。

【妇幼卫生健康】 孕产妇艾滋病、梅毒和乙肝孕产期检测率均为 99.94%，孕期检测率均为 97.71%。免费救治感染孕产妇及所生儿童，用药率均为 100%。梅毒感染产妇用药率 93.39%，规范用药率 88.43%，梅毒感染产妇所生儿童用药率 99.18%。乙肝表面抗原阳性感染孕产妇所生婴儿用药率 99.81%。全州儿童营养改善项目实现全覆盖，发放儿童营养包 236916 盒，营养包发放率 81.60%。爱心助孕成功 2 例，救助 2 例。

【妇幼保健新业务新项目】 2019 年，州妇幼保健院新开展母乳营养分析检测项目、孕期营养检测、盆底康复治疗项目、维生素 D3、铁蛋白检测项目和“产前诊断” 6 个新业务新项目。

（张　艳）

精神病医院

【概　况】 2019 年，湘西州精神病院医院总收入 6255.12 万元，总支出 5096.66 万元，结余 1158.46 万元。全年为执法部门进行司法鉴定 79 例，评残数 1426 例，精神科门诊 22707 人次，门诊处方 13806 张，处方合格率 100%。收治住院病人 4259 人次，戒毒住院病人 36 人次，甲级病案率 93.68%，护理综合评分 95.84 分，基础护理合格率 100%。荣获 2018 年度全省严重精神障碍管理治疗工作“患者规范管理先进集体”“患者规范治疗先进集体”“患者面访先进集体”三项荣誉称号。

2019 年 12 月，评审专家对湘西州精神病医院进行等级评审，州卫健委认定该院为“二级甲等精神病医院”　田华萍　摄

【重性精神疾病管理】 7 月 17 日，由州精神病医院承办的湘西州卫健委 2019 年全州精神卫生工作会议暨严重精神障碍信息管理员培训班在吉首举行，对严重精神障碍信息系统安全管理改造，提升信息系统安全等级，完成信息系统纳入虚拟专用网络（VPN）统一管理，实现业务系统网络与互联网安全隔离。在国家严重精神障碍信息系统（二期）工程启动后，湘西州录入发病报告卡和出院信息单分别为 1327 人、4290 人。截至 12 月 31 日，全州累计登记并录入国家严重精神障碍信息系统的患者 12253 人，在册患者 11185 人，在册患者年规范管理率为 95.03%、面访率 93.79%、服药率 96.04%、精神分裂症患者服药率 95.22%。

【心理健康服务】 4 月 23 日，湘西州精神病医院与永顺县人民检察院合作设立未成年人心理疏导测评室，为涉案未成年人提供专业心理咨询、心理疏导等服务。5 月 17 日，与湘西民族职业技术学院签订《大学生心理危机预防与干预医校合作书协议书》，州精神病医院按国家相关技术操作规范，为职院学生提供心理辅导及、业诊疗服务，对相关人员进行心理健康教育培训，畅通大学生心理危机和心理障碍诊断、转介、治疗的绿色通道，构建大学生心理健康教育与危机干预体系新模式。10 月 10 日，州精神病医院会同永顺县卫生健康局、永顺县疾控中心组织心理专家开展以“心理健康社会和谐我行动——进校园、进家庭、进社区”为主题的心理健康宣传及心理健康讲座活动，4 名心理专家为群众讲解心理健康知识，就青少年儿童容易出现的以游戏成瘾为主的过度依赖网络现象以及注意力缺陷、多动障碍等心理问题提出预防治疗意见，家到永顺县第二中学进行心理健康知识讲座，针对青少年容易出现的网络依赖、逆反、多动、焦虑、抑郁等不良情绪和行为与同学们进行交流沟通。

（郑汝珍）

肿瘤医院

【概 况】2019 年，湘西州肿瘤医院认真学习贯彻落实习近平总书记健康中国精神，积极应对医改新形势，落实医改新任务，围绕满足人民群众的健康需求，不断提高医疗护理质量，改善服务环境，创新工作理念、科学管理，取得较好效益，全年完成业务收入 9506 万元，收治住院病人 7550 人次，增幅 1.4%；门诊人次 28465 人次，增幅 12.7%。医院占地面积 86 亩，业务用房 3.2 万余平方米，固定总资产 2.2 亿元，其中医疗设备资产 8000 余万元。有编制 351 人，年末有工作人员 394 人，其中高级专业技术人员 41 人，中级专业技术人员 96 人。开放床位 740 张。设有头颈肿瘤放疗科、胸部肿瘤放疗科、腹部肿瘤放疗科、肿瘤内科、肿瘤外科、头颈肿瘤外科、妇瘤科、病理科、微创介入科、内科、老年医学科、康复医学科、中医科、中西医结合科、肿瘤放射治疗中心、放射物理技术科、麻醉科、检验科、影像科、功能科 20 个临床医技科室。

【宣传工作】开展“科学防癌、关爱生命”肿瘤疾病早诊早治义诊及防癌宣传活动 11 次，派出专业技术强、临床经验丰富的医护人员带着医疗检查设备，到永顺县郎溪乡片区、小溪镇、大坝坪广场，吉首市峒河广场，古丈县高峰镇、古阳镇、红石林镇、坪坝乡，凤凰县吉信镇、水打田乡等地开展义诊及防癌宣传活动，为基层群众进行抽血检验、腹部 B 超、心电图、鼻咽部内窥镜等多项免费检查，接诊群众 7561 人次，发放《肿瘤防治宣传册》等资料 8000 份。

【医疗护理质量管理】落实各项医疗、护理制度，强化医护人员的法制意识、医疗安全意识和防范意识，建立健全医院、科室、个人三级质量控制网络，细化住院病历控制流程，明确各级职责，每月按时公布病历检查情况。全年检查在架病历 1603 份，对有缺陷的病历及时提出整改意见。加强对医院感染重点部门、重点环节监控、管理和检查，提高对加强医院感染管理工作的极端重要性认识，全年对环境、物表、血液透析液、消毒供应中心相关的生物监测 600 次，合格率 100%，开展医院感染漏报率调查，漏报率＜ 20%，医院感染发生率≤ 10%，有效控制医院感染事件的发生。加强首诊责任制和优质服务。成立患者服务中心，院内、院外送检及时响应，到病房与病人交谈，听取意见建议，填写随访调查表；对出院病人进行回访，收集真实有效资料，月底总结反馈到各科室，使广大职工牢固树立全心全意为病人服务的思想，坚持“以病人为中心”的服务理念。加强医德医风和医疗法律法规、规章制度教育，严格执行诊疗技术常规，把各项制度落实到各个环节之中，创新服务流程，优化诊疗环境，时刻坚持以质量为核心，以质量安全为主题，构造和谐医患关系。

【软硬件建设】争取到门诊大楼、公租房等项目建设资金 1.3 亿元。年末，公租房现已完成主体工程建设，接受竣工审计；康复门诊大楼建设完成主体工程施工，进行室内装修；引进核磁共振、CT 等医疗设备。选派临床 15 名业务骨干医师到湘雅医院、山东省肿瘤医院、湖南省肿瘤医院等上级医院进修，邀请湘雅医院、湖南省肿瘤医院专家到院指导工作。成立“湘西州肿瘤医院医学会诊中心”（MDT），由医务科牵头，坚持每周二、周四开展医学多学科会诊，全年会诊 878 例，参与会诊专家 1700 人次，促进医院科室与科室之间、医务人员之间的沟通与交流，提高各科室业务水平，加强医患沟通，为患者提供优质、便捷医疗服务。

（向 权）

社会生活

民 政

【概　况】 2019年全州民政系统认真贯彻落实第14次全国民政会议和第18次全省民政会议精神，不忘初心、牢记使命，主动作为，聚焦脱贫攻坚、特殊群体、群众关切，扎实推进社会保障兜底工程，创新基层社会治理，优化基本社会服务，全面完成机构改革，全年争取资金8.98亿元，民生保障水平有新提升，民政各项事业发展取得新成效。

【社会救助】 2019年，州级居民家庭经济状况核对平台建成投用，开展申请救助对象家庭经济状况核对，全年核对188792条，新申请对象核对率100%。城乡低保。开展城乡低保交叉检查、脱贫攻坚核查。年末，全州保障低保对象192873人，其中城市36389人，农村156484人；全年累计发放低保金5.61亿元，其中城市1.68亿元，农村3.98亿元；城乡低保标准分别平均505元/月、3927元/年，分别较上年提高13.9%和6.6%，农村低保标准高于国家扶贫线。特困人员供养。年末，全州有保障特困供养人员12875人，其中城市209人，农村12666人；城乡特困供养人员基本生活标准分别为7200元/年、4800元/年，分别较上年提高500元、600元；全年累计发放特困供养人员基本生活费9538.2万元。残疾人“两项补贴”。年末，全州有保障困难残疾人39325人，重度残疾人38356人；困难残疾人生活补贴发放标准100元/人·月，重度残疾人护理补贴标发放准60元/人·月，分别较上年提高81.81%和9%；全个全州累计发放“两项补贴”金7375.7125万元。临时救助。规范优化临时救助，加大“救急难”力度，推进湖南省社会救助信息管理系统临时救助模块应用。全年全州累计临时救助19256人次，发放临时救助金1769.3万元，次均救助903元。流浪乞讨人员救助。全州8家救助站持续加大流浪乞讨人员救助力度，坚持开展“夏送清凉、冬送温暖”行动，加大街面巡查，做好站内救助，全年救助流浪乞讨人员9053人次。

【基层政权和社区治理】 继续推进乡村治理三年行动，推行农村“五兴”互助、城市“五进”小区、州市共建，深化“亮栏行动”，村务公开不断规范。全州1815个村（居）全面完成村（居）规民约修订，推荐上报优秀村规民约25条，花垣县十八洞村村规民约入选湖南省首届“十佳”村

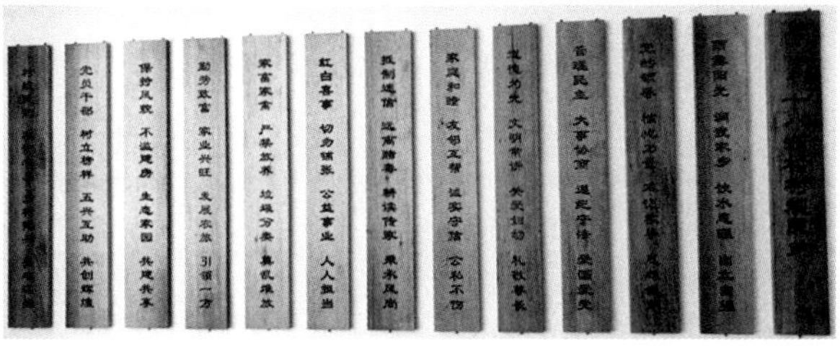

花垣县十八洞村村规民约入选湖南省首届“十佳”村规民约　　州民政局　供图

规民约。1815个村（居）成立了村（居）民议事委员会和村（居）务监督委员会，建立村（居）民议事会制度、村（居）务监督委员会制度。村民自治等领域扫黑除恶专项斗争深入开展。

【社会组织登记管理】 实现民办学校和民办培训机构“一件事一次办”，年末全州已登记社会组织1460家，新增州本级社会组织23家，其中社团17家，民办非企业6家。社会组织综合党委管理社会组织128家，独立组建党支部65个，组建联合党支部14个，选派党建指导员5名，实现党组织覆盖115家，党的工作覆盖5家，覆盖率93.8%。州本级及八县市孵化基地全部建成运营，全年孵化社会组织52家，出壳26家。全州创建“十百千”省级示范社会组织15个。全州700余家社会组织开展扶贫项目409个，投入资金814余万元，投入人员2904人次，受益贫困人口5323户19421人，4家社会组织被省人社厅省民政厅评为全省先进社会组织，6家州本级社会组织被州委州政府评为全州社会扶贫先进集体。

【行政区划地名管理】 年末，全州有乡镇街道115个（其中镇75个，乡30个，街道10个），村社区1815个（其中社区248个，村1567个）。是年，经保靖县人民政府批准，设立迁陵镇扁槽社区居民委员会和碗米坡镇白云山社区居民委员会。加快转化地名普查成果，完成州本级地名图、录、典、志以及土家语、苗语地名词典编撰、评审。全面完成湘渝线1条省界和永顺/古丈、吉首/凤凰、吉首/花垣3条县界联检任务，开展平安边界建设，排查处置边界纠纷隐患，边界和谐稳定。

【老区工作】 全州完成省老区办下达的老区项目43个，项目资金105万元。组织各县市编撰《革命老区发展史》，龙山、泸溪完成印刷出版，其他县市加快推进。

【殡葬改革】 2019年，泸溪、凤凰、保靖、永顺殡仪馆及火化设施全面竣工投运，吉首、龙山殡仪馆及火化设施主体基本完工，古丈县殡仪馆及火化设施加快建设。8个县市建成农村公益性公墓（骨灰墓）8个。划定火葬区，全州16个镇（街道）、145个社区（村）划定火葬区，火葬区范围覆盖面积占全州总面积的9.57%，覆盖人口占全州总人口的17.73%。落实殡葬惠民政策，加大经费投入，州本级财政安排专项资金400万元支持殡葬改革工作。2019年全州城区集中治丧827例，集中治丧率61.23%，火化272例，火化率15.14%。

【婚姻登记】 是年，全州国家3A级婚姻登记机构6家，覆盖泸溪、凤凰、花垣、保靖、永顺、龙山6个县。州民政局举办全州婚姻登记员培训班，培训学员40余名。全年全州办理结婚登记18130对，离婚登记8164对，补发结婚证8094对，补办结婚证406对，登记合格率100%。对办理结婚登记的人员进行《中华人民共和国婚姻法》法律法规宣传，发放宣传资料31450多份，接待咨询、办事群众18334人。提高婚检率服务优生格局，全年提供免费婚检31060人。

【养老服务事业】 年末，全州有60周岁以上老年人48.38万人，占全州总人口16.12%，全州养老服务机构161家，养老床位数18104张，每1000名老年人口养老床位数37.4张。全州享受90岁以上高龄津补贴5909人，发放津补贴金590.93万元；享受百岁老人津补贴111人，发放津补贴金52.79万元；享受基本养老服务补贴15131人，发放补贴金220.866万元。开展养老院质量提升专项行动，开办养老服务从业管理人员培训班两期500多人，提高管理服务水平。合理规划建设区域性中心敬老院，敬老院消防设施改造项目实施完成7个。失能半失能特困人员集中供养率40%。年末，全州有农村留守老人76540人，县市建立按季走访探访制度。

【儿童福利事业】 2019年，保靖县、永顺县儿童福利院建成投用，除吉首市为州市共建外，其余

2019年1月17日，州委书记叶红专（右二）在凤凰县看望103岁老人陈秀英（右一） 州民政局 供图

7个县均设立儿童福利机构。州政府出台《湘西州关于进一步加强困境儿童保障工作的通知》，健全困境儿童保障机制，率先在全省启动事实无人抚养儿童救助工作，按照每人每月800元标准补差发放救助金。年末保障孤儿1375人，集中供养和分散供养孤儿基本生活费标准分别为1350元/人·月、950元/人·月，均比上年度提高150元/人·月，共发放供养金1956.679万元。全州105个乡镇配备儿童督导员124名，村（居）儿童主任1813名。年末全州有留守儿童45616名，留守儿童之家1726个，覆盖91.9%的建制村。永顺县首车镇龙潭居委会示范儿童之家被中国关心下一代工作委员会评为"全国优秀儿童之家"，吉首市石家冲街道寨阳村、泸溪县武溪镇五里洲村、凤凰县廖家桥镇菖蒲塘村、保靖县迁陵镇普溪村、古丈县默戎镇中寨村、永顺县灵溪镇艾坪社区、龙山县苗儿滩镇捞车村7个儿童之家被省民政厅评为2019年度"省级示范儿童之家"。

【慈善事业和社会工作】 州慈善总会继续运作"慈爱阳光班""朝阳助学"等慈善助学项目，帮助孤儿、低保户、建档立卡户子女就学77人；开拓职业教育新渠道，与省内外职业学院合作，帮助适龄孤儿和贫困学生到合作职业学院接受职业教育48人，12月27日中国社会报以《湘西州：在孤儿就读就业等方面提供有效帮扶》为题作了专题报道。运用"互联网+慈善"模式，创新开展"关爱贫困孤儿助学、相约99公益日"募捐活动，筹募资金1069万余元。全年州慈善总会募集善款2222万元，物资价值280万元。福彩发行成效明显，全州福彩销售总量47442万元，居全省第三，排位较上年上升一位。全面完成社会工作服务站建设，全州乡镇（街道）社工站121个，购买服务金额1253.1万元。全州115个乡镇（街道）共配备专职社工助理235人，平均每个乡镇配备社工超过2人，社工开展服务目录13个方向，开展服务2万余次，受益群众10万余人次。加强社会工作专业人才培养培训，通过社会工作者职业水平考试42人，其中助理社会工作师37人、社会工作师5人。年末，全州注册社工志愿者14.85万人，全年培训社工2651人次。

【济南市、湘西州民政部门开展东西部扶贫协作】 5月13—15日，济南市民政局党组书记、局长孙义洪等局领导率机关处室及局属单位负责人一行到湘西对接落实民政领域东西部扶贫协作工作，与州民政局召开扶贫协作工作座谈会，举行援助协作项目捐赠签约仪式，签订《济南市民政局湘西州民政局2019年民政领域扶贫协作协议》，深化项目建设、保障和改善民生、专业人员培训交流、引导动员社会组织捐款献爱心结对帮扶四个方面的协作。8月21—22日，济南市民政局副局长、社会组织管理局局长张鲁宁率济南市温州商会、济南市江苏商会、济南市律师协会等一批社会组织代表赴湘西州对接东西部扶贫协作，捐赠善款34万元。9月2—4日，州慈善总会会长彭武长一行赴济南市参加"情暖万家，善润泉城"中华慈善日济南慈善再行动公益大会，接受捐赠。10月20—23日，济南慈善总会徐明梅会长一行6人到湘西州考察，对接慈善扶贫、慈善救助工作。是年，济南市民政局援助湘西州民政局50万元，支持湘西州中心敬老院建设。济南市慈善总会累计向湘西州慈善总会捐赠了价值400万元的款物，其中泉润图书100万元，定向用于保靖县葫芦镇葫芦村官庄组火灾受灾群众帮扶200万元，援建9个留守儿童之家34万元，援助州慈爱园26万元，古丈县慈爱园20万元，保靖县慈爱园20万元。密切人才交流，8县市9名养老服务管理人员赴济南市社会福利院接受为期12天养老业务知识培训，济南市民政局先后派出儿童福利、养老护理专家组到湘西州开展培训2次，培训湘西州从业人员270人次参训。湘西州荣复医院与济南市优抚医院开展互访交流。

（陈　鲲）

2019年12月湘西土家族苗族自治州城乡低保标准和特困基本生活标准情况表

表22

县市	城市低保标准（元/人·月）	农村低保标准（元/人·年）	城市特困基本生活费标准（元/人·年）	农村特困基本生活费标准（元/人·年）
吉首	520	3960	12480	7920
泸溪	510	3960	7956	5160
凤凰	500	4200	7200	5520
花垣	500	3816	7200	4980
保靖	500	3840	7200	4800
古丈	500	3840	7200	4800
永顺	500	3840	7800	4920
龙山	520	3960	8160	5400

2019年12月湘西土家族苗族自治州行政区划情况表

表23

县（市）	面积（平方公里）	人口（万人）	乡镇街道				村、居委会		
			乡	镇	街道	小计	社区（居委会）	村委会	小计
吉首市	1078.33	30.99	1	5	6	12	40	110	150
泸溪县	1605.78	31.921	4	7	0	11	16	131	147
凤凰县	1745	42.19	4	13	0	17	21	261	282
古丈县	1286.47	14.491	0	7	0	7	18	103	121
花垣县	1108.69	30.52	3	9	0	12	25	217	242
保靖县	1745.88	31.22	2	10	0	12	12	160	172
永顺县	3811.64	55.5	11	12	0	23	39	265	304
龙山县	3131	60.64	5	12	4	21	77	320	397
合计	15512.88	297.472	30	75	10	115	248	1567	1815

人力资源和社会保障

【概　况】 2019年，湘西州人力资源和社会保障系统突出人社扶贫主旋律，攻坚克难，砥砺前行，圆满完成了全年目标任务，泸溪县社保中心被评为全国人社系统优秀服务窗口，陈志忠被评为全国人社系统优秀服务个人，州人社局、保靖县就业服务中心被评为全省人社工作先进集体，湘西州连续两年被省人民政府评为稳就业真抓实干先进市州。

【城乡就业】 全州城镇新增就业2.69万人，完成年度任务的128.5%；失业人员再就业1.15万人，完成年度任务的115.8%；就业困难对象再就业5403人，完成年度任务的135.1%；城镇登记失业率3.64%。职业技能培训4.32万人，完成年度任务的108.9%；新增农村劳动力转移就业2.53万人，完成年度任务的101.6%。全州累计转移农村劳动力就业86万人，劳务总收入256亿元。

全州认定就业见习基地31个，为874名青年提供就业见习岗位。

【就业扶贫】 全州新增贫困劳动力转移就业7358人，完成年任务的105.1%；通过未脱贫贫困劳动力有组织劳务输出等四渠道转移就业5.2万人，累计转移建档立卡劳动力就业23万人。完成贫困劳动力技能培训6925人，完成年度任务的109.9%。建成就业扶贫车间211个，完成年度任务的105.5%。贫困家庭“两后生”技能培训1388人，完成年度任务的106.7%。开发农村专岗1.89万个，完成年度任务的270.6%。通过省平台办理培训、岗位、社保等各类补贴12.85万人次，补贴7875万元。

【东西部劳务协作】 组织贫困劳动力到济南市转移就业464人，完成年度任务的154.6%。开展贫困劳动力培训2003人，完成年度任务的200.3%。帮助贫困劳动力到其他省份转移就业2098人，省内转移就业17801人，分别完成年度任务的209.8%、890.8%。湘西州与济南市两地共建扶贫车间119家，吸纳贫困劳动力就业1958人。争取东西部协作资金6679万元，联合开发农村专岗13592个；推动湖南阳光阿雅职业培训学校挂牌成立。湘西州与济南市两地共建扶贫车间、开展技能培训的做法，于2019年作为湘西州脱贫攻坚典型案例上报国务院扶贫办。

【创业带动就业】 提质升级全州12个创业孵化基地，入驻初创企业491家，带动就业4000多人。累计建成18个创业带动就业重点乡镇，其中新建8个，吸纳1.3万名贫困劳动力就业。新建并认定巾帼就业扶贫车间42家，文创产业带动城乡妇女就业2648人，完成年度任务的132.4%。全州新增创业主体9006户，完成年度任务的150.1%，带动城乡就业1.227万人，完成年度任务的153.5%。新增创业担保贷款1.58亿元，完成年度任务的158.4%。武陵山片区湘西创新创业孵化基地被认定为国家级示范基地。

【社会保障】 全州企业养老保险新增参保2.36万人，总参保职工16.6万人，征缴基金15.5亿元，企业养老保险同级财政补助2649万元落实到位。全州机关事业单位参保职工8.17万人，征缴基金8.61亿元，州直公务员单位和参公管理单位参加工伤保险实现全覆盖。全州新开工建设工程项目469个，参保率100%，工伤保险参保23.56万人，征缴基金1.08亿元；失业保险参保16.51万人，征缴基金1910万元。城乡居民养老保险参保141.87万人，征缴基金8193.39万元。按时完成机关事业单位、企业退休人员和城乡居民基础养老金调整任务，为3.58万名机关事业单位离退休人员、7.84万名企业离退休人员、39.42万名60岁以上城乡老人发放养老金分别为16.6亿元、14.83亿元、4.5亿元，为1626名工伤职工及供养亲属支付各项工伤保险待遇7925万元，社保基金规范运作率、安全完整率和社会化发放率均达100%。落实国家和省有关社保降费政策，为全州980余家民营企业减少养老保险费1.43亿元，为实施费率过渡试点的湘西经开区22户企业减负养老金358万元，减轻企业负担。全州完成建档立卡贫困人员参保49.6万人，参保率100%；享受待遇12.61万人，发放率100%；保费代缴9.82万人，其中贫困残疾人代缴1.83万人，代缴率均达100%。省分湘西州重点民生实事项目12个、指标18项任务全部完成。推进智慧人社建设，社会保障卡持卡245.33万人，完成年任务的102.6%，实现四项社会保险业务领域的全覆盖。

【人事人才】 全年完成四大类、八项人事考试，报名考生2.9万人次，整个招录工作组织有序、监督到位和公平公正，实现“零失误、零差错、零投诉”，考试安全率100%。组织全州机关事业单位工勤技能岗位考核工作，完成1821名工勤人员考试考核。主动破解事业单位招人难、留人难问题，全年事业单位公开招引各类人才1339名，其中公开招聘教师卫生工作人员980人、公开引进紧缺人才315人、招募“三支一扶”人员44名。州直事业单位公开招聘338人。完成2018年度全州中小学教师、基层卫生高级职称评审工作，473名教师获得高级职称，23名基层卫生人员获得副高职称，凤凰县民族中医院程仁昭获得湘西州第一个基层卫生系列正高级职称；全面启动2019年度职称评审工作，完成中小学教师中高级职称评审。向省推荐2019年享受省政府特殊津贴专家6人、省第五届优秀专家2人，引进创新科技人才3人，新增高技能人才93人，向省推荐湘西地区特聘专家人选11人。完成州直单位公务员工资福利业务划转工作，完成全州事业单位绩效工资总量和奖励性绩效工资总额核定、正常晋级晋档等工作，会同相关部门联合审发州直单位绩效考核、综治、文明、民创等优秀单位奖励，共审核3.3万人次。发布湘西州最低工资标准，月最低工资标准为1380元，小时最低工资标准13.5元。

【劳动关系】 健全全州劳动关系联席会议制度、劳动关系监测预警机制，推进劳动合同制度，推进企业劳动合同签订实现全覆盖，已建工会企业工资集体协商建制率90%以上。全州办结拖欠农民工工资案件740件，其中协调处理724件、立案办理16件，追回农民工工资1.37亿元，涉及农民工10471人。化解因欠薪引发的群体性事件18起，依法移交公安涉嫌恶意欠薪案件9起，办结上级交办、领导督办欠薪案件4起，法定时间结案率100%。2019年，州劳动保障监察局被评为全国清理整顿人力资源市场秩序专项执法行动突出成绩单位。推进“四个仲裁”建设，健全劳动人事争议多元化处理机制，全年办结劳动争议案件928件，其中调解结案591件、裁决结案337件，为劳动者挽回损失3940.9万元，涉及劳动者1033人，结案率100%，调解率63.7%。健全重大信访事项排查预警和快速处置机制，畅通信访渠道，化解各类矛盾纠纷，全年接待群众来信来访3500多人次，办处信访案件67件，协调解决一批老上访案件，参与处理多起群体性上访事件的接访息访工作，信访量较上年下降明显。牵头办结州人大一号议案《破解湘西州人才落地难题》，获得议案代表的肯定；办结其他建议提案20件，其中主办件7件，实现领办率、面商率、办结率和满意率四个100%。

【举办“12333全国统一咨询日”活动】 3月30日，州人社局联合吉首市人社局在吉首举办“12333全国统一咨询日”活动，紧扣“智慧人社智慧服务”活动主题，宣传便民服务模式、推广人社智慧服务，促进惠民政策落地落实。活动现场设立展板20块，发放宣传资料近8000份，现场解答咨询1000余人次。当天，各县人社局同步举办了“12333全国统一咨询日”活动。

（龙兴昌　张　伟）

劳动人事争议调解仲裁

【概　况】 2019年，州劳动人事争议仲裁院贯彻“依法治国”理念，以服务精准扶贫和劳动力转移就业为重点，推进“四个仲裁”服务品牌建设，树立仲裁形象，推动仲裁事业再上新台阶。全年受理劳动争议案件928件，其中调解结案591件、裁决结案337件，为劳动者挽回损失3940.9万元，涉及劳动者1033人，结案率100%，调解率63.7%，接待来人来访咨询4630余人次。

【突出“四个仲裁”】 创建“阳光仲裁”，投入资金约7万元，推进标准化仲裁庭建设，购置投影、扫描、读卡、取证等专业设备，实现对案件审理全过程监督和管理。推进“数字仲裁”，推进“互联网+调解”工作，开展网上受理、线上办案，提高调解仲裁公共服务能力。突出“特快仲裁”，畅通农民工维权快速处理机制，保障农民工维权绿色通道，对简单小额案件实行速裁制，把办案流程压缩到30日内，实现农民工案件快立、快调、快裁目标。强化“精准仲裁”，坚持“办案质量是仲裁生命线”，保质保量完成案件办理任务。召开仲裁典型案例研讨会，统一裁量标准，全州仲裁结案率连年保持在100%，在全省调解仲裁行业位居前列。强化专业性调解职能，完善多元处理机制，发挥劳动人事争议基层调解组织作用，构建和谐劳动关系。加强裁审衔接，与州中级人民法院联合出台《湘西州加强劳动人事争议仲裁与诉讼衔接机制建设的实施意见》，搭建裁审衔接长效工作机制，统一裁审口径和法律依据。抓好党建强队伍，提升服务意识和能力，打造一支高效廉洁、业务精良的仲裁员队伍。是年，州劳动人事争议仲裁院被省人社厅授予调解仲裁信息化建设推广先进单位，被州政府授予州级文明标兵单位。

医疗保障

【概　况】 2019年，湘西州医疗保障局坚持以人民为中心发展理念，在改革与发展中稳妥推进医疗保障工作，各项指标均达到或超过预期目标。全年争取城乡居民医保中央省财政补助资金11.86亿元，比2018年的11.49亿元增长3.22%。全州657735名建档立卡贫困人口全部参保，县域内住院医疗费用综合实际报销率87.35%，通过国检、省检和第三方评估。药品与耗材采购、医疗保障扶贫、急短缺药品供应和打击欺诈骗保等方面得到省医疗保障局肯定，被推介为典型。

【待遇保障】 2019年，全州基本医疗保险参保270.08万人，基金征缴31.5亿元。城镇职工医保、城乡居民医保、生育保险参保人数分别为182695人、132341人、2518128人，筹集保险基金分别为11.89亿元、19.26亿元、4069.24万元，同比增长3.2%、10.5%、6.8%。享受职工医保、城乡居民医保、生育保险待遇人次分别为35947人次、586303人次、6850人，基金支出分别为7.53亿元、19.62亿元、0.41亿元，累计结余分别为20.16亿元、5.79亿元、1.34亿元。执行国家2019年版药品目录和省定三年期过渡目录，将新增疗效好的中药饮片纳入医保报销。向省局申报湘西州19个民族药制剂纳入医保目录，年末有6个品种通过初步评审。调整大病保险政策，将城乡居民大病保险起付线由1万元下调为8000元，对扶贫建档立卡贫困人口、特困人口、低保对象“三类人群”起付线下调为4000元，提高分段报销比例，取消建档立卡贫困人口封顶线限制。出台城乡居民门诊统筹、“两病”用药报销政策。落实国家谈判抗癌药品、湖南省特殊药品在湘西州使用，全州使用31种谈判抗癌药1015人次，费用1490.19万元，纳入报销费用1466.02万元，基金支付926.24万元。资助农村低保对象、建档立卡贫困户、农村特困人员等75万多人参加城乡居民医保，资助金额15420.92万元；拨付救助资金5000万元，救助93508人次，其中住院救助42822人次、门诊救助50686人次。全州资助参保和门诊住院救助两项合计共筹集医疗救助资金20420.92万元。

【药品耗材改革】 在全省率先实行医保与药品企业直接结算，年度内应支付药款11.56亿元，实际支付10.52亿元，支付比例91%，减轻药品企业财务成本，解决药品三角债问题遏制药品领域腐败问题，降低药品价格，“三明模式”改革得到副省长吴桂英和省医疗保障局肯定。以“三明药品联盟”平台为基础，实行“唯一配送、价格不变”，保障全州公立医疗机构短缺药、急抢救药供应，解决群众用药难点、堵点、痛点问题。在州人民医院试点实行“三清一议一签”制度，即清品规、清价格、清经销商，进行带量议价，签订供货合同，耗材采购价格平均下降15%—20%，其中骨科类高值耗材下降35%，经测算该院全年可减少耗材支出约5000万元。从2019年12月31日起，全州所有公立医疗机构一律取消医用耗材加成。

【打击欺诈骗保】 在2018年“反骗保”基础上，持续保持打击欺诈骗保高压态势，按节点开展反骗保宣传、自查自纠、州级飞行检查（事先不通知被检查部门实施的现场检查）、省级飞行检查等专项行动。4月，全州开展“打击欺诈骗保维护基金安全”集中宣传月活动，5—6月，各县市定点医药机构开展自查自纠。9月6—22日，州医疗保障局、州卫健委联合组织28名临床专家、审核人员对全州45家公立医疗机构、46家社会办医院、47家零售药店进行飞行检查。10月14—28日，省医疗保障局从长沙市、张家界市、衡阳市抽调专业人员对湘西州开展医疗保障基金监管飞行检查，共抽查医院26家，协议特殊病种药店5家。省、州检查中发现的医药机构医疗保障基金问题，按属地原则在12底前处理完毕。是年，全州共稽查审核协议医疗机构519家，协议零售药店498家，暂停医保服务协议84家，解除医保服务协议11家，行政罚款65家，约谈及其他处理220家，拒付及追回医保基金1620.46万元，行政处罚530万元。

【医保经办服务】 全面梳理“一件事一次办”，34项医保业务有32项实现“最多跑一次”。全年窗口受理医保业务事项580555件，全部办结。“互联网+政务服务”一体化平台受理业务事项1128件，全部办结，群众满意率100%。全州15家医疗机构开通跨省异地就医直接联网结算业务以及省内州外、州内跨县异地就医联网结算业务，开通州内跨县定点医院和协议药店66家。城镇职工医保跨省异地就医转出就医1220人次、省内异地就医转出就医4433人次、州内异地就医（门诊、住院）11014人次，统筹基金支付8387.89万元、个人账户支付196.5万元；城乡居民医保异地就医出院128522人次，医疗费用15.99亿元，统筹基金支付7.4亿元。全州城镇职工（机关事业单位）医保、城乡居民医保分别于1月1日、4月1日移交税务部门统一征收。完成省委第五巡视组反馈的4个方面9个问题整改任务。

（医保局办公室）

住房公积金管理

【概　况】 2019年3月5日，湘西州住房公积金管理中心经湘西州委编办报请湖南省委编办批准调整为湘西州人民政府直属正处级公益类事业单位。全年各项考核中，荣获湖南省住房公积金业务管理工作优秀单位，湘西州政府目标管理良好单位、全州平安建设突出单位、五个文明建设良好单位、文明标兵单位、民族团结进步创建示范单位，被湖南省住建厅评为“全省住房公积金业务管理工作突出单位”。

【主要指标】 2019年，全州住房公积金缴交人数129211人，其中，财政供养人员93358人，国有企业人员20079人，非公企业、个体工商户、自由职业者15774人；新增非公建制单位132家3496人，新增个体工商户及自由职业者22人。是年，归集住房公积金21.52亿元，完成年度任务21.4亿元的100.56%，同比增加1.5亿元，增长7.49%；累计归集总额133.48亿元，较上年增长19.22%；归集余额70.51亿元，较上年增加8.46亿元，增长13.64%。办理住房公积金提取13.06亿元，占全年归集额的60.69%，同比增加1.62亿元，增长14.16%。累计提取住房公积金17.2万笔62.98亿元，占资金归集总额的47.18%。发放住房公积金贷款4865笔14.18亿元，同比增加3.08亿元，增长27.76%；累计发放贷款总额5.92万笔101.26亿元，贷款余额58.94亿元；个贷率83.59%，控制在年初管委会下达的

85%目标以内；贷款逾期额116.77万元，逾期率0.02%，在省监管办、州管委会要求的0.03%控制值以内。实现增值收益1.26亿元，完成年度目标任务1.2亿元的105.37%，较上年增加1624.85万元，增长14.74%；提取风险准备金为零，累计提取13.17亿元，提取廉租住房建设补充资金9832.85万元，累计提取2.6亿元。

【风险管控】 州住房公积金管理中心资金调配使用全程执行层级管理、痕迹管理和过程监督，修订《财务管理暂行办法》，强化对大额资金存放和调度的监管，大额资金存放始终把住风险关和效益关，建立受托银行《考评办法》，对受托银行进行考核，根据业务开展情况和考核结果；开展财务执行情况第三方清算评估工作，严控“期转现”贷款、逾期贷款等资金管控风险点，建立工作台账和跟踪监管机制。全年清理完成2017年以前“期转现”贷款2390笔，尚有3413笔待办理；对6户逾期6期以上的重点逾期户，已上诉同级人民法院保全资产安全。

【业务管理】 州住房公积金管理中心严格执行“限高保低”缴交政策，确定年度新的缴交基数、比例，对州内2家困难企业实行“缓缴”“暂停”政策。对1583户单位破产、改制、撤销、解散、离职等原因长期停缴封存账户进行集中清理和自愿销户提取。重点对机关事业单位“三制”人员、乡镇社区干部等开展建制扩面工作。推行二手房贷款、“组合贷款”试点、“闪借”业务等，通过与银行协作，有效满足缴存用户对购房资金的需求。终止“自主放贷”，建行、工行、农行三家国有商业银行进驻中心，实行委托银行发放贷款。继续完善“以缴定贷”资金归集制度和按揭贷款授信管理，保证重点楼盘、诚信楼盘的资金需求。加快“公转商”贷款置换工作，年度内完成置换467笔，置换贷款1.21亿元。

【“放管服”改革】 2019年，州住房公积金管理中心实行业务审批权限下放到窗口、报送材料“能减尽减”、程序时限减少等举措，推行业务管理“五大转变”“三清单一目录”，推出“7×24小时网厅服务”“五办服务”事项等，以“一次性告知”为服务要点，抓好首问责任制、时效承诺制等，推行“网厅业务”，与实体服务大厅同步运作、“双轨”并行，首创推出“柜台前移”，真正实现客户贷款“最多跑一次”。是年，全州通过“柜台前移”合作的楼盘有81家，覆盖率90%以上；办结贷款3521笔10.81亿元，占同期贷款总量的76.23%；自助综合服务平台注册用户8.1万余户。

【审计巡查】 5月20日至6月4日，州审计局对州住房公积金管理中心2018年预算执行及住房公积金缴存、提取、贷款、资金管理等14个方面的工作进行审计。6月18日至8月5日，州委第四轮巡察第三巡察组对州住房公积金管理中心开展常规巡察。8月30日至11月20日，国家审计署长沙特派办对湖南省14个市州和省直住房公积金管理中心2017年以来的资金管理等五大业务工作（标准）进行全面审计。州住房公积金管理中心对审计、巡察提出的问题进行全面整改，把整改情况报送相关部门。

【州住房公积金管理委员会第一次会议】 4月25日，湘西州住房公积金管理委员会2019年第一次会议召开。会议审议通过《湘西自治州住房公积金管理委员会关于2019年度委员变动及调整的建议》《州住房公积金管理中心工作报告》《湘西自治州住房公积金管理中心2018年预算执行情况和2019年预算草案报告》《湘西土家族苗族自治州住房公积金2018年年度报告》《州财政局关于湘西州住房公积金管理中心2018年预算执行情况与2019年预算草案审查结果的报告》《湘西自治州住房公积金管理中心关于授权购买短期国债的报告》；会议通报《湘西自治州住房公积金管理委员会关于2018年各县市政府、湘西经开区管委会和州住房公积金管理中心考核情况的通报》；会议听取州住房公积金管委会专家咨询委员会关于湘西州住房公积金工作的建议。

（向 进）

残疾人管理与服务

【概　况】 2019年，全州残联系统切实履行“代表、服务、管理”职能，按照州第四次残疾人代表大会提出的“残疾人有呼声，残联要有应声；党和政府有号召，残联要有行动；社会发展有要求，残联要有作为”的总体要求，以“全面建成小康社会，残疾人一个不能少”为目标，对残疾人开展精准康复服务、辅具适配、康复手术、教育助学、代缴医保、技能培训、扶持创业、阳光增收、办理残疾人证活动，举办第一届全州残疾人职业技能竞赛，组织参加省和全国残疾人赛事，在媒体发文宣传湘西州残疾人创业典型，全州残疾人事业发展取得长足进步。

【残疾人脱贫】 2019年全年办理残疾人证2.3万余人，是2018年的2倍。全额代缴医疗保险18476人，代缴医疗保险50%以上22554人，全额代缴最低档次养老保险16831人。发放残联系统教育补贴3022人657.21万元。通过东西部扶贫协作合作社公益岗位、扶贫车间、产业帮扶等利益连接方式，帮助2607名残疾人就业创业。举办第一届残疾人年货节、启动快手、抖音短视频创业项目，让残疾人创业与时俱进。

【残疾人康复】 9月，州政府印发《湘西自治州残疾儿童康复救助制度实施细则》，在省定政策基础上提标扩面，康复救助经费从省定1500元/月提高到1800元/月，救助对象从省定0—6岁扩大到0—7岁，自闭症10岁。康复服务16046人，辅具适配10149人，免费手术2295例，为540名残疾儿童实施抢救性康复。

【残疾人创业就业】 完成残疾人职业技能、实用技术培训1736多人，短视频制作培训31人，助盲脱贫按摩培训35人。扶持残疾人创业216户，新增就业678人，培养20名残疾人网红。举办第一届全州残疾人职业技能竞赛。实施农村建档立卡贫困残疾人“阳光增收扶持”项目，扶持创业180人，阳光增收1180人。培育州级残疾人创业基地20多个，致富带头人30人。参加“第六届全国残疾人职业技能大赛暨第三届全国残疾人展能节”，在湖南省5个参展项目中，湘西州占3个。

【残疾人解困】 为855名残疾人提供日间照料、邻里照护等服务，为655户残疾人家庭实施无障碍改造，扶残助学资助3022人657.21万元。受理残疾人信访68件次，及时处理率100%，残疾人满意率95%。

【宣传工作】 在主流媒体发表反映湘西州残疾人辛勤创业典型25人，刊发稿件106篇。参加第六届全省残疾人文化周活动，获得一等奖1个、二等奖2个、三等奖2个，州残联获得优秀组织奖。参加第五届湖南省听力语言康复明星大赛，获得一等奖1个、三等奖1个。筹建湘西州残疾人体育训练基地，为省残运会培养人才。

（刘 兴）

退役军人事务管理

【概　况】 2019年，州、县市区退役军人事务局挂牌成立，实现州、县、乡、村四级退役军人服务中心（站）全覆盖。开展当兵光荣和退役军人“六个十佳”网络评选活动。在军转干部和退役士兵安置工作、退役军人及家属就业训练、拥军优抚等方面取得成绩，州军干所被评为“全国退役军人工作模范单位”。

【宣传教育】 深入学习贯彻习近平总书记关于退役军人工作重要指示批示精神，狠抓《关于加强新时代退役军人工作的意见》落地落实，让军人成为全社会尊崇的职业。开展湘西州“十佳复退军人”“十佳爱国拥军家庭”等“六个十佳”网络评选活动，访问量865万人次，投票数710万人次。开展向张富清学习活动，组织开展向“湖南省模范退役军人”“湖南省优秀共产党员”龙俊先进事迹学习活动。组织“传承·2019清明祭英烈”和“9·30”烈士公祭活动，各级领导、社会各界1.2万人参加，形成崇尚英烈鲜明导向。组织集中悬挂光荣牌、老兵新兵交接等仪式，开展革命功臣老兵送新兵、为立功现役军人家庭送喜报等活动，营造当兵光荣良好社会氛围。州委副书记、州委退役军人事务工作领导小组常务副组长廖良辉在湘西州2019年退役军人教育培训开班仪式上为退役军人上革命传统教育课，鼓励广大退役军人刻苦钻研，锤炼本领，继续在创造美好生活、建设美丽家乡的新征程中建功立业。

【移交安置】 全州2019年度军转干部全部安置到公务员岗位；随军随调家属按照身份不变原则安置到州直单位；符合政府安排工作条件的退役士兵安置进入行政机关和事业单位占97.3%，做到安置对象、接收单位和移交部队“三满意”。稳妥推进部分退役士兵保险接续工作，建立州退役士兵社保专项工作联席会议制度，成立工作专班，8月1日起全州同步受理社保接续申请，对申请对象做到一人一档，补缴工作推进顺利。落实军休人员“两个待遇”，开展“服务军休干部，构建和谐军休家园”主题活动，州军干所被评为“全国退役军人工作模范单位”。

【就业创业】 采取政府组织、购买服务等多种方式，统筹开展退役军人职前教育培训、技能培训、高职扩招、专场招聘会工作，最大限度地满足退役军人就业创业需求，激发接受学历教育和职业技能培训热情。2月，组织湘西州第四批退役士兵赴广东碧桂园国良职业培训学校异地参加建筑施工、装修监控和物业管理专业学习培训，提升就业创业本领。8月，全州同步开展“送政策、送服务、送就业岗位”进军营活动，为驻军部队官兵宣传就业创业政策、提供就业岗位。11月，组织湘西州2019年欢迎退役军人返乡暨退役军人教育培训、退役军人军属就业专场招聘、职业技能提升系列活动，退役军人及军人家属参加专场招聘会，88家州内外企业提供283个岗位、3376个职位，达成就业意向282人。州推介退役军人军属就业创业经验材料被省政府《政务要情与交流》采用。探索退役军人职业技能培训、学历教育等“订单式”“定向式”“定岗式”培训，退役军人通过高职扩招进入14家高职院校就读；组织退役士兵在州内开展汽车维修、水电维修、电焊、烹饪等技能培训。

【拥军优抚】 健全完善州双拥工作领导小组，组织双拥成员单位开展双拥活动，支持部队练兵备战。州、县市举行光荣牌授牌悬挂仪式，为退役军人及其他优抚对象悬挂光荣牌，凤凰、永顺、龙山三县争创第十届“湖南省双拥模范城（县）”。春节、“八一”期间，州、县市党委政府主要领导带队慰问驻军单位，进村入户走访退役军人，全年慰问驻军单位62批次，走访退役军人、军属4.86万人次，发放慰问金、慰问物资近2000万元。提高退役军人和其他优抚对象等人员抚恤补助标准，下达各类优抚资金1.5亿余元；启动社会救助和保障标准与物价上涨挂钩联动机制，为优抚对象发放价格临时补贴223.89万元。组织54名军烈属、抗美援朝老复员军人、一至六级残疾军人赴省荣军医院短期疗养，州本级组织10期400名优抚对象短期疗养。出台《湘西州关于加强和改进大学生征兵工作的意见》，提高义务兵家庭优待金，实行体检差旅费报销、大学生征集奖励等惠军政策。出台提高立功受奖军人家属奖励标准，军人军属在旅游、医疗等方面享受优待等实际举措，协调解决驻军部队家属随军就业、子女教育优待等实际困难，为驻州部队33名随军未就业家属发放生活补助35.8万余元。在军队转改文职人员政策落地上开通绿色通道，13名转改人员按时完成移交落户手续。驻州部队和军事单位参加地方建设，对口帮扶10个扶贫村全部脱贫摘帽，出动民兵执行各种急难险重任务40余次，在湘西州经济社会建设中发挥了“生力军”“突击队”作用。

（彭　泉）

县市（区）

吉首市

【概　况】 吉首市位于湖南省西部，地处湘鄂黔渝四省市边区武陵山区，东连泸溪县，南邻凤凰县，西接花垣县，北与保靖、古丈两县毗邻，是中国西南门户重镇，是湘西土家族苗族自治州州府所在地，全州政治、经济、文化、教育中心。全市辖1个乡5个镇6个街道。市域总面积1078.33平方公里，城区面积36.52平方公里，年末总人口31.24万人。属亚热带季风气候，四季分明，年平均气温17℃，年降水量1467.5毫米。

2019年，吉首市坚持高质量发展主线，深入推进“三个兴市”“四大工程”“五项重点”“六个第一”，加快建设“武陵山片区生态文化旅游中心城”和“美丽小康开放幸福新吉首”。实现地区生产总值193.6亿元，比上年增长7.2%。一般公共预算收入增长9.6%，市属固定资产投资增长12.5%，社会消费品零售总额增长9.8%，城镇、农村居民人均可支配收入分别增长8.2%、9.3%。被评为“湖南省文明城市”，获得“中国茶业百强县”“中国县域旅游竞争力百强县市”“浙商（省外）最佳投资城市”“全省外经外贸先进县市区”“全省电商扶贫专项行动一类优秀县市区”等荣誉。

矮寨镇家庭村　　　　吉首市住建局　供图

【三大攻坚战】 坚决按照“四不摘”要求，投入财政专项扶贫资金和涉农整合资金1.38亿元用于巩固提升脱贫成效，综合贫困发生率降至0.259%。出台《关于开展“脱贫成效提升年”活动的实施意见》，以乡村振兴为抓手，扎实推进产业扶贫。新增农民专业合作社30家、家庭农场25家、农业加工企业10家，新增流转土地面积3000亩。全力推进基础设施建设，实施农村饮水安全工程项目9个，完成农村公路窄路加宽和安保工程54公里，新建标准化村卫生室10个，完善易地扶贫搬迁集中安置点配套设施建设，统筹抓好教育、医疗、金融、社会保障等扶贫政策落实。加强大气污染源治理，加大工地及道路扬尘、采石打砂场、餐饮油烟等突出问题整治。抓实水环境保护，全面落实“河长制”，积极开展“四乱”问题专项整治。完成乾州污水处理厂提质改造，加快吉首老城区污水处理厂、河溪污水处理厂提质建设，推进细溪河黑臭水体治理。加强土壤和固废污染防治，完成大湘西物流园锰渣转运工作，加快实施德邦锰渣库闭库工程。准确把握政策导向，科学规划隐性债务化解，成功申报财政部2019年政府债券化解隐性债务试点。与国开行、农发行、华融湘江银行等金融机构深入对接，有效盘活信贷资源，降低债务成本。积极上争各类专项资金，通过土地出让、城乡建设用地增减挂钩异地交易、做大国有资本收益、开发闲置土地等渠道筹集资金，缓解化债压力。推进市属国有企业转型升级，制定《市属国有企业考核管理办法》，提高企业抗风险和市场化运作能力。

【产业发展】 围绕电子信息、健康医药、装配式制造、新材料、新能源等主导产业，加快创建吉首经开区“百亿园区”。上海华宝集团、御明阁医药等企业项目建成投产，瑞盈光电、创汇原科技、追风马科技等电子信息企业成功入园。推进东方红住宅产业化园区三期、鹤盛原烟异地技改、金海钢构现代智能建筑产业园等重点项目建设。推动园区基础设施建设，完成金坪路、金星路、文心路等“三横三纵”路网，加快启动张吉怀高铁吉首东站站场和武陵山片区综合客运交通枢纽工程建设。园区新建标准厂房12.5万平方米，新增入园企业15家，新增规上企业4家，实现技工贸收入27亿元，同比增长2.43%，上缴税收9300万元。加快文旅产业发展。接待游客1796.6万人次，实现旅游收入160.6亿元，同比增长16.8%、24.9%。加快矮寨奇观景区国家AAAAA级旅游景区创建，推进景区建设和环境整治，完成德夯跳歌场提质项目、清风峡至德夯峡谷复绿工程、最美生态公路等设施建设。加快乾州古城景区提质改造，美术馆桥竣工验收，伟光汇通乾州古城·湘西秘境等项目落地建设。坚持旅游业态多元发展，加快花果山公园、大坡公园、峒河游步道休闲产业植入，新增星级乡村旅游区点1个、州级乡村旅游示范村2个。成功举办鼓文化节、矮寨大桥国际马拉松、公路奇观自行车赛等活动。实现农业产值13.7亿元，增长4.2%。新增特色农业基地6.1万亩。湘西黄金茶新增茶园面积3.63万亩，实现综合效益6.9亿元。加强产业品牌化建设，“白云贡米”通过国家农产品地理标志登记专家评审，实现吉首农产品国家级品牌零的突破。鼓励生态化、规模化养殖，引进规模生猪养殖企业3家。勤丰现代农业园、隘口茶旅示范园、矮寨金秋梨三产融合示范园发展态势良好，湘西黄金茶博览园加紧建设。红星美凯龙家居市场建成开业，排杉村农产品电商物流基地投入使用，武陵山星兴冷链物流中心项目一期竣工投产，湘鄂渝黔现代农业产业园项目稳步实施。大力推进城市综合体开发，加快世纪山水天麓城、诚信御景园等项目建设，培育世纪广场商业城、乾城步行街等乾州商圈。积极发展会展经济，举办房交会、汽车展销会、农特产品博览会等特色节会。加快发展电子商务，新增电商企业8家，实现电商网络交易额9.2亿元。外贸进出口总额同比增长96.5%。

白云贡米生产基地　　杨胜前　摄

【招商引资】 科学编制承接产业转移方案，修订完善《吉首经济开发区招商引资政策》，持续扩大产业链和靶向招商，围绕龙头企业、重大项目，瞄准现有产业链开展定向招商。伟光汇通、蓝城集团、友阿集团、华申集团、中驰控股等23个企业投资项目成功落地，与38家企业签约，与湖北郧政、福农王集团等企业对接洽谈，加强与北京网库、保利集团等25家储备企业联络。全年招商到位资金88亿元，增长14%。创新招商模式深度推介。拓展招商渠道，对接全经联、上海东方龙商务、深圳中金公司等 实施代理招商。派出招商小分队55次，赴粤港澳大湾区、长三角、北京等地密集上门对接企业。在深圳、杭州、北京举办招商专场推介会活动，成功举办第八届中国养老地产与大健康项目交流大会暨2019吉首市招商引资推介会，不断扩大招商知名度。强化服务加快落地。坚持项目服务“六个一”工作机制，为项目立项、规划审批、土地保障、报批报建等提供一站式服务。全力突破发展要素瓶颈制约，搭建信用信息共享平台，完善融资担保机制，积极促进政企银三方对接，创业担保贷款、“两民”贴息等政策持续落实。实施“大征拆”行动，征收土地1137亩，拆迁房屋1.2万平方米，拆除“两违”建筑2.1万平方米。开展“春风行动”系列招聘活动、创新创业示范建设，扩大人才培育招引渠道。

采茶姑娘　　　吉首市马颈坳镇政府　供图

【环境优化】 扎实推进“九个一”机制，全面推进“一枚章”治理、“一张图”审批改革等工作，实现社会投资工程项目60个工作日完成审批，政府投资工程建设项目65个工作日完成审批。加快启动“互联网+政务服务”一体化平台，完成事项发布率100%，保持全省政务服务电子监察系统“零挂牌”。实现525个事项“最多跑一次”，占全部涉民涉企事项的90%，缩短群众和企业办事时效60%以上。全年实施减税降费3.5亿元。全力净化工程建设环境，对强揽工程、阻工闹事、强买强卖等行为，做到露头就打、冒尖就打。纵深推进扫黑除恶专项斗争，全力抓好“一案三查”，实现黑恶线索、案件和交办问题“三个清零”，侦办涉黑涉恶典型案件19个。加强社会治安动态管控，“吉首快警”全新亮相，“一村一辅警”全面铺开。健全信访联席会议制度、市领导坐班接访制度、包案制度，开展信访突出问题攻坚，国、省、州交办件办结率100%。顺利完成巡游出租车第三轮车辆更新。民族团结进步工作开展有声有色。深入开展消防安全隐患排查整改、校园安全整治、交通问题顽瘴痼疾集中整治、大型市场专项治理、建设工程质量安全巡查整治、食品安全整治等专项行动，全年无较大以上 生产经营性安全事故发生。严格落实24小时值班值守制度和领导带班制度，全力做好应急管理、防汛抗旱等工作，守住各项安全底线。加强城市管理。加快制定《国土空间利用总体规划》，完善城市总体规划和片区规划，加快吉首经开区、高铁新城等规划制定和完善。加强“智慧吉首”体系运营，完善公交、城区停车场等领域移动支付系统，以“智能化”促进公共服务行业提质改造。出台《吉首市垃圾分类试点工作方案》，建设覆盖城乡的垃圾分类收运体系。深入推行城市精细化管理，坚持行业管理标准，全面落实“门前四包”管理机制，大力开展“三车”整治、“两违”整治、户外广告专项整治、违建别墅整治等专项行动。

【民生改善】 完成省定12件和州定20件民生实事，涉民生六项支出26.5亿元，比上年增长11.3%。坚持“小切口”着手，出台《关于深入开展为民解难题办实事六项重点整治工作的通知》，解决群众集中反映问题。制定《关于缓解中小企业融资难的工作实施方案》，中小企业贷款余额115.8亿元，同比增长10%。实现停车规划“一张图”，智慧停车“一张网”，新增路边停车泊位1135个。创造社区治理“吉首模式”，全面推进“五进小区”，有效促进州府城市治理、社会调节和居民自治良性互动。加快民生项目建设。编制通过《吉首市2019—2030年教育规划布局》，启动乾雅学校、芙蓉学校建设，新增学位2160个，义务教育阶段大班额全面清零。加大教育资助，发放资助金3600万元，惠及贫困生5.17万人次。加强群众住房保障，统筹危房改造资金1.25亿元，完成“四类重点对象”危房改造维修7866户，惠及居民1.9万余人。大力实施保障性住房建设，完成城镇棚户区改造811套。加快推进殡葬改革，殡仪馆主体工程全面完工。构建民生保障体系。加大群众就业帮扶力度，新增城镇就业3600人，建成就业扶贫车间14个，带动就业1135人。提升基本公共卫生服务水平，优先解决中心卫生院三大件医疗设备配置，全面消除行政村卫生室“空白村”。加大困难群众救助力度，完善城乡医疗救助制度，出台《城市居民因病致困家庭医疗救助办法》，制定《吉首市临时救助实施细则》，发放各类救助金1000余万元。大力开展“爱心拼百分”、爱心志愿者服务、爱心积分超市建设等关爱活动。各项基金运行情况安全平稳，城乡居民养老保险、企业养老保险等参保任务完成率100%以上。

【矮寨奇观景区建成“智慧旅游”景区】 2019年3月，吉首市矮寨奇观景区智慧景区系统建成并投入使用，成为湘西州首家“智慧旅游”景区。智慧景区系统包括票务系统、监控系统、广播系统、车载系统、人脸识别、系统税务组成，主要用于日常治安监控、假日指挥调度、突发事件应急指挥等，覆盖德夯苗寨、矮寨大桥景区游客服务中心、牌楼游客服务中心、悬崖栈道景区。系统平台投入使用，有效提升景区综合管理水平，提高对突发事件的快速反应、科学决策和综合协调、组织、指挥、调度能力，为游客提供舒心服务。

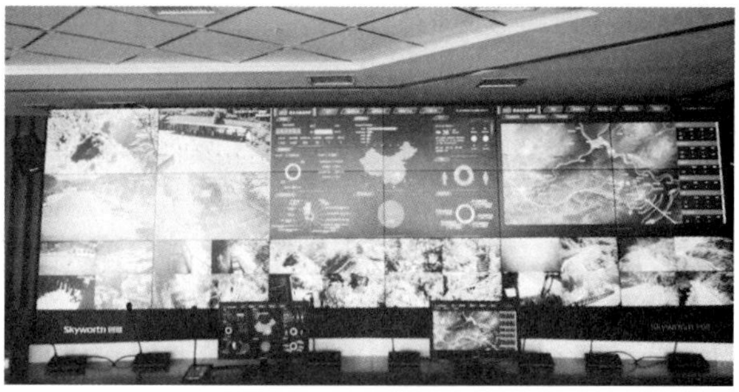

“智慧旅游”景区系统指挥中心　　杨旭俊　摄

【五个村入选第五批中国传统村落名录】 2019年6月6日，住房和城乡建设部、文化和旅游部、国家文物局、财政部、自然资源部、农业农村部公布《第五批中国传统村落名录》，吉首市矮寨镇家庭村、矮寨镇联团村、马颈坳镇隘口村林农寨、丹青镇锦坪村、己略乡红坪村古者寨入选。吉首市以传统村落保护为抓手，加快建设美丽宜居乡村，着力开展传统村落规划编制、特色民居保护整治建设、农村人居环境综合治理等系列基础性工作。

【吉首市“非遗”表演项目获全国民运会一等奖】 2019年9月15日，吉首市选送、代表湖南省参赛的“非遗”表演技巧类项目《太阳鼓》，获第十一届全国少数民族传统体育运动会一等奖。苗鼓既是神圣祭器，也是鼓舞文化，苗族鼓舞被

吉首市《太阳鼓》获评第十一届全国民运会表演项目一等奖　　刘　琳　摄

列入国家级非物质文化遗产名录。苗族鼓舞《太阳鼓》源于古老苗族的祭祀活动——太阳会，是“吃牛合鼓”盛大祭典的重要部分。整套鼓舞气势磅礴，鼓点节奏明快，动作行云流水，展示湘西鼓舞的独特魅力，代表湘西边地异质的地域文化。其中“群猴嬉鼓”诙谐风趣，轻盈敏捷；“苗山鼓韵”舞姿优美，潇洒大方；“团结合鼓”男女合鼓，众人狂欢，寓意着各民族团结一心，共庆伟大祖国繁荣昌盛。

【吉首市入选“2019 中国茶业百强县”】 2019年10月22日，吉首市入选“2019中国茶业百强县”。吉首市着力农业产业转型升级，将湘西黄金茶产业作为全市主导产业来抓，通过规划引领、政策激励、人才助推、文旅兴茶，多项措施齐抓、多部门联动、多平台宣传，集中、高效地推进茶产业“数量、质量、产量、销量”“四量”齐升。发展茶产业9.68万亩，可采茶园面积6.5万亩；打造苗疆、幸福、凤翎、龙舞、知孝、一尊、狮山、清明、苗王、重阳10条万亩黄金茶谷，其中苗疆、幸福两条万亩黄金茶谷初见成形；发展合作社106家，规模化茶叶企业10家，标准化加工厂38家，年干茶产量1380吨，实现综合产值6.3亿元，直接带动建档立卡户2.3万人实现脱贫，惠及全市近6万涉茶人员。

【“白云贡米”通过国家农产品地理标志登记专家评审】 2019年12月26日，国家农业农村部2019年第四次农产品地理标志登记专家评审会在北京召开，吉首市申报的“白云贡米”顺利通过专家评审。评审会上，“白云贡米”申请人代表从产地环境、人文历史、生产方式、品质特色、产品知名度和产业发展前景六个方面对“白云贡米”作陈述汇报。评审专家一致认为，“白云贡米”人文历史悠久、产品品质独特、地域特色明显、知名度较高、发展前景广阔，同意通过评审。“白云贡米”通过农业农村部农产品地理标志专家评审，实现吉首市农产品地理标志登记保护方面零突破，对吉首市打造扶贫产业，树立优质农产品知名品牌、发挥地标品牌效应，助力当地贫困群众脱贫致富具有非常重要的意义。

（杨　成）

泸溪县

【概　况】 泸溪县地处湖南省西部、湘西州“南大门”，全县下辖4个乡7个镇147个村（社区），总面积1565.5平方公里。2019年末总人口33.43万人，常住人口29.21万人。其中以土家族、苗族为主的少数民族人口比重62.3%。年内气温最高38.7℃，最低-1.4℃；年降水量1278.1毫米。

2019年，泸溪县坚持用精准脱贫统领经济社会发展全局，实施“工业强县、产业富民、环境创优、民生改善”发展战略，推进“五大工程，打造五个泸溪”，年内实现地区生产总值69.48亿元，比上年增长8.4%。第一、二、三产业增加值分别为9.78亿元、24.02亿元、35.68亿元，分别增长2.9%、9.7%、9%。三次产业结构比为14.08∶34.57∶51.35。财政总收入5.97亿元，增长1.9%，其中地方财政收入3.46亿元，下降13.3%。农林牧渔业总产值17.15亿元，增长2.7%。规模以上工业增加值103954万元，增长8.9%。实现利税总额1.46亿元，增长96.2%。固定资产投资增长25.9%，其中地方项目投资21.41亿元。接待国内游客252.66万人次，实现国内旅游收入23.28亿元。社会消费品零售总额17.91亿元，增长9.4%。城镇居民人均可支配收入25404元，农民人均可支配收入9146元，分别增长8.4%、9.4%。

2019年，获“全国民族团结进步模范县”“湖南省推进义务教育均衡发展成效明显县”“全省社会治安综合治理工作先进县”“平安县”“全省信访工作‘三无’创建达标县”等，泸溪第一中学获“全国教育系统先进集体”。

【脱贫攻坚】 2019年，实施“脱贫攻坚决胜年”行动，抓好“两不愁三保障”“三个清零”等工作。在全州脱贫攻坚督导评比中，全年5次综合排名均位列一类。最后21个贫困村退出贫困行列，至此，全县93个贫困村已全部出列。累计脱贫贫困群众15763户63310人，全县综合贫困发生率下降至0.6%，群众认可度达99.9%，圆满通过州级初审、省级检查、第三方评估、国家抽检等各项考核工作。

【结构调整】 2019年，泸溪县坚持把供给侧结构性改革贯穿于产业发展全过程，实现产业结构持续优化。持续发展现代高效农业，全年实现农业总产值15.63亿元，增长3.7%。完成万亩玻璃椒生产基地、十万亩椪柑标准园等建设。培育过亿元龙头企业1家，实现电子商务交易额近7亿元。新型工业加速发展，形成现代化产业体系，全年实现规模工业增加值10.4亿元，增长9%。建成标准厂房6.3万平方米，泸溪县高新技术开发区获批湖南省首批“体制机制创新综合改革”试点园区，引进投资过亿元企业3家，全县高新技术产业产值占规模工业总产值比重达到57.9%，获评“湖南省首批创新型县”。全域旅游稳步发展，通过5年努力，完成“创AAAA、申国保”工作目标。浦市镇古建筑群被国务院公布为第八批全国重点文物保护单位。

【项目建设】 2019年，完成项目投资28.8亿元，实现39个项目开工建设，15个项目竣工投用。投资4.5亿元，启动鲶鱼溪大桥、洗溪镇屋场坪渡改桥项目建设，能滩—浦市干线公路、武溪镇滨江南路沅水段、武水大桥进展顺利，实现武沅大道建成通车，新建自然村水泥路405.4公里，安防工程48.2公里，城乡交通更加便利、群众出行更加安全。投资2.4亿元，完成全县122个村579处农村饮水安全巩固提升工程，解决7.35万户28.12万人的饮水安全问题；太平溪二期合水段治理工程、甘溪桥大型水闸除险加固工程、辛女溪第二水源工程进展顺利。投资3亿元，完成芙蓉学校、县人民医院综合楼、妇计中心综合楼、残疾人康复中心主体建设，为119个行政村卫生室配齐医疗设备，实现行政村医疗保障全覆盖。同时，实现城乡建设用地增减挂钩节余指标交易5.29亿元，拍卖出让土地金额2.15亿元，有力支持县域经济发展。

【城乡建设】 2019年，统筹推进城乡一体化发展，持续改善城乡面貌，全县城镇化率44.50%。城乡空间布局更加优化，完成第三次国土调查，推进国土空间规划，初步划定城镇开发边界线。深入推进县城新区扩容提质和武溪老城改造，启动白沙燃气管网铺设，完成龙舟看台、城北污水处理厂建设，屈望城市综合体等项目进展顺利，县城品味显著提升。推进浦市、兴隆场特色小镇建设，产城融合进程明显加快，辐射和带动能力显著增强。以美丽湘西建设为抓手，深入推进生态文明建设、城乡同建同治、网格服务管理“三大工程”，完成植树造林6700亩，全县森林覆盖率60.82%；深入开展户外广告清理整治，城乡面貌焕然一新；始终保持“两违”高压态势，“两违”建筑实现零增量；加快美丽乡村建设，深入推进厕所革命，完成农村改厕3131座，城乡人居环境持续优化，荣获全州建设美丽湘西先进县。

【改革创新】 2019年，泸溪县持续深化“放管服”改革，积极推行行政审批“一站式”服务和“互联网+政务服务”，县、乡、村三级政务实体大厅和政务外网服务实现全覆盖。实行“一窗受理”和“一件事一次办”，更加方便企业和群众办事。持续优化营商环境，为企业减税降费6230万元，全面完成行政机关机构改革，财税、金融、医疗卫生、电力、农村集体产权制度、供销体制等基础性关键领域改革有序推进。加大对外开放力度，签订招商引资意向协议合同12个，招商引资20.18亿元，外贸进出口创汇1554万美元。实施优化环境专项行动，全面开展行政审批中介服务和收费事项清理，严格落实涉企检查备案制，积极处置各类涉企投诉，依法保护企业家合法权益，营造企业家干事创业良好社会氛围。

【社会事业】 2019年，全县民生支出21.64亿元，占财政总支出65.88%，省定、州定民生实事项目完成率均达100%。投入2.4亿元，完成122个村579处7.35万户28.12万人饮水安全问题。完成棚户区改造650户，面积52000平方米。农村危房改造投入资金1100.42万元，改造402户，面积30150平方米。全县城镇新增就业2803人，城镇登记失业率控制在4.5%以内，新增农村劳动力转移就业2651人；困难残疾人、农村低保、重病贫困户救助实现全覆盖，被评为“全省民政工作先进县”。文化事业加快发展，全面完成“户户通”“村村响”和村综合文化服务中心建设。教体事业蒸蒸日上，教育改革经验先后5次被省委书记杜家毫批示，高考本科上线率、本科上线万人比连续15年位列全州第一，被评为全省推进义务教育均衡发展成效明显县。

加强医疗服务，建档立卡贫困人口参保率100%，特困患者住院医疗费全额报销，农村贫困人口住院医疗费用实际报销比例达90%。继续推行“先诊疗后付费”制度和新“一站式结算”服务。全年累计救助建档立卡贫困人口患者23752人次，救助金额12027.44万元；累计救助农村低保对象3248人次，医疗救助2157.43万元；落实定点医院29种大病集中救治1790人次，大病定点医院救治率93.7%；累计救助贫困人口特殊慢病患者4563人，救助金额300.68万元。实施家庭医生签约服务，签约服务14.55万人，其中贫困人口签约服务64840人，四种慢病签约服务4498人，签约率100%。

美丽湘西建设工作按照“五位一体”总体布局和“四个全面”战略布局及州委“三四五”美丽湘西建设工作构架，落实“顶层设计到位，工作落实到位，督查考评到位”措施，推进建设美丽湘西各项工作。在湘西州全年6次考核中，5次排名一类，1次排名二类，荣获建设美丽湘西工作年度目标管理考核第一名、建设美丽湘西工作第一名。

【社会治理】 2019年，继续推进扫黑除恶专项斗争，加强平安建设，改进执法司法服务。继续加强信访工作，落实县级领导和责任单位领导包案化解工作机制，优化信访业务流程，推进网上信访，畅通群众信访新渠道，解决了一批久拖不决和重大疑难重复信访案件，群众赴省进京上访下降。全县连续九年获“全州信访工作先进县”，2019年度荣获“全省信访工作‘三无’创建达标县”。落实安全生产责任，开展安全生产风险隐患“大排查大管控大整治”“强执法防事故”行动、消防安全“排雷行动”，防范和消除安全隐患。持续开展“七五”普法工作，推进法治建设。是年，在全省公众安全感民意调查中，泸溪县调查结果位列全省前列，继续保持全州第一。再次荣获全省社会治安综合治理工作先进县、全省平安县，保持全国平安建设先进县，信访工作获全省信访工作“三无”达标县。

【泸溪教育经验】 2019年，泸溪教育事业保持快速发展势头，全县高考一本上线244人，二本以上上线528人。清华北大录取2人，空军飞行员4人，本科上线万人比连续15年位居全州第一。泸溪一中被教育部评为“全国教育系统先进集体”，并进入“中国县域百强中学”。全县“小升初”比例100%，“初升高（职）”比例90.34%。先后荣获“全国中小学校责任督学挂牌督导创新县”“全国义务教育发展基本均衡县”“湖南省教育强县”“全省百佳学生资助工作单位典型”等700多项殊荣。省委、省政府、省委宣传部、省委改革办、省教育厅、湘西州委要求专题推介学习泸溪教育成功经验。《湖南教育》《湖南卫视》《人民教育》《中国教育报》均做了典型推介。

"泸溪教育经验"引起国务院领导和湖南省委、省政府高度重视。国务院副总理孙春兰做出专门批示，湖南省委书记杜家毫一年内就泸溪教育经验先后作出5次批示，并在省委召开有关会议上多次推介泸溪教育经验。省委副书记、省长许达哲，省委副书记乌兰，副省长吴桂英分别做出批示在全省范围内借鉴泸溪县办学经验。"推广泸溪教育经验"写进湖南省第十三届人民代表大会第三次会议湖南省人民政府工作报告，列为全省教育专项重点工作。

【93个贫困村全部出列】 2019年，泸溪县投入8.93亿元，形成"规模企业进园区、小微企业进乡村、农业产业建基地"产业扶贫模式，带动8.68万贫困人口实现脱贫；突出"两不愁、三保障"，确保教育扶贫、健康扶贫、住房安全、社会保障兜底、生态扶贫等政策落实不掉一人。投入14.12亿元，推进水、电、路、环境整治等项目建设，提升农村人民群众生产生活水平。至12月底，全县93个贫困村全部出列，实现15763户63310人贫困人口稳定脱贫。

【浦市实现"创AAAA、申国保"目标】 2019年，整合资金实施浦市古镇、岩门古堡寨及白沙3个景区基础设施建设，开展旅游环境整治，古镇景区旅游秩序和旅游环境得到改善，顺利通过省文旅厅AAAA级旅游景区复核。浦市古镇古建筑群获批"全国重点文物保护单位"，实现泸溪县全国重点文物保护单位"零"的突破。

（符　明　许世和　段仲秀）

凤凰县

【概　况】 凤凰县，东与泸溪县交界，南与怀化市麻阳苗族自治县相连，西同贵州省铜仁市、松桃苗族自治县接壤，北和吉首市、花垣县毗邻。吉凤高速、凤大高速建成通车，距湘西州州府吉首市52公里、距铜仁凤凰机场27公里；209国道、308省道贯穿全境，枝柳铁路穿境而过，交通便利快捷。全境南北长66公里，东西宽50公里，土地总面积1745平方公里。辖13个镇4个乡，261个行政村，21个社区。2019年末全县总人口42.01万人，包括汉族、苗族、土家族等28个民族成分，其中少数民族人口33.41万人，占总人口79.53%，在少数民族中，苗族24.9万人，占总人口59.27%。是年，全县人口出生率10.59‰，死亡率5.47‰，人口自然增长率5.11‰。属中亚热带季风湿润性气候，四季分明，年平均气温16.7℃，年内气温最高37.6℃、最低−1.5℃；年降水量1345.7毫米。是年，凤凰县获评"全国水生态文明城市""全国民族团结进步示范县"。全年实现地区生产总值87.9亿元、固定资产投资72.31亿元，增长5.8%和4.3%；实现财政总收入28.62亿元，下降4.5%；实现社会消费品零售总额59.83亿元，增长9.9%；实现城乡居民人均可支配收入26771元、11102元，增长8.4%和9.6%；实现金融机构存贷款余额140.13亿元、109.48亿元，增长6.02%和29.9%，全县经济运行保持总体平稳态势。

【脱贫攻坚】 全县186个贫困村全部出列、20773户86305人实现脱贫，贫困发生率降至0.76%，省人民政府正式批准凤凰县脱贫摘帽。通过发展产业、稳定就业、政策帮扶等措施，力促贫困户户户真实增收脱贫。新增特色农业产业11.6万亩，实现劳动力转移就业7.2万人，开发公益性岗位3807个，建成扶贫车间27个。全县易地扶贫安置2388户10929名贫困群众，实现搬迁脱贫。落实教育、医疗扶贫政策，全年发放各类生活补助5846.7万元，住院报销9917.4万元，减轻群众家庭负担。对标对表，加大农村基础设施和公共服务设施建设，夯实村级基层基础，解决水、电、路、房和公共服务基础建设等短板弱项问题，实现贫困村村均集体经济收入5万元以上。激发帮扶合力与内生动力，优化省州县乡工作队驻村帮扶和干部结对帮扶，发挥中石化对口帮扶、济南天桥区扶贫协作，推进社会扶贫、行业扶贫，凝聚多层次、全方位帮扶合力。加强村级组织建设，发挥村支“两委”在脱贫攻坚中的战斗堡垒作用。坚持扶贫与扶志相结合，帮助贫困群众发展产业，支持转移就业和创新创业，1.24万名建档立卡户通过多种形式建立长效帮扶利益联结机制。

【全域旅游】 全年接待游客2010.9万人次，旅游收入突破200亿元，分别增长11.7%和17.5%，旅游形象和品质明显提升。旅游管理服务质量建设。完成《凤凰历史文化名城保护条例》修订，制定道路交通管理办法等规范性文件，实施旅游市场秩序监管等“六大”机制，开展旅游市场环境综合整治，为旅游管理服务新体系建设奠定基础。加快磁浮旅游观光线、张吉怀高铁、凤仙境·森林艺术小镇等项目建设，完善游客服务中心、旅游公厕、标识标牌、智慧旅游系统等配套设施，旅游管理服务质量提升。凤凰中华大熊猫苑建设基本完成，凤凰故事文化村、中青宝文化产业园等项目进展顺利，南华山景区扩容提质加快。老洞露营基地、竹山乡居成为全域旅游新名片，沿长潭岗区域的“九营十八寨”乡村旅游开发加快推进，菖蒲塘农旅一体乡村振兴示范点有序建设，旅游业态呈现多元化发展，为凤凰多日游产品逐步奠定基础。出台支持旅游市场营销等政策，深化与州内兄弟县市、张家界、怀化、铜仁和济南等地合作，组织开展“四月八”“六月六”等民族特色节庆活动，举办全国乡村春晚、摄影双年展、苗族银饰服饰节等文化活动，凤凰古城荣获“全国十大适游景区”“全国网民最喜欢的十大古村镇”、中国首届“小镇美学榜样”第一名、“新浪微博热门旅游目的地”等殊荣。

【城乡建设】 开展“美丽湘西”建设提升年活动，促进城镇扩容提质、农村面貌改善，建设“中国最美丽小城”。形成城乡建设骨架。启动国土空间规划编制，新一轮历史文化名城保护规划编制报审住建部。织密G354、G352、千云公路等干线公路和扶贫快进系统网络，完善南长城互通、高铁广场、绕城线二期、民俗园隧道、客运综合体、金水寨桥梁等项目取得实质性进展，城乡交通体系。完善以古城为核心、文化旅游经开区为枢纽、国省道为线轴、中心镇辐射带动的“1+1+5+N”新型城镇化体系。提升生态环境质量。巩固提升中央、省交办问题整改成效，完成省督察、绿盾专项行动反馈问题整改，统筹抓好大气、水、土污染防治，实现城市空气质量优良率92.3%、水质达标率100%。统筹抓好美丽湘西和农村人居环境综合整治，完成植树造林、封山育林4.1万亩，完成吉信—山江沿线最美生态公路建设，完成农村改厕6215户，开展最美村庄、精品村、最美农家创建活动。规范城乡管理。完成第三次国土调查阶段性任务，推进农村土地确权及宅基地管理。开展卫片执法、“两违”整治、违建别墅和大棚房整治等专项行动，规范城乡建设秩序。提升城市品质。南华里文旅商业综合体全面营业，南华路、水田路等城区外立面改造全面竣工，沱江中心市场、沱江上游健身绿道、“15142”人防工程等项目建设加快推进，碧桂园、翰林一品、领创、九里边城、德馨园等高品质商住项目建设加快，完成城区天然气管网铺设7公里、入户安装2043户。

【产业建设】 开展“产业项目建设年”活动，加强要素保障，实施产业重点项目46个，完成投资42.5亿元。打造凤凰工业集中区，园区经济效应显现。完成固定资产投资20亿元，完善园区厂房、给排水、人才公寓等基础配套设施。出台园区招商引资优惠政策，引进6家企业入园，推进同康民族服饰、首创污水处理厂等企业入规，园区对外贸易152万美元，实现零的突破。落实中小微企业优惠扶持政策，建立转贷应急基金，降低企业运行成本。全年注入各类扶持资金662.5

万元，为小微企业发展壮大增强后劲。实现规模工业总产值2.6亿元、增加值9244万元，分别增长17.0%、13.6%。全年投入资金6920.3万元，实施产业配套设施项目203个，实施冷链仓储项目建设21个。完成粮食播种面积40.1万亩，总产量12.9万吨，建成茶叶、猕猴桃等9大产业基地。加快农民专业合作社、家庭农场等新型经营主体培育，引进上海东方希望集团、江西双胞胎集团等全国500强农业龙头企业，创建州级以上畜禽标准化示范场35个，建成省特色产业示范园3个，新增绿色食品认证4个。推进农旅融合发展，培育发展菖蒲塘休闲观光园、大坡休闲采摘园、胜花休闲农业等农旅融合发展新业态。交通运输、仓储物流、餐饮住宿、金融保险、体育娱乐等产业，“供销e家”等电商平台建设成为新兴力量，发展规模以上服务业企业12家，全县实现服务业增加值60.1亿元，增长4.8%。全年签约引进项目17个、省外境内资金17.14亿元、外资749.28万美元，分别完成州定任务的850%、108.65%、1665.07%，招商引资工作位居全州前列。全年向上争取专项债券2.2亿元，向上争资13.8亿元。

【社会事业】 全年完成民生支出25.3亿元，占一般公共预算支出71.42%，群众获得感、幸福感增强。完成6所乡镇幼儿园、2所完小教学楼、3所中学运动场建设，沱江小学三期、芙蓉学校等项目加快推进；优化教师队伍，引进各类专业教师400名，完成教师交流培训1922人。多措并举，增加学位，全面消除大班额问题。抓实控辍保学，采取随班就读、送教上门等方式，确保适龄学生全部完成义务教育。高考再创佳绩，总分600分以上43人，首次2人同年考入清华、北大，二本以上录取509人，本科上线率33.44%，全州排名跃进前三。新区综合医院一期完成主体建设、二期全面开工，推进乡镇卫生院扩容提质和远程医疗服务平台建设，卫生室“空白村”全面消除，完善县乡村（社区）三级医疗设施，提升医疗服务水平。开展农村妇女“两癌”免费检查、孕前优生健康检查、产前免费筛查、新生儿疾病筛查1万余人。实现慢病签约服务管理率、城乡居民医保参保率100%和99%。强化城乡低保户、特困人员、残疾人、孤儿等特殊群众生活保障，发放各类生活补贴1.2亿元。完成12所敬老院提质改造及老年养护院二期主体建设，加快残疾人康复中心建设。组建县乡村（社区）三级退役军人服务机构，落实各项优抚政策。完成大坳公租房分配入住，改善城镇低收入家庭住房条件。新增城镇就业人数2365人、失业人员再就业1162人，城镇登记失业率控制在3.6%以内。创新社会治理，以新时代文明实践中心试点县建设为抓手，推进“互助五兴”“五进小区”社会治理模式和“四爱五讲”新型农民培育工程。推进“扫黑除恶”专项斗争，铲除涉黑涉恶团伙9个，破获刑事案件54起，抓获涉黑涉恶违法犯罪嫌疑人126人，打掉保护伞12人，查封、扣押、冻结资产7379.5万元。开展集中打击整治“三贷三霸”专项行动，破获刑事案件30起，查处行政案件233起，群众安全感和满意度实现“双提升”。加大拖欠农民工工资追缴力度，追回发放工资194万元。健全矛盾纠纷多元化解机制，化解信访积案553件。落实安全生产监管和主体责任，安全生产形势稳定。

【政府自身建设】 坚持党对一切工作的领导，着力提升政府执行力和公信力。坚持将政治建设摆在首位。开展“不忘初心、牢记使命”主题教育，学习党的十九大和十九届二中、三中、四中全会精神，落实意识形态责任制，把“守初心、担使命，找差距、抓落实”总要求贯穿工作实践始终，贯彻落实党中央国务院、省委省政府、州委州政府和县委决策部署，提高担当水平和履职能力。坚持依法行政。依法接受县人大及其常委会监督，自觉接受县政协民主监督，主动接受社会和舆论监督，强化审计监督，推动政府工作人员自觉接受法律、监察和人民监督，建议提案办结率、满意率100%，网络问政、县长信箱、“12345”政府服务热线反映问题办理回复率100%。执行民主集中制、“三重一大”报告制、政府工作例行报告制，依法决策程序，确保行政决策科学化、民主化、法制化。坚持政府常务会学法制度，做好规范性文件备案审查工作，全面推行权力清单、责任清单制度。完成省委第五巡视组交办问题及上级交办的审计、扶贫等领域问题整改。坚持全面深化改革。深化“放管服”改革，推动“互联网＋政务服务”，梳理依申请类政务服务事项1108项，完成“一件事一次办”78项，实现网上可办率81.47%。加快工程建设项目审批改革，企业开办、不动产登记时间分别压缩至3个工作日和5工作日以内。推进“多证合一”“先照后证”，完成营业执照办理2061本，新设立登记市场主体3288户。推进重点领域改革，全面完成政府机构改革，新调整设置县政府工作部门29个。抓好国有企业转型重组、殡葬制度、农业农村、社会信用体系等改革，优化发展环境，激发创新创业活力。坚持务实廉洁。贯彻落实全面从严治党要求，强化党风廉政“一岗双责”，落实中央八项规定及其实施细则，纠治“四风”。支持纪委监委、检察院、法院监督执纪执法和维护公平正义，筑牢不敢腐、不能腐、不想腐防线。推进“基层减负年”活动，整治“文山会海”和考核评比，全年会议同比减少43%，发文同比减少20%。政府债务风险防控。强化债务监管，严格按举债用途使用资金，建立健全事前评审、事中事后监督机制，多措并举推进政府债务化解。全年化解2018年上报锁定的历史债务19.54亿元，其中中长期支出责任6.3亿元、隐性债务5.73亿元、关注类债务7.51亿元。

【经济社会发展中存在的困难和问题】 产业转型提质成效不明显。文化旅游产品不精、管理服务体系不完善、业态不够丰富，区域优势面临巨大竞争，龙头地位受到冲击，集散作用没有得到发挥；二次产业“散、小、弱”，市场主体培育滞后，产业无链，规模弱小，结构不够优化，无品牌、效益低；一二三产业衔接不够紧密，融合程度不高，经济社会发展抗风险能力较弱。社会治理依然被动粗放。

【《人民日报》刊发菖蒲塘村产业扶贫经验】 1月10日，人民日报在头版头条刊发长篇通讯——《湖南凤凰县菖蒲塘村——硕果满枝销路广农旅结合有奔头》，报道凤凰县菖蒲塘村在习近平总书记的亲切关怀下，精准对接市场，号准市场脉搏，紧盯市场需要和消费心理，从种无核蜜橘到种湘西椪柑，直到种红心猕猴桃，做大特色产业、延伸产业链条、提升综合效益，使农业产业在市场的“洗礼”中不断做大做强，在脱贫攻坚进程中全面提质增效，成功将昔日落后的贫困山村打造成为如今幸福美丽家园的典型事迹。

【“凤凰快警”成立】 1月16日下午，湘西州公安局“城市快警”新闻发布会暨“凤凰快警”揭牌仪式在凤凰县文化广场举行。根据凤凰县治安形势需要和旅游实际，成立2个快警中队，分别在古城文化广场、南华门设立2个快警平台，部署40名快警实行24小时值班制，随时接受古城游客报警求助和指情中心处警指令。“凤凰快警”组建后，主要履行治安巡控、接警处警、接受求助、法制宣传、群防群治等工作职责，负责南华门至虹桥沱江两岸，文化广场至东正街、老菜街范围内的接处警工作。严格按照“1、3、5”接处警要求（距离报警点100米1分钟到位，200米3分钟到位，1000米5分钟到位），打造以“快警驻点”为核心、覆盖古城景区的巡防处突体系，全力为游客市民生命财产保驾护航。

【全县迈入天然气时代】 1月25日上午9点58分，凤凰天然气公司举行凤凰县通气点火仪式，为凤凰县人民带来清洁、安全、便捷、经济的天然气，凤凰县正式迈入“天然气”时代。天然气通气是建设宜居凤凰的一大成效，标志着凤凰县居民即将告别烟熏火燎、煤球钢瓶的传统生活方式，迈入清洁、安全、便捷、经济的天然气时代。

【全县企业社保离退休待遇实现社银直发】 1月25日，凤凰县企业社保离退休待遇实现湘西州内首例社会银行直接发放。该县企业社保离退休待遇发放，全年涉及资金1.7亿元，关系到全县7000多名企业离退休人员的晚年生活。原来通过采取手工报盘形式和银行传递数据来实现离退休人员工资发放，其过程存有重大违法风险，根据《人力资源社会保障部办公厅关于规范养老保险待遇发放数据向银行传送方式的通知》要求，凤凰县全面取消用手工报盘形式传递数据，企业离退休待遇实现社银直发，尽快消除养老保险待遇发放数据离库操作风险，确保基金安全。

【"春风行动"招聘会】 2月12日上午，湘西州"春风行动"首场招聘启动仪式在凤凰县从文广场举行。山东省济南市人社局、湘西州人社局、长沙市人社局、厦门市人社局及州内各县市人社局主要负责人参加活动。此次"春风行动"专场招聘会以"促进转移就业，助力脱贫攻坚"为主题，为凤凰县建档立卡户及120名高校毕业生开展一对一服务，来自山东省济南市、长沙市、厦门市等地180家单位提供家政服务、食品加工、物业管理、汽车模具以及电子加工等3万余个岗位供求职者选择。招聘会入场人数2万余人次，其中建档立卡户600余名，当场达成初步用工和就业意向427人，其中建档立卡户180名，为贫困群众早日实现脱贫打下基础。

【大坡村获评"湖南省四星级乡村旅游区（点）"】 3月，凤凰县新场镇大坡村被评为湖南省四星级乡村旅游区（点），为凤凰县乡村旅游再添一"省字号"品牌。凤凰县荣获湖南省五星级乡村旅游区（点）1家、四星级乡村旅游区（点）3家、三星级乡村旅游区（点）2家。大坡村成功创建为湖南省四星级乡村旅游区（点），同时还被评为湖南省美丽乡村示范村，是集休闲娱乐、住宿餐饮、采摘观光、民俗体验、非物质文化展示、文艺创作与表演为一体的乡村文化旅游景区。村内有特色农庄、民俗与农产品展示中心、刺葡萄观光采摘园、精品民宿，一池荷塘、两岸青山、果树围绕、氧离子含量高，是人们休闲康养的好地方。

【在第54届全国工艺品交易会上获金奖】 3月，在第54届全国工艺品交易会上，由凤凰县土家织锦项目国家级代表性传承人叶水云设计，叶水云及其女儿傅元庆、徒弟赵静创作的《织锦——盘盘八勾》从众多优秀的非遗手工艺品中脱颖而出，荣获"金凤凰"创新产品设计大奖赛金奖；由凤凰蜡染技艺项目州级代表性传承人熊承早女儿熊智设计，熊承早、熊智、徒弟吴庭金创作的《蜡染——雕花老人》荣获银奖；由凤凰扎染技艺项目省级代表性传承人向云芳设计创作的《扎染——富贵平安》荣获铜奖。

【湘西州消费投诉公示试点在凤凰启动】 5月，湘西州市场监督管理局消费投诉公示试点启动仪式在凤凰县市场监督管理局举行。2019年是机构改革之年，工商、食药、质监和物价、知识产权的部分职能合并，原来的五条热线合并成一条热线——"12315"。凤凰县作为全州首个消费投诉公示试点，将做好消费引导，营造氛围，把试点工作抓好、抓实，在全州发挥引领作用。

【凤凰获评全国水生态文明城市】 6月，水利部公布第二批全国水生态文明城市名单，凤凰县成为新增的全国水生态文明城市。凤凰县地处武陵山脉腹地，是洞庭湖水系之一沅江水源区，境内大小河流溪沟156条，主要河流有沱江、万溶江、白泥江等。多年平均降水量1308.1毫米，森林覆盖率54.26%，是长江中游水源涵养区和水土保持区，中国地势第二级和第三级阶梯之间生态屏障。全县二类水及以上河长比例超过50%，水功能区达标率超过85%。2014年1月，凤凰县提交“全国水生态文明建设试点”申请，通过水利部批准，成为全国第二批58个水生态文明建设试点之一，为该县全面提升水生态文明水平提供机遇。2015—2017年为试点建设期，该县加强领导，完善机制，加大投入，实施沱江镇生活污水收集处理、青山抱古城、红旗水库整治与水质保护、沱江河道综合整治、沱江生态水利风景区、生态农业、城市水系连通示范工程、百村古井老泉修缮示范工程、面向千万游客的水生态文明宣传行动等示范项目建设，严格按照批复试点实施方案推进各项任务落实，探索创造具有凤凰特色的水生态文明建设经验。

【殡葬改革】 6月，凤凰县召开县城区集中治丧和集中安葬动员大会。自6月18日零时起，在该县城市规划区逐步推进分期实施集中治丧和集中安葬，到2020年，全面实现城区集中安葬、集中治丧、火化率三个100%。该县投资8000万元，完成太阳冲公墓山及殡仪馆建设，完成2个农村公益性墓地建设，完成集中安葬近200起，出台殡葬管理及服务政策性文件，开展政策宣传，营造家喻户晓、理解支持的殡葬改革工作氛围。结合全国新时代文明实践试点建设工作，引导村（社区）将移风易俗纳入村规民约（居民公约）中，引领社会逐步形成节俭、绿色、文明治丧的新常态，促进生态文明建设，深化殡葬改革，树立殡葬新风尚，保护绿水青山，建设生态凤凰。

【1200万元重奖“教育功臣”及学生】 8月18日上午，凤凰县在县文化广场举行“荣耀同行，梦想起航”教育表彰大会，对在教育教学工作中表现突出取得优异成绩的先进集体和个人进行表彰奖励，总奖金近1200万元。2013年来，凤凰县把教育摆在优先发展的战略地位，出台《中共凤凰县委、凤凰县人民政府关于加快教育发展的若干意见》，制定《凤凰县2013—2018年城区教育发展规划》等纲领性文件，举全县之力，推进教育“大投入、大建设、大调整、大改革、大发展”，实施校安工程、危改工程、薄改工程、合格学校建设和“教育四大工程”建设，落实“四改三化”，加快教育发展脱贫工程，着力打造与国家历史文化名城相匹配的教育品牌。

【G56杭瑞高速公路南长城互通建设项目开工】 8月，凤凰县G56杭瑞高速公路南长城互通建设项目开工。项目建设内容包括匝道、收费站房等主要设施，采用A型单喇叭互通形式，收费站规模为四进六出10个车道，同步建设互通配套的房建、机电、交安等三大设施，总投资12056万元，由中交路桥建设有限公司承建。项目与2017年建成的南长城互通连接线相对接。项目建设将极大改善凤凰县旅游交通状况，有利于加快全域旅游发展和新城区建设。

【凤凰县与深圳浩然电池有限公司项目落地签约】 11月12日，凤凰县与深圳市浩然电池有限公司在天下凤凰大酒店二楼会议室举行项目签约仪式，签约项目2个，计划总投资5亿元。此次签约项目为成品电池生产（配套通讯、数码产品）及电池相关数码产品研发设计、零部件制造、成品组装等业务，涵盖智能家居、智能车联网、智能医疗电源高端装备制造、新材料等领域，项目科技含量高，发展前景好，具有很强的引领性和成长性。深圳市浩然电池有限公司生产的电池主要用于各类手机、蓝牙耳机、MP3、笔记本电脑、摄像机、数码相机等便捷式电子产品，国内客户主要有小米生态链客户群、华为生态链客户群等，产品销往美国、日本、印度、法国、德国、英国等20多个国家或地区。落户凤凰工业集中区后，深圳浩然公司计划5年内投资5亿元，年产值规模平均达10亿元，年平均纳税额2500万元以上，解决就业人数1000人以上。

【凤凰县入选第七批全国民族团结进步示范县】 12月，国家民委下发关于命名第七批全国民族团结进步示范区（单位）的决定，凤凰县获此殊荣。2014年来，凤凰县围绕共同团结奋斗、共同繁荣发展的民族工作主题，组织开展“二月二”苗族祭炯活动、“三月三”马兰节、“四月八”跳花节、“六月六”苗歌节、中国凤凰民俗摄影双年展暨苗族银饰服饰文化节等民族文化活动，吸引周边少数民族群众和全国各地游客参与，推动形成各民族和睦共处、和谐发展的良好氛围。编印苗汉双语《中国东部苗族日常句典》《中国东部苗族格言谚语三百句》小读本。以“旅游+”等模式，促进全域旅游发展、脱贫攻坚等工作，推进民族文化传承，将民族文化优势转化为经济优势，助力脱贫攻坚，营造“中华民族一家亲，同心共铸中国梦”的良好氛围。

（李　华）

古丈县

【概　况】 古丈县位于湖南省西部武陵山区，湘西土家族苗族自治州中部偏东，酉水南岸，峒河之北，地处北纬28° 24′ 05″ —28° 45′ 57″ 、东经109° 44′ 42″ —110° 16′ 13″ ，东西长51.36公里，南北宽40.52公里，土地总面积1297平方公里，常用耕地11.65万亩，其中稻田10.44万亩，旱地1.21万亩，素有“茶叶之乡”“林业之乡”“歌舞之乡”的美称。全县辖7个镇103个村，2019年末总人口14.29万人，人口出生率8.34‰，自然增长率3.75‰，其中以土家族、苗族为主的少数民族人口占总人口的88%。属亚热带山地型季风湿润气候，全年降水量1353毫米，平均气温16.7℃，无霜期342天，具有四季分明，气候温和，雨季明显，作物生长期长的特点。

全年实现地区生产总值31.17亿元，同比增长7.8%；完成地方财政收入2.3亿元，增长7.8%；实现社会消费品零售总额7.6亿元，增长9.6%；城乡居民人均可支配收入23062元、8616元，分别增长8.1%、9.8%；金融机构存贷款余额58.2亿元、41.4亿元，分别增长7.1%、12.2%；全县小康实现程度91.6%。

【三大攻坚战】 全年整合财政扶贫资金3.2亿元，实施到村到户项目654个。安全饮水问题全部解决，农村家庭学生补贴全面兑现，易地扶贫搬迁、贫困户危旧房改造等任务全面完成，“一站式”即时结算、“先诊疗后付费”等制度全面落实，济南高新区、常德市、光大集团、中金公司对口帮扶全面发力，全县扶贫经验受到新华社、人民网、《湖南日报》等中央省州主流媒体关注和推广。全年新减贫4214人、退出贫困村11个，贫困发生率下降至0.79%，实现整县脱贫摘帽目标。推进“蓝天碧水净土”三大保卫战，全年空气质量优良率94.6%，农村垃圾集中处理率95%以上，饮用水源达标率100%，县域生态环境公众满意度100%。违建别墅清理、露天矿山整治、农村人居环境整治等工作坚决有力，依法拆除违建木屋10栋，关闭矿山13家，取缔拆除非法开采和打砂场30处，建筑工地扬尘治理基本达到“六个100%”要求。推进“河长制”，古阳河水库水污染治理项目加快推进，全面清理拆除酉水河网箱9273口23万余平方米，古丈获评“中国天然氧吧”称号。坚决守住不发生系统性金融风险底线，全面禁止违规举债，实现隐性债务“零增长”，全年化解存量债务1.37亿元，债务风险等级为全州唯一“相对安全”县。推进平台公司转型、专项债券争取、土地增减挂等工作，全县融资平台公司清理整合至2家，争取到土地增减挂钩跨省交易指标850亩，实现交易额2.55亿元，争取到财政债券资金2.47亿元。

【特色农业】 完成茶园新扩1.42万亩、油茶新造低改2000亩、柑橘品改低改9430亩、收购烟叶7458担，完成“白叶一号”茶叶标准化种植1000亩。中国工程院院士陈宗懋、刘仲华科研技术团队工作站落户古丈。举办“第三届中国·古丈茶旅文化节”“东西协作·茶旅扶贫”古丈茶旅资源济南推介会、“2019湖南省第二届新粮油产业高峰论坛暨大湘西油茶创新峰会”等系列宣传活动。“古丈毛尖”荣获2019世界绿茶评比会“最高金奖”和“中国名茶”评比“特优金奖”，再获“湖南十大名茶”殊荣，古丈红茶获评“茶祖神农杯”名优茶“金奖”。全年完成茶叶生产加工9050吨，产值突破10亿元，分别增加9.5%、9.6%。

【新型工业】 古丈省级工业集中区完成投资5.1亿元，新建标准化厂房4万平方米，新增入园企业4家，园区路网、供水、供电、排污等基础配套设施加快完善，综合承载能力提升。京投创业速溶茶饮加工生产线、得象电器碳晶电热板生产线、煜诚陶瓷生产线、华牧天元有机肥生产线建成投产，南方水泥、恒源电杆、湘泉酒业、鑫科牧业、宏侨建材等企业正常生产。举办第一届南方供暖高峰论坛。全县规模工业总产值达9.29亿元，增长10.46%，规模工业增加值3.19亿元，增长8%。

【全域旅游产业】 古丈县游客中心项目加速推进，河西四星级酒店加紧扫尾，中国·古丈文体旅产业扶贫项目落地，以墨戎苗寨、夯吾苗寨等为代表的乡村旅游井喷式发展。举办中国古丈·两山100国际越野赛，吸引全球20多个国家1300余名选手参赛；古丈金钉子和红石林接受联合国教科文组织现场评估，为全州申报世界地质公园奠定基础；湖南卫视大型生活服务纪实节目《向往的生活》第三季在翁草村拍摄开播，央视农业农村频道《美丽乡村》和湖南卫视《乡村合伙人》专题推介古丈文旅产业发展。全年接待游客600万人次，实现旅游收入22.1亿元，分别增长29.5%、67.6%。

【基础项目建设】 全年66个在建重点项目累计完成投资19.6亿元。张吉怀高铁古丈段、罗凤公路（一期）、田麻寨至草潭公路整修等项目进展顺利，高铁古丈西站通站道路及站前广场项目开工，完成农村公路建设312公里、安防工程134公里、改造危桥12座。古阳河水库电站、农村安全饮水补短板等项目全面完成，广潭河水库前期工程进展顺利。气化湖南古丈段、美丽湘西等项目建设加快推进，新增管道天然气入户1118户，完成农村改厕5058户。累计完成新城土地储备3725亩，古罗大道即将贯通，县人民医院门诊综合楼开工建设，完成文化馆图书馆项目选址，张吉怀铁路220千伏变电站工程加快推进，易通广场城市综合体、树栖科棚户区建设等新城区项目完成投资5.37亿元。芙蓉学校在全省第一批项目校中率先建成开学。参加粤港澳大湾区招商会、湘西州（北京）招商引资推介会等招商活动，全年新引进招商项目10个，实现合同引资22.5亿元，其中投资过亿元项目5个。得象电器、京投创业、华牧天元等一批招商企业投产见效，中国500强企业双胞胎集团投资3.2亿元的德宝恒嘉双胞胎古丈生态养殖项目，“三通一平”加快推进。古丈县招商引资工作获省商务厅表彰。全年共争取资金11.39亿元，同比增长23%。

【民生事业】 全年民生支出13.9亿元，占财政总支出的66.2%。12件省民生实事全面完成，20件州民生实事和10件县民生实事基本完成。社会事业不断进步。用心办好人民满意教育，新增义务教育学位3390个，“大班额”问题彻底解决，山村幼儿园经验在全省全州推广，基础教育国家质量监测工作被教育部评为“县级优秀组织单位”。公立医院改革深化，县人民医院成功创建“二甲”医院，启动实施“智慧医疗+健康扶贫”项目，投放全科医生助手机器人53台，慧育中国·儿童早期养育试点项目受益儿童325人。全民健身、文化惠民等活动广泛开展。社会保障不断加强。继续落实积极的就业创业扶持政策，全年新增创业主体590户，新增城镇就业1556人，新增农村劳动力转移就业1302人，发放创业担保资金1098万元、转移就业贫困对象交通补助265万元。完成农村危房改造282户，棚户区改造420户。城乡低保救助、特困供养、残疾人“两项补贴”全面提标，共发放资金4348万元，惠及困难群众 1.5 万人。

【社会治理】 全面开展安全隐患专项整治，连续 17 年实现无较大及以上生产经营性安全生产事故，获评全省“安全生产工作良好单位”、全州“安全生产优秀县”。全面实施信访积案分包化解，圆满完成新中国成立 70 周年大庆安保。扎实推进扫黑除恶专项斗争和禁毒工作，“一村一辅警”全面到位，成功侦破一起尘封 24 年之久的特大命案，连续 3 年获评全省“综治工作先进县”，成功创建“湖南省平安县”。非洲猪瘟疫情、草地贪夜蛾虫害得到有效防控，食品药品安全监管不断加强，防灾减灾救灾工作扎实有效。美丽湘西建设、人居环境改善、治超限载、“两违”整治等工作有力推进，提升人民群众的幸福感。

【中国 · 古丈第三届茶旅文化节】 3 月 29 日，“2019 中国 · 古丈第三届茶旅文化节”春茶开园仪式在牛角山万亩生态茶园举行，拉开“第三届中国 · 古丈茶旅文化节”的序幕。中共湘西州委书记叶红专宣布春茶开园。仪式上，对“刘仲华教授团队科研工作站”“陈宗懋院士团队新技术推广站”、湖南广播电视台茶频道“世界生态古丈茶拍摄基地”进行授牌。

【2019 中国古丈 · 两山 100 国际越野赛】 6 月 1 日，2019“古丈农商银行杯”中国古丈 · 两山 100 国际越野赛在古丈县拉开帷幕，国内外 1500 名选手参加比赛，包括来自法国、意大利、英国、美国、立陶宛、德国、加拿大等国家的 22 名外籍选手参赛。这次赛事是国内首个“两山”主题越野跑，是湖南省首个体旅扶贫赛事。选手穿越湘西腹地高望界、断龙山、土家族的母亲河——酉水河、茶马古道和土家族苗族传统村寨。经过激烈角逐，黄道勇获 100 公里男子组第一名，武源媛获 100 公里女子组第一名；胡满军获 50 公里男子组第一名，陆丽玖获 50 公里女子组第一名；曹建辉获 10 公里男子组第一名，宋林丽获 10 公里女子组第一名。

【入选“中国天然氧吧”县】 7 月，中国气象服务协会公布 2019 年度“中国天然氧吧”创建活动结果，古丈县成功入选“中国天然氧吧”县，成为湘西州唯一获此殊荣的县市。2016 年来，古丈县委、县政府以“中国天然氧吧”创建工作为契机，以生态文明建设为抓手，大力践行“绿水青山就是金山银山”的发展理念，深入贯彻“生态文明立县、特色产业富民、发展环境创优”的发展战略，坚持生态优先、绿色发展，以独特的气候禀赋、优美的生态环境、丰富的旅游景观、淳厚的民俗底蕴、宜人的康养资源、健康的绿色产业为特色，全面建设“绿色古丈、美丽古丈、智慧古丈”。古丈县先后获得“国家森林城市”“中国有机茶之乡”“全国休闲农业和乡村旅游示范县”“国家级出口食品农产品质量安全示范区”“国家茶叶标准化建设示范县”等荣誉称号，县域生态发展得到社会各界的认可和肯定。

【古丈县芙蓉学校建成招生】 9 月，古丈县芙蓉学校正式建成招生，招收学生 2046 人，其中农村户口学生 1882 人，建档立卡户学生 778 人。芙蓉学校是古丈县一所新建的九年制学校，位于古阳镇树栖柯村，建设用地面积 160 亩，建筑面积 63580 平方米，总投资 3 亿元。设有小学和初中部，设置教学班 72 个，学位 3390 个。学校招生对象主要是面向农村特别是贫困家庭子女，让农村学生享受到实实在在的优质教育资源红利，化解大班额问题。

【“山村幼儿园计划”湖南试点现场会在古丈县召开】 9 月 23 日，由中国发展研究基金会和古丈县教体局组织的“山村幼儿园计划”湖南试点现场会在古丈县举行。与会人员到默戎镇中寨村、毛坪村山村幼儿园，观摩感受 7 年来“山村幼儿园计划”项目给山里孩子带来的一系列变化，展现两所幼儿园完善的基础设施、成熟的教学理念、独具特色的苗族刺绣竹竿舞以及苗鼓、苗歌等教学内容。自 2012 年“山村幼儿园计划”项目在古丈县启动以来，该县学前幼儿入园率由44.1%上升到2019年的88.2%，位居湘西州第一，比全省、全国平均水平高出8个百分点，累计有5000余名农村儿童就近享受到免费的、有质量的早期教育。

【张吉怀高铁古丈西站进站路开工】 11月27日，古丈县举行张吉怀高铁古丈西站进站路开工仪式，该项目正式开工建设。古丈西站进站路项目投资2.2亿元，里程2.73公里，其中包括古丈西站进站路2.012公里，站前广场连接线0.727公里，设计时速40公里/小时，为兼顾城市道路标准的二级公路，是张吉怀高铁古丈西站的地方配套工程，计划于2021年6月前建成通车。

【向圣云获“全国优秀名师工作室主持人”称号】 12月16—19日，在珠海举办的“全国名师工作室联盟第三届年会暨第十三届全国名师工作室发展论坛”上，古丈一中教师向圣云荣获“全国优秀名师工作室主持人”称号，其所主持的湘西州向圣云名师工作室荣获“2019年度全国先进名师工作室”。向圣云名师工作室结合实际，坚守课堂教学、教育科研、教师培训取向，开展“目标尝试教学模式”“五步三查高效课堂模式”“三环五步学共课堂模式”等课堂教学研究，发挥工作室的传、帮、带作用，打造一支有一定影响力的工作室团队，为促进古丈县教育均衡发展、教师专业成长做出了贡献。

（李世宇）

花垣县

【概　况】 花垣县位于湖南西部，武陵山腹地，湘黔渝交界处，有“一脚踏三省”“湘楚西南门户”之称，是习近平总书记“精准扶贫”首倡地。全县总面积1109平方公里，辖12个乡镇217个村24个社区（居委会）。2019年，总人口31.5万人，其中苗族人口占77.3%，是苗族聚居县、革命老区县、深度贫困县。G209、G319国道贯穿全境，包茂高速、张花高速在此交汇，正在建设的湘西机场位于花垣境内，将于2020年建成通航。

花垣矿产资源已探明锰、锌、页岩气等矿产20余种，其中锰矿储量居全省第一、全国第二，铅锌矿储量居全省第二、全国第三，有“东方锰都”“有色金属之乡”美誉，2011年新探明铅锌矿远景储量1300万金属吨。

花垣县自古有“百里苗乡”之称，是“中国民间文化艺术之乡”“全国蚩尤文化研究基地”，“苗族赶秋”列入联合国“非遗”名录，拥有苗族古歌等5项国家级非物质文化遗产保护项目、苗族武术等12项省级非物质文化遗产保护项目。

花垣县拥有1个国家历史文化名镇（边城镇），2个国家AAA级旅游景区（边城茶峒和十八洞景区），1个国家湿地公园（古苗河）。“边城茶峒、古苗河、紫霞湖、蚩尤部落群、崇山老卫城”五大旅游板块开发建设正全面推进，“神秘苗乡·蚩尤故里·世界边城”已成为武陵山片区一张亮丽的旅游名片。

花垣县是美丽中国示范县、全国小农水重点县、全国群众体育先进县、全国健康扶贫示范县、全省文明县、全省卫生县城、全省社会治安综合治理先进县、全省脱贫攻坚先进县、省级食品安全工作先进县。

2019年，花垣县坚持以人民为中心的发展思想，紧扣高质量发展主线，顶住层层压力，克服重重困难，众志成城，砥砺奋进，扭转了经济负增长趋势，各项事业在逆境中取得新进步。全年实现生产总值72.1亿元，同比增长6.1%；财政总收入7.72亿元，同比增长6.8%；规模工业增加值8.14亿元，同比增长14.5%；社会消费品零售总额19.6亿元，同比增长8.9%；城镇居民人均可支配收入26516元，同比增长8.2%；农村居民人均可支配收入9510元，同比增长9.4%。

【脱贫攻坚】 继续推进精准扶贫，聚焦减贫任务，开展脱贫攻坚大决战，实现脱贫摘帽。全年统筹整合财政涉农资金4.2亿元用于扶贫项目建设，实施1094个民生项目。全县142个贫困村全部出列，80606个建档立卡贫困人口累计脱贫79178人，贫困发生率从2014年的28.4%下降到2019年的0.55%。脱贫攻坚成效考核第三方评估"无漏评、无错退、群众满意度达到99.1%"，实现贫困县脱贫摘帽。2月，习近平总书记等中央领导对湖南省委信息专报《湖南湘西州牢记习近平总书记殷切嘱托　以十八洞村为样板走出一条可复制可推广的精准扶贫好路子》作出重要批示。落实教育扶贫政策，投入教育扶贫资金5165万元，落实"四类人员"资助全覆盖资金3286万元，实现贫困学生资助全覆盖。落实医疗保障，建档立卡贫困人口100%参加医保、大病保险，贫困人口住院费用补偿率达85%—90%，29种大病定点医疗机构救治率90%，慢性病签约服务率100%，县域内就诊率85%，基本实现大病不出县。做好住房保障，完成"十三五"期间1020户4556人搬迁任务，实现"搬得出、稳得住、能脱贫"，易地扶贫搬迁户脱贫率99.1%；2019年完成农村危房改造808栋，"四类对象"全部实现住房有保障。落实兜底保障政策，投入3494万元，贫困人口享受兜底扶贫政策13992人，5420名残疾人享受"两项补贴"，实现应保尽保、应兜尽兜。推进生态扶贫，从建档立卡贫困户中选聘生态护林员505名，落实63.4万亩生态公益林补偿政策，惠及林农5.2万户。抓实产业扶贫，采取"四跟四走""农户+村经济联合社+新型农业经营主体"等产业扶贫模式，整合资金1.88亿元，实施361个扶贫产业项目，带动贫困群众增收3736万元，户均增收1868元。做强村集体经济，全县241个村级集体经济收入2000万元，消除村级集体经济空白村，村集体经济收入50万元以上村2个，10万元以上村50个。推进就业扶贫，当年新增贫困劳动力转移就业1002人。建成"扶贫车间"28个，吸纳劳动力1300人，提供公益性岗位1382个。推进扶贫协作，济南市槐荫区援助资金4208万元，实施财政援建项目13个，惠及2.9万名建档立卡贫困人口。落实对口帮扶，衡阳市累计投入1600万元，实施援建项目24个，惠及贫困人口1.1万人。抓好定点扶贫，中国五矿集团投入资金868万元，形成"央企出资+合作社运营+贫困户收益+企业购买产品"闭环产业扶贫模式，带动564户2326名贫困人口增收致富。持续改善农村面貌，投入资金1446.5万元，实施安全饮水巩固提升项目53个，为9395户农户42280人提供安全饮水保障，全县农村自来水普及率85.6%，累计解决25.62万农村人口饮水安全问题。投入资金1392.23万元，实施11个村农网改造，所有贫困村全部完成农网改造，实现用电同网同价。所有村实现宽带、4G网络全覆盖。投入资金7534万元，贫困村村间道硬化284公里，全县自然寨道路硬化率100%，入户路硬化率95%。实施"村村响""户户通"工程，142个贫困村实现广播全覆盖、数字电视节目信号全覆盖。

【环境治理】 继续实施矿业深度整合，以湖南志弘矿业开发有限责任公司为整合主体，将原有35个铅锌矿山整合为6个，其中4个整合矿山取得新的采矿许可证。将锰矿山矿权数由5个整合为4个，已全部取得采矿许可证。铅锌浮选生产线整合减少至7条，产能全部达到国家标准。铅锌尾矿库整合减少至7座；锰渣库整合减少至3座。矿产资源整合"花垣模式"在全省推介。继续解决矿业污染问题，以矿区生态修复为重点，完成矿区覆土6491亩、复绿4003亩，矿区公路绿化16公里。基本完成尾矿库闭库任务，全县尾矿库重大安全环保隐患得到消除，安全总体可控，无危库、险库。实施16个涉矿村环境综合整治、3个涉矿村整体搬迁。完成铅锌矿区道路扬尘治理任务，完成9条村组道路重建和5条矿山专用道路新建；推进铅锌矿山道路运输秩序整治，推行铅锌矿山运输公司化管理，已购置专业运输车辆52台，实现公司化环保运输。矿区儿童血铅超标问题得到有效控制，血铅超标率下降到1.6%。以环保督察交办突出环境问题整改为契机，推进大气、水、土壤环境污染综合整治，开展2019年污染攻坚“夏季攻势”。中央环保督察交办和反馈的18个问题全部办结销号，省环保督察交办和反馈的49个问题总体办理完成。省政府挂牌督办矿山环境污染问题基本完成整改。开展违建别墅问题清查整治行动，全县违建别墅得到整治。落实三级河长制，完成水污染物减排任务，全县水环境质量达标率91.7%，城市集中式饮用水源达标率100%，空气质量优良天数达标率96.8%。

【重大风险防控】 全面清理政府债务，推进平台公司转型，做到债务清、平台活，全县28家平台公司通过注销、整合、转型，保留2家，转型成5家县属国有企业，完成县属国有企业债务划转、股权划转，完成年度8.33亿元化债任务，政府性债务率控制在100%以下，政府债务风险总体可控。

【农业和农业科技园区建设】 实施园区带动战略，坚持“农业产业化、产业园区化、园区景区化、农旅一体化”思路，加大投入，完善基础设施，引进战略合作伙伴，增强现代农业发展动力。推进农业科技园区发展，完成投资5.52亿元，科创中心、农产品安全质量检测中心、2万平方米智能大棚、1万平方米保鲜冷库建成投入使用。园区总面积达到92平方公里，入园企业50家。4家省级龙头企业、7家州级龙头企业、4个国家级示范社、6个省级示范社入驻园区，获批国家农村创新创业园，获评“全国农牧渔业丰收奖”。壮大农业特色产业规模，全县累计发展茶叶5万亩、油茶20万亩、烟叶2.26万亩、桑树2.4万亩、中药材3万亩、特色果蔬10万亩，发展湘西黄牛2万头、乳鸽12.5万羽。全年取得授权专利6项，注册商标429件，商标数是2014年的2.8倍。十八洞黄金茶、十八洞猕猴桃、湘西黄牛等一批有花垣特色的品牌形成。十八洞猕猴桃、香味园阳光脆笋、香辣外婆菜荣获中国中部（湖南）农业博览会金奖。

【工业和工业集中区建设】 落实系列支持政策，开展“支帮促”，帮助企业解决实际困难。全年完成规模工业产值28.37亿元，同比增长78%。工业集中区完成投资7.18亿元，开发面积7平方公里，新增入园企业8家，总数达63家。累计建成标准厂房18.75万平方米，建成丰和东路、富园北路，推进污水处理厂等项目建设。推进工业重点项目建设，三立集团10万吨浸出渣回转窑综合回收利用项目建成试生产，湘西佳美新能源街景店车生产项目正在建设。继续实施工业招商，瑞凯达智能科技、泰耀光电、兆科动力新能源、宣腾电子等一批电子信息类项目落地。

【文化旅游】 以“五大旅游板块”为核心，实施旅游基础设施建设，推进全域旅游。边城风情小镇旅游项目完成投资1.2亿元，新区停车场、三线下地、游客服务中心提质、古城居民停车场等一批工程基本完成，边城国家AAAA级旅游景区正在申报中。古苗河大峡谷景区实现试营业。世界地质公园排碧金钉子初步达到联合国验收标准。完善“神秘苗乡”生态文化旅游精品线路节点旅游服务设施，推进十八洞溶洞旅游开发项目，十八洞村被评为首批全国乡村旅游重点村。全年实现接待游客325万人次、旅游收入28.44亿元。

【项目建设】 抓住项目建设“牛鼻子”，开展“产业项目建设年”活动。全县实施重点建设项目73个，完成投资44.73亿元。实施水利设施建设，启动城乡供水一体化项目。五龙冲水库枢纽工程、龙潭至边城供水管网启动建设、吉辽河水库枢纽工程竣工。实施37处农田水利基础设施提质改造，改造渠道2.66万米，山塘除险加固7座，改善排灌面积1万余亩。完善交通路网建设，实施交通建设项目9个，完成投资2.46亿元。319国道花垣段改造基本完成，新建农村道路281公里，完成窄路加宽87公里，安全防护工程387公里，新修产业路171公里。启动渝湘高铁前期工作，推进湘西机场、机场道路等重点项目建设。升级电力设施，完成吉卫变电站110千伏、110千伏花洞Ⅰ、Ⅱ回线路和11个村农网改造升级等工程。城镇建设提质，浮桥至竹篙滩沿河风光带项目完成投资8000万元，其中花园广场、滨江广场、兄弟河广场、管线桥、悬崖栈道等工程相继建成。推进改造建设西路、白岩山路、古苗河大道等一批城市基础道路建设。“气化湖南”大湘西天然气管道工程（花垣段）投资2.45亿元，其中龙花线（龙山至花垣）基本达到送气条件，花怀线（花垣至怀化）完成管线焊接56公里，花张线（花垣至张家界）进入回填复垦阶段。城市天然气中压管网完成铺设8.2公里，新增天然气用户1050户。总投资1300万元的城市污水收集管网四期工程竣工，全县生活垃圾无害化处理率稳定在95%。实施乡村振兴战略，启动中国传统村落第五批保护利用建设项目，完成20个村保护规划编制。投入2258万元，改造特色民居1200栋。推进“三治三种一创”，启动民乐镇污水厂、龙潭镇污水厂等项目，新建公厕11座，改造农村厕所3060户，创建美丽乡村10个，美丽农家1684户。实施城乡建设用地增减挂钩项目，全年完成土地指标交易2711亩，实现财政收益4.3亿元。发展商贸物流，依托区位和交通优势，激发商贸物流发展动力，现代商贸物流城一期10万平方米大型建材家居城投入使用，入驻商户100余家，启动现代商贸物流城二期建设工程。实现电商服务县、乡、村三级网络全覆盖，完成网上交易7.25亿元。

【招商引资】 全年实施招商引资项目60个，招商引资到位资金24.07亿元，其中省外境内资金8.43亿元，同比增长18.7%。

【民生事业】 加大民生投入，民生支出22.34亿元，同比增长6.6%，占年度财政总支出68.2%，完成省州13项民生实事。坚持就业优先，全县城镇“零就业家庭”动态援助率100%，实现城镇新增就业4785人，发放创业担保贷款4188万元，创业带动城乡就业855人，城镇登记失业率控制在3.7%以内。按时足额发放养老保险等待遇3.56亿元。坚持优先发展教育，芙蓉学校教学楼主体工程、县职中、华鑫学校二期建设项目基本完成，凉水井学校建设项目正在实施。县城区新增学位1200个，大班额得到总体化解。学前三年毛入园率、义务教育巩固率、高中毛入学率分别达91.8%、99.8%、88.9%，进入全州先进行列。高考一本、二本以上录取人数分别达227人、538人，取得历史性突破。推进“健康花垣”建设，推进县中医院整体搬迁、县疾控中心、县妇幼计生中心建设项目建设，实现村村有卫生室、村村配备村医。落实优生优育、实施“全面二孩”政策，全年人口自然增长率2.1‰。丰富群众文化，完成217个村级综合文化服务中心建设。全年组织开展苗族赶秋等各类大型群众文化活动20余场，开展“送戏下乡”惠民演出120场，农村公益电影放映4000场。边城镇获评“中国文化百强镇”。

【社会治理】 加强和创新社会治理，完善社会治理体系，社会大局总体和谐稳定。完成中华人民共和国成立70周年安保任务，获得全州“平安建设优秀县”。落实安全生产责任，开展安全生产风险隐患“大排查大管控大整治”“强执法防事故”行动、消防安全“排雷行动”，防范和消除安全隐患。累计实施尾矿库闭库治理88座，完成矿山地灾区治理8处，关闭非法采石场43家、砂石加工企业33家。全年无重特大安全生产事故，无重大食品安全事故发生。落实县级领导和责任单位领导包案化解工作机制，优化信访业务流程，推进网上信访，畅通群众信访新渠道，解决一批久拖不决和重大疑难重复信访案件，群众赴省进京上访下降。开展“七五”普法，推进政府法治建设。加强人民调解，帮助解决拖欠农民工工资3374万元，催收中小企业欠款940万元。组建城市快警，实现“一村一辅警”全覆盖。开展“缉枪治爆”“百日会战”“社会乱象综合整治”等专项行动，打掉一批犯罪团伙，破获一批刑事犯罪案件。开展扫黑除恶专项斗争，坚持“有黑扫黑、有恶除恶、有乱治乱”，打掉黑社会性质组织3个，涉恶团伙1个，累计查封、冻结、扣押涉案财产5亿余元。开展重点领域集中整治40余次，治理社会各类乱象34次。

【深化改革】 坚持扩大开放战略不动摇，深化改革创新。稳步推进机构改革，27个政府组成部门完成重组、实现挂牌，37个涉改事业单位基本完成改革任务，推进乡镇机构改革。深化“放管服”改革，推进“互联网+政务服务”一体化平台建设，开展依申请类政务服务事项和公共服务事项清理，完成4876项政务服务事项目录清理和实施清单填报发布，完成办理事项177万件。推进“就近办”，完成“湘西e路通”综合服务平台与湖南省“互联网+政务服务”一体化平台融合，办理村级业务10258件。开通“12345”政府服务热线。简化审批流程，压缩审批时限，企业开办时间缩短至8个工作日以内，不动产登记时间压缩2/3，工程建设项目审批时间减少至120日以内。实施大数据中心建设，推动信息共享。落实国家减税降费政策，全年为纳税人和企业减免各项税费1.8亿元，为中小企业融资担保1.9亿元，破解民营经济“融资难”问题。

【贫困县摘帽】 2019年，花垣县聚焦脱贫摘帽目标任务，开展脱贫攻坚大决战。统筹整合财政涉农资金4.2亿元用于扶贫项目建设，实施1094个民生项目。全县142个贫困村全部出列，80606个建档立卡贫困人口累计脱贫79178人，其中2019年13个贫困村出列、脱贫10694人，贫困发生率从2014年的28.4%下降到2019年的0.55%。脱贫攻坚成效考核第三方评估“无漏评、无错退、群众满意度达到99.1%”，顺利实现贫困县脱贫摘帽。

【矿业综合整治】 2019年，花垣县矿业环境综合整治取得成果，完成矿业深度整合。形成矿业整合架构，由湖南志弘矿业开发有限责任公司牵头主导推进全县矿业整合，下设湖南志弘有色金属有限公司，作为整合主体企业。铅锌矿区整合将35个铅锌矿山整合为6个，其中4个取得新的采矿许可证。铅锌浮选生产线通过整合保留7条，总产能3.04万吨/天。铅锌尾矿库、锰渣库通过整合保留7座铅锌浮选尾矿库、3座锰渣库。锰矿山整合将锰矿山矿权数由5个整合为4个，全部取得采矿许可证。淘汰落后产能，依法取缔“小散乱污”浮选企业，新建浮选生产线产能和环保措施全部达到国家标准。尾矿库闭库任务总体完成，全县共有尾矿库98座，闭库88座，保留10座，尾矿库重大安全环保隐患得到消除，安全总体可控，无危库、险库。实施生态修复，全县矿山完成覆土6491亩，复绿5000余亩。推进道路扬尘防治，建设矿区道路14条36.15公里。推行矿山运输公司化管理，购置专业运输车辆52台。推进采空区治理，6个新采区发证后，重新调整完善采空区治理设计，推进尾矿充填治理。在19个涉矿重点村开展污染治理、村容村貌整治、绿化美化、人饮改善等为重点的村庄环境综合整治。血铅超标儿童下降到70人，超标率下降到1.6%。完成涉矿6个乡镇19个重点村的人饮安全工程，水质检测均符合GB5749规定。

【十八洞村入选全国乡村旅游重点村】 十八洞村位于花垣县双龙镇西南部，紧临吉茶高速、国道209和国道319，距县城34公里，2005年7月区划地名调整，由原来的竹子、飞虫两个村合并而成，因村内有18个天然溶洞而得名。全村6个村民小组，225户939人，人均耕地0.83亩，是一个典型的贫困苗族聚居村。2019年7月，文化和旅游部、国家发展改革委发文公布第一批全国乡村旅游重点村名单，十八洞村入选。

【湖南湘西国家农业科技园区获批“国家农村创新创业园”】 湖南湘西国家农业科技园区（花垣核心区）辖花垣镇、龙潭镇、石栏镇、麻栗场镇4个镇27个村，总面积92平方公里，总人口2.9万人。规划重点建设项目43个，规划总投资150亿元，入园企业50家，带动建档立卡贫困人口3.28万人。中共花垣县委、县人民政府创新扶贫机制，以园区建设为平台，以产业开发为载体，以企业带动为抓手，与扶贫攻坚相结合，按照“农业产业化、产业园区化、园区景区化、农旅一体化”发展思路，打造产业布局合理、科技创新能力强、企业聚集程度高的科技示范园区。2015年，建成武陵山片区现代农业综合示范基地。2018年，园区通过科技部验收，正式进入国家队，同年获批建设湖南省现代农业特色集聚区（省级现代农业园）。至2019年末，建成国家级出口食品农产品质量安全示范区以及5个现代农业特色产业园省级示范园。园区特色经济林总面积发展到近3万亩，其中，水果6363亩，包括金梅猕猴桃产业基地3390亩，锦绣黄桃2000亩，中秋酥脆枣473亩，其他水果基地500亩；特色蚕桑基地4200亩，红茶8100亩，大马士革玫瑰2500亩，中草药材8528亩。优质蔬菜基地发展到1.2万亩。年出栏湘西黄牛1.8万头、山地黑毛猪2.6万头、乳鸽100万羽，年产值10.33亿元。50家入园企业中，省级龙头企业6家，高新技术企业4家，州级龙头企业7家，国家级专业合作社示范社4家，省级专业合作社示范社6家，已注册知名商标品牌8个，新增国家专利37项。2019年，通过产业带动、土地流转、就业务工等方式，带动贫困人口3.38万人增产增收，每年安排2万多农民就近务工就业，直接增收2.16亿元。2019年12月，湖南湘西国家农业科技园区（花垣核心区）被农业农村部推介为“国家农村创新创业园”，并被授予“全国农牧渔业丰收奖”。

（刘国良）

保靖县

【概　况】 保靖县位于湖南省西北部，湘西州中西部，国土总面积1754.60平方公里，辖12个乡镇、160个行政村、10个社区。耕地面积2.15万公顷，人均1.09亩。森林面积106390公顷，活立木蓄积量435万立方米，森林覆盖率68.15%。2019年末，全县户籍人口30.44万人，人口自然增长率4.94‰。实现生产总值70.17亿元，同比增长8.4%。其中，第一产业增加值9.74亿元，增长3.1%；第二产业增加值24.62亿元，增长8.5%；第三产业增加值35.81亿元，增长9.8%。三次产业结构比为13.88∶35.09∶51.03。按常住人口计算，人均生产总值23898元。

【农业经济】 2019年，全县农林牧渔业总产值16.96亿元，同比增长2.8%。粮食播种面积25.7万亩，种植油料8万亩，蔬菜7.37万亩，柑橘12.3万亩，茶叶11万亩。全县粮食总产量9.05万吨，其中水稻5.3万吨，玉米2.4万吨，薯类1.15万吨，豆类2000吨。保靖黄金茶可采摘面积8万亩，总产值超过8亿元，入选“中国茶叶区域公共品牌一百强”，列为湖南十大名茶。柑橘产量11.95万吨，总产值超过3亿元。出栏生猪12.21万头、牛7400头、山羊8.89万只，出笼家禽74万羽，肉类产量1.14万吨，水产品产量300吨。拥有农产品加工企业106家，其中国家级农产品加工龙头企业1家，省级农产品加工龙头企业1家，州级农产品加工龙头企业18家。农业专业合作社1045个，合作社成员4万人，带动非成员农户 4 万户，其中国家级示范社 5 个，省级示范社 14 个。

【工业经济】 全县工业增加值 19.33 亿元，同比增长 8.5%。规模工业企业 31 家，实现规模工业增加值 10.06 亿元，增长 10.5%。按经济类型分，国有企业增长 43.3%，股份制企业增长 17.4%，外商及港澳台企业下降 26.6%，其他经济类型企业下降 49.9%。在总计中，大中型工业企业下降 44.6%，国有控股企业增长 0.1%，非公有制工业企业增长 12%，省级工业集中区工业企业增长 60%。主要产品产量有升有降。电解锌 6.6 万吨、锌合金 1.7 万吨、硫酸 12.5 万吨、棉纱 1.3 万吨，同比分别增长 134.1%、391.4%、143.1%、112.1%；电解锰 6000 吨、混凝土 33.7 万吨、水泥 5.8 万吨、日用陶瓷 1603 万件、水力发电量 6.1 亿千瓦时，同比分别下降 13.6%、7.9%、18.2%、15.5%、23.2%。全县规模工业企业主营业务收入 27.5 亿元，同比增长 59.3%；利税总额 0.4 亿元，同比增长 40.4%；企业用工总人数 3347 人，同比增长 9.7%。

【固定资产投资】 2019 年，全县固定资产投资同比增长 23.2%。按经济类型分，国有投资增长 18.3%，非国有投资增长 24.3%，民间投资增长 23.6%。按投资方向分，技改投资下降 41.3%，民生投资增长 10%，生态投资增长 159.8%，基础设施投资增长 31.9%，高新技术产业投资增长 37.1%，产业投资增长 90.3%，产业投资占全部投资比重为 52%。房地产投资 3.28 亿元，下降 38%。其中住宅投资 2.84 亿元，下降 11.4%；商业营业用房投资 0.33 亿元。

【社会消费】 全县社会消费品零售总额 16.17 亿元，同比增长 9.7%。按销售单位所在地分，城镇消费品零售额 11.43 亿元，增长 8.8%；农村消费品零售额 4.74 亿元，增长 12.1%。按行业分，批发业 2.4 亿元，增长 15.0%；零售业 9.63 亿元，增长 6.8%；住宿业 1.3 亿元，增长 19.5%；餐饮业 2.84 亿元，增长 11.6%。全年接待游客 280 万人次，实现旅游总收入 18 亿元。

【脱贫攻坚】 全县深入学习贯彻习近平总书记关于扶贫工作重要论述，围绕“户脱贫、村出列、县摘帽”目标，开展以户清零、以村清零、以事清零“三大清零”行动，抓重点、补短板、强弱项，推动政策落实、责任落实、工作落实。全县减少贫困人口 2832 户 10156 人，12 个贫困村出列，贫困发生率下降至 0.54%。“十项工程”效果显著，就业方面，全县实现农村新增贫困劳动力转移就业 918 人，未脱贫贫困劳动力“四个渠道”实现就业 6118 人，发放交通补助 1029 万元，1120 名建档立卡贫困人口就地转为生态护林员。教育方面，实现贫困学生从学前教育到大学教育“全覆盖”资助，全年发放资助资金 4736 万元，资助学生 6.8 万人次。医疗方面，落实先诊疗后付费、“一站式”结算、农村贫困人口大病专项救治等政策，全县建档立卡户参保率和家庭医生签约服务率 100%，实际报销比例 85.7%。基础设施建设方面，推进农村基础设施项目建设，全县建制村通畅率及客车通达率 100%，25 户或 100 人以上自然寨通达率 100%；投资 2265 万元建设 56 处供水工程，全县所有建档立卡贫困人口饮水安全得到保障；实现全县 100%农户家中通生活用电，4G 信号覆盖率和行政村光纤通达率 100%；完成全县 170 个行政村（社区）村级党群服务中心扩面提质，完善各项功能；投入 1.22 亿元，实施农村卫生厕所改造、庭院硬化、入户路硬化和村寨亮化等农村人居环境改造工程。

【财税金融保险】 2019 年，全县财政总收入 5.31 亿元，同比增长 3.1%。财税总收入中，税务部门完成税收 3.85 亿元、非税 0.18 亿元，财政部门收入 1.28 亿元。财政支出 31.05 亿元，同比增长 10.8%，其中一般公共服务支出 2.85 亿元，增长 25%。年末全县金融机构各项存款余额 81.99 亿元，同比增长 5.3%，新增 4.12 亿元，其中住户存款63.27亿元，增长11.6%。年末全县金融机构各项贷款余额46.47亿元，增长5.3%，新增2.35亿元，其中住户贷款23.81亿元，增长8.6%。全年实现保费收入1.14亿元，同比增长4.4%。其中，产险5600万元，增长4.6%；寿险5800万元，增长4.1%。总赔付3900万元，下降6.1%。

【民生事业】 县财政民生支出22.96亿元，占一般公共预算支出的73.87%。改善办学条件，列为全国义务教育发展基本均衡县。高考一本录取247人，“双一流”高校录取72人，跻身全省17个教育强县行列。消除村卫生室“空白村”，岳阳妇女儿童医院建设竣工，县社会福利院正式投入使用。县城市公墓山、殡仪馆一期工程竣工。城镇失业率控制在4.5%以内。全县有文化馆1个，艺术表演团体55个，全年演出126场次，其中送戏下乡96场次。公共图书馆1个，藏书6.5万册，年接待读者5000人次。电视台1家。年末广播综合人口覆盖率98.2%，电视综合人口覆盖率98.2%。列入国家级非物质文化遗产保护目录项目9个，省级保护目录项目14个。建成农家书屋160个、文化信息资源共享基层网点2个。国家级文物保护单位2个，省级文物保护单位4个，州级3个，县级19个。卫生机构31个，其中医院2家，卫生院25个，妇幼保健站1个，卫生疾病防治站2个，卫生监督执法局1个。医院和卫生院实有床位1348张，卫生技术人员1398人，其中执业医师和执业助理医师498人，注册护士628人。全年总诊疗45.97万人次，住院4.8万人次。年末有私营医院3所，个体诊所31所，私营医院及个体诊所从业人员66人；村卫生室137个，乡村医生265人。开展全民健身项目48项次，是年新建农民体育健身工程的行政村40个，累计160个村有体育健身工程设施。全年获得全国体育运动会冠军2个，输送21名运动员进州队训练。全县有体育场地537个，其中体育馆1座，标准运动场4个，篮球场242个，游泳池1个，训练房2个。

【社会治理】 扎实推进平安保靖创建，大力开展联合执法行动，集中整治城区和集镇占道经营、环境卫生、交通秩序等，被评为全州平安建设工作优秀县。全面推广“互助五兴”基层治理，用好“湘西为民”村级微信群，选任人民陪审员83名，配备村（社区）辅警178名。县法律援助中心被评为全国法律援助先进集体。开展扫黑除恶，打掉涉恶犯罪集团4个、涉恶犯罪团伙5个。加大信访接访和化解。15名县实职领导共包案27件，及时研判及时调度，主动下访，走访信访人，了解信访人诉求，精准施策，解决群众合理诉求，大量信访积案、疑难案得到化解。在全国、省、州“两会”、新中国成立70周年大庆等重大会议和活动期间，实现了“五个不发生”的目标。

【文化旅游】 2019年，四方城挂牌武陵山片区首个公众考古研学基地。吕洞山景区、白云山国家级自然保护区列入全省土家苗乡峰林峡谷观光线，入选大湘西地区旅游精品线路。陇木峒完成提质升级，成功创建国家AAA级旅游景区，成为乡村振兴的典范。沙湾村等12个村列入第五批中国传统村落，四十八湾村、通坝村被评为第二批国家森林乡村。黄金村被评为全省休闲农业集聚发展示范村，国茶村被评为全州乡村旅游示范村。

【创先争优】 2019年，被省政府评为“全面小康推进工作先进县”，推进高标准农田建设受省政府真抓实干表彰。荣获州对县政府目标管理考核排位第一名，被评为“优秀单位”。保护和发展森林资源工作接受国家林业和草原局专项督查被评为优秀。获全国“七五”普法中期法治宣传教育先进县荣誉称号。被授予“中国名茶之乡”，保靖黄金茶品牌价值入选“中国茶叶区域公共品牌一百强”。保靖黄金寨古茶园与茶文化系统列为第五批中国重要农业文化遗产。昂洞卫生院被评为“全国助残先进集体”。酉水江口水站获评全国首批“最美水站”，酉水湿地公园列入第三批国家森林步道，酉水河保靖段被评为全省“美丽河湖”。推进农村人居环境整治被评为全省农村人居环境整治先进县。四方城建成武陵山片区首个公众考古研学基地。“两违”整治工作综合排位保持全州第一，美丽湘西工作被评为全州“优秀县市”。通过省实地考核和第三方实地评估检查，综合贫困发生率由2014年的31.9%降至2019年的0.54%。

【奥运冠军助力保靖果农】 1月17—20日，保靖籍奥运冠军杨霞、向艳梅，奥运冠军邓亚萍一起为保靖椪柑“代言”助销。短短8天时间，据不完全统计，已经销售椪柑5余万公斤。

【CCTV《经济半小时》栏目组访彭际淼】 2月17—23日，中央电视台第2套财经频道《经济半小时》栏目专访保靖籍全国人大代表彭际淼的先进事迹和动人故事。

【“中国武警十大忠诚卫士”彭星先进事迹报告会】 3月8日，“中国武警十大忠诚卫士”彭星事迹报告会先后在保靖县公安局、县消防大队、保靖县民族中学等地举行。彭星同志2001年9月至2005年11月在保靖民族中学求学，现任武警广东总队某中队中队长。

【保靖文旅项目对接粤港澳大湾区产业大转移】 4月17日，“对接粤港澳大湾区·承接产业大转移——湘西自治州文化旅游招商推介会”在深圳市举行，重点对国茶村田园综合体、捧车河人体漂流和白云山康养基地基础设施建设等项目进行推介，并引进武汉金沙水岸生态农业旅游开发有限公司开发建设湘西保靖府库村红石海景区项目，合同引资5.13亿元。

【保靖入围国家森林步道线路】 8月13日，国家林业和草原局公布第三批国家森林步道名单，有小兴安岭、大别山、武陵山3条线路，推动国家森林步道建设。武陵山线路途经保靖。

【“湘谈会”保靖合同引资1.2亿元】 9月6日下午，2019年湘西土家族苗族自治州客商恳谈会（以下简称“湘谈会”）在湘西经济开发区举行。保靖县委副书记、县长杨志慧带领保靖县10家企业组团参加，签订项目4个、引资总额1.2亿元。

【省委追授龙俊“湖南省优秀共产党员”称号】 省委作出决定，追授龙俊“湖南省优秀共产党员”称号，号召全省广大党员、干部、退役军人要向龙俊学习。龙俊生前系中国农业银行保靖县支行干部、保靖县毛沟镇阳坪村党支部第一书记兼扶贫工作队队长，2019年7月29日在驻村工作途中遭遇交通事故，不幸因公殉职。

【“2019湘西椪柑采摘节”在保靖举行】 12月24日，“2019湘西椪柑采摘节”在保靖县电商物流园隆重举行，活动旨在以“保靖县全国电子商务进农村综合示范县”项目为契机，充分利用现代互联网平台优势和传播优势，拓宽湘西椪柑销路，提升湘西椪柑品牌价值，打造湖南省少数民族特色“互联网+农产品”品牌营销案例。

【保靖荣获全国“七五”普法中期法治宣传教育先进县】 12月26日，全国普法办印发《关于通报表扬“七五”普法中期先进集体和先进个人的决定》（普法办〔2019〕9号），对1229个法治宣传教育先进集体，1200名法治宣传教育先进个人予以通报表扬，保靖县被评为全国“七五”普法中期法治宣传教育先进县，成为湘西州唯一获此殊荣的县市。

【央视播放保靖黄金茶扶贫广告】 2019年7月，中央电视台1—13频道滚动播放保靖黄金茶扶贫广告整整一个月，湖南卫视、湘西电视台、保靖电视台多次播放保靖黄金茶宣传片、专题片、新闻片，新建张花高速、长常高速益阳段保靖黄金茶广告牌6幅、维修8幅，《湖南日报》《济南茶报》《团结报》、网络媒体等各类媒体发表保靖黄金茶报道文章100余篇，通过各种渠道的宣传报道，极大的提升了保靖黄金茶的知名度、美誉度和市场影响力。10月，与吉首大学历史与人文学院合作完成保靖黄金茶古茶园与茶文化系统申报“中国重要农业文化遗产”文本编制并递交国家农业部，顺利接受了农业部委派专家的考察与审查。2019年末，保靖黄金茶总面积11万亩，可采面积8万亩，总产值8亿元。

（周光波　杨　净）

永顺县

【概　况】 永顺县位于湖南省西北部、湘西州北部，国土面积3811.7平方公里，下辖23个乡镇304个村（社区），2019年末总人口53.6万人，其中以土家族为主的少数民族人口占93.23%，有贫困村190个，贫困户37671户144487人，是国家扶贫开发工作重点县和省定深度贫困县。年末，190个贫困村已全部出列，36378户141415人脱贫，贫困发生率由2014年的31.52%降至2019年的0.66%，经湖南省人民政府批复摘掉贫困县帽子。地区生产总值74.5亿元，较上年增长5.2%；财政收入8.3亿元，增长9.5%；社会固定资产投资31.7亿元，与上年持平；规模工业增加值3.6亿元，增长6.1%；社会消费品零售总额47.4亿元，增长10%；金融机构存、贷款余额153亿元、96亿元，分别增长8%、11%；城乡居民人均可支配收入23672元、8928元，分别增长9.1%、11%，全面小康实现程度达91%。

【三大攻坚战】 开展“脱贫攻坚决胜年”活动，通过国、省第三方评估和省实地核查，实现45个贫困村出列，新减贫19414人，实现整县摘帽。2014—2019年，全县累计减少贫困人口141415人，190个贫困村全部出列，贫困发生率由31.52%下降至0.66%。建成产业扶贫基地112.9万亩，带动90%以上贫困人口稳定增收，所有贫困村集体经济收入达5万元以上。易地搬迁。55个安置点全面建成，6684户26336人搬入新居。10954户贫困群众告别老旧危房。农村基础设施建设。实施安全饮水项目369处，巩固提升39万农村人口饮水安全保障水平，农村自来水普及率由2014年的58.5%提升到2019年的84.18%；建成农村村组道路3506公里，25户或100人以上自然村全部实现通达；实施安保工程960公里，新建或改造农村综合服务平台303个，农网改造同网同价率100%，宽带和4G信号覆盖率100%。全县进入了减贫人口最多、农村面貌变化最大、群众增收最快的时期，正向全面小康目标迈进。坚持目标导向和问题导向，推进中央、省环保督察交办问题整改，集中开展“夏季攻势”，打好蓝天碧水净土保卫战，整治露天矿山、网箱养殖、黑臭水体、农村人居环境、畜禽养殖污染、违建别墅等方面问题，空气质量优良率达95.8%，集中式水源地水质达标率100%。落实“五个精准”“五个一批”要求，加快融资平台整合转型，多渠道筹措发展建设资金，有效化解了政府性债务，确保财政“三保”支出平稳，土地出让及增减挂钩15.46亿元，上争土地储备专项债券1.15亿元，政府债务风险总体可控。

【特色优势产业】 开展“产业项目建设年”活动，实施重点产业项目18个，完成投资17.5亿元，“四上企业”增至78家。加快新型工业发展，永顺经开区完成园区基础设施投资8.1亿元，新建成标准厂房10.55万平方米，新增土地储备660亩，规模以上企业27家，新入园企业8家，实现工业总产值11.7亿元，沃康油茶精深加工二期、老爹现代农业产业园、明瑞医药产业园等项目势头强劲。稳步推进全域旅游示范创建，加快芙蓉镇、老司城、猛洞河、不二门、塔卧、马拉河等景区提质改造，地质公园博物馆建成，生态文化旅游持续“井喷”发展，接待游客832.85万人次，旅游收入73.72亿元，分别增长25.9%、26.1%。推进一、二、三产业融合发展先导区建设，建成万亩示范园4个，九大特色产业规模不断扩大、效益显著提升，农林牧渔业总产值22.7亿元，农产品加工销售收入18.6亿元。电子商务示范县建设加快推进，县电商物流服务中心、芙蓉镇宜又佳电商物流中心建成运营，全县电商销售额8.15亿元，商贸流通稳定。

【城乡融合发展】 立足州域中部中心城市定位，突出灵溪、芙蓉“双核”带动，加快城乡融合一体发展，全县城镇化率42.8%。突出规划引领，启动国土空间规划编制，基本完成第三次国土调查，初步划定城镇开发边界线。围绕建设州域中部重点经济区，加快推进城乡基础设施互联互通，过境黔张常铁路建成运营，张吉怀高铁施工稳定，张花高速永顺连接线、溪州新城“两路一隧”、泽芙公路、高铁连接线等项目加快建设。推进以溪州新城、南区为重点的开发建设和老城区提质，高铁新城和配套建设有新进展，大汉天街、锦帛钰广场等一批城市综合体项目建成运营，福石商贸城、府贵家园、天元道、未来城、上城山水等项目进展迅速。泽家、芙蓉、石堤、高坪、万坪、松柏、塔卧等特色小镇建设有新面貌，松柏镇被评为全国“农业产业强镇”和“一村一品”示范乡镇。以实施乡村振兴战略为契机，加快推进美丽永顺建设，生态文明建设、城乡同建同治、网格化管理服务“三大工程”取得新成效。乡村振兴规划编制基本完成，完成17个村人居环境综合整治，特色民居改造1550户，创建省级最美乡村6个，州级精品村17个、示范村46个。实施“绿色湘西”工程，完成植树造林2.8万亩，落实生态公益林保护166.87万亩、天然林保护55.76万亩，除治松毛虫、松材线虫等林业病害，全县森林覆盖率稳定在73.82%，永顺县油茶林农复合系统列入中国重要农业文化遗产。

【民生事业】 坚持把有限的财力用在保障和改善民生上，全县民生支出占财政一般公共预算支出的75%，省定12件和州定20件民生实事全面完成。实施就业优先，新增城镇就业3458人，农村劳动力转移就业5580人，城镇失业登记率稳定在3.6%左右。教育质量稳步提升，溪州芙蓉学校、民族中学基本建成，新增城区学位5000个，“大班额”问题全面消除，通过省两项督导评估，获义务教育优秀县和教育强县称号。提高城乡特困供养人员、低保、残疾人“两项补贴”标准，实现农村低保制度与扶贫开发制度有效衔接。卫生保障服务得到加强，全面实施农村适龄妇女“两癌”免费检查、孕前优生健康免费检查、新生儿疾病筛查、孕产妇产前免费筛查，“四类患者”住院实际报销比例在85%以上，村卫生室实现全覆盖。推进信访和安全生产工作，开展扫黑除恶专项斗争，社会大局和谐稳定。

【改革开放】 推进“放管服”改革，基本完成“互联网+政务服务”一体化平台接入，县乡村三级政务实体大厅实现全覆盖，“一件事一次办”“多证合一”等改革持续深化。推进商事制度改革，企业办理工商登记时间压缩至1.5个工作日，全县累计登记各类市场主体15559户，其中新增2196户，较上年相比增长30.1%。破解中小企业融资难融资贵问题，实施减税降费、优化金融服务等举措，打好为企业减压解困“组合拳”，全年减税降费7189万元。政府机关机构、国资国企、社会信用体系、金融、社会管理、投融资、生态文明、殡葬等基础性关键领域改革有序推进，行政效能提升。开放水平提高，成功引进项目7个，合同引资55.65亿元，省外境内到位资金11.5亿元。

【自身建设】 把政治建设摆在首位，开展“不忘初心、牢记使命”主体教育，树立“四个意识”，坚定“四个自信”，把握政府工作政治方向。严格执行党中央国务院、省委省政府、州委州政府和县委的决策部署。建立重大事项向人大报告制度，落实人大及其常委会决议决定，依法接受人大法律监督和工作监督，主动接受政协民主监督。全年办理人大代表建议53件、政协委员提案

79件，办结率均达100%。以高度负责精神狠抓省委巡视组反馈问题整改，认真落实全面从严治党“一岗双责”。

（向健坤）

龙山县

【概　况】2019年，龙山县辖21个乡镇（街道）、397个村（社区），总面积3131平方公里，总人口61万人。龙山是边界窗口县，位于湖南西北边陲，地处湘、鄂、渝三省市交界之地。龙山是少数民族县，以土家族、苗族为主的16个少数民族人口占71%。有贫困村227个，是国家扶贫开发工作重点县和省定深度贫困县。2019年末，227个贫困村全部出列，116082人脱贫，贫困发生率降至0.78%，经湖南省人民政府批复脱贫摘帽。是年，地区生产总值94.94亿元，比上年增长8%。财政总收入10.07亿元，比上年增长10.4%；公共财政预算收入6.38亿元，增长8.6%。按常住人口计算，全年人均地区生产总值19575元，增长9.2%。固定资产投资52.8亿元，增长13.5%；规模工业增加值6.75亿元，增长6.1%；社会消费品零售总额50.9亿元，增长9.1%。金融机构存款余额175亿元，比年初增长3%；贷款余额123亿元，增长18%。城镇居民人均可支配收入23891元，农村居民人均可支配收入10334元，分别增长8.9%、9.8%。2019年，龙山县被评为“全省脱贫攻坚工作先进县”“全省一件事一次办先进县”“全省农村承包地确权登记颁证工作先进县”“全省禁毒工作先进单位”，连续4年获评“全省综治工作先进县”“全省安全生产工作先进县”，连续两年被评为“全省平安县”。

【三大攻坚战】每名县级领导至少联系一个乡镇（街道）和一个深度贫困村，每个县直单位至少联系一个贫困村，统筹安排391个驻村扶贫工作队，9162名干部职工，驻村结对开展帮扶工作。2014—2019年，全县累计投入57.82亿元，推进基础设施、易地搬迁、教育帮扶、医疗救助、产业发展、就业帮扶等11项工程。2019年，投入6.9亿元，建成村组道路832公里，安保工程963公里，桥梁165座；投入1.84亿元，新建饮水安全项目120个；投入3573万元，改造农村危房1149户；落实低保、生态补偿、教育帮扶、产业帮扶、残疾人“两项补贴”、外出务工稳岗补贴等资金2.67亿元；为贫困群众代缴城乡医保3409万元，报销住院费用1.13亿元；新建改造农村公共服务平台365个、4G基站1652个；农业农村部实施扶贫项目10个；长沙市投入帮扶资金2.62亿元，实施各类项目303个，选派37名干部到龙山县农村驻村开展扶贫工作。济南市市中区投入帮扶资金4852万元，实施各类项目11个。全县范围内实现村通畅组通达、通讯宽带全覆盖，所有群众喝上安全水，用上安全电、平价电，住进安全房，就医、就学得到保障，就业扩大，产业发展，收入稳步增长。全县116082人脱贫，贫困发生率由2013年末的23.56%降至2019年末的0.78%，经湖南省人民政府批复脱贫摘帽。推进污染防治。推进重点领域整治工作，完成中央、省环保督查交办问题整改57件，关停养殖场102家，拆除网箱2269口，整合关闭露天矿山43宗，复垦复绿16万平方米。开展大棚房、违建别墅专项整治，执行项目建设环境影响评价和“三同时”审批制度，从源头上防止污染。全县划定生态保护红线区域826平方公里，完成生态造林9.7万亩。防范化解重大风险。是年，财政全口径收入75.49亿元，保障各项工作有序推进。增收节支，全年化解政府性债务6.39亿元，政府债务处于风险提示区，债务风险总体可控。依法查处民生天然气、吉星房地产非法集资案件。安全隐患大排查大整治立案查处违法行为60起，关闭违规企业11家，安全生产形势稳定，全年未发生较大以上安全生产责任事故。

【主导产业】 农业科技园获批省级园区。建设高标准农田3.1万亩，新建农业产业示范基地30个。新发展油茶7.2万亩，中药材、茶叶、菊芋、蓝莓共2.5万亩。种植烤烟5.2万亩、柑橘14.2万亩、蔬菜4万亩，三项产值6.73亿元。种植百合8.7万亩，总产量8.5万吨，产值近10亿元。中蜂养殖2.7万群，大安中蜂养殖基地获评国家级中蜂精准扶贫示范基地。新增州级龙头企业8家，建成省级现代农机合作社23家，全县农机量7.88万台（套）。全年实现规模工业总产值23.5亿元。工业集中区新引进企业3个，其中亿元以上企业1个，入园企业达到12家，总投资额超过10亿元。宝塔工业园二期项目完成投资3700万元，美生宝生物科技产业园完成投资7000万元，吉程农机项目完成投资3000万元，惹巴拉矿泉水项目项目完成投资7500万元。文化旅游业。里耶古城景区完成麦茶大道、南游客服务中心一期工程，里耶旅游文化小镇项目进展顺利，星级酒店“里耶壹号”开工建设。惹巴拉景区完成投资8400万元，基本达到开放条件。乌龙山大峡谷景区客运索道完成建设，正在调试。太平山景区完成投资4800万元，于9月底试营运。茨岩塘红色景区完成投资2000万元，新建红色广场、红色剧场、地标雕塑等设施，累计接待参观团队1100余个。红星美凯龙一期工程建成投用，180家商户入驻。万汇汽贸城完成主体建设。开展电子商务进农村综合示范县建设项目，实现电商营业额8.6亿元。签约招商引资项目11个，省外境内到位资金3.47亿元，白茶示范园、恒澎锂电池、冠美美发等项目正式入驻。

【城乡面貌】 黔张常铁路建成通车，高铁新区站前广场、龙山大道等建设推进，站前广场基本成型，开通高铁站公交车。城东新区朝阳东路开工建设，果利河山水龙城沿河风光带建成开放。华塘新区诚信广场、天玺一号等商住项目开工建设，职教中心、市民之家建设进展顺利。老城区城市棚户区改造（工程）累计完成征收安置2022户，落实征收安置资金14.7亿元。投资1.4亿元，实施城区排污管网和市政道路建设工程，果利河污水管网全线接入，城区生活污水处理率92%。龙山高级中学、皇仓中学、华鑫学校3处人行天桥开工建设。美丽乡村建设。启动城乡环卫一体化、城镇污水处理和城乡安全饮水工程。实施水田坝、召市、靛房等集镇改造项目，中心集镇面貌逐步改观，全县城镇化率47%。创建最美农家1300户，改造农村厕所3028户，整治黑臭水体4处。城乡管理。集中开展夜市摊点、马路市场和户外广告专项整治行动，整治出店经营店面2832家，清理各类违规广告3000余处。开展“打非治违”专项整治，查处各类交通违法8300余起，处理非法营运摩的、私家车2100余台。依法取缔里耶片区112台非法运营电瓶车，开通里耶城市公交车。整治民安综合市场，拆除乱搭乱建600余处，市场经营秩序得到规范。推进“两违”治理，杜绝新增“两违”行为，依法强制拆除“两违”建筑228处，制止违规抢搭抢建405起。

【民生事业】 全年民生支出35亿元，占财政总支出的67%。社会事业。投资3.6亿元的芙蓉学校、新一中建成投用，新增学位6300个，化解大班额418个，65人以上超大班额全部消除。高考成绩再创新高，本一上线529人，本二上线961人，7名学生被清华大学、北京大学录取。通过省级“两项督导评估考核”。里耶小学获评“全国教育系统先进集体”。承办“巅峰湖南·2019”六大名山（八面山站）登山赛。推进县级公立医院改革，县人民医院药占比25.62%，低于州内同级医院水平。推进殡葬改革，城市殡仪馆及公墓山工程基本完工。以土家族历史文化为题材的电视连续剧《血盟千年》正式开拍，“全国影视指定拍摄景地”在惹巴拉景区挂牌。“小城故事——湖南龙山里耶秦简文化展”在国家博物馆展出2个月，宣传推介里耶古城。里耶镇获湖南省“特色文旅小镇”称号。举办土家族舍巴日、边区“三棒鼓”群英会等民族民间特色文化活动，洗车河镇获“中国民间文化艺术之乡——土家族舍巴日之乡”，土家织锦传承人刘代娥获评“全国民族团结进步模范个人”。社保体系。全年发放低保金、农村特困人员供养金、残疾人“两项补贴”、优抚资金等7800万元，发放创业贴息贷款1760万元，城乡医保为群众报销住院费用3.97亿元。城镇新增就业4156人，农村新增转移就业5512人，城镇失业登记率控制在2.98%以内。农村适龄妇女“两癌”免费筛查8442人，孕前优生免费健康检查4528人。社会治理。“扫黑除恶”专项斗争取得阶段性成效，打掉黑恶势力团伙9个，刑拘122人，逮捕112人。全民禁毒意识深入人心，禁毒工作成效明显。开展“护校”行动，完成全县中小学校、幼儿园安防“三项”建设。组建“城市快警”，推进“雪亮工程”，新建监控探头560个，完成“一村一辅警”配备，全县治安水平提升。推行领导坐班接访、约访下访制度，全年接待来访群众269批645人次，解决一批信访问题。办理法律援助案件183件，调处矛盾纠纷2261件，网格化平台全年办结事项4万余件。

【自身建设】 主题教育。按照“守初心、担使命、找差距、抓落实”的总要求，组织开展集中理论学习、革命传统教育、主题党课、专题调研等活动，办理民生实事300余件，做到理论学习有收获、思想政治受洗礼、干事创业敢担当、为民服务解难题、清正廉洁作表率。“放管服”改革。压缩审批时限，不动产登记办理时间压缩至5个工作日以内，企业工商登记时间压缩至1.5个工作日以内。推进“一件事一次办”改革，对行政服务事项进行清理，对办理流程进行再造，104件与群众、企业密切相关的服务事项实现“一件事一次办”。开通“互联网+政务服务”一体化平台、“政务服务”微信公众号和手机APP，37项业务实现可全程不见面办理。全年减税降费8500万元。民主建设。坚持重大事项报告制度，自觉接受人大工作监督、政协民主监督、法律监督，听取无党派人士和人民团体意见。办理州、县人大代表建议95件、政协提案129件，办结率、办复率均为100%。开展省委第五巡视组巡视反馈问题整改，13个问题整改完成，2个问题正在整改。依法行政。推进“七五”普法，推行重大行政决策程序制度，落实公众参与、专家论证、风险评估、合法性审查、集体讨论决定等法定程序，行政决策水平提升。推行执法信息公开透明、执法行为过程信息全程记载、执法全过程可回溯管理制度，行政行为不断规范。加强财政投资评审和政府投资项目管理，282个政府投资项目综合审减2.99亿元。

（杨　波）

湘西经济开发区

【概　况】 湖南湘西经济开发区位于吉首市与凤凰县交界处，是州府吉首市城市总体规划的组成部分，规划面积7.12平方公里。开发区以发展工业为主，综合配套城市功能。以矿产品精深加工、电子信息产业、生物制药、农副产品精深加工等为主要产业发展方向同时承接沿海产业梯度转移项目。2019年末，全区总人口30680人，其中户籍人口16916人，城镇化率100%。在户籍人口中，以土家族、苗族为主的少数民族人口13305人，占总人口78.65%。2019年，经开区坚持稳中求进的工作总基调，强招商、推项目、优环境，经济发展呈现稳中向好、活力增强的良好态势。

【经济运行】 2019年实现GDP共60亿元，同比增长5%；完成固定资产投资45亿元，同比下降39.9%；完成规模工业增加值27亿元，同比增长6%；完成技工贸收入172亿元，同比增长22%；

实现财政总收入 9.36 亿元，同比增长 5.2%。

【招商引资】 抢抓湘南、湘西承接产业转移示范区建设机遇，坚持招大引强和产业链招商，新引进厚膜技术研发及智能家电产业链、快手短视频内容审核、吉凤森林城市第四代建筑等新产业新业态。全年完成州外境内招商到位资金 60.58 亿元，同比增长 13.5%，其中省外境内到位资金 23.21 亿元，同比增长 35.2%。引进项目 29 个，其中工业项目 13 个，过亿元项目 8 个。全年实现进出口额 1.22 亿美元，占全州总额的 73.8%。

【征地拆迁】 2019 年完成征地 750 亩，供应土地 3231.82 亩，完成土地报批 727.13 亩。征地拆迁“三年清零行动”纵深推进，征拆体制机制逐步完善，征地拆迁“百日攻坚战”成效明显。吉凤森林城市一期等 12 个项目实现征拆清零，牯牛城城中村改造二期等项目取得实质性突破，拆迁房屋 76 栋。

湘西经开区唯想电子生产车间　　张术杰　摄

【营商环境】 强化优惠政策兑现，兑现各类优惠政策资金 1.53 亿元。推行结对帮扶，24 个部门对口联系帮扶 35 家工业企业和重点产业项目，协调解决各类问题 100 余个。创新金融服务，注资 500 万元，与省中小企业融资担保有限公司建立风险基金，为 7 家工业企业协调贷款 4400 万元。全年新增各类市场主体 630 个，总量到 2111 个；新增“四上”企业 15 家，总数到 117 家；新增高新企业 10 家，总数到 26 家，完成高新技术企业产值 51 亿元。

【服务民生】 坚持以人民为中心的发展理念，全年城乡事务支出 2.95 亿元，完成木林坪安置区提质改造工程，廖家冲安置区提前交付使用，双河、木林坪、老营盘特色街区以及湾溪、牯牛坪城中村改造项目进展加快，吉凤街道社区卫生服务中心正式运营，三炮台农贸市场、公共停车场等项目加快推进，湘西民族文化园、非遗馆先后获评国家 AAAA 级旅游景区和“鲁班奖”，湘西“文化客厅”魅力不断彰显。

【三大攻坚战】 牢固树立“红线”“底线”意识，严控债务风险，总体债务规模适度可控。全年完成政府性债务还本付息 8.69 亿元，吉投公司 9 亿元债券发行有重大突破，为降低融资成本正在争取债项评级由 AA 级调高为 AAA 级。开展环境综合整治行动，扬尘污染、水体污染、噪音扰民等问题得到有效解决，省州交办的 5 个环保问题和 12 条反馈意见全部销号。将促脱贫、稳脱贫、防返贫与全面小康建设有机结合，推进就业、医疗、社保和公共服务提标提质，巩固脱贫成效。

【湘西非遗展览大楼获“鲁班奖”】 2 月 14 日，中国建筑业协会官网公布 2018—2019 年度第一批中国建设工程鲁班奖（国家优质工程）评选结果，其中湘西经济开发区“湘西武陵山文化产业园 I 标——非物质文化遗产展览综合大楼”工程荣获“鲁班奖”。这是自湘西土家族苗族自治州成立以来在建筑领域首次获此殊荣。

湘西经开区全景　　张术杰　摄

【丰达合金获省“五一劳动奖状”】 4 月 28 日，

湖南省庆祝“五一”国际劳动节暨表彰劳模和优秀工匠大会在长沙召开，湘西经开区企业——丰达合金科技有限公司荣获湖南省总工会“五一劳动奖状”表彰。丰达合金是入驻开发区较早的企业之一，是一家从事锰系合金新材料生产、销售和研发的高新技术企业，公司自主研发出高氮氮化锰、锻轧锰、锰铝合金、金属锰块、氮化钒等系列产品，有6项科技成果及30余项授权专利。

【启动“互联网+不动产登记”模式】 4月29日，湘西经开区举行“互联网+不动产登记”便民利企合作协议签署仪式，经开区不动产登记中心负责人分别与6位入区企业代表和驻区5家银行、州公积金管理中心签署合作协议，州自然资源和规划局、州不动产登记中心、湘西经开区党工委管委会负责人出席签约仪式。“互联网+不动产登记”是以授权委托的形式，基于平台互联、数据互享、信息互认的不动产登记一大创新举措，将大大提升不动产登记部门的行政效率，真正实现“让数据多跑路、让群众少跑腿”。这一新模式，在全州属于首例。

湘西经开区雪花啤酒生产车间　　张术杰　摄

【征地拆迁“百日攻坚”】 7—10月，湘西经开区开展征地拆迁“百日攻坚”行动，累计完成征地400余亩；签订拆房协议58栋，拆除砖厂5处、预制厂（涵管厂）1处、车库1处、违章工棚6户19处、老宅基地1处、违章建筑14处，助推项目建设。

【募捐52万元捐赠官庄火灾户】 10月5日，一场火灾将保靖县葫芦镇葫芦村官庄组68栋房屋烧毁，63户283位村民失去家园。湘西经开区组织募捐救灾献爱心行动，各部门组织干部职工、爱心企业和社会各界爱心人士为灾区捐款捐物，截至10月12日，收到各界捐款52万余元以及大批救灾物资。10月13日，湘西经开区党工委书记陈晓龙一行将爱心捐款捐物送到灾区，希望受灾群众尽快走出困境，重建家园。

【居然之家国盛店全球招商发布会】 10月28日，湘西经开区居然之家国盛店全球招商发布会在经开区皇冠假日酒店举行。湘西州委常委、常务副州长向恩明出席活动。居然之家国盛店地处湘西经开区核心商圈，近5万平方米家居建材经营面积，项目为双首层、单循环、无后排，百分之百中厅A类位置，外观装潢时尚华丽，打造四省市边区家居建材经营大市场。

【举行芯片研发项目投产仪式】 10月29日，湖南安捷朗光电科技有限公司二期LED芯片研发封装项目及湖南宇鑫精密制造有限公司LED精密配件制造项目竣工投产仪式在湘西经开区北区厂房举行。该项目是开发区智慧光电产业链重要组成部分，2019年产业转移重点招商项目，总投资2亿元，主要为安捷朗光电配套。项目启动后，规划在前5个会计年度内实现生产及销售总额超过

湘西经开区三湘印务生产车间　　张术杰　摄

35 亿元，其中出口创汇额 1.2 亿美元，完成纳税 7000 万元。

【清理“僵尸企业”】 10—12 月，湘西经开区对长期停业未经营企业（即“僵尸企业”）开展清理工作，进行全面核查，整理出连续两个年度未依法报送年度报告、未进行依法纳税申报的企业，摸清“僵尸企业”底数。对前期摸排的企业邮寄信件、电话访问、开展实地检查等方式核查企业实际经营状况，调查取证。根据企业实际情况分类推进，按照“唤醒一批、规范一批、吊销一批”的原则，推进企业清理工作，依法拟清理吊销企业营业执照 21 户，净化市场，促进园区市场经济健康发展。

（张术杰）

人　物

国家级表彰人物

刘代娥　1955年生，湖南省湘西土家族苗族自治州龙山县捞车村农民。从小学习土家织锦技艺，1980年专业织锦，近四十年来，土家织锦作品无数，享誉国内外。1990年，土家织锦作品《岩墙花》、《船船花）等在湘西自治州民间工艺美术大赛中分别获得一、三等奖。。1992年，被授予“中国民间艺人”荣誉称号。1998年，与刘代英合作的土家织锦系列挑花服饰，在昆明的中国民族服饰博览会上获得“最佳展品奖”。2005年，获得“湖南民间工艺美术事业突出贡献奖”。2006年，被评为湘西州级非物质文化遗产项目“土家族织锦技艺”代表性传承人，以及被授予“中国织锦工艺大师”称号。2007年，被文化部授予第批国家级非物质文化遗产项目“土家族织锦技艺”代表性传承人荣誉称号。2010年，土家织锦作品《四十八勾花》荣获“首届中国非物质文化遗产博览会”金奖。2012年，荣获“湖南十大文化人物提名奖”。同年，荣获中华非物质文化遗产传承人“薪传奖”。2013年，荣获中国民族工艺美术“神工.百花奖”金奖。同年荣获“中国民族工艺美术大师”称号。2014年，被评为“非物质文化遗产保护优秀代表性传承人”。2015年，土家织锦作品《喜蜘蛛》《四十八勾》被中国艺术研究院收藏。土家织锦作品《双面织锦》、《椅子花》人围第五届湖南艺术节湖湘工艺美术创意成果展。2017年，带领徒弟们完成60米土家织锦长卷《甲子顺锦》。2018年，土家织锦作品《四十八勾》、《椅子花》、《桌子花》荣获2018年少数民族传统工艺品展示展演活动“一等奖”。2019年，中华非物质文化遗产保护中心授予其“国宝级非遗大师”的称号。

张光柱　男，1964年生，现任教于湖南省湘西州龙山县石牌初中教师，中共党员，高级教师。1981年参加工作，39年来，1万多个学校的正常工作日，他同时担任初中数学、物理、历史、体育等多学科的教学，每周二十多节课，39年无一节缺课的记录。12次获县人民政府嘉奖，2次三等功，2次县级优秀班主任。2014—2019连续6年获县教学常规先进个人，2016年获湘西州理科学科竞赛数学物理两科优秀指导老师，同年他被评为湘西自治州师德标兵；2017年他被评为湘西自治州十佳“四有”教师；2018年获龙山县优秀骨干教师；2018年又被评为湖南最可爱的乡村教师。2019年获评“全国模范教师”。

秦　红　湖南省吉首市第一初级中学教师。2019年获评“全国模范教师”。

石家文　49岁，永顺县一中数学教研组组长，永顺县高中数学名师工作室首席教师，湘西州高中数学学科带头人，湖南省正高级教师。

从事教育工作26年，因为工作中的踏实和专注，赢得了学生的尊敬、家长的信任和领导的器重，也取得了显著的教学成绩。2010年、2014年和2017年，他任教的班级学考合格率为100%；2018年，他担任班主任的408班56名学生参加高考，全部被一本院校录取。2019年被教育部表彰为“全国优秀教师”。

杜贤民　土家族，现任湖南省古丈县第一中学教师。2019年被教育部表彰为“全国优秀教师”。

洪玉花　女，苗族，现任湖南省保靖县葫芦学区教师。1978年生，1998年吉首民族中等师范学校毕业，分配至保靖县堂朗完小任教，2009年调至葫芦小学。4次被县政府嘉奖，2次被评为“县优秀班主任”，2015年获得“湖南省实事助学基金杰出教师奖”。从教18年，洪玉花当了16年的班主任，她带的班级学生巩固率年年都是100%。2019年被教育部表彰为“全国优秀教师”。

石金先　苗族，现任湖南省凤凰县沱江镇箭道坪小学校长。2019年被教育部表彰为“全国优秀教育工作者”。

欧金辉　1969年生，湖南省湘西土家族苗族自治州凤凰县民族宗教事务局党组书记、局长。从事民族工作8年，热爱民族工作，发扬民族文化，带头讲民族语言，学民族歌曲，过民族节目，组织编写《东部苗语词典》《苗族情歌600首》等书籍，组织创作多首苗语原创歌曲，挂牌保护苗族银饰服饰、苗族鼓舞、苗族古歌、土家族苗族特色村寨。管理民族民间组织，充分发挥县苗学会、民族文艺表演队的作用。通过民族节庆活动加强与各民族的交流交往，邀请云南、广西、四川等各少数民族和台湾地区少数民族到凤凰交流。帮助边疆少数民族在凤凰经商和旅行活动，救助新疆经商少数民族人员，解决生产生活困难。2019年获评全国民族团结进步模范个人。

石　娟　1981年生，中共湖南省湘西土家族苗族自治州花垣县双龙镇委员会书记。在十八洞村总结提炼出“互助五兴”农村基层治理模式，激励各族群众自力更生、建设家园，打造出环十八洞村级集体经济示范片，村集体经济实现全覆盖，自主经营型、管理服务型增收，同时开设道德讲堂，组织道德评比，评选星级家庭等活动，围绕助人为乐、团结互助、遵纪守法等内容，每年开展道德讲堂108次，双龙镇村民道德素质普遍提高，产业发展，各族人民干劲风发，民族团结和谐。2019年获评全国民族团结进步模范个人。

宋晓波　1985年生，湖南省湘西土家族苗族自治州古丈县坪坝镇镇长。参加工作11年以来，全心致力于民族团结与发展，在工作实践中，把汉族、苗族、土家族人民建成一个和谐民族大家庭，宣传和落实党的民族政策，尊重少数民族宗教信仰，保护发掘民族传统文化。帮扶少数民族青年创业，创建了12个州级青春建功新农村示范村，使一大批少数民族青年走上了自主创业、致富带富的道路。2019年获评全国民族团结进步模范个人。

彭运江　1967年生，中共湖南省湘西土家族苗族自治州保靖县迁陵镇陇木峒村支部委员会书记。十多年带领村民大搞开发，组织村民学习培管技术，成立了索源果业协会、农民田间学校、三农网络书屋、科普图书室、创建了全国第一个野生蔷薇莓试验园。他和村班子一道挖掘生态资源，开拓致富新路。组建了湘西州首个“集体农庄”，采取统一资源利用、统一规划实施、统一经营管理、统一利益分配，实现村民共同富裕、和谐发展。陇木峒村走上了新型合作化道路，有机种植、生态养殖、休闲服务为一体的“生态休闲观光农业”产业格局基本形成。荣获“省级民主法制示范村”“省美丽乡村示范村”“省同心乡村示范村”“州级美丽乡村建设示范精品村”等称号。发展产业同时发扬民族文化。2019年获评全国民族团结进步模范个人。

石登高 男，45岁，中共党员，花垣县财政局干部，花垣县委驻十八洞村扶贫工作队队长，2017年3月被选派担任花垣县委驻十八洞村扶贫工作队队长。石登高带领驻村扶贫工作队员与村支两委，以“钉钉子”的精神，找准增收路子，下足了“绣花功夫”，精准发展当家产业；坚守绿水青山，建设宜居家园；创新方式，激发群众内生动力，带领群众增收致富。2018年，十八洞村民人均纯收入达12128元，先后荣获“全国少数民族特色村寨”“全国乡村旅游示范村”“全国文明村”“中国美丽休闲乡村”等多项殊荣，成了全国脱贫攻坚的一面旗帜，《人民日报》、新华社、央视等主流媒体先后进行了报道，在国内外引发强烈反响。2019年荣获“全国五一劳动奖章”

杨淑君 1972年生，湖南省湘西土家族苗族自治州永顺县文化馆馆长。23年坚守在基层一线，从事文化文艺工作，弘扬和传承民族文化。编写了一套以《土家族摆手舞》《土家族毛古斯》《土家语日常用语对话》《土家语歌曲》等为主要内容的教学材料，培训人群达8万余人次，培训文艺骨干达800余人次。每年腊月起，三下乡、百花台、溜子汇打、千人大摆手、闹元宵等，杨淑君组织的文化活动给群众带去欢乐与民族文化。原创编排了《摆手欢歌》《毛古斯跳起来》《中国味道》等13套具有民族特色的广场舞，将民族音乐、民族舞蹈与健身操、现代舞完美的融合在一起。参与编排的《土家毛古斯》于2008年在鸟巢参与了奥运会开幕式前的文艺表演。2017年，杨淑君参与编排的《土家族打溜子》《土家族上梁等》多个民族文化节目走出国门，参加韩国民族文化交流活动。2018年其组织的文化队伍远赴香港参加亚太卫视2018中国少数民族歌舞大联欢，受邀参加庆祝澳门回归祖国15周年文艺表演。2019年获评全国民族团结进步模范个人。

省级表彰人物

陈长佼 42岁，湘西州远美节能科技有限公司创办人之一、技术负责人，是高压电工、太阳能利用二级技师、湖南省政府采购电气设备及安装领域评审专家。陈长佼参与的各项技术开发研究，应用于企业各项目技术生产，先后获6项技术专利；他擅长电力系统产品的运用，太阳能热水、光伏发电、路灯等系统及空气源热泵热水、烘干系统的设计、施工、维护。获第十二届“湖南省技术能手”荣誉称号。

李　峰 45岁，国网湘西供电公司员工，目前，已获得国家发明专利3项、实用新型专利5项及各项荣誉30多项。2019年获第十二届“湖南省技术能手”荣誉称号。

吴长望 42岁，吉首市第五小学教师，中共党员、中小学一级教师。2019年6月18日营救了挂在三楼住户阳台的防盗窗外5岁左右的小女孩。获评“见义勇为湖南好人”。

吴启鹏 34岁，保靖县清水坪镇下码头村农民，从事柑橘行业10余年来，他成立专业合作社，推进地区柑橘品改和提质增效工程；借助电商平台，累计为果农销售柑橘10500吨，为种植和果品销售环节增加产值1.2亿余元。他曾获第五届“创青春”创新创业大赛省赛三等奖、保靖县优秀科技扶贫工作者等荣誉。2019年获“湖南省十佳农民”。

张廷原 泸溪县解放岩乡人民政府干部，2019年2月5日，大年初一，留守值班的张廷原与其他几名同事疏导交通秩序过程中，该乡的钟某某手持柴刀在十字路口中央向人群乱冲乱砍。张廷原徒手夺刀制服歹徒，保护了群众生命安全。脸上被钟某某砍伤，留下永久性伤疤。2019年获评“见义勇为湖南好人”。

麻正兵 花垣县石栏镇文化站站长，双前臂全失，但身残志坚，20多年来，组织全镇妇女成立苗族服饰专业合作社，采用规模化、标准化的方式手工生产苗绣，并利用互联网时代借助文化平台的传播，对苗绣作品进行推广推销，帮助苗族妇女致富，实现了文化精准扶贫。多年来麻正兵还组织苗乡群众修村路、架便桥、建文化广场，他引导村民搞各种产业发展，他帮助返乡务工青年创业，服务当地群众，发展文化产业，带动群众脱贫致富，先后荣获“湖南省最美基层文化人”“第三次全国文物普查工作先进个人”“花垣县优秀共产党员”等30多项荣誉。2019年获评“敬业奉献湖南好人”。

高海英 凤凰县林峰乡黄罗寨村村民，十年如一日，义务照顾患有疾病的孤寡邻居田双华、韩贵凤夫妇，被誉为“湘西好邻居”。同时，高海英还尽心照料生活不能自理的婆婆，村民们称赞其为妇女楷模。2019年获评“孝老爱亲湖南好人”。

张香艳 32岁，中石油职工。10年来，张香艳不仅把加油站当成了自己家，更把加油站打造成了“司机之家”“服务之家”，为司机朋友提供免费开水、免费洗澡、免费洗衣、代缴罚款等服务，得到了千名司机的认可点赞。她的做法被中石油公司推广到了全省，进一步提升了全省加油站的服务质量。位于凤凰县和贵州省铜仁市的交界处的机场加油站被公司更名为香艳加油站，这是中石油在湖南省唯一一个以加油站经理命名的加油站。2019年获“湖南省五一劳动奖章”。

吴通友 54岁，花垣县边城镇茶园坪村党支部书记、花垣县边城镇邮政支局临时投递员，2001年以来，吴通友依靠做临时投递员的收入，不图个人名利，不计较个人得失，从每月400元工资干起，到现在的每月1800元工资，用省吃俭用的4.8万余元，救助孤寡老人和因贫困失学的孩子，并扶持广大村民。18年来，他在投递路上传递爱心，彰显了共产党人为民谋幸福的初心和使命。2011年、2017年，吴通友两次高票选举为茶园坪村党支部书记。2019年获评“助人为乐湖南好人”。

周祖辉 凤凰县人，现任湖南省周生堂生物科技有限公司董事长。2008年返乡创业，2010年，成立了凤凰县周生堂绿色食品厂（现更名为湖南省周生堂生物科技有限公司），2017年新建生产线7条，2018年4月全线投产，完全达产后可实现产值9000万元以上。为履行“让更多儿童不再留守，更多老人不再空巢”的承诺，他诚信创业，直接解决就业160余人，其中困难人员80余名。他心系贫困学生，自2010年以来至今捐资40多万元，帮助70余名学生重返校园。2014年在遭遇水灾损失及多个项目失败的情况下，他低价处置资产，及时偿还银行贷款，在银行无一贷款逾期。他坚持以诚兴业，严把产品质量关，打造品牌，创建的公司先后被评为湖南省“守合同重信用单位”、湘西州“放心消费示范单位”、“全国就业基地”。2019年获评“诚实守信湖南好人”。

麻小群 55岁，吉首市城市供水总公司职工。

杨劲松 42岁，吉首市城市供水总公司职工。

邓德武 51岁，龙山县里耶镇东桃村人，在吉首地区做了16年木匠。

2018年7月6日，连日大雨导致贯穿吉首城的峒河水位陡涨。西环路大桥附近一名女子不慎落入峒河激流，正在峒河西环路石家冲大桥的河边进行弹弓比赛的邓德武和“弓友”麻小群、杨劲松不顾个人安危跳入湍急的河水中，向落水女子拼命游去，由于救人心切，完全没顾虑到自己已经三十多年没下过水了，当游到落水女子身边的时候感觉全身已经没什么力气了，拖着疲惫的身体和一起下水的麻小群、杨劲松采取手拉手的方式拉着落水女子往岸边游，拼尽最后一丝力气游到靠近岸边的一艘小船旁，靠着围观群众递过来的一根木棍才把自己三人和落水女子连拉带拽拖上了岸。这时候现场来了很多热心人，有人给110打了电话，他看到被救上来的女子已没有生命危险，就和麻小群、杨劲松3人又游回了对岸。2019年获评“见义勇为湖南好人”。

龙金云 苗族，45岁，凤凰县腊尔山邮政支局投递员，近27年的邮件投递里行程达30余万公里。累计投递报刊、信件、包裹250余万份，实现“零差错”及“零投诉”。帮助农民致富累计增收达150多万元，为用户作了1000多件力所能及的好事。他连续十二年被凤凰县邮政局评为“先进工作者”，2007年他被湖南省邮政局评为“优秀投递员”，2009年荣获湖南省邮政局“爱心邮路”标兵称号。2011年他被省公司授予“优秀投递员”称号。2013年个人被省公司授予“爱心信使标兵”称号；2015年他荣获“湖南省劳动模范”称号。2016年个人被自治州邮政分公司评为“优秀投递员”“感到湘西邮政十大杰出人物”称号，被省公司授予“优秀投递员”称号，被自治州宣传部授予“最美湘西人”称号。2017年个人被自治州邮政分公司评为“揽收之星”“感到湘西邮政十大杰出人物”称号，被省公司授予“最美投递员”和“优秀投递员”称号。2019年获评“诚实守信湖南好人”。

田　文 龙山县人民检察院侦查监督科科长。田文从1994年走上检察工作岗位以来，始终用自己的行动履行着当初面对国旗许下的誓言——“忠于国家、忠于人民、忠于宪法和法律……”25载执著坚守，他把整个身心奉献给了检察工作，用真诚、守信、朴实、敬业丈量职业生涯的每一步，绽放出人生的夺目光彩。2017年，田文独立承办的案件108件，是该县人民检察院所有检察官中承办案件数量最多的。尽管办案数量多，但质量却都不打折扣，对于经手、经办的每一起案件，田文严格把关，对证据间存在的问题进行详细记录，一个一个找当事人进行核对，确保所办理的每一个案件都能够做到实体公正、程序公正。田文先后荣获“龙山县十佳政法干警”“全州检察机关岗位能手”“第四届湘西州诚实守信模范”等称号。2019年获评“敬业奉献湖南好人”。

刘　茜 29岁，读小学时曾获慈善基金会资助，从那时起她就萌生了要主动帮助别人的想法，其读大学期间参加过很多公益活动，毕业后毅然从事公益行业至今。无论是跟进留守儿童项目还是做好助学项目，刘茜全身心投入其中，小善显大爱，用实际行动点亮心中那盏不灭的灯。生活中，刘茜乐于助人，也经常主动帮助同事解难题办实事。2019年获评“助人为乐湖南好人”。

龚义美、杨晴虹夫妇 泸溪县人，杨晴虹自15岁起侍奉多年瘫痪在床的母亲和因脑梗半身不遂的父亲。结婚前，杨晴虹在幼儿园上班照顾父母饮食起居，婚后有了两个可爱的女儿，因需照顾一家老小，丈夫龚义美做了“上门女婿”，成了家中的“顶梁柱”。龚义美从没和岳父母顶过嘴，全家人吃穿都很节俭，但龚义美从不让老人和孩子受委屈，老人想吃好一点的饭菜，他都会尽量满足。2004年以来，龚义美、杨晴虹夫妇俩15年如一日悉心照料父母的故事在街坊邻里间传为美谈，被誉为湘西州“模范夫妇”。2019年获评“孝老爱亲湖南好人”。

向民志 泸溪县潭溪镇小陂流村村民，自幼双脚先天性残疾，一双拐杖伴着他风里来雨里去。他从小酷爱阅读，喜欢写作，2008年3月至2012年12月，他深入花垣、保靖、永顺、龙山等地采风，搜集整理出版了《湘西情歌》《湘西木叶情歌》两本民间歌谣集，填补了湘西地区民族情歌出版史上的空白，为民族文化的传承和保护起到了推动作用。为给村里的留守孩子提供一个良好的学习平台，2016年，他不惧艰辛、四处奔波，通过网络众筹2万多元，在该县民宗文旅局、县残联、县图书馆、潭溪镇政府等单位帮助支持下，加上其父亲的养老金，创建了50平方米的“明志书屋”。目前，该公益书屋藏书5000多册，每天开放13个小时、平均服务读者20人次。2017年以来，向民志先后荣获“全国优秀农家书屋管理员”“湖南省书香之家”“全国十大读书人物”等称号。2019年获评“诚实守信湖南好人”。

丁大军 47岁，凤凰县公安局腊尔山派出所所长，中共党员，8年前，他到苗族聚居区腊尔山担任驻村派出所所长，始终坚持用务实、忠诚、担当的实际行动融入苗乡，守护群众安全。8年来，丁大军走遍了辖区2个社区和26个村，累计走访群众3万余人，对所有村寨情况了然于胸。在他的带领下，腊尔山、两林地区黄赌毒等违法犯罪现象基本绝迹，刑事发案同期下降45%以上，形成有效的社会治理、良好的社会秩序。他积极参与脱贫攻坚工作，助力腊尔山夯卡村实现整体搬迁，该村获评国务院扶贫先进典范。丁大军先后荣立个人三等功2次、嘉奖10余次，被群众赞誉为“玛汝”（苗语：好棒）警察。2019年9月，丁大军入选全国“最美基层民警”候选人。2019年获评“敬业奉献湖南好人”。

李桂芳 泸溪县石榴坪乡人民政府计生服务站站长，她经常为群众代办事情，如补办存折、取准生证、为老人取钱、报销合作医疗等，深得群众好评。她还因一句承诺，用善心、爱心和恒心让两个素不相识的留守孩子成长的路上充满了阳光，让一个贫困家庭在战胜贫困的路上充满了信心和力量，用12年默默坚守和无私奉献，谱写了一曲跨越血缘关系的“亲情之歌”。2019年获评“助人为乐湖南好人”。

彭桂莲 龙山县洛塔乡楠竹小学代课老师，49年前，她放弃保送大学的机会，选择留在洛塔，把自己的青春毫无保留地奉献给三尺讲台，不为名利，只愿授人以“渔”断穷根。楠竹村一到冬天就特别冷，学校建在山上更冷，几十年的时间里，彭桂莲起早贪黑、省吃俭用，种地、养猪、找山货……她自己挣来的钱全部用来支付学生们每月所需的炭火费。上学路难走，彭桂莲背着背篓接送学生，从不间断；学生交不起学费，她自己垫付；缺教具，她自己买、自己做。2019年获评“敬业奉献湖南好人”。

张吉翠 37岁，花垣县吉卫镇政府社会事务服务站站长，2019年12月“湖南好人榜”出炉，花垣县光荣上榜。2014年，在参加一次无偿献血时，她了解到捐献造血干细胞可以救人，便毅然在志愿捐献书上签字，加入中国造血干细胞捐献者资料库，成为一名捐献造血干细胞志愿者。2019年5月22日，张吉翠接到湖南省红十字会通知，得知自己与一名白血病患者骨髓配型相合，问她是否愿意无偿捐献造血干细胞，她没有丝毫犹豫，立刻同意捐献。在经过一系列捐献前期准备后，8月21日，她在中南大学湘雅三医院为这名来自福建省素不相识的白血病患者捐献了造血干细胞。

熊仕宇 11岁，吉首市第八小学的学生，父亲因车祸高位截瘫，家里债台高筑，让他早早地懂事明理。除了学习，照料父亲的日常生活、做家务、忙农活，成了熊仕宇每天必做的功课，一个坚实而又有力的小肩膀和母亲一起为这个家撑起一片天。“我多做一点，妈妈就少辛苦一点；我多开心一点，爸爸也就多快乐一些。”面对困难，熊仕宇给出的答案坚定而有力。2019年获评“新时代湖南好少年”。

鲁　缘 12岁，古丈县第三完全小学的学生，还是一名留守儿童。鲁缘的父母常年不在家且母亲患上直肠癌，但她面对生活的困难毫不退缩，照顾身体不好的奶奶，照顾幼小的弟弟，帮助爷爷下地干活，用行动践行着孝心，用稚嫩的肩膀担起了照顾家庭的责任。在班里，鲁缘更是被大家公认的热心人，不仅自己成绩优异还经常帮助同学解决学习生活上的难题。她尊老爱幼，常常去养老院为老人们表演节目；在坐公交的时候，看到孕妇和老人也会主动把自己的座位让出来。2019年获评“新时代湖南好少年”

田　慧　13岁，保靖县清水坪学校学生，2016年，田慧的母亲出走，父亲突发脑溢血，家庭的变故让田慧两姐妹一夜长大，小小的她们，每天中午骑着自行车回家摘菜、做饭，送去给卧病在床的父亲，到了医院给父亲吃药、喂饭。忙完所有的家务，她们又匆匆回到学校。父亲生病期间每天如此，可是两姐妹从来没有迟到过，也不曾请假。学习上，田慧刻苦勤奋，她说要用优异的成绩来回报父亲，也希望通过知识的力量改变自己和家庭的命运。2019年获评“新时代湖南好少年”

何　霭　13岁，龙山县第三中学学生，在学习方面，何霭的学习成绩一直名列前茅，还经常帮助同学解决难题。在培养自我兴趣爱好方面，注重德智体美劳全面发展。她喜欢阅读，小书柜里除了各种学习辅导资料，还收集了上百册课外读物。目前，何霭已获得省优秀少先队员、龙山县三好学生、优秀班干部、优秀学生、优秀播音员；作文比赛一等奖、演讲比赛一等奖等荣誉100多项。2019年获评“新时代湖南好少年”。

附　录

湘西州2019年国民经济和社会发展统计公报

湘西州统计局　国家统计局湘西调查队

2020年3月18日

2019年，在州委、州政府的正确领导下，全州上下坚持以习近平新时代中国特色社会主义思想为指导，全面贯彻落实党的十九大和十九届二中、三中、四中全会精神，坚持稳中求进工作总基调，坚持“542”发展思路，聚焦三大攻坚战、高质量发展，统筹推进稳增长、促改革、调结构、惠民生、防风险、保稳定各项工作，全州经济保持总体平稳、稳中有进的发展态势。

一、综合

初步核算，全州实现生产总值705.71亿元，增长7.2%。其中，第一产业增加值94.86亿元，增长3.4%；第二产业增加值198.26亿元，增长5.9%；第三产业增加值412.59亿元，增长8.7%。第一产业、第二产业、第三产业增加值占生产总值的比重分别为13.4%、28.1%、58.5%，其中工业增加值占生产总值比重为22.4%。第一、二、三产业对经济增长贡献率分别为6%、24.1%、69.9%；工业对经济增长贡献率为22.8%。按常住人口计算，全州人均生产总值26691元，增长7.2%。非公有制经济增加值474.57亿元，增长7.5%，占生产总值的比重为67.2%。实现高新技术产业增加值38.41亿元，增长1.1%。

二、农业

全州实现农林牧渔业增加值96.2亿元，增长3.5%。其中农业增加值68.3亿元，增长4.4%；林业增加值4.3亿元，增长4.7%；牧业增加值20.59亿元，下降0.9%；渔业增加值1.7亿元，增长2.3%；农林牧渔专业及辅助性活动增加值1.31亿元，增长8.9%。

全年粮食作物播种面积165.78千公顷，增长0.8%。其中稻谷播种面积95.75千公顷，下降1.7%；玉米播种面积33.03千公顷，增长4.9%；豆类播种面积10.65千公顷，增长5.7%；薯类播种面积25.75千公顷，增长3.4%。油料播种面积51.38千公顷，增长0.1%。蔬菜种植面积55.87千公顷，增长4.2%。茶叶种植面积26.06千公顷，增长21.6%。烟叶种植面积10.52千公顷，下降21.6%。猕猴桃果园面积7.8千公顷，增长10.5%，柑橘果园面积50.33千公顷，下降5.4%。

全州粮食总产量87.53万吨，增长2.8%。其中稻谷产量59.42万吨，增长0.9%；玉米产量14.89万吨，增长10.1%；豆类产量1.57万吨，增长5.2%；薯类产量11.48万吨，增长4.2%。油料产量7.9万吨，下降0.5%。蔬菜产量73.31万吨，增长3.6%。茶叶产量9517吨，增长61.7%。烟叶产量1.85万吨，下降24.6%。猕猴桃产量8.73万吨，增长13.8%；柑橘类水果产量66.24万吨，下降1.9%。中草药材产量10.96万吨，增长5.9%。

全州肉类总产量9.49万吨，下降11.2%。其中猪肉产量7.07万吨，下降15.9%；牛肉产量0.7万吨，增长1.6%；禽肉产量0.81万吨，增长10.4%。禽蛋产量10365吨，增长8.9%。年末出栏猪104.95万头，下降15.1%；牛出栏6.32万头，下降0.7%。年末生猪存栏38.89万头，下降54%；牛存栏21.4万头，增长0.1%；山羊存栏39.71万只，下降1%；活家禽存笼495.77万羽，增长6.5%。

全州水产品总产量2.58万吨，增长4.5%。其中淡水养殖鱼类2.42万吨，增长4%。

2019年湘西土家族苗族自治州主要农产品产量及增长速度

表24

主要农产品	计量单位	产量	比上年增减（%）
粮食	万吨	87.53	2.8
油料	万吨	7.9	-0.5
蔬菜	万吨	73.31	3.6
烟叶	万吨	1.85	-24.6
中草药材	万吨	10.96	5.9
茶叶	吨	9517	61.7
猕猴桃	万吨	8.73	13.8
柑橘类	万吨	66.24	-1.9
肉类总产量	万吨	9.49	-11.2
生猪存栏数	万头	38.89	-54
生猪出栏数	万头	104.95	-15.1

全年共有农民专业合作社5761个，农产品加工企业938家，家庭农场2490户。全州共建成万亩特色产业标准园区24个，建成高标准基本农田20.3万亩。实施椪柑产业品改1.28万亩。全年农业机械总动力186.4万千瓦，化肥施用量（折纯）6.53万吨，实现农村土地流转75.06万亩。

全年改善农田有效灌溉面积799公顷，新增节水灌溉面积280公顷。开工各类水利工程539处，投入资金5.4亿元。完成水利工程土石方357.3万立方米，完成病险水库、水闸除险加固18座，治理水土流失面积15.8平方公里，治理坡耕地540公顷，综合治理河道4.05公里。

三、工业和建筑业

全州工业增加值158.26亿元，增长7%。规模以上工业增加值增长7%，其中国有及控股企业增加值增长22.8%，大中型工业企业增加值增长17.1%。规模工业主要行业增加值中，制造业增长9.8%，其中黑色金属冶炼和压延加工业、有色金属冶炼和压延加工业分别增长13.6%、57.6%，食品制造业增长8.2%，酒、饮料和精制茶制造业增长15.6%，医药制造业下降32.1%。电力热力燃气及水生产和供应业增长8.7%。园区规模以上工业增加值增长8%，占全州规模工业增加值比重为52.1%。战略性新兴产业增加值增长2.8%。

2019年湘西土家族苗族自治州规模以上工业主要产品产量及增长速度

表25

主要工业产品	单位	产量	比上年增减（%）
发电量	亿千瓦时	14.01	-14.8
锰矿石成品矿	万吨	56	114.2
电解锰	万吨	15.9	4.4
锌	万吨	25.1	100.4

续表 25

主要工业产品	单位	产量	比上年增减（%）
白酒	千升	8403.6	16.2
精制茶	吨	6796.9	–38.5
中成药	吨	5245.9	–15.3
硫酸	万吨	25	310.5
水泥	万吨	305	0
锂离子电池	万只	4156	—
光电子器件	万片	566.8	–67.3

全州规模以上工业企业 248 家，其中亏损企业 67 家，亏损企业亏损总额 4.5 亿元，下降 15%。规模以上工业企业实现主营业务收入 201.2 亿元，增长 11.6%；企业利润总额 6.2 亿元，增长 2%。其中大中型企业实现利润总额 3.7 亿元，增长 73.7%。全州规模工业企业资产负债率 58%，企业产品销售率 97.4%。

全州建筑业增加值 40.52 亿元，增长 1.6%。具有建筑业资质等级的总承包和专业承包建筑业企业总产值 55.69 亿元，增长 6.4%。全州房屋建筑施工面积 415.68 万平方米，增长 0.3%。其中新开工面积 120.4 万平方米，下降 36.9%；房屋建筑竣工面积 103.41 万平方米，下降 7.9%。

四、固定资产投资

全州固定资产投资下降 4.9%。按经济类型分，国有投资下降 24.7%，非国有投资增长 19.2%，民间投资增长 14.5%。按投资方向分，工业投资下降 8.1%，其中工业技改投资增长 11.5%；民生投资增长 0.01%；生态投资下降 10.9%；基础设施投资下降 26.9%；高新技术产业投资下降 15%。按产业分，第一产业投资增长 128.1%，第二产业投资下降 14.1%，其中制造业投资下降 9.5%，第三产业投资下降 5.9%。

全州施工项目个数比上年增长 24.2%。其中本年新开工 5000 万元以上项目（含房地产）个数较上年增长 21.7%。本年投产项目个数较上年增长 97.1%。实施亿元及以上投资项目个数较上年增长 21.2%；亿元以上项目投资量下降 10.6%。

全年房地产开发投资 114.85 亿元，增长 17.7%。房地产开发施工面积 1247.6 万平方米，增长 31%；其中本年新开工 447.2 万平方米，增长 30.4%。房地产销售面积 227.1 万平方米，增长 7.2%；其中期房、现房销售面积分别为 210.7 万平方米、16.4 万平方米，分别增长 5.5%、33.6%。房地产待售面积 17.9 万平方米，下降 30.9%；商品房销售额 103.17 亿元，增长 14%；其中期房、现房销售额分别为 97.2 亿元、6 亿元，分别增长 13.9%、15.4%。

五、国内外贸易和物价

全州社会消费品零售总额 337.5 亿元，增长 9.7%。按销售单位所在地分，城镇消费品零售额 249.2 亿元，增长 9.2%；乡村消费品零售额 88.3 亿元，增长 11.3%。按行业统计。批发业 31.2 亿元，增长 11.7%；零售业 243.2 亿元，增长 8.7%；住宿业 9.5 亿元，增长 12%；餐饮业 53.5 亿元，增长 12.9%。

限额以上法人批发和零售业商品零售额 56.3 亿元，下降 1.6%。其中粮油、食品类零售额增长 10.6%，服装、鞋帽、针纺织品类零售总额增长 0.8%，日用品类增长 5.3%，体育、娱乐用品类增长 11%，书报杂志类增长 0.4%，家用电器和音像器材类下降 7.9%，文化办公用品类下降 3.6%，石油及制品类下降 0.3%，汽车类下降 10.8%。

限额以上法人企业通过公共网络实现商品销售额 8431.8 万元，增长 23.2%。

全州居民消费价格上涨 3.1%，其中食品价格上涨 11.4%，烟酒价格上涨 1.3%，衣着价格上涨0.1%，居住价格上涨1%，生活用品及服务价格上涨0.3%，交通和通信价格下降1.5%，教育文化和娱乐价格上涨1.4%，医疗保健价格上涨3.6%。商品零售价格上涨2.6%。工业生产者出厂价格下降0.4%，工业生产者购进价格上涨0.2%。服务价格上涨1%。

2019年湘西土家族苗族自治州居民消费价格指数

表26

指标	比上年增减（%）
居民消费价格	3.1
其中：食品	11.4
衣着	0.1
居住	1
生活用品及服务	0.3
交通和通信	-1.5
教育文化娱乐	1.4
医疗保健	3.6

六、对外经济和旅游

全州进出口总额16537万美元，下降32.4%。其中出口额15198万美元，下降26.8%；进口额1339万美元，下降63.6%。全年实际引进境内州外资金104.24亿元，增长27.8%；实际利用外资949万美元，增长130.3%。新引进项目30个，其中投资过亿项目20个，新引进外资企业3家。

全州共有旅游等级景区（点）35个，其中4A级以上景区（点）12个。全年共接待国内游客5723.3万人次，实现国内旅游收入526亿元，分别增长11.9%和20.3%。接待入境游客23.63万人次，旅游创汇收入5860.2万美元，分别增长8.1%、7.8%。

七、交通、邮电

全州客货运输换算周转总量59.9亿吨公里，增长7.2%。其中旅客运输量4188万人，下降13.4%；旅客周转量26.8亿人公里，下降13.3%；货物运输量2573万吨，下降3.3%；货运周转量57.2亿吨公里，增长8.4%。

2019年湘西土家族苗族自治州各种运输方式完成客货运输量及增长速度

表27

指标	计量单位	绝对数	比上年增长（%）
货运量	万吨	2573	-3.3
其中：公路	万吨	2519	-3.7
水路	万吨	54	18.7
客运量	万人	4188	-13.4
其中：公路	万人	4061	-13.8
水路	万人	127.6	-0.1

全州年末通车里程13295.5公里。其中铁路里程192公里，公路通车里程12571.5公里，高速公路通车里程482公里（不含连接线）。全年完成农村公路硬化952公里。全州拥有客船177艘、货船54艘、载货汽车2342辆、载客汽车3263辆。年末全州民用汽车保有量19.05万辆，增长13%。其中私人汽车保有量17.5万辆，增长14%；私人轿车保有量7.3万辆，增长15.3%。

全年完成邮电业务总量190.79亿元，增长77.2%。其中邮政业务总量3.19亿元，增长16.2%，电信业务总量187.6亿元，增长78.8%。邮政营业网点181处，邮路总长度7074公里，快递业务量415.07万件，快递业务收入2931.44万元。年末固定电话用户8.14万户，移动电话用户259.9万户，年末互联网宽带用户69.8万户。

八、财政、金融和保险

全州一般公共预算收入126.81亿元，增长5.6%。其中税收收入101.18亿元，增长3.9%，占财政总收入比重为79.8%。地方财政收入64.13亿元，增长7.4%。其中地方收入中税收收入38.5亿元，增长4.1%；非税收入25.63亿元，增长12.8%。上划省级收入7.3亿元，下降0.9%。上划中央收入55.38亿元，增长4.5%。全州财政总支出351.67亿元，增长7%。其中民生支出226.04亿元，增长4.2%，民生支出占财政支出比重为64.3%。教育支出56.22亿元，下降1.5%；社会保障和就业支出41.22亿元，增长7.1%；卫生健康支出36.95亿元，增长9.1%；农林水支出71.13亿元，增长12.6%，其中扶贫支出33.12亿元，增长12.9%。

年末全州金融机构本外币各项存款余额1208.1亿元，比年初增加44.02亿元，增长3.8%。其中住户存款余额823.4亿元，增长8.5%；非金融企业存款182.2亿元，增长1.6%。本外币各项贷款余额868.4亿元，比年初增加132.8亿元，增长18.7%。其中住户贷款415.9亿元，增长26%；非金融企业及机关团体贷款余额452.5亿元，增长12.6%。

全年保险公司保费收入28.41亿元，增长7.5%。其中寿险14.7亿元，增长18.1%；健康险4.5亿元，下降16.6%；意外伤害险0.6亿元，下降17.6%；财产险8.6亿元，增长9.4%。以常住人口计算，全州保险密度为1077元/人，保险深度为4.03%。全年各项赔款和给付支出9.5亿元，增长5.4%。

九、教育和科学技术

全州各级各类学校1927所，其中大学3所，中等职业学校28所，普通中学182所，普通小学212所，特殊学校4所，幼儿园655所。各级各类学校教职工51123人，其中大学2562人，中等职业学校1444人，普通中学12447人，普通小学13668人，特殊学校129人，幼儿园8814人。各级各类学校在校生569565人，其中大学57778人，中等职业学校28113人，普通中学151671人，普通小学231399人，特殊学校469人，幼儿园100135人。小学适龄儿童入学率99.9%，小学升学率102.2%，小学年巩固率100.3%；初中升学率85.7%，初中年巩固率99.2%。全州各类民办学校579所，民办学校在校生91583人。全年发放普通高中国家助学金4613.6万元，发放高校国家奖学金、助学金1170.1万元。发放中职国家助学金4078.5万元，资助中职学生4.48万人次。落实中职免学费资金5501万元。

2019年湘西土家族苗族自治州在校学生、招生、毕业生数

表28

	大学	中等职业学校	普通中学	普通高中	初中	小学
学校数（所）	3	28	182	28	154	212
招生数（人）	23269	10218	52788	17528	35260	39580
在校学生（人）	57778	28113	151671	50556	101115	231399
毕业生（人）	17349	8858	48556	16164	32392	34483

全州共有省级工程技术研究中心10家，高新技术创业服务中心1家，科技孵化器及众创空间2个。全年实施科学研究项目182个，科技经费支出总额6.27亿元，比上年增长76.6%。其中财政科技支出2.23亿元，企业研发支出4.04亿元。全年签订技术合同78份。全州发明专利申报量175件，发明专利授权量50件，有效发明专利量381件。万人发明专利拥有量1.44件。

全州有产品检测实验室13个。法定计量检定机构8个，特种设备检验机构2个，重点工业产品质量监督抽查372批次。组织制定地方标准6项。商标申请量3673件，商标注册量2847件，有效商标9888件。

十、文化、卫生和体育

年末全州共有艺术表演团体11个，群众艺术馆、文化馆10个，公共图书馆10个，博物馆、纪念馆10个。广播电视台9个，广播综合人口覆盖率98.6%，电视综合人口覆盖率98.7%，有线电视用户35万户。全州拥有世界文化遗产保护名录1个，国家级非物质文化遗产保护名录26个，省级非物质文化遗产保护名录86个。全州建有档案馆9个，开放各类档案116.4万卷。

年末全州共有卫生机构3288个。其中医院70个，妇幼保健院（站、所）9个，专科疾病防治院（站、所）5个，社区卫生服务中心（站）10个，诊所、卫生所、医务室456个，乡镇卫生院203个，村卫生室2428个。全州共有卫生技术人员17841人，增长6.6%。其中执业医师和执业助理医师6224人，增长7%；注册护士8034人，增长11.5%。医院拥有床位14985张，乡镇卫生院拥有床位5360张。

全州共有体育馆6座，运动场（含体育场、小运动场、田径场）271个，游泳池（含游泳跳水场馆）14个，各种训练房60个。全年共开展全民健身项目100项次。

十一、资源、环境和安全生产

年末实有耕地面积200.6千公顷，较上年增长0.5%，基本农田155.5千公顷。批准建设用地501.9公顷。全州已发现矿种45种，已探明资源储量的矿种38种。其中金属矿10种、非金属矿29种，水气矿2种。全州有国家地质公园3个，地质遗迹保护区9个。

全州有各级各类自然保护区33个，其中国家级3个，省级5个，自然保护区面积355.5万亩。全州有林面积1629万亩，森林覆盖率70.24%。全州活立木蓄积4829.3万立方米。全年完成人工造林面积15.05万亩。年末实有新封山育林面积12.1万亩。

全州城市污水处理率95.05%，比上年提高1.01个百分点。生活垃圾无害化处理率99.03%，提高0.18个百分点。城市人均公园绿地面积11.91平方米，完成城市棚户区改造12913套，新增公共租赁住房1120套。

初步核算，2019年全州规模工业综合能源消费量56.02万吨标准煤，增长7.1%。其中，六大高耗能行业综合能源消费量52.2万吨标准煤，增长8.1%。全社会用电量58.8亿千瓦时，增长13.1%。其中工业用电量30.1亿千瓦时，增长13.4%；居民生活用电量13.8亿千瓦时，增长10.9%。

全州县市空气质量平均优良天数比例为94.5%，较上年提升0.1个百分点，$PM_{2.5}$平均浓度为30微克/立方米，PM_{10}平均浓度为49微克/立方米，全州考核断面的水质优良率100%。

全年发生各类安全事故619起，各类安全事故死亡人数137人。其中生产经营性安全事故38起，生产经营性安全事故死亡人数39人。工矿商贸事故19起，死亡人数21人；消防火灾事故227起，死亡8人；道路交通事故350起，死亡人数83人，高速公路7起，死亡人数7人，铁路路外事故13起，死亡人数13人，其他事故3起，死亡人数5人。全州亿元GDP事故死亡人数0.05人。

十二、人口、人民生活和社会保障

年末全州常住人口263.83万人。其中城镇人口125.98万人，农村人口137.85万人。城镇化率47.75%，较去年提高1.21个百分点。全州全年出生3.04万人，出生率9.93‰；死亡人口1.35万人，死亡率5.53‰。全年人口自然增长率4.4‰。

全州居民人均可支配收入16934元，增长

9.7%。其中城镇居民人均可支配收入26756元，增长8.2%；农村居民人均可支配收入10046元，增长9.4%。全州居民人均生活消费支出13663元，增长6.3%。其中城镇居民人均生活消费支出17936元，增长5.6%；农村居民人均生活消费支出10667元，增长6.1%。全州居民食品消费支出占消费总支出的比重（恩格尔系数）为28.2%。全州城镇居民人均住房面积49.2平方米，农村居民人均住房面积44.9平方米。

全州新增城镇就业人员2.7万人。年末城镇登记失业率2.95%，失业人员再就业人数1.16万人。参加城乡基本医疗保险人数251.81万人，参保率97.54%。城镇职工基本医疗保险参保人数18.27万人，其中在职职工参保13.43万人，退休人员参保4.84万人。城镇基本养老保险职工参保人数17万人，其中在岗职工参保9万人，离退休人员8万人。全州参加工伤保险职工人数23.75万人，参加生育保险职工人数13.23万人，参加失业保险职工人数16.52万人。全州新型农村养老保险登记参保人数140.75万人，增长1.8%。

全年共发放城镇居民最低生活保障3.6万人，发放资金总额1.69亿元。发放农村居民最低生活保障15.65万人，发放资金总额4.09亿元。年末各类收养性社会福利单位床位10152张，各类收养性社会福利单位收养人员6079人。新改建公办养老机构5所，公办养老机构新增床位255张。拥有综合性社区服务中心211个。新建城乡养老服务示范点15所，养老服务示范点新增床位80张。全年销售社会福利彩票4.77亿元，筹集福彩公益金1.26亿元；直接接收社会捐赠2099万元。全州完成农村危房改造5213户，其中四类对象3184户。截至2019年末，全州实有建档立卡贫困户16.5万户，全年减少贫困人口8.95万人，投入各类扶贫资金57.66亿元，全州贫困发生率降至0.65%，比上年降低3.74个百分点。

州人民政府、州人民政府办公室文件

【州委、州委办公室文件】 2019年，州委、州委办制定印发的主要文件有：

1月10日印发《州委州政府关于全力打好脱贫攻坚决胜战的实施意见》

1月25日印发《州委州政府关于推进湘西承接产业转移示范区建设的意见》《州委州政府关于加快推进美丽湘西建设提质升级的实施意见》《州委办州政府办关于进一步做好减税降费工作的意见》

2月18日印发《州委办州政府办关于印发〈湘西土家族苗族自治州机构改革方案〉的通知》

3月25日印发《州委办州政府办关于进一步做好新时代关心下一代工作的实施意见》

4月4日印发《州委办关于2019年州级领导联系重点工作重点项目重点企业有关事项的通知》

4月12日印发《州委关于加强党的政治建设的意见》

4月22日印发《州委州政府关于实施优先发展战略推动新时代民族教育振兴的若干意见》

5月29日印发《州委办州政府办关于加强州府吉首城市社区共建共享的实施意见》

6月4日印发《州委办关于印发〈州直副处级以上单位党组设置管理方案〉的通知》

9月9日印发《州委关于开展“不忘初心、牢记使命”主题教育的实施意见》

10月8日印发《州委办州政府办关于印发〈湘西自治州生态环境机构监测监察执法垂直管理制度改革工作方案〉的通知》

11月21日印发《州委印发〈关于进一步加强政法队伍建设的意见〉的通知》

12月31日印发《州委关于深入学习贯彻党的十九届四中全会精神为加快建设美丽开放幸福新湘西提供有力制度保障的决议》

【州人民政府文件】 2019年，州人民政府制定颁发的主要文件有：

《湘西自治州人民政府关于对2019年主要工作实行目标管理的通知》

《湘西自治州人民政府关于印发湘西州数据共享责任清单和信息系统数据管理责任清单（第二批）的通知》

《湘西自治州人民政府关于印发〈湘西自治州贯彻落实〈湖南省进一步促进就业工作二十条措施〉实施办法〉的通知》

《湘西自治州人民政府关于印发〈湘西自治州集体土地征收与房屋拆迁补偿安置办法〉的通知》

《湘西自治州人民政府关于进一步加强全州工程建设领域招投标监督管理工作的若干意见》

《湘西自治州人民政府关于加强易地扶贫搬迁后续帮扶工作的实施意见》

《湘西自治州人民政府中国人民解放军湖南省湘西军分区关于做好2019年全州征兵工作的通知》

《湘西自治州人民政府关于印发湘西州数据共享责任清单和信息系统数据管理责任清单（第三批）的通知》

《湘西自治州人民政府关于进一步加强困境儿童保障工作的通知》

《湘西自治州人民政府关于授权湘西自治州互联网信息办公室负责互联网信息内容管理工作的通知》

《湘西自治州人民政府关于进一步深化“放管服”改革优化营商环境推进经济高质量发展的实施意见》

《湘西自治州人民政府关于公布湘西州公共技术服务共享清单和公共数据资源共享清单（第一批）的通知》

《湘西自治州人民政府关于清理调整州人民政府各类议事协调机构的通知》

《湘西自治州人民政府关于印发〈智慧湘西建设三年行动计划（2019—2021年）〉的通知》

《湘西自治州人民政府关于进一步加强州本级政府投资项目管理的通知》

《湘西自治州人民政府印发〈关于建设承接产业转移示范区的若干优惠政策〉的通知》

《湘西自治州人民政府关于重新公布州政府工作部门责任清单（第一批）的通知》

《湘西自治州人民政府关于进一步提升全州消防能力的实施意见》

【州人民政府办公室文件】 2019年，州人民政府办公室印发的主要文件有：

《湘西自治州人民政府办公室湘西军分区战备建设处关于开展2019年民兵组织整顿工作的通知》

《湘西自治州人民政府办公室关于进一步落实加强政府系统值班工作的通知》

《湘西自治州人民政府办公室关于印发〈湘西自治州工程建设项目审批制度改革实施方案〉的通知》

《湘西自治州人民政府办公室关于印发〈贯彻落实国办发〔2018〕104号和湘政办发〔2019〕18号文件责任分工方案〉的通知》

《湘西自治州人民政府办公室关于印发〈湘西自治州信息通信基础设施能力提升行动计划（2019—2021年）〉的通知》

《湘西自治州人民政府办公室关于湘西自治州国家森林城市建设三年巩固行动的实施意见》

《湘西自治州人民政府办公室关于公布州本级及对应省级的已取消证明事项清单的通知》

《湘西自治州人民政府办公室关于印发〈湘西自治州政府采购网上商城管理办法（暂行）〉的通知》

《湘西自治州人民政府办公室关于切实加强乡村医生队伍建设的通知》

《湘西自治州人民政府办公室关于全面补齐非贫困村和非贫困户短板弱项的意见》

《湘西自治州人民政府办公室关于加大基础设施等关键领域补短板力度的实施意见》

《湘西自治州人民政府办公室关于印发〈湘西州生态环境损害赔偿制度改革实施方案〉的通知》

《湘西自治州人民政府办公室印发〈关于在脱贫攻坚三年行动中切实做好社会救助兜底保障工作的实施方案〉的通知》

《湘西自治州人民政府办公室关于新建居民住宅区配套规划建设中小学校幼儿园的实施意见》

《湘西自治州人民政府办公室关于修改部分文件内容的通知》

《湘西自治州人民政府办公室关于转发湘西自治州调整机关事业单位工作人员基本工资标准和增加机关事业单位离休人员离休费三个实施办法的通知》

《湘西自治州人民政府办公室关于印发〈湘西自治州州长质量奖管理办法〉的通知》

《湘西自治州人民政府办公室关于印发〈湘西自治州企业转贷应急资金管理办法〉的通知》

《湘西自治州人民政府办公室关于进一步加强全州城乡建设用地增减挂钩工作的通知》

《湘西自治州人民政府办公室关于印发〈2019年州定20件民生实事项目实施方案〉的通知》

《湘西自治州人民政府办公室印发〈州人民政府落实〈州委关于省委第五巡视组反馈意见的整改方案〉的实施方案〉的通知》

《湘西自治州人民政府办公室关于印发〈2019年州人民政府领导重点工作任务〉的通知》

《湘西自治州人民政府办公室关于印发〈湘西自治州基本医疗保险协议医疗机构和协议零售药店管理办法（试行）〉的通知》

《湘西自治州人民政府办公室关于印发〈湘西自治州加强生猪屠宰及其肉品市场监管保障肉品安全供给工作实施方案〉的通知》

《湘西自治州人民政府办公室关于印发〈湘西自治州污染防治攻坚战2019年度工作方案〉的通知》

《湘西自治州人民政府办公室关于印发〈湘西自治州畜禽规模养殖污染防治管理办法〉的通知》

《湘西自治州人民政府办公室关于全面推进“互联网+医疗健康”发展的通知》

《湘西自治州人民政府办公室关于印发〈湘西自治州本级行政事业单位国有资产管理实施细则（试行）〉的通知》

《湘西自治州人民政府办公室关于印发〈湘西自治州防治慢性病中长期规划（2019—2025年）〉的通知》

《湘西自治州人民政府办公室关于真抓实干争取上级督查激励的通知》

《湘西自治州人民政府办公室关于转发〈湘西自治州“优化营商环境执行年”工作方案〉的通知》

《湘西自治州人民政府办公室关于印发〈湘西自治州残疾儿童康复救助制度实施细则〉的通知》

《湘西自治州人民政府办公室关于印发〈湘西自治州安全生产和消防工作考核办法〉的通知》

《湘西自治州人民政府办公室关于印发〈湘西自治州消防基础建设三年规划（2019—2021年）〉的通知》

《湘西自治州人民政府办公室关于印发〈湘西自治州全面推行行政执法公示制度执法全过程记录制度重大执法决定法制审核制度实施方案〉的通知》

《湘西自治州人民政府办公室关于印发〈湘西自治州历史文化保护利用五年行动计划（2020—2024年）〉的通知》

《湘西自治州人民政府办公室关于转发〈湘西自治州职业技能提升行动实施方案（2019—2021年）〉的通知》

《湘西自治州人民政府办公室关于加强古城古镇古村保护与利用工作的实施意见》

《湘西自治州人民政府办公室关于推进城乡环境基础设施建设的通知》

《湘西自治州人民政府办公室关于印发〈湘西自治州品牌奖励办法〉的通知》

《湘西自治州人民政府办公室关于湘西自治州品牌营销的实施意见》

《湘西自治州人民政府办公室关于印发〈湘西自治州政务服务导则〉的通知》

《湘西自治州人民政府办公室关于设立优惠政策和人才服务窗口有关事项的通知》

《湘西自治州人民政府办公室关于公布〈湘西自治州政务服务事项目录清单〉的通知》

《湘西自治州人民政府办公室关于规范行政审批中介服务工作有关事项的通知》

州、州直机关和中央、省在州单位负责人

中国共产党湘西州委

书记　叶红专

副书记　龙晓华　唐湘林（2019 年 6 月免）
廖良辉（2019 年 8 月任）

州委常委　欧阳旭（2019 年 4 月免）
周　云　刘珍瑜
向恩明（2019 年 11 月免）
邓为民（2019 年 8 月免）
龚明汉　杨彦芳　张青勇
施健鑫（2019 年 8 月任）
袁新天（2019 年 4 月任）
董怀敏（挂职）　李春风（挂职）

秘书长　向邦伟

副秘书长　杨中明（2019 年 9 月免）
向传林　杨清英
刘光复（2019 年 9 月退休）
张远周　田　源
戴蓉芳（2019 年 5 月任）

州人大常委会

主任　彭武长

副主任　彭　益　吴凌频（至 2019 年 8 月）
刘时进　张才金　刘小刚　宛庆丰
石耀华　杜晓勇（2019 年 12 任）

秘书长　文武斌

州人民政府

州长　龙晓华

常务副州长　向恩明（至 2019 年 11 月）

副州长　董怀敏（挂职）　李春风（挂职）
向清平　何益群　吴凌频　李　平
麻　超　王学武

州长助理　尹显俊（挂职）

秘书长　包太洋

副秘书长　彭　佳　伍程灿　胡朝晖
张发权　向廷云　陈敬会
张勇进　彭晓慧　庞大森

政协湘西州委员会

主席　刘昌刚

副主席　贾高飞　宋清宏　向顶天　龙春生
石　红　卢向荣　吴志明　印　钊

秘书长　张　旭

副秘书长　李　炎　孟凡阜　查仕清

吉首军分区

司令员　张青勇

政治委员　高振海

副司令员　贺建军

战备建设处处长　孙海青

动员处处长　林庆根

政治工作处主任　刘述光

保障处处长　彭炎林（2019 年 8 月免）
彭　搏（2019 年 8 月任）

州纪律检查委员会、州监察局及州委巡察工作领导小组办公室

州纪委书记、州监委主任
邓为民（2019 年 9 月免）

州纪委书记、州监委主任
施健鑫（2019 年 9 月任）

州纪委副书记、州监委副主任

熊 祥 方佟曙 何湘永

州纪委常委、州纪委秘书长兼办公室主任

龙超颖（2019 年 3 月免）

州纪委常委、州监委委员 颜平均

州纪委常委 冷宁华

州纪委常委、州监委委员

向兴刚 聂春辉

州监委委员 李卫国

州委巡察工作领导小组办公室

主任 向义付

副主任 张有宏 焦云芬

州委第一巡察组组长 李银慧

副组长 石 清

州委第二巡察组组长 向 波

副组长 赵清富

州委第三巡察组组长 游 泓

副组长 满延春

州委第四巡察组副组长 杨国良

州委巡察组副组长 文 艺

州委办公室及归口管理单位

州委办公室

主任 向邦伟

副主任

杨中明（2019 年 9 月免，改任州委办一级调研员）

向传林 杨清英

刘光复（至 2019 年 9 月）

张远周 田 源 戴蓉芳（2019 年 5 月任）

李成晚 杨 进（2019 年 7 月免）

州纪委州监委派驻纪检监察组组长 杨隆华

副主任 杨胜召（2019 年 7 月任）

州委保密办（州国家保密局）

主任（局长） 戴蓉芳（2019 年 5 月免）

杨 进（2019 年 7 月任）

州委政策研究室（州地方志编纂室）

主任 彭延敏

州委全面深化改革领导小组办公室专职副主任

王 跃

副主任 彭志文 李绍青

州委全面深化改革领导小组办公室专职副主任

张钟明（2019 年 5 月任）

州委党史研究室（州地方志编纂室）

主任 刘克兴

副主任 李雄野 叶立宏

州档案馆

馆长 石 勇

副馆长 彭立新

州接待服务中心

主任 朱建军

副主任 黄江勇 肖国栋

州人大常委会办公室及各委员会

办公室

主任 文武斌

副主任 梁厚能（至 2019 年 4 月） 石兴敦

陈明灯 钟 林

财政经济委员会

主任委员 吴东升

副主任委员 鲁 建

向 英（2019 年 8 月任）

监察和司法委员会

主任委员 麻三艳

副主任委员 陈光亮（2019 年 4 月任）

唐青峰（2019 年 6 月任）

教育科学文化卫生委员会
主任委员　程三艳
副主任委员　陈千豪（2019年4月任）
　　　　　　戴　文（2019年11月任）
　　　　　　姚胜玉（2019年11月任）

农业与农村委员会
主任委员　满荣付
副主任委员　龙昌舜（2019年6月任）

民族华侨外事委员会
主任委员　石建芳
副主任委员　符吉平

环境与资源保护委员会
主任委员　张党闽
副主任委员　胡林燕

法制委员会
主任委员　何学智
副主任委员　彭家银

社会建设委员会
主任委员　陈千豪（2019年2月任）
副主任委员　陈光亮（2019年2月任）

选举任免联络工作委员会
主任　彭继德
副主任　赵海军

预算工作委员会
主任　吴东升
副主任　向　英　鲁　建（2019年8月任）

法制工作委员会
主任　何学智
副主任　彭家银

研究室
主任　田发军
副主任　彭　礼（2019年11月任）
　　　　戴　文（2019年11月任）

机关工会
主席　石兴敦

州纪委监委驻州人大常委会机关纪检监察组
组长　张永斌

州政府办公室及归口管理单位

州政府办公室
主任　包太洋
副主任　彭　佳　胡朝晖　张发权　陈敬会
　　　　张勇进　彭晓慧　庞大森
州纪委州监委驻纪检监察组组长　雷佳鼎
副主任　肖　李
副处级督查专员　王　辉　张夫生
州大数据中心主任　龙永华

州政府研究室
主任　骆邦建

州信访局
局长　向廷云
副局长　符　高　刘　军　王绍旺

州应急管理局
局长　刘孟龙
副局长　彭　德　刘　华　向纪荣　龙树意
总工程师　向纯金
副局长　张　敬

州公共资源交易中心

主任　翟　辉

副主任　张远斌

州市场监督管理局

局长　周　斌

党组书记　张宗炎

副局长　荆长勇　张远胜　张　皓　杨慧平

州纪委州监委派驻纪检监察组组长　吴俊锋

副局长　符代岸　李兰英

总工程师　汪　兴

总经济师　石　虎

州机关事务管理局

局长　谢绍猛

副局长　欧阳小凯　龚海欧

州行政审批服务局

局长　吴朝化

副局长　杨兆宏　张　冉

州住房公积金管理中心

主任　王　敏

副主任　杨龙华（2019 年 8 月任）
　　　　高慧芬（2019 年 8 月任）
　　　　杨　杰（2019 年 8 月任）

州红十字会

常务副会长　田否极

州政府驻京联络处

主任　吴佩林

副主任　杨再贵

州政府驻长沙办事处

主任　张　伟

州政府驻深圳办事处

主任　陈元军

州政府驻上海联络处

主任　郑　清

州政协办公室及各委员会

办公室

主任　张　旭

副主任　李　炎　孟凡阜　查仕清

研究室

主任　梁远平

副主任　谭必松

委员学习联络委员会

主任　杨永芳

提案委员会

主任　杜修炎

副主任　张继文

经济科技和外事委员会

主任　宋永华

副主任　周　婷

农业和农村委员会

主任　罗　虹

副主任　李运辉

人口资源环境委员会

主任　贺显明

副主任　杨海清

文教卫体和文史委员会

主任　彭　俊

副主任　何　煜

社会法制和民族宗教委员会
主任　向学智
副主任　符家学

州委组织部及归口管理单位

州委组织部
部长　龚明汉
副部长　欧阳清文　钟立文　刘　洋
　　　　杜修林
州纪委州监委派驻纪检监察组组长　陈　彬

州委党校（州行政学院、州社会主义学院）
校长　唐湘林（至2019年6月）
　　　廖良辉（2019年9月任）
常务副校长　李　全
副校长　龙延平　陈文姝
校委成员　周晓红（至2019年10月）
教育长　王佐焕

中共州直机关工作委员会
书记　龚明汉
常务副书记　张文英
副书记　全东成　傅艳萍
委员、兼宣传部部长　张显好
委员、州直纪工委书记　谢　军
委员、兼组织部部长　彭秀清
委员、兼办公室主任　滕召帆

州委机构编制委员会办公室
主任　王斌辉
副主任　王德贵　向　琼

州委老干部局
局长　刘　洋
副局长　张翠珍　王照训

州总工会
主席　吴凌频
党组书记、副主席　石建军
副主席　宋和林
经审委主任　刘　军
副主席　石远定

共青团湘西州委员会
书记　张世田
副书记　吴春艳　王丹子（挂职）

州妇女联合会
主席　杨　凌
副主席　张　明　潘春红　田菊爱（挂职）

州委宣传部及归口管理单位

州委宣传部
部长　唐湘林（至2019年7月）
　　　廖良辉（2019年9月任）
副部长　肖世辉　田　勇　张立新　钟克文
州纪委州监委派驻纪检监察组组长　麻小惠

州文化旅游广电局
局长　刘世树
副局长　彭秀金　麻老先　高振翼　欧四清
　　　　刘红玉　刘国锋　杨铁平
　　　　曾湘军
总工程师　杨建纲

州委网络安全和信息化委员会办公室
主任　龚迎春
副主任　黄　华　何斯成

州文学艺术界联合会
主席　黄　叶
副主席　罗应奉　向启军

州广播电视台

台长 石海平

副台长 田生建 邓 林 王友忠

纪委书记 向昌卿

广播中心主任 鄢少明

总工程师 彭大辉

电视中心主任 吴瑞华

总编辑 向宏恩

团结报社

社长、总编辑 田应明

副社长、副总编辑 石庭荣 龙 捷 龙文玉

副总编辑 周泽平 唐 心

州社会科学界联合会

主 席 谭必四

副主席 龙 飞

湖南新华书店有限责任公司湘西自治州分公司

总经理 向德义

党委书记 罗 涛

州委统战部及归口管理单位

州委统战部

部长 龚明汉

副部长 黎致远 王小兰

州纪委州监委派驻纪检监察组组长 伍晓阳

副部长 杨远志

州工商业联合会

主席 石 红

党组书记 王小兰

副主席 王 华 殷雪梅

党组成员 田 青

党组成员、秘书长 杨兴林

中国民主同盟湘西州委员会

主委 刘小刚

专职副主委 张 勇

兼职副主委 谷遇春 王福军 彭金桥

州民族宗教事务局

局长 李志平

副局长 陈万永 李 芸

州纪委州监委派驻纪检监察组组长 田黎庆（至2019年10月）

副局长 田 滔 龙清明 杨良春（挂职，2019年11月任）

州归国华侨联合会

主席 沈卫军

州委政法委及归口管理单位

州委政法委

书记 袁新天

副书记 张世平 滕朝辉 邓光周

政法委员 盛天宁

政法委员、驻委纪检监察组组长 向馨娜

政法委员、政治部主任 欧金忠

州公安局

局长 王学武

副局长 田仁喜 向仍平 王 平 田儒平

政治部主任 陶燕飞

纪检组长 王学军 尚金菊

州中级人民法院

院长 彭卫兵

副院长 马如刚 向柏林 邱贤周 印达岗

政治部主任 龙启军

州纪委州监委派驻纪检监察组组长 何 勇

审判委员会专职委员 陈功建 田 群 张海生

州人民检察院
检察长　谈　固
副检察长　彭　元　吴志明　马林海
　　廖永忠　刘　拥
州纪委州监委派驻纪检监察组组长　杨良文
政治部主任　符大碧

州司法局
局长　张自政
党组书记　欧道胜
副局长　石　玉　龙继华　杨再武
政治部主任　张其慧
副局长　石远配
党组成员　徐卫红
州纪委州监委派驻纪检监察组组长　刘　丹
副局长　田白云
党组成员、州全面依法治州办副主任
　张仕新

武警湖南省总队湘西支队
支队长　陈俊宇
政治委员　肖刚刚
副支队长　胡　强　符　元
副政治委员　姚本洪
参谋长　李显洲
政治工作处主任　牟卫锋
保障处处长　阳永兴

州消防支队
支队长　李开桥
代理政治委员　韩灏凌
副支队长　朱学军　姚元晶
司令部参谋长　艾顺德
政治处主任　吴长征
后勤处处长　王　平
防火监督处处长　黎　军

吉首监狱
监狱长　李年富
政委　刘国忠
副监狱长　李帮清
政治部主任　梁　斌
副监狱长　秦世林
工会主席　李远明

州强制隔离戒毒所
所长　石志兰
政委　彭朝阳

州农业农村局及归口管理协调单位

州农业农村局
局长　田科虎
副局长　胡丕忠　罗楚长　王汝荣　王承恩
　　候振宇（挂职）黎万斌（挂职）
州纪委州监委派驻纪检监察组组长　唐　瑛
州委农办副主任　刘　毅
总农艺师　彭顺光

州林业局
局长　周拥军
副局长　翟　星　张　海　吴军辉
总工程师　彭险峰

州水利局
局长　彭武学
副局长　朱才茂　米承胜
党组成员　全秀婵
副局长　姚　波
总工程师　吴凤祥

州扶贫开发办公室
主任　李卫国
副主任　向生平　舒　展　杨晓明
　　滕建旭（挂职）

州农机事务中心
党委书记　吴　翔（2019 年 10 月任）
主任　杨艳妮（2019 年 10 月任）
副主任　彭春雨（2019 年 10 月任）

州库区移民事务中心
主任　戴光辉
副主任　刘本刚　姚　静

州气象局
局长　吴志科
纪检组长　张官雄
副局长　何　凯　郑逢春（2019 年 11 月任）

州供销合作社联合社
理事会主任　符启银
监事会主任　韩宗兴
理事会副主任　陈光德　王　健　滕树静

州农业科学研究院
院党委书记　宋先杰
院党委副书记、院长　左小义
院副院长　曾传海　吴光辉
院纪委书记　向明义

州外资外援办
主任　黄启艾

州水文局
局长　张任金

州发改委及归口管理协调单位

州发展和改革委员会
主任　胡恩平
副主任　李世忠　蒋厚林
州纪委州监委派驻纪检监察组组长　杨　莉
副主任　贾明俊　李德松

州优化办主任　饶碧宇

州统计局
局长　张奇华
副局长　王　健　翁远菊　李湘吉
总统计师　王明武

国家统计局湘西调查队
队长　毛光文

州工业和信息化局及归口管理协调单位

州工业和信息化局
局长　向宏国
副局长　张立新　毛建湘　吴廷梓　田　华
总工程师　刘　东

州税务局
局长　麻冬磊
副局长　陈有权　陶文斌　滕建华
　　　　欧阳兴平　田　华　黄红忠
　　　　陈永红
州纪委州监委派驻纪检监察组组长　韩生华
总会计师　高学军
总经济师　张重德
总会计师　钟发春
总经济师　杨真勤

中国邮政集团公司湘西州分公司
总经理　李文剑
副总经理　向恩猛　彭迎国　刘春华

国网湘西供电公司
总经理　谢国胜
党委书记　周　纲（2019 年 7 月免）
　　　　　王大强（2019 年 7 月任）
党委副书记　谢国胜
副总经理　王大强　周　纲（2019 年 7 月免）

尹华福　刘　凯　王孟定
纪委书记　戴宏斌
工会主席　刘　凯（2019年7月免）
张齐斌（2019年7月任）
总会计师　刘　勇

州烟草专卖局（公司）
局长、经理　瞿红兵
副局长　张小舟
副经理、总农艺师　周米良
纪检组长、工会主席　向　彦
副经理　皇泽鹏

中国移动湘西分公司
总经理　黄　轩
副总经理　麻兴义　唐　华　曾　舸

中国电信湘西分公司
总经理　蔡炳坤
副总经理　姚启雄　郑　颖

中国联通湘西州分公司
总经理　郭友国
副总经理　汪世伟　胡金武　张　伟
纪检组长　徐楚评

中国铁塔股份有限公司湘西自治州分公司
副总经理　俞鹏飞（主持工作）　欧阳光
彭小云

州无线电管理处
主任　郑志昂

州教体局及归口管理协调单位

州教育和体育局
局长　余晓红
副局长　麻建峰　杨世全　石定初　张顺畅
州人民政府主任督学　吴　罡
州纪委州监委派驻纪检监察组组长　谌　涛
副局长　向仍森　刘　攀

州教育考试院
院长　黄费刚

州民族教育科学研究院
院长　刘世强

吉首大学师范学院
院长　贾维剑
党委书记　刘保国
副院长　杨　华　周　焰　石群勇
刘如云
工会主席　张苏东
纪委书记　石慧燕
副院长　王中华

州民族广播电视大学
党委书记　肖明安
校长　向　阳
副校长　魏方平　杨　寂　龙晓颖
纪委书记　田际胜

州民族中学
党委书记　郑英滨
校长　彭学军
纪委书记　王　涵
副校长　张泽贤　向前东　向志华
工会主席　向前东（兼）

州第二民族中学
校长　田正富
副校长　陈　俊
纪委书记　彭介勇

副校长 谢 彪 郑昌贤

吉首大学
党委书记 白晋湘
校长 白晋湘（2019 年 9 月 10 日免）
校长 廖志坤（2019 年 9 月 10 日任）
纪委书记 赵鹤平
副校长 黎奇升 钟海平 龙先琼 王 绯
黄 昕 冷志明 罗金铭

湘西民族职业技术学院
党委书记 谭吉慧
党委副书记、院长 彭延敏
党委副书记、副院长 宋清华
副院长 满益文 钟 明
纪委书记 刘修洪
副院长 陈杨晖 姚 斌 杨稚桓
组织人事处处长 宋 武
宣传处处长 曾翠林

州科技局及归口管理协调单位

州科学技术局
党组书记 石泽彬
局长 高湘文
副局长 张远伐 蔡小虎 翁立志

州科学技术协会
党组书记 张伯传
主席 刘慧平
副主席 李绍权 熊明谋（2019 年 5 月任）

州地震局
局长 聂景新

州民政局及归口管理协调单位

州民政局
局长 彭图瑜
副局长 吴 超 罗贤兵 汪立东
党组成员 肖 健

州退役军人事务局
局长 李云信
副局长 向建胜 毛美云

州残疾人联合会
理事长 罗序英
副理事长 刘 兴 麻芙蓉

州肿瘤医院
院长 向尔富

州财政局、州审计局及归口管理协调单位

州财政局
局长 梁 君
副局长 杜红春 陈光彬 舒学锋
石康成 颜建絮 向文波
总会计师 汤双武
州纪委州监委派驻纪检监察组组长 刘新生
州国库集中支付核算中心
主任 陈继红

州财政事务中心
主任 秦 海

州审计局
党组书记 何 杰
局长 印 钊
副局长 龚道君 万前荣
州经济责任审计领导小组办公室专职副主任
阙剑平
副局长 唐海龙
总审计师 瞿 民

州人社局及归口管理协调单位

州人力资源和社会保障局
局长 石 龙

副局长　吴明强　贾　非
州纪委州监委派驻纪检监察组组长　高凉泉
副局长　张金林　杜　鹏

州医疗保障局
局长　向　忠
副局长　刘　洪　徐克生

州劳动人事争议仲裁院
院长　严洪涛
副院长　彭　备
工会主席　杜玉梅

州自然资源和规划局州生态环境局及归口管理协调单位

州自然资源和规划局
局长　高文化
党组副书记、副局长　袁昌全
副局长　向宏伟　彭英彪
总工程师　李生岩
副局长　彭　华
州执法监察支队（局）队长（局长）　王千军
总规划师　吴春明

湖南省地质矿产勘查开发局四〇五队
副队长　刘　伟（主持工作）
副队长　陈振刚　彭清庭
纪委书记　滕久志

湖南省有色地质勘查局二四五队
党委书记　高利军
队长　王　超
纪委书记　杨　忠
副队长　张翔荔
总工程师　吴永胜

州生态环境局
局长　石泽龙
副局长　向文富　王建华
党组成员　谢深双
副局长　石胜福
州纪委州监委派驻纪检监察组组长　田黎庆
总工程师　沈　扬

州住建局及归口管理协调单位

州住房和城乡建设局（州人民防空办公室）
局长（主任）　祝期祥
党组书记　宋宗江
副局长　董佳瑛
副主任　游先华　杨小勇　田兴赋
总工程师　张正跃
州园林绿化中心主任　田开翠

州交通局及归口管理协调单位

州交通运输局
局长　龙生贵
副局长　唐　忠　罗云跃　石家斌
总工程师　彭德潭
副局长　章　东
州纪委州监委派驻纪检监察组组长　张德永

湖南省高速公路集团公司湘西州管理处
处长　聂善文（2019年4月免）
　　　涂征宇（2019年4月任）
纪委书记　修　峻（2019年3月任）
副处长　向维峰　周　勇
工会主席　刘　跃

州公路建设养护中心
主任　沈世锋
副主任　向目良　程方国　马　俊
纪委书记　张贤忠
总工程师　毛生华

州地方海事局（州水运事务中心）
局长 李昌奎（2019年7月免）

湘西海关
关长 秦长林（2019年10月任）
副关长 唐建伟（2019年10月任）

州商务局及归口管理协调单位

州商务局
局长 向仕连
党组书记 王毅军
副局长 向 荣 余 琛 符卫兴

州投资促进事务中心
主任 杨艳玲

州粮食和物资储备局
局长 鲁雪松
副局长 周多庆 向兴胜

中国石化湘西州石油分公司
经理 余铸平
副经理 龙书光 潘存礼 刘 彪

中国石油湖南湘西自治州销售分公司
总经理 李 钊（2019年8月免）
车志猛（2019年8月任）
纪委书记 李远平
副总经理 刘晓明 方 惠

州卫计委及归口管理协调单位

州卫生健康委员会
主任 彭 军
邓建英（2019年12月任）
副主任 张河明 田 娟 彭志新
张金桥 危首华
州纪委州监委派驻纪检监察组组长 彭长权

州人民医院
党委书记 彭剑涛
院长 周明欢
副院长 贾小卷
纪委书记 田茂友
总会计师 莫莉萍
副院长 罗 勇 向 平 梁民勇 黄纯海
工会主席 江宏冰

州民族中医院
党委书记 彭 云
院长 谭晓文
副院长 刘文霞 周明高
纪委书记 宋谋富
工会主席 彭 靖
副院长 王小军 周明文

州计划生育协会
会长 宋友达
常务副会长 宋维金
秘书长 田晓辉

州精神病医院
院长 彭书海

州卫生计生综合监督执法局
局长 李拥平

州疾病预防控制中心
主任 谷冠军

州银行、保险业系统单位

州政府金融办
主任 胡章华
副主任 黄劲武 郭怀初

中国人民银行湘西自治州中心支行
行长　肖继辉
副行长　魏　怡　刘晓波　李二平
工会主任　彭　春
纪委书记　赵志刚

湘西银保监分局
局长　刘　俊
副局长　罗　平　韩仲顺
纪委书记　陈　勇（2019年9月免）
　　　　　黄永良（2019年11月任）

中国工商银行湘西州分行
行长　周壮山
副行长　彭　恺
纪委书记　胡　文
副行长　黄　澄

中国农业发展银行湘西州分行
行长　曾雄锋
副行长　杨国军（2019年11月免）
　　　　石　华（2019年12月任）
　　　　黄　涛　张智勇
　　　　龙　颜（2019年1月免）

中国农业银行湘西自治州分行
行长　吴元富
副行长　梁心红
纪委书记　毛曜廷
副行长　谭艳燕　尹文君

中国银行股份有限公司湘西州分行
行长　林万实
副行长　陈　健　邓　蕾　扶卫权

中国建设银行湘西州分行
行长　熊　隽
副行长　杨清泉　丁绍文　张新江　石长春
　　　　吴　剑

中国交通银行湘西州分行
行长　刘红颖
副行长　王斯隆
　　　　彭凤飞（2019年11月免）
行长助理　李志军

中国邮政储蓄银行湘西州分行
行长　龚　剑
副行长　吴绍付　杨文斌　石水霞　朱良贤

湖南省农村信用社联合社湘西自治州办事处
主任　沅　晖
副主任、纪检组长　何　平
督导员　唐福平

华融湘江银行股份有限公司湘西分行
行长　段思勤
纪委书记、副行长　高　胜
工会主席、行长助理　李婷婷
党委委员、行长助理　许泽斌

湘西长行村镇银行
董事长　程青龙
行长　邓　国
副行长　陈　昆　杨志勇
行长助理　石　松　唐荣波

中国光大银行股份有限公司湘西分行
行长　孙晓龙
副行长　彭　青
行长助理　庾小敏

中国人民财产保险股份有限公司湘西自治州分公司

总经理 罗 勇

副总经理 邓兴文 陈 燕

中国人寿保险股份有限公司湘西分公司

总经理 谭 煊

总经理助理 彭 云 李作忠

纪委书记 蒋 融

中国平安财产保险股份有限公司湘西中心支公司

总经理 王长博（2019年11月免）

林康礼（2019年11月任）

副总经理 栗 荆（2019年11月免）

张凌云（2019年11月任）

中国平安人寿保险股份有限公司湘西中心支公司

总经理 唐东风（2019年3月免）

刘 平（2019年3月任）

泰康人寿保险有限责任公司湖南吉首中心支公司

总经理 陈蜀湘

新华人寿保险股份有限公司湘西中心支公司

总经理 唐辉雄

副总经理 曹 翔 吴军平

中华联合财产保险股份有限公司湘西中心支公司

总经理 王本习

副总经理 石 亮

工会主席 向 斌

中国太平洋财产保险股份有限公司湘西中心支公司

副总经理 邹 涛（主持工作）

中国太平洋人寿保险股份有限公司湘西中心支公司

总经理 刘 玮

副总经理 张 翚

中国大地财产保险股份有限公司湘西中心支公司

总经理 韩宗迅

副总经理 肖志军

天安财产保险股份有限公司湘西中心支公司

副总经理 李 燕（主持工作）

都邦财产保险股份有限公司湘西中心支公司

总经理 田志刚（2019年12月免）

秧万忠（2019年12月任）

大家财产保险有限责任公司湘西中心支公司

总经理 秧万忠（2019年10月免）

盛 卓（2019年10月任）

中国人民人寿保险股份有限公司湘西中心支公司

副总经理 刘 伟（主持工作） 姜爱菊

中国人寿财产保险股份有限公司湘西中心支公司

副总经理 杨 勇（主持工作）

总经理助理 凌 彬 唐 琛

吉祥人寿保险股份有限公司湘西中心支公司

总经理 冉 涛

副总经理　杨慧娟　杨金枝

华安财产保险湘西中心支公司
副总经理　白　冰（主持工作）

阳光财产保险股份有限公司湘西中心支公司
临时负责人　向　晶

永诚财险湘西中心支公司
总经理　李　早（2019年11月免）
　　　　张　华（2019年11月任）

县市（区）负责人

吉首市

中共吉首市委
书记　刘珍瑜
副书记　李诗兴　王京海
常委　刘家富　刘鸿宾　周拥军　胡学清
　　　石阳清　向洪琼　赵庆余　李梦涛
　　　伍永章（挂职）

市人大常委会
主任　唐　虎
副主任　张翠凤　罗尚其　杨佳兰
　　　　廖玉坤　舒忠诚

市人民政府
市长　李诗兴
副市长　伍永章（挂职）谢　党
　　　　谷纲要　王润龙（挂职）
　　　　田小雨　张　骥　石绍峰

市政协
主席　陈　刚
副主席　吴四清　彭继德　林芬良　陈晓瑜
　　　　黄承业

市人民武装部
部长　彭炎林
政委　赵庆余

市人民法院
院长　周　勇

市人民检察院
检察长　印道波

泸溪县

中共泸溪县委
书记　杜晓勇
副书记　向恒林　李云信
　　　　向汝莲（挂职至10月，11月任）
常委　石利民　毛　家　吕永辉
　　　石喜文　李梦涛（至2019年11月）
　　　向梦华　章　华　张　刚（挂职）
　　　高　翔（挂职）　于　磊（挂职）
　　　杨保军　尚远道（2019年12月任）

县人大常委会
主任　符鸿雁
副主任　胡小明　石海林　杨　斌　胡世和
　　　　周江南

县人民政府
县长　向恒林
常务副县长　毛　家
副县长　张　刚（挂职）　高　翔（挂职）
　　　　于　磊（挂职）　胡利华　尚远道
　　　　张晓东　张胜军　向湖南　罗云峰
　　　　周书栋（挂职）

县政协
主席　胡成平

副主席　邹资农　符海河　杨昭君　李文林
　　　　杨德涛

县人民武装部

政委　杨保军

部长　龚建秋

县人民法院

院长　张瀚冰

县人民检察院

检察长　刘润发

凤凰县

中共凤凰县委

书记　颜长文

副书记　赵海峰　郑　军

常委　田建新　吴仁铁　覃振华　杨平利
　　　龙金明　石元江　周健智　姚文凯
　　　王封军（挂职，2019 年 12 月免）
　　　李　戆（挂职）　宋璐璐（挂职）

县人大常委会

主任　石岳兵

副主任　张任重　龙志平　王太进　邹英姿
　　　　吴树宏

县人民政府

县长　赵海峰

副县长　田建新　李　戆（挂职）
　　　　宋璐璐（挂职）　吴汉章　滕永忠
　　　　周　峻　黄武才　田儒勇　张　杰

县政协

主席　田茂君

副主席　周良勇　麻兴恩　李蔓蓉　龙金辉
　　　　龙永坚

县人民武装部

部长　杨辉志

政委　吴仁铁

县人民法院

院长　朱立新

县人民检察院

检察长　王　岸

古丈县

中共古丈县委

书记　杨彦芳

副书记　邓晓东　樊忠清

常委　黎新松　宋祖林　张卫华　龙会吉
　　　胡丕宇　向　上　郑良武
　　　许卫军（挂职）　李言志（挂职）
　　　燕　妮（挂职）　江志斌
　　　秦　纲（挂职）

县人大常委会

主任　曾传文

副主任　邓　锋　向莲玉　祁光怀　向明洪
　　　　陈孝东

县人民政府

县长　邓晓东

副县长　胡丕宇　石远胜　梁章兴　周大钊
　　　　向青山　田志芳　涂家耀
　　　　许卫军（挂职）　李言志（挂职）
　　　　燕　妮（挂职）　秦　纲（挂职）
　　　　王坤波（挂职）　唐海龙（挂职）

县政协

主席　向加茂

副主席　梁福荣　向午平　粟继红　沈仁春
　　　　舒长茂

县人民武装部
部长　江志斌
政委　陈　雷

县人民法院
院长　彭振南

县人民检察院
检察长　梅光辉

花垣县

中共花垣县委
书记　罗　明
副书记　隆立新　彭学康
常委　廖昭俊　龚清军（2019 年 4 月免）
彭志富　杨　凌　曾春梅　田桂华
麻学清　姜　伟
龙文斌（2019 年 4 月任）
田　然（挂职）　胡仲敏（挂职）

县人大常委会
主任　麻宜志
副主任　贺力健　邓德猛　吴　樟　谢成都
吴昌志

县人民政府
县长　隆立新
副县长　廖昭俊　田　然（挂职）
胡仲敏（挂职，2019 年 3 月任）
杨胜望（2019 年 5 月免）
龙文斌（2019 年 5 月免）　石绍成
姚胜玉　沈海清　张远军
田宗武（2019 年 5 月任）
张　伟（2019 年 5 月任）
侯永阳（挂职）　修大勇（挂职）
龙唐忠（挂职）

县政协
主席　杨清泉
副主席　龙仕英　龙志红　龙三高　龙秀泽
石宗辉

县人民武装部
部长　刘小兵
政委　姜　伟

县人民法院
院长　田　环（2019 年 11 月免）

县人民检察院
检察长　梁宜勇

保靖县

中共保靖县委
书记　卢向荣
副书记　杨志慧　周胜益
常委　宋垚彪　符家盛　黄　宇　丁思清
尹海霞　阳文魁　唐　正
谭玉成（挂职）　李希敏
赵　巍（挂职，2019 年 12 月任）

县人大常委会
主任　罗念生
副主任　向治学　向宏银（2019 年 5 月免）
宋梦扬　李明海　胡　宇

县人民政府
县长　杨志慧
副县长　符家盛　谭玉成（挂职）　梁文昌
葛晓红　王万双　杨水芝（挂职）
明庆春（挂职）
石绍峰（2019 年 7 月免）
田　明　胡文峰
方小伍（挂职，2019 年 10 月免）

县政协

主席 梁远新

副主席 彭光海 彭图韬 龚曼华

彭学军（2019年2月免） 胡承元

县人民武装部

部长 李希敏

政委 刘建元

县人民法院

院长 龙鸥玲

县人民检察院

检察长 杨庆华

永顺县

中共永顺县委

书记 石治平（2019年10月免）

彭 军（2019年10月任）

副书记 陈海波 周建武

常委 李选锋 李延堃 樊 未 谢翔宇

彭 涛 张艳阳 彭 城

李家健（挂职） 尚军辉（挂职）

吴 伟（挂职）

县人大常委会

主任 张开国

副主任 曾甲林 彭长生 王本跃 余善勇

向泽恒

县人民政府

县长 陈海波

副县长 彭 涛 李家健（挂职）

尚军辉（挂职） 吴 伟（挂职）

李玉芳 宋维荣 向 进 陈利勇

向海军 田 君

县政协

主席 曾维秀

副主席 陈柏林 胡廷民 张明仁 彭 君

田爱珍

县人民武装部

部长 乔晓东

政委 彭 城

县人民法院

院长 张应国

县人民检察院

检察长 麻宗福

龙山县

中共龙山县委

书记 周 云（2019年6月免）

刘冬生（2019年6月任）

副书记 刘冬生（至2019年6月） 时荣芬

陈忠耀

常委 蔡 龙 刘昌顺 石红梅 符家波

印道其 黄 勇 龙儒文 赵银河

徐志军（挂职） 张红民（挂职）

涂洪涛（挂职） 苏学强（挂职）

县人大常委会

主任 余佳祥

副主任 李开进 唐晓萍 曹长友 聂 毅

杨 波

县人民政府

县长 刘冬生（至2019年6月）

时荣芬（2019年12月任）

副县长 李冬梅 储 军 张肇琴 彭绍兴

李 博 梁兴华 龙世平（挂职）

谭必松（挂职）

县政协

主席　吴少叶

副主席　张青山　郑慧侠　王本东　余志国

张兰英

县人民武装部

部长　赵银河

政委　陈柏林

县人民法院

院长　刘　辉

县人民检察院

检察长　聂春辉

湘西经济开发区

党工委

书记　陈晓龙

副书记　陈文君　戴晓军

委员　覃水来　皮丕军　张忠华

管委会

主任　陈文君

副主任　皮丕军

总经济师　张德胜

总工程师　鲁承宏